문명의 엔드게임 1

Endgame vol. 1: The Problem of Civilization
by Derrick Jensen

문명의 엔드게임 1

ⓒ 데릭 젠슨
펴낸이 | 박미옥
펴낸곳 | 도서출판 당대
제1판 제1쇄 인쇄 | 2008년 3월 12일
제1판 제1쇄 발행 | 2008년 3월 20일
등록 | 1995년 4월 21일 (제10-1149호)
주소 | 서울시 마포구 서교동 395-99 402호
전화 | 323_1315 323_1316
팩스 | 323_1317
dangbi@chol.com
ISBN 978-89-8163-140-6 03300
     978-89-8163-139-0 (세트)

문명의 엔드게임 1

데릭 젠슨 지음 ｜ 황건 옮김

당대

차례

감사의 말

옮긴이의 말

| **전제 1** | 문명은 지속 가능하지 않으며 그렇게 될 수도 없다. 산업문명 (industrial civilization)의 경우 특히 그러하다.

| **전제 2** | 전통사회는 대체로 자기 사회가 파괴되지 않는 한 자신의 바탕이 되는 자원을 자발적으로 포기하거나 팔아치우지 않는다. 또한 그들은 다른 자원들—금, 석유 등—을 채취하기 위해 자신의 토지기반을 훼손하도록 선뜻 허용하는 법이 없다. 그렇게 되면 자원을 원하는 자들이 무슨 수를 써서라도 전통사회를 파괴하게 된다.

| **전제 3** | 우리(산업문명)의 생활방식은 끈질기고도 광범위한 폭력에 기반을 두고 또 이를 요구하며, 폭력이 없으면 매우 신속히 붕괴하게 된다.

| **전제 4** | 문명은 분명히 정의되고 폭넓게 수용되면서도 뚜렷이 구별되지 않는 위계질서(hierarchy)에 기반을 두고 있다. 이 위계질서의 고위층이 하위층에게 행사하는 폭력은 거의 언제나 모습을 드러내지 않으며, 따라서 눈에 띄지 않는다. 눈에 띄는 폭력은 완전히 합리화되어 있다. 위계질서의 하위층이 고위층에게 행사하는 폭력이란 상상할 수도 없으며, 그런 폭력이 일어나면 충격·공포로 받아들여지고 피해자는 맹목적으로 미화된다.

| **전제 5** | 위계질서 고위층의 재산은 하위층의 목숨보다 값지다. 고위층에게는 하위층을 파멸시키거나 목숨을 빼앗아 자기가 관리하는 재산을 늘리는—일상용어로 돈벌이하는—일이 용인된다. 이것을 **생산**이라 부른다. 하위층이 고위층의 재산에 피해를 주면, 고위층은 하위층을 죽이거나 또는 그 밖의 방법으로 하위층의 삶을 망칠 수 있다. 이것을 **정의**라 부른다.

| **전제 6** | 문명은 되살릴 수 없다. 이 문화(문명)는 어떤 형태로건 건전하고 지속 가능한 생활방식으로 가기 위해 자발적인 탈바꿈을 겪으려 하지 않는다. 이에 제동을 걸지 않으면, 문명은 계속해서 절대 다수 인류를 비참하게 만들고 지구를 퇴화시켜 마침내 문명을 (그리고 아마도 지구를) 붕괴시키게 될 것이다. 이 같은 퇴화는 매우 장기간 동안 계속해서 인간과 비인간들에게 해를 끼치는 결과를 가져올 것이다.

| **전제 7** | 문명이 추락할 때까지—아니면 우리가 문명을 파멸시킬 때까지—오래 기다릴수록 문명의 추락은 혼란스러울 것이며, 이 기간과 그 이후에 살게 될 인간과 비인간들은 더 큰 혼란을 겪을 것이다.

| **전제 8** | 자연계의 필요가 경제체제의 필요보다 중요하다. [전제 8]은 이렇게

기술할 수도 있다. 자신의 기반이 되는 자연공동체(natural commu-nities)에 이익을 주지 못하는 모든 경제 또는 사회 체제는 지속 불가능하고 비윤리적이며 아둔한 체제이다. 지속 가능성, 윤리성 및 지성(그리고 정의)은 그 같은 경제 또는 사회 체제를 해체시키거나 아니면 최소한 그 체제가 우리의 토지기반을 손상시키지 못하게 할 것을 요구한다.

| 전제 9 | 분명히 언젠가는 지금보다 인구가 훨씬 적어질 날이 있겠지만, 인구감소가 발생하는 (또는 실현되는) 방법은 (우리가 이 변형과정을 능동적으로 택하느냐 수동적으로 택하느냐에 따라) 여러 가지가 있다. 핵전쟁처럼 극단적인 폭력과 고난을 수반하는 방법도 있을 것이고, 좀 덜 폭력적인 방법도 있을 것이다. 그러나 이 문명이 인간과 자연계에 가하는 현재의 폭력수준을 감안할 때, 폭력과 고난을 수반하지 않는 인구 및 소비의 감소가 이루어질 가능성은 없다. 감소 자체가 필연적으로 폭력을 수반하기 때문이 아니라, 폭력과 고난이 우리 문명의 기정값(default)으로 되어 있기 때문이다. 그러나 비록 폭력적이기는 하지만, 그래도 현 폭력수준을 감축시키면서 인구와 소비를 줄이는 방법도 있을 것이다. 우리가 개인적으로나 집단적으로 현재의 변화과정중에 일어나는 폭력의 양을 줄이고 폭력의 성격도 부드럽게 만들 가능성이 있을지도 모른다. 어쩌면 불가능할지도 모른다. 그러나 한 가지는 분명하다. 이 문제에 적극적으로 대처하지 않으면, 폭력이 훨씬 더 심각해지고 고난이 더욱 극단화하리라는 것은 거의 확실하다는 점이다.

| 전제 10 | 문화는 전체적으로 그리고 그 구성원은 거의 전부가 미쳤다. 문화는 죽음의 충동(death urge), 즉 생명을 파괴하고자 하는 충동에 의해 추진된다.

| 전제 11 | 이 문화—문명—는 처음부터 점령의 문화였다.

| 전제 12 | 세상에는 부자도 없고 가난한 자도 없다. 그저 사람만 있을 뿐이다. 부자란 많은 사람들이 어떤 가치가 있다고 상상하는 녹색의 종이쪽지(달러지폐를 지칭함-옮긴이)를 많이 갖고 있고, 가난한 자들은 그렇지 못한 것인지도 모른다—아니면 그들이 상상하는 부(富)라는 것은 좀더 추상적이어서 은행 하드 드라이브상의 수치에 불과한지도 모른다. 부자들은 자기가 땅을 소유한다고 주장하지만, 가난한 자들은 동일한 주장을 할 권리를 인정받지 못하는 경우가 많다. 이 같은 정책의 1차적

목적은 지폐를 많이 가진 자들의 망상(delusions)을 집행하는 데 있다. 지폐를 가지지 못한 자들도 대부분 가진 자들만큼이나 신속·완벽하게 이 같은 망상을 받아들인다. 이런 망상은 실사회에 대단한 영향을 미치게 된다.

| 전제 13 | 집권자들은 힘으로 통치한다. 우리는 그렇지 않다는 망상을 빨리 버릴수록 최소한 저항할 것인가 여부 그리고 언제, 어떻게 저항할 것인가에 대해 신속하게 합리적인 결정을 내릴 수 있게 된다.

| 전제 14 | 태어날 때부터—어쩌면 태아 적부터—우리는 개인적으로나 집단적으로 생명을 증오하고 자연계, 야생, 야생동물, 여성, 어린이와 우리의 신체를 증오하고, 우리의 감정을 증오하고 두려워하며, 우리 자신을 증오하도록 문화적으로 적응되어 있다. 세상을 증오하지 않았더라면, 우리는 세상이 눈앞에서 파괴되도록 놔두지 않았을 것이다. 스스로를 증오하지 않았더라면, 우리는 우리의 본고장이—그리고 우리의 신체가—망가지도록 놔두지 않았을 것이다.

| 전제 15 | 사랑이 비폭력을 의미하지는 않는다.

| 전제 16 | 물질계가 근원적이다. 그렇다고 해서 정신이 존재하지 않는다는 것은 아니고, 물질계가 전부라는 말도 아니다. 정신과 육체가 뒤섞여 있다는 말이다. 또 실사회적 행동이 실사회적 결과를 가져온다는 말이기도 하다. 또한 예수, 산타클로스, 지모신(地母神)이나 하물며 부활절토끼(서양 토속신앙에서 출산력을 상징-옮긴이)에 의존해서는 이 혼란을 벗어날 수 없다는 말이다. 이 혼란은 신이 눈살을 치키는 정도가 아닌 진짜 혼란이며, 우리 스스로 이 혼란에 맞서야 한다는 말이다. 그것은 우리가—죽은 후에 다른 곳으로 가게 되건, 이곳에서 사는 것이 운명이거나 특권이거나 간에—당분간은 지구에서 살고 있다는 말이기도 하다. 즉 지구가 핵심이라는 말이다. 지구는 근원적이다. 지구가 우리의 본향이며 전부이다. 마치 이 세계가 실재하지 않으며 근원적이지도 않은 것처럼 사고하거나 행동하는 것은 어리석은 짓이다. 우리 삶이 실재하는 것처럼 살아가지 않는 것은 어리석고 한심한 짓이다.

| 전제 17 | 의사결정의 근거를, 이에 따른 행동이 중립적 관망자들 또는 미국의 대중을 놀라게 할지 여부에 둔다면 잘못된 것이다(아니면 십중팔구 결정을 거부하는 것이다).

| 전제 18 | 우리의 지금과 같은 자아의식은 현재의 에너지 또는 기술의 사용과 마

찬가지로 지속 가능하지 않다.

| **전제 19** | 문화가 안고 있는 문제는 무엇보다도 자연계를 지배·혹사하는 것이 정당화된다는 신념에 있다.

| **전제 20** | 이 문화에서는 경제문제가—사회복지나 윤리도덕, 정의나 삶 자체가 아니라—사회적 결정을 이끌어낸다.

〔전제 20〕의 수정 사회적 결정은 일차적으로(종종 배타적으로) 그 결정이 의사결정자들과 그들이 섬기는 자들의 재산을 늘리게 될지 여부에 근거하여 내려진다.

〔전제 20〕의 재수정 사회적 결정은 일차적으로(종종 배타적으로) 그 결정이 의사결정자들과 그들이 섬기는 자들의 권력을 늘리게 될지 여부에 근거하여 내려진다.

〔전제 20〕의 재수정 사회적 결정은 일차적으로(종종 배타적으로) 의사결정자와 그들이 섬기는 자들은 하위층 사람들을 희생해서라도 자기들의 권력과 재산을 확대시킬 권리를 갖는다는, 거의 검증되지 않은 신념에 바탕을 두고 있다.

〔전제 20〕의 재수정 사회적 결정은 일차적으로 그 결정이 야생의 자연을 통제 또는 파괴한다는 목적에 얼마나 기여하느냐에 기초하여 내려진다.

***테쿰세에게 바친다**

---

* Tecumseh: 1768~1813, 아메리카 토착민인 쇼니족 지도자

우리는 행동의 가능성을 미리 심사숙고하면 저절로 행동이 일어나기라도 한다는 듯이 생각하는 데 너무 많은 시간을 보냈다. 우리는 늦게나마 행동은 생각이 아니라 책임지고자 하는 마음가짐에서 비롯된다는 것을 알게 되었다.

디트리히 본회퍼, 나치 감옥에서 쓴 글[1]

비겁자는 "안전한가?"를 묻는다. 편의주의자는 "정치적인가?"를 묻는다. 허영심을 좇는 자는 "인기 있는가?"를 묻는다. 그러나 양심 있는 자는 "옳은가?"를 묻는다. 우리가 안전하지도, 정치적이지도 않고 인기도 없는 입장을 취해, 양심이 옳다고 가르치기 때문에 행동해야 하는 때가 다가오고 있다.

마틴 루터 킹 2세

세상의 종말

　백인이 공정한 싸움에서 인디언을 죽이면 명예롭다고 하지만, 인디언이 공정한 싸움에서 백인을 죽이면 살인이라고 한다.[2] 백인군대가 인디언과 싸워 이기면 위대한 승리라고 하지만, 백인이 지면 대학살이라고 하면서 군대를 더 많이 모집한다. 인디언이 백인군대에 쫓겨 도망갔다가 돌아와 보면 자기가 살던 곳에 백인들이 살고 있음을 발견하게 된다. 인디언이 백인군대를 물리치려고 하다가는 결국 죽음을 당하고 어쨌든 땅을 빼앗긴다. 인디언 한 명이 죽으면 우리 민족에게 빈자리를 남기고 우리 마음속에 슬픔을 남기는 큰 손실이 되지만, 백인 한 명이 죽으면 서너 사람이 나타나 그 자리를 차지하기를 그치지 않는다. 백인은 자연을 정복하고자 하며, 자연을 자기 뜻에 맞게 굴복시켜 사치스럽게 사용하다가 모두 없어지면 그저 쓰레기를 남겨두고 빼앗을 새 땅을 찾아 옮겨가기만 하면 된다. 백인종은 모두 언제나 굶주린 듯 땅을 먹고 사는 괴물이다.

*칙시카[3]

---

　* Chiksika: 아메리카 원주민 쇼니족의 지도자로서 테쿰세를 양육한 맏형

오랫동안 민중 환경운동가였고, 지금 문명의 마구잡이 엔드게임(막판 싸움 또는 종반전—옮긴이)에서 살고 있는 나는 상실이 어떤 것인가를 잘 알며 일상적인 절망에 익숙해져 있다. 나는 산허리를 둘러싼 개활지를 걸어 골짜기로 내려섰다가 다시 능선을 타고 이곳저곳 분수령들을 지나, 지금은 메마른 시냇가에 말없이 앉아 있다. 이곳은 두 세대 전만 하더라도 수없이 많은 연어들이 '하얗게' 몰려와 알을 낳고 죽어가던 곳이다.

몇 해 전부터 나는 종말론적 느낌을 실감하기 시작했다. 그러면서도 내가 이 말을 입에 옮기기를 망설인 것은 "종말이 가까워졌다"는 표어를 든 정신나간 참회자들의 그림을 보았기 때문이기도 하고, 또 이 말 자체가 갖는 무게 때문이기도 했다. 나는 종말이란 말을 가볍게 입에 올리기가 싫었다.

그런데 동료운동가인 어느 친구가 말했다. "자넨, 어떤 일이 일어나야 종말이라고 할 거야? 연어의 죽음? 지구 온난화? 오존층 파괴? 남극대륙 연해의 크릴 개체수 90% 감소? 샌디에이고 앞바다가 멕시코만처럼 죽음의 바다가 되는 것? 대산호초의 종말은 어떻겠나? 생물이 매일 200종씩 멸종되면? 400종은? 600종은? 자네가 그 말을 사용하게 될 시점, 출발점을 어디 한번 말해 보라구."

∘ ∘ ∘

"여러분은 우리 문화가 건전하고 지속 가능한 생활방식으로 자발적으로 변화해 가리라고 믿습니까?"

지난 몇 년 동안 나는 강연회나 집회 참석자들에게 이런 질문을 던지곤 한다. 힘주어 "아니오"라고 대답하는 사람에서 그저 웃어넘기는 사람에 이르기까지 갖가지 반응이 나오지만, 그렇게 믿는다고 대답하는 사람은 없다. 어떤 사람은 손을 들었다가 다른 사람들이 그를 쳐다보면 슬그머니 손을 내리며 수줍은 듯이 "아, 자발적으로요? 그야 물론 아니지요"라고 말했다. 내 다음번 질문은 "지금의 문화가 자연계를 파괴하고, 토착문화를 말살하고, 가난한 자를 착취하고, 저항하는 사람들을 죽이기를 자발적으로 멈추지 않으리라는 이런 인식이 우리의 전략·전술을 어떻게 변화시키겠는가?"라는 것이다. 대답은? 답을 안다는 사람은 아무도 없다. 평소에 그런 이야기를 해 보지 않았기 때문이다. 문화가 마술처럼 잘 알아서 변화해 가리라고 부지런히 믿는 척하기 때문이다.

이 책에서는 그 같은 전략·전술상의 변화를 논해 보고자 한다.

◦ ◦ ◦

방금 나는 오랫동안 운동에 참가해 온 어느 새로 사귄 친구와 이야기하다가 돌아왔다. 그 여자친구는 정부와 초국적기업이 오리건주의 삼림에 고엽제 '에이전트 오렌지'를 뿌리는 데 반대하는 운동에 참가했던 이야기를 내게 들려주었다. 어느 산비탈에 고엽제를 살포할 예정이라는 것이 알려지면, 운동원들이 그곳에 가서 모이곤 했다. 자기들이 모습을 나타내기만 해도 독약 살포를 중단시킬 수 있으리라는 기대에서였다. 그러나 그때마다 매번 정확하게 헬리콥터가 나타나 산비탈과 항의자들에게 에이전트 오렌지를 쏟아부었다. 항의운동은 실패였다.

"그런데요." 그 여자가 말했다. "그 산에 한 무리의 베트남 참전군인들이 살고 있었어요. 그 사람들이 토지관리국과 목재회사들에 서신을 보내 '우린 헬기조종사들의 이름과 주소를 다 알고 있다'고 알렸던 말이에요."

나는 그 여자가 말을 마치기를 기다렸다.

"그 다음엔 어떻게 되었는지 알겠지요?"

"알 것 같네요." 내가 대답했다.

"맞아요. 고엽제 살포가 중단된 거예요."

다섯 가지 이야기

국가나 민족이란 것은 대체로 스스로를 즐겁게 하는 이야기이다. 만일 거짓 이야기를 꾸며낸다면 장차 그 거짓말에 따른 결과를 겪게 될 것이다. 진실을 이야기하는 국가나 민족은 자신의 역사를 해방시켜 장차 활짝 꽃피우게 될 것이다.

*벤 오크리[4]

의문의 여지없는 믿음이야말로 한 문화가 갖는 진정한 권위이다. 그러므로 어느 개인이 자신의 경험을 초월하는 어떤 권위를 끌어들이지 않고 자기가 명백한 진리라고 생각하는 바를 표현할 수 있다면 그는 자기 문화의 신념체계를 뛰어넘는 것이다.

로버트 콤스(Robert Combs)[5]

---

* Ben Okri: 1959~ 나이지리아의 소설가

지난 화요일 세계무역센터의 쌍둥이빌딩이 붕괴하여 수천 명이 죽었다. 같은 날 펜타곤의 한 부분도 무너져 내려 100여 명이 사망했다. 게다가 펜실베이니아주에서는 제트여객기 한 대가 추락했다.

이 이야기를 반복해 보자. 지난 화요일에 광신적인 아랍 테러범들이 비행기 네 대를 납치하여 수십 명의 희생자를 냈다. 미국인들과 달리 생명을 존중하지 않는 이 테러범들은 여객기 두 대를 세계무역센터에, 그리고 또 한 대를 펜타곤에 충돌시켰다. 네번째 여객기의 용감한 남녀 승객들은 테러범들과 몸싸움을 벌여 테러범들이 CIA본부와 같은 중요한 목표를 공격하지 못하도록 비행기를 추락시켜 스스로를 희생했다. 우리 정부는 주모자들을 색출하여 처벌할 것이다. 그것은 쉬운 일이 아니어서 조지 W. 부시 대통령은 "적들은 은밀한 곳에 숨어 있으며 인명을 존중하지 않는다. 이 적들은 방심한 무고한 사람들을 휩쓸고 나서 도망가서 숨는다"고 말했다.[6] 그들을 찾아내어 죽여야 한다. 이런 살상은 만만치 않은 일이다. 우리는 유죄를 끝내 입증할 수 없는 자들까지도 어쩔 수 없이 죽여야 하는 가능성—필연성—에 대비할 각오를 해야 한다. 전 국무장관 로렌스 이글버거는 이렇게 말했다. "이런 자들을 다루는 방법은 한 가지뿐이다. 직접 관여하지 않은 자들까지도 몇 명 잡아 죽여야 한다는 것이다."[7] 수많은 정치인과 언론인들은 이보다 더 노골적인 발언을 했다. 칼럼니스트이며 베스트셀러 작가인 앤 쿨터는 이렇게 썼다. "지금은 이번 테러공격에 직접 가담한 개개인을 정확히 찾아내는 일에 공들일 때가 아니다. … 그들의 나라로 쳐들어가, 그 지도자들을 죽이고 그들을 기독교로 개종시켜야 한다."[8]

같은 줄거리의 또 다른 이야기를 보자. 지난 화요일, 젊은이들 19명이 어머니들의 가슴을 뿌듯하게 했다. 젊은이들이 목숨 바쳐 역사상 가장 큰 테러국가인 미국을 강타한 것이다. 이 타격은 미국이 팔레스타인 사람들을 내쫓아 죽이도록 지원하고, 사우디아라비아와 이집트 등 여러 나라에 친서방정부가 들어서도록 강요하고, 미군 폭격으로 이라크 민간인 수십만을 죽이고, 미국의 이라크 제재 때문에 매달 9천 명의 아기들이 죽어가고, 또한 이라크를 열화우라늄에 노출시킨 데 대한 보복으로 가해진 것이다. 넓게 보면, 그것은 인도네시아에서 CIA지원으로 자행된 65만 명 학살 그리고 라틴아메리카에서 CIA의 지원을 받는 암살단에 의한 수십만 명의 학살에 대한 보복이기도 했다. 북한에서 400만 명을 학살한 데 대한 보복, 아메리카 인디언들의 땅을 훔치고 인디언 수백만 명을 죽인 데 대한 보복이었다. 모부투 세세 세코, 아우구스토 피노체트, 팔레비 왕, 수하르토, 마르코스 등 기업 친화적인 독재자들을 들여앉힌 데 대한 보복이었다. (윌리엄 코언 국방장관은 『포천』지 선정 500대 기업가들을 상대로 이렇게 말했다. "사업은 깃발(국기)을 따라 다니기 때문에 가능한 것이다. … 우리는 안전을 제공하고, 여러분은 투자를 제공한다."[9]) 이 타격은 생명이 아니라 산업생산의 필요에 의해 추동되는—몰인정한 순익 논리에서 드러나듯이—미국 외교정책에 대한 반응이었다. 그것은 미국뿐 아니라, 착취자는 부자가 되고 나머지는 죽임을 당하는 옛 식민·주의의 연장선에 있는—이른바 채무상환의 직접적인 결과로[10] 매년 50만 명의 아기가 죽어가는—살인적인 지구촌 경제에 가해진 타격이었다. 세계의 빈곤층은 미국 군사력의 뒷받침으로 초국적기업들이 운영하는 지구촌 경제가 사라져야 잘살게 될 것이다. 국가와 경제, 문화가 모두 전세계에 걸친 인간 및 비인간에 대한 체계적이고 폭력적인 착취에 바탕을 두고 있는 마당에, 누군가가 마침내 반격에 나선다고 해서 놀랄 일은 아니다. 우리는 그저 그 배후조직이 공격을 계속하여 마침내 지구촌 경제를 타도할 자원과 스태미나를 유지해 주기만 바라고 기도할 뿐이다.

이렇게 이야기할 수도 있다. 지난 화요일은 이 행성에게 비극의 날이었으며, 적어도 분노와 증오가 일시적으로나마 승리한 날이었다. 하지만 누구 탓인지 꼭 집어내거나 부정을 부정으로 대하지는 말자. 테러범들의 행동은 잘못이지만, 그들의 폭력에 우리 자신의 폭력으로 대응하는 것도 잘못이다. 폭력은 아무것도 해결하지 못한다. 간디는 "'눈에는 눈' 식으로 나가면 결국 온 세상이 장님이 될 뿐"이라고 말했다. 미국과 지구촌 경제가 근본적으로 파괴적이라고 생각하는 사람이라도 주인의 연장을 가지고 주인의 집을 헐 수는 없다. 우리 모두가 할 수 있는 가장 주요한 일은 우리 마음속에 자리 잡고 있는 분노를 지워버리는 것이다. 내가 평화를 누리고 싶으면 남에게도 평화를 제공해야 한다. 남의 분노를 치유하고 싶으면 내 분노부터 다스려야 한다. 나는 세계의 모든 테러리스트들이 마음속으로 사랑을 찾고 있다는 것을 잘 안다. 그 점을 이해하는 우리의 과제는 그들에게도 오로지 사랑으로, 나아가 더 큰 사랑을 가지고 이를 가르치는 것이다. 사랑이야말로 유일한 치유책이다. 나는 폭력을 개탄하기 때문에, 미국이 전쟁을 벌인다면 마음속에 사랑을 지니고 온갖 가능한 평화적 방법을 통해 그 전쟁에 반대할 것이다. 그리고 나는 우리의 용감한 군대를 사랑하고 지지할 것이다.

◎ ◎ ◎

또 이런 이야기는 어떨까. 지금은 산업문명이 지구를 죽이고 있다는 것을 누구나—기득권자들조차도—분명히 알고 있다. 산업문명은 인간에게 미증유의 고난과 고통을 안겨주고 있다. 이를 멈추게 하거나, 아니면 어떤 방법으로든지 스스로 멈추거나, 아니면 가장 바람직하기는 고유의 생태계 및 인간 파괴적 속성에 짓눌려 붕괴되지 않는 한, 산업문명은 지구상의 모든 생명체를 죽이게 될 것이다. 또 한 가지 분명한 것은 이 같은 파괴를 멈추게 하거나 늦추고자 하는 우리의 노력이 불충분하다는 것이다. 우리는 소송을 제기하거나 책을 쓰기도 하고, 논설위원이나 국회의원·최고경영자 들에게 편지를 보내기도 하고, 피켓이나 플래카드를 들고 다니기도 하고, 자연부락을 복원하기도 하지만, 그래도 파괴의 속도는 늦춰지지 않을 뿐만 아니라 오히려 계속 가속화하고 있다. 삼림벌채는 계속 늘어가고, 멸종속도도 빨라지고, 지구 온난화는 거침없이 진행되고, 부자는 더 부유해지고, 가난한 자는 굶어죽고, 세계는 불타고 있다.

또 우리는 파괴를 향해 달리는 문명의 고속열차를 제어하기에 속수무책인 듯이 보일 때가 많을 뿐 아니라 우리의 담론에 큰 차이가 있음을 발견하기도 한다. 우리는 시민불복종 전술에 대해 많은 이야기를 하며, 문화적 변혁의 정신적 강령이라든가 생물공학·독물학·생물학과 심리학에 대해서도 많은 이야기를 한다. 우리는 법령에 관해 이야기하며 절망, 좌절감과 슬픔에 관해서도 자주 이야기한다.

그러면서도 우리의 담론은 여전히 당초부터 파괴과정을 장악한 이 지배적 구조에 확고하게 뿌리박고 있어 그 제재를 받고 있다. 우리는 폭력은 고사하고 사보타주 전술에 대해서도 별로 이야기하지 않는다. 우리는 그런 전술을 기피하며, 아니면 짐짓 그런 전술은 아예 존재하지도 않으며 가능성조차도 논하면 안 된다는 듯이 둘러대면서, 가족모임에 나타난 버린 자식 대하듯 하고 있다.

몇 년 전에 나는 오랫동안 간디주의 운동가로 존경받아 온 어떤 분과 인터뷰를 가졌다. 내가 물었다. "집권층이 잔인무도한 자들이면 어쩌지요? 이성에 따를 생각이 전연 없는 자들이라면 어쩌지요? 그래도 그들을 비폭력적으로 대해야 할까요?"

그가 꽤 합리적으로 대답했다. "집에 불이 나서 도저히 손쓸 수 없는 지경에까지 이르면, 우리가 할 수 있는 일이라곤 기껏 물을 길어다가 불길이 퍼지지 않도록 막는 것뿐입니다. 하지만 집은 구할 수 없지요. 비폭력은 예방원리입니다. 집에 불이 나기 전에 소화전을 확인하고 탈출루트와 비상구를 분명히 표시해 두어야 한다는 거지요. 사회의 경우도 마찬가지요. 애들에게 비폭력을 가르치는 겁니다. 언론에 비폭력을 가르쳐야 해요. 그러면 당신은 누군가가 불만을 가질 때 이를 묵살하거나 탄압하지 않고, 그 사람의 말에 귀를 기울이며 '문제가 뭐요? 우리 앉아서 함께 풀어봅시다'라고 말하게 되는 겁니다."

나는 그가 한 말에 대해서는 동의했지만, 그래도 그가 문제의 핵심을 피해 간다는 느낌을 지울 수 없었다.

내가 입을 열기 전에 그가 말을 이었다. "아버지가 자식들을 구타한다고 합시다. 아버지가 그 지경에까지 이르게 되면 이런 의문을 갖게 되지요. '저 사람은 어린 시절이 어땠을까? 어째서 조용히, 온정을 가지고, 차분하게 역경에 대처하는 법을 배우지 못했을까?' "

간디주의의 이런 온정론은 선후가 완전히 뒤바뀐 것이라는 생각이 들었다. 구타당하는 아이들에 대한 아버지의 온정은 어디에 있단 말인가? 나는 가장 시급한 일은 아이들을 안전한 곳으로 피신시키는 것이라고 생각한다고 대답했다. 어떤 방법으로든지 안전문제를 해결하고 아이들의 정서적 요구를 충족시켜 주고 나서야, 아버지의 정서문제라든가 성장과정을 따져볼 여유가 생긴다는 얘기였다.

이 이야기에서 정작 중요한 대목은 그 다음에 이어졌다. 나는 그 독실한 비폭력주의 신봉자에게 혹시 폭력이 아이들을 구할 유일한 방법이라고 밝혀지면 폭력행위를 받아들이겠느냐고 물었다. 그의 대답은 속마음을 드러내는, 우리의 담론이 단절되어 있음을 상징하는 것이었다. 그가 아예 화제를 바꾼 것이다.

나는 인터뷰내용을 원고로 정리한 후 그의 생각을 명확히 할 생각으로 새 질문을 추가하여 그에게 보냈다. 이번에는 어떻게 됐느냐고? 그는 아예 내 질문을 삭제했다.

폭력이 언제 불의를 중단시킬 적절한 수단이 되겠느냐 하는, 이 까다로운 질문에 대해 우리는 이런 식의 반응을 보일 때가 너무나 많다. 하지만 지금 세계가 죽어가고 있는—아니 죽임을 당하고 있는—마당에 우리는 사치스럽게 화제를 바꾸거나 질문을 삭제할 여유가 없다. 그런다고 사라질 문제가 아니다.

∘ ∘ ∘

내가 세계무역센터 폭파사건을 다룬 네 가지 이야기를 소개한 것은 두 가지 이유에서였다.[11] 첫째, 글 쓰는 사람들이 모두 선전원임을 밝히기 위해서였다. 생각이 다르거나 이 점을 이해하지 못하는 필자들은 이야기가 참 뜻과 분리될 수도 있는 위험천만한 선전활동에 매몰되고 만다. 그것은 진실이 아니다. 모든 서술에는 가치판단에 관한 무게 있는 편견(presumptions)이 담겨 있다. 이 말은 앞의 서술뿐 아니라 수학공식과 같은—수량화할 수 있는 것만 값을 매기고 나머지는 버리는—말없는 서술의 경우에도 적용된다.

첫번째 이야기는 널리 유포된 사건의 내용—"세계무역센터의 쌍둥이빌딩이 붕괴하여 수천 명이 죽었다"는 내용—만 제시함으로써 원인과 배경을 평가절하한다. 쌍둥이빌딩이 왜 붕괴했는가? 붕괴를 둘러싸고 어떤 사건들이 있었는가? 원인과 배경 모두를 말끔히 삭제해 버리는 것이 요즈음 언론보도의 표준적인 관행으로 되어 있다. 예를 들어 산사태가 나서 주민 수천 명이 죽었다는 보도를 자주 접하게 되는데, 이유는 그들이 멍청하게도 불안정한 비탈 아래에 마을을 이루고 살았기 때문이라는 식이다. 기사 말미에 슬쩍 '불법벌목'이 언급되는 적도 있지만, 마을주민들의 치열한 반대를 무릅쓰고 가파른 경사면을 벌채하는 와이어하우저, 현대, 다이쇼와 등 초국적 벌목회사에 관한 언급은 눈을 씻고 봐도 찾아볼 수 없다. 또 앙골라에서 민간인을 학살하는 반군집단 UNITA(앙골라완전독립민족동맹)에 관한 기사를 보더라도, 미국이 이 단체를 20년 동안 지원해 왔다는 언급은 찾아볼 수 없다. 또 세계무역센터 폭파에 관한 장황한 기사가 많이 나왔지만, 미국을 증오하는 이유에 관한 분석을 과감히 시도한 경우는 거의 없고, 기껏해야 그들이 '광신자'들이라거나 "우리 생활방식을 질투한다"거나 심지어 그들이 "우리 자원을 탐낸다"는 언급에 머무를 뿐이다.

두번째인 애국적 이야기에는 미국이 애당초 제대로 대처하지 못했으며 심지어 테러공격을 자초했다는 전제가 깔려 있다. 미국이 다른 나라 사람들을 죽였을 때 그 생존자들이 미국시민들을 죽여 보복한다면—그 반격에 따른 사상자 수가 훨씬 적더라도—미국은 다른 나라 사람들을 이보다 더 많이 죽이고도 정당성을 주장할 수 있을 것이다. 토머스 제퍼슨은 이렇게 말했다. "전쟁에서 적이 아군 몇 명을 죽이면, 우리는 적을 모조리 섬멸해야 한다."[12] 애국적 이야기에 담긴 또 한 가지 편견은 외국 테러범들에게 피살된 사람들의 목숨은, 예를 들어 위험한 작업조건이라든가 발암물질로 뒤덮인 환경 때문에 죽어간 사람들의 목숨보다 주목하고, 복수하고 보호할 가치가 크다는 것이다. 테러공격으로 3천 명이 죽었다고 하자. 나는 한때 사랑과 우정, 드라마와 슬픔으로 가득 차 있었을 이들의 목숨을 폄하려는 것이 결코 아니다. 그러나 매달 이보다 더 많은 미국인들이 유독물질이나 산업재해 때문에 죽어가며, 매주 이보다 더 많은 미국인들이 주로 대기업들의 산업활동의 직접적인 결과물이며 필시 산업경제의 결과물인 예방 가능한 암 때문에 죽어가고 있다.[13] 이 같은 죽음에 대해서는 분노하지 않다가 9·11사태의 죽음에 대해 분노를 터뜨리는 것은—곰곰이 생각해 보면—우리 문화가 갖고 있는 가치관과 편견을 여지없이 드러내는 것이다.

세번째 이야기는 테러범이나 그 지지자들의 관점에서, 자기들에게 아무 해를 끼치지 않은 비전투원을 죽이는 것이 도덕적으로 용인되는 상황이 존재한다고 전제하고 있다.[14] 이 이야기는 또한 미국에서 사람을 죽이면(물론 생산과정에서 발암물질을 뿜는 것은 잔혹행위로 간주되지 않으므로 여기서는 테러에 의한 살인을 의미한다) 미국정부 지도자들에게 영향을 주어 다른 나라들을 폭력적으로 지배하는 미국의 처지를 재고하도록 만들 수 있다고 가정한다.

네번째 이야기는 비폭력수단을 통해 폭력을 멈추거나 크게 늦출 수 있다고 가정한다.

◎ ◎ ◎

내가 품어온 한 가지 의문이 있다. 동일한 행동이 어떤 관점에서는 비윤리적이고 또 다른 관점에서는 윤리적일 수 있는 것일까? 예컨대 자유롭게 흐르는 강물에 의존해 살고 있는 연어와 같은 생물의 관점에서는 댐은 흉악무도하고 비윤리적이다. 이런 관점에서는 댐을 없애는 것이 대단히 윤리적이다. 물론 가장 윤리적인 것은 애당초 이런 큰 댐을 짓지 않는 것이리라. 그러나 댐은 지어졌고, 거대기업들의 견실한 단기순익을 위해 빈민들의 단호한 저항을 물리치고 지금도 댐이 계속 건설되고 있다. 두번째로 윤리적인 것은, 모든 인간과 비인간의 (생태계의 추상적 요구가 아닌) 생존요구를 감안하여 물을 밖으로 서서히 끌어낸 다음 비교적 부드럽게 댐을 깨뜨려 강물이 다시 자유롭게 흐르도록 만드는 방법일 것이다. 그러나 댐은 여전히 그대로 있어 강물을 죽이고 있다. 예컨대 미국 서북지방의 댐들 때문에 연어와 철갑상어가 급속히 사라지고 있고, 서남지방에서는 콜로라도강이 지금은 바다로 흘러 들어가지도 못하는 상황에 처해 있다. 그런데도 현재의 정치·경제·사회 체제는 인간 및 비인간의 요구에 줄기차게 무반응으로 일관하면서 되돌릴 수 없는 해를 끼치고 있다. 물론 집권자들은 자연계의 건강한 기능과 금전적 이익 중에 한 가지를 선택하라고 하면 언제나 후자를 택한다. 그렇다면 이제 어떻게 하는 것이 윤리적인가? 그저 방관하면서 마지막 연어가 죽어가는 모습을 지켜볼 것인가? 궁극적으로 별 효과가 없을 줄 뻔히 알면서도 편지나 쓰고 소송이나 제기할 것인가? 우리가 직접 나서서 댐을 파괴할 것인가?

또 한 가지 의문이 있다. 하천 자체는 무엇을 바라고 있을까?

나는 그랜드 쿨리 댐(미국 워싱턴주에 있는 세계 최대의 댐으로 높이는 168m-옮긴이)에 들어간 약 1200세제곱야드의 시멘트덩어리보다 훨씬 더 크고 뜻 깊은 표적을 노리고 있다. 이 책에서는 비단 댐뿐 아니라 문명을 몽땅 헐어버리는 것이 윤리적이고 또 가능한 일이겠는지를 검토해 보고자 한다. 금기로 여겨지는 화제를 다루게 되더라도 될수록 움츠러들지 않고 정직하게 검토해 볼 생각이다.

산업경제와 심지어 이를 뒷받침하고 그 바탕이 되는 문명이 인간 및 비인간의 자유와, 나아가 인간 및 비인간의 생명과도 양립할 수 없다고 주장한 사람은 내가 처음이 아니다.[15] 산업경제—그리고 그 바탕이 되는 문명—가 이 행성을 파괴하여 빈민들에게 미증유의 고통을 불러일으킨다는 주장을 받아들인다면, 절대 다수의 인간과 모든 비인간들의 관점에서 볼 때 가장 바람직한 사태는 산업경제가 (그리고 문명이) 사라지거나 또는 우리가 그 최종적 붕괴를 기다릴 동안 단기적으로는 인력으로 가능한 범위 내에서 될수록 그 속도를 늦추는 것임이 분명해진다(이 주장을 받아들이기 싫은 사람은 이 책을 접고 천천히 물러나 TV를 켜고 소마(일종의 진정제-옮긴이)를 더 들고 나면 금방 지금까지 읽은 내용을 다 잊고 만사가 편안해질 것이다). 그러나 문제가 있다. 산업경제의 이 같은 감속은 거의 모든 미국인을 포함하여 문명의 혜택을 받고 있는 많은 사람들에게 불편을 끼치리라는 점이다. 불편을 느끼게 될 많은 사람들은 스스로 인간이기보다 산업경제의 일원으로서의 역할에 더 일체감을 갖기 때문에 이 같은 불편을 위협으로 간주할 가능성이 매우 크다. 그렇다면 무엇이 옳은 일일까? 앞의 간디주의자가 답변을 거부했던 그 질문을 제기하지 않고 근본적인 사회변혁을 얘기한다는 것이 가능한 일일까?

문명

문명은 해외정복과 국내적 억압에서 비롯되는 것이다.

스탠리 다이아몬드[16]

문명붕괴 문제를 천착해 보려면 우선 문명이 무엇인가를 정의할 필요가 있다. 『웹스터』 사전에는 문명이 "사회문화적 발전의 높은 단계"라고 나와 있다.[17] 『옥스퍼드 영어사전』은 "인간사회의 발달된 또는 선진적 상태"라고 설명한다.[18] 내가 찾아본 다른 모든 사전들도 비슷한 찬양 일색이었다. 이런 정의들은 내게 전연 도움이 되지 않았다. 나는 이런 정의를 읽고도 여전히 문명이 도대체 무엇인지 전연 알 수가 없었다. '높은 단계'나 '발달된' 또는 '선진적 상태'가 무엇인지나 정의해 보시지. 나는 이런 식의 정의가 극도로 자기중심적이라는 생각이 들었다. 사전을 집필한 작가가 스스로를 "낮은 저개발의 후진상태의 인간사회"의 구성원으로 분류하리라고 상상할 수 있을까?

나는 문득 사전집필자들을 포함한 모든 작가들이 선전원이라는 생각을 떠올리면서, 이런 식의 정의는 사실 한 입에 먹기 좋도록 토막 낸 선전물이며, 자기가 가장 앞서고 가장 좋은 문화에서 살고 있다고 여겨 이런 생활방식을 다른 모든 사람들에게 강요하도록 이끄는 오만함의 간결한 표현임을 깨닫게 되었다.

나는 문명을 보다 간단하게, 내 생각으로는 보다 유용하게 정의하고자 한다. 즉 문명이란 도시의 성장으로 이어지기도 하고 도시의 성장에서 생겨나기도 하는 문화—즉 여러 가지 이야기, 제도 및 인공물의 복합체—라는 것이다(문명의 어원인 civil은 라틴어로 도시국가를 의미하는 civitas와 시민을 의미하는 civis에서 나온 것이다). 여기서 도시는—캠프, 부락 등과 구별하여—사람들이 식량 등 생활필수품을 상시적으로 수입해야 할 만큼 높은 밀도를 이루고 한 장소에서 어느 정도 영구적으로 사는 장소라고 정의된다. 이렇게 보면, 내가 지금 살고 있는 캘리포니아주 크레슨트 시티에 있던 500년 전 톨로와족의 부락들은 도시가 아니었을 것이다. 톨로와족은 이 고장에서 나는 연어, 조개, 사슴, 월귤 등을 먹고 살아 외부에서 식량을 들여올 필요가 없었기 때문이다. 그러므로 내 정의에 따르면, 톨로와족은 도시성장 없이 살았으므로 문명화되지 않았을 것이다. 반면에 아스텍족은 문명을 이루고 살았다. 그들의 사회구조는 필연적으로 이스타팔라파나 테노치티틀란과 같은 대도시로 발전했었다. 특히 후자는 유럽인들이 처음 찾아왔을 당시 유럽의 어느 도시보다도 훨씬 커서 인구가 런던이나 세비야보다 다섯 배나 많았다.[19] 테노치티틀란을 파괴하고 그 주민들을 도륙하거나 노예로 삼기 직전에 정복자 에르난도 코르테스는 그 도시가 지구상에서 단연코 가장 아름다운 도시라고 말했다.[20] 아름다움과 상관없이 테노치티틀란도 다른 모든 도시들처럼 식량 등 자원의 수입을 필요로 했다. 모든 문명의 역사는 도시국가 성장의 역사이며, 따라서 각종 자원을 이 센터로 집중시키는 역사이고 또한 갈수록 피폐해지는 주변지역에 의해 포위된, 갈수록 지속이 불가능해지는 지역의 역사이기도 하다.

독일재상 파울 폰 힌덴부르크는 이 관계를 이렇게 적절히 설명했다. "식민지 없이는 원자재 획득 면에서 안보가 없고, 원자재 없이는 공업이 없고, 공업이 없으면 적절한 생활수준과 복리가 없다. 그러므로 우리 독일은 식민지가 필요하다."[21]

물론 이미 식민지에 가서 사는 사람들도 있지만, 그것은 분명히 별로 중요하지 않다.

문제는 여기서 그치지 않는다. 도시는 정치·사회·생태적인 진공상태에서 성장하지 않는다. 루이스 멈퍼드(Lewis Mumford)는 그의 뛰어난 두 권짜리 저서 『기계의 신화』(*Myth of the Machine*) 제2권에서 문명이란 용어를 사용하면서 이렇게 설명하고 있다. 문명은 "왕정하에서 처음 형태를 갖춘 일단의 제도들을 지칭한다. 도시의 주된 특징은 정치권력의 집중화, 계급의 분리, 종신분업, 생산의 기계화, 군사력 확대, 약자에 대한 경제적 착취 그리고 산업 및 군사적 목적 모두를 위한 노예 및 강제 노동의 보편적 도입이다."[22] (인류학자이며 철학자인 스탠리 다이아몬드Stanley Diamond는 좀더 간결하게 "문명은 해외정복과 국내적 억압에서 비롯되는 것"이라고 지적하고 있다.[23]) 모든 문명에 내재되어 있는 이런 속성들 때문에 문명은 아주 나쁜 것처럼 보인다. 그러나 멈퍼드는 문명은 보다 자애로운 또 다른 측면도 가지고 있다면서 계속해서 이렇게 지적한다.

> 이 제도들은 훌륭한 또 다른 일련의 집단적 특성들이 수반되지 않았더라면 최초의 왕권신수 신화와 여기서 파생된 기계신화 모두의 평판을 완전히 떨어뜨렸을 것이다. 여기서 집단적 특성들이란 문자화된 기록의 발명과 그 보존, 시각예술과 음악예술의 성장, 지역공동체의 범위를 훨씬 넘어 통신 및 경제교류 범위를 확대하려는 노력 등이며, 궁극적인 목적은 어떤 단일 집단이 발명한 것이더라도 모든 발명, 발견과 창작물, 예술과 사상적 작품, 가치관과 목적들을 모든 인간들에게 제공하고자 하는 것이다.[24]

나는 멈퍼드를 존경하고 또 그의 저작에서 많이 영향을 받았지만, 그러면서도 그가 문명이 갖는 훌륭한 측면을 논하기 시작하면서 우리 문화가 '선진적'이고 '높은' 단계에 있다는 등 앞의 사전편찬자들이 퍼뜨린 선전문의 마법에 걸려들지 않았을까 염려하게 된다. 그러나 문명의 미소 짓는 이 두번째 가면—예컨대 우리 문명의 시각예술과 음악예술이 개화되지 않은 사람들의 예술보다 발달했다는 생각—을 벗겨보면 거울에 비친 문명의 또 다른 측면, 즉 권력의 이미지를 보게 된다. 예를 들어 시각예술과 음악예술이 지금의 체제에서 성장하거나 더 발전했다고 말하는 것은 완전한 진실이 될 수 없으며, 그런 예술이 우리 문화의 경제와 정치를 특징짓는 분업과정을 오래전부터 겪어왔다고 보는 것이 진실에 더 가까울 것이다. '개화되지 않은' 전통적 토착민들은 공동체 구성원들의 유대를 굳히고 축제를 벌이기 위해 구성원 모두가 노래를 부르는 데 반해 문명사회에서는 전문가들, '재능' 있는 사람들, 예술제작에 전념하는 사람들만이 노래를 작곡하고 연주한다. 나는 베토벤, 모차르트나 루 리드(파격적인 가사로 유명한 미국의 로크가수—옮긴이)의 CD를 들을 수 있는 마당에 구태여 이웃집 여자가 스스로 작곡해서 부르는, 음정도 불안정한 아마추어 노래를 들을 이유가 없다. 나는 인간을 공동체 예술창작에 참가하는 일원으로부터 타지의 전문가들(비록 정말로 재능이 뛰어나더라도)이 만들어낸 예술제품의 수동적 소비자로 개조하는 것이 좋은 일이라고 말할 자신이 없다.

저술에 대해서도 비슷한 주장을 하고 싶지만, 스탠리 다이아몬드는 이렇게 미리 못 박고 있다.

> 저술은 문명의 색다른 미스터리의 하나로서 복잡한 경험을 글로 옮긴 것이었다. 더구나 저술은 지배계급에게 무한정한 권력의 이데올로기적 수단을 제공한다. 하나님의 말씀은 성직자들이 묵상하는 신성한 율법이 된다. 그러므로 이러쿼이(북아메리카 원주민―옮긴이) 사람들은 유럽인을 만나 '성서는 악마가 쓴 것'이라고 응수했다. 집필이 등장하면서 기호들이 분명해져 풍요로움을 얼마간 상실하게 되었다. 인간의 말은 이제는 끝없는 현실탐구가 아니라 자기에게 불리하게 사용될 수도 있는 기호가 되었다. … 집필은 두 가지 점에서 의식을 분열시킨다―집필이 말보다 더 권위를 갖게 되어 언설의 의미를 떨어뜨리고 구전 전통을 쇠퇴케 한다. 그리고 집필은 언어를 정치조작과 타인의 지배를 위해 사용할 수 있도록 해주었다. 문자화된 기호는 기억을 보충하여 공식적이고 영구적인 고정된 사건기록을 만들 수 있게 되었다. 초기문명에서는〔나는 지금도 그렇다고 생각한다〕 문자화된 기록은 진실일 수밖에 없다.[25]

문명 아래서의 통신과 경제적 교류의 확대가 전체 인류에게 혜택을 준다는 멈퍼드의 주장에는 두 가지 문제가 있다. 첫째, 그의 주장은 개화되지 않은 사람들은 지역사회를 벗어난 통신과 경제적 거래를 하지 않았다고 전제하고 있다. 그러나 그렇지 않다. 서북 해안지방의 조개껍데기가 평원지대의 인디언들에게 전해졌고, 들소가죽으로 만든 무릎덮개가 해안지방에서 발견된 경우도 많다. (더구나 문명인들에게는 좀처럼 드문 일이지만, 개화되지 않은 사람들은 비인간 이웃들과도 의사소통을 했다. 사람을 인간공동체 안에 가두어두다니!)

어쨌든 나는 스페인사람과 이메일을 주고받고 로스앤젤레스에서 방영되는 TV프로그램을 시청할 수 있다고 해서 내 생활이 특별히 더 풍요해지는 건지 확신이 서지 않는다. 나는 이웃과 잘 알고 지내는 것이 훨씬 더 중요하고 유용하고 풍요로운 일이라는 생각이다. 나는 종종 동료인간들이 꽉 들어찬 방안에 앉아 TV를 응시하면서 남이 꾸며내고 연기하는 이야기를 시청하고 있는 나 자신을 발견하고 놀라곤 한다. 내 친구들 중에는 자기 이웃보다 세인펠드(1990년대 미국의 인기 연속 홈 코미디, 그 감독 및 주인공의 이름—옮긴이)의 이웃을 더 잘 아는 사람도 있다. 나도 일상적인 내 주위사람들보다 컴퓨터게임을 하면서 실재하지 않는 동떨어진 사람에게 더 열중하는 수가 있다. 실토하자면, 나도 컴퓨터 게임 '둠 2'(Doom 2)의 미로를 헤집고 다닐 수 있다.

언젠가 나는 밤늦게까지 글을 쓰다가 마침내 컴퓨터를 끄고 바깥으로 나가서 개들에게 밤인사를 했다. 삼나무들의 꼭대기 우듬지에서 바람이 세차게 불어 나무들이 탄식하듯 소리를 내고 있었다. 나뭇가지들이 부딪치고 멀리서 우지끈 하는 소리가 들렸다. 나는 그 순간까지도 이처럼 가까운 곳에서 굉장한 심포니가 연주되고 있다는 것을 전연 몰랐고, 하물며 밖에 나가 연주에 참여하여 머리칼을 날리는 바람과 얼굴을 때리는 빗방울을 느껴본 적은 더더구나 없었다. 한밤의 이 모든 소리는 애처로운 컴퓨터의 단조로운 소리에 파묻혀 있었다. 바로 어제 나는 비오리 한 쌍이 침실 밖 연못에서 노니는 것을 보았다. 그리고 밤에는 TV에서 사자가 얼룩말을 추적하는 뻔한 장면을 또 보았다. 둘 중 어느 장면이 내 삶을 더 풍요하게 만들까? 정보통신의 확대라는 것도 사실은 시각예술 및 음악예술이 안고 있는 문제의 되풀이일 뿐이다. 문명을 추동하는 집중화 충동을 감안할 때, 정보통신의 확대라는 것은 우리를 우리 자신과 우리 주변의 삶의 능동적 참여자로부터 원거리의 '설탕 젖꼭지'에서 말과 이미지를 빨아먹고 사는 소비자로 전락시킨다는 것을 의미하기 때문이다.

멈퍼드의 주장에는 또 다른 문제가 있다. 통신과 경제교류의 확대를 찬양하면서도, 이상하게도 그는 이런 확대가 모두에게 이로운 것은 오직 당사자들이 상대적으로 힘이 대등한 상황에서 자발적으로 참여할 때만 가능하다는 점을 망각한 것으로 보인다. 나는 예를 들어 아프리카 사람들이 유럽과의 '경제적 교류'로 혜택을 입었다는 말을 하기가 정말 싫다—사실 그들은 노예무역으로 1억 명은 죽었을 것이고, 오늘날 재산을 빼앗겨 빈곤에 처해 있는 사람은 이보다 훨씬 더 많다. 오스트레일리아 원주민, 아메리카 인디언, 식민지 이전의 인도사람 등의 경우도 마찬가지이다.

멈퍼드의 글 중 또 한 가지를 재검토해 보고자 한다. 그는 앞에서 인용한 글을 이렇게 맺고 있다. "궁극적인 목적은 어떤 단일 집단이 발명한 것이더라도 모든 발명, 발견과 창작물, 예술과 사상적 작품, 가치관과 목적들을 모든 인간에게〔원문대로〕 제공하고자 하는 것이다." 그러나 경제적 교류가 모두에게 이로운 것은 모든 교환이 자발적일 때뿐이듯이, 자기 집단의 가치관과 목적을 다른 집단에게 강요하거나 다른 집단의 발명을 도용하는 것도 후자의 착취와 위축을 가져올 뿐이다.

이 같은 '교환'이 모두에게 이롭다는 논리는 아메리카 초기의 유럽인들이 공통적으로 주장하는 바여서 존 체스터 대위는 인디언들은 '우리 신앙에 관한 지식'을 얻고 유럽인들은 '이 고장의 리치(ritches)'를 거두어들였다고 썼다.[26] 19세기 미국의 노예소유주들도 그런 주장을 폈으니, 철학자 조지 피처는 "노예제도는 하층계급이 우월한 정신·정보 및 도덕성을 지닌 소유주들과 지속적으로 교류토록 함으로써 그들을 교육시키고 순화하고 교화한다"고 썼던 것이다.[27] 그리고 오늘날에도 세계의 빈민들의 토지기반을 빼앗고 그들을 착취공장에서 혹사시키는 대가로 그들에게 청바지, 빅 맥, 코카콜라, 자본주의와 예수 그리스도의 장점을 가르치려 드는 사람들도 대체로 이런 주장을 하는 것이라고 볼 수 있다.

또 한 가지 문제는 멈퍼드가 발견, 발명, 창작물, 예술과 사상적 작품, 가치관과 목적들을 공간을 초월하여 옮길 수 있다고, 즉 그런 것들을 이를 만들어낸 인간적 배경과 토지기반 모두로부터 분리시킬 수 있다고 전제함으로써 필연적으로 지속 불가능으로 이어질 수밖에 없는 정신상태를 뒷받침하고 있다는 점이다. 멈퍼드의 설명은 의도와는 달리 무엇보다도 우리를 기계에 (그의 표현대로 문명에) 속박시키고 있는 여러 설화(stories)들의 위력을 드러내고 있다. 이 기계의 신화를 날카롭게 해부하면서도, 멈퍼드는 은연중에 예술작품이나 사상·발명 등은 연장통에 든 공구들처럼 본래의 배경을 벗어나서도 의미 있게 사용될 수 있다는 생각을 받아들임으로써 바로 그 똑같은 신화로 물러서고 말았다. 사상·예술 등을 인간 및 비인간 공동체를 배경으로 꼼꼼히 짜서 만든 양탄자 같은 것으로 보지 않고, 연장통의 공구쯤으로 본다는 것이다.

그러나 대평원지대에서는 잘 작동하던 발명·사상·목적 등이 서북 태평양 연안지방이나 하물며 하와이에 가서는 해가 될 수도 있다. 이 같은 위치전환을 긍정적으로 생각하는 것은 가까이 있는 것을 멀리 동떨어진 것으로 대체하는 우를 범하는 것이다. 진정 자기 고장에서 살아가는 법을 알고자 하는 사람은 자기 고장에 관심을 기울여야 한다.

그러나 이런 것들보다 더 중요한 문제가 있다. 그것은 다른 문명들이 공유하지 않는 이 문명의 특성과 관련된 문제이다. 가장 자주 볼 수 있는 믿음은 생활방식은 오직 한 가지이며, 우리야말로 그 방식의 유일한 소유자라는 믿음이다. 그러므로 우리가 할 일은 필요하면 강제로라도 이 생활방식을 보급하는 것이다. 서방문화는 가치 있는 유일한 문화이기 때문에 다른 생활방식, 즉 다른 문화들을 없애는 것은 손실이기는커녕 실질적인 이득이 된다. 그러므로 우리에게 가담하기 싫어하는 자들은 죽여버리면 그만이라는 것이다. 이 모든 것을 다른 말로 표현해 보면, 우리 문화가 다른 문화들보다 우월하다고 주장하는 사전적 설명의 오만함, 문명의 자의적인 확장과 착취를 허용하는 초(超)군사주의 그리고 루이스 멈퍼드와 같은 냉혹한 문명비평가들조차도 갖고 있는 세계주의(cosmopolitanism)—즉 발명, 가치관, 사고방식 등의 시공을 초월한 이동—가 바람직하다는 신념 등이 결합하면 끔찍한 연금술적 변화가 일어나게 된다. 이 끔찍한 연금술적 변화가 20세기에는 민족 대량학살(genocide)로 나타났다.

이렇게 볼 때 우리 문명의 역사는 궁극적으로 세계의 다양한 양탄자 이야기를 단 하나의 이야기로, 가장 발달된 선진적 이야기로 환원시키는 역사이고, 강자의 역사이며 영광스러운 서방문명의 역사이다.

깨끗한 물

'장소'(place) 의식이 중요하다. 땅과 함께 사는 사람들에게는 땅이 온 세상의 중심이 된다. 그것은 결혼과도 같다. 우리는 우리가 살고 있는 땅과 공생관계에 있으며, 이 관계를 뛰어넘어야 하고 또 뛰어넘을 수 있다는 생각이 우리가 안고 있고 만들어낸 여러 가지 문제의 핵심이다. 땅은 존경받아야 하며, 땅에 대한 존경심이 있어야 자신과 남을 존경할 수 있게 된다.

리처드 드린넌(Richard Drinnon)[28]

이렇게 고쳐 이야기할 수도 있겠다. 서방문명의 역사는 그 같은 환원의 역사가 아니라 환원을 '시도한' 역사라고 말이다. 분명히 서방문명은 이미 북아메리카산 철비둘기 이야기, 유럽·북아메리카·아프리카 등지의 여러 토착민 이야기, 들소 이야기, 유유히 흐르는 강물 이야기 등 여러 이야기들을 제거하는 데 성공했지만—그러나 모든 이야기를 하나로 환원시키는 데는 결코 성공하지 못할 것이다. 세계가 그렇게 하도록 내버려두지 않을 것이다. 그리고 나도 능력이 닿는 대로 그렇게 내버려두지 않을 것이다.

○ ○ ○

행동의 윤리성은 사람의 관점뿐 아니라 상황에 따라서도 달라질 수 있다. 그 예로 잠시 섹스 이야기를 해보기로 하자.

내 친구 한 사람은 서른이 넘도록 숫총각으로 남아 있었는데, 그 주된 원인은 여자를 두려워하고 삶과 자기 자신을 두려워하기 때문이었다. 그는 어느 날 난생 처음으로 역시 30대에 애 하나를 둔 어떤 여자와 소개팅을 갖게 되었다. 그 여자도 두려움이 있었지만, 좀 다른 데가 있었다. 혼자서 애를 키우고, 아무도 없이 혼자서 늙어가기가 두려웠던 것이다.

두 사람은 데이트 첫날밤에 여자의 제의로 섹스를 가졌다. 그동안 한번도 여자와 은밀한 시간을 가져본 적이 없던 내 친구가 사랑에 빠지고 말았다. 자기를 원하는 사람이 있다는 것이 기분 좋았다. 절망과 고독에 빠져 있던 여자가 두려움에 빠져 있는 순진한 그 친구를 재빨리 낚아챈 것으로 보였다.

그 당시의 내 생각은 그랬다. 친구를 보호해야겠다는 생각도 들었지만, 그러나 나는 끼여들기가 싫어 아무 말도 하지 않았다. 지금은 내 추측이 틀렸다는 것이 밝혀졌기 때문에, 나는 그때 아무 말도 하지 않은 것을 다행으로 생각하고 있다. 그 여자를 만나 섹스를 갖고 관계를 맺은 것은 그에게 평생 최상의 경험이었다. 두 사람간의 사랑이 그의 삶의 기둥이 되었고 그는 훨씬 더 선량하고 행복한 남자가 되었다. 그 여자도 더 행복해졌다.

내가 아는 또 다른 남자는 30세가 될 무렵 자기가 상대한 여자가 몇 명인지 벌써 잊고 있었다. 수백 명은 됨 직했다. 그러나 수가 중요한 것은 아니다. 문제는 그의 주체할 수 없는 욕구이다. 그는 여자와 관계하는 방법을 한 가지밖에 몰랐는데, 그의 말을 빌리면 '훔치는' 것이었다. 나는 그를 안 지가 별로 오래되지 않았는데도, 그 짧은 기간 동안에 그는 자기가 대통령 전용요트(로비스트인 그는 대통령을 가까이서 접할 수 있었다)에서, 엘리베이터에서, 비행기 화장실에서, 승용차 뒷좌석에서 성관계를 가진 이야기를 내게 들려주었다. 그의 성생활은 객체적이고도 유해한 것이었다. 그의 말을 들어보면 그가 여자들에게 많은 상처를 준 게 분명한데도, 그는 줄곧 내가 왜 그 많은 여자들이 자기를 두 번 다시 만나지 않으려 했으리라고 생각하느냐고 물었다.

문제는 간단하다. 삶은—그리고 윤리는—매우 복잡해서 섹스가 좋다거나 나쁘다고 쉽게 말할 수 없다는 것이다. 섹스는 선일 수도 있고 악일 수도 있다. 성행위는 매우 도덕적이고 아름다울 수도 있고 상황이나 동기에 따라 매우 비도덕적이고 추할 수도 있다. 또는 아무런 도덕적 무게가 실리지 않아서 도덕적이지도 비도덕적이지도 않은 경우도 있다. 중요한 논점은 섹스가 아니다. 지금의 경험에 열린 자세를 갖는 것이 중요하다. 삶은 상황에 따라 달라진다. 윤리문제도 마찬가지이다. 어떤 상황에서는 의무적이라 할 정도로 윤리적인 행동도 다른 상황에서는 아주 비윤리적인 행동이 될 수 있다. 이 말은 윤리적 함축을 갖는 모든 행동에 해당된다.

그렇다고 해서 도덕적으로 절대적인 것이 없다는 말은 아니다. 단지 그것이 무엇인지, 어떻게 분별할 것인지, 그것을 어떻게 인식하여 우리 삶의 지침으로 삼을 것인지가 혼란스럽게 되었다는 것뿐이다.

◦ ◦ ◦

몇 년 전에 나는 성폭행이 나쁜 것인가를 두고 여자와 논쟁을 벌인 적이 있다. 나는 성폭행은 나쁘다고 했다. 당시 철학자인 남자친구와 데이트중이던 그 여자는 내 주장에 반대하면서 이렇게 말했다. "강간이 나쁜 것이라고

'말'은 할 수 있겠네요. 하지만 인간은 모든 것을 다 평가하기 때문에 강간이 좋은 건지 나쁜 건지도 판단할 수 있어요. 강간은 본래부터 좋거나 나쁜 것이 아니라구요. 우리는 강간이 해롭다는 생각을 굳혀주는 여러 가지 이야기를 구성할 수 있지만, 정반대의 이야기도 얼마든지 구성할 수 있거든요."

그녀가 절대적으로 옳은 것은 두 가지 점에서이다. 첫째, 사는 방법을 가르치는 데서 이야기가 중요하다는 점이다. 사람이 태어날 때부터 줄곧 산업문명은 인간에게 이롭다거나, '문명인'은 잔혹행위를 저지르지 않는다거나, 폭력은 '야만적'이고 야만인은 폭력적이라거나, 비인간은 (그리고 다수의 인간도) 우리에게 이용당하기 위해 존재한다거나, 슬픔이나 분노·좌절감이나 외로움 같은 것은 쇼핑을 하면 사라진다거나,[29] 미국정부는 (따라서 나치독일이나 소련·룩셈부르크 정부도) 우리의 이익을 진심으로 바란다거나, 직장을 가지고 임금경제에서 일하는 것은 자연스럽고 정상적이고 바람직하고 필요한 것이라거나, 이 세상은 눈물의 골짜기이며 사람이 죽으면 천당에 간다거나 또는 문명이 사라지면 우리 모두가 고생하리라는 이야기를 반복적으로 들으면 물론 이런 이야기를 모두 믿게 될 것이다. 반면에 이와 다른 이야기들을 반복적으로 들으면 점차로 우리의 생각과 행동도 크게 달라질 것이다.

그 여자가 옳은 두번째 이유는 강간을 받아들이도록 가르치는 이야기를 만들어내는 것이 분명히 가능하기 때문이다. 성경이 그 두드러진 예가 된다. 더구나 우리 문화에서 평생 동안 성폭행을 당해 본 여자가 25%이고, 성폭행을 물리쳐 본 여자가 19%라는 점을 생각한다면,[30] 수많은 남자들이 남성은 성폭행을 할 권리가 있다고 배워왔다는 것을 아주 분명히 알 수 있다. 우리에게 그런 이야기를 들려주는 사람은 많다. 그중 소문난 예로 영화 〈드레스트 투 킬〉〈언터처블즈〉 등을 감독한 브라이언 드 팔마는 이렇게 말했다. "나는 항상 여자들을 토막 내거나 위험에 빠뜨리는 등 여자를 에로틱하게 성차별적으로 다룬다고 비난받는다. 내가 서스펜스 영화를 만드는데도 말이야! 여자에게 그런 것말고 달리 무슨 일이 일어나겠나?"[31] 그는 더 정곡을 찌르는 이런 말도 했다. "여자들이 죽거나 성폭행당하는 상황을 만드는 것

은… 사람들이 서로 쳐다볼 때 바이올린 음악이 나오는 것처럼… 장르상의 약속에 불과하다"는 것이다.[32]

마찬가지로 우리는 지구에서 삼림을 없애고 바다를 저인망으로 훑고 대다수 인간을 가난하게 만드는 것이 도리에 맞는다고 가르칠 이야기를 얼마든지 만들어낼 수 있다. 이야기를 잘 꾸미면, 우리는 세계를 파괴하는 것이 도리에 맞을 뿐 아니라 좋은 일이라고 생각하게 될 것이고, 나아가 이를 저지하려는 사람들을 죽이는 것도 좋다고 생각하게 될 것이다.

한 가지 문제는, 이야기들이 모두 같지가 않다는 것이다. 바보 같은 예를 들어보면, 어떤 사람에게 개똥을 먹으면 아주 좋다는 얘기를 거듭거듭 들려주었다고 하자. 어렸을 때부터 이런 얘기를 들은 사람은 그 말을 믿고 개똥 핫도그도 먹고 개똥 아이스크림도 먹게 될 것이다. 그러나 그 사람도 얼마 후 다른 음식을 맛보게 되면, 개똥은 별로 맛이 없다는 것을 알게 될 것이다.[33] 혹시 개똥 이야기에 너무 집착하게 되면 (아니 개똥에 너무 잘 적응하여 정말로 개똥 맛이 좋아지게 되면) 병에 걸리거나 죽게 될 것이다. 좀 덜 바보 같은 예를 들자면, 개똥을 농약으로 바꾸어도 좋다. 아니면 개똥을 빅맥이나 코카콜라로 바꾸어도 좋을 것이다. 결국은 현실의 건강상태가 이야기를 만들어낼 것이다. 그래야만 한다. 다만 시간은 오래 걸릴 것이다. 문명의 경우에는 지금까지 약 6천 년이 걸렸다.

내 경우는 친구에게 분명히 대답하는 데 2년이 걸렸다. 어느 날 오후에 나는 그 여자를 전화로 불러냈다. 우리는 저녁을 먹으러 갔다.

그녀가 말했다. "그래서, 어떻게 됐어요?"

"물이오."

"물이라니?"

"물." "그게 답이에요?" 그녀가 물었다.

"그게 가장 중요해요." 내가 대답했다. 그러나 그 여자는 알아듣지 못했다.

"당신의 기본 논점은 본래부터 선하거나 악한 건 없다는 것이었지…."

"그래요." 그 여자가 고개를 끄덕였다.

　"그리고 우리가 스스로에게 하는 이야기는 우리가 사물의 선악을 인지하는지 여부만 결정하는 것이 아니라 사물이 실제로 선한지 여부도…."

　"맞아요." 그녀가 말했다. "인간은 가치에 대해 정의를 내리는 유일한 존재니까…."

　나는 전에도 그 여자와 이런 토론을 한 적이 있었고, 다른 여러 사람들과도 이런 토론을 벌였었다. 전에 나는 어느 대학교 철학교수의 연구실 옆방을 쓴 적이 있었다. 나는 가끔 그의 방에 가서 이야기를 나누었지만, 그는 터무니없이 이상하고 비논리적이어서 나는 늘 금방 물러나곤 했다. 그는 이렇게 말했다. "인간은 가치에 대해 정의를 내리는 유일한 존재이기 때문에, 인간이 가치 있다고 결정하기 전에는 이 세상의 아무것도 가치를 갖지 못합니다." 그는 몇 번이고 이런 말을 반복했는데, 마치 자꾸 반복하면 내가 받아들이도록 할 수 있다고 생각하는 것 같았다. 나는 매번 그 방에서 허둥지둥 도망쳐 나왔는데, 그때마다 망치를 들고 되돌아가고 싶은 생각이 굴뚝같았다. 그가 왜 망치를 갖고 왔느냐고 물으면, 나는 이렇게 대답할 생각이었다. "망치로 엄지손가락을 쳐도, 선생님은 망치로 맞으면 아프다고 지각적으로 '결정'하지 않을 거요. 당신이 어떤 결정을 내리건 상관없이, 망치로 맞지 않는 것은 본래부터 고유의 가치를 지녀요."

　불행하게도, 오직 인간만이 (보다 구체적으로는 아주 특별한 인간들만이) 중요하다는 이런 식의 나르시시즘이 우리 문화의 중심을 이루고 있다. 이런 나르시시즘은 우리 문화의 종교에서 경제학, 철학, 문학, 의학, 정치학 등등에 이르기까지 도처에 스며들어 있다. 그리고 분명히 우리 인간과 자연계의 비인간 구성원들 간의 관계에도 스며들어 있다. 그렇지 않고서야 산을 모두 벗겨내거나 댐을 건설했을 리가 없다. 나는 언젠가 동물원과 야생동물에 관한 책을 읽은 적이 있는데, 이 책에서 저자들은 왜 야생동물을 보존해야 하느냐고 묻고 나서, 나름대로 오만과 어리석음이 드러나는 대답을 하고 있었다. "우리의 대답은 인간세계가 메마르게 되기 때문이라는 것이다. 동물들은 오직 인간의 이익을 위해 보존하는 것인데, 인간이 인간의 즐거움을 위해

동물들을 보존하기로 결정했기 때문이다. 동물들을 '그들을 위해' 보존한다
는 생각은 별난 데가 있다. 이런 생각은 동물들이 어떤 특정한 생존조건을
바랄 것이라고 암시하기 때문이다. 인간이 동물들도 자기 종의 계속적 생존
을 바랄 것이라고 상상한다면 터무니없는 노릇이다."[34]

나는 친구에게 이 이야기를 들려주었다.

"그게 진정이었을까, 아니면 비꼬는 말이었을까요?"

"정말로 진담이라니까."

그 여자가 대답했다. "정말 똥을 싸게 한심하군. 터무니없는 주장이야."

내가 눈썹을 치켜올렸다.

그녀가 말했다. "난 지금은 전보다 고집이 많이 꺾였어요." 그녀는 오래
전에 그 철학교수 친구를 차버리고 다시 합리적으로 생각하고 있었다. "우
리가 늘 들으며 살아가는 이야기들이 어떤 의미를 가지려면 착륙해서 닻을
내려야만 할 거야. 우린 의지할 수 있는 기준이 필요하다구요."

"내가 그런 이야기들과 상관없이 좋은 것을 하나 대보리다."

"그건⋯." 내가 컵을 들고 말했다. "깨끗한 물을 많이 마시는 것."

"무슨 말인지 모르겠네."

"우리가 무슨 이야기를 하건 상관없이, 깨끗한 물을 많이 마시는 건 무조
건 좋은 것이니까."

그녀가 알아들은 듯, 미소를 짓고 나서 말했다. "그리고 숨 쉴 수 있는 깨
끗한 공기."

우리 둘이 함께 고개를 끄덕거렸다.

그녀가 말을 이었다. "그것들이 없으면 우린 죽을 테니까."

"바로 그거야." 내가 말했다. "그게 없으면 우리 모두 죽고 말지."

이제 그녀는 흥분하고 있었다. "그게 바로 닻이네." 그녀가 말했다. "거기
서부터 온전한 윤리체계를 구축할 수 있겠어요."

나도 흥분하여 "바로 그거요" 하고 말했다. 우리는 그날 저녁 식당에 앉아
서 윤리체계를 구체적으로 표현하면 어떤 모습일까를 살을 붙여 토론하면서

남은 시간을 보냈다. 내 윤리체계의 기초가 원래 이 세상을 본고장으로 삼지 않으면서 무수한 잔혹행위를 저지르는 신도들을 거느린 하나님의 계명으로 이루어진 것이 아니고, 정치권력을 쥔 자들이 만든 법령이나 우리를 생태적 파멸로 이끈 문화를 보는 지혜(관습법)로 이루어진 것도 아니며, 그 기초는 어디까지나 내가 서식지를—깨끗한 물과 공기, 무공해 음식 등을 포함하여—필요로 하는 동물에 불과하다는 인식에 둔 것이라고 한다면, 이에 따른 내 윤리체계는 예컨대 농약생산의 옳고 그름에 대해 어떤 태도를 취하게 될까? 인간동물인 우리가 단지 신체적 건강을 위해서만이 아니라 정신적 건강을 위해서도 건강한 토지기반을 필요로 한다는 점을 이해한다면, 대량멸종을 윤리적으로 어떻게 보아야 할 것인가? 우리가 사는 이 고장에서 인간과 연어가 적어도 2천년 동안 함께 번영을 누렸다는 인식은 이 장기적 공생관계를 파괴하는 댐, 삼림파괴 등을 보는 윤리관에 어떤 영향을 미칠까?

우리 두 사람 모두 토론을 즐기면서도, 아직 문제가 남아 있다는 것을 알고 있었다. 식당을 나와서도 아무도 그 말을 꺼내지 않던 중에 각자 자기 자동차를 찾아갈 때 그녀가 말했다. "유독물질로 우리 신체를 망치고 토지기반을 망가뜨리는 것이 비윤리적이라는 건 알겠고, 또 강간이 비윤리적이라는 말도 '이해'는 하겠지만, 하지만 우리가 육체를 갖고 욕구를 갖고 있다는 사실, 우리가 동물이라는 사실이 어떻게 강간을 비윤리적인 것으로 '만드는' 걸까?"

나는 심호흡을 했다. 해답은 바로 거기에 있었다. 나는 해답이 눈에 보이고 또 느낄 수 있었다. 거의 해답을 얻은 것 같았다. 나는 입을 열어 해답을 말하려고 했다. 그러나 그 순간 해답이 사라졌다. 나는 해답을 잊었고, 거의 되찾은 듯했다가는 다시 완전히 까먹고 말았다. 그러고 나니 모든 생각과 토론으로부터 자유로워진 기분이었다.

"시간이 늦었네." 그 여자가 말했다. "곧 다시 토론해 보자구요."

"그래, 또 만납시다." 내가 말했다.[35]

파멸

　현대인은 자기가 눈을 뜨고〔빈틈없이-옮긴이〕 생각한다고 자부하기를 좋아한다. 그러나 이처럼 눈을 뜬 채 생각하노라면 이성의 거울 속에서 고문실이 끝없이 반복되는 미로 같은 악몽에 빠지게 된다. 미로에서 헤어나면 우리는 어쩌면 그동안 눈을 뜬 채 꿈꾸어 왔으며, 그런 이성의 꿈은 참으로 용납할 수 없는 것임을 깨닫게 될 것이다. 그러고 나면 우리는 아마도 다시 눈을 감고 꿈꾸고 싶어질 것이다.

*옥타비오 파스[36]

---

* Octavio Paz Lozano: 1914~ 멕시코의 노벨상수상 시인

글을 쓸 때는 마음속의 전제(presumptions)를 감추는 게 통례이다. 독자들이 문체에 압도되어 글을 읽어가노라면 종종 밝혀지지 않은 출발점이 줄거리 자체보다도 결론에 훨씬 더 중요하다는 점을 전혀 깨닫지 못한 채, 그래도 마지막에 가면 대충 작가와 비슷한 결론에 도달하기를 기대하는 것이다. 예를 들어, TV에서 대뜸 이런 질문이 나온다고 하자. "우리는 미국경제를 성장시키기 위해 무엇을 할 것인가?" 이 질문에 담긴 내용은 다음과 같다. 〔전제 1〕 우리는 미국경제가 성장하기를 바란다. 〔전제 2〕 우리는 미국경제가 살아남기를 바란다. 〔전제 3〕 도대체 '우리'가 누구지?

나는 전제들을 슬그머니 감출 생각이 없다. 독자들이 받아들이건 배격하건 될수록 분명하게 펼쳐 보이고자 한다. 그 한 가지 이유는, 내가 문명에 관해 탐구하고자 하는 문제들은 문화적으로나 개별적으로나 우리가 처음으로 직면하는 가장 중요한 문제들이기 때문이다. 나는 속임수를 쓸 생각이 없다. 나는 독자들이나 나 자신을 부정직한 방법으로 설득하고 싶지 않고(아예 설득할 마음도 없다), 다만 우리 모두가 무엇을 할 것인가(또는 하지 말 것인가), 어떻게 할 것인가를 보다 잘 이해하도록 돕고 싶을 뿐이다. 될수록 투명하고 정직해지는 것이 이 목표에 큰 도움이 될 것이다.

이 책을 뒷받침하는 주장들 중에는 자명한 것도 있고, 내가 다른 곳에서 폈던 것도 있고, 여기서 입증해 보고자 하는 주장들도 있다. 물론 내 기본 전제들을 일일이 다 열거할 수는 없다. 여러 전제들은 심지어 나에게도 숨겨져 있거나 아니면 영어 자체에 훨씬 더 기본적으로 내재되어 있기 때문이다. 그래도 어쨌든 최선을 다해 볼 생각이다.

이 책의 첫번째 전제는 너무나 명백하기 때문에 구태여 글로 쓰기도 쑥스러울 정도이다. 그러나 우리 인간은 자기기만에 빠질 수 있는 능력과 그런 성향을 지니고 있기 때문에 나는 이를 명백히 밝혀두기로 했다. 이 책의 〔전제 1〕은 문명은 지속 가능하지 않으며 그렇게 될 수도 없다. 산업문명의 경우 특히 그러하다는 것이다.

여러 해 전에 나는 친구이자 동료운동가인 조지 드래펀과 함께 차를 타고 가고 있었다. 그는 어느 누구보다도 내 사고방식에 영향을 많이 준 사람이다. 그날 스포캔(필자가 거주하는 워싱턴주의 소도시-옮긴이)은 매우 무더웠다. 차량 통행은 느렸다. 신호등 앞에 차량이 길게 늘어서 있었다. 내가 친구에게 물었다. "자네가 기술 수준의 어떤 단계에서도 살아갈 수 있다면 어떻게 할 텐가?"

친구이자 운동가이면서도 조지는 심술궂은 데가 있었다. 그가 말했다. "거 참, 멍청한 질문이네. 하지만 기술적으로 지속 가능한 유일한 단계는 석기시대뿐이지. 우린 지금 아주 짧은 기간에 걸친 시대에 살고 있는 거야—끔찍한 내연기관 소리(특히 오토바이 소리)를 들으며 살아온 지가 불과 6~7세대밖에 안 되거든. 그러니 우리는 조만간 인간이 가장 오랜 기간에 걸쳐 살았던 그 생활방식으로 되돌아갈 테지. 기껏해야 1, 2백 년일 거야. 한 가지 문제는 그 생활방식으로 되돌아갈 때 이 세상에 무엇이 남겠느냐 하는 것이지."

물론 그의 말은 옳다. 재생 불능 자원의 사용에 바탕을 둔 사회체제가 당연히 지속 불가능하다는 점을 밝히기 위해 대단한 과학자까지 불러올 필요는 없다. 누구라도 이를 밝힐 수 있을 것이다. 이 문화를 영속시키기 바라는 사람들은 한 가지 자원이 고갈되면 다른 자원으로 이를 대체하는 이른바 '자원대체'에 희망을 걸고 있다. 물론 이 유한한 행성에서 그런 희망을 거는 것은 필연적인 운명을 잠시 늦추고, 그동안에 일어날 손실을 애써 무시하면서 마지막 자원대체가 이루어질 무렵이면 무엇이 남겠느냐 하는 문제를 회피하는 데 불과하다. 〔문제〕 석유가 바닥날 때 산업경제가 계속 굴러가도록 하기 위해 어떤 자원으로 대체할 것인가? 〔무언의 전제〕 ① 동일한 효율을 지닌 대체자원이 존재한다. ② 우리는 산업경제가 계속 굴러가기를 바란다. ③ 산업경제가 계속 굴러가는 것은 그 자원의 추출, 가공 및 이용 때문에 파괴된 인간 및 비인간의 생명들보다 우리에게 (아니 정책결정자들에게) 더 가치가 있다.

마찬가지로 재생 가능 자원의 재생 불능적 이용에 기초한 문화도 모두 지속 불가능하다. 회귀하는 연어의 마릿수가 매년 줄어든다면 조만간 돌아오는 연어는 한 마리도 없게 될 것이다. 원시림의 입목이 매년 줄어든다면 조만간 입목이 하나도 남지 않게 될 것이다. 이 경우도 어떤 사람은 고갈된 자원을 다른 자원으로 대체하면 문명을 구할 수 있다고 주장한다. 그러나 그것은 기껏해야 필연적인 결과를 늦춰가면서 이 행성에 더 큰 피해를 입히는 데 불과하다. 그것은 예를 들어 전세계적으로 어업이 연달아 붕괴되는 것을 보면 알 수 있다. 경제적 가치가 있는 물고기는 오래 전에 고갈되고, 지금은 이른바 잡어조차도 멸종되어 문자 그대로 만족을 모르는 문명의 구렁텅이에 빠져들어 사라져 가고 있는 것이다.

이런 상황을 다른 말로 표현하면, 주변환경에서 빼앗는 것이 주는 것보다 많은 (인간이나 비인간, 식물이나 동물을 막론하고) 모든 집단은 분명히 주위환경을 고갈시킬 것이고, 그러고 나면 다른 곳으로 이동해 가거나 아니면 그 개체수가 급격하게 감소한다는 것이다(이것은 경쟁을 통해 자연도태가 이루어진다는 것을 반증해 준다. 주위환경을 너무 착취하면 환경을 고갈시켜 죽게 된다. 장기적으로 살아남을 유일한 방법은 받는 것보다 더 주는 것이다…). 이 문화(서방문화)는 6천 년 동안 중동지방부터 시작해서 지금은 전지구의 환경을 고갈시켜 왔다. 그렇지 않고서야 우리는 왜 이 문화가 계속 확장되어야 한다고 생각하겠는가? 그렇지 않고서야 왜 이 문화의 계속적인 확장은 필연일 뿐 아니라 바람직하고 심지어 윤리적이기까지 하다고 가르치는 여러 가지 이야기를 만들어냈다고 생각하는가? 문명의 특징을 규정짓는 도시는 항상 주변농촌으로부터 자원을 취해 왔다. 그것이 의미하는 바는 첫째 도시는 지금까지 독자적으로 존속해 오지 못했고 앞으로도 그러리라는 것, 그리고 둘째 도시가 끊임없는 확장을 계속하려면 끊임없이 착취할 지역을 늘려가야 한다는 것이다. 나는 독자들이 여기서 제기되는 문제점들과 그것들이 이 유한한 행성에서 도달하게 될 귀결점을 잘 이해하리라고 믿는다. 이런 문제점들이 잘 이해되지 않거나 이해하기 싫은 분들은 정치나 사업 분야에 진출하여 행운을 잡기 바란다.

지금의 생활방식이 지속 불가능하다고 말하는 또 한 가지 방법은 궁극적으로 지구의 유일한 에너지원은 태양이기 때문에(예를 들어 석유에 잠겨 있는 에너지도 오래 전 태양에서 온 것이다) 태양에서 나오는 것보다 많은 에너지를 사용하는 어떠한 생활방식도 지속될 수 없다는 점을 지적하는 것이다. 석유나 나무에 (또 인체에) 저장되어 있는 비현재적 에너지는 시간이 지나면 고갈될 것이기 때문이다.

나는 선의와 지성을 갖춘 수많은 사람들이 현재와 같은 비연속적 생활방식을 유지하기 위해 요술 같은 방법을 끊임없이 생각해 내는 것을 보면 얼마쯤은 아연해지곤 한다. 바로 지난밤에 나는 어떤 총명한 여자한테서 이런 이메일을 받았다. "나는 우리가 되돌아갈 수 있다고는 생각하지 않아요. 다시 수렵생활자가 될 수는 없어요. 하지만 앞으로 나아가면서 지속 가능성을 되찾을 방법은 없을까요?"

우리가 앞으로 나갈 수 있고 또 나가야 한다고 생각하는 성실한 사람이 별로 없다는 것은 문명이 기능을 상실했음을 보여주는 척도가 된다. 그러나 가장 흔히 볼 수 있는 논리는, 우리가 어차피 이 문명에 꼼짝없이 갇혀 있으니 나쁜 상황이라도 최대한 활용해야 한다는 것 같다. "우리가 이왕 지속 가능성과 제정신을 잃었으니 이 파멸의 길로 계속 나아가는 수밖에 없다"는 논리이다. 이왕 트레블링카(폴란드에 있었던 나치수용소–옮긴이)행 기차를 탔으니 그냥 타고 가는 게 낫다는 식이다.

그러나 좋은 소식이 있으니, 그것은 우리가 그 어디로건 '되돌아갈' 필요는 없다는 것이다. 우리 인간은 그리고 바로 앞의 진화 선조들은 적어도 100만 년 동안 지속 가능한 방법으로 살아왔기 때문이다(여기서 '바로 앞'이란 말을 빼면 수십억 년 전으로 거슬러 올라간다). 서식지를 파괴하는 것은 '인간의 본성'이 아니다. 그것이 본성이었다면, 우리는 벌써 오래 전에 서식지를 파괴하고 사라졌을 것이다. 비문명인들이 어리석어서 서식지를 파괴하는 방법으로 생활을 조정하거나 파괴과정을 촉진시킬 기술을 발전시키지 못한 것도 아니다. 사실 비교문화적으로 보면, 우선 서식지를 유지하는 것이 가장 훌륭한 방책이라는 생각이 든다. 어쨌든 문명인들이 북아메리카에 도착했을 때, 이 대륙에는 인간과 비인간이 모두 넘쳐나 상대적 균형을 이루며 지속 가능한 방법으로 살고 있었다. 나는 이 점을 다른 곳에서도 밝힌 바 있고 다른 사람들,[37] 특히 인디언 자신들도 이 점을 밝히고 있다.

종으로서의 우리 인간은 지난 7천 년 동안 기본적으로 달라진 게 없기 때문에, 현재의 신생아들도 지속 가능성을 중시하고, 지속 가능하게 생활하고, 지속 가능성을 보상하고, 지속 가능성을 뒷받침하는 이야기를 들려주고, 지속 불가능한 착취방법을 단호하게 불허하는 문화에서 살도록 허용되기만 한다면 아직은 특정한 땅에서 성인으로서 지속 가능한 방법으로 살아갈 능력을 갖춘 인간이 될 것이다. 그것이 천성이다. 그것이 바로 우리 인간이다.

'전진'을 계속하기 위해서는, 모든 어린이는 인간의 본성을 잊고 그 대신 문명인이 되도록 배워야 한다. 정신의학자이며 철학자인 R. D. 레잉(R. D. Raing)은 이렇게 말한다.

석기시대 아기가 20세기 엄마를 만나는 출생 순간부터, 아기는… 그 엄마아빠와 그 조상들처럼… 이 같은 폭력에 노출된다. 이런 폭력들은 주로 아기들의 잠재력을 파괴하는 것인데, 이 일은 대체로 뜻을 이루었다고 볼 수 있다. 새 인간이 열다섯 살쯤 될 무렵이면 우리를 닮아 미친 세상에 어느 정도 길들여진 반쯤 실성한 녀석이 된다. 우리 시대에는 그것이 정상이다.[38]

문명을 포기하거나 배제할 수 없다는 생각이 지니는 또 한 가지 문제점은 이런 생각이 역사는—물은 아래로 흐르고, 겨울이 지나면 봄이 오듯이—자연스러운 것이고 사회적 (그리고 기술적) '진보'는 필연적이라는 믿음에서 나온다는 데 있다. 그러나 역사는 사실, 예를 들어 환경퇴화 등에 의해 영향을 받는 특정한 세계관의 산물이다.

나는 학교에서 세계사를 배울 때 기분이 상하곤 했다. 세계가 6천 년 전에 시작되었다고 가르치는 게 꼭 성경 이야기 같았기 때문이다. 교사와 책의 저자들은 공룡시대를 막연하게 인정한 다음에는 얼른 수만, 수십만 년 동안의 '선사시대'를 문자 그대로 한두 문장으로 처리했다. 그 짧은 시간은 언제나 가장 중요한 인간 이야기, 즉 서방문명 이야기를 시작하기 위한 서곡이었다. 마찬가지로 아스텍, 잉카, 중국 등 서양문명과 접한 다른 문명들에 대해서는 짧은 고해조의 설명만 있었고, 역사와 관계없는 문화들은 그 구성원들이 노예로 팔리거나 몰살당하는 경우에만 언급되었다. 그리고 항상 분명한 것은 진짜 이야기는 문명이 '발흥'한 중동지방에서 시작되어서 그 장소가 지중해로, 북부와 서부 유럽으로 옮겨갔다가 콜럼버스와 함께 바다를 건너 지금은 2001년 9월 11일에 폭파된 두 도시인 뉴욕과 워싱턴DC (그리고 좀 떨어지지만 할리우드) 사이에서 희미하게 반짝이고 있다는 것이었다. 다른 모든 사물과 사람, 장소는 이 가장 중요한 이야기와 관련될 때만 관심거리가 된다.

내가 짜증난 것은 다른 모든 문화들을 주변으로 치부하는 그 뻔한 나르시시즘과 오만함(또한 인종주의이기도 하다) 그리고 서식지를 이야기의 중심 요소로 여길 줄 모르는 역시 뻔한 그 어리석음 때문만이 아니었다. 언어 그 자체가 짜증스러웠다. 나는 교실에서나 교과서에서 거듭거듭 역사는 6천 년 전에 시작되었다고 들었다. 그 이전은 역사가 없는 '선사시대'라는 것이었다. 사람들이 동굴 속에서 꿀꿀거리며 살던 그 기나긴 암흑시대에는 별로 일어난 일이 없다는 것이었다(현존하는 토착언어들 중에는 영어보다 풍부하고 섬세하고 복잡한 것도 많다는 사실은 중요하지 않다).

그러나 진실은 역사가 실제로 6천 년 전에 시작되었다는 것이다. 그전에는 개인의 역사는 있었지만 지금 우리에게 익숙해져 있는 형태의 의미 있는 사회적 역사는 없었으니, 그 한 가지 이유는 당시의 문화들은 선형적이지 않고 (자연의 순환에 기초한) 순환적이었다는 데 있다.

나는 지금도 선사(先史)란 용어를 싫어하는데, 이 용어가 역사에 잘못된 필연성을 귀속시키기 때문이다. 내 말은 어느 특정한 역사만 필연성이 없는 것이 아니라[39] 역사 자체가 항상 필연성이 없다는 것이다. 지금은 필연성을 갖더라도 전에는 존재하지 않았고, 언젠가는 다시 필연성을 잃게 된다는 것이다.

역사는 적어도 두 가지, 물리적(physical)인 것과 지각적(perceptual)인 기초에 근거를 둔다. 항상 그렇듯이 물리적인 것과 지각적인 것은 뒤얽혀 있다. 전자의 경우, 역사는 변화에 의해 구분된다. 개인의 역사는 일련의 만남과 이별, 신체 및 능력의 성장과 그후의 감소, 기억력과 경험과 지혜의 점차적 변화과정이라고 볼 수 있다. 내 개인사의 편린은 이렇다. 나는 대학을 다녔다. 나는 높이뛰기 선수였다. 나는 20대 후반에 도약력이 떨어졌다. 그래도 달리기를 잘해서 유격수에게 던지는 소프트볼을 따돌리고 매번 도루에 성공했었다. 30대에는 관절염 때문에 속도가 줄어서, 지금은 투수코치나 구로자와 아키라 영화의 단역 엑스트라처럼 뛴다. 나는 20년 전에 엔지니어였다. 18년 전에는 양봉업을 했다. 16년 전에는 환경운동가가 되었다. 그리고 지금은 문명문제에 관한 책을 쓰고 있다. 내 장래의 역사가 어떤 모습이 될지는 알 수 없다.

사회사도 변화에 의해 특징지어진다. 최초의 도시들을 짓기 위한 중동지역의 남벌. 인간과 비인간 노예의 소유권을 다룬 최초의 성문법. 노예가 캔 광석으로 만든 청동기와 철기의 제작 그리고 이를 이용한 정복. 최초의 제국들. 그리스와 그리스의 세계정복 시도. 로마와 그 세계정복 시도. 유럽 정복. 아프리카 정복. 아메리카 정복. 오스트레일리아와 인도 및 대부분의 아시아 정복. 지구의 삼림파괴.

내 개인사의 경우와 마찬가지로, 우리 사회의 장래역사가 어떻게 될지는 알 수 없다. 나는 그랜드 쿨리 댐이 언제 헐릴지, 그때도 어퍼 컬럼비아 강에 연어가 돌아올지 알 수 없다. 나는 콜로라도강이 언제 다시 바다로 흘러 들어갈지도 모르겠고, 또는 회색곰이나 고릴라, 호랑이, 판다, 코알라 등이 멸종하기 전에 인간문명이 먼저 붕괴할지 여부도 알 수 없다.

요점은 역사는 변화에 의해 특징지어진다는 것이다. 변화 없이는 역사도 없다.

그리고 언젠가는 역사가 끝날 것이다. 고층빌딩의 마지막 쇳조각이 녹슬어 사라질 때, 언젠가는 지구와 지구상의 인간들이 어떤 새로운 다이내믹한 균형을 찾을 때, 그때 가서는 아무런 역사도 없게 될 것이다. 사람들은 다시 한번 지구의 순환 속에서, 해와 달과 계절의 순환 속에서 살게 될 것이다. 또 바다로 갔다가 강으로 회귀하는 물고기들의 좀더 긴 순환 그리고 여러 해 동안 잠을 자다가 무더운 여름날 오후에 깨어나는 곤충들과 여러 세대 만에 한번씩 집단으로 이주하는 담비들의 긴 순환을 보며 살게 될 것이다. 또한 출생·성장·사망의 긴 순환, 큰 나무들이 썩어가고 강들이 물길을 바꾸고 산들이 흥망성쇠를 거듭하는 긴 순환들, 크고 작은 이 모든 순환들 속에 살게 될 것이다.

이상은 생태 차원에서 역사를 본 것이다. 사회적 또는 지각적 차원에서 보면, 역사는 특정한 집단이나 계급들이 어떤 이유로든 진행중인 사태를 이야기할 능력을 가지면서부터 시작되었다. 이야기를 독점함으로써 그들은 세계관을 만들어 다른 사람들이 이에 찬동하도록 만들 수 있었다. 역사는 언제나 권력을 쥔 자들에 의해 전해진다. 하층계급은—그리고 다른 종(種)들은—아카데믹한 상층계급의 이야기에 찬동할 수도 찬동하지 않을 수도 있지만, 대부분은 어느 정도라도 이를 받아들이고 있다.

그리고 이를 받아들이게 되면 일련의 지각적 결과가 뒤따르게 되는데, 그 중 하나가 삶을 역사와 무관한 것으로 보는 능력, 즉 지속 가능한 방법으로 살아가는 능력을 상실하는 것이다. 지속 가능한 생활방식은 분명히 보다 큰 환경(landscape)의 변화에 따라 구분되지 않을 것이기 때문이다. 이를 다른 말로 표현하면, 역사를 필연적이라거나 당연한 것으로 지각하게 되면 우리가 비산업화된 비문명인으로 '되돌아' 갈 수 있으며, 그렇게 되는 것이 크게 보면 전연 '후퇴'가 아니라는 생각이 불가능하게 된다는 것이다. 역사를 필연적인 것으로 보게 되면 지속 가능성이 불가능해진다. 그 역도 진리다. 우리를 가두고 있는 역사관으로부터 헤어나 다시 자연계를 특징짓는 순환패턴에 빠져 들어갈 수 있다면, 그만큼 우리는 전진과 후퇴라는 개념들이 모두 우월성을 상실함을 알게 될 것이다. 그 시점에서 우리는 다시 한번 단순한 삶을 살게 될 것이다. 그리고 지구상에 역사를 '일으키는' 표시, 환경퇴화를 나타내는 표시를 하지 않도록 배울 것이고, 그러고 나서 마침내 크게 안도의 숨을 내쉬게 될 것이다.

◦ ◦ ◦

두어 해 전에 나는 조지 드래펀과 흥미로운 대화를 가진 적이 있었다. 화제는 문명, 권력, 역사, 담론, 선전 그리고 우리 모두가 왜, 어떻게 해서 현재와 같은 지속 불가능한 체제에 순응하게 되었는가 하는 문제 등이었다. 조지는 '권력의 세 얼굴'이라 불리는 사회정치적 모델이 정말 마음에 든다면서 이렇게 말했다. "첫번째 얼굴은 미국 민주주의의 신화인데, 누구나 모두 똑같은 권력을 갖고 사회나 정치는 다양한 이해집단들의 주고받기에 불과하며, 가장 훌륭한 아이디어와 가장 활동적인 참여자가 이기도록 되어 있는 민주주의라는 것이지. 이 얼굴은 패자는 기본적으로 게으르다고 봐요. 두번째 얼굴은 민주주의란 이보다 복잡한 것이어서, 일부 집단이 다른 집단들보다 권력을 많이 가지고 실제로 의제를 장악하고 있기 때문에 재산분배와 같은 문제들은 전혀 토의되지 않는다고 주장한다네. 권력의 세번째 얼굴은 우리가 몇몇 문제들이 의제에 올라 있지 않다는 것을 간파하지 못할 때 드러나는 것으로서, 불평등한 권력과 굶주림과 몇몇 경제사회적 결정들은 사실은 누가 결정한 것이 아니라 '있는 그대로'를 반영한 것일 뿐이라고 생각하게 되지. 이 단계에 이르면, 힘없는 자들조차도 부당한 사회적 관계를 당연한 것으로 받아들이는 거야." 그는 잠시 뜸을 들였다가 두고두고 곱씹을 만한 말을 했다. "모두가 생각이 똑같으면 음모가 필요 없지."

◦ ◦ ◦

조지는 이런 말도 했다.

권력의 세 얼굴은 상충되는 현실 설명에서 나타난 것이지만, 나는 이를 역사에서 말하는 이야기처럼 시간이 지나면서 발전한 것으로 보네.

어느 시점에서 우리는 모두 평등했지. 여러 토착문화들의 사회구조는 권력의 유동성을 보장하기 위해 만들어진 거야. 그러나 일부 문화들에서 권력이 집중화하기 시작하면서 강자가 불의를 합리화하고 이를 집단의 심상으로 체제화하는 담론을—종교, 철학, 과학, 경제학 등 분야에서—만들어낸 것이지. 약자는 처음에 이런 담론을 믿지 않았겠지만 수천 년이 지난 지금에 와서는 우리 모두가 어느 정도는 기만당해 이 같은 권력차별을 당연한 것으로 여기게 된 거야. 일부 사람들은 의제를 조금 바꿨으면 하고 바라지만, 전체 매트릭스를 꿰뚫어보지 못해. 권력도 지금은 소유권과 토지나 물처럼 사유화되어 집중화하고 있어. 이런 일이 오래 전부터 이루어졌기 때문에, 우리는 자연스러운 질서로 생각할 정도가 된 것이지.

∘ ∘ ∘

나는 바로 오늘 『네이처』(*Nature*) 잡지에서 「생태계의 대변동」이라는 제하의 글을 읽었다. 종래의 과학적 사고는 호수, 대양, 산호초, 삼림, 사막 등과 같은 생태계가 기후변화, 식품오염, 환경퇴화 등 산업문명에 따른 여러 가지 환경적 영향에 서서히, 꾸준히 반응한다고 생각했던 것 같다. 새로 나온 연구보고서는 이에 반해 이 같은 스트레스 요인들이 안정된 상태의 자연 공동체를 거의 하룻밤 사이에 퇴화된 상태로 급변시킬 수 있음을 시사하고 있다고 한다. 보고서의 대표집필자인 네덜란드 바게닝겐대학 생태학교수 마르텐 셰퍼(Marten Scheffer)는 이렇게 지적했다. "지금까지 여러 모델들이 이런 예상을 해왔지만, 여러 생태계의 회복력이 약해져 조금만 교란해도 붕괴할 정도가 되었다고 말하기에 충분한 증거가 축적된 것은 최근에 와서이다."

참 겁나는 얘기다. 보고서 공동집필자인 위스콘신-매디슨대학의 기후학자 조나단 폴리(Jonathan Foley)는 이렇게 덧붙였다. "삼림파괴, 멸종위기의 종, 기후변화와 같은 문제에 접근하면서, 우리는 오염 1온스는 피해 1온스와 같다는 전제하에 작업했다. 그러나 이런 가정은 완전한 오류였음이 드러났다. 생태계는 여러 해 동안 오염이나 기후변화에 노출되어도 별다른 변화를 보이지 않다가도 사전경고 없이 갑자기 전혀 다른 상태로 훌쩍 넘어가는 수가 있다."

예컨대 6천 년 전에는 지금의 사하라사막의 대부분 지역에 비가 자주 내려 곳곳에 악어, 하마, 물고기 들이 우글거리는 호수나 늪지들이 산재해 있었다. 폴리는 이렇게 지적했다. "일련의 지질학적 증거와 컴퓨터 모델들은 이곳이 갑자기 다우지역에서 건조지역으로 변했음을 입증하고 있다. 자연은 선형적이지 않다. 체제에 조금씩 조금씩 압박을 가하면 마침내 지푸라기가 낙타의 등뼈를 부러뜨리는 큰 변화가 일어난다."

낙타의 등뼈는 한번 부러지면 전과 같이 되돌릴 수도 없고 치유되지도 않는다.

또 한 명의 공동집필자로서 미국생태학회 회장을 역임한 육수(陸水)학자 스티븐 카펜터(Stephen Carpenter)는 생태변화의 단속적 성격에 관한 이 같은 인식이 과학계에 확산되고 있다면서 이렇게 지적했다. "우리는 세계의 생태계에 한 가지 공통적 패턴이 있다고 보고 있다. 취약성의 점진적 변화가 누적되면 언젠가는 생태계에 홍수와 가뭄과 같은 충격을 가해 갑작스럽게 다른 체계로 넘어가게 된다."[40]

나는 이 글을 읽은 후 친구 로이안 안에게서 전화를 받았다. 심리학 박사로 사람들의 생각과 행동을 꿰뚫어볼 능력을 갖춘 머리 좋고 끈질긴 여자였다. "나를 계속 놀라게 하네요." 그녀가 말했다. "전문가들까지 끌어와야 우리가 다 아는 사실을 납득시킬 수 있다니 말이에요."

그건 내가 예상치 못했던 반응이었다.

그 여자가 계속 말했다. "치료전문가로서 내가 하는 역할이 바로 그런 거예요. 나는 그저 듣기만 하다가 환자들이 다 아는 사실을 그대로 말해 주면서도 환자들이 외부전문가한테서 같은 말을 듣기까지는 (그들이) 믿는다고 확신하지 못해요."

"사람들이 과학자의 말을 귀담아듣는 것 같아요?"

"과학자들이 얼마나 많이 부정하느냐에 달렸겠죠. 요컨대 그 사람들이 하는 말은 별로 놀라울 게 없다는 거예요. 그런 일은 스트레스를 받을 때 일어나죠. 실패해야 정신을 차려요. 인간관계에서도 그렇고, 가족이나 공동체에서도 그래요. 물론 이처럼 큰 차원에도 해당되고요."

"그게 무슨 뜻이지요?"

"우리는 안정된 생활을 유지하기 위해 과로할 정도로 열심히 일하지만, 압박이 심해지면 무너지기 시작하지요. 쓰러지는 거예요. 그게 좋을 수도 있고 나쁠 수도 있지만."

침묵이 흘렀다. 나는 과로로 쓰러지는 게 치료에 도움이 되는 경우도 있겠지만, 죄수가 고문에 못 이겨 무너지는 것이나 현재와 같은 생태계 파괴처럼 불필요한 붕괴도 있겠다고 생각했다.

그 여자가 말을 이었다. "사람들이 건강을 유지하려고 애쓰는 이유는 분명해요. 행복해지기 위해서죠. 하지만 내가 보기에 사람들이 자기를 불행하게 만드는 체제와 구조를 유지하기 위해 왜 그처럼 열심히 일하는지가 늘 분명한 것은 아니에요. 우리 모두는 마약중독자는 바닥까지 떨어져 거의 죽게 되어서야 바뀐다는 얘기에 길들여져 있어요."

내가 물었다. "이 문화는 언제 가야 변할 것 같아요?"

"이 문화는 분명히 문명에 중독되어 있어요." 그녀가 말했다. "그래서 그 질문에 대한 대답으로 다른 질문을 하겠어요. 이 문화가 얼마나 더 추락해야 바닥을 칠 것 같아요?"

◦ ◦ ◦

나는 이 문제에 관해 또 다른 친구와도 이야기를 나누었다. 늦은 밤이었다. 밖에서는 바람이 불고, 컴퓨터는 꺼져 있었다. 바람소리가 들렸다. 뛰어난 사색가이자 작가인 그 여자친구는 뉴욕시에 살면서 대도시뿐 아니라 도시 일반에 대해 일정한 애착을 지닌 사람이다. 그 여자는 나와 내 말에 공감하기도 하고 화를 내기도 했다. 대화가 여러 시간 계속된 후, 그녀가 꽤 이치에 닿는 질문을 했다. "도대체 무슨 권리로 사람들에게 도시에 살면 안 된다고 하는 거예요?"

"전연 그런 적 없어요. 난 사람들이 어디에 살건 신경 쓰지 않아요. 하지만 도시사람들이 다른 사람들에게 자원을 달라고 요구할 권리─더구나 훔칠 권리는 없다구요."

"도시사람들이 그냥 돈을 내고 사면 괜찮다는 건가요?"

"사다니요? 자원이오, 사람이오?" 나는 헨리 애덤스(Henry Adams, 1838~1918, 미국의 역사가·문필가─옮긴이)의 한 구절을 떠올리고 있었다. 그는 이렇게 썼다. "우리는 단 하나의 체제를 갖고 있다. …이 체제에서는 프롤레타리아계급을 사고파는 가격, 즉 빵과 서커스(대중을 달래는 데 필요한 식비와 오락비─옮긴이)가 유일한 현안문제이다."[41]

그 여자는 내 농담에 웃지 않았다. 재미있는 말이라고 생각하지 않은 것이다. 이유는 다르지만, 그건 나도 마찬가지였다.

"무얼 주고 자원을 삽니까?" 내가 물었다.

"그 사람들은 식량을 주고, 우린 문화를 주지요. 그게 사회가 움직이는 방식 아닌가요?"

나는 아, 이 여자도 멈퍼드 식으로 생각하는구나, 하고 생각했다. 내가 물었다. "시골사람들이 오페라나 오프라(미국의 쇼 진행자─옮긴이)도 좋아하지 않으면 어쩌지요?"

"비단 오페라만이 아니지요. 좋은 식품, 서적, 아이디어, 온갖 문화적 자양분을 주는 거예요."

"그럼 시골사람들이 자기들의 식품, 자신의 아이디어, 자체의 문화를 좋아하면요?"

"그들은 보호받아야 할 거예요."

"누구로부터?"

"떠돌이 비적들. 식량을 훔쳐가는 도둑들."

"유일한 비적떼가 도시사람들이라면?"

그녀가 머뭇거리다가 말했다. "그렇다면 공산품이오. 규모의 경제 덕분에 도시사람들은 농촌에서 원자재를 들여다가 쓸 수 있는 물건으로 만들어 되팔 수 있으니까요." 그녀의 첫번째 학위는 경제학 분야였다.

"시골사람들이 공산품을 살 생각이 없다면?"

"그렇다면 현대적 의약품이 있지요."

"또 그런 것도 싫다면? 난 지금까지도 서양의학을 거부하는 인디언들을 많이 알고 있어요."

그 여자가 소리 내어 웃으며 말했다. "우린 계속 반대방향으로 가네요. 빅 맥은 누구나 좋아해요."

그녀가 내 농담을 무시했듯이, 나도 그녀의 농담을 어쩌면 같은 이유로 무시하면서 이렇게 말했다. "사람들은 자기 문화가 완전히 파괴된 다음에라야 그런 것들을 바라게 될 겁니다."

"그 사람들을 파괴할 필요는 없을 것 같은데요. 설득하는 게 훨씬 낫지요. 현대적인 것은 좋은 거예요. 개발도, 기술도, 소비자 선택도 좋은 거지요. 광고를 왜 하겠어요?"

헨리 애덤스와 로마의 풍자시인 유베날리스는 빵과 서커스 외에 광고비도 언급했어야 할지 모르겠다. 사람들을 다스리기 위한 사전편찬 비용도 언급했어야 할 것이다. 나는 주장을 굽히지 않았다. "손대지 않은 처녀문화들은 일반적으로 총부리를 들이대야만 소비재에 문호를 개방해요. 물론 신중히 선택해서 개방하겠지만, 그래도 자원상실과 균형을 맞추기에는 역부족이지요. NAFTA나 GATT가 제3세계와 미국의 빈민들에게 저지른 짓을 생각해 봐요. 일본을 개방시킨 페리나 아편전쟁이나, 또는…."

그 여자가 내 말을 끊었다. "알아듣겠어요." 그리고 잠시 뜸을 들였다가 말했다. "공산품말고 돈을 주면 어떨까? 공정한 대가지요. 빼앗는 것도 아니고. 돈을 가지면 원하는 걸 뭐든지 살 수 있으니까요."

"그들이 돈도 받기 싫다고 하면 어쩌지요? 차라리 자원을 지키겠다고 한다면? 자기들이 필요로 하는 자원이니까 팔지 않겠다고 하면? 또 사고파는 걸 못 믿겠다며 팔기 싫다고 한다면? 상거래를 도통 못 믿겠다고 하면? 자원이라는 개념 자체를 받아들이지 못하겠다면?"

그녀는 약간 짜증을 내며 말했다. "그 사람들이 나무도 못 믿는다는 거예요? 물고기가 존재한다는 것도 못 믿어요? 그 사람들이 강에 가서 뭘 잡는다고 생각하세요? 도대체 무슨 말씀을 하시는 거예요?"

"그 사람들은 나무도 믿고 물고기도 믿지요. 다만 나무나 물고기를 자원으로 보지 않는다는 거지요."

"그럼 그게 뭔데요?"

"다른 생명체지요. 물론 잡아먹을 수는 있어요. 그게 관계의 일부니까. 하지만 팔지는 못해요."

그녀가 알아들었다. "인디언들이 생각했던 것처럼."

"여러 전통적 문화들은 지금도 그렇게 생각해요." 내가 말했다. "그리고 지금은 도시들이 너무 비대해졌기 때문에 농촌사람들은 토지기반을 훼손하지 않고서는 도시를 먹여살릴 수 없게 되었어요. 그건 자명한 일이지요. 그러니 '그들이 팔기 싫어한다면?' '어쨌든 도시사람들은 자원을 앗아갈 권리를 가지는가?' 하는 등의 질문으로 되돌아가게 되는 것이지요."

"그러면 그 사람들은 어떻게 먹고 살지요?"

밖에서는 다시 바람이 일고 창문에 비가 후두두 떨어지기 시작했다. 이곳 크레슨트 시티에서는 비가 수평으로 내리는 경우가 많다.

그녀가 말했다. "내가 도시책임자이고 내 사람들이—내가 그들을 소유한 것처럼 내 사람이라고 말하다니, 재미있는 표현이네요—굶주리고 있다면, 난 강제로라도 식량을 빼앗을 거예요."

비바람이 더 세졌다. 내가 말했다. "그럼, 공장들을 돌리기 위해 노예가 필요하다면 어떻게 하지요? 노예들도 빼앗아 올 건가요?

"필요하다면…."

내가 그녀의 말을 끊었다. "또는 노예가 필요하다는 생각이 들게 된다면…."

그녀는 내 말에는 관심이 없는 것 같았다. 그리고 깊은 생각에 잠긴 듯이 "그렇겠네요" 하고 말했다. 그녀가 생각을 바꾸고 있음을 알 수 있었다. 잠시 침묵이 흐른 후 그녀가 말했다. "또 땅문제도 있겠네요. 도시는 그 사람들이 의지해 살고 있는 땅에 피해를 주니까."

나는 아스팔트도로, 강철, 고층건물 들을 떠올렸다. 뉴욕의 허드슨강을 굽어보는 언덕에 있는 500년 된 떡갈나무 한 그루를 떠올렸다. 그동안 그 떡갈나무가 겪은 일들을 떠올렸다. 그 나무는 옛날에는 다른 나무들과 함께 숲을 이루고 있었다. 그 다양한 공동체의 일원으로 성장하면서, 그 떡갈나무는 고기잡이 그물을 찢을 듯이 엄청난 무리를 이루어 허드슨강을 거슬러 올라가는 물고기떼도 보고, 인간들이 이 숲에서 공동체를 이루어 살면서 숲을 훼손시키지 않고 오히려 비옥하게 만드는 것도 지켜보았다. 떡갈나무는 문명이 들어와 조그만 마을이 소도시·대도시·거대도시로 커가는 모습을, 그리고 이때부터 멈퍼드의 표현대로 "'기생도시'(parasitopolis)가 정신적·도덕적·신체적 장애를 지닌 '병든 도시'(Patholopolis)로, 그리고 마침내 '죽음의 도시'(Necropolis)로 변해 가는"[42] 모습을 지켜보았다. 그러는 동안에 떡갈나무는 숲속의 아메리카 들소들과 작별했고 철비둘기, 에스키모 마도요, 키 큰 아메리카 밤나무 그리고 허드슨 강가를 어슬렁거리던 오소리들과도 작별을 고했다. 나무는 전통적 생활방식으로 살아가던 인간들과도 작별했다. 나무는 주변의 나무들, 자기가 삶을 시작한 숲과도 작별했다. 나무는 사람들이 수십억 톤의 콘크리트를 쏟아부어 딱딱한 철구조물과 벽돌건물들을 세우는 광경을 지켜보았다.

안타깝게도 떡갈나무는 이 구조물들이 스러지는 광경을 볼 만큼 오래 살지 못했다. 나는 작년에 그 나무가 없어졌다는 말을 들었다. 나뭇가지들이 지붕을 덮는다며 집주인이 그 나무를 베어버렸다는 얘기였다. 환경운동가들은 고작 그루터기 앞에 모여서 기도를 했다고 한다.

내가 그녀에게 이 이야기를 들려주었다.

62 　"한심하군." 그 여자가 머리를 흔들며 말했다. "이젠 알아듣겠어요." 엷은 갈색 머리칼이 그녀의 한쪽 눈을 가렸다. 그녀가 입을 비죽 내밀고 무언가를 골똘히 생각하다가 "젠장" 하고 내뱉었다. 그녀는 아주 조금 미소를 지었을 뿐이지만, 눈빛을 보니 그녀가 지쳐 있음을 알 수 있었다. 불쑥 그녀가 이렇게 말했다. "우리가 이 정도로 큰 피해를 주고 있다면, 적어도 진실은 알려야겠네."

폭력

화성인이 와보면 문명국들을 쉽게 알아볼 수 있을 것이다. 문명국들은 가장 좋은 전쟁
도구들을 갖고 있으니까.

허버트 V. 프로치나우(Herbert V. Prochnow)[43]

이 책의 〔전제 2〕는 다음과 같다. 전통사회는 대체로 자기 사회가 파괴되지 않는 한 자신의 바탕이 되는 자원을 자발적으로 포기하거나 팔아치우지 않는다. 또한 그들은 다른 자원들—금, 석유 등—을 채취하기 위해 자신의 토지기반을 훼손하도록 선뜻 허용하는 법이 없다. 그렇게 되면 자원을 원하는 자들이 무슨 수를 써서라도 전통사회를 파괴하게 된다.

전통사회 파괴는 사람들과 그들이 의지하는 땅을 죽이는 등 얼마간 물리적인 방법으로 이루어질 수도 있고, 또한 성지 파괴나 강압적인 개종을 통하거나 그들을 강제로 침략자의 상품에 중독되게 만들고 자녀들을 (대부분 합법적으로) 납치하는 방법 등 얼마간 정신적 또는 심리적인 방법으로 이룰 수도 있다. 그 밖에도 문명인과 비문명인의 관계에 주목하는 사람들에게는 너무나도 낯익은 여러 가지 방법이 있다.

◦ ◦ ◦

문명인들을 위한 자원은 항상 식민지사람들의 목숨보다 더 중요하게 여겨졌다. 서남아프리카의 어느 독일 식민지 관리는 좀더 솔직하게 이렇게 말했다. "백인종의 발달을 희생시켜야만 실현될 수 있는 원주민의 권리는 존재하지 않는다. 아프리카의 반투족, 수단 니그로족과 호텐토트족에게 자기 마음대로 살거나 죽을 권리가 있다고 생각하는 것은 어리석은 짓이다."[44]

◦ ◦ ◦

〔전제 2〕에 뒤이은 〔전제 3〕은 우리(산업문명)의 생활방식은 끈질기고도 광범위한 폭력에 기반을 두고 또 이를 요구하며, 폭력이 없으면 매우 신속히 붕괴하게 된다는 것이다…. 여기에는 자연계의 착취와 퇴락이 포함되며, 또한 우리에게 자원을 빼앗기지 않으려는 (다른 말로 표현하면, 자기들의 비인간 이웃들을 죽여서 팔아먹지 않으려는) 사람들의 착취와 퇴락이 포함된다. 또 여기에는 후대에 가난한 세계를 물려받게 될 사람들에게 위해를 가하는 일도 포함된다.

몇 달 전에 나는 어느 운동가한테서 이메일을 받았는데, 그는 이렇게 썼다. "나는 여러 해 전부터 버키 풀러(Bucky Fuller, 1985~83, 미국의 초기 환경운동가로서 건축가·시인·발명가 겸 몽상가—옮긴이)의 비전에서 영감을 받고 있습니다. 그는 우리가 지구상의 모든 사람들에게 미증유의 생활수준을 제공하기에 충분한 모든 것을 갖고 있다고 말합니다. 그러나 그러자면 우리의 자원과 기술을 모두 '무기제조'에서 떼어내어 이를 전적으로 '생활용품 제조'로 전용해야 할 것입니다. 다른 말로 하면, 그것은 가능한 일이지만 다만 이 방정식에 탐욕이 끼여들면 안 된다는 것입니다. 그가 생각하는 것은 한 사람도 남김없이 모두를 위해 노력하는 세계입니다."

문명인이 전통적 수렵인들보다 높은 생활수준을 누리고 있다는 그 진부한 자만심은 차치하고라도 (자동차 대수 등으로 측정하면 맞는 말이지만 여가시간, 지속 가능성, 사회적 평등, 식량안보 등을 기준으로 비교하면 수렵인들이 낙승할 것이다) 풀러는 유력한—따라서 매우 위험한—몽상가이며, 그의 색다른 주장들은 원주민에게서 강제로 빼앗은 땅에서 살면서, 이 세계를 산업사회의 목적에 맞춰 무리하게 꿰어맞추는 온갖 전문용어(예컨대 산업임학)들을 구사하는 사람의 발언이다. 그가 멋진 지오데식(geodesic) 돔(몬트리올 Expo67의 미국관으로서 측지선의 다각형 격자를 짜맞춘 돔형 건물—옮긴이)과 같은 훌륭한 구조물들을 설계했다고 해서 땅과 사람들에게 폭력을 가하지 않은 것은 아니다. 풀러는 이 자원들이 정확히 어디서 온다고 생각했고, 또 그 '자원' 자체와 인근에서 살아가는 인간들에게 폭력을 행사하지 않고 어떻게 자원을 획득할 수 있으리라고 생각했단 말인가?

나는 터무니없는 미국 국방예산에 악담을 퍼붓기를 즐긴다. 나는 종종 사람을 죽이는 것말고는 아무 목적 없이 사용되는 것으로 보이는 그 엄청난 금액에 깜짝 놀라면서, 삶을 위해 봉사하는 사람들도 죽음을 위해 봉사하는 사람들처럼 쉽게 돈을 장만할 수 있다면 얼마나 좋을까 상상해 보기도 한다. 상원의원과 하원의원들은 산업경제 활동 때문에 멸종위기에 처한 종들을 구제하는 데 비용이 너무 많이 든다고 불평하는 버릇이 있다. 또 자기들이 대변하는 기업체들이 차질 없이 기업활동을 계속할 수 있도록 허용해야 한다고 주장한다. 업계의 위장단체인 '민중ESA연합'(역시 속임수 이름을 가진 업계의 위장단체인 '전국야생동물협회'의 산하단체)은 가장 심한 멸종위기에 처한 10개 종(種)의 회복에 소요되는 비용을 발표했는데, 그 내용은 대서양 녹색 바다거북 8823만 6천 달러, 붉은거북 8594만 7천 달러, 주둥이가 뭉툭한 표범무늬 도마뱀 7025만 2천 달러, 켐프스 리들리 바다거북 6360만 달러, 콜로라도 망성어 5777만 달러, 혹등황어 5777만 달러, 뼈꼬리황어 5777만 달러, 곱사등이 흡반잉어 5777만 달러, 검은 머리 때까치 5353만 8천 달러, 늪지 패랭이꽃 2902만 6천 달러 등이다.[45]

이 조사연구를 얼마나 믿을 수 있을지 의문이지만, 1995년의 서북지방 연어회귀 프로젝트 비용은 1억 1900만 달러였다. 모든 멸종위기 종들의 회복을 위해 들어간 돈은 1989년의 4300만 달러에서 1995년에는 3억 1200만 달러로 늘었다.[46] 최근 연방정부는 연어, 송어 등 여러 종의 보존촉진을 위해 2개 주에 1600만여 달러를 승인했다.[47] 이 모든 것이 얼핏 큰 금액인 것처럼 보이지만, 연방정부는 2001년 회계연도에만 탄도미사일 방어시스템(BMDS)—일명 SDI 또는 스타워즈—이라 불리는 사업에 57억 달러를 지출했다. 정부는 또 신형 F-22 전투기에 39억 달러, 신형 C-17 수송기에 30억 달러, 신형 V-22 오스프리 항공기에 17억 달러, 새 항공모함 한 척 건조비의 내입금으로 40억 달러, 새 잠수함 한 척의 내입금으로 30억 달러를 지출했다. 9·11사태 이전에도 군부는 2001년 회계연도 기간중 매일 약 10억 달러를 받고 있었다.[48] 최근 7년 동안 군대는 사용하지도 않은 항공권 구입비로 1억여 달러를 지출했다. 이들 항공권은 전액 환불받을 수 있는데도, 군부는 성가시게 환불요구를 하지 않았다.[49] 미국정부는 매년 스파이활동에 440억 달러를 지출하고 있다. 나는 종종 사람을 해치는 데 쓰는 이런 돈을 모두 연어, 점박이올빼미 등 야생동물 지원비로 사용했으면 하고 몽상해 보곤 한다. 그러나 진실은 그런 일은 절대 없으리란 것이다.

내 몽상이 몽상에 그칠 수밖에 없는 이유 그리고 보다 잘 알려진 버키 풀러의 몽상도 마찬가지일 수밖에 없는 이유는 그 돈은 '생활용품 제조'가 아니라 무기제조에 사용해야 하기 때문이다. 미국군대가 어떤 절대적으로 중요한 목적을 위해 봉사하지 않는다고 생각한다면, 그건 지난 6천 년 동안의 문명의 행적에 주의를 돌리지 않는 것이다. 도시의 자원수입은 항상 폭력에 의해 이루어졌으며, 앞으로도 그럴 것이다. 풀러의 몽상이 위험한 것은 바로 이 때문이다. 이 몽상은 자원획득이 강제력이나 착취 없이도 이루어질 수 있는 것처럼 둘러댐으로써, 군사예산을 필요로 하는 사회적·기술적 과정을 외면하고 추잡한 군사예산에만 관심을 돌리도록 만들고 있다. 만일 우리가 다른 공동체에 있는 금, 목재, 식량, 모피, 땅이나 석유를 필요로 한다면—또는 필요로 한다고 생각한다면—그런데도 다른 공동체가 이 자원들을 우리에게 넘겨줄 생각을 하지 않는다면, 우리는 어떻게 그 자원을 획득할 것인가? 우리는 이런 과정을 수없이 목격하면서도 아직 그 해답을 얻지 못하고 있다.

◎ ◎ ◎

2001년 말에 미국군대는 아프가니스탄을 폭격하기 시작하면서 미국국민에게 하루 10억 달러, 즉 1인당 4달러의 부담을 지웠다(또는 1995년의 연어보존 사업비 총액보다 많은 돈을 단 3시간에 쏟아부은 셈이었다). 이 금액은 인간표적인 아프가니스탄의 남녀노소 1인당 하루 40달러에 해당하는 금액이다. 아프가니스탄의 국내총생산에 적용해 보면, 40달러는 이 나라의 1인당 하루 평균소득의 약 20배에 해당한다.[50] 이것은 미국정부가 이곳 미국에서 우리를 죽이기 위해 매일 1인당 1800달러를 지출하는 것과 맞먹는 금액이다.

나도 세인의 관심거리가 되고 싶긴 하지만(나도 남자니까), 그래도 선택권이 주어진다면 나는 비록 관심은 덜 받더라도 폭탄보다는 현금이나 식료품으로 달라고 할 생각이다. 나는 폭탄도 싫고 소형폭탄도 싫으며 BLU-26 새드아이(Sadeye)와 같은 멋진 재래식 폭탄도 싫다고 말할 것이다. 그 대신 소 한 마리를 주면 좋겠다. 닭도 괜찮다. 자생종 나무 몇 그루도 좋다. 그리고 우리는 어느 날 자전거에 관해 이야기를 나눌 수 있을 것이고, 그 다음 날에는 우물 파는 이야기를 할 수 있을 것이다. 실은 나도 매일 1800달러를 어디다 써야 할지 모르겠다. 아마도 대부분은 남에게 주어버릴 것이다. 그래도 폭탄보다 소나 닭을 받고 싶은 마음은 변함없다.

좀더 곱씹어 생각해 보면, 내가 진정으로 바라는 것은 그저 나를 좀 내버려두라는 것이다.

◎ ◎ ◎

미국은 역사적으로 아프가니스탄에 매년 7천만 달러 가량의 인도주의적 지원을 해왔다(1인당 연간 약 4달러).[51] 이것은 미국이 1시간 40분 동안의 폭격에 사용한 금액에 해당한다.

만일 미국국민이 이 전쟁을 지원하기 위해 1인당 하루 4달러를 지불했다면, 아프가니스탄 사람들은 이보다 더 많은 대가를 치렀다. 투하된 폭탄들 중에는 50년대에 개발되어 그동안 위력을 발휘해 온 2천 파운드짜리 MK-84도 포함되어 있다. 제1차 걸프전쟁 때는 이 폭탄이 이라크에 1만 2천 개 투하되었다.[52] 이 폭탄은 지상에 떨어지면 지름 50피트, 깊이 36피트의 구멍을 낸다. 그리고 지상에서 폭발하면 반지름 400야드의 범위에 치명적인 파편을 날린다.[53]

보다 흔히 사용되는 '발화장치'에—이 말은 '폭탄'보다 더 추상적이다—집속탄(cluster bomb units, CBU)이라는 것이 있다. 집속탄은 한 차례만 터지는 게 아니라, 그 안에 BLU(bomb live units)라 불리는 소폭탄이 수십, 수백 개, 심지어 수천 개가 들어 있다. 소폭탄은 각기 수백 개의 파편을 날린다. 예컨대 CBU-75라 불리는 집속탄에는 BLU-26 새드아이라 불리는 소폭탄 1800개가 들어 있다. 소폭탄에는 각기 600개의 강철파편이 들어 있다. CBU-75 집속탄 한 개는 축구장 150개보다 넓은 약 925만 제곱피트의 면적에 파편을 날려보낸다. B-52 전략폭격기 한 대는 이런 집속탄 40개를 실을 수 있으므로 평균 10제곱피트당 한 개 꼴로 14제곱마일의 지역을 파편으로 덮을 수 있다. 제1차 걸프전쟁 때는 B-52 28대가 단 하루 동안에 480 개의 폭탄을 이라크에 투하했는데, 이것은 미국 코네티컷주의 1/3에 해당하는 약 1600제곱마일을 폐허로 만들 수 있는 위력이다.[54]

미국군대는 또 다른 형태의 폭탄도 사용하고 있다. 미국의 웨슬리 클라크 장군이 '엄청난 파괴력'을 지닌 '가공할 무기'라고 부른 BLU-82 데이지 커터(Daisy Cutter)라는 폭탄이다.[55] 액상 질산암모늄, 알루미늄 가루와 폴리스티렌 비누가 들어 있는 이 1만 5천 파운드짜리 폭탄은 너무 커서 화물수송기 MC-130 허큘리스의 뒷문으로 굴려서만 투하할 수 있다. 수송기의 속도가 느리기 때문에 BLU-82 폭탄은 방공망이 없는 지역, 다시 말해 무방비상태의 지역에만 투하할 수 있다. (아프가니스탄은 완전히 무방비상태여서 공군기는 구식 항공기 2대뿐이었다.[56] 전쟁 초기에 아프가니스탄 군은 미군 단 한 명을 죽였고, 아프가니스탄 포로들이 미국 CIA공작원 한 명을 죽였을 뿐이다. 미군 사상자의 대부분은 이른바 아군사격과 항공기사고에 따른 것이었다.) 낙하산이 펴지면서 BLU-82는 지상을 향해 떠내려간다. 낙하산은 폭탄의 강하속도를 늦춰 수송기가 폭탄이 터지기 전에 멀리 날아갈 수 있도록 한다. 폭탄은 지상 바로 위에서 터져 제곱인치당 1천 파운드의 이른바 과압(overpressure)을 발생시켜 수백 야드 이내의 물체를 모두 붕괴시키고 3마일 이내의 인간과 비인간들을 죽인다.[57] 미국의 합참 부의장 피터 페이스 장군은 이 폭탄의 목적을 밝히면서 "이들은 엄청난 굉음을 내는데 목적은 인명살상이다"라고 말했다. 해병대의 트레이너 장군은 아프가니스탄에서 보여준 BLU-82의 위력을 보다 구체적으로 밝혔다. "물리적인 파괴말고도, 이 폭탄은 엄청난 심리적 충격을 가한다. 즉사하지 않은 피해자는 눈, 코, 귀에서 피를 흘리기 시작한다. 이처럼 가공할 공격을 받으면, 그들은 우리가 얼마나 화났는지 확실히 느끼게 될 것이다."[58]

이 폭탄들의 1차적 표적이 아프가니스탄 군인(이른바 테러리스트)들이었다고 하지만, 죽은 사람은 주로 살려고 애쓰는 평범한 주민들이었다. 미군 비행기들이 카마 아도를 네 차례 폭격하여 주민 300명의 절반 이상을 죽인

후, 그곳이 고향인 카말 후딘은 "우린 가난한 농민들이오. 우린 어떤 조직과도 연락이 없어요"라고 말했다.[59] 조상대대로 오두막 흙집에서 나무쟁기로 밭을 갈며 살아가는 이런 사람들이 죽었다는 것은 새삼스러운 일이 아니다. 이라크 공습을 기획했던 존 워든 대령은 이런 폭탄들을 투하하는 것은 스키트 사격과 마찬가지라면서 "탄알 500개 중 499개가 표적을 못 맞히더라도 상관없다"고 말했다.[60]

그러면 누가 죽는가? 나는 시신을 찍은 사진들을 본 적이 있다. 검은 머리의 어린이들이 멍석 위에 누워 있고 부모들이 충혈된 눈으로 내려다보고 있었다. 부풀어오른 어린이들의 얼굴 역시 빨갰다. 그것은 눈물이 아니라 피 때문이었다. 부모들의 손도 빨갰는데, 그것은 어린이들의 피가 묻은 흔적이었다.

미국에서는 이런 어린이들의 죽음을 거론하는 것이 용인되지 않는다. 미국의 공식 자본주의 매체가 그렇게 밝혔다. CNN 회장 월터 아이잭슨은 CNN의 기자들에게 미군에 의한 아프가니스탄의 민간인 살상에 초점을 맞추지 말라고 지시하면서 "아프가니스탄에서의 사상자나 (미국의) 곤경에 너무 비중을 두는 것은 심술궂어 보이기 때문"이라고 말했다. 그는 민간인 사망자를 취재하는 기자들에게 계속해서 "아프가니스탄의 현사태에 책임 있는 사람은 그 나라의 지도층"임을 잊으면 안 된다고 훈시했다. CNN의 보도 기준 책임자인 릭 데이비스는 자기 상사의 뜻을 받들어 뉴스방송 해설자들에게 예를 들어 "우리는 미국의 군사작전이 미국에서 5천 명에 가까운 무고한 국민을 죽인 테러공격에 대한 반응임을 명심해야 한다"거나 "우리는 아프가니스탄의 탈레반 정권이 미국에서 거의 5천 명의 무고한 국민을 죽인 9·11공격을 찬양하는 테러범들을 숨기고 있다는 사실을 명심해야 한다"거나 또는 "비록 탈레반이 미국에서 수천 명의 무고한 생명을 앗아간 9·11테러 관련자들을 계속 숨겨주고 있지만, 펜타곤은 아프가니스탄에서 민간인 사상자를 최소화하기 위해 노력하고 있다"는 등의 해설을 반복하라고 말했다.[61] 당연히 앞의 멘트들은 모두 이렇게 바꿀 수 있다. "우리는 워싱턴의 자본주의 정권이 매년 수백만의 인명을 앗아가는 미국의 군사 및 경제 정책을 만들어내고 또 찬양한 언론인, 군부지도자, 정치인 및 기업체 최고경영자 들을 숨기고 있다는 사실을 명심해야 한다."

이에 뒤질세라 〈폭스〉 뉴스채널의 브리트 흄은 최근에 기자들이 왜 구태여 민간인 사망자들을 취재하는지 모르겠다면서 의기양양하게 이렇게 말했다. "내가 생각하기에 문제는 민간인 사상자는 사실 역사적으로 당연히 전쟁의 한 부분이라는 겁니다. 그것이 지금처럼 빅 뉴스가 되어야 합니까?" 물론 미국 내에서의 민간인 사상자에 대해서도 같은 질문을 할 수 있겠다. 미국 자유언론의 보루라는 NPR(National Public Radio)의 마라 리어슨은 흄의 질문에 정곡을 찌르는 대답을 했다. "아니, 이봐요. 전쟁은 원래 사람 죽이는 거라고요. 민간인 피해는 어쩔 수 없어요." 리어슨은 아마도 릭 데이비스의 보도기준에 따라 TV보도가 놓쳤던 얘기를 이렇게 확실하게 보탰다. "정부측 전언에 따르면 우리는 민간인 사상자를 최소화하려고 애쓰지만, 탈레반은 그런 노력은 하지 않고 회교사원이나 부녀자들의 한가운데로 탱크를 진입시킵니다." 『유에스 뉴스 & 월드 리포트』지의 칼럼니스트이며 〈폭스〉의 시사해설자인 마이클 배런은 흄과 리어슨에 답하는 가운데 언론계에 다양한 견해가 있다면서 이렇게 말했다. "나는 일부 언론기관들의 한심한 뉴스 판단력이 진짜 문제라고 본다. 마라 기자의 말처럼 민간인 살상은 뉴스거리가 안 된다. 진상은 민간인 살상이 전쟁에 수반하여 일어난다는 것이다."[62]

윗물이 맑아야 아랫물이 맑다. 미국에 의해 죽은 사람들에 대한 관심회피 현상은 군소언론에서도 나타난다. 플로리다주 파나마 시티의 『뉴스 헤럴드』는 편집자들에게 회람시킨 전언에서 이렇게 경고했다. "미국의 아프가니스탄 전쟁에서 발생한 민간인 사상자들의 사진을 1면A에 싣지 말 것. 자매지인 『포트 월턴 비치』는 그 같은 사진을 실었다가 수백 통의 협박 이메일을 받았음. 아프가니스탄 전쟁의 민간인 사상자 이야기로 시작되는 기사를 사용하지 말 것. 그런 이야기는 기사의 끝에 가서 언급할 것. 민간인 피해를 가볍게 다루기 위해 필요하다면 기사를 재작성할 것. 유일한 예외는 미군이 고

아원, 학교 등의 시설을 폭격하여 수십, 수백 명의 아동을 살상한 경우임."[63]

◦ ◦ ◦

9·11 사태 후에 『뉴욕 타임스』지는 세계무역센터 폭파로 죽은 사람들의 프로필을 집중적으로 보도했다. 이 프로필은 전국적으로 배급되어 우리에게 사망자의 삶을 상세히 알려주었다. 우리는 사망자 중 한 사람은 "일할 때나 놀 때도 닦고 문지르는 일을 소홀히 해본 적이 없는 유능한 중역"으로서 사람들이 그의 구식 고급승용차를 두고 감탄하면 "자동차가 저절로 광나는 것이 아니다"라고 대답하곤 했다는 것을 알게 되었다. 우리는 그중 또 한 사람은 "맨틀(1950년대 미국의 전설적인 야구타자인 미키 맨틀-옮긴이)에게 미친" 사람이어서 "두 아들이 메츠팀 팬이 되었어도 끝까지 양키스팀을 지지했다"는 것을 알게 되었다. 세번째 사람은 잘 나가는 증권중개인이었으며 또 "애정을 지닌 장난꾸러기"여서 "그의 포르셰 911(스포츠카-옮긴이)을 남의 차 옆에 세우고 가운뎃손가락을 들어보이고는 씩 웃고 바람처럼 사라지는" 사람이었다.[64] 뉴욕 출신인 어느 친구는 그 프로필 기사를 보고 "퓰리처상 냄새가 난다"고 평했다.

내 질문은 이렇다. 이런 프로필 기사의 전제는 (그리고 목적은) 무엇인가? 가장 기본적인 대답은 분명하다. 죽은 자는 존경받아야 할 개인들이라는 것이다. 어떤 사람은 편집책임자에게 보낸 편지에서 이렇게 썼다. "피해자들을 인간화하려는 노력을 고맙게 생각합니다. …그들은 기억되어야 할 분들입니다. 그들은 정당한 평가를 받아야 합니다."[65]

내가 더 큰 관심을 갖는 또 한 가지 질문이 있다. 우리 생활방식의 피해자들에 대해 침묵하는 것은 어떤 전제(그리고 목적)에서인가? 이에 대한 대답도 분명하다. 다만 우리가 거론하거나 심지어 생각조차 하지 않고 있을 뿐이다.

◦ ◦ ◦

우리 문화가 노예로 삼거나 살상하는 사람들의 삶을 매일 구체적으로 알려주는 사람이 있다면 우리의 담론과 행동은 어떻게 달라질까를 상상해 보라. 우리가 그 피해자들에게 경의를 표하고 배려한다고 상상해 보라. 신문들이 매일처럼 도시가 자원을 앗아간 탓으로 굶어죽은 어린이들에 관한 기사를 싣는다고 상상해 보라. 그 어린이의 삶이 '유능한 중역'의 삶 못지않게 값지다고, 또 어린이에 대한 폭력이 그 중역에 대한 폭력 못지않게 가증스럽다고 상상해 보라.

◎ ◎ ◎

또한 우리의 담론에, 우리 문화가 이루 말할 수 없이 비참하게 만들어놓은 비인간들의 이야기가 포함된다고 상상해 보자. 사육장, 농장, 실험실에서 고문받으며 사육되는 수십억의 동물들, 추적당해 살해되는 금전적 가치 있는 야생동물들, 경제체제에 의해 가치를 인정받지 못해 제거되는 야생동물들을 상상해 보자. 우리가 개별적 또는 집단적으로 등뼈 셋 달린 가시고기, 마이애미 파랑나비, 흰 전복, 안경 낀 물오리, 서남 갯버들 파리잡이거미, 태평양 뒤쥐라고 부르는 동물들을 상상해 보자. 마지막으로, 우리가 그들의 삶을 우리 자신의 삶만큼 중요시하는지, 또 이 세상과 우리 고장에 대한 그들의 기여가 포르셰를 타고 다니는 증권중개인의 기여만큼 중요하다고 생각하는지 상상해 보자.

◎ ◎ ◎

이 책의 〔전제 4〕는 다음과 같다. 즉 문명은 분명히 정의되고 폭넓게 수용되면서도 뚜렷이 구별되지 않는 위계질서(hierarchy)에 기반을 두고 있다. 이 위계질서의 고위층이 하위층에게 행사하는 폭력은 거의 언제나 모습을 드러내지 않으며, 따라서 눈에 띄지 않는다. 눈에 띄는 폭력은 완전히 합리화되어 있다. 위계질서의 하위층이 고위층에게 행사하는 폭력이란 상상할 수도 없으며, 그런 폭력이 일어나면 충격·공포로 받아들여지고 피해자는 맹목적으로 미화된다는 것이다.

이 전제는 미군과 그 대리인들이 전세계에 걸쳐 민간인을 죽이는 행위가 용인되고 있으며 이에 대한 반격은 생각할 수도 없다는 현실에 딱 들어맞는다. 민간인에 대한 경찰의 일상적 폭력이 용인되고 근무중 사망한 경찰이 숭배의 대상이 되고 있는 현실에도 들어맞는다("전체는 일부를 위하여, 일부는 전체를 위하여"라는 범퍼 스티커가 있지만, 거창한 경찰장례식 같은 데 가보면 쓰레기 수거작업이 경찰업무보다 훨씬 더 위험하다는 점을 아무도 언급하지 않는다). 또 인간이 상어와 같은 종들을 암암리에 멸종시키고 있으면서도 어쩌다가 상어가 인간을 해치면 요란하게 떠들어대는 현실에도 들어맞는다. 〈조스〉와 같은 영화의 선전과는 달리, 인간의 상어살육 대 상어의 인간공격 건수의 비율은 약 2천만 대 1이다.[66] 이 전제는 남성들이 여성과 아동들을 상대로 사사로운 폭력을 집단적으로 저지르는 데 반해 여성과 아동들이 저항하는 사례는 상대적으로 드물다는 사실에도 들어맞는다. 나는 어렸을 때 우리 집안에서 일어난 폭력에 관해 책을 쓴 적이 있다. 폭력은 완전히 일방적이어서 아버지는 어머니와 아이들을 구타하고도 처벌받지 않았다. 나는 내 형이 단 한번 주먹으로 스스로를 방어했던 것을 기억하는데, 형은 이 때문에 비참했던 어린 시절에서도 가장 심한 매를 맞았었다. 왜 그랬을까? 형이 우리 집안의 (그리고 문명의) 기본적인 불문율을 어겼기 때문이었다. 폭력은 오직 한 방향으로만 흘러간다.

◎ ◎ ◎

나는 요즈음 '열화우라늄'에 관해 많이 생각하고 있다. 전에 그 사진을 몇 장 본 탓인지도 모르겠다.

이른바 열화(劣化)우라늄이란 천연우라늄에서 핵연료를 생산하기 위해 '농축우라늄'을 분리하고 남은 것이다. 열화우라늄이란 용어는 잘못된 용어이니, 우라늄이 감손된 만큼 위험이 덜하다는 의미를 함축하기 때문이다. 그러나 열화우라늄은 천연우라늄과 마찬가지로 유독하며 방사능 수준도 60%에 달한다. 그리고 반감기가 45억 년이나 되기 때문에 사실상 영구적인 살상력을 가졌다고 볼 수 있다.[67]

　미국은 지금까지 10억 파운드가 훨씬 넘는 다량의 열화우라늄(99.8%의 우라늄238)을 만들어냈다. 연방정부는 1950년대부터 이 물질을 가지고 무엇을 할까 궁리해 왔다. 우선 우라늄은 밀도가 매우 높아—납보다 1.7배 무겁다—강철을 쉽게 관통하는 포탄을 만드는 데 사용할 수 있다.[68] 나아가 우라늄은 이른바 자연성(自燃性)을 지니고 있어 충격을 주면 열이 기화를 일으키면서 엄청난 에너지를 발생시킨다. 주변지역과 인간 및 비인간의 유독물질 오염과 방사선 조사를 개의치 않는다면, 열화우라늄으로 뛰어난 탱크파괴용 포탄을 만들 수 있다.

　실제로 정부와 업계 지도자들은 이 물질을 무기생산업체들에게 무료로 처분함으로써 윈-윈 방식의 우라늄238 처리문제 해결책을 찾아냈다(정부측에서는 아무도 우라늄 저장을 위한 최선의 방법이 자연상태의 땅속에 저장하는 것임을 생각하지 못했던 것으로 보인다). 나는 연구원들이 열화우라늄을 포크나 토스터의 전열선을 만드는 데 사용할 수 있다고 생각하지 않은 것을 고맙게 생각한다. 그렇게 했더라면 우리는 집 안에서 꼼짝없이 방사능에 노출되었을 것이다. 그러나 고마울 것도 없는 것이, 사실은 미국과학아카데미의 한 위원회 등 여러 기관이 오래 전부터 여러 가지 핵폐기물의 처리방안으로 이 계획을 띄워왔던 것이다. 그들은 지금도 몇 가지 방사능 폐기물을 '비조정 관심사항'(Below Regulatory Concern)으로 재정의하고, 이들을 재활용하여 국민들에게 방사능 '공인 조사량'을 허용할 방침으로 있다.[69] 우리는 또 그들이 열화우라늄을 식수에 집어넣고 치아건강에 좋다고 주장하지 않는 것을 천만다행으로 여겨야 할 것이다. 그러나 그들은 이와 유사한 짓을 벌써 하고 있다. 열화우라늄과 마찬가지로 불소도 알루미늄, 시멘트 및 무기급 플루토늄과 우라늄 생산의 부산물로 나오는 독성물질인 것이다.

　또한 열화우라늄처럼 불소도 안전한 처리가 불가능하지는 않더라도 비용이 엄청나게 많이 드는 물질이다. 연방정부는 불소의 처리방법을 찾지 못하고 있었다. 아마도 불소가 포탄이나 토스터기 제작에 별로 적당하지 않았던지, 집권자들은 이를 식수와 치약에 첨가하기로 결정했다. 존 버치 협회

(1958년에 설립된 미국의 극우반공단체–옮긴이) 회원들이 불소첨가를 위험한 음모라고 단정한 것은 옳았다. 불소와 열화우라늄은 모두 위험한 물질이다. 불소는 납, 비소 등 불순물을 함유한 유독성 폐기물로 만드는 것일 뿐 아니라, 불소 자체가 상대적으로 적은 양으로도 암과 골다공증, 관절염, 뇌손상 등을 일으킬 수 있다.[70] 또 한 가지가 있다. 할아버지댁 지하실에 가서 쥐약을 찾아 살펴보면, 그 주성분이 불화나트륨이라는 것을 알 수 있을 것이다.[71]

열화우라늄으로 만든 무기나 포탄을 사용하거나 구매하는 나라는 미국, 영국, 프랑스, 캐나다, 러시아, 그리스, 터키, 이스라엘, 중동지역의 왕국들, 대만, 한국, 파키스탄, 일본 등 수없이 많다.[72] 이런 유독성 방사능 물질을 전세계로 확산하는 것도 나쁜 짓이지만, 진짜 위험은 이런 무기를 사용할 때 발생한다. 그런데 이 무기는 빈번하게 사용되고 있다. 이른바 제1차 걸프전쟁중 이라크에 대한 11만 회의 공습에서, 미국의 A-10 항공기는 약 94만 발의 열화우라늄 발사체를 발사했다.[73] 열화우라늄 발사체가 목표물에 명중하면 탄약의 90% 가량이 활석가루처럼 미세한 (뜨거운) 가루로 기화한다. 이라크 사막에서는 약 300톤의 이 같은 가루가 바람에 날린 것으로 추산되고 있다. 열화우라늄탄으로 파괴된 탱크들 주변의 청소를 담당했던 어느 미국 군인은 이렇게 말했다. "밤이건 낮이건 파괴된 탱크 안에 기어 들어가 보면 3피트 앞이 안 보인다. 숨 쉴 때 그 가루를 들이마시게 된다."[74] 이 가루는 한번 들이마시면 폐나 신장과 같은 장기에까지 들어가 탈이 나게 된다. 우라늄238과 그 붕괴의 부산물—우라늄의 다른 동위원소들, 토륨234, 프로탁티늄 등—들은 암과 유전자 변형을 일으키는 알파 및 베타 방사선을 방출한다. (청소를 담당했던) 군인들 15명 중 2명이 사망했는데, 미국 에너지부조차도 이 군인들의 체내 우라늄 오염도가 허용치의 5천 배라고 시인하고 있다. 미국의 걸프전 참전군인 9만~10만 명이 '걸프전 신드롬'과 관련된 의학적 문제를 신고했는데, 일부 지역사회에서는 자녀들의 기형아 비율이 67%에 달한다.

열화우라늄은 미국군뿐 아니라 이미 이라크군 25만 명에게도 피해를 준 것으로 보인다. 보스니아 주민들과 아프가니스탄 주민들의 경우도 마찬가지일 것이다. 최근 이라크 남부지역에서는 백혈병과 암 발생이 66% 증가했는데, 일부 지역은 700%나 증가했다.[75] 또 기형아 출산 문제도 있다. 어떤 의사는 보고서에 이렇게 적었다.

8월에 머리 없는 아기 세 명을 받았다. 네 명은 머리가 비정상적으로 컸다. 9월에는 머리 없는 아기 여섯 명, 머리 큰 아기 아홉 명 그리고 팔다리가 짧은 아기가 두 명이었다. 10월에는 머리 없는 아기 한 명, 머리 큰 아기 네 명 그리고 사지 등이 기형인 아기가 네 명이었다.[76]

이제 사진 이야기를 해보자. 두 종류의 사진이 있다. 내가 보지 못한 사진들과 본 적이 있는 사진들이다. 내가 보지 못한 사진들에 관해 어떤 사람은 이런 글을 썼다.

나는 위장이 제법 튼튼하다고 생각했다—앙골라의 지뢰밭과 불결한 야전병원들에서 단련되고 아이티에서의 암살단 공작, 르완다의 마구잡이 학살극으로 단련된 위장이었다. 그런데도 나는 지난 주 이라크 남부의 바스라 산부인과병원에서 아침을 거르다시피 했다. 원장인 아메르 박사가 나를 어느 방으로 데리고 갔다. 방안에는 의학용어로 '선천적 불구아'를 찍은 천연색 사진 넉 장이 전시되어 있었다. 아기들의 모습은 머리가 아찔할 정도로 기괴했다. 그나마 다행히도 그것은 실물사진이 아니라 포름알데히드에 담겨 있는 사진이었다. 한 순간 나는 다리가 후들후들 떨려 의자 등받이를 붙잡아야 했다. 자잘한 묘사는 생략하겠다. 걸프전 동안에 영국과 미국은 이라크의 도시와 그 주변에 9만 6천 발의 열화우라늄탄을 쏟아부었다. 아메르 박사는 사진 속의 처참한 모습들이 그 결과라고 말했다. 그는 나를 이끌고 눈 없이 태어난 아기들과 뇌 없는 아이들의 사진을 보여주었다. 머리가 절반밖에 없어 눈 위로는 머리가 없는 아기도 있었다. 머리에 다리가 달린 아기, 생식기 없는 아기, 뇌가 두개골 밖으로 쏟아져 나온 채 태어난 여자아기, 눈이 코 아래에 달린 아기도 있었다. 그리고 더욱 끔찍한 것은 엉덩이 두 짝에 얼굴 하나와 개구리 다리 두 개가 달렸다고밖에 묘사할 도리가 없는 사진이었다. 고맙게도 이 아기들은 모두 오래 살지 못했다. 열화우라늄은 인체 내에서 5년간의 잠복기간을 갖는다. 걸프전쟁이 끝난 1991년부터 1994년까지 바스라 산부인과병원의 기형아 출산은 11건이었다. 지난해는 221건이었다.[77]

내가 전에 본 적이 있는 사진들도 있는데, 그중 몇몇은 평생 처음 보는 끔찍한 사진이었다. 얼굴 한복판에 눈이 하나밖에 없는 아기들, 뇌수종으로 머리가 파열된 채 아직 살아서 눈을 크게 뜨고 있는 아기들, 피부가 투명하거나 피부에 정체를 알 수 없는 흰 물질이나 매자국 같은 것이 덮여 있는 아기들, 양성의 생식기를 지닌 아기들, 뼈들이 융합되어 발육이 저지당한 눈 없는 아기들, 창자와 요로가 몸 밖으로 나온 채 항문이 없는 아기들도 있었다.[78]

이런 사진들을 보고 나는 이렇게 질문할 수밖에 없었다. 우리 문화의 살상자 계산법은 도대체 무엇인가? 이런 어린이들 몇 명의 목숨을 합쳐야 농담 짓거리를 즐기는 유능한 증권브로커 중역 한 사람의 목숨과 맞먹는 것일까? 이런 어린이 몇 명의 목숨이 포르셰 자동차 한 대 값과 맞먹는 것일까? 이런 어린이들 몇 명이 죽어야 그 가치가 석유 1배럴의 값과 맞먹을까?

○ ○ ○

『샌프란시스코 크로니클』지는 3면에 "과학자의 긴급경고: 병든 행성 대규모 보존사업 필요"라는 제하의 기사를 실었다. 이 기사를 읽고 나는 몇 가지 이유로 마음이 편치 않았다. 첫째, 지구는 대규모 보존을 필요로 하기보다는 지구를 죽이는 문명으로부터 구제받을 필요가 있다는 점이다. 둘째는, 기사의 지면배치 때문이었다. 이날 신문의 같은 크기의 2면 기사는 "방심하던 심령치료업계에 소송. 미스 클레오 사기혐의로 피소"라는 제목이었다.

이 날짜 신문의 1면 톱기사는 "캐나다 페어스케이팅 은메달이 금메달로. 스케이팅연맹, 심판 오심으로 수정"이라는 제목이었다. 지구가 죽어가고 있다는 기사의 중요성을 다른 지면의 경제·여행·스포츠 등의 기사와 비교할 생각은 없다. 또 한 가지 나를 기사의 지면배치보다 더 짜증나게 만든 것은 이 볼품없는 기사에서나마 옹근 세 단락이, 지구환경이 사실은 개선되고 있다고 주장하여 큰 명성을 얻은 어느 덴마크 통계학자에게 할애되고 있기 때문이었다. 이 기사는 우리가 우리 생활방식을 유지하려면 서로에게, 특히 우리 자신에게 거짓말을 반복해야 한다는 진실을 다시 한번 드러내 보였다. 아마도 이 인물의 추잡한 계산법이 문명사회의 목표와 잘 맞아떨어졌기 때문인지, 그는 현재 덴마크 정부의 지원을 받는 환경감시기구의 책임자로 되어 있다.[79]

그러나 나를 가장 짜증나게 만든 것은 편집진이 기사에 집어넣은 "우리는 분명히 현재와 같은 풍요의 수준을 유지하기가 갈수록 더 어려워질 것이다"라는 인용문이었다.[80] 세계가 눈앞에서 죽어가고 있는 마당에 편집진은 풍요한 삶을 유지하는 게 주된 관심사란 말인가?

이건 어리석은 질문이다. 대답은 물론 '그렇다'이다.

그러나 나는 다시 묻는다. 살상자 계산법은 무엇인가? 이 계산을 인명에만 국한시킬 이유는 없다. 연어 몇 마리가 정치가, 중역, 거짓말쟁이 통계자 한 사람의 목숨과 맞먹는 가치를 지닐까? 얼마나 많은 물고기가 착취에 기반을 둔 생활방식, 오래 계속되지도 못할 생활방식을 지속시키는 것과 맞먹는 가치를 지닐까?

◦ ◦ ◦

이 책의 [전제 5]는 다음과 같다. 위계질서 고위층의 재산은 하위층의 목숨보다 값지다. 고위층에게는 하위층을 파멸시키거나 목숨을 빼앗아 자기가 관리하는 재산을 늘리는—일상용어로 돈벌이하는—일이 용인된다. 이것을 생산이라 부른다. 하위층이 고위층의 재산에 피해를 주면, 고위층은 하위층을 죽이거나 또는 그 밖의

 방법으로 하위층의 삶을 망칠 수 있다. 이것을 정의라 부른다.

이 전제는 모두 우리 인간의 내부관계에 그대로 들어맞는다. 경찰은 언제든지 노숙자의 천막을 때려부술 수 있다. 그러나 노숙자들은 경찰서를 때려부술 권리가 없다. 석유화학회사는 주변환경을 유독물질로 오염시켜 주민이 살 수 없게 만들어도 되지만, 주민들은 정유소나 정유소 소유주의 집을 파괴하는 게 허용되지 않는다. 백인들은 인디언의 재산을 체계적으로 파괴하는 게 허용되지만, 인디언들은 보복하면 안 된다. 또 이 전제는 종(種)들간의 관계에도 그대로 적용된다. 산업생산이 살아 있는 행성을 체계적으로 망쳐버리는 것이나 생산성을 위협하는 비인간들을 파괴해야 한다는 것 등이 여기에 해당한다. 캐나다 수산업·해양부의 어느 관리는 지금은 멸종한 큰 바다쇠오리를 두고 이렇게 분명히 밝혔다. "지금까지 얼마나 많이 있었건간에 큰 바다쇠오리는 사라져야 한다. 그들은 상업적 가치가 있는 어족이 먹고사는 해양생물 수천 톤을 먹어치웠을 것이다. 수산업을 적절히 관리하자면 그들이 차지할 공간은 없다."[81] 문화를 변화시켜 이 전제가 들어맞지 않게 될 때, 그때 가서야 비로소 덴마크 통계학자의 계산법은 정신 나간 사람들에게나 통할 것이고, 형무소는 잡범들로 들끓지 않게 될 것이며, 문명은 순식간에 붕괴할 것이다.

구제불능의 문명

우리는 사회가 끔찍한 병에 걸려 있으며 그것은 어쨌든 서방문화의 피의 역사, 다른 모든 문화들을 능가하는 잔학성과 관련 있을 것이라는 가능성을 직시해야 하리라고 본다.

드보라 루트[82]

이 책의 〔전제 6〕은 다음과 같다. 문명은 되살릴 수 없다. 이 문화(문명)는 어떤 형태로건 건전하고 지속 가능한 생활방식으로 가기 위해 자발적인 탈바꿈을 겪으려 하지 않는다. 이에 제동을 걸지 않으면, 문명은 계속해서 절대 다수 인류를 비참하게 만들고 지구를 퇴화시켜 마침내 문명을 (그리고 아마도 지구를) 붕괴시키게 될 것이다. 이 같은 퇴화는 매우 장기간 동안 계속해서 인간과 비인간들에게 해를 끼치는 결과를 가져올 것이다.

나는 어릴 때부터 줄곧 이런 의문을 품고 있다. 이 문화의 파괴적 행태가 우리를 불행하게 만들고 있다면 우리는 왜 이런 문화를 계속 붙잡고 있는 것일까?

지금까지 여러 가지 대답이 떠올랐다. 그 모두가 불행하게도 우리 문화의 파괴력이 지닌 경직성을 가리키고 있다. 졸저『말보다 오래된 언어』에서 제시한 내 해답의 하나는 우리 문화 전체가 정신적 외상 전문가 주디스 허만(Judith Herman)이 말한 이른바 복합 '외상 후 스트레스 장애'(PTSD)에 걸려 있다는 것이었다. 지금은 대부분의 사람들이 익히 알고 있는 PTSD는 극단적 외상, 극단적 공포에 대한 구체적 반응이며, 허만이 말한 대로 "피해자가 압도적 힘 때문에 무기력해지는"[83] 외상의 순간에 일어날 수 있는 통제력, 연관성 및 의미의 상실에 대한 구체적 반응이다. 이 힘은 지진이나 화재와 같은 비인간(nonhuman)일 수도 있고 이 문명의 바탕이 되는 폭력, 즉 강간, 폭행, 구타, 전쟁, 경제제도, 교육제도와 같은 비인간적(inhuman) 힘일 수도 있다. 허만은 이렇게 지적한다. "외상반응은 아무 행동도 할 수 없을 때 일어난다. 저항이나 도피가 불가능해지면, 인간의 자기방어 기제가 제압당해 무너진다.[84] …외상을 입은 사람은 신경계(神經系)가 현재와 단절된 것처럼 느끼고 행동한다."[85] 이들은 과도하게 흥분하여 도처에서 위험을 느낀다. 어떤 계기가 '플래시백'(환각의 재연-옮긴이)을 자극하는 경우가 있는데, 예컨대 수상스키 여행중에 부모에게 구타당한 어린이는 어른이 되어서도 이런 자극을 받을 때 공포에 질리거나 화를 내게 된다. 어떤 특정한 종류와 모델의 자동차 안에서 강간당한 여성에게도 이런 현상이 일어날 수 있다. 그러면 성숙한 어른은 이 같은 갑작스러운 공포와 분노가 무엇 때문인지 의아하게 생각할 것이다. 외상충격을 받은 사람은 자포자기 상태에 빠지는 수도 있다. 아무 저항도 소용없는 무력감에 빠져본 사람에게는 이런 느낌이 평생 동안 계속되기도 한다. 이런 사람은 저항이 가능하거나 필요한 경우에도 저항하지 못한다.

이 문화 전체는 매우 폭력적인 외상을 입히는 문화여서 우리들 대부분은 어느 정도라도 충격을 받고 있기 때문에 공포 없이 사는 삶이 어떤 것인지 이해하거나 심지어 상상하지도 못한다. 이런 공포심은 실제로 매우 깊이 뿌리박혀 있기 때문에 이 문화에서는 정상화되고 성문화하여 전체 사회의 기초를 이루고 있을 정도이다.

이런 증상은 정신적 충격을 받은 적이 있는 사람들에게서만이 아니라 분명히 문화 전반에 걸쳐 찾아볼 수 있다. 이 문화는 분명히 현재로부터 단절되어 있으니, 그렇지 않고서야 생산을 위해 지구를 (그리고 서로를) 죽이는 일은 할 수 없을 것이다. 이 문화는 위험이 전연 없는 경우에도 도처에서 위험을 느끼고 있음이 분명하다(정치, 과학, 기술, 종교 그리고 대부분의 철학은 이 세상이 눈물과 위험의 골짜기라는 생각에 바탕을 두고 있다). 이 문화가 자연계뿐 아니라 각지의 토착적인 것들에 대해서도 이해할 수 없는 분노와 두려움을 나타내는 것을 보더라도 분명하다. 그런데도 파괴를 혐오하는 우리들은 무슨 일에건 늘 제대로 저항하지도 못하고 있다.[86]

그러나 이보다 더 중요한 문제가 있다. 주디스 허만은 새로운 종류의 PTSD를 밝혔다. 그녀는 이렇게 묻는다. 예컨대 지진이나 강간 등 불연속적인 한 차례의 사고로 충격을 받는 것이 아니라 "장기간에 걸친 전체주의 통치"를 겪은 사람들에게는 어떤 일이 일어날까?[87] 나는 여기에 6천 년 동안의 문명이란 말을 덧붙이고 싶다. 허만은 여기에 인질이나 포로 등만이 아니라 장기간의 가정폭력에 시달린 사람들까지도 포함시킨다. 후자에 관해 허만은 광범위한 폭력에 의해 인격이 기형화된 사람들뿐 아니라 어렸을 때 그 같은 전체주의적 폭력을 겪어 인격이 형성된 사람들에게 어떤 일이 일어날

까를 묻는다. 그 대답은 기억상실증에 걸려 어린 시절의 폭력을 잊는 경우가 많다는 것이다. 그런 사람들은 무력감을 느낄 수도 있고 자기를 학대한 자와 일체감을 느낄 수도 있다. 그들은 서로에게 이로운 관계는 애당초 불가능하며 모든 관계는 힘과 권력에 기초하는 것이라고 생각하게 된다. 그들은 강자가 약자를, 약자는 더 약한 자를 지배하며, 가장 약한 자는 요령껏 살아남는 법이라고 생각하게 된다.

전체 문화가 복합 PTSD에 걸려 있다는 말이 이치에 맞는다는 생각은 이 문화의 여러 가지 부조리한 행동과 철학을 이해하는 데 도움이 된다. 신체에 대한 혐오감, 자연은 잔인하다는 확신, 장기간에 걸친 권력집중 움직임, 과학분야에서 반복 (그리고 대조 표준) 가능성에 대한 신경증적 집착 그리고 과학 및 경제학에서의 터무니없는 감정배제—즉 삶의 배제—등이다. 가정폭력을 보는 렌즈를 가지고 문명의 변함없는 폭력을 들여다보면 이 모든 증상을 이해하는 데 도움이 되겠지만, 문명이 회생 불가능하다는 이 책의 〔전제 6〕과 관련하여 이 렌즈를 사용할 때 주목할 점은 가정폭력범이 모든 폭력범 중에서 가장 치유가 힘들다는 것이다. 이 때문에 영국은 2000년에 가정폭력범을 위한 정신요법 치료 지원금을 폐지하고 그 예산을 피해여성 보호소 지원금 등으로 돌렸다. 영국 최대의 피학대 여성 및 아동 보호소인 '레퓨지'(Refuge)를 운영하는 샌드라 홀리는 이렇게 말했다. "나는 골수 페미니스트도 아니고 남성들을 돕는 것을 반대하지도 않지만, 다년간의 경험 중에 자기 행동을 바꾼 남성은 단 한 명밖에 보지 못했다."『가디언』지는 아예 이렇게 보도했다. "최근의 내무부 조사에 따르면, 아내나 파트너를 구타하는 남성을 치료할 방법은 없다."[88]

가정폭력범은 치료할 수 없다면 저지하면 된다. 내가 졸저『말보다 오래된 언어』에서도 지적했지만, 가정폭력은 여러 가지 점에서 우리 문화에서 보다 큰 역사의 단계들을 장식한 폭력의 축소판이다. 이 말은 문화에 대해, 그리고 그 인간 및 비인간 피해자들에 대해 의미심장한 함의를 갖는다. 나는 그 책에서 이 문화의 심리적인 회복 불가능성을 규명하는 데 그치지 않고,

이 문화가 갖는 죽음의 충동(death urge)—즉 우리 자신을 포함한 모든 생명을 죽이고자 하는 충동—의 여러 가지 이유와 이 충동이 치유 불가능한 이유들을 논했다.

나는 졸저 『가상의 문화』에서 이 문화의 본질적 파괴성과 그 죽음의 충동의 문제를 전혀 다른 각도에서 다루면서 경쟁에 기초한 경제·사회 체제의 상호 보강적 작용, 인간이 피조물의 정점에 있고 우리 문화는 이 정점의 정점에 있다는 믿음, 물질적 생산을 다른 모든 것(특히 생명)보다 높이 평가하는 것, 특수성이 아닌 추상성에 대한 일관된 선호(얼른 세 가지 예를 들자면, 구체적 상황 아닌 추상적 원리에 입각한 윤리체계의 공포, 인터넷 매출 900억 달러로 전체 인터넷 매출액의 13%를 차지하는 포르노—추상적 나체 여자 이미지—의 홍수 그리고 갈수록 더 멀리 떨어진 심리적·물리적인 거리에서 사람을 살상할 능력과 경향) 그리고 갈수록 심해지는 이 사회의 관료화 등을 살펴보았다. 나는 이 모든 벡터(방향 양)들이 어떻게 합쳐져서 불가항력적으로 모든 다양성을 제거하려는 시도로, 이 행성을 죽이려는 시도로 그리고 갈수록 일상화되고 있는 동료인간들의 (그리고 물론 비인간들의) 집단살상으로 이어지는가를 밝혔다.

여기서 이 문화의 폭력이 치유 불가능한 여러 가지 이유에 대한 보다 근본적인 접근을 시도하는 가운데, 나는 모든 길이 로마로 통하듯이 여기서도 모든 길은, 문명의 기반은 착취에 있다는 인식과 발언으로 이어진다는 것을 발견하게 되었다. 다시 말해 심리적 차원을 논하건, 사회적·경제적 또는 물질적 차원을 논하건 별로 중요한 문제가 아니며(어차피 구별할 수도 없다), 모두 동일한 결론에 도달하게 된다. 또 다른 말로 표현하자면, 미시적인 것은 거시적인 것을 나타내며, 거시적인 것은 미시적인 것을 반영한다는 것이다. 말을 또 한번 바꾸면, 우리는 곤경에 처해 있기 때문에 무엇을 할 것인가를 생각해 내야 한다는 것이다.

모든 도시국가(지금은 전세계계적으로 연결된 산업경제)는 수입자원에 의존하기 때문에, 우리 스스로나 개인적으로는 제아무리 개명되고 평화롭다고 생각하건 상관없이 전체 문화의 착취기반을 유지해야만 한다. 폭력기반은 우리가 이를 인정하건 말건 상관없이 유지된다. 또한 우리 스스로 평화를 사랑하고 자유·민주·번영을 위해 싸운다고, 우리의 도움이 필요 없다고 생각하는 사람들의 번영을 위해 싸운다고 자처하건 말건 상관없이, 폭력기반은 계속 존속한다. 이런 거짓말들을 벗겨내고 나면 그들의 자원을 빼앗기 위해 싸우는, 아니 죽이는 우리의 적나라한 모습이 드러난다([전제 4]를 상기하라). 보다 정확히 말하자면, 권력을 잡은 자들이 이 짓을 하고 있다. 더 정확하게 말하자면, 권력층이 종복들을 시켜, 자원을 빼앗을 권리가 있다고 믿게 된 종복들을 시켜 이 짓을 하고 있다.[89]

이 문화는 지금까지 수많은 사람들을 죽여왔으며, 앞으로도 스스로 붕괴할 때까지 계속 죽일 것이다. 그럴 수밖에 없다. 이 같은 살상놀음이 사회구조에 내화되어 있어 변화를 받아들이지 않기 때문이다. 양심과 인도주의, 관용에 호소해 봐도 애당초 실패하게 되어 있다(사실 우리 모두가 권력층이 폭력 없이도 권력을 유지할 수 있다고 믿도록 방치되는 한, 전체 문화의 기초가 되는 물질적 생산이 폭력 없이도 계속될 수 있다고 믿는 한, 이 같은 시도는 오히려 해로울 수가 있다). 그것은 집권층이 꼭 필요한 만큼만 폭력을 행사하고 있기 때문만이 아니고, 또 권력자가 그 같은 호소에(히틀러 씨, 유태인을 해치지 말고 슬라브족이나 러시아의 땅을 빼앗지 말아요. 우리 친구해요, 알았죠?) 심리적으로 면역되어 있기 때문만도 아니다. 더욱 중요하게는 개개인이 심리적으로 면역되어 있듯이 이 체제 자체가 그 같은 호소에 기능적으로 면역되어 있기 때문이다. 그들은 자원을 필요로 하기 때문에 열화우라늄으로 인해 기형아가 태어나고 만년설이 녹아 바다가 불어나더라도 어떻게 해서든 자원을 얻으려 할 것이다. 이 때문에 평화운동은 시작하기도 전에 결딴날 수밖에 없으니 이 문명의 뿌리를, 따라서 폭력의 뿌리를 뽑아버리기 전에는 기껏해야 피상적인 원인만 건드리고, 따라서 증세를 누그러뜨리는 데 불과하기 때문이다.

이 문명의 폭력에는 겉으로 드러난 여러 가지 피상적 원인이 있다. 우선,

문명을 이끄는 정치적 의사결정자들은 인간 및 비인간의 복지에 관심 갖기보다 개인적 권력과 국가권력을 강화하는 데 더 관심을 두고 있다. 다른 말로 표현하면, 그들은 삶 자체보다 자원을 확보·유지하고 생산을 늘리는 일을 더 중요시한다는 것이다. 또 다른 말로 표현하자면, 미쳤다는 것이다. 이것이 문제의 피상적인 발현이 아니고 그 뿌리라면, 의사결정자들을 보다 합리적이고 건전하고 교양 있고 인간다운 사람들로 교체하기만 하면 이 문화의 폭력을 뿌리 뽑을 수 있을 것이다. 그러나 미국 대통령이 내일 해당 국가의 (정부가 아니라) 주민들이 자원을 내놓기 싫어하는 지역에서는 기업들이 석유, 금속, 어패류, 육류, 목재 등을 가져오지 못하게 하기로 결정한다고 상상해 보자. 더구나 자원채취가 어떤 방식으로든 자연계를 손상시킬 경우에는 자원을 개발하지 않기로 결정한다고 상상해 보자. 다시 말해 대통령이 진정으로 비착취적인 지속 가능한 경제를 정착시키기로 결정한다는 것이다. 의회와 대법원이 틀지 않는다면(가능성은 희박하다), 그리고 대통령이 암살당하지 않는다고 가정하면(가능성이 더욱 희박하다) 물가가 천정부지로 치솟고, 미국식 생활방식은 붕괴되고, 폭도들이 거리를 메우게 될 것이다. 경제가 붕괴할 것이다. 곧 펜실베이니아 애비뉴 1600번지(백악관—옮긴이)의 울타리에 대통령의 머리가 효수될 것이다. 요컨대 대통령이 될 사람은 삶보다 경제적 생산을 중시하는 정책을 집행할 수 있는 사람이어야 한다는 것이다. 건전한 정신을 지닌 교양 있는 사람은 그 자리에서 오래 버틸 수 없다.

폭력의 또 한 가지 피상적인 원인은 (차별이 가능할 경우 정치적 결정과 반대되는) 경제적 결정을 내리는 사람들도 주위의 인간 및 비인간 공동체들을 풍요롭게 만들기보다 권력(이 경우는 경제적 부)을 축적하는 데 더 관심을 갖는다는 데 있다. 공동체 파괴에 대한 그들의 이런 관심은 그 자체로는 지나친 결벽증이나 필체에 대한 집착 등 다른 강박충동보다 더 문제될 것이 없다. 그것이 진정 문제가 되는 것은, 동일한 기업체 국가의 각기 다른 부문에 속하는 권력자들과 탐욕자들이 긴밀하게 협력하여 권력자가 군대와 경찰력을 휘둘러 부유층의 부를 늘리는 데 필요한 자원을—필요하다면 무력으로라도—보장해 주고, 또 이에 반대하는 자들을 죽이는 것을 보장해 주기 때문이다.

그러나 상업과 정치의 결합도 그 자체로는 폭력의 근원은 아니고 폭력의 메커니즘일 뿐이다. 정경유착이 폭력의 본질적 원인이라면, 제헌회의를 소집하여 새로운 견제와 균형 조치를 도입하는 것으로 상대적으로 쉽게 이를 예방할 수 있을 것이다. 그리고 권력층이 이에 반대하여 유권자의 동의 없이 현재의 조세정책을 계속한다면, 우리는 그저 토머스 제퍼슨과 에이브러햄 링컨 그리고 비틀즈의 권고에 따라 혁명을 일으키겠다고 하면 된다(비틀즈는 다른 두 사람보다 좀 어정쩡하게 말했지만, 잘 들어보면 그들의 신념의 일단을 짐작할 수 있다). 그러나 거리의 소동이 진정되고 유혈이 멎고 나면, 우리는 영광스러운 새 혁명정부도 자원을 어떻게 구해 도시와 공장들에 제공하느냐 하는 똑같은 문제에 봉착해 있음을 발견하게 될 것이다. 새 보스들도 필연적으로 옛 보스들처럼 폭력에 의존할 수밖에 없을 것이다.

폭력의 또 다른 메커니즘과 피상적 원인들의 기다란 목록을 작성하기는 어렵지 않다. 집권층이 자신의 권력을 보호·유지하기 위해 군대와 사법제도 같은 체제를 구축한다는 것도 사실이다. 사회제도가 만족을 모르는 부와 권력의 축적을 포상해 준다는 것도 사실이다. 우리 모두가 이 같은 축적을 폭력의 근원으로 보지 않고 그것을 합리적이고 바람직할 뿐 아니라 '실사회'를 움직이는 유일한 방법으로 보도록 만드는 신화에 푹 빠져 있다는 것도 사실이다. 이 신화는 권력층이나 그 대리인이 저지르는 폭력이라면 이를 찬양한다. 『뉴욕타임스』지에 따르면, 할리우드 중역들은 최근 대통령의 선임보좌관을 만나 "연예계는 1940년대에 형성된 영화제작자와 전쟁기획자들 간의 협력정신을 복원함으로써 전쟁노력에 기여할 수 있다는 데 견해가 일치함을 확인했다." 또 톰 크루즈는 자기가 쓰레기 수거인으로—아, 미안, CIA 공작원으로—나오는 다음번 영화를 걱정하면서 "될수록 긍정적으로 조명받는 CIA"를 보여주겠다고 말한 것으로 알려졌다.[90] 문명인들의 오만함도 문제다. 이들은 스스로 다른 사람들보다 도덕적으로 우월하며, 따라서 다른 사람들을 착취하거나 죽여도 면책(그리고 면역)된다고 생각한다. 휴머니스트들의 오만도 문제다. 이들은 인간이 비인간들보다 우월하며, 따라서 이들을 마음대로 착취하거나 죽여도 된다고 생각한다. 문화의 죽음의 충동도 문제다. 이 충동은 우리 모두가 지구상의 삶을 끝장내도록 몰아붙인다.

이상과 같은 것들이 모두 자리 잡고 있기 때문에 이런 것들을 멈추거나 늦추도록 노력해야 한다는 것은 당연하다. 나는 이런 메커니즘이나 피상적 원인을 줄이는 데 노력하지 말아야 한다는 것은 결코 아니다. 그것은 내가 성폭행 위기 신고전화가 필요 없다거나 개별적인 강간범을 단속할 필요가 없다고 말하지 않는 것과 같은 이유에서이다. 그러나 동시에 나는 성폭행 위기 신고전화로 강간의 위기를 실제로 멈출 수 있다고도 생각하지 않는다. 내가 아는, 성폭력 문제를 다루어본 어느 누구도 신고전화로 위기를 멈출 수 있다고 말하는 사람은 없다. 사태완화는 좋은 것일 수 있으며 또 중요하지만, 그것이 완화 이상의 어떤 결과를 가져오리라고 착각해서는 안 된다. 정부와 업계에 제발 우리 행성을 파괴하지 말고 사람들을 죽이지 말아달라고 통사정한다고 해결될 일이 아니다. 해결될 수도 없다.

◦ ◦ ◦

여기서 미국군대의 공인된 1차 목표에 대해 잠시 살펴보고자 한다. 지금은 '명백한 운명'(manifest destiny, 인디언정복과 영토확장이 하나님이 백인들에게 내린 명백한 의무라는 논리의 19세기 이래 미국의 영토확장론—옮긴이) 시절처럼 단순히 미국의 전대륙을 정복하여 원주민들을 죽이거나 그 재산을 빼앗는 것이 목표가 아니다. 또한 20세기 초 시어도어 루즈벨트 대통령의 이른바 '선린정책' 시절처럼 프런티어를 서쪽으로 멀리 필리핀과 그 너머로까지 확대하고 필리핀 사람들을 자기 나라로부터 '해방'시키기 위해 열 명 중 한 명 꼴로 죽이고 살아남은 사람들은 자기 땅을 잘 활용하도록 미국의 통제하에 두는 것도 목표가 아니다. 물론 그 당시 미국은 지구를 최대한 많이 차지하기 위해 서쪽만이 아니라 동쪽과 남쪽으로도 진출했다. 지금의 목표는 50년 전 국가안보

회의(NSC) 문서가 단순히 "민간투자에 유리한 정치경제적 환경"의 필요성을 명시했던 때와도 다르다.[91] 국무부 정책기획실 책임자였던 조지 케난(George Kennan)은 '우리'가 자원을 취해야 할 나라들에 대해 '차등적 상태'를 유지하려면, "우리는 인권이라든가, 생활수준 향상이나 민주화 등 막연하고… 비현실적인 목표를 논하기를 그치고" 그 대신 '솔직한 권력개념'을 다루어 '이타주의와 세계자선'과 같은 "이상주의적 슬로건 때문에 방해받지 않도록 해야 한다"고 말했다.[92] 이런 말들은 모두 내가 지금껏 분석해 온 말, 즉 자원을 도시로 이전시키려면—즉 자원을 훔치려면—물리력을 사용해야 한다는 말의 다른 표현에 불과하다. 현재의 군사적 목표도 크게 다를 바 없다. 불과 10년 전 현 부통령 딕 체니가 국방장관 시절에 작성한 '방위기획 지침'은 미국이 '전지구적 권력'을 장악하고 무력을 독점하여[93] 다른 나라들이 "합법적 이익조차도 보호하지 못하도록" 해야 한다고 숨김없이 밝히고 있다.[94]

그러나 최근 권력층은 마침내 문제의 핵심에 다가서고 있다. 정확히 말하자면, 감시하고 살상할 권리가 마침내 지배욕구를 따라잡은 것이다. 그들은 이 점을 매우 분명히 밝히고 있다. 미국 합참은 최근 향후 20년을 내다본 목표를 정의하는 '합참비전 2020'(Joint Vision 2020)을 내놓았다. 이 문서의 첫 구절에 따르면, 미국군대는 "전면적 지배(full spectrum dominance)를 달성하기 위해 21세기를 위한 합동 군사력을 일변시키는 헌신적 개인들과 혁신적 조직들"로 구성된다. 요점을 밝히기 위해 합참은 대담하게 '전면적 지배'라는 용어를 사용했다. 우리가 알아듣지 못할까 봐, 이 구절은 8700단어로 된 이 짧은 문서에서 열세 번이나 반복되었고, 보도자료에서는 '핵심적 문구'라고 명시되었다.[95]

그 솔직함에 오히려 감사해야 하겠지만, 역시 문제는 남는다. 우리가 과연 제대로 알아들었을까?

반폭력

독립운동이 폭력과 무장투쟁에 의존한다는 비난은 거의 언제나 피상적·위선적이고 불공정하며, '피해자 탓하기'의 일반화 현상을 보여주는 또 하나의 예로 되기가 십상이다. 정세의 폭력성, 반격에 나선 사람들이 사전에 겪었던 억압은 편리하게도 묵살된다. 피압박자들의 폭력은 정복과 억압이라는 폭력에 대항하는 일종의 방어적 반폭력(counterviolence)이다. 내가 아는 한 역사상 어떤 무장 민족해방운동도 그렇지 않은 경우가 없다.

*제프 슬루카[96]

---

* Jeff Sluka: 뉴질랜드 매시대학 사회인류학과 조교수

이 책은 원래는 폭력이 어떤 상황에서 문화의 기초인 폭력에 대한 적절한 반응이 되는가를 검토할 예정이었다. 보다 구체적으로, 프란츠 파농(정신과의사 출신으로 1950~60년대 알제리 독립운동에 참가했음―옮긴이)이 말한 반폭력이 어떤 경우에 국가 및 기업의 폭력에 대한 적절한 반응이 되는가를 살펴볼 예정이었다. 내가 그런 책을 쓰고자 했던 이유는, 강연중에 내가 이성에 귀 기울이지 않는 자들이 있으므로 폭력이 불가피할 때가 있다고 말할 때마다 늘 똑같은 반응을 대했기 때문이었다. 주류 환경운동가나 평화운동가들은 내가 즐겨 '간디 방패'라고 부른 태도를 보여주었다. 그들은 목소리가 작아지면서 얼굴이 돌처럼 굳어졌다. 그리고 자기들의 순수성을 다짐하려는 듯 일제히 "간디, 달라이 라마, 마틴 루터 킹 2세―간디, 달라이 라마, 마틴 루터 킹 2세"를 연호했다. 민중 환경운동가들도 대체로 마찬가지였는데, 다만 강연이 끝난 후, 어떤 사람이 내게 다가와 아무도 보는 사람이 없음을 확인한 후 귓속말로 "이 문제를 제기해 줘서 고맙습니다"라고 말한 적이 있다. 종종 젊은 무정부주의자들도 화를 냈는데, 그것은 자기들이 잘 알면서도 입에 올리지 못했던 문제를 다른 사람이 말했기 때문이기도 하고, 또 자기들이 아직 이 문화의 일원이 되지 못했기 때문이기도 했다. 가장 흥미로운 반응은 나와 대화를 나눈 가정폭력 피해자, 급진 환경운동가, 인디언, 빈민, 특히 유색인 빈민, 가족영농가, 수감자(나는 크레슨트 시티의 펠리칸 베이 주립교도소에서 창조적 글쓰기를 가르쳤었다) 등 일부 다른 사람들에게서 나왔다. 이들의 반응은 대체로 천천히 고개를 끄덕이며 나를 뚫어져라 쳐다보고 나서 "내가 아직 모르는 것을 좀 알려주시오" 하고 말하는 식이다. 어떤 사람은 "뭘 더 기다려, 형제? 자, 갑시다" 하고 말했다.

이처럼 반응이 다른 중요한 이유는, 직접 폭력을 겪어보지 않은 주류 운동가들의 경우와는 달리 후자에 속하는 사람들에게는 폭력이 어떤 추상적·철학적으로 또는 영적으로 탐구해야 할 이론문제가 아니라는 데 있다.[97] 폭력을 직접 겪은 사람들에게는 이 문제가 더 가까이 와닿기 때문에, 운동가·페미니스트·농민·수감자이기 이전에 생존을 위해 투쟁하는 인간으로서 문제를 대하는 경우가 많다. 아버지에게 폭행당해 보거나, 개벌(皆伐)과 제초제 사용으로 달표면처럼 된 황무지에 서서 눈물을 흘려보거나, 자식들을 빼앗기고 조상 전래의 땅을 강탈당해 보거나, 엽총을 무릎 위에 올려놓고 총구를 입 안에 넣어야 할지를 고민해 보거나, 교도관한테 교도막대기나 총구로 찔려본 적이 있는 사람들—이런 사람들은 지울 수 없는 신체적 변화를 겪어 이 세상을 다른 모습으로 지각하게 된다.

항상 그런 것은 아니다. 고문당한 정치범이나 강간당한 간호사가 나중에 자기를 괴롭힌 자를 용서한다고 말하기도 한다. 그러나 내가 만난 사람들의 경험은 그런 것이 아니다(용서한다는 사람들이 가장 듣기 좋은 말만 한다는 게 이상하지 않은가? 혹시 정치적 동기가 있는 건 아닐까?). 그래서 나는 가해자를 용서하는 것이 반드시 더 좋은 것이라는 확신이 서지 않는다. 다시 말해 피해자의 장래 건강과 행복에 도움이 되지 않으며 특히 장래의 잔혹행위를 저지하는 데 별 도움이 되지 않는다는 것이다. 도움이 될 때도 있겠지만, 후술하는 바와 같이 도움이 되지 않을 수도 있다.

◌ ◌ ◌

1999년 11월 말, 시애틀에서 있었던 일이다. 세계무역기구(WTO)에 반대하는 대규모 항의집회가 격렬해지자, 경찰이 비폭력·무저항 항의자들에게 최루탄, 최루가스와 고무탄을 쏘았다. 수만 명의 항의군중 중에는 시민불복종 지침을 따르지 않는 '블랙 블록'(Black Bloc)이라는 이름의 무정부주의 단체 회원 수백 명도 있었다. 시민불복종이란 대체로 경찰과 시위자들 간에 노골적으로 양다리를 걸치는 춤이다. 시위자들과 경찰이 대체로 합의해 놓은 저지선 등 몇 가지 규칙을 시위자들이 위반하면 역시 대체로 합의한 바에 따라 시위자들이 조금은 난폭하게 체포되고, 그후에 대체로 명목적인 벌금형을 받게 된다. 용기만은 의심할 바 없는 '보습운동'(Plowshares Movement, "칼을 쳐서 보습을 만든다"는 이사야서의 예언을 실천하려는 가톨릭 계열의 시민불복종 평화운동 단체—옮긴이) 활동가들의 경우처럼, 종종 양다리 춤이 초현실적일 때가 있다. 보습운동가들이 군사시설 앞에 나타나 망치로 군대무기들을 두드리고("무기를 쳐서 보습을 만든다"는 뜻이다), 그리고는 무기 때문에 흘린 피에 항의하는 상징으로 그 무기에 자기들의 피를 흘린다. 그러고 나서 헌병들이 나타나기를 기다리거나 스스로 경찰에 연락하여 체포된 후 유기징역형을 받는다. 때로는 양다리 춤이 코믹할 때도 있다. 시위주최측이 체포되기를 자원하는 사람들의 예상수치를 사전에 경찰에 알려주고(경찰이 그 수에 맞춰 닭장차를 준비하도록), 또 체포절차를 원활히 하기 위해 체포되고자 하는 사람들의 신분증명까지도 미리 제공해 주는 것이다. 그것은 누이 좋고 매부 좋은 훌륭한 제도이다. 경찰은 난폭자들을 내쫓으니 좋고, 운동가들은 명분을 세우니 좋고—"나는 내 신념을 위해 체포되었다"—또 권력층은 아무것도 달라진 것이 없으니 기분이 좋은 것이다.

블랙 블록은 이런 규칙을 따르지 않는다(후술하듯이, 그렇다고 이들의 규칙이 항상 더 효과적인 것은 아니다). 그들은 시애틀에서 사유재산권의 우위에 항의하기 위해 표적 기업체들의 유리창을 깨뜨렸다. 그들은 사유재산권(private property rights)과 개인재산권(personal property rights)을 구별하는데, 블랙 블록의 어느 산하단체는 이렇게 설명한다. "전자는 거래에 근거하는 데 반해 후자는 사용에 근거하는 개념이다. 개인재산의 전제는 각자가 필요한 것을 갖는다는 것이다. 사유재산의 전제는 각자가 다른 사람이 필요로 하거나 원하는 것을 갖는다는 것이다. 사유재산권에 기초한 사회에서는 다른 사람이 필요로 하거나 원하는 것을 많이 얻는 자가 더 큰 권력을 갖는다. 부연하자면, 그들은 대개는 자신의 이윤을 늘리기 위해 다른 사람들이 필요로 하거나 원하는 것에 대해 더 큰 지배력을 행사한다."[98]

비폭력운동가나 언론 그리고 우습게도 총을 휘두르는 경찰도 블랙 블록의 행동을 폭력적이라고 평하지만, 블랙 블록 회원 자신들은 이를 부인한다. "우리는 재산파괴가 그 과정에서 사람을 해치거나 고통을 주지 않는 한 폭력적 활동이 아니라고 주장한다. 이 정의에 따르면, 사유재산—특히 기업 사유재산—자체가 그에 반대하는 어떤 행동보다도 훨씬 더 폭력적이다."[99]

골수 물활론자가 아닌 한, 사실 유리창을 깨뜨린다고—특히 새벽 3시에 침실 유리창도 아닌 상점 유리창을 깬다고—폭력적이라고 보기는 어렵다. 그러나 바로 〔전제 5〕 때문에, 유리창이 부자의 소유이고 돌멩이는 가난한 자의 것이라면, 그런 행동은 일종의 불경죄는 될 것이다. 무정부주의자들은 계속해서 이렇게 말한다. "사유재산—그리고 그 연장인 자본주의—은 본질적으로 폭력적이고 억압적이어서 개혁하거나 누그러뜨릴 수 없다."[100] 그들은 재산파괴 이유를 이렇게 밝힌다. "우리는 유리창을 부술 때 사유재산권을 에워싼 합법성이라는 얇은 합판을 깨부수려는 것이다."[101] 물론 블랙 블록은 아무 재산이나 노리는 것은 아니고, 다음과 같이 소문난 폭력적 기업체들의 재산만을 표적으로 삼는다. "피델리티 투자(옥시덴탈 석유의 대주주), 뱅크 오브 아메리카, U. S. Bancorp, 키 뱅크 및 워싱턴 상호은행(기업체들의 억압을 뒷받침하는 핵심 금융기관들), 올드 네이비, 바나나 리퍼블릭 및 GAP(서북지역 삼림 강간 및 기아임금), 나이키타운 및 리바이스(고가제품을 착취공장에서 생산), 맥도날드(목축과 도축을 위해 열대우림을 파괴하는 노예임금 패스트푸드 판매업체), 스타벅스(재배과정에서 자기 소유의 숲을 파괴할 수밖에 없는 농민들에게 기아임금을 주고 수확한 중독성 제품의 판매업체), 워너 브라더스(미디어 독점체), 플래닛 할리우드(플래닛 할리우드이기 때문에. 할리우드 스타들이 후원하는 테마 레스토랑 체인—옮긴이)."

한 가지 흥미로운 사실이 있다. 진작 시민불복종 시위자들에게 총격을 가했던 경찰은 막상 블랙 블록 회원들이 유리창들을 깨뜨릴 때는 기업재산을 보호할 수 없었다. 그렇다면 잘된 일이 아니겠는가? 그런데 일부 비폭력주의자들은 그렇지 않다고 단언한다. 그들은 직접 기업보호에 나서 기업재산 파괴를 노리는 개개인들에게 물리적인 공격까지 가했다.[102]

이들 기업재산 보호자들 중에는 다른 데서는 좋은 일을 하던 사람들이 다수 포함되어 있었다. 예를 들어 자유주의·녹색운동 계열 정치인들 그리고 기업책임과 전세계의 착취공장 근절을 강조하는 '공정거래 단체'인 '글로벌 익스체인지'(Global Exchange, 세계의 정치, 경제, 환경보호 그리고 사회정의를 표방하여 1988년에 설립된 비영리 연구·교육·행동 단체-옮긴이) 계열의 운동가들이 참가했다. 글로벌 익스체인지의 웹사이트에 들어가 보면 "글로벌 익스체인지 등 인권단체들은 GAP, 올드 네이비, 바나나 리퍼블릭, 나이키와 같은 기업체들이 근로자들에게 생활임금을 지불하고 노동기본권을 존중하도록 압력을 가하는 소비자운동을 조직함으로써 착취공장을 근절하는 조치를 취하고 있다"고 되어 있다.[103] 또한 "유감스럽게도 주요 의류회사들 중 봉제공장의 잘못된 노동관행을 완전히 근절시키겠다고 약속한 회사가 한 곳도 없다. 글로벌 익스체인지가 기업들이 사회적인 책임을 지도록 계속 압력을 가하는 동안, 우리 소비자들은 다음과 같은 대안들을 후원할 수 있다"는 안내말도 있다.[104] 그러나 글로벌 익스체인지가 '대안들'이라는 복수형 명사를 사용한 것은 오해의 소지가 있다. 이어 소개되는 유일한 대안은 "공정거래를 사세요!"(Buy Fair Trade!)뿐이기 때문이다.[105] 구매자들은 이 웹사이트에서 바로 '공정거래' 제품을 살 수 있다. 글로벌 익스체인지의 선량한 사람들이 "생산자들에게 공정가격을 지불한 아름다운 고급선물, 가정용품, 장신구, 의류, 실내장식품 등을 구입할 기회를 소비자들에게 제공해" 주기 때문이다.[106] 덕분에 나는 과테말라제 (여성용) 쇼핑백을 단돈 43달러에, (남성용) '여행자 바구니'는 59달러에 살 수 있다('여행자 바구니'에는 대마로 만든 지갑, 과테말라제 여권홀더, 네팔에서 만든 수제품 천연종이 일기장, 과테말라제 해키 색(헝겊으로 만든 주머니를 제기처럼 차는 놀이기구-옮긴이) 등이 들어 있다). 이 여행자 바구니는 수천 달러를 내고 제3세계 나라들을 여행하는 글로벌 익스체인지의 '리얼리티 투어'(현장체험 여행)에 참가하는 사람들에게 아주 편리할 것이다(겁먹을 필요는 없다. 당연히 별 셋짜리 호텔에 묵을 테니까). 여행을 갔다 온 사람은 친구들에게 "깡통 두드리는 젊은이들의 공연도 보고 브라질의 파벨라(빈민굴)도 둘러보았다"고 자랑할 수 있을 것이다(물론 리얼리티 투어가 끝나면, 파벨라에서 거주할 필요는 없고 집에 돌아오면 된다!).[107]

　내가 너무 거칠었는지도 모르겠다. 글로벌 익스체인지는 상품판매 아닌 다른 방법으로도 문화교류의 기회를 제공한다. 예를 들어 그곳을 통해 나이키의 최고경영자 필립 나이트에게 팩스를 보내 나이키가 부당한 근로조건을 즉시 시정하도록 요구할 수 있다.[108] 분명히 필립은 팩스를 직접 읽어볼 것이며, 자기를 세계 최고의 부자들 중 한 명으로 만들어준 그 노동관행을 이제는 자기도 포기해야겠다고 생각할 것이 틀림없다.

만일 팩스가 효과가 없으면, 우리는 언제라도 그의 유리창에 돌멩이를 던질 수 있다. 그러나 한 가지 조심할 것이 있다. 글로벌 익스체인지는 그런 행동에는 찬동하지 않는다(〔전제 5〕 참조).

다시 시애틀로 돌아가서, 검은 옷 입은 무정부주의자들이 나이키 등의 점포 유리창에 돌멩이를 던질 때 경찰은 아무데서도 찾아볼 수 없었다. 누가 점포를 보호하러 나섰는가? 비폭력운동가들이 나섰다. 그들은 체인점들 앞에 인간띠를 만들고 "너희들은 우리 시위를 망치고 있다"고 외쳤다.[109] 또 "여기는 비폭력 항의집회다"라고 외치며 "유리창 깨뜨리는 자들을 물리적으로 공격하는" 사람들도 있었다.[110] 어떤 여자는 『뉴욕타임스』 기자에게 이렇게 말했다. "우린 지금 여기서 나이키, 맥도날드, GAP를 보호하고 있는데, 그러다 보니 '경찰은 어디 갔지? 무정부주의자들을 잡아가야 하는데' 하는 생각이 들어요."[111] 현지 젊은이들이 무정부주의자들과 합세했다. 주로 시애틀의 빈민촌에서 온 유색인들이었다(빈민촌을 브라질에서는 파벨라 favela, 칠레는 포블라치오네 poblacione, 아르헨티나는 비야 미제리아 villa miseria, 우루과이는 칸테그릴 cantegril, 베네수엘라는 란초 rancho, 프랑스는 방리외 banlieue, 미국은 게토 ghetto라 부른다).[112] 이들이 유리창을 몇 장 깨고 물건들을 실례(법률용어로는 약탈)하기 시작했다. 이들 약탈군중이 가장 다양한 다문화·다인종 집단이었다. 어느 무정부주의자는 나중에 이렇게 회고했다. "12월 3일에 작가 제프리 세인트클레어가 시애틀을 떠나려는데 한 흑인청년이 그에게 달려와서 흥분한 목소리로 이런 WTO 건수가 내년에도 있을 거냐고 물었다고 한다. 분명히 노동자행진 참가자들과 환경운동가들은 거의가 백인들 일색이었다. 그런 중에도 기업재산을 파괴하는 행동은 진정으로 다양하고 총괄적인 축제다운 유일한 행동이었다."[113)
비디오테이프를 보면 비폭력주의자들이—줄곧 '비폭력 항의'를 연호하면
서—흑인청년들을 공격하고 그들을 붙잡아 경찰에 넘겨주려고 하는 장면들
이 나온다.[114) 그 청년들이 나이키에 어떤 '실질적'인 피해를 줄 생각이었더
라면, 도서관에 가서 컴퓨터를 켜고 필립 나이트에게 팩스를 무더기로 보낼
수 있었을 텐데. 그리고 도서관에서 일을 마치고 나면 각자 빈민촌으로 돌아
가 관광객들을 위해 깡통드럼 연주를 하면 좋았을 것을.

　이런 이야기들은 비폭력주의가 참으로 묘한 사람들을 만들어낸다는 것을
말해 준다.

◦ ◦ ◦

　도그마에 빠진 비폭력주의자들이 경찰을 부르고 경찰이 올 때까지 나를
붙잡고 있지 않도록 하려면, 나는 비폭력을 옹호하지도 않지만 폭력을 주창
하지도 않는다고 말해야 한다. 그러나 나는 우리의 생활방식이 폭력적인 자
원약탈에 기초한 것이라면, 전체 체제의 즉각적인 해체를 주창하지 않은 채
비폭력만 주장하는 것은 전혀 비폭력을 주장하는 것이 아니며, 오히려 체제
의 기초가 되는 폭력을 은근히 묵인해 주는 것이라는 생각이 든다(〔전제 4〕
참조).

　나는 폭력에 대해 정직해지자고 주장하며, 또 상황에 주목하자고 주장한
다. 나는 도그마가 행동방향을 예단하지 못하도록 해야 한다고 주장한다. 또
편견을 갖지 말아야 한다고 주장한다. 나는 공정거래, 리얼리티 투어, 소송,
집필활동, 시민불복종 운동, 시설파괴, 사보타주, 폭력 그리고 심지어 투표
까지를 포함한 모든 가능성을 엄밀하게 검토할 것을 주장한다. (나는 최근
대학생들을 상대로 우리가 처한 곤경에 관해 강연하던 중 "모든 수단을 다
해 문명이 우리 행성을 죽이지 못하게 해야 한다"고 말했다. 평화운동가인
그 대학의 어느 강사가 부연해서 "물론 비폭력수단을 말씀하시는 거겠지요"
하고 말했다. 나는 내가 말한 그대로라고 대답했다.) 나는 신체의 소리에 귀

를 기울이자고 주장한다. 그리고 깨끗한 물과 공기를 주장하고 야생연어·회색곰·상어·고래 등이 함께 사는 세상을 주장한다(최근 자본주의 언론은 아닌 듯한 어느 신문의 보도에 따르면, 업계대변인은―아차, 실수. 정부대변인은―정부가 멸종위기에 처한 북태평양 고래를 보호하기를 거부하는 이유를 설명하는 가운데 "개체군의 필수적인 생물학적 요건이… 충분히 알려지지 않았다"고 말했다[115]). 나는 또 붉은발개구리와 시스키요우산 도마뱀(미국 캘리포니아주의 희귀종 도마뱀―옮긴이)과도 함께 사는 세상을 주장한다(또 언론보도에 따르면 "희귀종 시스키요우 도마뱀은 토지관리국이 조만간 보이스 캐스케이드사(Boise Cascade, 2002년에 OfficeMax로 이름을 바꾼 세계 굴지의 펄프제조회사―옮긴이)에 이 양서류의 마지막 서식지의 벌목을 허가할 예정이기 때문에 멸종위기에 처하게 될지도 모른다[116]). 나는 인간과 비인간 공동체들이 함께 살아갈 것을 주장한다. 나는 집권자들이 무력으로, 법률에 의해, 조약에 의해, 또는 그 밖의 다른 수단들을 동원하여 자원을 빼앗지 못하도록 해야 하며, 나아가 이를 적극 저지해야 한다고 주장한다.

◦ ◦ ◦

이 나라에서는 반폭력을 둘러싼 담론이 거의 없거나 피상적이다. 따라서 이 책의 방향은 분명해 보인다. 나는 어떠한 상황(특히 정치적 상황)에서도 폭력사용에 반대한다는 주장들을 하나하나 면밀히 살펴보고자 한다. 아직도 노골적으로 부자들을 위한 종교, 철학, 경제 및 정치적 체제(존 로크는 이를 간결하게 "정부는 재산보호 외에 다른 목적을 갖지 않는다"고 표현했다[117]) 안에서만 일하려는 사람들은― '녹색 자본주의'라고나 할까?―"주인의 도구로 주인집을 헐 수는 없다"고 말한다. 폭력을 거의 이론적으로만 이해하는 사람들은 "너희도 저들처럼 될 것"이라고 말한다. (내가 학생들에게 사람을 죽이는 일에 심리적 또는 정신적인 루비콘 강이 있느냐고 물었더니, 그렇다는 학생도 있고 그렇지 않다는 학생도 있었다. 불행하게도 시팅 불, 크레이지 호스, 제로니모(모두 백인에게 저항한 인디언 영웅들―옮긴이) 등을 원용하여 의견을 밝힌 학생은 없었다.) 지속 가능성을 돈을 주고 사야 한다고 가르치는 사람들은 "폭력은 효과가 없다"고 말한다. 사실 파괴를 멈추거나 대폭 늦출 수 있는 것은 아무것도 없다. 젠장. 앞서도 말했듯이 우리는 파괴의 가속화조차도 늦출 수 없다. 그것은 권력층이 수많은 탱크·대포·비행기 들과 함께 작가, 요법치료사와 교사 들을 거느리고 있기 때문이기도 하고, 우리 모두가 미쳤기 때문이기도 하고, 우리의 폭력·비폭력적인 반응이 대개는 문명 자체를 몰아내려는 노력이기 때문이기도 하고, 또한 우리 모두가 해야 할 일을 하는 데 겁먹고 있기 때문이기도 하다.

그러나 이 책을 구상하여 집필을 시작하기까지 2년 동안에 나는 폭력을 사용할 것인가, 또는 언제 사용할 것인가 하는 문제는 내가 추구하고자 하는 진정한 문제의 작지만 불가결한 한 부분에 불과하다는 사실을 깨달았다. 나는 이제 훨씬 더 큰 문제를 추구해 보고자 한다.

땅의 소리 듣기

문명인이 된다는 것은 천성에 반하여 스스로를 억제하는 것, 자기 자신에 반하여 스스로를 억제하는 것, 즉 완전한 문명인이 자아의 '불결한' 면이라고 여기는 자기의 동물성을 부끄러워하는 것이다. …생물과 자연의 소리를 듣고 심지어 신체의 소리를 듣는 사람은 뒤떨어진 원시인이 되고 만다. 그래서 우리는 아주 일찍부터 그런 것을 멀리하도록 배운다. 우리는 자신을 경멸하고, 자기 몸을 부끄러워하고, 오물을 증오하고 우리의 모든 것을 증오하도록 배운다….

*제인 카푸티[118]

---

* Jane Caputi: 미국 뉴멕시코대학 여성학 교수. 『성범죄 시대』(*Age of Sex Crime*)의 저자

나는 대체로 변하지 않는 것은 비단 학대자들만이 아니라는 생각이 든다. 우리 대부분이 그렇다. 물론 신약성서의 타르수스 사람 사울처럼 신의 출현으로 갑자기 깨닫는 사람도 있을 것이다. 그러나 솔직히 말하면, 사울이 하나님의 빛을 보고 땅에 엎어진 후에 자기 이름을 바울이라고 고쳤더라도 그는 여전히 남의 위에 서기 좋아하는 사람이었다. 기독교인들을 박해하던 사람이 이제는 기독교를 자신의 완고함을 담는 그릇으로 활용하여, 자신의 위계질서적인 세계관을 반영한 매우 새로운 종교를 만들었던 것이다. 변화는 적어도 사회적 차원에서는 막스 플랑크(Max Planck)가 말한 방식대로 일어나는 경우가 많다. 즉 "새로운 과학적 진리가 승리하는 것은 그 반대자들을 설득하여 새로운 빛을 보게 만들기 때문이 아니라 결국은 반대자들이 죽고 새 진리에 친숙해진 새 세대가 성장하기 때문"인 것이다.[119] 여러 해 전에 나는 슈펭글러(Oswald Spengler)의 『서양의 몰락』(*Decline of the West*)을 읽은 적이 있다. 매우 긴 책이어서 지금 내가 기억하는 것은 한 가지 이미지뿐이다. 슈펭글러도 기뻐하리라고 생각한다. 문명은 특정한 토양에서 자라는 식물과 같다. 토양의 지력이 다하면 식물은 죽고 말며, 문화도—적어도 역사적(순환적이 아닌) 문화는—마찬가지라는 것이다. 로마제국도 가능성이 소진되자 1천 년에 걸친 쇠퇴기에 접어들었다. 대영제국, 아메리카제국 등 다른 제국들도 마찬가지였다. 문명 자체는 자원을 획득하는 지역을 확대함으로써 성장해 왔다. 식물이 꽤 크게 자라기는 했지만, 그러나 그것은 죽은 토양의 희생 덕분에 가능한 일이었다.

나는 토양의 지력에 관한 비유는 개인에게도 적용된다고 생각한다. 일반적으로 개인들도 역시 종전의 존재방식이 갖는 가능성이 소진되기까지는 변화하지 않는다는 것이다.

작년에 내 글 때문에 목숨을 구했다는 어떤 여자가 내게 이메일을 보내온 적이 있었다. 전에도 여러 차례 자살을 시도했던 그 여자는 또다시 자살을 생각하던 중에 우연히 내가 쓴 글을 보게 되었다고 했다. 그것은 이 문화의 죽음의 충동이 어떤 이유로 인간 및 비인간을 살상하고 지구를 죽이는 행동으로 이어지는가를 설명한 글이었다. 죽음의 충동은 부분적으로는 우리에게 별 도움이 안 되는 생활방식을 버리고자 하는 욕구에 불과하다. 그러나 이 문화에 살고 있는 우리는 정신적인 것이 존재한다는 것을 잊고 있고 또 비유의 중요성을 인정하지 않기 때문에, 이런 죽음이 꼭 육체적일 필요는 없고 또 변화시킬 힘을 갖는다는 점을 이해하지 못한다. 어떤 존재방식을 버리면 변화된 모습으로 다시 태어날 수 있다는 이야기는 이 세계에서 가장 오래된 비유이다. 그러나 우리는 이런 비유를 잊었고, 그래서 '데이지커터'(비산성 飛散性 인명살상용 폭탄 — 옮긴이)와 열화우라늄탄을 만들어 끊임없이 사람을 죽이고 있는 것이다. 그 여자는 자신의 자살충동도 꼭 자신의 목숨을 끊는 행동으로 이어질 필요는 없을지도 모르겠다고 말했다. 단지 변화를 바라는 것일 수도 있다는 얘기였다.

우리는 잠시 이메일을 주고받았는데, 그 여자가 시내를 지나는 중에 한번 들러 나와 함께 산책을 하고 싶다고 해서 나도 좋다고 했다. 새가 둥지를 틀 정도로 풀이 무성하게 자란 풀밭과 바닷가의 소나무숲과 해변을 지나는 멋진 산책이었다. 그녀는 총명하고 헌신적이고 야생 동식물에 대한 식견도 갖춘 훌륭한 여자였다. 그러면서도 그녀는 번민에 빠져 있었다. 그녀의 번민은 어렸을 때 아버지에게서 당한 끔찍한 폭행의 후유증이기도 했고, 또 우리 문화가 자연계에 가하는 끔찍한 폭력을 민감하게 받아들이는 그녀의 감수성에서 비롯된 것이기도 했다. 그녀는 자살하는 대신, 사막에 가서 3개월간 혼자 지내면서 코요테와 구름, 갈가마귀, 래빗브러시(미국 서부의 노란 꽃 피는 국화과식물 — 옮긴이) 그리고 맑고 시원한 강물과 이야기를 주고받고 싶다고 했다. 그녀는 새 사람이 되어 돌아오겠다고 말했다.

그녀는 돌아와서도 내게 간단한 글을 보내왔고, 또 두어 달 전에도 보내왔다. 그녀는 잘 지내는 것 같았다.

그러던 중 나는 바로 어제 또 메일을 받았다. 아마도 여러 사람이 받았을 것이다. 이런 내용이었다. "친애하는 친구에게. 이 글을 읽으실 즈음이면 나는 많은 분들이 놀랍게 여기지 않을 어떤 일을 마쳤을 것입니다. 나는 자살할 생각입니다." 그 메일은 계속해서 자기가 고통을 극복하기 위해 벌였던 노력을 설명하고, 자신의 사후 뒤처리에 관한 말로 끝을 맺었다. 그녀는 자기가 야생동물의 먹잇감이 되도록 허가하지 않는 법령에 유감을 표시했다.

나는 충격을 이겨낸 후 잘 알지도 못하는 한 훌륭한 인간의 죽음을 슬퍼하다가 점차 어떤 흥분을 느끼기 시작했다. 그 흥분은 두어 시간 만에 사람은 역시 잘 변하지 않는다는 생각으로 이어졌다. 그 여자는 내 글을 읽고 자기가 변했다고 생각했겠지만, 사실은 변하지 못했던 것이다. 그녀는 매일같이 계속해서 죽어야 하느냐, 살아야 하느냐를 질문하다가 마침내 죽으라는 답을 얻었을 뿐이었다.

나 자신도 어렸을 때 입은 결코 치유될 수 없는 신체적·정신적 상처를 지니고 있다. 나도 나이가 들면 같은 질문을 하게 될 것이다. 또 나는 이런 질문도 해야 할 것이다. 내가 어렸을 때 겪은 내 아버지의 폭력은 지금 내가 반폭력이 언제 지배자의 폭력에 대한 정당한 반응이 되는 것인가를 묻도록 하는 데 얼마나 영향을 주었을까?[120] 또 20년 전의 내 어머니도 더 현명하고 더 지쳐 있었을 뿐, 동일한 처지의 인간이었다. 교도소의 내 제자들은 대부분 전에 그랬던 것처럼 마약을 좋아한다. 내가 블런트, 헤로인, 크랙, 크랭크(모두 마약과 관련된 속어―옮긴이) 등을 입에 올리기만 해도 그들은 추억에 잠겨 흥겨워한다. 그리고 그들은 교도소를 끔찍이 싫어하고 또 대부분은 마약 때문에 들어온 사람들인데도, 사회에 나가면 또 마약에 손을 대겠느냐고 물으면 거의가 '예'라고 대답한다. 마약을 끊은 중독자에 관한 통계는 매우 실망스러워서, 그 비율이 10~40%에 불과하다. 어떤 작가는 이렇게 평했다. "상습적 재발은 마약중독의 한 병인(病因)이다."[121]

물론 사람이 절대 변하지 않는다고 말한다면 지나친 과장이다. 사람들은 변한다. 나도 변했다. 나도 내 아버지처럼 될 수도 있었다. 자연과학도로 남을 수도 있었다. 나는 내 10대 시절처럼 공화당 지지자가 되었을 수도 있고, 20대 때처럼 민주당 지지자가 되었을 수도 있다. 사람은 변한다. 그러나 변화는 힘든 노력, 행운 그리고 얼마간의 보상을 요하며, 또 이런 것이 모두 갖취지더라도 자주 일어나는 것이 아니다. 더구나 그것도 한평생밖에 살지 않는 한 개인의 차원에서이다. 그러니 6천 년의 역사를 가진 우리가 변화한다는 것이 얼마나 힘들겠는가? 더구나 집권세력이 감옥, 총포와 정교한 감시 기술까지 갖고 있다면 얼마나 더 힘들겠는가? 또 집권세력이 자신의 관점을 선전할 TV, 언론과 의무교육 제도까지 갖고 있다면 얼마나 더 힘들겠는가? 게다가 그것을 우리 스스로가 선전하고 다닌다면 얼마나 더 힘들어지겠는가?

◦ ◦ ◦

몇 년 전에, 환경운동가이며 의사인 존 오스본이 내게 환경운동가들 중에는 처음에는 땅 한 조각을 보호하려고 나섰다가 결국은 서방문명의 기초를 문제 삼는 경우가 많다고 말했다. 나도 그 말에 전적으로 동의하지만, 두 가지 점에서 그의 견해를 수정하고자 한다. 첫째, 특정한 분야의 싸움에 참가하다가 나중에 전체 생활방식의 기초를 문제 삼게 되는 것은 비단 환경운동가들만이 아니라는 것이다. 여권운동가, 생물학자, 인류학자, 역사가, 경제학자, 반제국주의자, 반식민주의자, 교도소운동가, 인디언운동가, 유색인, 임금경제를 증오하는 사람들도 모두 그렇다. 나는 이런 사람들을 모두 만나보았는데, 모두가 동일한 결론에 도달하고 있었다. 왜 그럴까? 일단 근본 원인을 캐는 질문을 시작하게 되면 결국은 근원적인 문제, 즉 문화 그 자체로 돌아가기 때문이다. 그러면 왜 문화 자체가 문제인가? 이 생활방식이 착취, 지배, 도둑질과 살인에 기초하고 있기 때문이다. 그러면 이 문화가 왜 착취, 지배, 도둑질과 살인에 기초해 있는가? 이 문화는 무슨 자원이든지 마음대로 뺏을 수 있는 권력층의 권리에 기초하고 있기 때문이다.

두번째로, 그의 의견을 수정하고자 하는 것은 '사적으로'라는 말을 추가했으면 하는 것이다. 문명에 대한 이 같은 문제제기는—사실은 거부지만—거의 전적으로 사적으로 이루어지는 것이다. 많은 운동가들은 자기가 이런 문제를 공개적으로 제기하면 웃음거리가 되어 그나마 갖고 있던 신뢰도를 잃을까 두려워하기 때문이다. 항상 어려운 문제이다. 이 문화의 근본적 변화 없이는 단순히 다음번 기업체 국회의원이 목재회사들의 구제책을 찾아낼 때까지 집행날짜를 늦추는 데 불과하다는 점을 알면서도 지금 당장 개벌(皆伐)을 중지시킬 것인가? 아니면 지금 진실을 알리고 난 후에는 방관자가 되어 나무들이 잘려나가는 것을 그냥 지켜볼 것인가? 내가 아는 환경운동가들은 연어, 회색곰, 스라소니, 살쾡이 등이 제발 문명이 망할 때까지 살아남아 주기만을 기도하면서 버티는 사람들이다. 그들이 살아남는다면 기회는 있다. 그러나 살아남지 못한다면 영 가망이 없다는 식이다.

나는 이런 식의 양자택일에 신물이 난다. 나는 (문명의) 파괴를 멈추기를 원한다. 지금 당장 멈추게 하고 싶다. 나는 문명이 그 물리적·비유적 토양의 지력이 다해 붕괴하기를 기다리기가 싫다. 그동안에 문명은 너무나 많은 인간과 비인간들을 살상할 것이다. 문명은 지금 이 세상을 너무나 난장판으로 만들고 있다.

이 책의 〔전제 7〕은 다음과 같다. 문명이 추락할 때까지—아니면 우리가 문명을 파멸시킬 때까지—오래 기다릴수록 문명추락은 혼란스러울 것이며, 이 기간과 그 이후에 살게 될 인간과 비인간들은 더 큰 혼란을 겪을 것이다.

누군가가 문명의 다양한 발상지들을 멸했더라면, 중동지방과 그리스, 이탈리아, 북아프리카 등은 지금도 숲이 우거져 있을지도 모른다. 남부유럽에는 지금도 사자들이 어슬렁거릴 것이며, 이 지역 사람들은 여전히 전통적인 공동체생활을 하고 있을지도 모른다.

2, 3백 년 후의 유럽에서도 같은 말을 할 수 있을 것이다. 그때 가면 어떻게 해서든지 문명이 멈추고, 골지방과 스페인·독일의 토착민들은 여전히 살아남을지도 모른다. 잉글랜드에서는 늑대가 짖고, 프랑스에서는 큰 바다쇠오리가 둥지를 틀어 사람들에게 연중 먹을거리를 제공해 줄 것이다. 센강을 거슬러 올라가는 연어가 크게 늘어날 것이다. 라인강은 틀림없이 깨끗해질 것이며, 대륙에는 숲이 우거질 것이다. 모계중심 문화가 늘어날 것이다. 대다수가 평화롭게 살 것이다.

누군가가 1492년 이전에 문명을 멸했더라면, 카리브 지역에서는 지금도 아라와크족이 평화롭게 살고 있을 것이다. 인디언들은 동부 해안지방의 숲 속에서 들소나 다비들과 함께 살고 있을 것이다. 북·중앙·남아메리카는 생태적으로나 문화적으로나 온전히 남아 있을 것이다. 주민들에게는 언제나 그랬듯이 먹을 것이 충분할 것이다.

누군가가 노예무역이 정착되기 이전에 문명을 파괴했더라면, 1억 아프리카인들은 문명의 경제적 생산을 위한 제물이 되지 않았을 것이다. 토착문화들이 마음의 상처를 입지 않은 채 지금도 전대륙에 걸쳐 자기 고장에서 살아가고 있을 것이다. 언제나 그랬듯이 먹을거리도 충분할 것이다.

누군가가 150년 전에 문명을 파괴했더라면, 그 후대사람들은 지금도 철비둘기나 에스키모 마도요를 잡아먹고 있을 것이다. 그들은 틀림없이 들소나 가지뿔 영양이라든가 연어, 대구, 왕새우 등을 잡아먹으며 살 것이다. 사람들은 거의 언제나 그랬듯이 먹을거리가 충분할 것이다.

만일 문명이 앞으로도 1, 2백 년 더 계속된다면, 그때 사람들은 우리를 두고 "그 사람들 왜 이 문명을 무너뜨리지 않았지?" 하고 말할 것이다. 내가 방관만 했던 이전 사람들에게 화내듯이 그들도 우리에게 화를 낼까? 나는 후대사람들이 이렇게 말하는 것이 들리는 것만 같다. "그 사람들이 문명을 무너뜨렸더라면, 지금도 지렁이들이 토양을 살찌게 해줄 텐데. 지금도 미국삼나무가 있고 캘리포니아주에 떡갈나무가 남아 있을 텐데. 지금도 개구리와 그 밖의 양서류들이 살아 있을 텐데. 나는 지금 강에 연어가 없어 굶주리고 있는데, 너희들은 부자들이 알루미늄 생산을 위해 값싼 전기를 쓰도록 하기 위해 연어들이 죽도록 내버려두었단 말이지. 이 빌어먹을 자식들아, 다 뒈져버려라."

◦ ◦ ◦

나는 건물해체 사업을 하는 동생을 둔 사람과 알고 지내고 있다. 그에 따르면, 요령은 폭약의 위치를 잘 선정해서 다른 곳이 파괴되지 않도록 하는 것이라고 한다. 나는 우리도 이렇게 해야 하리라는 생각이 든다. 폭약을 잘 장전하여 문명만 붕괴하고, 그 과정에서 될수록 인명을 앗아가지 않도록 해야 한다는 것이다.

이 책의 나머지 과제 중 하나는 그런 폭약에 어떤 것이 있겠는가, 어디에다 장전해야 하겠는가를 알아보는 것이다.

○ ○ ○

나는 지난 몇 주 동안 위기에 처해 있었다. 나는 겁이 났다. 이 작업에 함축된 의미가 겁이 났다. 내가 필요하다고 생각하는 바를 밝히고, 나아가 그 실현에 일조하기가 겁났다. 주제가 문명을 붕괴시키는 문제이기 때문이다.

어젯밤에 나는 어머니 집에서 저녁을 들고 잠시 NCAA 농구경기를 보면서도 줄곧, 내가 무슨 권리로 사람들을 도시에서 살지 못하게 하려는가를 묻던 내 친구의 질문을 여러모로 따져보았다. 수십만 명의 사람들이 이런 경기를 보며 즐기고 있다. 그들은 누구를 착취하려는 사람들이 아니다. 지구를 죽이려는 사람들도 아니다. 내가 무슨 권리로 그들의 삶을 바꾸려 드는가? 나는 농구경기가 다시는 없을 것이라고 말할 생각은 없다. 전세계의 전통적 토착민들은 우리보다도 훨씬 더 여가와 놀이를 즐기며 살고 있다. 내가 하고자 하는 말은 단지 문명을 붕괴시키면 사람들이 시간을 보내는 방식에 실질적인 변화가 있으리라는 것이다. 아마도 사람들은 변화를 바라지 않을지도 모른다―아니, 바라지 않을 게 분명하다.

나는 오늘 그 해답을 얻었다. 그것은 내 친구에게도 말했지만, 질문이 잘못되었다는 것이다. 질문은 이래야 한다. "이 사람들이 무슨 권리로 자신들의 생활방식을 위해 남의 삶을 파괴하는가?"를 물어야 한다.

힘든 문제다. 정치인, 기업체 중역, 장군, 자본주의 언론인 등 집권층의 생활방식을 파괴하는 데는 아무런 윤리적·실존적인 문제가 없을 것이다. 이들은 뉘른베르크식 재판을 받으면 자연계와 인류에 대해 저지른 범죄 때문에 교수형을 받을 사람들이다. 그러나 자식들을 사랑하여 한 달에 한번은 유원지에 데려가고, 장난감을 사주고, 직장을 얻도록 좋은 교육을 시키려고 애쓰는 일반 미국인들은 어떻게 할 것인가? 내가 책 쓰는 사람이 아니고 영화감독이라면 문명의 일상생활을 그린 몽타주 이미지를 덧붙이면 좋을 것이다. 마이너리그 야구경기장에서 YMCA(그룹댄스의 이름—옮긴이) 곡에 맞춰 춤추는 어린이들. 『햄릿』을 보면서 흉악한 왕을 죽여야 할지를 고민하는 사람들. 서점에 들러 선반에서 책을 고르는 사람들. 아이스크림 트럭. 피크닉의 영상 등. 하지만 몽타주를 마무르려면 자원을 도둑맞은 탓으로 굶주리고 있는 어린이들의 영상을 포함시켜야 할 것이며 또 헐벗은 산, 말라버린 샛강, 오염된 강(영국 남부지방의 강들은 호르몬 오염이 심해 수컷 물고기의 절반 이상이 암컷으로 바뀌고 있다고 한다), 유죄판결을 받은 사람들이 꽉 들어찬 교도소들, 유죄판결은 받지 않았으면서도 여러 해 동안 따분하게 살도록 선고받은 사람들이 꽉 들어찬 공장들, 공장이나 사무실에서 따분한 삶을 살아갈 준비를 하는 따분한 어린이들로 꽉 들어찬 학교교실들, 따분해 있는 닭·돼지·소·칠면조 등이 꽉 들어찬 공장형 축사들, 침팬지·쥐·붉은털원숭이 등이 꽉 들어차 있는 실험실 등의 영상도 포함시켜야 할 것이다.

질문은 금세 이렇게 변한다. 사람들은 어떠한 권리들을 갖고 있는가? 보다 구체적으로는, 사람은 남을 노예로 삼을 권리를 갖는가? 좀더 구체적으로는, 사람들은 단지 자기가 그럴 권리를 갖고 있다는, 또는 권리가 있는 것으로 인식된다는 이유만으로 (그리고 그렇게 납득시킬 선전시스템을 만들어냈다는 이유만으로) 남—인간 또는 비인간—을 노예로 삼을 권리가 있는가? 만일 그럴 권리가 없다고 한다면, 이를 어찌할 것인가? 얼마나 걸릴까? 권력자들이 인간들—나아가 지구—을 노예화하고 죽이지 못하도록 하기 위해 어느 선까지 갈 것인가?

◦ ◦ ◦

나는 가끔 대학 등에서 강연을 한다. 지난주에도 강연을 했다. 내가 강단에 오르기 직전에, 나를 초청해 온 사람이 귓속말을 했다. "미처 말씀드리지 못했지만, 이번 강연의 제목을 인권문제로 광고했습니다. 그 제목으로 강연하실 수 있겠지요?"

나는 고개를 끄덕였지만, 무슨 말을 해야 할지 생각나지 않았다. 떠오르는 것이라곤 '인권은 좋은 것'이라는 식의 시들한 구절들뿐이었다.

그 여자가 나가서 나를 소개했다. 나는 강단으로 걸어나갔다. 그리고 이렇게 말했다. "인권이란 말을 생산을 촉진하고 인간·비인간들에게 해로운 정책을 시행하기 위한 연막으로 삼는 사람들과는 달리, 인권을 소중히 여기고 진지하게 논하는 대부분의 사람들은 권력층이 입 발린 말로 동의한 권리들을 실현하라고 요구하는 데 정력을 쏟는 게 보통입니다. 때로는 요구를 확대하여 사람들이 대개는 인권과 연관시키지 않는, 살기 좋은 지구를 만들어 달라는 등의 요구를 포함시키기도 합니다. 우리는 깨끗한 공기, 깨끗한 물, 먹을 것을 요구할 권리가 있다, 완전한 신체를 가질 권리가 있다, 여자는 (그리고 남자도) 강간당하지 않을 권리가 있다고 말합니다. 어떤 사람들은 심지어 비인간들에게도 깨끗한 물과 공기와 서식지를 요구할 권리가 있다고, 생존을 계속할 권리가 있다고 말하기도 합니다."

청중들이 고개를 끄덕거렸다. 사회적 병질자(病疾者)나 자본주의자가 아니라면—어떤 차이가 있는지는 모르겠으나—어느 누가 이런 말에 동의하지 않을 수 있겠는가?

내가 계속해서 말했다. "하지만 나는 그게 올바른 접근방법인지 확신이 서지 않습니다. 나는 여러 가지 권리를 덧붙일 게 아니라 빼야 한다고 생각합니다."

침묵. 찡그린 얼굴들. 그리고 눈살을 찌푸린 사람들.

내가 말했다. "아무에게도 강물에 독극물을 타거나 공기를 오염시킬 권리는 없습니다. 누구에게도 동식물을 멸종시키거나 그 서식지를 파괴할 권리가 없습니다. 어느 누구에게도 다른 사람의 노동이나 궁핍에서 이윤을 취할 권리가 없습니다. 아무에게도 남의 자원을 훔칠 권리가 없습니다."

청중들은 알아듣는 것 같았다.

나는 계속해서 이렇게 말했다. "가장 먼저 해야 할 일은 아무에게도 그런 권리는 없다는 점을 진심으로 인정하는 것입니다. 어떤 면에서 우리는 분명히 그런 권리를 가진 사람이 있다고 인정하고 있기 때문입니다. 그렇지 않고서야 우리가 강물에 독극물을 타거나 바다를 저인망으로 청소하도록 허용할 리가 없지요. 이제 우리는 권력자들에게 우리의 허락을 회수한다고, 그들에게는 이 권한을 휘두를 권리가 없다고 알려야 합니다. 그들은 스스로 그런 권리를 갖고 있다고 인식하고 있기 때문입니다. 물론 그들은 자기들의 인식을 뒷받침할 철학적·신학적·사법적 체계를 모두 갖추고 있습니다. 물론 폭탄, 대포와 감옥도 갖고 있습니다. 그리고 만일 그들에게 권리가 없다는 우리의 분명한 입장표명으로도 그들을 설득시키지 못한다면—여기서 주저 없이 말씀드리거니와—우리는 결정을 내려야 합니다. 어떻게 그들을 저지할 것인가?"

많은 사람들이 내 말에 동의하는 것 같았다. 강연이 끝난 후 어떤 여자가 내게 물었다. "그건 말만 다를 뿐 같은 얘기가 아닙니까?"

나는 질문의 의도를 알 수 없었다.

"내게는 강간당하지 않을 권리가 있다고 말하는 것과 어떤 남자에게 '너는 나를 강간할 권리가 없다'고 말하는 게 뭐가 다르겠어요?"

나는 쩔쩔맸다. 어쩌면 나도 미처 깨닫지 못할 정도로 내 생각이 완전히 고착되어 있었을지도 모르겠다는 생각이 들었다. 그처럼 말이 쉽게 나온 것은 뻔한 이야기를 반복한 데 불과하기 때문이었다. 내 남자친구들 중에는 남의 이야기를 손쉽게 받아들여 한두 마디 고치거나 문장구조를 바꾸어놓고는 그걸 자기 아이디어라고 주장하는 사람들이 있다. 나도 그런 편이었다. 그러던 중에 나는 문제를 제기하는 이 두 가지 방법간에는 경험상의 차이가 있다는 사실을 깨달았다. 그것은 커다란 차이다. 당신이 욕질을 잘하는 친구와 사귄다고 하자. 당신이 상대방에게 "나는 존중받을 권리가 있다"고 말한다고 상상해 보자. 자, 그렇게 말하는 것이 발생학적으로는 당신에게 중요할지 모르지만, 당신에게 초점을 맞추는 게 적절하지 않을 때가 있다—문제는 당신이 아니라는 것이다. 앞의 진술이 주는 느낌을 "당신은 나를 이런 식으로 대할 권리가 없다"는 진술이 주는 느낌과 한번 비교해 보자. 전자는 거의 애원조이지만, 후자는 사뭇 명령조이며 초점은 욕지거리를 해대는 사람에게 가 있다.

우리는 너무 오랫동안 애원하는 데 머물러 있었다. 너무나 오랫동안 우리에게 초점을 맞춰왔다. 이제는 솔직하게 나쁜 짓하는 사람들을 저지하는 일에 나설 때가 되었다.

∘ ∘ ∘

논의를 더 진행시키기에 앞서, 체제를 해체하는 일에 우리 모두가 나설 필요는 없다는 점을 밝혀두어야겠다. 우리 모두가 댐과 공장과 전기 기반시설을 허무는 일에 나설 필요는 없다. 우리들 중 어떤 사람은 호소문을 보내고 어떤 사람은 소송을 제기해야 한다. 강간위기 상담전화를 운영하는 사람도 필요하고 학대받는 여성들을 위한 보호시설을 운영하는 사람도 필요하다. 가족영농을 돕는 사람도 있어야 하고, 그 밖의 다른 지속 가능한 농업을 지원하는 사람도 있어야 한다. 공정거래 사업을 하는 사람도 필요하고 국제무역을 전면 중단시키는 일도 해야 한다. 선진국들의 출생률 감소 문제를 다루는 사람도 필요하고, 어린이들에게 사랑과 지원을 제공하는 사업도 해야 한다(우리가 할 수 있는 가장 혁명적인 사업은 애정이 깃들인 어린이를 양육하는 것이라는 이야기가 있다[122]).

이런 식으로 하는 것이 좋은 점은 어디에 가나, 누구에게나 해야 할 중요한 일이 있다는 것이다. 폭발물 지식이 있다고? 댐을 맡으시오. 어린이들을 사랑하고 그들을 가르칠 줄 안다고? 바로 그런 일을 맡으시오.

내 전제와 주장에 찬동하지만 어떤 이유로든 운동에 적극 나설 수 없거나 나설 마음이 없는 사람이 있더라도, 그런 사람의 재능도 필요하다. 나는 종종 로버트 E. 리 장군(미국의 남북전쟁 당시 남부의 장군-옮긴이)이 챈설러즈빌 전투에서 사용하여 유명해진 '망치와 모루' 전술을 생각해 보곤 한다. 리 장군은 앤더슨 사단과 매클로우 사단을 배치해 놓고 나서 스톤월 잭슨의 군단을 보내 적군의 측면을 우회하도록 하여 잭슨의 망치와 앤더슨과 매클로우의 모루 사이에서 적군의 일부를 분쇄했었다. 망치와 모루, 즉 공격과 방어는 그때도 필요했고, 지금도 필요하다.

◦ ◦ ◦

지난 가을에 있었던 또 다른 강연에서 어떤 남자가 난생 처음 들어보는 질문을 했다. "만일 1만 명이 집결하여 선생님의 명령을 기다린다면, 뭐라고 하시겠습니까?"

나는 즉석에서 대답했다. "내 말을 듣지 말라고 확실하게 말하겠어요."

그 역시 대뜸 응수했다. "그건 책임회피네요. 만 명이 댐을 몇 개나 허물겠어요? 사람들은 나쁘다는 걸 알면서도 뭘 해야 할지 모르는 겁니다. 사람들은 명령을 받고 싶어해요. 그건 선생님의 책임이지요. 우리에게 뭘 하라고 일러주지 않을 거라면, 무슨 목적으로 책을 쓰셨습니까?"

내가 반격했다. "그렇게 가상의 독자들이 원하는 걸 이야기할 게 아니라, 당신이 원하는 게 무언지 말해 봐요."

"그걸 알려주세요—."

"당신에게 알려달라는 거지요?"

"네."

"뭘 해야 할지를 말이지요?"

그가 고개를 끄덕이고 나서 말했다. "선생님은 경험이 많으시니까…."

"좋습니다." 내가 말했다. "내일 바튼 스프링스 온천장에 가서 앉아 계세요." 바튼 스프링스는 텍사스주 오스틴에 있는 아름다운, 그러나 지금은 죽어가고 있는 광천이다.

"그 다음은요?"

"광천수가 무슨 일을 해야 할지 알려줄 때까지 기다리세요."

"선생님은 왜 알려주지 않고…."

"나는 방금 말했어요. 바튼 스프링스가 그 지역을 나보다 훨씬 더 잘 압니다. 그 지역이 무엇을 필요로 하는지, 지속 가능성이 그곳에선 어떤 모습인지도 잘 압니다. 그 광천은 나보다 훨씬 더 똑똑해요. 무엇을 해야 할지 정확하게 알려줄 겁니다."

그때 누군가가 물었다. "바튼 스프링스라고 하셨나요?"

"그렇습니다." 내가 말했다. "또 아니기도 하고요. 그것은 도처에 있습니다. 그저 귀를 기울이기만 하세요. 내 이야기가 아닌 여러분 스스로의 이야기를 경청하세요. 그리고 땅의 소리에 귀를 기울이세요."

부양능력

우리가 계속 인간이 갖는 생태적 의미에 관해 헷갈리고, 생태과정에 대해 무지하고, 역사의 생태적 측면에 대해 무관심한 채로 남아 있다면, 우리가 스스로의 행동의 결과로부터 결코 보호받을 수 없다는 것은 자명하다.

윌리엄 R. 캐턴 2세[123]

나는 요즈음 부양능력(carrying capacity)에 관해, 그리고 그것이 삶에 어떤 의미를 갖는지에 대해 많이 생각하고 있다. 부양능력에 관해 내가 읽은 가장 훌륭한 책은 윌리엄 R. 캐턴(William R. Catton, Jr.)이 지은 『초과적재: 혁명적 변화의 생태적 기초』(*Overshoot: The Ecological Basis of Revolutionary Change*)이다. 그에 따르면, 환경의 부양능력은 특정한 구획의 땅에서 영구히 부양받을 수 있는, 특정한 방법으로 살아가는 생물의 수를 말한다. 예를 들어 얼마나 많은 사슴이 특정한 섬에서 풀을 너무 뜯어먹어 그 섬의 양식재배 능력을 손상시킴 없이 살아갈 수 있느냐를 말하는 것이다. 여기서 키워드는 '영구적'이다. 생물의 수가 땅이 부양할 수 있는 수준을 일시적으로 초과하지만, 그 결과로 땅을 해쳐 미래의 부양능력을 영구적으로 떨어트리는 경우도 가능하기 때문이다. 이 말은 비인간은 물론이고 인간을 논할 때도 해당된다.

우리가 살고 있는 땅을 예로 들어보자. 현재의 착취문화가 도래하기 전에 이 땅은 얼마나 많은 사람들을 영구적으로 부양할 수 있었을까? 얼마나 많이 부양했을까? 그 사람들은 무엇을 먹었을까? 무슨 재료를 가지고 집을 지었을까?

그런데 지금은? 나중에 올 사람들은 무엇을 먹게 될까? 지속 가능한 방법으로—즉 문명이나 그 기술(예: 화석연료나 광업)의 지원을 전연 받지 않고—수확한 향토식품에만 의존한다면 무엇을 먹게 될까? 이 고장에서 영구히 살 수 있는 사람은 몇 명이나 될까? (문명의) 추락 후에 이곳에서 살게 될 사람은 몇 명이나 될까?

사람이 어느 장소의 부양능력을 일시적으로 초과할 수 있는 몇 가지 방법이 있다(나는 원래는 '어느 장소'를 '자기 고장'이라고 썼었지만, 불합리하다고 깨달았다. 정신 나간 사람이 아니라면 '자기 고장'의 부양능력을 일부러 초과하지는 않을 것이기 때문이다). 하나는 자연을 퇴화시키는 것이다. 예를 들어 그 고장 물고기가 풍성하도록 늘 적게 먹는 것이 아니라, 금년에 물고기를 모두 먹어치우는 것이다. 또 한 가지 예는 불도마뱀, 올빼미, 벌,

메뚜기 등 먹지도 않을 종을 모두 죽임으로써 궁극적으로 식량자원의 생육 가능성을 망치는 것이다.

자기가 살고 있는 장소의 부양능력을 떨어뜨리면 다른 장소를 퇴화시킴으로써, 예컨대 '그' 장소의 어족을 모두 먹어치움으로써, 자기 고장의 부양능력은 계속적으로 초과하게 된다. 이것은 도시들이 자원을 수입해야 한다는 말의 다른 표현에 불과하다. 이것은 정복, 식민주의 그리고 요즈음 말로 지구촌 경제라 불리는 과정을 말한다. 앞에서 살펴보았듯이, 그 다른 장소의 자원이 고갈되면—즉 그 부양능력이 거의 영구적으로 축소되면—자원을 수입하던 자들은 다른 착취대상지를 찾아나서게 된다. 제국의 중심부에 있는 자들의 권력은 항상 이 같은 수입/착취에 의존하기 때문에, 권력자들은 이런 일에 아주 익숙해져 있다. 지금도 이런 일은 도처에서 벌어지고 있다. 1965년에만 해도 영연방의 식량은 절반 이상이 캐턴 등이 말하는 이른바 '유령토지'로부터, 즉 중심부에 있는 사람들에게는 보이지 않은 토지에서 들여온 것이었다. 캐턴은 이렇게 지적한다. "식량을 바다에서도 얻을 수 없고(6.5%), 다른 나라들에서도 들여올 수 없다면(48%), 영국민의 절반 이상이 기아에 직면할 것이며 영국민 전체의 영양섭취량이 반 이하로 줄게 될 것이다."[124] 이 같은 수입은 수입하는 자들의 생활방식을 전술한 군사·경제적 폭력에 의존하도록 만드는 데 그치지 않고, 묘하게도 절취 대상국에 더욱 의존하도록 만든다.

미국경제는 중동과 남아프리카 등 세계 각국의 석유에 의존하고 있다. 미국인의 생활방식이 여기에 의존하고 있으며 농업 하부구조—휘발유에서 농약에 이르기까지—도 석유와 천연가스에 기초를 두고 있다. 우리는 정제되고 변환된 석유를 먹고 산다고 해도 지나친 말이 아니다. 캐턴도 이렇게 썼다. "인간이 필요로 하는 모든 것은 에너지이다. 모습은 인간이지만 기술을 갖지 못한 동물들은 일상적 활동을 위해 몸속에서 최소한 2천 내지 3천 Kcal의 화학적 에너지를 열로 전환시켜야 한다."[125] 동물들을 길들여—정확하게는 노예화하여—일부 인간들이, 쟁기를 끄는 황소이건 부자들의 무덤을 만들기 위해 커다란 석재를 끄는 인간들이건, 노예들의 에너지(노동)를 얻을 수 있게 되면서 사정이 달라졌다.

그리고 석유 때문에 사정이 또 한번 달라졌다.

증기기관 발명자인 제임스 와트는 노예화의 역사에서 가장 중요한 인물의 하나이다. 그는 비단 동식물과 토지만을 농업종사자의 노예로 만든 것이 아니라 우리 모두를 농업의 노예로 만든 첫번째 인물로서 노예화 공로자 '명예의 전당'에 오를 만하다. 쿠퍼스타운(뉴욕주에 있는 미국 야구 '명예의 전당' 소재지—옮긴이)이나 클리블랜드가 아니라 전세계의 모든 도시들에서 찾아볼 수 있는 이 노예화 공로자 '명예의 전당'에서 그는 처음으로 하늘의 신을 만들어냄으로써 바위, 나무, 짐승, 강과 빗방울뿐 아니라 삶의 매 순간순간에 깃들여 있는 신들을 부정하고, 또한 지구 저편에 하늘을 창조하여 고달픈 사람들이 현세의 노예생활을 보상받을 수 있도록 해준 사람들과 어깨를 나란히 하고 있다. 그는 또 작가들은 처음부터 모두가 체제선전원에 불과했다는 것을 보여줌으로써, 옛 '수메르 왕 명부'(BC 2125년경 수메르의 우룩왕 치세에 쓴 것으로 알려진 점토판—옮긴이)에 따르면 '하늘에서 내려온'[126] 왕이 다스렸다는 최초의 도시국가 창건자들과 어깨를 나란히 할 만한 인물이다. 그는 처음으로 무력으로 남의 자원을 도둑질한 사람들과도 비견할 만하다. 그는 또 농업이 우리 모두를 노예화한 후에 루이스 멈퍼드의 말대로 "농업잉여를 장악한 자가 이웃의 생사여탈권을 갖는다. 풍요 속에서 인위적인 품귀를 만들어내는 것은 문명화된 착취가 이룩한 첫번째 특징적인 승리의 하나였다"[127]는 것을 발견한 사람들과도 같은 반열에 올라 있다.

명예의 전당에 올라 있는 인물들 중에는 그 밖에도 역시 멈퍼드의 말대로 "투박한 통제체제는 태생적인 한계를 지니고 있다. 물리력만 가지고는 설사 체계적인 테러로 뒷받침되더라도 상품의 원활한 흐름을 만들어낼 수 없다. 자발적인 순종을 이끌어내려면 어느 정도 애정과 신뢰와 충성을 일깨울 정도로 자선과 지원의 겉모습을 꾸밀 수 있어야 한다"[128]는 것을 발견한 사람들도 있다. 또 시계를 개발해서 노동을 조직화하여 사람을 시간의 노예로 만든 베네딕트회 수사들, 노예로 삼을 새로운 주민과 새로운 땅을 찾아낸 콜럼버스, 코르테스와 카르티에(16세기 프랑스 탐험가-옮긴이) 등, 지구를 더 한층 노예화하려고 애쓰는 광물과 생물 탐사자들 그리고 수많은 과학자, 기술자 들도 명예의 전당에 올라 있을 것이다.

제임스 와트는 죽은 자를 효과적으로 노예화할 방법을 발명해 낸 사람이다. 죽은 자의 시체(석탄-옮긴이)를 밀폐된 공간에서 태우면 공기가 가열되어 팽창한다. 공간이 밀폐되어 있기 때문에 압력이 올라가 크랭크축에 달린 피스톤을 밀어 회전시킨다. 증기기관이라 불리는 이 노예화 장치는 지금은 내연기관으로까지 발전해 있다.

처음에는 불탄 시체가 나무였지만, 나중에 석탄과 석유로 되었다. 이처럼 불에 타서 방출되는 에너지는 당초 이 동식물들이 살아 있을 때 그들의 몸속에 저장되어 있던 것이었다. 물론 남의 몸에 저장된 에너지를 이용하는 것은 새삼스러운 일이 아니다. 물질대사 방법을 터득한 후로는 모두가 다 그렇게 하고 있다. 그리고 불을 때서 몸을 따뜻하게 하는 것도 나무나 석탄에 저장되어 있는 에너지를 사용하는 것이다. 이런 에너지를 기계적 에너지로, 즉 캐턴 등이 말한 이른바 '유령노예'(ghost slaves)[129]로 전환시킨 것은 큰 변화였다.

유령노예 한 명은 인간 한 사람이 하루에 소비하는 에너지의 양과 등가이다(즉 캐턴이 말한 2천 내지 3천 Kcal). 예를 들어 나는 어제 해마다 열리는 인디언(유록족)의 브러시 댄스 행사장에 갔었다. 행사장은 깊이 약 1.3미터에 가로세로 각 3미터 가량 되는 구덩이며 비좁은 연결통로로 들어가게 되어 있었다. 벽에는 색 바랜 널빤지를 두르고, 가장자리마다 장대가 서 있다. 지붕은 전연 없다. 지붕만 없을 뿐, 유록족의 전통가옥과 같은 구조라고 한다. 유령노예와 관련된 사실은 이런 집은 한두 사람이 근처에서 구한 재료를 가지고 하루 만에 지을 수 있다는 점이다. 나는 그곳 클래머스 강변 둔덕에서 유록족이 전통적으로 어떻게 살았을까 상상해 보았다. 연어를 잡고 엘크나 사슴을 사냥하고 푸성귀와 딸기를 채취하고 의식을 행하고 집을 짓고 놀면서 살았을 것이다. 먹고 물질대사를 해서 얻은 스스로의 에너지를 이용해 가면서 지속 가능한 방법으로 살았을 것이다.

우리는 유령노예에 의존하는 생활방식을 갖게 되면서 우리 스스로가 선조들은 상상도 못했을 정도로 노예가 되었다. 이집트인들이 피라미드를 짓기 위해 20년 동안 2.5톤 무게의 바위 230만 개를 운반할 때 사용한 것보다도 많은 에너지를, 우리는 새턴5호 로켓을 달에 보내기 위해 불과 몇 분 만에 사용하고 있다.[130] 캐턴은 이렇게 지적한다.

> 제임스 와트 덕분에 완력 대신에 화석에너지를 사용하게 된 파란만장한 2세기 동안에 미국의 1인당 에너지사용량은 80여 유령노예와 맞먹는 수준으로 늘어났다. 세계의 여러 다른 나라들에서는 그 비율이 훨씬 낮다. 그러나 세계의 연간 총연료소비량의 에너지 함량을 활동적 성인의 연간 식량에너지 소비량으로 나누어보면, 그래도 1인당 10유령노예에 해당하게 된다. …현재 호모사피엔스가 사용하는 에너지의 9/10 이상이 연간 식물수확량 이외의 원천에서 얻은 것이다.[131]

오래 전 석탄, 석유, 천연가스 등에 저장된 에너지의 양이 무한하지는 않기 때문에 그 사용은 지속 가능하지 않다. 이 에너지에 근거하는 생활방식은 지속 불가능한 방법으로 살아가는 것이다. 캐턴은 이미 20년 전에 이렇게 썼다. "선사시대의 에너지에 '완전히' 의존하려면 현대인은 현재의 부양능력을 지구 10개만큼 늘려야 할 것이다. 지구를 새로 10개 늘리지 않으면 장차 언젠가는 인간의 풍성한 생활방식이 대폭 삭감되거나, 아니면 사람 수가 크게 줄어들게 될 것이다."[132]

○ ○ ○

문명이 노예제도에 기반을 두고 있다고 말하는 사람은 비단 나 혼자만이 아니다. 문명을 옹호하는 사람들도 이를 인정하는 경우가 많다. 나는 졸저

『가상의 문화』에서 철학자 윌리엄 하퍼(William Harper)가 노예제도를 옹호하여 1837년에 쓴 다음과 같은 글을 인용했었다.

첫번째로 발제한 듀 의장은 노예제도가 문명의 으뜸가는 원인임을 밝힌 바 있다. 어쩌면 그것이 유일한 원인이라는 것보다 더 분명한 사실은 없을 것이다. 비문명인의 보편적 속성이라고 단언할 수 있는 것이 있다면, 그것은 자기생존을 유지하기 위해 절대적으로 필요한 만큼만 일한다는 것이다. 노동은 익숙하지 않은 사람들에게는 고통이며 인간은 천성적으로 노동을 혐오한다. 아무리 교육하고 지원하고 동기를 부여하더라도 선진사회의 대다수 개개인들은 이 같은 혐오를 극복할 수 없다. 노예제도를 강제하는 것만으로는 노동하는 습관이 들게 할 수 없다. 노예제도 없이는 재산축적도 없고 장래에 대한 대비도 없고, 문명의 특징이고 필수적 요소인 안락한 취향이나 세련도 있을 수 없다. 남의 노동을 지배하게 되면, 우선 재산을 축적하여 미래에 대비하기 시작하며, 이렇게 해서 문명의 기초가 마련된다. …지금까지 문명을 성취한 모든 사회는 이 과정을 통해 이루어진 것이다.[133]

나는 오늘 조지아공대의 어느 대학원생으로부터 이런 원고를 받았다.

이곳 기계공학과에서는 매 학기마다 저명한 강사가 와서 한 시간 동안 강연을 한다. 강사는 대개 성공한 지구촌 기업의 최고경영자들이어서 학생들이 캠퍼스의 가장 큰 강의실(무려 400석!)을 꽉 메우곤 한다. 이번 학기의 강사인 익스포넌트사(Exponent Inc.)의 로저 L. 매카시 회장은 기술혁신과 엔지니어링이 지닌 사회적 중요성을 주제로 강연했는데, 역사적 실패에서 '학습'하자는 데 역점을 둔 내용이었다. 나는 강연 도중에 벌떡 일어나서 잠잠해진 청중들을 상대로 이 문화의 기초를 이루는 잘 위장되고 매우 파괴적인 신화를 마술사처럼 폭로하고 싶은 마음에 가슴이 두근거렸다. 물론 나는 강연 후 질의응답 시간에 주어진 단 20~30초 동안에는 이런 마술을 해 보일 수 없었다. 그래서 교수들에게 전투적이라는 인상을 줄 위험을 무릅쓰고 이런 간단한 질문을 하는 데 그쳤다. "기술이 인간생활에, 좀더 적절하게는 생활 일반에 해로운 일을 많이 했을까요, 이로운 일을 많이 했을까요? 그리고 선생님의 견해를 세우는 데는 어떤 기준을 사용하시겠습니까?"

나는 차라리 마이크를 깔고 앉아 방귀나 뀌는 편이 나았을 것이다. 그는 내 질문에 당황했다. 그리고 도대체 누가 이런 질문을 감히 생각이라도 해냈는지 의아해하는 것 같았다. 그의 대답은 모욕적이었다. "학생은 역사에 대해 아무것도 모르는 게 분명하군요! 200년 전의 생활모습이 어땠는지 전혀 모르는 게 틀림없어요! 기술이 없으면 삶이 어떤 모습일지 알기나 하는 겁니까? 지난 200년 동안에 이룩한 기술진보 덕분에 학생은 지금 매일 자신을 위해 일하는 노예 300명에 상당하는 것을 거느리고 있는 셈이에요. 실제로는 노예를 두지 않고도 노예 300명분의 혜택을 누린다는 거예요." 언외의 뜻은 그런 질문을 하는 것만으로도 내가 '배은망덕'한 사람이라는 것이었다.

나는 그가 답변한 질문보다 답변하지 않은 질문에 더 관심이 많았다. 첫째, 그는 기술이 이로운 것인지 여부에 대해 언급하지 않았다. 그는 우리가 지구를 죽이고 있다는 사실은 물론이고 전세계의 인간 및 비인간 노예들을 아예 묵살했다. 그 같은 화제는 일고의 가치도 없다는 태도였다. 또 한 가지, 그는 선악의 판단기준을 묻는 내 마지막 질문에 대답하지 않았다고 생각했겠지만, 사실은 대답한 셈이었다. "노예 몇 명에 상당하는가"를 기준으로 기술의 성공 여부를 측정할 수 있다고 대답한 것이다. 금년에 노예 300명분의 혜택을 누렸던 내가 내년에 노예 600명분의 혜택을 누리게 된다면 경축할 일이 아니겠느냐, 하는 것이었다. 한편 나는 조깅화를 신고 실내에서 달리기를 하는데도 더 뚱뚱해져 우울증이 심해지고 있다. 이 말이 의미하는 바는, 만일 우리 문화가 가장 일반적이고 포괄적인 의미에서 '노예화'를 소중히 여기기로 작정한 것이라면, 우리는 지금 이 목적을 수행하는 데 아주 좋은 일을 하고 있다는 것이다.[134]

◎　◎　◎

몇 년 전에 나는 '도로포장 모라토리엄 동맹'(The Alliance for a Paving Moratorium)의 창설자인 얀 런드버그와 인터뷰를 가진 적이 있다. "도로건설 중지를 공통의 목표로 하는 민중공동체 단체, 개인 및 기업계의 다양한 운동체"인 이 단체는 "도로포장 중지는 인구확산을 막고, 투자를 교외 주택지구에서 대도시 중심부로 돌리고, 대중교통 및 기존 도로의 보수비용 문제를 해소한다"고 주장한다. 그러나 단지 도로만 문제되는 것은 아니다. 런드버그는 대규모 화석연료 사용의 단계적 조정은 지구의 기후를 구하는 데 중요할 뿐 아니라 세계의 석유공급이 바닥나기 시작할 경우에 일어날 충격을 줄이는 데도 중요하다면서 이렇게 말한다. "당면한 과제는 미증유의 생태적 교정을 이겨내는 것이다. 이 교정에는 경제적 붕괴, 자급적인 활동과 거래로의 전환 등이 포함될 가능성이 있다."

런드버그는 석유산업에 둘러싸여 성장했다. 그의 아버지는 휘발유가격과 석유업계 동향에 관한 통계를 수집하는 회사인 런드버그 서베이 회사(Lundberg Survey Inc.)를 운영했다. 석유파동 직전인 1973년에 런드버그 부자는 『런드버그 레터』를 발행하기 시작했다. 이 간행물은 석유업계의 첫째가는 업계 일간지가 되어 나중에는 1979년의 2차 석유파동을 예언했다.

1980년대 중반에 아버지가 사망한 후 런드버그는 가업을 버리고 에너지 보존 쪽으로 관심을 돌렸다. 그 무렵 얀 런드버그는 이 문화의 이른바 '폐기물 경제'(waste economy)가 지속 불가능할 뿐 아니라 전세계적인 대규모 환경파괴와 멸종의 원인이 된다는 데 눈을 뜨고 있었다. 그는 우리가 현재의 안락한 생활방식과 살기 좋은 지구를 "모두 가질 수 있다"는 착각에 사로잡혀 있다고 말한다.

내가 그에게 물었다. "친구들과 문명의 종말을 이야기할 때면 종종 어떤 두드러진 표지 같은 것을 찾아보곤 하는데, 한 가지 떠올린 것이 자동차문화의 종언이라는 것입니다. 자동차문화의 종언이 어떤 모습으로 나타나리라고 보십니까? 그보다 먼저, 자동차문화가 막판게임(endgame)에 접어들었다는 데 동의하십니까? 자동차문화가 무엇 때문에 끝장날까요? 또 막판 게임에 접어들었다는 데 동의하지 않는다면, 그것은 새 유전을 발견하기 때문일까요, 아니면 새로운 연료체계를 찾아내기 때문일까요?"

그가 대답했다. "이런 질문들은 밑조사를 해야 할 경우가 많아요. 매스미디어와 교육체계가 통찰력 제로이기 때문입니다. 그들은 마치 석유가 무진장 있으니 국민들은 석유를 어디다 쓰건 관심을 두지 않는다는 식이에요.

유전의 일생을 차트로 그려 유명해진 분으로, 몇 년 전에 돌아가신 지질학자 마리언 킹 허버트(Marion King Hubbert)에 관한 이야기부터 시작하는 게 좋을 것 같군요. 석유채취는 종(鐘) 모양의 곡선—이른바 허버트 곡선—을 그리는데, 여기서 새로운 유정들을 설치하면 생산이 늘어나 '최종회수 추정량'(estimated ultimately recoverable, EUR)의 절반 가량이 채취되는 시점에서 정점에 달했다가 유정이 고갈되기 시작하면서 점차 감소하게 되지요. 감산기간 중에 물이나 가스를 주입하는 등의 기술로 고갈속도를 늦출 수 있겠지만 어디까지나 임시방편일 뿐입니다. 동일한 패턴을 전체 나라들, 나아가 지구로까지 연장해 볼 수 있습니다. 요컨대 유전의 석유생산은 제로에서 시작하여 정점을 이루었다가 다시 떨어져 제로가 된다는 겁니다.

미국의 경우, 허버트가 40년 전에 예측한 대로 본토 48주(알래스카와 하와이를 제외—옮긴이)의 생산은 1970년경에 피크에 달했다가 그후로는 줄곧 감소하고 있습니다."

내가 질문했다. "세계 석유생산은 언제 피크에 달하겠습니까?"

그가 대답했다. "그 질문에 앞서 다른 질문을 할 필요가 있겠군요. 세계의 EUR 석유의 양이 얼마나 되는가? 하는 질문입니다. 이 물량의 절반이 채취되는 시점에서 생산이 피크에 도달하게 되니까요.

내가 본 가장 그럴 듯한 추정치는 1조 8천억 배럴입니다. 그렇다면 세계

생산량이 2007년에 피크에 도달하게 되는 거지요. EUR 석유를 2조 6천억 배럴로 높게 잡더라도, 피크 시점이 2019년까지밖에 늦춰지지 않습니다. 솔직히 말하자면, 석유소비가 매우 빨리 증가하고 있음을 감안할 때 이 두 가지 추정은 모두 너무 동떨어진 것으로 보입니다. 그 밖에 더 가능성이 높아 보이는 신빙할 만한 몇몇 수치들은 세계 석유생산이 이미 정점에 도달했다고 보고 있습니다.

그런데 미국의 석유생산이 피크에 도달한다고 하더라도, 미국이 계속 석유를 수입할 수 있는 한 그것이 곧바로 석유시대의 종언을 뜻하는 것은 아니지요. 하지만 세계 석유생산이 피크에 도달한다면, 그것은 우리가 알고 있는 경제체제가 종언을 고하기 시작한다는 뜻입니다. 5대 중동산유국들이 다시 세계공급을 장악하게 될 겁니다. 그렇게 되면 1970년대의 오일쇼크가 무색해질 겁니다. 이번에는 새로 개발할 석유자원이 거의 남아 있지 않기 때문입니다. 중동지방이 석유시장을 장악하기 시작하면 물량부족이 나타나기 훨씬 전에 석유가격의 영구적인 급등이 나타날 터인데, 이런 현상은 앞으로 10년 내에 일어날 것입니다."

물론 최근 미국의 이라크 침공은 이라크 석유 때문에 벌어진 측면이 크다.

그가 계속해서 말했다. "물론 그렇게 되면, 한 세기 동안 풍부하고 값싼 에너지 덕분에 질주해 온 경제가 파탄 나겠지요. 우리는 어느 전문가의 말대로 '정치·경제적 단절' 또는 흔히 하는 말로 충돌을 겪게 될 겁니다. 나는 석유업계 지질전문가 월터 영퀴스트의 어법을 좋아하는데, 그는 이렇게 말했어요. '내가 50년 동안 70여 개국을 돌아본 바로는 우리는 지금 분명히 절벽 위에 서 있다. 인구성장과 자원소비의 탄력이 너무 세기 때문에 파멸적인 충돌과정이 필연적이다. 큰 문제들이 바로 앞에 당도해 있다'고 말이지요."

내가 끼여들었다. "잠깐. 내가 읽어본 업계와 정부의 통계에 따르면 '석유의 확인매장량은 현재의 생산량으로는 전세계에 43년 동안 공급하기에 충분하다'고 되어 있던데요."

그가 말했다. "그 통계에서 당장 두 가지 문제를 지적할 수 있어요. 첫째는, 이 통계가 정부와 업계에서 나왔다는 겁니다. 당신은 두 집단 모두가 국민에게 거짓말하리라고는 믿지 않지요? 확인매장량은 정치적인 이유로 끊임없이 과대포장됩니다. 남아 있는 석유를 과장하는 것은 산유국과 석유회사 모두의 이익에 부합됩니다. 사업계약상 남은 석유자원의 일정 비율 이상을 채취·판매하지 못하도록 되어 있기 때문입니다. 예를 들어 계약상 매년 확인매장량의 10%까지 채취하도록 되어 있을 경우, 확인매장량을 속이면 금방 떼돈을 벌 수 있는 겁니다. 석유와 가스의 발견은 1960년대에 절정에 달한 이후로 계속 줄어들어 지금은 세계 석유소비 증가량이, 매년 발견되는 양의 세 배에 달하고 있어요. 선생은 석유업계가 석유자원 고갈을 알고 있다고 생각하나요? 물론 압니다. 자기들 사업이니까요. 지난 20년 동안 초대형 유조선이 한 척도 건조되지 않은 이유는 뭐라고 생각합니까? 석유업계 내부용으로 작성되어 정가가 한 부에 3만 2천 달러에 달하는 어떤 보고서는 세계 석유 생산 및 공급이 이미 2000년에 정점에 달했고 2025년까지는 절반으로 줄어들 거라고 결론짓고 있어요. 이 보고서는 아주 가까운 장래에 대폭적이고도 항구적인 석유값 인상이 있을 것으로 예측하고 있습니다.

그 주장—석유매장량이 43년 동안 지속될 거라는 주장이 갖는 두번째 문제는 그 근거를 '현재의 생산량'에 두고 있다는 겁니다. 그런 어법을 구사하는 것을 보면 그들이 뭔가를 감추고 있음을 알 수 있어요. 사실은 생산량이 급증하고 있기 때문입니다. 전에는 나도 허버트 곡선의 하향물매가 약간은 완만하리라고 생각했었는데, 최근에 생산이 예상 못했던 수준으로 급증했기 때문에, 지금은 곡선의 하향물매가 매우 가파를 것으로 보고 있습니다."

나는 이해가 잘 가지 않는다고 말했다.

그가 말했다. "석유소비량이 예상보다 훨씬 빨리 늘어나기 때문에 충돌이 환경론자들의 예상보다도 더 일찍, 더 세게 닥치리라는 얘깁니다."

"하지만 석유 품귀사태가 심해지면 가격이 더 오를 것이고, 그렇게 되면 다른 종류의 에너지를 개발할 유인이 생길 텐데요. 예를 들어 타르 샌드나 석유혈암 같은 것 말이지요."

"경제전문가들이 늘 그런 얘기를 합니다. 그 사람들은 즐겨 품귀는 가격 상승을 가져와 빈약한 유전에서도 이윤을 올릴 수 있도록 해준다고 주장하지요. 경제이론과 현실세계가 딱 맞아떨어지는 경우가 드물다는 게 안타까운 노릇입니다. 이 경우 경제학자들은 달러와 칼로리를 혼동하고 있어요. 사실은 유전이 노후해지면, 남은 석유를 뽑아 올리는 데 에너지가 더 많이 듭니다. 총에너지 생산액에서 에너지 원가를 제해야 해요. 지금도 이미 미국의 신규 유전의 에너지 이윤율(energy profit ratio)이 1 : 1로 떨어져 있어요. 석유 1배럴을 새로 발견하여 채취하는 데 드는 에너지가 갈수록 석유 1배럴에 포함된 에너지를 상회하게 된다는 뜻입니다. 어느 시점에 가면 석유를 에너지용으로 사용하는 게 무의미해질 겁니다. 경제전문가와 기술자들 모두가 열역학법칙을 깰 수 없음을 망각할 때가 너무 많아요."

"에너지 이윤율이란?"

"그것은 특정 양의 에너지를 뽑는 과정에 들어가야 하는 에너지의 양을 나타내는 척도입니다. 펜실베이니아의 초기 유정들은 이 비율이 터무니없이 높은데, 그것은 채굴에 소요되는 에너지 투입량이 거의 제로에 가깝기 때문입니다. 그저 바가지로 퍼서 태우기만 하면 됐으니까요. 그러나 다른 형태의 에너지들은 이 비율이 매우 낮습니다. 예컨대 에탄올은 에너지 이윤율이 1 : 1이 못되는데, 에너지를 얻는 것보다 더 투입해야 하기 때문이지요."

"좋은 지적을 하셨습니다." 내가 말했다. "하지만 또 다른 의문이 있는데요. 정부는 이미 석유산업에 보조금을 지급하고 있고, 다른 여러 산업에도 재정·생태·경제적으로 이치에 닿지 않는 지원을 해주고 있습니다. 그렇다면 정부는 왜 타르 샌드가 이윤을 내도록 지원해 주지 않는 것일까요?"

"좋은 질문인데요, 특히 벌써 그런 일이 진행되고 있기 때문입니다. 농업이건 공업이건 에너지산업이건, 우리의 전체 경제체제는 이런 보조금에 기반을 두고 있어요. 에너지가 특히 그렇습니다. 지금 석유값이 이처럼 싼 것은 바로 이 때문입니다. 우리 납세자들이 부담해야 하는 페르시아만 군대 주둔비용만 포함시켜도, 석유값이 적어도 배는 올라야 하는데도 말이지요.

하지만 이런 금전적 보조금보다 더 두려운 것은 절대로 밝혀지지 않는 숨겨진 보조금입니다. 지구 온난화에 값을 매길 수 있습니까? 깨끗한 호수나 강에 값을 매길 수 있습니까? 우리 지구와 삶을 이른바 경제적 관점에서 보는 것은 반(反)생명적입니다.

이런 경제적 관점을 고수하는 한, 우리는 알지도 못하는 방법으로 석유값을 지불하면서도 값싼 석유의 환상을 잠시 동안은 더 유지할 수 있겠지요. 하지만 내가 가장 두려워하는 것은 이 경제에서는 모든 것이 석유에 기초하고 있다는 겁니다. 비단 자동차만의 문제가 아닙니다. 우리가 먹는 음식도 석유로 만든 비료를 주었고 석유로 운송한 겁니다. 우리를 에워싸고 있는 플라스틱도 그래요. 모두가 석유지요. 그런데도 사람들은 알지도 못해요. 관심도 없습니다. 전에는 캔버스를 대마로 만들었지요. 지금은 뒤퐁이 만듭니다. 정부가 대마를 불법화한 한 가지 이유는 뒤퐁이 대체원료를 만들었다는 데 있어요. 의약품이건 의복이건 모두가 그래요."

"천연가스는 어떻습니까? 이 체제가 천연가스나 석탄에 의존하여 한두 세대 더 버틸 수 있을까요? 어쩌면 석탄 가스화라든가."

"천연가스는 별로 많지 않습니다. 그리고 석탄 가스화는 에너지는 많이 들이고 얻는 것은 별로 없는 비효율적인 공정이지요. 그런데 석탄은 엄청나게 많습니다. 다만 이를 파내기 위해 지구를 온통 파괴하고 탄광폐기물을 모두 강으로 흘려보내고 매연으로 대기를 오염시킬 각오를 해야 할 겁니다. 나는 지금의 이 문화조차도 그런 미친 짓은 못하리라고 봅니다."

"원래의 질문으로 돌아가시지요. 우리 생애중에 자동차문화의 종언을 목격하리라 생각하십니까?"

"그렇습니다. 석유가 바닥나기 때문일 수도 있고, 경제가 붕괴되기 때문일 수도 있어요. 그리고 자동차문화의 종식은 대지가 주는 것을 가지고 어떻게 살아갈지를 성찰토록 해준다는 점에서 우리를 해방시켜 주는 사건일지도 모르지요. 하지만 붕괴가 너무 광범위해서 핵사건이 너무 빈번하게 일어난다면 이 문화의 특징인 파괴를 더욱 촉진시킬 뿐일지도 모릅니다."

"한 가지씩 짚어보지요." 내가 말했다. "자동차문화의 종언이라고 해서 교통체증이라든가 출퇴근시 교통혼잡이 종식된다는 의미는 아닐 텐데요…."

"농업도 역시 석유에 기초를 두고 있기 때문에 우리는 사실상 석유를 먹고 살고 있습니다. 그러니 정작 문제되는 것은 농업, 농업기반과 이와 관련된 운송·분배망이 붕괴되는 것인데, 이건 농업의 범주를 벗어난 것이지요. 각종 제품도 그렇고, 출퇴근도 그렇고, 식량도 그렇고."

"우리는 사실상 망했는데도 모르고 있을 뿐이군요. 영퀴스트의 말대로, 우리는 이미 절벽 위에 서 있는데도 주의를 기울이지 않고 있는 겁니다."

○ ○ ○

다른 담론들처럼 부양능력을 둘러싼 우리의 담론도 대체로 터무니없고 아예 문제를 묵살할 때가 많다. 따라서 부양능력에 관한 논의는 종종 3개 진영으로 나뉘게 되는데, 그 모두가 별로 도움은 되지 못하고 현상유지를 지지할 뿐이다.

첫째진영은 인구문제에서 시작하여 인구문제로 끝난다. 인구가 너무 많다는 것이다. 그 장면은 잘 알려져 있다. 사람이 붐비는 캘커타의 거리, 헐벗고 굶주려 배가 불룩해진 멕시코의 가난한 아기들, 아프리카의 난민수용소들, 지저분한 도시를 꽉 메운 수많은 중국인들. 지구는 이들을 먹여살릴 수 없다. 그러니 무언가 대책을 세워야 한다는 것이다.

또 이런 주장도 있다. 미국은 가난한 나라 사람들이 이주하지 못하도록 국경을 폐쇄해야 한다. 이제는 우리 인구를 어느 정도 안정시킬 만큼 출생률이 떨어졌으니, 가난한 유색인들이 떼를 지어 몰려와 우리가 밀려나는 일이 생기면 절대 안 된다는 것이다(그들은 우리보다 출생률이 높아 곧 우리를 수적으로 압도하게 될 것이다).

이런 주장에 대해 나는 "국경폐쇄에 대찬성이다. 다만 사람만 아니라 자원에 대해서도 국경을 폐쇄해야 한다"는 말로 응수하곤 한다. 멕시코산 바나나도 막아라. 커피도 막아라. 석유도 안 되고, 1월의 토마토 수입도 안 된다. 멕시코에서 가족을 등지고 미국에 오는 대부분의 사람들은 남편이나 아내가 미워서 오는 것이 아니라, 일거리를 찾아오는 것이다. 그들이 오는 것은 자원기반과 공동체가 본래의 모습을 상실하여, 자원은 도둑맞고 공동체는 해체되었기 때문이다. 물론 이주 역시 해체과정의 일부이다. 역사가 시작될 때부터, 사람들이 농촌을 버리고 도시로 옮겨가는 원인은 바로 여기에 있었다.

반면에, 사람들에 대해서는 국경을 닫고 자원 도둑질을 위해서는 계속 국경을 열어두겠다는 것은 이른바 인구문제라는 것이 종전처럼 착취를 계속하기 위한 구실에 불과하다는 것을 말해 준다. 너는 **싫지만 네가 소유했던 땅에서 나는 커피는 갖고 싶다**는 것이다. 딱히 국경폐쇄를 원하지는 않더라도, 인구문제만 거론하면서 편리하게도 자원소비 문제를 논하지 않으려는 사람들도 우리를 구렁텅이로 몰고 가기는 마찬가지이다. 부양능력 초과의 핵심 원인은 자원소비에 따른 피해에 있다. 조그만 섬에 사슴 수천억 마리가 살더라도, 이들이 아무것도 먹지도 않고 짓밟지도 않고 배설물로 주위를 오염시키지도 않는다면 아무 문제가 될 것 없다. 개체수 자체는 무의미하다. 중요한 것은 피해이다.

이 문제를 논하는 또 한 가지 방법은 '과잉인구'라든가 '제로 인구성장'과 같은 용어에 주목하는 것이다. '과잉소비'나 '제로 소비성장'을 이야기한다면 담론이 얼마나 크게 달라지겠는가? 물론 '제로 소비성장'은 자본주의 자체를 파괴할 것이기 때문에 이 같은 담론변화는 일어나지 않을 것이다.

미국은 세계인구의 5% 미만을 차지하면서도 세계자원의 1/4 이상을 사용하고 세계 오염과 폐기물의 1/4을 산출한다. 미국과 인도의 1인당 평균치를 비교해 보면, 미국이 철강은 50배, 에너지는 56배, 합성고무는 170배, 자동차 연료는 250배 그리고 플라스틱은 300배 더 사용한다는 것을 알 수 있다.[135] 그런데도 과잉인구에 관한 우리의 이미지는 피해를 가장 많이 주는 주범을 떠올리는 것이 아니라(미국에 중산층이 너무 많은 건 아니겠지?) 가장 큰 피해자를 떠올리는 것이 보통이다.

가난한 자들이 애 낳기를 그만두기를 바라면서도 부자들이 스포츠 유틸리티차량(SUV)이나 핵무기를 갖는 데는 오불관언인 그런 사람들의 그 오만함과 엉터리 언행도 문제지만, 부양능력을 인종적·계급적 차원에서만 논하려는 사람들도 문제이다. 이런 무리들은 '부양능력'이란 용어만 사용해도 떠들썩하게 야유를 퍼부으며 '네오맬서스주의자'라는 딱지를 붙여준다. 이들의 주장은 현재와 같은 착취적 생활방식을 보호하려는 일부 사람들이 부양능력이란 용어를 가난한 자들에 대한 사회적 통제수단으로 사용하고 있기 때문일 것으로 보인다―미국 인디언 운동가인 내 친구는 "인구통제가 지닌 유일한 문제는 누가 통제할지가 뻔하다는 것"이라고 말했다. 그러니 부양능력이란 개념 자체가 인종주의적·계급주의적 발상일 수밖에 없다는 것이다. 나는 이런 주장은, 히틀러도 폴란드가 먼저 독일을 공격하려 한다면서 폴란드를 침공했고 미국 등 다른 제국주의 열강들도 이런 논법을 상습적으로 사용하고 있으니, 방어를 주장하는 자들은 모두 거짓이라고 말하는 것처럼 들린다.[136] 이런 사람들은 논거를 잘못 사용한다고 해서 논거 자체가 박약해지는 것은 아니라는 점을 망각한 것으로 보인다.

더구나 부양능력이란 개념 자체가 단순히 한계를 밝히는 것이 아니라 사회통제를 목적으로 꾸며낸 것이라는 이런 주장은, 부양능력 초과를 얘기할 때 짐짓 자원소비 문제를 무시하거나 덜 강조하는 것 못지않게 권력층을 실질적으로 도와주는 것이다. 이런 주장은 이 문화를 특징짓는 물리적 한계(그리고 착취의 한계)를 인정하지 않으려는 입장에 동조하는 것이기 때문이다. 나는 평화운동가들이 세계의 빈민들도 부유층의 생활수준을 누리게 하는 데 필요한 것이 무엇이겠는가, 하고 묻는 것을 들은 적이 있다. 글쎄. 우선 지구가 30개쯤 더 있으면 될까? 그것은 위험하고 어리석은 질문이다. 이 문화에서는 소비하고 파괴할 수 있는 능력이 부의 척도가 된다. 따라서 빈민을 산업화하려는 시도는 지구에 더 해악을 끼치게 될 것이다. 산업생산은 자원착취를 요구하기 때문에, 한 집단의 부는 항상 다른 집단 토지기반의 불모화에 기초하게 되는데, 이것은 이 유한한 지구에서 어느 개인의 부의 창출은 언제나 다른 많은 사람들을 빈곤케 함으로써 이루어진다는 것을 의미한다. 그 질문이 어리석다는 것은 바로 이 때문이다. 질문이 위험하다는 것은, 이런 질문은 운동가들과 빈민들이 자기에게 도움이 되지도 않고 이길 수도 없는 게임을 그만 두고 체제를 무너뜨리도록 힘쓰지 않고 오히려 그런 게임을 계속하도록 부추기는 프로파간다 역할을 하기 때문이다.[137]

적어도 지난 10년 동안 주로 착취를 은폐할 속셈으로 지속 가능성에 관심을 가졌다고 자처하는 사람들간에, 그리고 지속 가능한 개발이 무엇인지 잘 알 만한 사람들간에도 많은 논의가 있었다. 이들에게 개발은 '천연자원의 개발'이란 용어에서 보는 바와 같이 기본적으로 산업화, 즉 파괴와 동의어이다. 그러므로 '지속 가능한 개발'이란 말은 명백한 모순어법이다. 산업화된 사람들은 비산업화된 사람들에 비해 더 많은 자원을 소비하고 더 많은 피해를 입힌다. 산업화된 나라들의 개발은 지금까지도 그랬지만 앞으로도 계속 지속 불가능할 것이며, 더 한층 '개발'한다는 것은 사태를 악화시킬 뿐이다.

운동가들은—나를 포함해서—종종 미국이 무기에는 돈을 쏟아부으면서도 빈민들에게는 별로 주는 게 없다고 불평한다. 그러나 나는 점차 미국이 할 수 있는 최선의 행동은 빈민들에게 빵부스러기도 주지 말고, 가난한 나라에 댐이나 공장, 도로를 지을 돈을 주지도 (하물며 빌려주지도) 말고 무기도 주지 말며, 그 대신 그들의 자원을 훔치지 않는 것임을 이해하게 되었다. 얼마 전에 나는 푸드 퍼스트(Food First, 반反시장경제를 표방하여 1975년에 설립된 미국의 비영리 민간단체로 일명 '식량농업정책연구소'-옮긴이)의 공동소장을 역임한 바 있는 아누라다 미탈에게, 미국경제가 내일이라도 사라지면 그녀의 모국 인도의 빈민들이 잘살게 될 것으로 생각하느냐고 물은 적이 있다. 그녀가 웃으면서 "그야 물론, 모든 빈민들의 생활이 나아지지요"라고 대답했다. 그녀는 인도에서 전에 곡물상을 하던 사람들이 지금은 유럽에 개사료와 튤립을 수출하고 있다고 알려주었다.

인구문제를 보는 세번째 방법이 있는데, 이 역시 쓸모없고 유해하기는 마찬가지이다. 부양능력이라는 개념을 수용할 뿐 아니라 부양능력 초과 이야기를 부자들의 빈민억압을 유지하는 논리로 이용하려 들지 않는 사람들조차도 종종 인구문제를 수학적 관점에서, 기하급수적 관점에서, 인구의 어떤 '자연증가율'이라는 관점에서 논하는 것을 볼 수 있다. 아주 간단한 일이다. 컴퓨터를 켜고 자기가 만든 주먹구구식 공식에—X는 사람수, Y는 토지의 크기, Z는 자원의 양, W는 여성의 산업화·교육 수준 등—적당한 수치를 끼워넣고 나서 스크린에서 인구를 나타내는 흑색과 갈색의 점들을 지켜보는 것이다. 그러나 이런 식의 공식화에는 수학 자체의 기본 전제를 비롯한 여러 가지 위험한 전제들이 깔려 있다. 즉 연구와 설명의 대상이 되어야 할 사람들이 선택권을 가진 개인이 아니라, 자유의사를 별로 가지지 못한 대상으로 전제되어 있다는 것이다. 여기서는 사람들이 주위상황과 경험 그리고 자기들이 문화변용(變容)된 사회의 가치관에 따라 합리적인 단기·중기 및 장기적 가족계획을 결정하지 못하는 존재로 전제되어 있다. 또 그들은 자신의 결정이 가져올 개인적·사회적 및 환경적 결과도 생각하지 못하는 사람들이다. 더구나 여기서는 사람들—특히 가난하고 교육받지 못한 유색인들—은 아무 생각 없이 아기를 낳는 것으로 전제되어 있다. 이런 방정식에 사고나 선택이 들어갈 곳이 어디 있단 말인가? 이런 공식은 사람들이 토끼처럼 번식한다고 전제한다. 그러나 그건 터무니없는 생각이다. 나는 토끼처럼 번식하는 토끼가 있는지도 잘 모르겠다.

물론 특정한 사회적 및 생태적 조건에서 인구(또는 토끼)의 몇 퍼센트가 번식할 것이라고 확률적으로 예측할 수는 있다. 그러나 사람들이 환경적 제약을 무시할 뿐 아니라 나아가 중단 없는 성장 없이는 보다 큰 사회구조가 붕괴되리라는 것을 정확하게 인식하도록 깨우치는—가르치고 강제하고 보상해 주는—이 문화를 논하지 않은 채 인구의 어떤 '자연적 성장률' 같은 것을 논하는 것은 자연발생적이지 않고 문화적인 것을 자연으로 되돌리는 것이다.

성장이 아닌 동태적 균형에 입각한 비선형적인—순환적인—문화는 안정된 인구를 유지한다. 토지기반이 기꺼이 지원해 주는 한계에 도달하게 되면,

그리고—인생을 끔찍한 경쟁으로 인식하도록 가르친 문화에서 성장한 사람들은 상상할 수도 없는 일이겠지만—전체 인구가 인간공동체뿐 아니라 이웃한 비인간들의 요구에도 가장 적당한 수준에 도달하게 되면, 사람들은 믿거나 말거나 자녀수를 줄이게 될 것이다. 이를 위해 그들은 자녀에게 여러 해 동안 젖을 물리거나, 금욕하거나, 부적을 달거나, 약초를 사용하여 피임하거나, 낙태를 하기도 할 것이다. 미대륙 정복 이전의 인디언여자들은, 예를 들어 200여 종의 약초를 산아제한 수단으로 사용하면서 그 사용 여부를 자체적으로 결정했다고 한다.[138]

이 같은 기법들의 바탕에는 토지기반과의 친밀하고도 상호이익이 되는 관계가 깔려 있다.

○ ○ ○

"참 터무니없는 말이로군!" 내게는 이런 말이 들리는 것 같다. "인간이 주위환경을 착취하다니! 인간의 욕구는 자연계와 대립하는 것이라고. 그렇지 않고서야 왜 정치인들이 경제와 환경의 균형을 맞춰야 한다고 말하겠어? 균형이란 말에는 대립이 함축되어 있다고. 하늘이 내린 권리이건, 진화과정에서 운명적으로 지워진 의무이건 간에 인간은 나무를 베고 다른 모든 생물의 서식지를 뺏도록 되어 있다고. 그게 바로 우리가 하는 일이야." 그러나 이런 말을 믿는다면 문명과 인간의 속성을 혼동하는 것이며, 용서할 수 없는, 그리고 좋게 말해서 중대한 오류를 범하는 것이다.

이 문화가 가진 중심적 신화들 중 하나는 성장욕구에 관한 것으로, 기생 동식물이 커져 그 숙주를 채우고 먹어치운다는 신화이다. 이런 욕구는 성경의 창세기에서 보듯이 처음부터 분명했다. "하나님이 그들을 축복하여 '생육하고 번성하여 땅에 충만하라. 땅을 정복하라. 그리고 바다의 물고기와 공중의 새와 땅에서 움직이는 모든 생물을 지배하라'고 말씀하셨다."[139] 물론 오늘날에도 이와 같은 터무니없는 성장과 착취의 신화를 찾아볼 수 있다. 나는 바로 지난밤에 조지프 칠턴 피어스가 쓴 문장을 읽었다. 우리 문명의 파괴적 행로를 바꿔보려는 노력으로 유명해진 그는 이렇게 썼다. "우리가 갖고 있는 회백질(두뇌-옮긴이)의 양은 바로 지구에 대한 인간의 지배 등, 자연이 의도하는 특정한 목표들을 위해 우리가 필요로 하는 것이다."[140] 문명은 막판게임에 접어들면서부터 끊임없는 자기중심적 지배와 착취 없이는 존속할 수 없게 되어 있다. 그리고 시종일관 이런 속성이 자연스럽게 보이도록 하려고, 그리고 착취는 바로 자연 자체의 탓인 것처럼 보이게 하려고 노력한다 (바지를 주섬주섬 올리며 어두운 골목길을 나서면서도 떳떳하게 "저 여자가 원했거든" 하고 둘러대는 셈이다).

가톨릭교회의 계속적인 산아제한 반대 입장에서도, 또한 그리스와 러시아처럼 산업화된 나라들이 출산율을 떨어뜨리지 못했다고 우려하는 데서도 성장신화의 일단을 볼 수 있다. 그리고 자본주의는 성장을 계속하지 않으면 거의 즉시 붕괴하고 만다는 아주 분명한 사실이 진부한 말로 받아들여지고 있다는 데서도 그런 신화가 나타나고 있다.

이런 신화는 현실, 즉 문화적 현실에 바탕을 두고 있다. 도시국가들 자체가 처음부터 날로 확대되고, 갈수록 착취가 심해지는 농촌지방으로부터 자원을 수입해야만 했다. 성장이 필요했던 것이다.

자, 그런 일이 언젠가는 끝장날 것이다. 아마도 머지않은 장래에 지구상의 인구가 훨씬 줄어들 것이다. 우리가 지구의 부양능력을 초과하기도 전에 야생의 먹을거리가 사라지고(또는 오염되고) 표토가 바람에 날아간 탓으로 먼저 인구가 크게 줄어들 것이다.

내가 이렇게 말하는 것은 인간을 미워해서가 아니다. 절대로 그렇지 않다. 몇 주 전에 나는 이메일을 한 통 받았다. 석기시대가 지속 가능한 유일한 기술수준이라는 내 주장에 대한 응답으로 보내온 것이었다. 그 사람은 이렇게 썼다. "석기시대는 현재의 세계인구를 전혀 부양할 수 없으리라고 봅니다. (물론 나도 이 말에는 동감이다.) 따라서 이 수준으로 돌아가자는 것은 수많은 사람들을 죽이거나, 자식을 많이 낳지 말고 인구가 감소하기를 기다리자는 말입니다. 아니면 전쟁과 같은 재앙이 일어나 그런 일을 맡도록 하자는 겁니까? 당신의 제안은 그런 것입니까?"

나는, 내 제안은 우리가 처한 상황을 정직하게 바라보자는 것이라고 답했다. 그리고 우리의 상황은 부양능력을 이미 초과했다는 것이다. 그렇다면 질문은 "이에 어떻게 대처할 것인가?"라는 것이 된다.

자연계의 요구

산업기술은 본래 이를 유지하는 데 필요한 요소들을 착취하고 파괴하는 것이다.

리처드 T. 라피에르[141]

두어 달 전에 나는 이 책의 일부 내용을 가지고 강연을 했었다. 강연이 끝난 후 누군가가 이렇게 말했다. "선생님의 말씀은 아주 비정하게 느껴지네요. 제약회사가 만든 의약품을 필요로 하는 당뇨병·암·백혈병 환자들에게는 뭐라고 말씀하시겠습니까?"

내가 답했다. "만성위장병인 크론병을 앓고 있는 나 자신에게 하는 말과 똑같은 말을 하겠습니다. '잘 비축해 두라'는 겁니다."

그 사람은 내 대답이 마음에 들지 않는 모양이었다.

그건 나도 마찬가지였다. 내가 말을 이었다. "이 문제에는 우리 스스로를 이 세상 다른 존재들과 구별하고, 우리는 자연에 속하지 않았다고 자처하고, 우리 스스로는 이 세상의 사리에서 면제된다고 생각하려는 노력과 관련하여 깊은 의미가 담겨 있습니다. 우리가 부양능력 초과 같은 것을 전혀 문제시하지 않고, 이런 생태계의 원리들이 어쨌든 우리에게는 적용되지 않는다고 믿고 있다는 걸 생각해 보세요. 또 우리가 죽음을 부정하고 인간을, 특히 문명화된 인간을, 그중에서도 부유하고 문명화된 백인들을 신격화하고 있다는 걸 생각해 보세요. 이런 짓을 모두 그만둬야 해요. 진실은 약을 비축해 두건 말건, 나는 언젠가는 죽는다는 겁니다. 그게 인생입니다. 그리고 내가 죽어 인구가 감소한다면 부양능력 초과를 시정하는 것이 되니, 이 역시 인생입니다. 끝으로, 내 죽음이 보다 큰 공동체에 보탬이 되고, 내가 속한 토지기반을 안정시키고 풍요롭게 하는 데 도움이 된다면 더욱 좋은 일이지요."

청중들 중 어떤 사람이 물었다. "선생님은 무슨 권리로 다른 사람들을 대신해서 그런 결정을 내립니까? 사람은 가능한 수단을 다해 수명을 연장할 권리를 갖는 게 아니겠습니까?"

또 다른 사람이 손을 들고서 원래의 질문에 대해 이렇게 말했다. "지금 언급한 질병은 모두가 문명병입니다. 문명이 이런 질병들의 원인입니다. 질문자는 문명해체를 논하는 것은 어쨌든 병자를 위하는 게 아니라고 말하고 싶은 것 같은데요. 하지만 그들을 병들게 만든 문명을 없애는 것이 문명을 존속시켜 가면서 증세를 완화시키려 노력하는 것보다 훨씬 더 온정적이라고 생각합니다."

그 말을 들으니 과학·환경·보건네트워크(SEHN)의 공동설립자인 내 친구 캐롤라인 라펜버거가 의료산업에 관해 즐겨 던지던 질문이 떠올랐다. "건강관리 산업이 지구상에서 가장 독성이 강한 산업이라는 아이러니를 어쩌지요? 우리는 PVC 의료장치를 생산해서 암치료에 사용한 후 그것을 병원 소각로에 넣고 태워서 다시 다른 사람에게 암을 일으키고 있어요. 또 수은으로 체온계를 만들어 병원에서 사용하고 나서 다시 소각로에서 태우면, 수은이 물고기에 축적되고 결국은 어린이들의 뇌손상을 일으켜요. 이치에 닿는 구석이 하나라도 있어요?"

또 한 사람은 사람들이 현대의학의 기적 운운하지만 생태적으로나 경제적으로 값비싼 이런 치료를 받는 사람은 주로 부유층이라는 점을 기억해야 한다면서 이렇게 말했다. "현대의 산업적 의학은 총체적 환경오염 때문에 병을 얻은 일부 부유층의 암을 치료하고 있는데, 이 과정은 더 많은 오염으로 이어져 더 많은 빈민들—그리고 비인간들—이 죽어가고 있습니다. 현대의학의 진정한 기적은 빈민들이 이 모든 것을 받아들인다는 데 있습니다."

장내가 소란해졌다. 또 다른 사람이 말했다. "밝히지 않은 전제들이 있다고 여러 번 말씀하셨는데, 이게 그 좋은 예라고 생각됩니다. 오늘 이 자리에서 문명을 붕괴시키면 환자들이 피해를 본다는 생각을 뒷받침하는 가장 중요한 전제 두 가지를 아무도 언급하지 않았어요. 그중 첫번째는, 산업화된 서방의학이 실제로 생명을 구하고 있다는 전제입니다. 물론 산업화된 의학이 내 생명을 구한 것은 사실입니다. 하지만 나는 오진과 치료과정의 독성 때문에 여러 차례 죽을 고비를 넘기고서야 살아났습니다. 현대의학은 내 병을 고치지는 못했습니다. 내 병을 고친 것은 약초, 기(氣)요법 그리고 생활의 정서적·인간관계적 환경과 신체적 환경을 바꾸는 등 이른바 대체의학의 치료법이었습니다. 두번째는, 산업화된 의학이 없으면 치료가 불가능하다는 전제입니다. 사람들은 서방의학의 발달로 사망률이 줄었다고 말하는데, 분명히 어떤 차원에서는 맞는 말이지만, 그건 어디까지나 더 정밀해진 치료모델을 그렇지 못한 모델과 비교했을 때의 이야깁니다. 전통적인 수렵·채취인들이 매우 건강하고 수명도 길다는 것을 보여주는 연구결과가 많이 나와 있습니다. 물론 유아사망률이 높은 경우가 많기는 하지만, 그 단계를 지나면 오랫동안 건강하게 살 수 있다는 겁니다. 그들이 단지 환경을 망치지 않았기 때문에 오래 사는 것은 아닙니다. 그들은 자기 고장에서 자라는, 치료에 좋은 식물들을 알고 있습니다. 또 여러 가지 질병의 정신적 요소도 이해하고 있습니다. 비록 그런 지식이 빠른 속도로 사라지고 있고 또 그런 약초들이 멸종되고 있기는 하지만, 그 치료법은 아직 남아 있습니다. 산업문명을 없애면 산업화된 치료법이 없어집니다. 의학 전체와 환자의 치료 가능성을 없앤다는 얘기가 아닙니다."

강연을 가진 지 이틀 후에 어떤 사람이 강연내용 전체를 문제 삼는 이메일을 보내왔다. "그때는 발언할 기회가 없었지만, 다음과 같은 보충질문을 드립니다. '당뇨병이나 심장병 환자가 살아남기 위해 필요로 하는 약품들이 노동자를 착취하고 환경을 오염시키고 토착민들에게 고통을 주는 경제체제의 불가결한 요소라면 어떻게 해야 할까요?' 그래도 환자는 약을 원하리라고 대답한다면, 그건 서방문화를 지배하는 자기중심적 사고—공동체를 희생해서라도 개인을 극단적으로 중시하는 사고—를 드러내는 것이 될 겁니다. 바로 그 같은 사고가 당면한 문제의 근본 원인일 겁니다."[142]

◎ ◎ ◎

애리조나주의 피닉스는 약 150명의 인구를 부양할 수 있다고 한다. 이런 식의 정보를 어떻게 보아야 할까? 지금 도둑질한 자원으로 살아가는 나머지 주민들은 어떻게 하지? 뉴욕시가 들어선 땅은 들소, 연어, 뱀장어 등이 아직 남아 있기만 하다면 아마도 몇천 명쯤 부양할 수 있을 것이다. 나머지 사람들은 어떻게 될까? 나는 이곳 캘리포니아주의 크레슨트 시티에 살고 있으니 조금은 운이 좋은 편이다. 연어와 사슴, 칠성장어 같은 것이 많이 남아 있기만 하다면, 이 고장 인구는 수렵채취 차원에서는 오랫동안 살아남을 수 있을 것이다.

문명의 영향을 되돌리려면 숱한 사람들의 꿈을 깨뜨려야 할 것이다. 그 길밖에는 도리가 없다. 지속 가능성에 관해 이야기는 얼마든지 할 수 있지만, 사람들의 꿈이 본래부터 파괴적인 경제·사회적 체제에 바탕을 두고, 그 체제와 뒤얽혀 있고, 그 체제에 의해 형성되었다는 것은 문제 삼지 않는 것이 현명하다. 꿈은 여전히 꿈으로 남아 있다. 내가—또는 다른 사람이— 무슨 권리로 그 꿈을 깨겠는가?

또 그들은 무슨 권리로 세계를 파괴하겠는가?

◦ ◦ ◦

권리에 대해 좀더 생각해 보던 끝에, 나는 방어권이 언제나 공격권에 우선한다는 결론에 도달했다. 예를 들자면, 자신의 몸을 온전하게 지키려는 여성의 방어권은 성적으로 접근하는 남성의 그 어떤 지각된 권리(perceived right)도 이긴다는 것이다.

나는 평생 동안 두어 차례 정서적으로 난폭하다고 할 만한 정사를 가져본 적이 있다. 그 여자들은 여러 날 동안 내게 욕설을 해대고, 자기들이 싫어하는 이러저러한 내 성격을 두고 잔소리를 퍼부었다. 내가 제발 그러지 말라고 애원해도, 그들은 아랑곳하지 않고 화를 냈다. 내가 이젠 그만하라고 책망하기라도 하면, 그들은 버럭 화를 내며 내겐 자기들을 비난할 권리가 없다고 또박또박 일러주었다. "우리 문화의 담론이 허황되다고 매도하는 당신 같은 작가가 내 말을 막으려 들다니 좀 이상한 거 아니야?"

학대받지 않을 나의 방어권과 나에게 감정 전위된 분노를 퍼부을 남의 지각된 권리 간의 이 같은 충돌은 "노"라고 말할 권리가, 다른 모든 권리를 압도하는 정상적인 인간간계에서는 전혀 문제가 되지 않는다. 그렇다고 "노"라고 말해도 늘 아무 문제가 없는 것은 아니다. 다시 섹스문제에 관한 예로 돌아가서, 한 사람은 섹스를 원하고 다른 사람은 원하지 않는다면 섹스는 이루어지지 않는다. 이 경우는 문제될 것이 없다. 그러나 한 사람이 시종일관 섹스를 거부한다면, 관련된 두 남녀는 자기들의 관계를 재고해야 할지도 모른다. 마찬가지로 나는 누구든 문명이 틀려먹었으니 대책을 세워야 한다고 말하도록 강요할 생각은 없지만, 그래도 시종일관 거부하면 아마도 우리 관계가 제약받게 될 것이다. 나는 6천 년 역사를 상대로 싸울 생각은 없고, 국가나 친구들을 정면으로 상대해 싸울 생각도 없다.

남이 "노"라고 하는 말을 귀담아듣는 것은 그의 독자적인 존재를 받아들이는 것이다. 사람들은 대체로 다른 사람과 진심에서 우러난 친밀한 상호작용을 허용하기가 겁날 때는, 남이 하는 "노"라는 말을 귀담아들으려 하지 않는다. 또 문화변용과 개인적 성장과정의 영향으로 남이 독자적으로는 존재하지도 않는다고 믿을 때도 그러하다.

∘ ∘ ∘

두 주 전에 내가 사는 동네의 바로 남쪽에 있는 클래머스강이 여러 해 만에 처음으로 강을 거슬러 올라가는 대규모의 연어와 옥새송어 떼로 가득 찼었다. 어떤 사람이 내게 "물고기떼 위로 걸어갈 수 있을 정도"라고 알려주었다. 나는 연어를 중시하는 문화를 가진 유록족의 한 인디언과 이야기를 나누었는데, 그는 물고기가 강을 거슬러 올라가는 소하(溯河) 광경을 보노라면 백인들이 오기 전의 '진짜' 소하는 어떤 장관이었을까를 상상해 보게 된다고 말했다. 나는 그 말을 듣고 마음이 들떴다. 그래서 그곳을 찾아가 볼 생각이었다.

그러나 그때 또 다른 전화가 걸려왔다. 물고기들이 죽어 강변에 무더기로 쌓이거나 항문에서 피를 흘리며 물 위에 떠다닌다는 얘기였다. "오지 마세요." 그 사람이 말했다. "이런 광경은 보고 싶지 않을 겁니다."

유록 부족회의의 레쿠아 지역 대표인 월트 라라는 어느 지방신문과의 인터뷰에서 이렇게 말했다. "전체 치누크 연어의 소하가 아마도 85~95% 가량 영향을 받을 겁니다. 지금 이 순간에도 물고기들이 죽어가고 있어요. 원을 그리며 헤엄치고 있어요. 사람이 물에 들어가 서 있으면, 연어들이 다리에

부딪힙니다." 그는 죽은 물고기가 강줄기 1마일당 1천 마리는 될 것이라고 말했다.[143]

지난여름에 미국 연방정부는 연어가 물을 필요로 한다는 증거가 없다면서 오리건주 남부 클래머스 유역의 보조금을 듬뿍 받는 몇몇 농장으로 강줄기를 돌리기로 결정했었다. 그 결과 이곳 클래머스강은 수온이 너무 높아져 연어가 살 수 없게 된 것이다.

이것이 바로 문명 이야기다. 이 문화는 지구를 죽이고 있다.

◎ ◎ ◎

연어공동체의 살기 위한 방어권과 강물이 독자적으로 존재하기 위한 방어권은 어떤 윤리기준에서 보거나 물을 얻으려는 농민들의 지각된 권리(perceived right)나 농민들에게 물을 공급하려는 정부의 지각된 권리에 우선한다.

그러나 이런 질문을 해볼 수 있다. 전통적 생활방식을 계속하려는 농민들(이 경우 세금을 내고 환경보조금을 받는 농민들)의 권리는 어떻게 보아야 할까?

여기서 이 책의 여덟번째 전제에 도달하게 된다. 〔전제 8〕은 **자연계의 필요가 경제체제의 필요보다 중요하다**는 것이다. 이 전제는 너무도 자명하여 구태여 옹호하기조차 쑥스러울 것 같지만, 사실은 이런 생각은 공적·사적인 그 어떤 담론에서도 전혀 다루어지지 않고 있다. 바로 어제 나는 『샌프란시스코 크로니클』지 7면에 실린 조그만 기사를 보았다. 미국의 모든 하천이 유독성 화학물질에 오염되어 있으며, 모든 동물의 1/5과 모든 식물의 1/6이 향후 30년 내에 멸종될 위기에 처해 있다는 기사였다. 신문 1면에는 엘비스 프레슬리를 회고하는 커다란 기사와 함께 "의회가 2006년까지 모든 TV세트에 해적판 디지털영화와 TV쇼를 미연에 방지하는 기술을 장착하도록 의무화하기 위한 첫번째 잠정조치를 취했다"는 내용의 기사가 실려 있었다.[144] 그리고 새삼스러운 얘기지만, 신문 전체가 온통 스포츠·비즈니스 기사와 만화·가십으로 채워져 있었다.

여기서 잠시 생각해 보자. 우리 삶의 진정한 원천은 무엇인가? 우리가 먹는 음식, 숨 쉬는 공기, 마시는 물의 원천은? 그것은 경제체제인가? 물론 아니다. 진정한 원천은 우리의 토지기반(landbase)이다.

바로 지난주에 나는 로스앤젤레스의 대기가 너무 오염되어 있기 때문에 이곳에서 출생한 어린이는 생후 첫 2주 동안에 미국환경청(EPA)이 평생 동안의 허용량으로 정한 것보다 많은 양의 발암성 물질을 흡입하고 있다는 사실을 알게 되었다. 샌프란시스코에서는 약 3주가 걸린다고 한다.[145] 우리는 우리 스스로를 독살하고 있다. 더 정확히 말하자면, 우리는 지금 독살당하고 있는 것이다. 〔전제 8〕은 이렇게 기술할 수도 있다. 자신의 기반이 되는 자연 공동체(natural communities)에 이익을 주지 못하는 모든 경제 또는 사회 체제는 지속 불가능하고 비윤리적이며 아둔한 체제이다. 지속 가능성, 윤리성 및 지성(그리고 정의)은 그 같은 경제 또는 사회 체제를 해체시키거나, 아니면 최소한 그 체제가 우리의 토지기반을 손상시키지 못하게 할 것을 요구한다.

◦ ◦ ◦

만일 어떤 사람이 당신 또는 당신이 사랑하는 사람의 머리에 비닐봉지를 씌우고 비닐봉지를 그대로 놔두면 돈을 주겠다고 말한다면, 당신은 그 돈을 받겠는가?

그리고 당신이 싫다고 했는데도 그 사람이 총부리를 들이대면서까지 계속 고집을 피운다면?

당신은 돈을 받겠는가?

아니면 싸워서 물리치겠는가?

◦ ◦ ◦

반(反)환경론자들은 더 할 일이 마땅치 않으면 즐겨 환경운동가들의 위선을 지적하곤 한다. 당신은 집에서 살지? 당신도 일을 보고 나면 화장지로 닦을 거야. 당신이 읽는 책도 종이로 만들었지. 이런 것들도 모두 환경을 파괴하는 거야. 당신은 순수하지가 않아. 그러니까 당신이 하는 말은 무의미한 거야.

몇 가지 점에서 흥미로운 지적이다. 첫째, 자기들의 취약한 입장을 드러낸다는 점이다. 우리 메시지의 실질 내용을 반박할 수 없으니까 메시지를 전하는 사람을 공격하는 것이다. 더 흥미로운 것은 그들의 주장이다. 사실 그들의 주장은 맞는 말이며, 또 맞는 말이기 때문에 내 주장을 나보다도 효과적으로 강조하고 있다. 화장지 생산은 환경 파괴적이다. 책 인쇄도 환경 파괴적이다. 그러나 이야기를 여기서 그칠 이유가 없다. 산업경제 자체가 원래 파괴적이며, 산업경제에 기여하는 행동 하나하나가 본래 파괴적이다. 물론 여기에는 내 책을 구입하는 행동도 포함된다. '글로벌 익스체인지'에서 물건을 사는 행동도 포함된다. 우리가 지구를 위한다면, 두어 가지 할 일이 있다. 첫째는—반환경론자들도 종종 우리에게 제안하는 바이지만—우리 스스로가 죽어버리는 것이다. 나는 두번째 방안을 선호하는데, 그것은 우리가 산업경제의 해체에 나서는 것이다.

◦ ◦ ◦

분명히 해둘 것이 있다. 인구문제야말로 우리가 직면한 가장 중요한 환경문제라고 주장하는 사람들에 대해, 나는 인구문제는 결코 가장 중요한 문제가 아니라고 응수한다. 인구는 심지어 두번째, 세번째로 중요한 문제도 아니다. 첫째, 앞에서 지적한 자원소비 문제가 있다. 둘째, 그런 주장은 과잉인구와 과잉소비가 두 가지 연관된 증상에 불과하다는 한계를 받아들이지 않는다는 점이다. 그 저변에는 인간은 동물이 아니라는 생각, 인간은 세계의 나머지 존재들과 구별된다는 생각, 인간은 인간의 행동에 따르는 부정적 결과로부터 면책된다는 생각이 깔려 있다. 이 같은 생각의 저변에는 신체에 대한, 존재 자체의 난폭하고도 통제 불가능한 성격에 대한, 그리고 궁극적인 죽음에 대한 두려움과 혐오감이 깔려 있다. 이런 두려움 때문에 우리는 인간이 동물로 되지 않는 것, 그리고 우리 자신을 세계로부터 분리해 내는 것이

가능할 뿐 아니라, 바람직하다고 확신하게 된다. 이 같은 두려움이 우리를 미치게 만들고 어리석고 파괴적인 경제 및 사회 체제를 만들어 실행하도록 유인하고 있다.

◦ ◦ ◦

이 모든 것들은 이 책의 아홉번째 전제로 귀착된다. 〔전제 9〕는 다음과 같다. 분명히 언젠가는 지금보다 인구가 훨씬 적어질 날이 있겠지만, 인구감소가 발생하는 (또는 실현되는) 방법은 (우리가 이 변형과정을 능동적으로 택하느냐 수동적으로 택하느냐에 따라) 여러 가지가 있다. 핵전쟁처럼 극단적인 폭력과 고난을 수반하는 방법도 있을 것이고, 좀 덜 폭력적인 방법도 있을 것이다. 그러나 이 문명이 인간과 자연계에 가하는 현재의 폭력수준을 감안할 때, 폭력과 고난을 수반하지 않는 인구 및 소비의 감소가 이루어질 가능성은 없다. 감소 자체가 필연적으로 폭력을 수반하기 때문이 아니라, 폭력과 고난이 우리 문명의 기정값(default)으로 되어 있기 때문이다. 그러나 비록 폭력적이기는 하지만, 그래도 현 폭력수준을 감축시키면서 인구와 소비를 줄이는 방법도 있을 것이다. 우리는 개인적으로나 집단적으로 현재의 변화과정중에 일어나는 폭력의 양을 줄이고 폭력의 성격도 부드럽게 만들 가능성이 있을지도 모른다. 어쩌면 불가능할지도 모른다. 그러나 한 가지는 분명하다. 이 문제에 적극적으로 대처하지 않으면, 폭력이 훨씬 더 심각해지고 고난이 더욱 극단화하리라는 것은 거의 확실하다는 점이다.

약탈자와 먹잇감

들소를 될수록 모두 죽여라. 들소 한 마리가 죽을 때마다 인디언 한 명이 죽는다.

R. I. 닷지 대령, 포트 맥퍼슨, 1867년[146]

나는 오래 전부터 문명은 필요하다면 강제로 그리고 가능하다면 전통에 따라, 토지소유를 통치자들의 수중에 집중할 것을 요구한다고 생각해 왔다. 보다 기본적으로, 문명은 사람들이 토지를 사고팔 수 있다고 믿도록 가르칠 것을 요구한다. 그리고 물론 사람들이 무엇이든지 사고팔 수 있다고 믿도록 가르칠 것을, 그리고 모든 소유권을 최대한 완전하게 통치자들의 수중에 집중할 것을 요구한다.

지배층은 언제나 사람들이 토지이용권을 가지면 통제하기 힘들다는 것을 인식하고 또 종종 이를 공언해 왔다. 토지이용권을 빼앗으면 그들을 좌지우지할 수 있다. 토지이용권을 빼앗긴 사람들은 의·식·주를 자급할 수 없고 머무를 곳도 없다. 사람들이 지구상에서 사는 값으로 돈을 내도록 강제할 수 있다면—요즈음은 보통 임차료 또는 주택융자금 상환이라고 부른다—그들을 임금경제에 강제로 편입할 수 있다. 토착민들뿐 아니라 우리 모두의 삶, 문화와 공동체에 중요한 연어, 들소, 월귤, 버드나무 등 지구가 공짜로 주는 재료에 값을 치르도록 강요하는 경우도 마찬가지다. 사람들의 생존에 필요한 물건에 대가를 지불하라고 강요하는 것은 몹쓸 짓, 공동체와 자연을 파괴하는 몹쓸 짓이다. 자발적으로 돈을 내도록 하는 것을 협잡이라고 한다. 이런 짓은—주위에서 흔히 보듯이—공동체의 가능성조차도 망각하게 만든다.

집권층은 자기들의 의도를 숨기는 법이 거의 없다. 내가 다른 곳에서도 지적했듯이, 대다수 주민을 식량공급원으로부터—따라서 자유로부터—격리시키는 것이 초기 도시국가 문명의 핵심적 구상이었다.[147] 나는 또 노예소유자들은 동산(動産)노예제(chattel slavery)를 최적의 노동력 통제수단으로 삼는 토지소유제를 어떻게 설명할 것인가, 그리고 동산노예제 아닌 임금노예제를 소유주/자본가들을 위한 최선의 선택으로 삼는 토지소유제를 어떻게 설명할 것인가도 살펴보았다. 땅은 많고 사람은 많지 않을 때, 자유민을 노동자로 만들기 위해서는 폭력을 사용해야 한다. 반면에 사람은 많고 땅이 적을 때 권력층이 토지를 장악하고 있다면, 땅을 갖지 못한 사람들은 권력층을 위해 일하는 수밖에 없다. 이런 상황에서 소유주들은 구태여 돈을 들여 사람을 사거나 노예로 만들어 그들에게 의·식·주의 비용까지 지불할 이유가 없다. 그저 고용하는 것이 훨씬 싸게 먹힌다.[148] 노예제를 지지하는 어느 철학자(하버드대학 총장 D. G. 파우스트-옮긴이)는 이렇게 썼다. "인구밀도가 높아… 원하기만 하면 언제든지 겨우 연명할 만한 최소한의 수당만 주고… 노동자를 강제로 고용할 수 있게 된 모든 나라들에서는 노예종족을 어렸을 때부터 입혀주고 먹여주고 간호하고 부양하고 또 나이 들면 연금을 주기보다는 이처럼 푼돈을 주고 고용하는 것이 싸게 먹힌다."[149]

물론 오늘날 우리는 문명의 중앙집중적 통제라는 이데올로기를 철저하게 주입받았기 때문에 사람들이 단순히 지구상에서 생존하기 위해 대가를 지불해야 한다는 것을 부조리하다고 생각하지 않고, 단지 집세와 대출상환금만 내지 않으면 힘든 일을 그처럼 열심히 하지 않아도 되고 가족들과 좀더 시간을 보낼 수 있을 텐데, 하고 투덜대는 게 고작이다.

나는 오래 전부터 이런 것을 모두 알고 있었지만, 지난주에야 비로소 권력층이 토지이용권을 통제해야 하는 것과 마찬가지 논리에서 야생하는 모든 먹을거리를 파괴해야 한다는 것을 깨달았다. 예를 들어 야생연어가 살아남도록 허용하면 안 된다. 바로 문밖에서 은연어를 잡을 수 있다면 뭐 하러 세이프 웨이(미국의 슈퍼마켓 체인-옮긴이)까지 찾아가겠는가? 그러면 권력층들은 무슨 방법으로 사람들이 식량을 자급하지 못하도록 만드는가? 간단하다. 공짜로 얻을 수 있는 먹을거리를 모두 없애는 것이다. 권력층에게 대가를 지불하지 않고도 우리 욕구를 채울 수 있는 모든 것을 없애는 것이다. 세계 수자원의 사유화를 밀어붙이는 것을 보면, 당국이 공짜로 얻을 수 있는 수자원의 오염에 왜 그처럼 무관심한지 이해할 수 있을 것이다. 두고 보라. 공기도 곧 사유화될 것이다. 어떤 방법으로 사유화할지 아직은 잘 모르겠으나 그들은 틀림없이 방법을 찾아낼 것이다.

야생 먹을거리의 이 같은 파괴는, 지난날 대평원지대의 라코타족 등 인디언들을 항복시키기 위해 대규모 들소떼를 살육한 데서 보듯이 때로는 노골적으로 사람들을 노예화하기 위해 이루어졌다. 야생 먹을거리를 뿌리 뽑은 것은 인디언들의 문화적 등줄기를 꺾어버리려는 것이었다. 그것은 권력층이 지배력을 강화하는 여러 수단 중 하나에 불과하다. 그리고 나머지 일반사람들이 삶보다 권력집중을 중시하고 생산을 중시하고 도시와 도시적인 것을 중시하고 문명을 중시하는 이 체제를 계속 받아들이는 한, 우리의 실질적이고 유일한 서식지인 이 세계는 파괴될 것이고, 문명이라는 올가미는 계속 우리의 목을 죄어들 것이다.

◦ ◦ ◦

나는 철학자와 데이트하던 그 여자친구와 또 한번 저녁을 함께 들었다. 자리에 앉자 그녀가 다짜고짜로 말문을 열었다. "깨끗한 물이 많으면 좋다는 것과 강간은 나쁘다는 것은 어떤 관계가 있을까요?" 지난번 만찬대화 이후로 그녀의 열의는 내 주장의 명백한 논리비약과 마찰을 빚고 있었다.

"우리가 동물이라는 것." 내가 말했다.

"그건 알아요. 그래서?"

"그래서 우리는 욕구를 갖는 거지."

"그게 강간의 한 가지 이유라고 말하는 사람들도—주로 남자지만—있더군요."

"아니, 그게 아니라 생존하려는 욕구, 인간의 본질을 드러내고자 하는 욕구."

"인간의 본질이 뭔데?"

"그게 질문이오?"

"과학적 분석을 읽어보니 강간은 힘을 과시하는 거라고 하고—"

"그 문제에는 내가 할말이 없어요."

"—또 여자를 힘센 남자와 엮어주는 진화론적 목적에 이바지한다고 썼어요." 그 여자가 말했다.

"따져봅시다." 내가 대답했다. "그 과학자들, 남자 맞지요?"

"그 과학자들은 또 강간은 보다 공격적인 남자의 유전자를 전하는 데 도움이 된다고도 하고—."

"삶의 바탕이 협력이 아니라 경쟁이라고 본다면 얼핏 그럴듯한 말이네요."

"그래요. 그리고 인간관계가 존재하지 않는다고 가정한다면, 또 사랑이나 기쁨, 평화보다도 남자의 정자가 훨씬 더 중요하다고 가정한다면 말이지요."

"거 참, 묘한 가정 아니오? 그런 가정을 하는 사람은 정신상태가—그리고 사회적 생활도—좀 이상하겠네." 내가 말했다. "과학자와 경제학자들은 사랑, 기쁨, 평화 같은 것을 계량화하거나 통제할 수 없어요."

"그렇다면 사랑, 기쁨, 평화는 존재하지 않는 게 틀림없겠다." 그녀가 말했다. "모두 다 끝장난 거네."

"그건 또 산업적 생산에 전제된 가정들을 여자에게, 그리고 좀 덜하지만 남자에게도, 투사(投射)하는 것이기도 하고."

"여자는 아기를 낳기 위해 존재한다는⋯."

"말하자면, 아기를 생산하는 거지."

"조립라인에서 자동차를 뽑아내듯이."

"아니면 빵공장 오븐의 롤빵처럼."

"그게 우리의 존재이유예요?" 그녀가 물었다.

"섹스에 대해서도 가정은 동일해요. 섹스의 목적은 재생산이라는 것."

"그래요?"

"어쩌면 섹스와 삶 두 가지 모두의 목적은 재미를 즐기고, 주위사람들과 관계를 맺고, 그래서 인간의 본질을 찾는 것일지도 모르겠지."

"그래서 인간의 본질은 뭐냐구요?" 그녀가 다그쳐 물었다.

"인간들은 바위나 나무나 별이나 물고기들처럼 고유한 성장양식을 갖고 있어요. 그리고 모든 포유동물, 모든 동물, 모든 바위 등이 각기 공통성을 지니고 있듯이, 모든 인간에게도 공통성이 있어요. 인간은 처음에는 신체가 작다가 성장하고, 성장을 멈추고, 결국은 몸이 쇠약해져 죽게 되지요. 또 인간에게는 특정한 정서적 패턴이 있는데, 예를 들어 인간은 자기를 양육한 사람과 오랫동안 살면서 인간이란 무엇인가, 우리 공동체 내에서 인간이 된다는 것은 무엇을 의미하는가를 (문명인의 경우에는 비인간이 되어 도시에서 사는 법을) 배우게 되지요…."

"그게 강간과 무슨 상관이 있다는 거예요?"

"우리는, 아니 조금이라도 분별력을 지닌 사람이라면, 이렇게 말할 수 있을 거요." 내가 말했다. 그녀는 자기 애인이었던 그 철학자를 빗대어 비판하는 말임을 눈치 채고 있었다. "우리는 육체적 욕구만이 아니라 정신적 욕구도 갖고 있다는 거예요. 이런 욕구를 충족시키지 못하면, 우리는 정서적 발육이 저지되고 정서적으로 미숙해져 인간의 희로애락을 완전히 경험하고 표현할 수 없게 되지요…."

"그럼 강간은?"

"여자를 주접 들게 만들지요. 정서적 발육을 저해하는 거지. 스스로 선택해서 금욕한다는 것은 별개 문제예요. 그건 좋은 선택이지요. 그렇지만 강간을 당해 성적 쾌락을 즐길 능력을 빼앗긴 사람은, 주로 여자겠지만, 어떻게 될까? 그런 사람은 스스로 성행위에 참여할 선택권을 빼앗긴 거지요. 섹스와 관련된 희로애락을 완전히 표현하고 경험할 능력이 저지당하는 겁니다."

그 여자가 잠시 생각하고 나서 말했다. "그뿐 아니라, 그런 사람들은 이 세상에서 두려움 없이 존재할 능력도 빼앗기는 거예요. 이 세상 어느 여자건 캄캄한 길거리에서 뒤따라오는 발걸음소리를 들으면 겁에 질리는 게 당연하지요. 로빈 모건은 그것을 가부장제하에서의 공포의 민주주의라고 불렀지만."

내가 대답했다. "누가 누구에게 무슨 말을 했건, 그게 중요한 게 아니에요. 물론 나는 지금 비단 강간이나 섹스에 관해서만 얘기하는 게 아니에요. 우리가 깨끗한 물은 좋다고 말할 수 있는 것과 마찬가지로, 우리는 인간의 완전한 정서적 발육을 저해하는 행동은 나쁘다고 말할 수 있다는 거예요. 분명히 사람을 평생 동안 두려움 속에서 살도록 만드는 행동은 아주 나쁜 겁니다."

"하지만 정신적 충격이 사람을 성장시키는 계기가 될 수는 없을까? 아버지가 학대하지 않았더라면 오늘의 선생님이 존재하지 않았을 테지요."

"사람들이 그런 말을 합디다. 심지어 아버지를 내 저서 『말보다 오래된 언어』의 '감사의 말'에 포함시키라고 하는 사람들도 있어요." 그 책에서 나는 아버지가 나를 어떻게 학대했고 내가 어떻게 대응했는지를 설명하고 있다. "하지만 내가 뭣 때문에 아버지에게 감사해야 하지? 불면증? 내가 30대 후반에 그 책을 쓰면서 쫓아낼 때까지 나를 괴롭혀온 악몽과 공포심에 대해 감사하라고? 내 형제자매들과의 관계에 금이 가서? 다른 사람들과의 인간관계가 망가져서 감사하라구?"

"하지만, 덕분에 지혜와 통찰력을 얻지 않았어요?"

"그래요. 그건 내가 얻었지요. 이건 학대를 이겨낸 모든 사람에게 해당되는 말이에요. 피해자가 공포심을 공동체를 위한 재능으로 변화시킬 수 있는 경우에는 가해자에게 책임이 없겠지요. 그건 피해자의 책임이지. 강간당했기 때문에 아무것도 이루지 못한 사람도 있고, 강간당했지만 이를 이기고 성공한 사람도 있고, 강간은 내가 성장하는 데 도움이 되지 않았다는 사람도 있고요. 강간은 좋은 것이 아니고 결코 좋은 것이 될 수도 없어요. 내 대답은 지금까지는 좋았는데, 하지만 강간은? '노'예요."

◎ ◎ ◎

"이 말은 약탈(predation)은 나쁘다는 의미인가요?"

"어째서요?"

"왜가리가 올챙이를 잡아먹으면, 우린 올챙이가 정서적으로 건강한 개구리로 성장하지 못할 거라고 확실하게 말할 수 있어요. 아예 올챙이는 절대로 개구리가 못 될 테니까."

"난 우리가 인간보다 큰 공동체에 참여하는 게 무슨 의미인지에 관해 아무런 개념도 갖고 있지 못하다고 생각해요. 얼마 전 스포캔에서 라디오 인터뷰를 가진 적이 있어요. 그때 인터뷰 진행자가 정복 이전의 인디언들도 문명인들 못지않게 연어를 착취했다고 말하더군. 나는 두 가지를 대답했어요. 첫째, 그렇다면 전에는 연어가 왜 그처럼 많았고 지금은 왜 이렇게 줄었는가? 뭔가 분명히 달라진 게 있다. 둘째, 인디언들은 연어를 먹었지 착취한 게 아니다. 그 사람이 그게 뭐가 다르냐고 묻더군. 나는 인디언들은 연어와 유대를 맺고, 고기를 먹는 대신 연어를 존중했다고 대답했어요."

"나도 그 얘기를 읽었어요."

"난 그 대답을 하고 나서 찜찜했어요. 말 자체는 옳더라도 사실상 거짓일 여지가 많거든.[150] 약탈자와 먹잇감 사이에는 또 다른 필요조건도 있겠지만, 난 모르겠고. 그런데 내가 그날 저녁에 코요테나무로 산책하러 갔어요."

코요테나무란 내가 스포캔에 살 때 코요테들에게 먹이를 주던 장소에 서 있던 소나무이다. 나는 그 나무를 좋아했고, 스포캔에서 이사하게 된 한 가지 이유도 그 나무가 있던 숲의 일부가 토지구획 정리로 파괴되고 있었기 때문이었다. 나는 매일 육중한 중장비의 철거덕거리는 소음을 들으면서도 파괴를 멈추게 할 아무런 방안도 떠오르지 않았다. 그래서, 자랑할 얘기는 못 되지만, 나는 사랑하는 장소의 파괴를 차마 지켜보지 못하고 멀리 도망쳐 이사 갔었다. 그리고 그날 저녁에 그곳을 찾아가 나무 옆에 앉아 있었던 것이다.

"나는 계속 이런 질문들을 떠올렸어요. 약탈자와 먹잇감 간에는 어떤 유대가 있는가? 그들이 관계를 맺는 조건은 무엇인가? 먹는 자가 어떻게 먹힌 자의 영령에게 존경을 나타낸다는 것일까?"

"그래서요?"

"그 코요테나무가 내게 답을 알려줬어요." 그녀는 내가 비유적으로 말하는 게 아니라는 것을 알면서도 놀라지 않을 만큼 나를 잘 알고 있었다. "사람이 누군가를 잡아먹으면, 먹힌 자의 공동체의 생존—그리고 존엄성—에 책임을 지게 된다는 거예요. 나는 연어를 먹을 때 연어의 소하가 계속되도록 해야겠다고, 연어가 사는 강을 잘 유지해야겠다고 다짐해요. 나무를 벨 때도 내가 속한 보다 큰 공동체에 똑같은 다짐을 합니다. 쇠고기를 먹을 때는 공장형 축사를 없애야겠다고 다짐하고."

"인디언들도 그랬다는 거예요?"

"어떻게 보면 잘 모르겠어요. 내가 그들을 대변할 수는 없으니까.[151] 하지만 달리 생각해 보면, 누구나 다 그렇게 한다는 게 분명해요. 그게 우리가 생존할 수 있는 유일한 길이니까."

"비인간들의 경우에도 그런 주고받기가 의식적일까?"

"그것도 잘 모르겠어요. 하지만 그렇지 않을 이유가 없지." 내가 잠시 뜸을 들였다가 말했다. "한 가지, 그런 것들이 모두 신비롭다거나 특별히 대단한 건 아니라고 말해야겠네요. 아주 실제적인 것이니까."

"어째서요?"

"윤리적·관계적인 차원에서만 중요한 것이 아니라, 내가 연어를 먹으면서도 연어의 계속적 생존을 위해 노력하지 않는다면 얼마 후에는 내가 굶주릴 테니까. 연어를 먹고사는 곰이나 다른 동물들의 경우도 마찬가지고, 또 아까 예로 든 올챙이를 잡아먹는 왜가리의 경우도 마찬가지일 거요."

우리는 오랫동안 말없이 앉아 있었다. 결국 내가 입을 열었다. "그 코요테 나무가 한 말이, 딱히 내가 숲에서 많은 것을 얻었는데도 숲을 중장비에게 넘겨줬다고 꾸짖는 말이었다는 생각은 안 들어요. 그래도 나는 책임을 저버렸다는 것을 뼈저리게 느끼게 되었지요. 내가 사랑하던 장소를 버리고 떠났거든요. 그건 기분 좋은 일도 아니고, 옳다는 느낌도 안 들더군."

더 오랜 침묵이 흘렀다. 마침내 그 여자가 고개를 끄덕이며 말했다. "우리가 전에 얘기했던 물컵에 독을 타는 것 같은 기분이겠네요. 아니면 독을 타도록 방치하는 기분이거나."

"맞아요." 내가 말했다. "그건 비윤리적인 행동이었어요."

선택범위

뮌헨에서 함부르크까지 가는 데 14시간 걸리느냐 4주 걸리느냐는 내 행복과 내 인간 됨에 별로 중요하지 않다. 보다 중요한 것은 나처럼 햇빛을 그리워하는 사람들이 얼마나 많이 공장이라는 감옥에 갇혀 기관차를 만들기 위해 건강한 팔다리와 폐를 망쳐야 하느냐, 하는 것이다. 내게는 오직 이것만이 중요하다. 즉 번영하는 우리 경제를 신속하게 완전히 멸망시킬수록, 공업의 마지막 잔재를 무자비하게 쓸어낼수록, 사람들이 먹을 것이 충분하고 만민의 권리인 조그마한 행복을 누릴 때가 빨리 다가오리라는 것이다.

*B. 트라벤[152]

---

* B. Traven: 1890~1969, 독일 소설가

지금 이 순간에도 캘리포니아만에서는 부리고래들이 과학자들에 의해 죽어가고 있다. 국립과학기금(NSF)과 컬럼비아대학의 과학자들이 최대 260데시벨(db)의 음파를 발사할 수 있는 각종 에어건을 탑재한 모리스 에윙 호(the Maurice Ewing)에 승선해 있다. 과학자들은 표면상으로는 해상지도를 작성하기 위해 이 에어건들을 사용하고 있다. 과학자들은 해저단층이 어떻게 이루어졌는지를 조사한다고 하지만, 솔직히 말하자면 이렇게 해서 얻은 데이터는 해저 석유탐사에 매우 중요하다.

260db의 음파는 매우 강력한 것이다. 인간의 청각은 85db부터 망가지기 시작하며 30미터 밖의 경찰차 사이렌소리가 100db 가량 된다. 게다가 데시벨은 대수적이어서 10db이 증가할 때마다 소리의 강도는 10배, 소리의 크기는 2배 증가한다. 다시 말해 이 조사선이 내보내는 음파의 강도는 30미터 떨어진 사이렌소리보다 약 1만조 배나 강하고, 인간의 귀에는 1만 6384배 더 시끄럽게 돌릴 것이다(이 경우 사람은 죽는다). 600미터 거리에서 이륙하는 제트기의 소리가 약 110db이다. 에윙호가 내보내는 음파의 강도는 이보다 1천조 배 강하고, 소리는 8192배 시끄럽다. 시끄러운 실내 로크 콘서트는 인간이 고통을 느끼기 시작하는 120db 가량 되는데, 지금 캘리포니아만의 고래와 그 밖의 동물들은 강도가 이보다 100조 배나 높은 소음에 노출되어 있는 것이다. 인간이 소리만 듣고도 죽게 되는 한계음역은 160db이다. 이 음역에서는 내출혈이 일어나 죽게 된다. 260db의 소리는 500미터 거리의 핵폭발음보다 1만 배 강한 소리이다.

캘리포니아만의 고래와 그 밖의 동물들은 지금 이런 방법으로 공격받고 있는 것이다.

고래는 청각에 의존하여 살아간다. 고래는 인간은 알아들을 수 없는 복잡한 노래를 불러 의사소통을 한다. 새끼고래는 소리를 듣고 어미를 찾는다. 성년이 된 고래들은 소리를 들으며 항해한다. 고래는 소리를 듣고 먹이를 찾는다. 고래는 소음에 노출되면 며칠 동안이고 노래를 멈추는데, 그동안에는 먹지도 구애하지도 않고, 아마도 잠도 자지 않는 것으로 보인다. 고래는 너무 심한 소음에 노출되면 청각을 상실한다. 귀청이 터지고, 뇌출혈이 일어나 죽고 만다.

그 조사가 시작된 후로 캘리포니아만에서는 해변에 널린 부리고래 시체들이 발견되고 있다. 고래들을 걱정하는 해양생물학자 등 여러 과학자들이 이 조사사업의 후원기관들에 편지를 보냈다. 컬럼비아대학은 이렇다 할 응답이 없었다. NSF는 회신에서 이렇게 적었다. "에윙호의 작업과 보도된 부리고래들 간에 어떤 연관성이 있다는 아무런 증거가 없습니다."[153]

사람은 상대방이 불쾌하게 생각할 위험을 무릅쓰고라도 정직해야 한다. 이 사건에 접한 후 내가 느낀 첫번째 충동은, 누군가가 그 과학자들의 머리에 총을 대고 방아쇠를 당겨주었으면 하는 것이었다. 만일 (불행하게도) 경찰에 체포되면, 그 사람은 이렇게 말할 수 있을 것이다. "이 총의 작동과 보도된 이 사람들의 머리에 난 구멍들 간에 어떤 연관성이 있다는 아무런 증거가 없다."

내가 이런 공상을 했었다고 실토하기는 했지만, 다음 단락에서는 이를 부인하고 그건 생각할 수도 없는 부도덕하고 치욕스러운 짓이라고 써야 예법에 맞을 것이다. 그러나 나는 그럴 생각이 없다. 그렇게 쓸 수 없다. 이 문화에서는, 적어도 권력집중을 위해 일하는 자들에게는 책임감이 없다. 그리고 이 같은 책임성 결여는 지속될 수 없다. 지구를 죽이고 있기 때문이다. 내가 사랑하는 것들을 죽이고 있기 때문이다. 책임성 결여 자체가 추잡하고 부도덕한 짓이다.

교도소에 있는 내 제자 한 사람은 17세 때 사람을 죽였다. 그는 마약으로 인한 정신이상 상태에서 그런 짓을 했다고 말한다. 그는 지금 남은 생애를 교도소에서 보내고 있다. 그는 두 번 다시 냇물에 발을 담그지 못할 것이다. 냇물을 보지도 못할 것이다. 그는 두 번 다시 나무에서 사과를 따지 못할 것이고, 여자와 진한 키스를 해보지도 성관계를 가져보지도 못할 것이다. 문명이 붕괴되지 않는 한, 두 번 다시 마음대로 걸어보지도 못할 것이다. 그는 일평생 매 순간순간마다 자기 결정, 자기 행동에 대한 대가를 치르고 있다.

그런데도 과학자들은 물고기에게는 물이 필요 없다고 판정하고, 판사는 그들에게 동조하고 있다. 나를 포함한 운동가들은 비통하여 양손을 틀어쥐고 울고 있다. 연어가 죽는다. 죽음으로 대가를 치르는 연어들말고는 아무도 책임지는 사람이 없다. 기술자들은 정유시설을 설계하고, 경영자와 주주들은 이윤을 취하고, 정치가들은 모든 환경적·인적 비용으로부터 기업을 보호하기 위해 법을 만들고, 경찰은 모든 침입자들로부터 재산을 보호해 주고, 이렇게 해서 부도덕이 판치는 이 혼란 속에서 암덩어리가 자라고 있다. 대가를 치르는 사람은 천식이나 백혈병 같은 질병을 선물로 받은 어린이들뿐이다. 땅은 늘 대가를 치르고 있다. 그러다가 정유시설이 이윤을 내지 못하게 되면? 책임자들은 다른 곳으로 옮겨가서 계속 파괴하면 그만이다. 그러나 무덤에 가 있거나 아직은 가지 않은 어린이들은 그대로 남는다. 땅도 그 자리에 남아 있다. 어디에도 책임지는 사람은 없다. 나는 공상을 그만두지 않을 작정이다. 책임성을 조속히 도입할 필요가 있다.

나는 고래들도 내 말에 동의하리라고 의심치 않는다.

고래와 돌고래 등의 귀를 먹게 하고, 이들을 고문하고 죽이는 것은 비단 NSF나 컬럼비아대학의 과학자들만이 아니다. 미국해군은 전세계 해양의 80%를 적어도 200db의 음파로 뒤덮게 될 시스템을 배치하기 시작했다. 석유회사들은 일상적으로 200db의 음파를 발사하여 해양석유를 탐사하고 있다. 이런 일이 바로 지금 일어나고 있다. 이를 멈춰야 한다.

우리가 이를 멈추게 해야 한다.

○ ○ ○

캘리포니아만에서 고래들이 죽어가는 이 사건의 경우에, '책임성 모델'은 어쩌면 최선의 선택이 아닐지도 모른다. '생물다양성법률기금'(BLF)에 있는 훌륭한 분들은 관계기관들을 상대로 잠정 금지명령을 받아내 그 실험을 중지시킬 수 있었다.

또 이 사건의 담당판사는, 아마도 우연이겠지만 내 공상과 유사한 효과를 가져올 아이디어를 생각해 냈다. 당초 그는 아마도 쟁점을 확실히 밝히기 위해, NSF 변호인들에게 음향 발생장치를 법정에 들여다 놓고 그 선박의 에어건과 맞먹는 음량을 내보라고 요구할 생각이었다. 그 판사의 사건검토를 도와주었던 어떤 사람이 내게 이런 말을 했다. "그 요구가 이루어졌을 때, 어떤 일이 벌어졌을지는 상상에 맡길 수밖에 없군요. 판사가 NSF측 변호인들에게 법정에서 에어건을 실험해 보라고 요구한다고 상상해 봐요. NSF측 변호인들은 어쩔 수 없이 그렇게 하면 법정 안에 있는 사람들이 어떻게 되는지는 말할 필요도 없고(NSF 과학자들이 그 자리에 있었더라면 더 좋았겠지만) 연방빌딩의 유리창이 모두 박살난다고 설명할 겁니다. 책임성이 무엇인가를 보여주는 아주 훌륭한 본보기가 되었을 거예요."

◦ ◦ ◦

물론 권력집중을 위해 일하는 사람들에게는 책임감이 없다. 폭력은 사실은 폭력이 아니고(〔전제 4〕참조), 적어도 그렇게 생각하면 안 된다. 따라서 고래 죽이기는 사실 폭력이 아니고, 바다 전체를 죽이는 것도 폭력이 아니라는 것이다. 나무들, 숲, 산맥, 전체 대륙의 경우도 마찬가지다. 이런 폭력은 폭력으로 보면 안 된다는 것이다. 이렇게 되면 모든 책임논의는 무의미해지고 만다. 책임져야 할 일은 아무것도 없다.

◦ ◦ ◦

나는 오늘 차를 몰고 캘리포니아 북부지방을 지나고 있었다. 해안지대에서 출발하여 드문드문 키 큰 삼나무들 사이에 유령처럼 드리운 오후의 안개를 지나가고 있었다. 차량통행이 원활해서 이 2차선도로에서는 속도가 느린 차들은 불가피하게 (그리고 무책임하게) 대피차선을 이용하고 있었다. 가끔 하얗고 검은 점처럼 보이는 곤충들이 미처 피할 사이도 없이 차창 유리에 달려들어 노랗고 하얀 자국을 남겼다. 나는 어쩌다가 미처 볼 틈도 없이 죽이고 만 그 곤충들을 생각해 볼 때가 많다. 자동차도로는 어떤 생물이라도 진입하면 죽여도 되는 자유살상 지대이다.

나는 클래머스강을 건넜는데, 지금은 수량이 훨씬 많아져 있었다. 연어들을 다 죽이고 난 후, 연방정부가 막았던 물을 풀어 유입시킨 것이다. 연방정부측 생물학자들(이들을 정치꾼 과학자라고 부르고 싶은 사람도 있겠지만, 생물매춘부 biostitute라는 용어를 선호하는 사람도 있다)은—놀랄 일도 아니지만—지금도 여전히 물 부족과 물고기 죽음 간에는 아무런 인과관계가 없다고 주장하고, 나는 나대로 여전히 책임성을 두고 공상을 하고 있다.

도로가 해변을 벗어나면서부터 날씨가 더워졌다. 차량통행은 여전히 원활했다. 나는 일(Eel)강과 러시안(Russian)강을 건넜는데, 두 강 모두 더운 물에 발을 담그거나 애들이 물장난이나 치기에 알맞은 샛강이었다. 일강은 한때 칠성장어와 연어 떼가 강을 거슬러 올라갔지만, 지금은 그렇지 않았다. 전에 러시안강에 러시아사람들이 살았는지는 잘 모르겠다.

그러다가 나는 포도주의 고장인 멘도시노와 소노마 카운티에 접어들면서 강물이 죽어가는 이유를 목격할 수 있었다. 지평선에 이르기까지 바다 같은 포도밭이 펼쳐져 있었다. 관개하지 않고 재배한 포도에서 좋은 포도주가 나온다는 것은 누구나—나처럼 한 방울도 안 마시는 사람조차도—잘 아는 사실인데도, 포도나무를 잘 자라게 하기 위해 그리고 포도밭을 소유한 부자들의 은행계좌를 살찌우기 위해 강물을 끌어들였던 것이다. 소수의 거대기업들이 포도생산을 장악하고 있어, 이들이 정치를 좌우하고, 따라서 토지정책도 좌우하고 있다.[154]

작년에 '투명날개 명사수'라 불리는 곤충이 이 지역에서 뉴스거리가 되었는데, 포도밭을 망치는 피어스병을 전파한다는 이유 때문이었다. 연방정부와 주정부, 지방자치단체 들이 모두 나서 이 곤충의 위협으로부터 이들 민간기업들을 보호하기 위해 엄청난 규모의 공적 자금을 퍼주었다.

여기서 좀 엉뚱한 고백을 해야겠다. 나는 이처럼 물이 마른 강을 볼 때마다, 그리고 끝없이 펼쳐진 포도밭을 볼 때마다 내가 길을 잘못 들어섰구나, 하는 생각을 하곤 한다. 나는 글 쓰는 일도 집어치우고 '투명날개 명사수'들

  을 길러 포도밭에 퍼뜨려야겠다는 생각을 하고 있다.

◎ ◎ ◎

몇 년 전에 나는 토착민 두 명과 함께 TV를 보고 있었다. 한 사람은 뉴질랜드의 마오리족 여인이고, 또 한 사람은 인디언이었다. 뉴스진행자가 이야기를 하고 있었다—말하자면 거짓말을 엮어대고 있었다. 그가 엮어대는 거짓말은 환경과 토착민의 권리에 관한 것이었다. 그는 남벌과 종의 멸종 간에는 아무런 인과관계가 없다고 말했다. 뉴스진행자는, 나아가 목재회사들이 들어가서 숲을 청소하지 못하도록 막는 과격 환경론자들과 백인들을 배제하고 자기들만 수렵활동을 하도록 허용한 낡아빠진 '조약상 권리'만을 고집하는 토착민들이야말로 이 동식물들의 진정한 적이라고 말했다. 그는 품위 있는 사람이라면 환경운동가들의 뻔뻔한 방해활동과 토착민들의 인종주의에 찬동하면 안 된다는 점을 분명히 밝혔다.

내 친구 두 명이 동시에 불쑥 입을 열었다. 마오리족 여인은 "저 사람 머리를 '타이아하'(마오리족의 몽둥이 무기—옮긴이)로 치고 싶다"고 했고, 인디언남자는 "화살을 쏴서 목을 꿰고 싶다"고 했다.

내가 큰소리로 웃자, 두 사람이 나를 쳐다보았다. 내가 웃어서 기분이 상한 모양이었다. 내가 말했다. "아니, 그런 게 아니에요. 진화과정이 다른 두 문화의 각기 다른 무기가 동일한 주요 과제를 수행할 수 있다는 훌륭한 본보기 같아서 웃었어요."

그들도 따라 웃었다.

◎ ◎ ◎

우리 모두는 선택을 해야 한다. 우리는 만년설과 북극곰을 택할 수도 있고, 자동차를 택할 수도 있다. 포도밭에 물을 댄 멘도시노 카운티와 소노마 카운티의 포도주를 택하거나 러시안강이나 일강을 택할 수도 있다. 해저석유를 택하거나 고래를 택할 수도 있다. 컴퓨터나 암을 택할 수도 있고, 그런 것을 택하지 않을 수도 있다. 전기를 택하고 광산채굴로 망가진 지구를 택할 수도 있고, 택하지 않을 수도 있다(태양 전기에너지 운운하며 허튼수작을 부리지 말기 바란다. 무릇 모든 전기와 그 관련장비는 공업기반을 필요로 하기 때문에 지속이 불가능하다). 우리는 과일·채소·커피를 라틴아메리카에서 들여올 수도 있고, 그 지역의 인간 및 비인간 공동체를 손대지 않고 놔둘 수도 있다. (구태여 지엽적인 예를 한 가지 들자면, 미국은 유나이티드 프루츠 회사(지금은 Chiquita)를 지원하기 위해 민주적으로 선출된 과테말라의 아르벤스 정부를 전복했으며, 그 결과 30년간 미국이 지원하는 독재와 암살대가 판을 쳤다. 또 몇 년 전에 나는 페루의 투팍아마루 혁명운동 요원을 만나서 페루인민을 위해 원하는 것이 뭐냐고 물었더니 그는 이렇게 대답했다. "우리는 식량을 스스로 생산·분배해야 합니다. 방법은 다 알고 있어요. 우리가 그렇게 하도록 내버려두기만 하면 됩니다.") 우리는 국제무역을 할 수도 있고, 자원수입을 필요로 하지 않는 지역경제의 지역정부를 택할 수도 있다. 세계 방방곡곡으로 퍼져가는 (또는 전이되는) 문명을 택할 수도 있고, 각기 토지에 적응하는 가지각색의 자치적 문화들을 택할 수도 있다. 도시와 도시 생활을 택할 수도 있고, 살기 좋은 지구를 택할 수도 있다. '진보'와 역사를 택할 수도 있고, 지속 가능성을 택할 수도 있다. 문명을 택하거나, 아니면 자원강탈에 기초하지 않은 생활방식의 가능성을 택할 수도 있다.

그것은 추상적인 선택이 아니다. 실제적인 선택문제이다. 이 유한한 세계에서 일상적으로 강요되는 자원수입은 지속될 수 없다.

자동차문화가 어떻게 야생자연과 공존할 수 있는지, 보다 구체적으로는 인위개변(人爲改變)적인 지구 온난화가 어떻게 만년설이나 북극곰과 공존할 수 있는지 설명해 보라. 그리고 태양전기 자동차 같은 장치는 적어도 똑같이 심각한 문제를 제기할 뿐이다. 예를 들어 발전시설은 여전히 필요할 테고, 배터리는 유난히 독성이 강하다. 또 자동차 운행은 오염의 주범이 아니며, 배기가스보다는 자동차 생산과정에서 배출되는 오염물질이 더 심각하다.

모두 다 선택할 수는 없다. "우리는 할 수 있다"는 신념은 우리를 이 지경으로 만들어놓은 주범 중 하나이다. 정신병을 물리적 현실과의 기능적 관계를 상실하는 것이라고 정의한다면, 우리가 무엇이든지 해낼 수 있다고 생각하는 것이야말로 정신 나간 짓이다. 지구를 해체하면서도 계속 살아갈 수 있다고 믿는 것, 태양열 없이도 에너지를 영구히 사용할 수 있다고 생각하는 것, 유한한 세계가 무한한 성장을 뒷받침할 수 있다고 믿는 것도 마찬가지로 정신 나간 짓이다. 이 같은 정신병은 부분적으로는 한계와 정의를 무시하는 데서 비롯되는 것이다. 문명이 그 토지기반을 파괴하지 않고서도 존속할 수 있다고, 그리고 다른 문명들은 역사나 생물학, 열역학, 도덕성, 자기보존 등에 관해 전혀 무지하다고 생각하는 것도 미친 짓이다. 그리고 그것은 지나간 6천 년에 대해 전연 주의를 기울이지 않는 것이다.

◦ ◦ ◦

이런 것들을 이해하지 못하는 한 가지 이유는 우리 문명인들이 소속(belonging)보다는 재산(belongings)이 더 중요하며, 인간관계는 지배관계—폭력과 착취—에 기초하고 있다고 믿도록 세뇌받고 있다는 데 있다. 일단 그렇게 믿고 나면, 그래서 물질적 소유를 (추상적으로 표현하면 부의 축적을) 늘리는 것이 선이고 인생의 으뜸가는 목표라고 생각하게 되면, 우리는 스스로를 이 모든 광기와 불의의 가장 중요한 수혜자로 인식하게 된다.

지금 나는 실내난방기 앞에 앉아 있는데, 다른 조건들이 모두 동일하다면 다른 부위보다 발가락들을 따뜻하게 하고 싶다. 그러나 다른 조건들은 동일하지 않아서, 수력발전을 위해 댐을 만들어 연어를 죽이는 것은 발가락을 따뜻하게 하는 아주 어리석은 (그리고 부도덕한) 방법이다. 안락하고 우아한 생활이 아무리 중요하더라도 지구를 죽일 만큼 가치 있는 것은 아니다. 더구나 우리는 설사 사람을 노예로 삼고 감옥에 보내고 죽여서라도 안락하고 우아한 생활을 하는 것이 최선이라고 생각은 할지라도, 실제로 그렇게 할 권리는 없다. 그리고 그 어떤 합리화나 압도적인 힘도—심지어 '전면적 지배'조차도—우리에게 그런 권리를 주지 못한다.

그런데도 우리는 이 같은 주고받기(trade-off)들을 무시하고, 짐짓 그런 것들이 보이지도 않는 척하도록(바로 코앞에 있는데도), 아예 존재하지도 않는 것처럼 생각하도록 체계적으로 교육받고 있다.

어제 나는 이런 이메일을 받았다.

우리는 우리 손자들이 나무가 무엇인지 알기나 할지, 연어를 먹어보기나 할지, 깨끗한 물이 어떤 맛인지 알기나 할지가 모두 불확실한 그런 미래를 앞두고 있습니다. 이것은 세계를 생명체로 보는 우리 같은 사람들에게는 매우 중요한 문제입니다. 나는 운동권과 몇몇 토착민들말고는 대다수 사람들이 철비둘기라든가 연어에 관한 문제를 완전히 망각하고 있음을 알게 되었습니다. 내가 만난 많은 사람들은 우리가 지금 당장 지구의 파괴를 멈출 수만 있다면 아름다운 세계를 누릴 수 있다고 생각하고 있었습니다. 나는 그런 말을 들으며 과연 이런 부류의 사람들이 미래에 외출할 때 보호복을 입어야 하고 자기 마을에 한 그루밖에 남지 않은 나무를 보면서도 그런 말을 할 수 있을까, 생각해 보았습니다. 그 사람들은 그때 가서도 문제를 망각할까? 그때 가서도 한때 생명이 넘치는 숲이 있었다는 것이 주류의식으로 남아 있을까? 이 문화가 자신이 선호하는 인식방법을 고수하는 한, 대다수 사람들은 이런 문제를 별로 이해하지 못하리라는 데 선생님도 동의하시리라 믿습니다. 나는 전에는 일단 문명이 〔지구를〕 황무지로 만들어놓고 나면, 그때 가서 환경운동가들이 다른 사람들에게 적어도 "애당초 내가 뭐라 하더냐"라고는 말할 수 있으리라 생각했었지만, 지금은 어느 누가 과연 〔지난날을〕 기억하기나 할지 자신이 없습니다. 지금 창밖에서 벌어지고 있는 상황이 2, 3백 년 전에 운동가들이 내다본 최악의 악몽과 완전히 일치하는 데도 "애당초 내가 뭐라 하더냐"라고 말하는 사람은 아무도 없습니다.[155]

나는 그의 말이 옳다고 생각한다. 나는 오래 전부터 한 가지 악몽 같은 공상을 떠올려보곤 했다. 최고경영자나 정치인이나 자본주의 언론인과 함께 황량한 평원에 서서 그의 어깨를 붙잡고 흔들며 "이게 안 보여? 모두 황무지로 변한 게 안 보이냐구?" 하고 소리치는 공상이다. 하지만 그 사람의 이메일을 읽고 나서 이 악몽은 더 심해졌다. 이제 나는 공상할 때 큰 잘못을 저질렀다고 인정하는 상대방의 얼굴을 바라보는 공허한 만족감 같은 것은 떠올리지도 않는다. 이제는 상대방이 나를 향해 오만과 증오 그리고 무지가 담긴 눈을 깜박거리며 "무슨 말인지 못 알아듣겠군" 하고 말한다.

그리고 그의 말이 새빨간 거짓말인 것만도 아니다.

○ ○ ○

나는 가끔 밤에 뜬눈으로 드러누워 공상을 하곤 한다. 우리가 제정신이기만 하다면, 문제가 정말로 기술적일 뿐이라면, 격렬한 충돌이 아닌 연착륙이 가능하리라는 실낱같은 희망에라도 매달릴 수 있다면, 우리 문화가 지구상의 모든 생물을 파멸시키지는 않을 가능성이 있다면, 그리고 우리 문화가 스스로 건전하고 지속 가능한 생활방식으로 전환해 가리라는 실낱같은 가능성이라도 있는 것이라면, 당면한 문제들과 씨름해 보는 것도 재미있겠다고 공상해 보는 것이다.

지금은 대규모의 (총이윤보다 훨씬 큰) 정부지원이 없으면 기업경제 전체가 하루아침에 붕괴하리라는 것을 모르는 사람이 거의 없다. 사람들은 지금 지구를 남벌하고 산들을 동강내고 바다를 죽인 대가를 치르고 있다.

우리가 이 미친 상황에서 문득 제정신만 찾는다면, 쉽사리 당장 보조금을 없앨 수 있을 것이다. 우리가 정의나 책임성에는 관심이 없고 오직 피해를 멈추기만 원한다면, 피해를 입힌 기업들에게 보조금을 주어 그들이 스스로 원상복구하도록 할 수도 있을 것이다. 예컨대 지금처럼 와이어하우저의 벌목사업을 공적 자금으로 지원하는 대신 재조림사업을 지원하는 것이다. 이는 유전적으로 동일한 전나무들을 심어 사업적 임지를 조성하기 위해서가 아니라, 우리와 서식지를 공유하는 수림의 삶을 개선하기 위한 것이다.

물론 이것은 무기를 가지고 생활용품을 만든다는 풀러(Steve Fuller)의 **167**
생각만큼이나 터무니없는 몽상에 불과하다. 실제로 이 두 가지 공상은 기본
적으로 동일하다. 그리고 그것은 앞에서 설명한 이유 때문에 불가능한 공상
일 뿐 아니라―① 무기는 (그리고 대규모의 공적 보조금도) 제국의 중심부
로 향하는 자원흐름을 유지하기 위해 절대적으로 필요한 것이고, 또한 ② 풀
러의 생각은 자연계에 대한 폭력은 무시하고 있다―우리가 건전하게, 평화
적으로 그리고 지속적인 방법으로 살아갈 가능성이 지금 더욱 커다란 도전
에 직면해 있다는 점을 지적할 필요가 있다. 이 같은 장애에 직면하여 이 책
의 열번째 전제가 제시된다. 이에 대해서는 나중에 좀더 설명하고자 한다.
[전제 10]은 다음과 같다. 문화는 전체적으로 그리고 그 구성원은 거의 전부가
미쳤다. 문화는 죽음의 충동, 즉 생명을 파괴하고자 하는 충동에 의해 추진된다.

○ ○ ○

이 문화에서 세계 각국 정부와 국민들은 이런 식으로 돈을 지출하고 있
다. 1998년에 전세계의 정부와 국민들은 기초교육비로 60억 달러를 지출했
고, 미국은 화장품 비용으로 80억 달러를 지출했다. 전세계는 식수 및 위생
에 90억 달러를, 그리고 유럽은 아이스크림 비용으로 110억 달러를 지출했
다. 세계 모든 여성의 출산비용은 120억 달러였고, 유럽과 미국은 향수에
120억 달러를 지출했다. 세계 전체의 기초보건 및 영양비 지출은 130억 달
러, 유럽과 미국의 애완용 동물 사료비는 170억 달러였다. 일본의 기업접대
비는 350억 달러, 유럽의 담배 구입비는 500억 달러, 유럽의 알코올음료 구
입비는 1050억 달러, 전세계의 마약 지출은 4천억 달러에 이르렀다. 그리고
전세계의 군사비 지출은 7800억 달러였다. 이 목록의 작성자는 이렇게 주석
을 달았다. "세계가 어느 항목보다도 서로 파괴하는 비용(군사비)과 스스로
를 파괴하는 비용(마약, 알코올, 담배)을 더 많이 지출한다는 것은 아이러니
다."[156]

○ ○ ○

감옥의 내 제자들은 대부분 직·간접적으로 마약 때문에 복역중인 사람들이다. 이 감옥은 '슈퍼맥스' 감옥(supermax, super-maximum security prison의 약어. 1980년대부터 시작된 미국의 초(超) 엄중감시 감옥—옮긴이)이어서 단순범죄로 들어온 사람은 거의 없고 마약과 관련된 무장강도나 살인죄로 들어온 사람들이 많다.

앞에서도 언급했듯이, 이들 중 거의 모두가 비할 데 없이 분개하며 교도소를 증오하고 있다. 증오의 한 가지 이유는 문명의 진정한 전형이라 할 수 있는 감옥의 성격, 일상적인 인간성 박탈, 공동체 파괴, 고립생활에 있다. 내 제자들은 가족을 빼앗겨, 자기 자식들을 가끔씩 보내오는 편지나 사진을 통해서만 아는 사람이 많다. 갓난아기 때 이후로 안아보지 못했고, 여섯 살 이후로 한번도 보지 못한 자식의 고등학교 졸업사진을 내게 보여준 사람도 있다. 두 번 다시 보지 못할 아내와 부모의 사진을 보여준 사람도 있다. 감옥은 또한 문명을 특징짓는 관료적 권력구조와 엄격한 규칙을 반영하고 또 확대하는 곳이다. 언제 무엇을 먹느냐, 책을 몇 권이나 갖고 있을 수 있느냐, 어떤 필기도구를 가질 수 있느냐도 모두 정해져 있다.

감옥을 증오하지 않는 수감자들은 대체로 두어 가지 부류로 나눌 수 있다. 무기수와 이미 수십 년을 복역한 몇몇 사람들처럼, 마음의 평정을 얻어 어쩔 수 없는 것은 받아들이도록 교화된 사람들이 있다. 혹독한 어린 시절을 겪어 감옥생활을 식은 죽 먹기로 여기는 사람들도 있다. 또 'J-cats'라 불리는 정신이상자들도 있다(J는 수형자 분류상 정신이상자를 뜻한다).

그런데도 앞서도 소개했듯이, 출옥 후에 마약을 복용하겠느냐고 물으면 대부분의 제자들은 다시 감옥에 들어올 위험을 무릅쓰고라도 복용하겠다고 대답한다.

"참 힘들지요." 어느 수감자가 말했다. "첫번째 문제는 신체적 중독이에요. 이거 이겨내기 힘듭니다. 설사 이겨내더라도 마약이 주는 쾌감이 기억으로 남아 있어요. 지금은 수감생활을 하면서 여러 해째 끊고 있지만, 지금 당장이라도 내 앞에 마약을 내놓으면 난 참지 못할 겁니다. 하지만 이런 문제도 정서적 중독에 비하면 아무것도 아니에요. 내 정체성은 그만큼 마약에 빠져 있었던 거지요. 마약이 내 본질이 된 겁니다. 마약 없이는 난 아무것도 아닌 거지요. 그러나 정서적 중독조차도 가장 힘든 문제는 아니에요. 마약은 내 인간관계의 전부예요. 나는 아내와―연애중에도, 섹스중에도, 일상생활 중에도―줄곧 마약을 함께 피웠어요. 아내는 지금도 마약을 합니다. 내가 나가더라도 어떻게 벗어나겠어요? 나는 단지 마약의 쾌감을 포기하는 데 그치지 않고, 나아가 모든 친구들을 바꾸고 어쩌면 가족까지도 바꿔야 할 거예요. 난 다시 붙잡혀 전과3범이 되면 무기징역을 살아야 합니다. 하지만 그래도 마약을 포기할 수 있을지 자신이 없어요."

◦ ◦ ◦

사람은 마약, 술, 담배말고도 여러 가지에 중독될 수 있다. TV나 설탕에 중독될 수도 있고 커피, 섹스, 권위, 자기비하, 쇼핑, 특이한 인간관계에 중독될 수도 있다. 생활양식에 중독되는 수도 있다. 후술하는 바와 같이, 전체 문화는 문명에 중독될 수 있다.

내가 갖고 있는 소형 『옥스퍼드 영어사전』은 동사 addict(중독되다)를 "꼼짝 못하게 묶다, 탐닉하게 하다, 스스로를 하인·제자 또는 신봉자로 소속시키다"라고 정의하고 있다. 로마법에서는 addiction은 "법정선고에 의한 정식 양도 또는 인도"를 뜻한다. 결국 이 말은 어떤 사람의 주인에 대한 굴복 또는 헌신을 뜻한다.[157] 즉 중독된다는 것은 노예가 된다는 뜻이다. 노예가 된다는 것은 중독된다는 뜻이다. 마약이 중독자를 섬기기를 그치고, 중독자가 마약을 섬기기 시작하는 것이다. 문명에 대해서도 같은 말을 할 수 있다. 문명이 우리를 섬기는 것이 아니라, 우리가 문명을 섬기고 있는 것이다. 그건 크게 잘못된 일이다.

◦ ◦ ◦

　여기서 독자들에게 문명과 노예제도의 관계를 상기시키고자 한다. 즉 문명은 노예제도에서 비롯되었고, 노예제도에 기반을 두고 있고, 노예제도를 필요로 하며, 노예제도가 없어지면 붕괴하리라는 것이다. 내 말을 그대로 믿을 필요는 없다. 무정부주의자들이나 기계화 반대론자(Luddite)들이나 토착민들의 말도 믿을 필요 없다. 노예제도에 찬성하는 철학가들이나 기술옹호론자인 최고경영자들의 말을 옮길 필요도 없다. 노예제도를 지지한 아리스토텔레스 등 철학자나 최고경영자 그리고 주류 역사학자 들의 말을 받아들일 필요도 없다. 엥겔스(공인된 비주류이지만)는 "노예제도 없이는 그리스 도시국가도, 그리스의 예술이나 과학도 없고, 노예제도 없이는 로마제국도 없다. 헬레니즘과 로마제국이라는 기반이 없으면 현대유럽도 없다. 우리는 전체적인 경제·정치 및 지적인 발전은, 보편적으로 인정되듯이 노예제도를 필요로 했던 상황을 전제로 삼는다는 것을 잊어서는 안 된다"고 썼다.[158] 심지어 우리는 오늘날 세계에는 과거 '중앙항로'(아프리카 노예무역에 이용되던 대서양의 중앙항로-옮긴이)를 거쳐간 노예보다도 더 많은 노예가 있다고 지적하는 현대의 노예제도 반대 운동가들의 말도 그대로 받아들이지 않아도 된다. 그저 주위를 둘러보기만 하면 된다. 주위의 물건들에 담겨 있는 비참한 내력을 생각해 보라. 그 제조과정에 들어간 인간·비인간들의 노예노동을 살펴보라. 지금 노예의 사슬이 보이지 않는다고 해서 우리가 그들의 노예노동에서, 그들의 죽음에서 혜택을 보고 있지 않다고 말할 수 있겠는가? 우리에게 전기를 공급하기 위해 얼마나 많은 연어들이 죽었을까? 이 알루미늄캔을 만들기 위해 얼마나 많은 강과 산들이 노예 노릇을 했을까? 이 책을 만들기 위해 얼마나 많은 나무들을 죽였을까? 나아가 자기 직종을 증오하는 사람들이 얼마나 많은지 아는가? 반면에 자신의 토지기반인 보다 큰 공동체에 조금이나마 통합되어 살면서 삶을 즐기는 사람들은 과연 얼마나 되겠는가?

학대

우리는 이 나라에 법과 질서를 부여할 때까지 그들과 싸우고 그들에게 우리의 의지를 강제하고 그들을 체포하거나… 살상하게 될 것이다. 우리는 현장을 지배하고 있으며 이 나라에 우리 의지를 계속 강제해 나갈 것이다.

폴 브레머, 이라크 점령군 행정관[159]

이라크에서는 별로 유쾌하지 않은 일들이 거리낌없이 벌어지고 있다. 바로 이번 주에 이 나라 북부지역에 있는 미국 제1보병사단의 어느 중대장은 미국군대를 죽이는 게릴라들에 관한 정보를 유도해 내기 위해 현지 부락민들에게 '공포심을 심어줄' 필요가 있다고 실토했다. 미군의 이라크인 통역이 방금 한 할머니를 집에서 끌고 왔는데, 할머니의 딸과 손녀들이 할머니가 체포되었다고 믿게 하기 위해서였다.

같은 지역의 어느 대대장은 한층 더 노골적으로 이렇게 말했다. "공포심과 폭력을 한껏 활용하고 각종 프로젝트에 듬뿍 돈을 들였으니 우리가 도우려고 왔다고 주민들을 납득시킬 수 있을 겁니다." 그는 철조망을 둘러쳐 놓은 마을에서 이 말을 하고 있었는데, 철조망에는 이런 표지판이 붙어 있었다. "이 울타리는 주민들을 보호하기 위한 것임. 접근하거나 넘으려고 시도하는 자는 총살할 것임."

로버트 피스크[160]

며칠 전 "디어 애비"(Dear Abby, Abigail van Buren이 본명인 Abby가 독자의 질문에 답하는 신문 및 온라인상의 인생상담 칼럼-옮긴이)에는 학대자(abuser)가 될 사람을 경고하는 위험신호 목록이 올랐다. "파트너가 이런 조짐을 보이면 도망가라"고 대문자로 적혀 있었다. 나는 애비가 밝힌 목록의 출처인 '가정폭력 피해자 프로젝트'를 찾아가서 재미있는 것을 발견했다. 특히 재미있는 것은 이 프로젝트를 소개하는 글의 마지막 문장이었다. "구타자는 처음에는 자기 행동이 사랑과 관심의 표현이라고 해명하려고 들 것이고, 그러면 여자는 우쭐한 기분이 된다. 시간이 갈수록 폭력이 심해져서 여자를 지배하는 수단이 된다."[161] 이 구절을 보면서 나는 리프턴(Robert Jay Lifton)이 그의 명저『나치의사들』(*The Nazi Doctors*)에서 쓴 글이 떠올랐다. 요지는 대량학살을 저지르려면, 먼저 자기가 하는 일이 사실은 해롭지 않고 이로운 것이라고 스스로 확신을 가져야 한다는 것이다. 따라서 예를 들어 나치도 대학살이나 대량살육을 벌일 생각은 없었고 '아리안족'의 순화를 의도했을 뿐이라는 것이다.

물론 우리도 일상적으로 이런 일을 하고 있다. 문명인인 우리는 빈민이나 토착민을 노예화하는 것이 아니라 교화시키고 있을 뿐이며, 우리는 자연계를 파괴하는 것이 아니라 자연자원을 개발하고 있을 뿐이라는 등이 그것이다. 나는 또 이 문제를 개인적 차원에서도 생각해 보았다. 사람이 원래부터 멍청해서 일을 저지르는 경우는 아주 드물다. 나도 남을 함부로 대할 때는 거의 언제나 사전에 내 행동의 명분을 완전히 세워놓은 다음에 그 명분을 믿는 것이 보통이다. 그것이 부인(denial)이 갖는 좋은 점의 하나이다. 원래 자기가 그런 짓을 하는지 몰랐다는 것이다.

그러나 나는 어렸을 때부터 이런 의문을 품어왔다. 내 아버지는 과연 우리에게 폭력을 가할 때 한 거짓말을 믿었을까? 아버지는 내 형을 때린 이유가 정말로 주차문제 때문이었다고 생각했을까? 아버지는 하루가 지나 폭력 사실을 전면 부인할 때 스스로도 그 말을 정말로 믿었을까? 마찬가지로, 권력층은 자기 자신의 거짓말을 믿고 있을까? 국립과학기금(NSF) 과학자들은 과연 충심으로(충심을 아직 지니고 있기라도 하다면) 핵폭발음보다도 강력한 음파가 고래의 죽음과 아무런 연관성이 없다고 믿고 있는 것일까? NSF의 '생물매춘부'들은 정말로 클래머스강의 물 부족과 죽은 연어 간에 아무런 연관성이 없다고 믿는 것일까? 사람들은 정말로 산업문명이 지구를 죽이고 있지 않다고 믿고 있을까?

자, 위험신호 목록으로 돌아가 보자. 여기에 소개하는 내용은 프로젝트측의 설명내용을 대폭 압축(때로는 수정)한 것임을 밝혀둔다. 그리고 모두가 미쳐 돌아가는 이 문화에서는 가끔 여자가 남자를 구타하기도 하지만, 신체적 폭력은 여전히 남성이 여성에게 가하는 경우가 압도적으로 많기 때문에, 여기서는 구타자를 남성으로 상정, 남성 대명사를 사용했다.

목록은 질투로부터 시작한다. 학대자는 질투가 사랑의 표현이라고 말하지만, 질투는 불안감과 소유욕의 표현일 뿐이다. 그는 당신에게 누구와 얘기를 나누었느냐를 따져 묻고, 헤프게 꼬리를 친다고 비난하고, 가족이나 친구·애인 들과 함께 시간을 보낸다고 질투할 것이다. 그는 끊임없이 전화를 걸거나 불시에 찾아와서 "누구를 만나러 가느냐?"며 출근을 방해하고, 자동차의 주행거리계를 점검할 것이다.

그러다가 두번째 신호로 넘어가면 행동을 통제하게 된다. 우선 구타자는 당신의 안전이 걱정된다느니, 시간을 잘 활용해야 한다느니, 잘 판단해서 결정해야 한다느니, 하는 말을 할 것이다. 외출했다가 '늦게' 돌아오면 화를 낼 것이고 어디 갔었느냐, 누구를 만났느냐며 꼬치꼬치 캐물을 것이다. 그러다가 나중에는 집이나 옷 등 개인적인 문제도 당신 스스로 결정하지 못하게 할 수도 있고, 당신의 돈도 자기가 보관하고 심지어 외출할 때도 자기 허락을 받도록 할지도 모른다.

세번째 신호의 특징은 성급한 열중이다. 그는 강렬하게 접근해 오며—"이처럼 강렬하게 사랑받는 느낌은 난생 처음이야."—자기에게만 애정을 쏟으라고 압박한다.

이처럼 압력을 가하는 것은 네번째 신호인 의존성 때문이다. 그가 누군가를 절실히 필요로 하는 것은 그 자신이 매우 의존적이기 때문이다. 그는 얼마 후에는 자신의 모든 욕구를 당신에게 의존하고, 당신이 완벽한 아내·어머니·친구가 되어주기를 기대한다. 그러다가 자신의 통제력을 강화하기 위해 자신의 의존성을 당신에게 그대로 투사(投射)하여 "당신이 날 사랑한다면, 당신에겐 나뿐이고, 나에겐 당신뿐"이라는 식으로 말하게 된다. 그는 당신이 정서적으로 그의 모든 것을 챙겨주기를 바란다.

다섯번째 신호로, 그는 자신의 의존심리 때문에 당신을 모든 가능성으로부터 고립시키려고 시도한다. 남자친구를 사귀면 당신은 '창녀'가 된다. 여자친구를 사귀면 당신은 '레즈비언'이 된다. 가족들과 너무 친하게 지내면 당신은 '앞치마 끈에 매인 여자'가 된다. 그는 당신의 후원자를 '말썽꾼'이라고 비난할 것이다. 그는 전화 없는 시골에 가서 살자거나 당신은 차를 운전하면 안 된다고 할지도 모르며, 또 당신을 직장이나 학교에 다니지 못하게 할지도 모른다.

여섯번째 특징은 자기 문제를 남의 탓으로 돌리는 것이다. 그가 인생에 실패했다면, 누군가 자기를 못살게 구는 사람이 있게 마련이다. 그가 실수를 저질렀다면, 당신이 화를 돋우어 집중하지 못하게 만들었기 때문이다. 그의 삶이 잘못된 것은 모두 당신 탓이다. 또 그가 행복하지 못한 것도 당신 탓이고, 그가 화난 것도 당신 탓이다. 그가 당신을 해치는 것도 당신 탓이다. 당신이 그를 미치게 만들었기 때문이다.

일곱번째로, 그는 쉽사리 화를 낸다. 그는 과민증에 걸려 있다. 조금만 좌절을 겪어도 개인적 모욕으로 여긴다.

여덟번째로, 그는 잔인할 때가 많으며, 어쨌든 동물의 고통이나 어린이에게 무감각하다. 그는 그들이 말을 안 듣는다고 때리는데, 예컨대 기저귀에 오줌을 쌌다고 두 살짜리 아기를 때릴 수도 있다.

아홉번째로, 그는 섹스와 폭력을 결합시키기도 한다. 장난삼아 당신이 쩔쩔매는 공상을 한번 연기해 보자는 핑계를 댈지 모르지만, 진짜 목적은 강간이 자기를 흥분시킨다는 것을 당신에게 알리려는 데 있다. 아예 핑계 같은 건 집어치울지도 모른다.

열번째 신호로, 그는 엄격한 성별 역할을 내세우고 실천에 옮길지도 모른다. 당신의 역할은 집 안에서 자기를 섬기는 것이다. 여자는 열등하고 지식이 모자라 남자 없이는 온존해질 수 없으므로 당신도 자기에게 복종해야 한다는 것이다.

그는 욕하고 마음에 상처를 주고 상스러운 말을 하는 등 언어폭력을 가해올 수도 있다. 또 당신의 업적을 깔아뭉개고 당신은 자기 없이는 제 역할을 할 수 없다고 납득시키려 들지도 모른다. 이런 학대는 당신이 놀라거나 약해져 있을 때 닥쳐올지도 모른다. 예컨대 당신에게 모욕을 가하기 위해 일부러 깨우는 일도 있을 것이다.

열한번째, 갑작스러운 감정변화도 경고신호이다. 친절하다가 불쑥 폭발적으로 사나워지기도 하는데, 이것은 애당초 그가 친절한 사람이 아니었다는 것을 의미한다.

당신은 그가 과거에 구타해 본 적이 있는지 알아봐야 한다. 그는 과거에 여자를 때린 적이 있다고 실토하면서도 그것은 자기 탓이 아니었다고 단언할 것이다. 중요한 것은 구타가 상황에 따라 이루어지는 것이 아니라는 점이다. 그가 누군가를 때린 적이 있다면, 당신도 구타당할 가능성이 매우 높다.

그가 당신을 장악하려고 ‘죽여버리겠다’거나 ‘목을 부러뜨리겠다’는 등 폭력사용을 협박한다면, 매우 조심해야 한다. 구타자는 당신에게 남자들은 모두 배우자를 협박한다고 납득시키려 들지도 모르지만, 그건 사실이 아니다. 그는 또 자기가 협박하는 것은 당신 탓이라고 납득시키려 들지도 모른다. 당신이 자기를 그렇게 하도록 만들지 않았더라면 자기도 협박하지 않으리라는 것이다.

그는 물건을 깨거나 부술지도 모른다. 이런 행동에는 두 가지 형태가 있다. 하나는 벌을 주기 위해 애지중지하는 물건을 파괴하는 것이다. 다른 하나는 당신을 겁주기 위해 물건을 사납게 치거나 던지는 것이다.

목록에 마지막으로 오른 신호는 말다툼 중에 당신의 몸을 누르거나, 방에서 나가지 못하게 몸으로 막아서거나 떠밀거나, 자기 말을 들으라고 강요하는 등 어떤 행태로든 완력을 사용하는 것이다.

'자, 나는 이 목록을 무척 재미있게 읽었고, 여성학대의 빈도로 보아(미국에서는 여자가 10초에 한번 꼴로 배우자에게 매 맞고 있다) 매우 중요한 목록이라고 생각했다. 그러나 내가 이 목록에 더욱 관심을 가진 것은, 이런 경고신호를 당장 우리 문화 전체에 적용할 수 있겠다고 생각했기 때문이었다. 항목별로 다시 한번 살펴보자.

질투. 이 문화가 모시는 신은 항상 질투가 많았다. 성경을 보면 "나, 주 너희의 하나님은 질투하는 하나님이니, 나를 미워하는 사람에게는 그 죗값으로 본인뿐 아니라 삼대까지 벌을 내리리라"[162] 라든가 "너희는 가까이에 있는 다른 사람들이 섬기는 다른 신들을 따라가면 안 된다. 주 너희의 하나님은 질투하는 하나님이니, 주 너희 하나님의 분노가 너희에게 타올라 너희를 멸하지 않도록 하라"[163] 등의 구절이 자주 나온다. 오늘의 하나님도 '과학'이라 불리건 '자본주의' 또는 '문명'이라는 이름으로 불리건, 질투하기는 마찬가지이다. 과학은 기독교 못지않은 일신론이어서 자기가 질투한다는 말조차 하지 않는다. 우리가 과학의 헤게모니를 받아들여 내화한 나머지 세계를 이해하는 유일한 길은 과학을 통하는 것뿐이라고, '과학은 진리'라고 믿는 사람이 너무나 많다. 자본주의는 질투가 너무 심해 소비에트형 자본주의의 존재조차도 허용할 수 없었다. (양자는 모두 국가보조하의 통제경제지만[164] 두 가지 크게 다른 점이 있다. 즉 ① 소비에트 국가체제와 기업 관료체제가 통합된 하나의 거대한 관료체제는 기능적으로 분리된 여러 관료체제들이 생산이라는 통일된 목표를 위해 일하는 '자본주의' 체제보다도 더 한층 비효율적이고 낭비가 심했으며 ② 소비에트의 정치국은 선거인 90% 이상의 지지를 차지하는 공산당 내의 여러 파벌이 지배하는 데 반해, 미국의회는 선거인 90% 이상의 지지를 받는 '자본당'Capitalist Party 내의 여러 파벌이 지배한다는 점이다.)

문명도 질투하기는 마찬가지여서, 누구라도 세계를 비공리주의적 용어로 표현하도록 허용하지 않으며 세계를 노예제도라는 측면에서, 중독이라는 측면에서, 관계의 측면에서 인식하도록 허용하지 않는다. 수많은 이른바 진보적 사상가들은 지난날 기독교의 '사랑의 하나님'을 믿지 않은 탓으로—결국 하나님은 질투의 하나님이기 때문에—죽어간 수천만 인명을 즐겨 거론하면서도, '문명의 신'을 경배하기를 거절한 탓으로 죽어가는 토착민을 포함한 수억 인명에 대해 언급하는 일은 거의 없다. 문명의 신, 즉 생산의 신은 기독교의 하나님 못지않은 질투의 신, 산 자를 죽은 자로 만드는 일에 몰두하는 신이다.

　통제. 나는 지난 며칠째 이 문제를 두고 어떤 글을 쓸까 생각하면서, 우선 공적 교육제도를 떠올려 보았다. 어린이들의 의지를 꺾는 것을 1차적 기능으로 삼는 공적 교육제도는 학생들의 삶을 빼앗아 임금노예 생활에 익숙해지도록 만들기 위해 학생들을 몇 시간이고, 아니 며칠 동안이고, 몇 주, 몇 달, 몇 년 동안이고 한 장소에 앉혀놓는 제도이다. 그러다가 나는 광고를, 보다 넓게는 텔레비전을 떠올리면서, 우리가 전생애를 통해 우리의 최선의 이익 따위는 생각하지도 않는 남들에 의해 얼마나 심하게 조종당하고 있는가를 생각해 보았다. 나는 또 경제학자 폴 바란(Paul Baran)의 다음과 같은 말도 떠올려보았다. "진정한 문제는… 개인이 이윤을 탐하는 자본주의 기업의 손쉬운 먹잇감이 되고 자본제적 착취와 퇴화의 대상으로서 원활하게 기능하도록 요람에서부터 형성되고 주조되고 '조절'되는 것을 허용하는 경제·사회 질서를 용인할 것이냐의 여부이다."[165]

　그러다가 문득 어쩌면 안면인식 소프트웨어를 논하고 또 애완동물에게, 그리고 나중에는 사람에게까지 ID칩을 이식하는 문제도 논해야 할지 모르겠다는 생각이 들었다. 나는 미국 공군과학자문위원회 1996년 보고서의 다음과 같은 구절들을 떠올렸다. "이런 전자기 에너지원의 개발을 상상해 볼 수 있다. 그것은 산출된 에너지를 펄스화하고 성형화하고 초점을 맞추어 인체와 결합할 경우 사람의 수의근육 운동을 방해하고, 감정을 (따라서 행동을) 통제하고, 수면을 유발하고, 착상을 전파하고, 장·단기적 기억에 개입하여 일련의 경험을 만들어내거나 삭제할 수 있는 에너지원이다. 이 에너지원은 교전과 테러범-인질 대치상황 그리고 훈련시 사용할 수 있는 참신한 역량을 개발할 기회를 마련해 줄 것이다.”[166] 물론 이런 종류의 무기류는 이미 작전에 투입된 것이 많기 때문에 구태여 상상해 볼 필요도 없다. 나는 합참의 ‘합동비전 2020’과 ‘전면적 지배’를 떠올려보았다(원문은 Joint Vision 20/20로 되어 있으나, Joint Vision 2020의 오기이다. 미국 합참이 2000년 5월 30일 발표한 Joint Vision 2020은 미국 군사독트린의 기초가 되는 미래전략 문서이며, ‘전면적 지배’ full-spectrum dominance를 강조하고 있다-옮긴이). 나는 또 미국상원에서 90 : 9로 통과한 2002년의 이른바 국토안보법(Homeland Security Act)을 떠올려보았다. 보수적 작가 윌리엄 사파이어의 말을 빌리더라도 이 법률하에서는 다음과 같은 일이 벌어진다. “신용카드로 이루어지는 모든 구매, 모든 잡지구매와 병원처방전, 주고받은 모든 이메일과 방문한 웹사이트, 수여받은 모든 학위, 모든 은행예금, 모든 여행예약과 참석한 모든 행사 등—이 모든 거래 및 통신 상황이 국방부의 이른바 ‘사실상 집중화된 그랜드 데이터베이스’에 입력된다. 사업용 자료에서 얻은 이 전산화된 사생활 정보에 덧붙여 정부가 갖고 있는 모든 개인신상 정보—즉 여권신청서, 운전면허증과 교량통행료 기록, 사법 및 이혼 기록, 이웃이 FBI에 제기한 소음신고 기록, 개인의 일평생을 엿볼 수 있는 기록문건 그리고 최근의 비밀카메라 감시기록 등이 추가된다—로 최고급 스파이의 꿈(supersnoop’s dream)인 ‘모든 미국시민에 관한 총체적 정보파악’이 이루어지는 것이다.”[167] 나는 또 야생의 자연계를 질서 있고 예측 가능하고 통제 가능한 세계로 만드는 것을 궁극적 목표로 삼는 과학도 떠올려보았다. 이 문화의 기반에는 선택할 만한 사례가 너무나 많다.

성급한 열중. 화형대에 매여 기독교냐 죽음이냐를 선택하도록 강요받았던 수많은 인디언들보다 성급하게 선택하는 사람이 있을까? 화형대에 오른 어느 인디언이 물었다. 기독교로 개종하면 천당에 가는가? 그럼 천당에는 다른 기독교인들도 있는가? 이 두 가지 질문에 모두 “그렇다”는 대답을 들은 그 인디언은 차라리 화형을 택하겠다고 대답했다.

그러나 성급함에는 또 다른 측면이 있다. 문명은 아메리카 대륙에 온 지

수백 년에 불과하다. 내가 사는 고장처럼(캘리포니아주—옮긴이) 훨씬 더 나중에 문명화된 지역도 있다. 그러나 이 매우 짧은 기간 동안에도 문화는 이 대륙의 비인간 구성원들을 노예화하고 탄압하고 멸종시켜 가면서 인간주민들에게는 기독교냐 죽음이냐의 양자선택을 강요했다. 이를 다른 말로 표현하자면, 문명이 도래하기 전에도 이 대륙에는 적어도 수천 년 동안 인간이 살고 있었으며, 이들은 어디서나 강물이나 냇물을 마음 놓고 마실 수 있었다. 이 문화는 이곳에 온 지 얼마 안 되는 짧은 기간 동안에 강물과 지하수뿐 아니라 모유까지도 오염시켜 놓았다. 그것은 기술화된 존재방식(차라리 비존재 방식)에 대한 유별나고도 유난히 성급한 집착의 결과였다.

또 이렇게도 말할 수 있다. 요즈음은 댐을 건설하여 강을 노예화하거나 죽이는 결정은, 대체로 '환경영향 평가서'를 작성하고 자금을 조달하기만 하면 몇 년 만에 이루어진다. 이 과정은 길어야 10년 또는 20년쯤 지연될 뿐이다. 그러나 이런 결정은 여러 세대에 걸쳐 신중히 관찰한 다음에 내려야 할 문제이다. 예를 들어 나흘 전에 내 집 창문 밖 연못에 비오리들이 찾아왔다. 그들은 이틀 동안 머물다가 떠나갔다. 비오리들은 작년에도 찾아왔지만, 그때는 하루 일찍 와서 하루 일찍 떠났다가, 며칠 후에 다시 와서 일주일 동안 머물렀다. 비오리들이 내년에도 찾아올까? 이곳에서 산 지 별로 오래지 않은 나로서는 알 수 없는 일이다. 그런데 작년에는 우리 집 연못에 피부가 꺼칠한 영원(도롱뇽 비슷한 영원과의 동물—옮긴이)이 많이 살고 있었다. 비오리들이 일부 잡아먹었다(영원에는 독이 있지만 비오리들은 신경 쓰지 않는 것 같다). 금년에는 영원이 별로 보이지 않았다. 그것은 비오리 때문일까, 나 때문일까, 아니면 이곳에 오래 살지 않은 사람은 알 수 없는 다른 어떤 이유 때문일까? 나는 2년 전에 연못의 올챙이가 예년보다 많이 줄어 당황한 적이 있다. 개구리 개체군이 붕괴하는 건가? 이듬해에는 개구리 울음소리가 조용해져 나는 더욱 걱정이 되었다. 그러나 남은 개구리들은 생식력이 각별히 좋았던지 다시 통통한 올챙이들이 많아졌다. 그런데 올챙이들이 소금장수떼에게 마구 잡아먹혔다. 내가 걱정할 일일까? 정답은, 나로서는 알 수 없는 일이라는 것이다. 여러 해, 여러 세대에 걸쳐 살면서 관찰하지 않고서는 알 수 없는 일이다. 그때까지 기다리지 않고 파괴적인 엄청난 조치를 취한다면 아주 멍청한 짓일 것이다.

우리가 땅을, 서로간에, 또 우리 자신을 학대하는 자세를 버린다면, 우리는 가만히 앉아서 자연이 우리에게 무엇을 주고자 하는지, 우리에게서 무엇을 원하는지, 무엇을 필요로 하는지를 알 수 있을 것이다.

의존성. 자원을 수입하지 않을 경우 누릴 수 있는 한 가지 이점은 자원소유자에게 의존할 필요도 없고, 자원소유자를 제거하여 그들의 소유를 빼앗기 위한 폭력에도 의존할 필요가 없다는 데 있다. 노예를 소유하지 않을 경우의 한 가지 이점은 '안락하고 우아한 생활'을 누리거나 생활필수품을 얻기 위해 노예에게 의존할 필요가 없다는 데 있다. 현시점에서 우리는 석유에 의존하고, 댐으로 막은 강에, 남을 착취하는 존재방식(또는 비존재방식)에 의존하고 있다. 이런 것들이 없으면 죽는 사람이 많을 것이며, 대부분의 사람들이 정체성을 상실하게 될 것이다.

물론 사람은 모두가 의존하고 있다. 이 생활방식이 가지는 한 가지 큰 자만은 인간이 토지기반으로부터, 나아가 신체로부터도 독립해 있기 때문에 깨끗한 물(그리고 깨끗한 모유)이나 온전한 숲 같은 것은 사치품에 불과하다고 착각하는 것이다. 우리는 이 세계를 파괴하고도 계속 살아갈 수 있다고 착각한다. 우리 신체를 오염시키고도 살아갈 수 있다고 착각한다. 정신 나간 생각이다. 톨로와족(캘리포니아주 서북부의 아메리카 원주민부족—옮긴이)은 주변의 연어, 사슴, 조개, 월귤열매 등에 의존해 살고 있다. 반면에 이 동식물들은 톨로와족에게 의존하고 또 모든 장기적 관계가 다 그렇듯이 서로간에도 의존해 살아가고 있다.

나는 며칠 동안 이런 여러 가지 의존형태의 차이점을 곰곰이 생각해 보았다. 주인과 노예, 마약과 중독자 간의 기생적 의존관계도 있지만, 다른 한편으로는 모든 생활의 기초가 되는 진정한 의존관계도 있다. 물론 일방적인 의존관계처럼 그 차별성이 분명한 경우도 있다. 자연계는 자연의 노예화에서 얻는 것이 아무것도 없으며, 적어도 도움 받는 것은 없다(다이옥신 따위는 중요치 않다). 동산노예(chattel slaves)는 일반적으로 의·식·주를 제공받지만, 그들은 노예로 악착같이 일하지 않아도 그런 것은 얼마든지 얻을 수 있는 사람들이다. 그러나 차별성이 불분명한 경우도 있다. 감옥에 있는 내 제자들은 마약에서 반드시 무언가를 얻었던 사람들이다. 그렇지 않고서야 자발적으로 마약에 손댔을 리가 없다. 구타하는 관계에 있는 성인들은 필시 그 관계에서 무언가를 얻거나 얻고 있다고 생각할 것이며, 그렇지 않으면 헤어졌을 것이다. 하지만 무엇을 얻을까? 내 제자들의 배경은 사랑으로 채워지지 못하고 내 아버지쯤은 우습게 여겨질 정도로 극단적인 학대로 점철된 경우가 많다. 인종적·계급적 억압상황에서 성장한 사람들도 많다. 그런 사람들에게는 어쩌면 마약이 억압적 현실을 잊게 해줄지도 모른다. 그러나 문제는 여기서 그치지 않는다. 내가 아는 전세계의 수많은 토착민들은 통찰력을 얻기 위해 빈번하게 향(向)정신 작용을 하는 물질과 관행을 사용하는 의식을 갖는다. 내 제자들의 마약사용과 토착민들의 향정신 물질 사용 간에는 어떤 관계가 있을까? 나는 알 수 없다. 다만 학대-피학대 관계에 관한 한, 내가 알기로 내 어머니는 (내 아버지와 사회에 의해) 다른 선택의 여지가 없다고, 학대자를 떠나면 더 큰 고통이 따를 것이라고 설득당했었다. 아버지를 떠나면 자식들을, 어쩌면 목숨까지도 잃게 되리라는 것이었다. 육체적·정신적 고통을 참는 대가로 어머니는 좋은 집에 살았다. 그러나 문제는 그것만이 아니었다.

지난주에 나는 줄곧 '중독성모방'(toxic mimicry)이란 두 단어를 곱씹어 보았다.

나는 전에는 문명은 패러디(parody, 모방, 흉내 또는 풍자적 모방-옮긴이)의 문화라고 생각했었다. 강간은 성행위의 패러디이다. 문명인의 전쟁은 상대적으로 인명살상이 덜하고 원기를 돋우는 놀이형태인 토착민의 전쟁을 패러디한 것이다.[168] 결국 문명인의 전쟁도 놀이의 패러디이다. 학대관계는 사랑의 패러디이고, 도시는 공동체의 패러디이다. 예측과 극단적 통제를 기본으로 삼는 과학은 친구와 이웃의 욕구나 욕망을 예측하고 충족시켜 주는 데서 오는 기쁨을 패러디하는 것이다(나는 언젠가 우리 집 개들이 산책중에 내가 왼쪽으로 갈지, 오른쪽으로 갈지를 알아맞히고 즐거워하는 것을 보고 이 점을 확신하게 되었다). 이런 패러디들은 패러디 대상의 정신과 목적은 무시하고 그 형식만 취하고 있다.

그러나 최근에 어느 친구 덕분에 나는 이런 설명이 꼭 들어맞는 것은 아니라고 깨닫게 되었다. 패러디는 그 목적을 무시할 뿐 아니라, 이를 왜곡하고 파괴하려고 시도한다는 것이다.[169] 강간은 성행위의 중독성 모방이고, 전쟁은 놀이의 중독성 모방이다. 노예소유주와 노예의 관계는 결혼생활의 중독성 모방이다.

나는 중독성 모방이란 용어를 좋아하지만, 여러 의존형태들 사이의 관계를 밝히는 데는 별 도움이 되지 않았다. 나는 어머니에게 물어보았다.

어머니의 대답은 단 한마디였다. "정체성이지."

"그렇군요." 나는 어머니의 대답을 이해할 수 없었다.

"학대자는 자기정체성을 갖지 못해."

나는 그 말이 무슨 뜻인지 물어보려다가 문득 몇 년 전 페미니스트이자 신학자이며 철학자인 캐서린 켈러(Catherine Keller)와 나누었던 대화를 떠올렸다. 그녀는 지금까지 모든 문화가 다 지배에 바탕을 둔 것은 아니었다고 말하고 나서, 이 문화의 발생과 그것이 미친 영향에 대해 이렇게 말했다. "남성무사들이 전면에 나서 부족이나 부락을 지배하는 집단에서는 집단구성원 모두가 그 이전 사람들과는 다른, 사회 자체가 형성하는 방어체계를 반영하는 일종의 자아를 계발하게 됩니다. …다른 말로 표현하면, 사람들이 나를 통제하려 들면, 나는 공포심 때문에 그들이나 또는 다른 사람들에게 마음을 열기가 힘들어진다는 거예요. 그래서 내가 받은 고통을 다른 사람에게 전가하는 경우가 많아져요. 이전에 받은 마음의 상처 때문에 남에게 고통— 파괴와 학대—을 주는 것을 종종 볼 수 있어요. 우리는 지금 이 지배 패러다임에서 발생한 엄청나게 방어적인 자아구조를 지니고 있는 거예요. 그리고 이런 방어적인 외적 인격(persona)을 지닌 사람들이 이 사회를 지배하기 때문에 자아를 손상시키고 공동체를 파괴하고 생태계를 죽이는 이런 방어심리가 암처럼 확산되는 경향을 보이는 겁니다."

내가 방어심리란 무슨 의미냐고 물었다.

그녀가 대답했다. "앨런 와츠(Allen Watts)는 서방문화가―이 지배 패러다임이―지닌 중요한 환각증세의 하나는 사람의 본질을 외피에 둘러싸인 자아(ego)라고 믿는 것이라고 말했어요. 외피가 물리적 세계의 위험으로부터 자신을 방어해 주듯이, 자아는 정신적 세계의 위험으로부터 자신을 보호해 준다는 거예요. 여기서 내가 말하는 '분리된 자아'(separative self)가 나오는 겁니다. 'separate'라는 단어의 어원은 시사하는 바가 있어요. 이 단어는 라틴어로 '자아' 또는 '혼자서'를 의미하는 'se'와 '준비하다'를 의미하는 'parare'의 합성어인데요. 결국 이 문화에서 분리는 자아 또는 인격의 길을 예비한다는 의미가 있는 거지요."

나는 이 말을 듣고 나와 어머니의 관계를 생각해 보았다. 나는 어머니와 아주 가까이서―약 600미터 거리―살고 있으며 앞으로도 그럴 생각이다. 그 이유는 우리 두 사람의 건강문제―나는 크론병, 어머니는 시력문제―때문이기도 하고, 어머니가 가족이기 때문이기도 하고, 또 내가 어머니와 함께 지내기를 좋아하기 때문이기도 하다. 어머니도 아마 나를 좋아하실 것이다. 나는 이 때문에 20대와 30대 초반에 내가 아는 몇몇 백인들로부터(결코 친구는 아니다) 숱한 비난을 받았다. 그들은 내가 이른바 분리불안증에 걸려 있다면서 내가 성장하여 완전한 자아를 찾으려면 멀리 이사 가야 한다고 주장했다. 나는 정말 이해할 수 없었다. 그것은 나도 나 자신의 생활을 갖고 있기 때문이고(그들처럼), 그 결정은 실용적으로나 정서적으로 우리 모두에게 아무 무리가 없었기 때문이며, 또 나는 인간생활에서는―지난 수백 년을 제외하면―나이든 부모가 자식 한두 명 쯤은 가까이에 두고 살도록 되어 있다고 믿기 때문이었다. 나는 토착민 친구나 제3세계 친구들 중에 나의 이런 생활을 이상하게 생각하는 사람이 아무도 없다는 게 의미심장하다는 생각이

 들었다.

캐서린이 말을 이었다. "분리가 자아의 길을 예비한다는 생각에는 여러 문제점이 있으며 우선 현실에 부합되지도 않아요. 우리가 알기로는 인간은 물리적 차원에서 '혼자'가 아니고, 숨 쉬고 먹고 배설해야 하며, 따라서 분자 차원에서조차도 〔개개인의〕 범위는 침투가 가능합니다. 정신적으로도 마찬가지예요. 화이트헤드(Alfred North Whitehead)는 생명은 생명을 먹고 산다고 말했지만, 우리가 정신적으로 서로 부양해 주는 과정에서 스스로를 차단하면 우리 삶의 바탕은 아주 빈약해지고 말아요. 늘 방어상태에서 살아간다면 우리가 살아가는 끝없는 관계의 풍요로움에서 얻을 수 있는 양식은 없는 거지요.

지배체제가 영속하려면 단절상태를 잘 유지하는 사람들에게 분명한 보상이 있어야 합니다. 사람들을 교육하여 그런 상태를 전수해야 하며, 또 그들이 자신의 경험에 매달리지 않고 스스로 자제하고 될수록 많은 주위사람들을 제어할 수 있다는 의식을 유지한다면, 그런 사람들에게는 품위와 남자다움을 느낄 수 있는 보상을 해주어야 해요.

상층부 사람들이 다수의 노동에서 혜택받도록 조직된 사회에서 사는 사람은 자기를 그 사회에 있게 해준 것과 같은 종류의 개성, 즉 감정이입을 마비시키는 개성을 계발하도록 강력한 동기를 부여받습니다. 지배체제를 유지하려면 엘리트들이 로버트 제이 리프턴이 말한 이른바 '정신적 마비'와 유사한 감정이입 마비상태를 터득하여 구성원들을 통제하고, 필요하면 고문하고, 나아가 망설임 없이 죽일 수 있도록 하는 것이 중요해요. 그 구성원들이 〔스스로를〕 마비시킬 능력이 없다면, 아니 그렇게 하도록 적절히 교육받지 못한다면, 그 지배체제는 붕괴하고 말아요."

그녀는 바로 그것이 문명이 종종 지배에 반대하는 운동을 수용하는 한 가지 이유라고 말했다. 그러면서 이렇게 덧붙였다. "우리가 아는 사회는 대안운동의 에너지로 살아갈 필요가 있는 건지도 몰라요. 이 사회는 스스로를 부양하기 위해 우리 피를 필요로 하는데, 지배체제가 항상 영양부족에 걸려 있기 때문입니다."

"어째서요?"

"우리가 모든 것이 가지를 치는 핵심적인 연결장치에서 플러그를 뽑아버리고, 그 대신 모두가 알고 있는 문명의 목표들을 추구한다면, 에너지원을 다른 데서 얻어와야만 합니다. 어느 정도는 그 에너지를 빈민의 노동을 착취해서 얻을 수 있고 짐승이나 짐승 대접을 받는 사람들의 신체에서 얻을 수도 있지요. 여성의 신체를 착취하면 많은 에너지를 얻을 수 있습니다. 하지만 지배문화의 기생욕구는 끝이 없는데, 그건 서로 침투하는 자유로운 삶의 흐름에서 일단 스스로를 차단하고 나면 어떤 방법으로든지 인위적으로 삶을 되돌려야 하기 때문이죠."

나는 어머니와의 대화로 되돌아갔다. 어머니가 말했다. "네 아버지의 문제가 바로 그것이었단다. 그 사람은 확고한 자기정체성이 없었기 때문에 그처럼 난폭했던 거야. 자기정체성이 불안했기 때문에, 살아가기 위해서는 주위사람들이 끊임없이 자기 모습을 비춰줄 필요가 있었지. 그런데도 나와 네 형제들이 자기 생각에 부응하지 못하면 두려움에 빠지게 되는데, 두려워하기는 겁이 나니까 대뜸 불끈했던 거지."

나는 어머니를 쳐다보았다. 그건 전에는 들어본 적이 없는 아주 훌륭한 분석이었다.

어머니가 말을 이었다. "자기정체성에 대해 불안해하는 사람은 남들이 자기 방식대로만 자기를 대하도록 강요하지. 그렇지 않으면 또 겁이 나니까. 그러나 자기정체성에 자신이 있는 사람은 주위사람들을 그대로 내버려둬도 아무 문제가 안 돼. 그들이 누구이건, 무슨 행동을 하건, 얼마든지 적절히 대응할 수 있으니까. 사람들이 자기에게 무엇을 요구하느냐에 따라, 융통성을 발휘하여 다양한 사람들을 다양한 방법으로 대할 수 있기 때문이야. 네 아버지는 그렇게 할 수 없었던 게야."

물론 그런 일은 보다 큰 차원에서도 벌어지고 있다. 정신이 말라죽은 사람은 이 세상 자체가 죽은 것이라면서 스스로를 온갖 시체들로 에워싼다. 자유도 없고 야생 동식물도 없는 콘크리트, 강철, 아스팔트 등으로 이루어진 도시풍경을 만들어낸다. 도시에서는 나무들조차도 우리에 가두어놓고 있다. 모든 것이 갇혀 있는 우리 자신의 모습을 반영한다. 모든 것이 우리 자신의 정신적 죽음을 반영하고 있다.

"한 가지 더." 어머니가 말했다. "정체성 결여는 학대자들이 자기를 떠나려는 배우자를 죽이는 한 가지 이유이기도 하단다. 그런 사람들은 배우자(샌드백)를 잃을 뿐 아니라 자기정체성도 잃게 돼."

그것은 이 문화가 우리의 탈출 가능성을 차단하기 위해 인간과 비인간을 막론하고 비문명인들을 모두 죽여야 하는 한 가지 이유이기도 하다.

여기서 다음번 다섯번째 카테고리인 **고립화**가 시작된다. 학대자들은 피해자를 다른 자원들로부터 고립시킨다. 나는 지금 공산품 의자에 앉아서 공산품 컴퓨터 화면을 보고 공산품 컴퓨터 팬이 돌아가는 소리를 들으면서 이 글을 타이핑하고 있다. 내 왼쪽에는 공산품 책장에 사람이 쓴 공산품 책들이 꽂혀 있다. 영어를 하는 학식 있는 문명인들이 쓴 책이다(토착어를 포함한 여러 언어들이 지금 모든 형태의 다양성과 마찬가지로 신속하게 파괴되고 있다. 사람이 사용하는 언어는 그의 말·사고·인식·경험·행동과 그의 정체성 등에 영향을 미친다). 내 오른쪽의 유리창은 컴컴한 바깥을 배경으로 희미한 내 얼굴과 헝클어진 내 검은머리를 비추고 있다. 나는 대량생산한 옷을 입고 대량생산한 슬리퍼를 신고 있다. 그렇지만 나는 무릎 위에 고양이 한 마리를 올려놓고 있다. 고양이를 제외한 모든 지각 인풋(input)은 문명화된 것이며, 심지어 고양이조차도 집짐승으로 길들여진 것이다.

잠깐. 한번 생각해 보자. 나의 모든 지각은 한 가지 원천, 즉 문명에서 오는 것이다. 이 글을 읽고 잠시 책을 접어두고 나서 주위를 둘러보라. 보고 듣고 냄새 맡고 느끼고 맛을 볼 수 있는 것 치고 문명화된 인간이 만들거나 개입하지 않은 것이 있는가? 『자연의 소리』 CD에서 나오는 개구리 울음소리는 의미가 없다.

이 모두가 아주 이상한 현상이다. 더욱 이상한 것은 우리가 스스로를 다른 자연과 구별되는—차별화되고 고립되고 반대되는—존재로 규정짓고자 시도하는 맹목적인 종교(그리고 과학과 기업)를 만들고 있다는 점이다. 학대자는 피해자를 단지 자원으로부터 고립시킬 뿐이다. 문명은 더 나아가 우리 모두를 이념적·물리적으로 모든 삶의 원천으로부터 고립시키고 있다.

우리는 나무들이 우리에게 무슨 할말이 있다고는 생각하지 않는다. 별이나 코요테, 심지어 우리의 꿈도 마찬가지이다. 우리는 문명화된 인간을 제외하면 온 세상이 말이 없다고 믿어왔다—이것이 서방철학과 토착민철학 간의 으뜸가는 차이다.

학대자가 피해자를 장악하기 위해 취하는 가장 일반적인 조치는 피해자의 지각작용을 독점하는 것이다. 이 때문에 학대자들은 피해자를 가족과 친구들로부터 차단시켜 학대자의 기준말고는, 학대자의 세계관과 행동을 판단할 기준을 갖지 못하도록 만드는 것이다. 이렇게 하면, 피해자가 학대자의 이상한 행동을 정상적인 행동으로 받아들이게 된다. 외부의 영향 때문에 마법이 풀리는 일이 없도록 해야 한다. 사물을 인식하고 세상에서 존재하는 유일한 방법은 학대자가 가르치는 길뿐이다. 피해자에게 전해지는 모든 정보를 학대자가 전달한다면, 피해자는 살아가는 다른 방법이 있다는 개념을 갖지 못하게 된다. 이렇게 되면 학대자는 어느 정도 총체적 통제력을 달성하게 될 것이다.

문명은 적어도 산업화된 세계에서 사는 사람들의 지각작용을 전례 없이 거의 완벽하게 독점하고 있다. 그러나 다행히도 아직은 주로 빈민들, 비산업화 나라에 사는 사람들과 토착민들처럼 자연계와 중요한 연계를 맺고 있는 사람들이 남아 있다. 또 다행스럽게도 아직은 자연계가 남아 있어 쇠와 콘크리트로 된 울타리 안에 아직 남아 있는 나무들을 최소한 만져볼 수는 있다. 나는 우리가 이런 식물들에게서 배워 햇빛을 가리고 지각작용을 방해하는 이런 콘크리트 장벽들을 깨뜨리게 되기 바란다.

여섯번째 특징은 학대자들이 자신의 문제를 남에게 **책임전가**한다는 것이다. 문화의 차원에서 우리 문화가 어떻게 책임을 전가하는지 열거하기는 쉽지만, 그 문제는 일단 접어두기로 하자. 자본주의 언론은 목재산업의 실업을 점박이올빼미와 이를 사랑하는 인간들 탓으로 돌리면서도, 놀랍게도 자동화와 원목수출로 인한 목재산업의 더욱 큰 일자리 감소에 대해서는 입을 다물고 있다. 정치인들과 그 밖의 다른 목재산업 선전원들은 산불피해를 천연림과 환경운동가들 탓으로 돌리면서도, 벌목이 중요한 산불의 원인이며 벌목터와 인공림의 산불이 천연림의 산불보다 더 무섭고 피해도 많다는 사실은 외면하고 있다. 그들은 나아가 산불이 갖는 재생 역할에도 침묵한다. 지구를 걱정하는 우리는 산불의 파괴·재생력이 주는 교훈을 무시할 것이 아니라, 이를 배워 필요하다면 우리의 지각을 독점하고 있는 각종 장벽에 적용하는 지혜를 발휘해야 할 것이다.

더 한층 책임전가. 사업주가 공장을 폐쇄하고 멕시코로 이전하면, 편협한 사람들은 애꿎은 멕시코사람들을 탓한다. 사업주는 시장상황이나 망할 노조를 탓하면서 부득이 공장을 이전할 수밖에 없었다고 말한다. 시간을 거슬러 올라가 보면, 십자군들은 전투에서 패하면 (특히 이교도와의 섹스가 하나님의 노여움을 탄 듯) 책임을 여자 탓으로 돌렸다. 아메리카 정착민들은 전쟁하지 않으면 땅을 내놓지 않는 인디언들을 탓했는데, 영화배우 존 웨인은 이렇게 말했다. "나는 우리가 이 거대한 나라를 인디언에게서 빼앗은 것이 잘못이라고 생각하지 않는다. 새 땅을 필요로 하는 사람들이 매우 많았는데도, 이기적인 인디언들이 내놓으려 하지 않았다." 히틀러의 나치독일은 세계대전이 일어나도, 이빨이 망가져도 모두 공산당과 유태인 탓으로 돌렸다. 지금은 테러범들이 우리를 '항구적 평화와 번영의 약속된 땅'에 (엑슨 모빌 회사의 인도하에) 가지 못하도록 막고 있다. 책임을 전가할 대상은 얼마든지 있다.

학대자의 책임전가 성향을 피해자의 지각수단의 독점과 결합해 보면 재미난 일이 벌어진다. 피해자가 모든 문제는 자기 탓이라고 승복하게 되는 것이다. 아내는 음식을 잘 만들려고 끊임없이 노력하는데도, 남편한테 매를 맞으면 음식을 잘 만들지 못하기 때문이다. 음식솜씨가 없으면 좋은 아내가 될 수 없고, 따라서 좋은 인간도 될 수 없다. 물론 남편이 폭력적이고 학대하고 미쳐서가 아니다. 어린애가 접시를 깨끗이 닦으려고 애쓰고도 매 맞는 것은 칠칠치 못한 탓이다. 10대 소년은 매 맞지 않기 위해 자동차를 제자리에 주차해 놓으려고 애쓴다. 피해자는 백방으로 노력해서 학대를 멈추려고 하지 않고 오히려 스스로 자기 잘못을 인정하고 자신에게 폭력을 가함으로써 학대자에게 가담하는 것이다.

그들이 이렇게 '책임'을 돌리는 행동은 자신에게 가해진 폭력의 책임소재를 분명히 하고 그 대책을 세우는 데 필요한 과제의 중독성 모방임을 망각하는 것이다.

이 같은 일은 보다 큰 사회적 차원에서 적어도 웬만큼 문화에 적응된 사람들간에도 반복되고 있다. 물론 우리 문화의 일차적 피해자들, 즉 문명의 지각상자(perceptual box)에 갇혀 있지 않은 사람들간에는 그런 일이 없을 것이다. 나는 연어, 황새치, 귀상어 같은 물고기들은 자신의 곤경을 스스로 자책하는 발작 때문에—우리가 어떻게 행동을 고쳐야 사람들을 달랠 수 있을까? 내가 착한 물고기였더라면 사람들이 나를 미워하지 않으련만—마비되는 일이 없고 누가 자기를 죽이는지 분명히 알고 있으리라고 확신한다. 토착민들의 경우도 마찬가지이다. 시팅 불(Sitting Bull, 1834~90, 아메리카 인디언인 수족의 지도자—옮긴이)은 자기 민족의 땅이었던 곳을 지나는 철도의 준공식에서 연설할 것을 강요받고 이렇게 분명히 말했다. "나는 당신들을 증오한다. 백인들 모두를 증오한다. 당신들은 도둑놈에 거짓말쟁이다. 당신들은 우리 땅을 빼앗고 우리를 부랑자로 만들었기 때문에 나는 당신들을 증오한다." 여기서 백인통역은 이런 말들을 입에 올리지 않고 그 대신 "준비해 온 우호적이고 정중한 연설문"[170]을 읽었다는 사실을 적어둔다.

바로 그것이 문제다.

문명에 의해 비전이 규정받는 우리들, 바로 이 폭력의 도가니에서 인격이 형성되어 기형화된 우리들은, 아동학대의 피해자들처럼 우리가 겪거나 목격한 폭력에 대한 책임을 적절하고도 정확하게 묻지 못하고, 오히려 노골적으로 책임을 따지려는—"당신들은 우리 땅을 빼앗고 우리를 부랑자로 만들었기 때문에 나는 당신들을 증오한다"—충동을 우호적이고 정중한 연설로 변질시키는 경우를 종종 볼 수 있다. 일부 환경운동가들은 심지어 활동가들이 경찰에게 "뒈져라" 하고 고함치는 일이 없도록 '언어 비폭력' 훈련을 시키기도 한다. 나도 경험해 봐서 아는 일이지만, 학대받는 어린이는 대체로 자신과 자기가 사랑하는 사람들에게 가해지는 폭력을 막을 힘이 없다는 사실을 직시할 능력이 없다. 그 결과 아동 피해자들은 자기가 겪거나 목격한 폭력에 대해 너무 많은, 아니 모든 책임을 스스로 받아들여 내면화하는 경우가 많다. 내가 뭔가 잘못한 게 틀림없어. 그렇지 않고서야 아버지가 날 때렸을 리 없지. 이렇게 해서 이런 어린이는 자기에게 적어도 폭력을 멈추거나 늦출 힘이 얼마라도 있는 것처럼 착각하게 되는데, 모든 증거는 그것이 착각에 불과하다는 것을 보여주고 있다. 이런 착각은 물론 어른이 되면 터무니없고 유해한 것으로 밝혀지지만 실제로 정서적으로 살아남는 데 매우 중요한 것일 수도 있다.

마찬가지로 이 문화의 파괴를 멈추려고 노력하는 많은 사람들은 일상적으로 우리의 운동이 상징적 차원을 빼면 거의 아무런 효과가 없다는 데 충격받곤 한다. 어느 모로 보나, 특히 우리 환경운동가들의 사업은 처참한 실패이다. 나는 방금 지난 10개월 동안 내가 사는 고장 바로 남쪽에 있는 훔볼트 카운티의 오래된 미국삼나무 아래서 연좌농성을 벌이고 있는 한 친구와 이야기를 나누었다. 그녀의 연좌농성은 그 삼나무와 주변의 숲을 벌채하지 못하도록 하기 위한 것이다. 그 고장 유역에서 벌목을 하고 있는 퍼시픽 목재회사는 결국은 그녀가 살고 있는 고목나무까지 자르게 될 것이다. 이 회사의 벌목은 심각한 홍수를 불러와 이 고장 주민들의 집이 파괴되고 있다. 수상가옥을 짓고 사는 사람들도 있다. 전에는 청결했던 이 고장의 물이 지금은 초콜릿우유에 각종 나무토막을 곁들이고 제초제와 디젤유를 친 것처럼 걸쭉하다. 몇 년 전에 캘리포니아주 북부 해안지역 수질관리위원회(대형 목재회사들에게 큰 신세를 지고 있는 주지사가 임명한다)가 주민들의 항의에 못 이겨 문제를 검토할 조사단을 구성했는데, 이런 결정은 파괴를 계속 허용하면서 적당히 시간을 끌기 위한 상투적인 조치이다. 그러나 조사단은 단지 주민들뿐 아니라 연어와 같은 여러 동식물을 보호하기 위해 지금 당장 벌목을 대폭 줄일 필요가 있다고 만장일치로 선언함으로써 위원회를 놀라게 했다. 위원회의 결정은? 추측 그대로이다. 정부가 섬겨야 할 시민들을 무시하고, 자기가 소집한 과학조사단의 의견도 묵살하고, 오직 이 터무니없이 파괴적인 기업체만을 존중하기로 결정한 것이다. 이것이 행동하는 민주주의의 모습이다. 이것이 정치와 현실의 분리이다(사실은 항상 분리되어 왔기 때문에 새삼 분리할 것도 없다). 이것은 지구의 손발을 자르는 짓이다. 깜짝 놀랄 만한 이런 추잡한 짓이 일상적으로 벌어지고 있다.

우리가 아무리 용감하고 진지하게 노력하더라도 파괴하려 드는 자들을 저지하기에는 역부족이다.

나는 몇 년 전에 "매일 아침 일어나면 글을 쓸까, 댐을 폭파할까를 자문해 보곤 한다"고 쓴 적이 있다. 이렇게 쓴 것은 운동가들이 아무리 열심히 일하고, 내가 아무리 열심히 일하고, 과학자들이 아무리 연구를 많이 하더라도 별 도움이 되지 못한다는 생각에서였다. 정치가와 기업인들은 거짓말하고 지연책을 써가면서, 국가의 전폭적인 지원하에 파괴활동을 계속하고 있다. 그동안에 연어들은 죽어가고 있다. 나는 지금도 매일 아침마다 글을 쓰기로 결정하면서, 매일 아침마다 갈수록 내가 잘못 결정했구나, 하고 후회하고 있다. 지금 연어들은 내가 처음 그 글을 쓸 때보다 훨씬 더 열악한 형편에 처해 있다.

나는 그 점을 부끄럽게 생각한다.

우리는 지금 그들의 멸종을 지켜보고 있다.

그 점도 나를 부끄럽게 한다.

이런 파괴활동 앞에서 자신의 무력함을 호도하기 위해 많은 사람들은 학대받는 아동들과 동일한 이유에서 그들과 동일한 패턴에 빠지는 경우가 많다. 우리는 책임감을 지나치게 많이 내면화하고 있다. 이 때문에 우리 운동가들은 우리와 우리가 사랑하는 사람들에게 가해지는 폭력을 최소한 멈추거나 늦출 수 있는 힘이 있기나 한 것처럼 행동하고 있는데, 거듭 말하거니와 모든 증거는 그것이 착각에 불과하다는 것을 보여주고 있다. 우리가 이 정도로라도 일하지 않았더라면 파괴가 더 빨리 진행되었을 것이라고 내게 설교할 생각은 하지 말기 바란다. 물론 그것은 사실이고, 또 우리는 물론 그런 지연작전에 맞서 싸워야 한다. 그러나 우리가 거두는 '승리'는 모두 일시적이거나 방어적이고, 우리의 손실은 모두 영구적이고 공격적이라는 것이 얼마나 서글픈 노릇인지 생각해 본 적이 있는가? 내가 누구를 대변할 수는 없지만, 내가 원하는 것은 이런저런 파괴를 1, 2년 동안 간신히 모면하는 정도가 아니다. 내가 원하는 것은 공세를 취해 파괴하려는 자들을 물리치고 야생의 자유로운 자연을 되찾아 스스로 복원되도록 하는 것이다. 내가 원하는 것은 파괴자들을 쫓아가서 가로막고 더는 피해를 입히지 못하도록 하는 것이다. 이 정도에도 못 미치는 것을 원한다면 지구의 궁극적인 파괴를 눈감아주는 것이다.

그러나 우리 모두는 작은 결과에 만족하고 있다. 그리고 초점을 안으로 돌리고 있다. 바로 우리 자신이 문제라는 것이다. 나는 화장지를 사용하기 때문에 산림 황폐화에 책임이 있다. 나는 자동차를 운전하기 때문에 지구 온난화에도 책임이 있다는 식이다. 이런 문제를 일으키는 체제를 내가 만들지 않았다는 것은 아무래도 좋다. 나는 임업회사를 만들지 않았고, 석유회사도 만들지 않았다. 문명은 내가 태어나기 전에도 지구를 파괴하고 있었고, 내가 죽은 후에도—자연계를 포함한 우리가 이를 멈추지 않는 한—계속 파괴할 것이다.

내가 내일 죽더라도, 산림 황폐화는 줄지 않고 계속될 것이다. 사실, 나는 내 다른 저서에서[171] 수요는 목재산업에 별로 영향을 미치지 않으며, 나무를 몇 그루나 베어야 할지는 매우 값비싼 펄프·제지 공장의 시설과잉이 (그리고 이 문화의 죽음의 충동이) 크게 좌우한다고 밝힌 바 있다. 마찬가지로 내가 죽더라도 자동차문화는 조금도 달라지지 않을 것이다.

그렇다. 산업문명의 구성원으로서 가하게 되는 피해를 줄이도록 생활방식을 선택하는 것도 중요하지만, 그러나 일차적 책임을 자기 자신에게 돌려 스스로를 개선하는 데 초점을 맞춘다면, 그것은 비겁한 도피이며 책임을 저버리는 짓이다. 온 세상이 위태로운 마당에, 그것은 자기탐닉이고 독선이며 자만이다. 그것은 또한 오지랖 넓은 짓이기도 하다. 그리고 관심을 돌림으로써 권력층의 이익에 봉사하는 짓이다.

나도 늘 이런 짓을 하고 있다. 나는 "우리가 지구를 죽이고 있다"고 말한다. 하지만 나는 그런 짓을 하지 않는다. 다만 내게 그런 힘이 있다고 생각해 주니 고맙기는 하다. 또 "나는 뜨거운 물에 샤워를 하니 지하수 고갈에 책임이 있다"고 한다. 글쎄, 그렇지는 않을 것이다. 인간이 사용하는 물의 90% 이상은 농업 및 공업 용수가 차지하고 있다. 또 "우리는 매일 뉴욕시보다 넓은 21만 4천 에이커의 산림을 벌채하고 있다"고 말한다. 글쎄, 그건 내 책임이 아니다. 나도 약간의 목재와 종이를 사용하기는 하지만, 내가 그 체제를 만든 것은 아니다.

진짜 이야기는 이렇다. "산림황폐화를 멈추고 싶다면, 그에 책임 있는 체제를 해체해야 한다"는 것이다.

바로 어제 나는 하마터면 엉뚱한 책임을 질 뻔했다. 나는 조지 드래펀 (George Draffan)과 함께 전세계적인 산림 황폐화의 원인에 관한 책을 마무리하던 중이었다. 우리는 150쪽에 걸쳐, 이 문화는 약 6천 년 동안 손길 닿는 곳마다 갈수록 빠른 속도로 산림을 황폐화하고 있으며, 현재의 남벌은 수많은 군대와 무장경찰을 거느린 부패한 정경유착 체제에 의해 추진되고 있다고 분명히 밝혔다. 그러면서도 나는 말미에 가서 독자들에게 우리 자신의 머리와 가슴에서 남벌자들을 몰아내자고 호소하면서 이렇게 썼다. "우리 머리와 가슴과 몸속에 숨어 있는, 파괴하고 소비하고자 하는 충동을 없애기 전에는 산림파괴를 멈출 수 없을 것이다." 나는 이 문장을 삭제했다. 그것은 훌륭한 첫번째 조치이다. 우리가 남벌을 '진보'나 '자연자원 개발'이 아닌 파괴로 인식하지 않는 한, 파괴를 멈출 수 없다는 것은 분명하기 때문이다. 그러나 아예 남벌자들을 숲에서 몰아내면 어떨까? 바로 그것이 문제의 핵심이다. 이에 못 미치는 행동은 모두의 시간낭비일 뿐이며, 더 한층의 파괴를 부추길 뿐이다.

나는 최근에 자신을 지구 파괴자들과 동일시하는 위험을 표현한 뛰어난 글을 보았다. 인터넷에 올라 있는 '데릭 젠슨과의 토론모임'에서였다. 처음에 나는 이런 모임이 있다는 말을 들었을 때 우쭐하는 기분이었다. 사람들이 도처에서 나를 두고 토론하다니! 뭇사람들의 꿈이 아닌가! 나는 가슴이 벅찼다. 게시된 글들을 찾아보았다. 가슴이 더 한층 부풀어올랐다. 나는 그들을 감동시키고 싶은 생각에, 다른 곳에 발표하지 않은 글을 올렸다. 나는 그들이 이 특전에 흥분할 게 틀림없다고 생각하면서, 내가 어린 시절에 록그룹 UFO가 나를 포함한 몇 사람을 상대로 노래를 불렀을 때 내가 얼마나 우쭐했던가를 떠올렸다. 다행히도 토론모임의 반응은 비교적 차분했다. 몇 사람이 '훌륭한 글'이라고 댓글을 올렸다. 대충 그런 유의 내용이었다. 그러고 나서는 다시 원래 토론하던 주제로 돌아갔다. 내 가슴도 다시 정상 크기로 되돌아왔다.

그때 문제의 그 글이 눈에 띄었다. 어떤 여자가 "우리는 이라크전쟁에 참가하고 있다"는 글을 올렸었다. 어떤 남자가 댓글에서 그 여자는 자기가 비꼬고 있다는 것을 모른 채 '우리'라는 말을 사용하고 있다고 평했다. "많은 사람들이 미국정부에 대해 언급할 때 무심결에 '우리'라는 용어를 사용합니다. 나는 이 정부가 〔나 같으면 모든 정부라고 하겠지만〕 부패정부라는 데릭의 주장에 공감합니다. 나는 비록 〔납세, 노동, 금전지출 등으로〕 이 체제에 억지로 참여하고 있기는 하지만, 스스로 정책결정자라고는 생각하지 않습니다. 내 선택은 거짓 선택이며, 내 목소리를 정부가 대변하지도 않습니다. 언젠가 어떤 친구가 커다란 배지를 달고 있었는데, 이런 문구가 적혀 있었습니다. '미국은 북아메리카에서 나가라'."

그는 계속해서 이렇게 썼다. "권력층은 우리가 자기들과 한편이 되기를 원하고, 우리를 '우리'에 포함시켜 떨어져 나가지 못하게 하려고 합니다. 이것이 민족주의의 궁극 목표입니다. 온 국민을 지도층과 일치시켜 아무리 추잡한 행동이라도 문제되지 않도록 하려는 것이지요. 이 때문에 내가 정부, 자본주의, 기술-산업복합체 나아가 문화 전반의 잘못을 따지면, 많은 사람들이 내가 자기 어머니를 욕하기나 했다는 듯이 극단적인 방어태세를 취하는 겁니다. 권력층이 우리가 자기들의 행동을 책임진다고 생각하도록 만들수록, 우리는 우리 자신의 행동을 강요된 행동이나 지배층이 우리 이름으로 하는 행동으로부터 분리시킬 수 없게 됩니다. 이런 일이 벌어질수록, 그들은 더 큰 권력을 얻고 반체제운동은 더욱 힘들어지게 됩니다."[172]

◎ ◎ ◎

전화벨이 울린다. 내가 받는다. 친구에게서 온 전화다. 그 여자가 묻는다. "우리가 아프가니스탄에 얼마나 오래 있을 것 같아요?"

그녀는 보지 못하지만, 나는 주위를 둘러보고 바깥의 삼나무들을 내다보며 말한다. "우린 지금 아프가니스탄에 와 있는 거야? 난 여기가 캘리포니아인 줄 알았는데."

침묵이 흐른다. 한숨소리가 들리더니 마침내 그녀가 말한다. "우리 군대가 아프가니스탄에 얼마나 오래 있을 거냐구."

내가 말한다. "우리 군대가 있다고? 정말이오? 내 명령을 잘 들을까? 컬럼비아강의 댐들을 점령하라고 하면 들을까?"

또 침묵이 흐른 후 그녀가 말한다. "이러니까 내가 몇 주 만에 전화나 걸지. 또 연락하자구."

◎ ◎ ◎

우리는 이젠 애가 아니다. 우리가 파괴에 책임이 있다고 착각하는 것은 우리와 다른 사람들에게도 위험하다. 우리가 무력할 때는 그런 착각이 어울릴지도 모른다. 그러나 우리는 지금 무력하지 않다.

나는 20대 중반에 작가의 길을 걷기로 결심하던 때를 떠올려본다. 나는 두려웠다. 나는 내 꿈을 추구해 갈 자신이 없었다. 나는 이 같은 자신감 결여가 어렸을 때 받은 학대 때문이라고 생각했다. 내가 아주 어렸을 때부터 눈치 챘던 아버지의 수법은 이런 식이었다. 우리들 중 누구라도 (또는 어머니가) 우리가 중요하다고 생각하는 바를 밝히면, 다음의 세 가지 일 중 하나가 벌어지곤 했다. 아버지는 그 요구를 자신의 성적 학대에 협력하는 대가로 들어주는 수가 있었다(어렸을 때 남북전쟁에 관심이 많았던 나는 가족들과 함께 장거리 여행을 하며 전장들을 구경한 적이 있는데, 무엇에 대한 대가였을까?). 아니면, 아버지는 요구를 들어주겠다고 약속하여 희망을 부풀려놓고 나서 약속을 어기면서 우리의 얼굴을 살펴보는 기회로 삼았다. 아니면, 아예 우리 면전에서 요구를 짓밟아버리는 경우도 있었다. 이런 과정에서 나는 내 꿈을 밝히지 않도록 배웠다.

이 같은 학대 때문에 나는 20대 중반에도 작가가 되겠다는 내 꿈을 버릴 구실이 필요하겠다고 생각했던 것이다. 하지만 작가가 되는 데 성공하고 나면 누가 나를 탓하랴? 정서적으로 살아남는 것만으로도 커다란 성공이 아닐 수 없다.

내 선택은 곧 이렇게 좁혀졌다. 평생 동안 내가 원하는 일을 하지 않을 구실을 간직한 채 살아가느냐, 아니면 평생 동안 내가 원하는 일을 하면서 살아가느냐, 하는 것이었다. 나는 불과 두어 달 만에 진로를 결정했다.

∘ ∘ ∘

우리에게 가해지는 폭력이 우리 탓이라고 생각하는 결과로—때로는 단순히 폭행당하고 싶어하지 않기 때문에—우리는 자체 경비를 두는 경우가 많다. 나는 지금 강연을 마치고 집으로 가는 비행기 안에서 이 글을 쓰고 있다. 어떤 친구가 나를 공항에 데려다주었다. 주차장에 들어서면서 보니 제복 입은 남자가 보였다. 주차장에 들어오는 차를 일일이 검색하는 임무를 띤 사람이 분명했다.

내가 말했다. "믿을 수가 없어."

"안 들어갈 거야?"

나는 여러 해 전에 어느 경찰관이 내게 한 말을 떠올렸다. 나는 그에게 우리는 반(反)나치 레지스탕스 흑백영화에서처럼 빈번하게 정부가 발행한 신분증명서나 다름없는 운전면허증의 제시를 '요구'받는다고 말했다. 경찰관은 내가 언급한 영화 얘기는 알아듣지 못했는지 "싫으면 운전하지 말아요" 하고 말했다.

나는 또 그런 영화의 주인공들이 늘 대하게 되는 검문소나 여행 제한구역들을 떠올리면서, 억압체제에서는 그런 제한이 절대적으로 필요하리라고 생각해 보기도 했다. 나는 또 얼마 전에 겪었던 일을 떠올렸다. '공항 보안요원'이라는 여자가 내 바지의 허리춤 아래로 손을 집어넣고 맨살을 더듬었다. 내가 무슨 짓을 하는 거냐고 물었다.

"손님과 다른 사람들의 안전을 위한 조치예요." 그녀가 말했다.

"내 바지 안으로 손을 집어넣는 짓은 그 누구의 안전과도 상관없어요."

그녀가 말했다. "비행기를 타는 건 권리가 아니라, 특전이에요. 싫으면 그냥 집에 계세요."

내가 이의를 제기하려 하자, 그녀가 근처의 경찰관을 손짓해 불렀다. 나는 소란을 피우느냐, 아니면 비행기를 타고 이 망할 놈의 텍사스주 오스틴을 떠나버리느냐 하는 선택의 기로에서 후자를 택하고 말았다.

다시 공항주차장 이야기로 돌아가서, 내 친구가 말했다. "그냥 들어가서 주차하자구. 자동차를 검색하라고 하지 뭐. 우린 숨길 게 없으니까."

우리는 서로 쳐다보며 고개를 저었다. 그러고 나서 한바탕 웃었다.

우리는 웃느라고 욕을 하지 못했다.

그게 잘한 일인지는 지금도 잘 모르겠다.

◦ ◦ ◦

나는 모든 공포심을 다 극복해야 한다고 말할 생각은 없다. 그렇게 말할 자신도 없다. 그러나 나는 공포심에 바탕을 둔 인생을 살아갈 마음은 없다.

물론 내가 이겨내기 힘든 종류의 공포심도 있다. 나는 어렸을 때 수상스키와 음주 끝의 성폭행과 관련하여 매 맞은 적이 많았기 때문에 지금껏 이 두 가지 모두에 대해 큰 공포심을 지니고 있다. 그러나 그 어느 것도 내가 구태여 힘들게 이겨내야 할 만한 가치는 없다. 수상스키나 술 없이도 얼마든지 행복하게 살아갈 수 있기 때문이다. 나는 마지못해 힘들게 살아갈 생각은 없다.

문화 차원에서도 같은 질문을 할 수 있다. 우리는 깨끗한 공기, 깨끗한 물, 야생동물 없이도, 살기 좋은 지구가 아니더라도 살아갈 용의를 갖고 있는가? 무엇 때문에 우리 자신의 공포심을 억누르려 하는가?

우리는 행동하지 않을 아주 편리한 구실을 갖고 있다. 문명의 기세가 워낙 사납다. 문화변용(變容)이 뿌리 깊다. 우리가 저항하면 권력층이 우리를 투옥하거나 고문할 것이다. 아니면 죽일지도 모른다. 그들은 수가 많을 뿐 아니라 무기도 갖고 있다. 그들에게는 법이 있다. 그들에게는 양심의 가책도 없다. 그렇지 않고서야 무엇보다도 그들이 현체제를 지지할 리가 없다. 그러므로 우리가 할 수 있는 일은 없다. 우리도 그 점은 인정해야 할지도 모른다.

그러나 이런 문제가 남는다. 편리한 구실을 지니고 살겠는가, 아니면 이 세계와 더불어 살아가겠는가?

○ ○ ○

또 한 가지 진짜 이야기가 있다. 문명이라는 죽음의 체제에 참여하는 것을 스스로 유죄라고 판단하는 것은 더욱 큰 우리의 죄를 호도하는 것이며, 중독성 의태(擬態)에 불과하다. 물론 나는 화장지를 사용한다. 그래서 어떻다는 말인가? 그런다고 해서 내 죄가 와이어하우저의 경영진만큼 커지는 것은 아니며, 그렇게 생각하는 것은 우리에게 초점을 돌림으로써 권력층에 큰 선물을 안겨주는 것이다.

그렇다면 우리에게는 어떤 죄가 있는가? 글쎄, 전문 저술가 등으로 개인적으로 잔심부름이나 해준 것보다는 훨씬 큰 죄일 것이다. 나처럼 나무로 만든 펄프를 사용한 책을 출판한 것보다는 훨씬 큰 죄일 것이다. 화장지를 사용하거나 자동차를 운전하거나 포름알데히드가 함유된 합판으로 지은 집에서 사는 것보다도 훨씬 큰 죄일 것이다. 이 정도의 죄라면 우리는 용서받을 수 있을 것이다. 우리가 체제를 만든 것도 아니고, 게다가 우리는 선택권을 체계적으로 박탈당했기 때문이다(집권자들이 연어를 모두 죽였는데도, 우리는 식료품점에서 식품을 사면서 죄책감을 느끼고 있으니 참 멍청하지?). 그러나 우리는 이런 문제들을 일으킨 체제를 부숴버리지 못한 죄는 용서받지 못할 것이며, 남벌자들을 숲에서 몰아내지 못한 죄, 환경오염자들을 땅과 물과 하늘에서 몰아내지 못한 죄 그리고 우리의 하나밖에 없는 집인 이 회당에서 대금업자들을 몰아내지 못한 죄도 용서받지 못할 것이고, 용서받을 수도 없을 것이다. 우리는 집권층이 계속 이 행성을 파괴하도록 허용하기 때문에 유죄이다. 그렇다. 우리는 포괄적인 미사여구만 사용하도록 부단히 요구받고 있다. 그러나 우리는 자연계와 우리 모두에게 이미 전쟁이 선포되었다는 사실을, 그리고 이 전쟁을 선포한 자는 바로 권력자들이란 사실을 언제나 깨달을 것인가? 우리는 필요하면 무슨 수를 써서라도 그들을 저지해야 한다. 그렇게 하지 못하기 때문에 우리는 나를 포함한 대부분의 사람들이 생각하는 것보다 훨씬 더 죄가 큰 것이다.

◦ ◦ ◦

분명히 해둘 것이 있다. 내가 화장지를 사용한다고 해서 산림 황폐화에 책임이 있는 것은 아니다. 내가 산림 황폐화에 책임 있는 것은, 화장지를 사용하면서 약탈자—먹잇감의 주고받기에서 내 몫을 다하지 못하기 때문이다. 내가 남의 살을 먹는다면, 나는 그 먹잇감의 공동체를 계속 유지할 책임을 지게 된다. 내가 화장지를 사용한다면, 나는 모든 수단을 다해 자연림 공동체가 계속 건강하도록 할 책임이 있다. 온갖 수단을 다해 벌목회사들을 저지하는 것이 내 책임이다.

◦ ◦ ◦

학대자들에게 나타나는 일곱번째 특징은 **쉽게 화를 낸다**는 것이다. 그들은 신경과민이고, 조금만 좌절해도 개인적 공격으로 여긴다. 그 중요한 이유는 이 책의 〔전제 4〕, 즉 우리 문화에서는 폭력이 일방적이라는 전제와 관련이 있다. 그것은 비단 폭력뿐 아니라 모든 종류의 통제, 모든 주도권에도 해당된다. 상층부 사람들은 통제하고 주도하는 것이 허용된다. 하층민들은 상층부 사람들을 효과적으로 대리하는 경우에만 통제하고 주도할 수 있다.

이 불문율을 깨뜨리는 자가 있으면, 가차 없이 조치를 취해 위계질서가 안전하게 흠결 없이 유지되도록 해야 한다. 두어 가지 예를 들어보고자 한다. 바로 어젯밤에 나는 캘리포니아주 산타바바라의 산 마르코스 고등학교 학생들과 대화를 나누었다. 학생들은 명랑하고 총명하고 열정적이고 또 방약무인이었다. 어느 여학생이 미국 독립선언문의 한 구절을 담은 포스터를 부착하려고 학교당국에 허가를 신청했던 이야기를 했다. "어떤 형태의 정부이든 이러한 목적〔생명, 자유 그리고 행복의 추구-인용자〕들을 파괴할 때는 언제든지 정부를 변경하거나 폐지하는 것이 인민의 권리다"라는 내용이었다. 학교당국은 그 여학생의 역사에 대한 관심을 포상하기는커녕, 그녀의 요청을 거절했을 뿐 아니라 그런 포스터를 붙이면 다른 학교로 '강제 전학'시키겠다고 엄포를 놓았다는 얘기였다.

여학생이 내 의견을 물었다.

나는 그 여학생은 허가신청 때문에 이미 당국에 신원이 밝혀졌으니 다른 학생들이 포스터를 붙이면 어떻겠느냐고 말했다. 다른 여학생이 나서서 이 제의에 반대하면서 벌써 퇴학 협박을 받은 학생들이 많다고 말했다.

"왜요?" 내가 물었다.

그 학생은 신병모집 기관에 학생들의 이름과 전화번호를 제공하려는 학교당국의 방침에 항의하여, 학생들이 한 교시 동안 항의퇴장을 계획했었다고 알려주었다. 그녀는 교사들이 자문해 준다는 구실로 항의퇴장을 계획중인 조직에 침투했었다고 말했다. 또 학생들이 학교당국에 항의서만 보내자는 교사들의 권고를 거부하자, 교사들과 학교당국이 한통속이 되어 한 시간이라도 수업을 빼먹는 학생은 퇴학시키겠다고 통보해 왔다고 했다.

나는 학생들에게 너희들이 자랑스럽다면서, 이처럼 어린 나이에 행동하는 참여민주주의를 경험했다니 반가운 노릇이라고 말했다.

나는 학생들에게 포스터 건에 관해 더 좋은 아이디어를 주지 못해 아쉬웠지만, 그 아이디어가 떠오른 것은 한참 지나서였다. 그것은 다른 학교 학생들과 연대하여, 그 학교 학생들은 이 학교에 포스터를 붙이고, 이쪽 학생들은 다른 학교에 가서 포스터를 붙인다는 아이디어였다. 그렇게 하면 학교당국의 힘을 무력화시킬 뿐 아니라, 보다 중요하게는 그것이 저항 네트워크를 조직화하고 우리가 절실히 필요로 하는 혁명간부를 양성하는 단서가 되리라는 것이었다.

교사들은 마음속으로 무엇을 느꼈건간에, 아주 나쁜 상황에 처해 있었을 것이다. 내가 아는 학교풍토에 비추어볼 때, 학생들을 침묵시키는 데 동조하지 않았더라면 교사들은 필시 직장을 잃었을 것이다. 그것이 바로 체제운영의 일방성이다. 바지 안으로 손을 집어넣는 제복 입은 여자에게 끝까지 항의했더라면 나는 비행기를 놓쳤을 것이며, 아마도 체포되었을 것이다. 이 교사들도 반체제 학생들을 진압하지 못하면 아마도 해고당했을 것이다.

이렇게 말한다고 해서 교사들의 행동을 정당화하지는 못하지만, 그래도 그들을 이해하는 데는 도움이 될 것이다. 아니면 그 교사들도 학교당국자들처럼 자기 행동을 완전히 합리화했을지도 모를 일이다.

권력층은 사소한 반체제 움직임이더라도—때와 장소 그리고 승인 여부를 불문하고—이를 통치자인 자기들의 정통성에 대한 공격으로 받아들일 것이 틀림없다.

아마도 이 때문일 것이다.

분연히 다시 (아니면 처음으로) 일어나 권력자들에게 "물러가라"고 소리치거나 "노"라고 소리쳐 보는 것은—설사 '언어 비폭력' 시간중이라도—멋진 일이다.

언젠가 한번 해보기 바란다. 정말 재미있다.

◦ ◦ ◦

학대자들에게 나타나는 여덟번째 특징은 적어도 어린이와 비인간들의 고통에 무감각하다는 것이다. 보다 큰 문화적 차원에서 예를 들어보면 생체해부를 들 수 있다. 또 동물원, 공장형 축사가 있다. 또 우리는 (아니 그들은) 지구를 죽이고 있다. 그들은 비명소리를 듣지 못한다.

당신은 들리는가?

◦ ◦ ◦

아홉번째, 학대자들은 섹스와 폭력을 결합시키는 경우가 많다. 강간의 빈도는—이 문화에서는 사실상 정상적일 정도로 보편화되어 있다—사회적 차원에서의 섹스와 폭력의 결합을 분명히 밝혀주고 있다. 여러 영화들도 이를 분명히 보여준다. 유방확대 수술이라는 것도 있다. 바로 어제 나는 성형외과 분야의 새 유행이라는 것을 들었는데, 무슨 뜻인지는 모르겠으나 시각적으로 더 즐겁게 하기 위해 여자의 음부를 개조하는 수술이라고 한다.

그러나 이 문화에서 이루어지는 섹스와 폭력의 결합은 '뒈져라'라는 단 한마디로 풀 수 있다. 이 문화에서는 '사랑한다'는 말이 동시에 '폭행을 가한다'는 의미도 갖는다.

◦ ◦ ◦

학대자가 보여주는 열번째 특징은 엄격한 성별 역할을 실현한다는 것이다. 이 특징이 보다 큰 문화적 차원에도 그대로 해당된다는 것은 두말할 필요도 없다. 그것은 이 문화를 지배하는 진부한 남성 우월적 가치관을 훨씬 뛰어넘는 것이며, 또한 엄격한 남녀역할의 혼란을 두려워하는 공포심이 바탕에 깔린 동성애 공포증을 훨씬 뛰어넘는 것이기도 하다.

나는 요즈음 생명을 인공적으로 만들거나 수정해 보려 하거나 또 외계에서 생명을 찾아보려고 하는, 얼핏 과학적인 것처럼 보이는 집착에 대해 많이 생각하게 된다. 지구에서 생명을 죽이기 위해 수조 달러를 써가면서, 동시에 외계에서 생명을 찾기 위해 수십억 달러를 지출한다는 것이 내게는 늘 아주 터무니없고 비도덕적인 짓으로 보인다. 과학자들이 화성에서 귀가 너덜거리고 코가 꿈틀거리는 예쁘장한 동물을 찾아낸다면 여러 개의 노벨상이 (화성인들이 아니라 과학자들에게) 수여될 것이다. 과학자들은 현실세계의 진짜 동물들을 화성인 보듯 하기 때문에, 드레이즈 시험(토끼의 눈에 투여하여 화장품, 샴푸 등의 자극성을 점검하는 시험-옮긴이)을 위해 동물의 눈에 서슴없이 헤어스프레이를 집어넣는다.

나는 또 우리가(그들이) 매일처럼 우리를 에워싼 수많은 기적들을 파괴하면서, 다른 한편 시험실에서는 '생명의 기적'을 재현해 보려고 애쓴다는 게 도무지 납득이 가지 않는다.

하지만 이제는 알겠다. 그것은 엄격한 성별 역할과 여성비하와 중증의 자궁 선망(羨望)증을 엮어놓은 후 그 위에 심통 사납게 먹지 못할 신 포도를 잔뜩 얹어놓은 심리상태에서, 요약하면 여자는 아기를 낳는데 남자는 낳지 못한다는 사실에서 비롯된다는 것이다. 여성이 일차적으로 또는 전적으로—엄격하게—생명의 창조자라는 역할에 의해 인지되고 있고, 또한 여성은 남성보다 열등하다고(남자가 뭐든지 더 잘한다고) 인식되고 있으므로, 남성도 스스로를 자기가 깔보는 여성보다 힘이 없다고 인지하지 않으려면 자기가 경멸하는 자연계의 생명을 파괴하는 데 그치지 않고 어떤 종류이건 자기 스스로 생명을 만들어낼 방법을 강구해야 하는 것이다.

점령의 문화

우리가 지난 50년 동안 온 지구에 신경가스를 살포했다고 상상해 보라. 화가 나겠는가? 그렇다. 나는 사람들이 길거리에서 비명을 지르리라고 생각한다. 자, 그런데 우리는 그동안 그런 짓을 해왔다. 우리는 면역체계와 생식체계에 근본적인 영향을 미치는 내분비 교란물질을 전세계에 방출해 왔다. 야생 동식물과 인간이 영향받고 있음을 보여주는 확실한 데이터가 있다. 화를 내야 할까? 그렇다. 나는 우리가 근본적으로 화를 내야 한다고, 길거리에서 비명을 질러야 한다고 생각한다.

*루이스 J. 질레트 2세[173]

---

* Louis J. Guillette, Jr: 미국 콜로라도대학 동물학 교수

나는 차를 운전하여 삼나무숲 사이로 4차선도로를 달리고 있다. 뒤에서 승용차 한 대가 나타나더니 속도를 내어 나를 추월한다. 너무 빨리 지나가서 잘 보지는 못했지만 자동차 뒷좌석 유리에 "훔친 차 몰듯 운전하라"고 적혀 있었던 것 같다.

나는 소리 내어 웃다가, 경찰한테 제발 딱지를 떼달라고 애원하는 듯한 그 여자의 담대함에 경탄을 금치 못한다. 그러나 리본처럼 뻗어간 아스팔트 길을 따라 운전해 가는 중에 점차 그 구절이 의미심장하게 다가왔다. 이 문장에서 '차'를 '땅'으로 바꿔보면 "훔친 땅에서 살듯 이 땅에서 살아라"가 된다. 이 문화의 구성원들이 바로 그렇게 살아가고 있다.

우리 스스로 그 점을 인정해야 한다. 여기서 이 책의 [전제 11]이 성립된다. 즉 이 문화—문명—는 처음부터 점령의 문화였다는 것이다.

점령자들은 어떤 일을 하는가? 그들은 폭력으로, 또는 폭력을 가하겠다고 협박하여 땅을 강탈한다. 그들은 제국의 중심부에서 쓸 자원을 빼앗는다. 그들은 지형을 퇴화시키고, 이 도둑질에 저항하는 자들을 죽인다. 그들은 이런 도둑질, 이런 지형퇴화에 필요한 노동력을 가진 자들을 노예로 삼는다. 그들은 방해되는 자들—이 땅의 주인인 인간 및 비인간들—을 절멸시킨다. 그들은 나머지 인간들을 점령자들의 법령과 도덕률하에 살도록 강제한다. 그들은 미래세대에게 비점령하에 있던 과거를 잊도록 가르치고, 또한 그들이 점령자들의 대열에 합류하기를 열망하고 실제로 한때 자기들 것이었던 토지기반을 퇴화시키는 일에 가담하도록 가르친다.

모든 점령의 문화에서는 착취가 핵심 요소이기 때문에, 이 같은 착취는 문화의 구석구석을 오염시키고 또 특징짓게 된다.

이것은 미국을 포함한 모든 문명화된 정부는 점령정부라는 것이다. 이들 정부는 오늘날 생산이라 불리는 자원채취 과정(자원을 지방에서 도시로, 식민지에서 제국으로 가져가기)을 촉진하고, 나아가 토지기반의 황폐화로 인해, 또한 생산을 위해 노동하느라, 삶이 왜소해졌거나 파괴된 자들이 이 과정을 방해하지 못하도록 예방하기 위해 수립된 것이다.

자본주의를 포함한 모든 문명화된 경제는 점령경제로서, 자원채취를 합리화하고 비착취 공동체적 관계에 관한 합리적 담론을 선점하여 제어하기 위해 수립된 것이다.

기독교와 유대교, 이슬람교, 불교, 유교 등을 포함한 모든 문명화된 종교는 점령종교이다. 종교는 우리에게 어떻게 살아야 할지를 가르치도록 되어 있는데, 따라서 우리가 지속적으로 살아갈 생각이라면 종교는 우리에게 자기 고장에서 살아가는 방법을 가르쳐야 한다. 그러나 사람들은 여러 장소에서 여러 가지 다양한 방법으로 살아가기 때문에, 종교는 여러 장소마다 달라야 하며, 또한 땅에서 스스로를 분리시킬 것이 아니라 땅 그 자체에서 출현해야 하는 것이다. 사람들이 중동에서 살거나 티베트 또는 미국 서북부의 태평양 연안지역에서 살거나 모두 동일한 삶의 지침을 필요로 하리라고 생각한다는 것은 우스꽝스러운 노릇이다. 장소를 옮길 수 있는 종교라는 것은 한 지방의 특수한 사정으로부터 동떨어진 종교라는 것을 의미한다. 종교는 또한 우리에게 신과의 교섭방법을 가르치도록 되어 있다. 그런데 한 종교가 장소를 초월하여 옮겨갈 수 있다면, 특정한 장소의 신과 그처럼 쉽게 이야기를 나눌 수는 없을 것이다. 요컨대 문명화된 종교는 사람들로 하여금 자기 고장의 신과의 친밀한 교섭을 멀리하고 멀리 동떨어진 종교의 추상적 원리를 받아들이도록 하고 있다. 우리가 "예수 사랑하심은 성경에 써 있네…"라고 노래하는 대신 "나는 삼나무를 사랑하고, 삼나무는 나를 사랑하네. 나무에게 사랑받는 것보다 더 좋은 일 없어라…"라고 노래 부른다면 나무들과의 대화가 얼마나 달라지겠는가?

문명의 모든 과학은 점령과학으로서, 점령한 세계를 더욱 확고히 장악하고 더욱 파괴적인 기술을 만들어내고자 한다. 지속 가능한 문화인 서식지 문화(culture of inhabitation), 즉 같은 장소에서 수천 년 동안 계속될 문화가 만들어낼 기술이 어떤 것일지 상상해 보라. 그런 문화는 자기 고장의 토양을 고양시키고 난 후에는 썩어서 구성요소로 분해되어 토양을 오염시키지 않고 오히려 보탬이 되는 그런 기술을 만들어낼 것이다. 그런 기술은 인간들에게 늘 자기 고장을 떠올리게 하고, 생산이 아니라 여가를 장려할 것이다. 그런 기술은 폭탄이나 공장의 컨베이어벨트 같은 것이 아니라 아마도 이야기, 노래, 춤 그리고 지속 가능한 일정한 수의 연어만 잡는 그물을 만들어낼 것이다.

◎ ◎ ◎

캐나다의 밴쿠버 근처에 사는 스쿼미시 부족 사람들에게는 이런 이야기가 전해진다. 오랜 옛날에 체아카무스강이 스쿼미시 사람들에게 양식을 공급해 주었다. 매년 여름이 끝날 무렵 연어들이 알을 낳으러 돌아올 때면, 사람들은 삼목뿌리로 만든 그물을 던져 겨울을 나기에 충분할 만큼 연어를 잡았다.

어느 날, 한 남자가 물고기를 잡으러 왔다. 강물을 들여다보니 올해는 물고기가 많이 돌아오고 있었다. 그는 물고기의 정령에게 스스로를 자기 가족의 양식거리로 내주어 고맙다고 말한 후 그물을 강물에 던지고 기다렸다. 얼마 후 그물을 올려보니 가족들이 한 해 동안 먹기에 충분할 만큼 물고기가 가득 차 있었다. 그는 잡은 물고기를 삼나무껍질로 만든 바구니에 담아서 집으로 돌아갈 준비를 했다.

그러나 강물을 들여다보니 물고기가 많았기 때문에 그는 그물을 한번 더 던져보기로 했다. 그렇게 했더니, 물고기가 또 그물에 가득 찼다. 그는 세번째로 그물을 치고 기다렸다.

이번에는 막대기, 그루터기, 나뭇가지 같은 것들이 가득 차 그물이 크게 찢어져 있었다. 경악할 노릇은 삼나무껍질 바구니에 담아 강가에 올려놓았던 물고기들도 모두 나뭇가지와 막대기들로 변해 있었다. 물고기도 없고 그물만 망가지고 말았다.

그때 그가 산을 올려다보니 체아카무스강의 수호신인 워운티에가 그에게 물고기를 자신과 자기 가족이 필요로 하는 것보다 많이 잡음으로써 강과 자연에 대한 신의를 깨뜨렸으며, 그 대가를 치른 것이라고 말했다고 하는 이야기다.

그래서 오늘날까지도 체아카무스강과 파라다이스 계곡을 굽어보는 산 위에는 체아카무스강의 수호신 워운티에의 신상이 있다.

어부는 어떻게 되었을까? 그의 가족은 온 부족에게 교훈을 남기고 굶어죽었다고 한다.

○ ○ ○

문명사회의 모든 담론 역시 점령의 담론이다. 그 점은 우리가 토지기반과 품위와 생활을 체계적으로 도둑맞고 있는 가운데도 우리를 계속 점령하기 위해 빵과 서커스에 관한 이야기가 판을 친다는 데서 입증되고 있다.

예를 들어 나는 그녀를 모르는데도 가끔 여배우 안젤리나 졸리에 빠져들곤 한다. 다른 생각을 하다가도 갑자기 그녀의 이미지가 떠오르곤 하는데, 그것은 내가 전 남편 빌리 밥 손턴이 그녀를 대한 태도, 두 사람의 관계를 둘러싼 스캔들로 분개하기 때문이라고 생각한다. 독자들도 그들이 서로 상대방의 피를 담은 유리병을 목걸이로 달고 다녔다는 말을 들었을 것이다. 또 남편이었던 손턴이 그녀와 잠자리를 가질 때 그녀를 목 졸라 죽이고 싶었다고 하는 말도 들었을 것이다. 하지만 그녀가 어디에다 남편의 이름을 문신으로 새겼는지는 아는가?

독자들은 여배우 니콜 키드먼이 속옷을 입기 싫어한다는 것을 아는가? 내가 신문에서 읽었으니 사실일 것이다. 지난날의 여배우 마릴린 먼로도, 탈룰라 뱅크헤드도 그랬다고 한다.

잠깐.

자, 빨리 대답해야 한다. 지금 내가 사는 곳을 토착민들은 뭐라고 불렀지? 이 고장에는 어떤 토착민들이 살았지? 내 집에서 반경 100미터 안에서 사는 (또는 살던) 동물과 식물 다섯 가지는? 반경 100미터 안에서 자라는 식용식물 다섯 가지는?

나는 안젤리나 졸리와 니콜 키드먼에 대해서는 시시콜콜 다 알면서도, 내 집에서 불과 몇 마일 떨어진 욘토케트라 불리는 고장에서 인디언 700명이 학살당했고, 그 근처인 아출레트에서도 또 호원케트라 불리는 곳에서도 학살이 있었다는 것을 아는 데는 2년이나 걸렸다. 그 실상을 모두 아는 데는 얼마나 더 걸릴지 모른다. 나는 갖가지 야생식물에 둘러싸여 살면서도 집 밖에 나가면 먹을 수 있는 식물 10가지를 찾을 줄도 모르고, 이름을 대지도 못한다. 나는 이 고장에 4년째 살고 있는데도, 지난주에야 근처에 *Aplodontia rufa*라는 학명을 가진 산악 비버가 살고 있다는 것을 알았다.

이건 그저 웃어넘길 일이 아니다. 우리가 우리 생활과는 상관없는 수많은 단편적 정보들에 관해 수없이 이야기를 하면서도(나는 안젤리나 졸리가 어떤 은밀한 곳에 문신을 했다거나 니콜 키드먼이 속옷을 입지 않는다거나 하는 지식은 내 삶에 전연 도움이 되지 않는다고 단언할 수 있다), 우리가 살고 있는 땅과 이 땅에서 함께 숨 쉬며 사는 이웃들에 대해 거의 아무것도 모른다는 것은 이상할 뿐 아니라 아주 추잡한 노릇이 아닐 수 없다.

그것은 점령의 담론을 가르치는 교과서의 한 예이다. 그 교과서는 어느 먼 곳에 있는 사람이 쓴, 내 개인의 직접적이고 특유한 경험보다 더 무게를 갖는 책이다. 빵 이야기나 하고 특히 서커스 이야기를 많이 하라. 그리고 네가 무슨 짓을 하건, 너무 늦어지기 전에는 나를 깨우지 마라. 내게 저항할 방법이 없어지기 전에는, 내가 효과적으로 행동하지 못한 데 대해 전연 책임질 수 없게 될 때까지는 나를 깨우지 마라.

◦ ◦ ◦

점령문화의 분쟁해결 방법은 서식지 문화의 그것과 다르게 마련이다. 반례를 들어보면, 지금의 브리티시컬럼비아 지방에 살던 오카나간족에게는 '엔오우킨'(En'owkin)이라는 개념이 있다. 이 말은 이를테면 "내 말에 반대하는 이유를 한번 설명해 봐라. 그러면 나도 내 생각을 바꿀 방법을 알아내 너의 관심사와 문제를 수용할 수 있을 것이다"라는 뜻이다. 오카나간족 저술가이며 운동가인 지네트 암스트롱은 내게 자기 종족이 이런 식의 기법을 개발하게 된 이유를 이렇게 설명해 주었다. "우리도 당신네들 못지않게 여러 가지 문제를 안고 산답니다. 하지만 우리와 다투는 상대가 누구건간에, 그들의 손자와 우리 손자들이 결혼하게 될지도 모르거든요. 그러니까 우리는 서로 받아들여야 하는 거예요. 나는 내가 어떻게 변해야 너를 받아들일 수 있을까를 생각해 봐야 하고, 반면에 역시 오카나간족인 너도 어떻게 변해야 나를 받아들일 수 있을까를 생각해 봐야 한다는 거지요. 우리는 서로 의지해서 살아갈 거니까요." 그녀는 자기 공동체 사람들은 모두 같은 처지에 있다고 말한다. 전에 살던 사람들도 그렇고, 앞으로 살게 될 사람들도 마찬가지일 것이다. 이것은 어떻게 보면 이웃에 사는 비인간들에게도 그대로 해당되는 말이다.

현재의 지배문화에서는 가족관계나 성관계가 서식관계가 아닌 점령관계이다. 강간이나 아동학대의 빈도가 높다는 것은 여성과 아동의 신체가 주인인 남편의 소유물로 간주되고 있다는 것을 말해 준다(남편을 뜻하는 영어 husband는 앵글로색슨 말 hus 집과 bonda 주인의 합성어이다). 여성 생식기는 착취대상 자원으로 간주되고, 이 자원을 몸에 지닌 사람은 테러를 가해야만 자원을 내놓는 성가신 존재로 인식되는 것이다.

그러나 이 같은 신념 복합체는 가족관계보다 더 심오한 문제에도 영향을 미친다. 자아(self)를 어떻게 보느냐 하는 문제이다. 너는 누구인가? 네가 너라고 생각하는 너는 누구인가? 그것은 캐서린 켈러가 말한 분리된 자아(separative self), 즉 피부색보다 훨씬 더 강력한 심리적·정신적·존재론적 장벽으로 다른 사람들과 차단된 개체를 의미하는 것일 가능성이 크다. 내 목표가 다른 사람들을 착취해 가면서 내 피해는 최소화하는 것이라면, 이런 종류의 자아는 괜찮다. 내 목표가 어떤 관계에 깃들이는 것이라면, 그런 자아는 정말 잘못된 것이라는 것이다.

만일 내가 나 스스로를 분리된 자아라고 생각한다면, 아니면 분리된 자아인 것처럼 행동한다면, 나는 과연 누구로부터 차단된 것인가? 나는 내 자아에 내 가족도 포함된다고 생각하는가? 내 친구들은? 내가 숨 쉬는 공기는?

안젤리나 졸리나 니콜 키드먼보다 훨씬 더 가까이서 살고 있는 산악 비버는? 바깥의 흙 속에 보금자리를 만들고 있는 외로운 벌들은? 살아 숨쉬는 흙 자체는? 이 모든 것들의 중재자 역할을 하는 물은? 이런 것들도 모두 나의 일부인가? 이런 것들 중 어느 것이라도 내 일부인 것이 있는가?

아니면 내 손가락 끝이 닿는 부분까지만 나일지도 모른다. 아니면 그보다 범위가 더 좁을지도 모른다. 내 감정이나 꿈조차도 포함되지 않을 수도 있다. 오직 내 사고만이 자아인지도 모른다. 아니면 그것조차도 아닐 수 있다.

나는 방금 한 친구한테서 편지를 받았는데, 이런 내용이다. "사람들은 당장의 욕구충족을 위해 만들어놓은 거품(bubble)을 그대로 방치하거나 외면하는 법이 절대로 없다. 우리는 그렇게 살아가도록 배웠다. 그것이 마이크로 차원에서 본 도시모델이다. (도시건 시민들이건) 이런 속 빈 존재들이 주위의 모든 것을 빨아들여 국외자들을 물리치기 위한 공격용 장벽을 쌓는다. 그들은 속이 빌수록 내부자가 되며, 치열하게 공격할수록 주위환경을 망가뜨리고 멸망시킨다. 나는 지속적인 정신이 없으면 지속적인 문화를 만들어낼 가망이 없다는 생각이 든다."

그녀는 계속해서 이렇게 썼다. "사람들은 문화가—대부분의 인간관계도 마찬가지지만—여러 가지 점에서 망가졌고 지속 불가능하게 되었다고 생각하면서도, 이 문제에 너무 깊이 천착하기를 겁내고 있다. 그것은 이 문화가, 또는 문명이나 친밀한 인간관계 같은 것이 붕괴되면 아무것도 남지 않는다고 생각하기 때문이다. 이렇게 해서 우리는 지각의 거품 속에 들어서게 되며—이것이 사랑의 세계에서 공포와 부정의 세계로 가는 최초의 이행과정을 이루게 된다. 그것은 인간관계의 결핍에서 시작된다. 그 다음에 우리는 불만스럽지만 참고 지내게 되는데, 대안이란 것도 별수없다고 생각하기 때문이다. 그러나 진실은 아직 살아 있다—모든 것이 아직 남아 있다. 우리는 언제라도 깨어나 우리 생존을 모두 되찾을 수 있을 것이다."[174]

◦ ◦ ◦

권력층은 그 권력과 삶을 피착취자들에게 크게 의존하는데, 바로 이 때문에 그들은 그들 자신과 피착취자들에게 그 역(逆)이 진리라고 확신시킬 필요가 있다. 아버지가 딸을 추행하면서도 딸에게 아무도 자기처럼 친절히 대해 줄 사람이 없다고 가르친다. 발암물질이 우리 몸 안에 계속 축적되고 있는데도 영화와 TV쇼, 잡지와 신문 들은 경찰이 없으면 우리 모두가 잠자다가 살해될 것이라고 믿도록 되풀이하여 가르치고 있다. 온 지구에서 인간들(사랑하고 사랑받으며 살아가기를 원하는 인간들)을 향해 폭탄(우리 폭탄이 아닌 그들의 폭탄)이 쏟아지고 있는데도, 정치가들은 그들이 말하는 이른바 민주주의를 지키기 위해 폭탄(우리 폭탄이 아닌 그들의 폭탄)이 필요하다고 우리에게 가르치고 있다. 숲이 벌채되고 강물과 토양이 오염되고, 우리가 사랑하는 아름다운 야생의 장소들이 파괴되고, 일가친척과 형제자매들, 애인들, 자식들과 우리들 자신이 암으로 쇠약해지고 있는 가운데도, 이 문화는 우리들에게 똑같은 메시지를—"너는 이 문화 없이는 생존할 수 없다"는 메시지를 거듭거듭 들려주고 있다.

이런 메시지들이 그럴듯하게 들리는 것은 우리의 지각능력과 사고능력이 터무니없이 좁아지고 흐려질 때뿐이다. 안전한 것은 위험한 것처럼 보여야 하고, 위험한 것은 안전한 것처럼 보이도록 만들어야 한다. 선행은 폭력이라 불리게 되고 폭력은 선행이라 불리게 된다. 공포는 사랑처럼 느껴지고, 사랑은 공포처럼 느껴진다.

내게도 그런 경험이 있다. 내 아버지가 나를 잘 훈련시켰다. 나는 어렸을 때 내가 당한 성폭행과 내가 목격한 구타 때문에 아버지를 증오했다. 그러나 내가 열 살쯤 되었을 때, 아버지가 집을 떠나자 나는 심한 배신감을 함께 느꼈고, 이 때문에 아버지를 더욱 증오했다. 당시에는 몰랐지만, 나는 나중에 내 누이도 아버지에게 성폭행을 당해 아버지가 떠나갔을 때 나와 비슷한 감정을 느꼈다는 말을 들었다. 누이가 가출했다. 아버지가 돌아왔을 때 나는 이 때문에 그를 더욱 증오했다. 나중에 아버지가 또 집을 나갔다. 나는 여전히 그를 증오했다. 나는 아버지가 내게 한 짓 때문에 그를 증오했고, 빈 껍데기가 된 나를 남기고 집을 떠났기 때문에 그를 증오했다.

이 모든 경험은 내가 스스로를 내주는 삶—나 자신을 선생에게 내주는 학교생활, 나 자신을 최고입찰자에게 내주는 임금노예 생활—을 시작하기 위한 일종의 준비기간이었다. 나는 대인관계에서도 스스로 양보하는 태도를 갖게 되었다. 나를 지배하는 사람에게는 내게 더 줄 것이 남아 있지 않을 때까지 계속 스스로를 내주어야 한다는 생각이었다.

나만 그런 것이 아니다.

우리 모두가 다 그렇게 하도록 요구받고 있다.

이 세상도 그렇게 요구받고 있다. 즉 이 세상도 더 내줄 것이 없어질 때까지 계속 권력자들에게 양보하도록 요구받고 있는 것이다.

그러나 우리는 꼭 그렇게 살아야만 하는 것일까? 우리에게 꼭 주인이 있어야 할까? 우리의 이익을 위할 생각도 없는 사람들에게 우리 자신을 내주어야만 할까? 그리고 그들이 우리를 빈 껍데기로 만들고 우리 고장을 공동화(空洞化)하도록 내버려두어야 할까?

매우 겁나는 일이다. 우리는 이미 속이 비었고, 사회체제 없이는 생존할 수 없다고 거듭 교육받아 왔기 때문에 그렇게 믿게 되기가 아주 쉽다. 아무리 자기 직장이 싫더라도 이 나라를 운영하는 자본가들 없이 살아갈 수 있겠는가? 아무리 엑슨 모빌 회사가 밉더라도 그 회사가 땅에서 뽑아올려 경제의 구석구석까지 공급해 주는 석유 없이 살아갈 수 있겠는가? 내가 아버지를 아무리 증오했다 하더라도 아버지 없이 내가 살아남을 수 있었을까? (이 말은 맞지 않다. 나는 아버지 없이도 살아갈 수 있다는 걸 금방 깨달았고, 또 오랫동안 그렇게 살았다. 아버지가 내 삶을 건드리지 않으니, 이제는 아버지를 미워하지도 않는다.)

우리는 이 문명이 "사회문화적 발전의 높은 단계"일 뿐 아니라 이 문명 없이는 우리가 살아갈 수도 없다는 이런 믿음을 얼마나 마음속 깊이 간직하고 있는가? 세이프 웨이(미국의 슈퍼마켓 체인-옮긴이)나 레이즈 푸드 플레이스(미국의 식품점 체인-옮긴이)가 (또는 KFC나 칼스 주니어가) 없다면 도대체 무얼 먹고 산단 말인가? 또 J. 크루 같은 데서 정기적으로 카탈로그를 보내주지 않는다면 무슨 옷을 입는단 말인가? 나는 지금 기후가 비교적 안정된 캘리포니아 북부 해안지방에서 살고 있지만, 전에는 추운 지방인 콜로라도나 네바다 동북지역, 북부 아이다호, 워싱턴주 동부지역 등에서 살았었다. 과연 내가 석기시대 도구들을 사용하여 추위를 이길 만한 집을 지을 수 있었을까?

그렇다고 해서 내가 정말 문명 없이는 살아갈 수 없는 것일까? 그것은 무엇보다도 우선 내가 누구냐에 달렸다. 내가 들짐승이라면 문명 없이도 살 수 있을 것이 거의 확실하며, 실제로 문명이 지속된다면 살아갈 마음이 없으리라는 것도 거의 확실하다. 여기서 '거의 확실하다'고 말하는 것은 대부분이 문명의 피해를 겪기는 하지만 비인간들 전체가 획일적이지는 않기 때문이다. 예를 들어 노르웨이쥐나 쥐, 찌르레기와 같은 일부 비인간들은 문명으로 인해 서식지가 크게 늘어나거나 천적들이 없어져 큰 혜택을 누리고 있다. 일부 미생물들도 마찬가지다. 문명이 인간을 먹고 사는 여러 미생물들에게 엄청난 혜택을 주기 때문에, 도시는 미생물들에게는 먹잇감 사육장이나 축산농장에 다름 아니라는 주장도 있을 정도이다(미생물 사회에도 인간이 도시에 강요한 참을 수 없는 '비미생물적' 생활조건에 불평하는 '인권'운동가들이 있을까?).

그럼에도 불구하고 긴수염고래, 점박이올빼미, 귀상어, 자바코뿔소 등이 살아 남기 위해서는 문명이 사라져야 한다.

하지만 누가 비인간들에 관해 신경이나 쓰겠는가? 그들이 문명에 적응하지 못하겠다면 죽으라지. 우리는 우리에게 중요한 피조물에 대해서만 알고 싶어한다. 인간은 과연 문명 없이 살아남을 수 있을까?

자, 우리가 생존기간의 99% 이상을 살아왔다고 치자. 그러나 그게 지금 중요한가? 현재의 인구를 감안할 때 인간은 살아남을 수 있을까? 아마도 대부분의 문명인들에게 더 중요한 관심사는 지금의 생활방식을 유지할 수 있을까, 하는 문제일 것이다. 문명을 해체하면 광범위한 사망과 고통이 뒤따르게 될까? 많은 사람들이 알고 싶어하겠지만, 그때 가서도 인터넷을 사용할 수 있을까? 이런 문제들은 나중에 상세히 살펴보기로 하고, 여기서는 인간도 치타만큼이나 획일적이지 않다는 점을 염두에 두고 우선 인간을 대충 몇 개의 하위범주로 나누어 생각해 보고자 한다.

우선, 전통적 토착민들은 내일 당장 문명이 없어지면 오히려 더 잘살아 가리라고 보아도 무리가 없을 것이다. 문명이 오래 전에 사라졌더라면 그들은 지금보다 훨씬 더 잘살고 있을 것이다. 그들은 문명이 없어져도 쉽게 살아남을 것이다.

농촌빈민들도 문명이 없어지면 더 잘살게 될 것이다. 땅을 빼앗으려는 사람도 없고 그들의 땅에 현금작물을 심으려는 사람도 없어지면, 그들은 아주 오랫동안 자기들을 부양해 온 생계농업으로 복귀할 수 있을 것이다. 앞서 인용한 투팍 아마루(Tupac Amaru) 혁명운동 요원의 발언을 상기해 보자. 그는 "우리는 식량을 스스로 생산·분배해야 합니다. 방법은 다 알고 있어요. 우리가 그렇게 하도록 내버려두기만 하면 됩니다"라고 말했다. 세계의 농촌빈민들은 스스로 살아가는 법을 잘 알고 있다. 그렇게 살아가도록 놔두기만 하면 된다.

내 생각으로는 도시의 부유층도—전지구적 차원에서 보면, 미국의 농촌주민 대부분도—잘 살아남을 수 있으리라는 것이 아주 확실하다. 1월의 딸기라든가 연중 공급되는 새우와 같은 사치품은 없어지겠지만, 그들은 여전히 땅을 이용할 수 있어 의·식·주를 구할 수 있기 때문에 잘살아 갈 수 있으리라 생각된다. 그들은 물질적 소유가 비교적 풍부하기 때문에 식량자급 방법은 모르더라도 그럭저럭 균형을 맞출 수 있을 것이다.

그럼에도 불구하고 토지에 비해 항구적으로 부양해야 할 인구가 너무 많다는 사실은 달라지지 않는다. 그리고 도시문제는 아직 살펴보지도 않았다.

도시빈민들은 농촌빈민들보다 훨씬 더 열악한 상황에 있다. 그들이 토지를 이용할 수 없다는 것은 명백하다. 장기적으로는 도시빈민들도 문명이 없어지면 생활형편이 크게 좋아질 것이다. 문제는 단기적으로 수많은 빈민들이 사망하리라는 데 있다. 그들을 비참하게 만들었던 바로 그 체제를 통해 식량이 공급될 터이기 때문이다. 상기해야 할 것은 문명과 그 채취경제 (extractive economies)의 지속 때문에 이미 수많은 사람들이 일찍 죽을 수밖에 없게 되어 있다는 점이다. 채취경제야말로 애당초 도시빈민들을 만들어낸 원인이다. 이렇게 말하는 본뜻은 죽음을 가볍게 보려는 것이 아니라, 인간이—도시빈민들이—문명형성 과정에서 이중구속(double-bind) 상태에 놓여 있음을 지적하려는 데 있다. 즉 도시빈민들에게 식량을 공급하는 유통체계를 해체하면 많은 사람들이 굶어죽을 터이지만, 이 유통체계 자체는 이미 인간에게 큰 피해를 입히고 있는 거대체계(mega-system)—지구의 인간 부양능력을 급속도로 고갈시키고 있어 더 지속될 수 없는 보다 큰 체계—의 일부에 불과하다는 것이다. 여기서 인간을 모든 생명의 실질적 버팀목인 토지기반으로부터 차단하여, 인간이 스스로를 착취하는 체제에 의존하도록 만드는 어리석음—사악함—이 드러난다.

그러나 빈민들의 처지를 누가 신경이나 쓰겠는가? 빈민들이 문명에 적응하지 못하겠다면 죽으라고 하고, 문명 없이는 못 살겠다면 두 번 죽으라고 하면 그만이다. 그러면, 유일하게 중요한 존재인 도시부유층은 어떻게 될까?

글쎄, 나는 그들을 별로 걱정하지 않는다. 그들이야말로 우리를 이 지경으로 만든 장본인이기 때문이다. 그들은 혼자서도 잘 꾸려나갈 것이다. 그들도 못 살겠다면 죽으라지.

◌ ◌ ◌

도시빈민들이 문명 없이 살아갈 수 있을지에 관한 나의 분석은 여러 가지 점에서 쓸데없는 짓이다. 첫째, 누구건 예측을 할 때는 예측이 틀릴 것을 예상해야 한다. 내가 문명의 종말과 같은 복잡한 결과를 예측할 수 없는 것은 탬파베이 데블레이 야구팀이 2002년에 100게임 넘게 패배하리라고 예상할 수 없었던 것과 같다. 차라리 후자의 경우는 혹시 예측할 수 있었을지도 모르겠지만.

문명이 붕괴할 때 어떤 일이 일어날지 나는 알 수 없다. 도시빈민들이 굶어죽을까? 현재의 권력구조가 그 구조를 유지하는 경찰과 함께 없어지면 빈민들이 부자들에게서 식량을 빼앗을까? 경찰이 지금보다도 더 사나워질까? 도시가 전쟁터로 변할까? 아니면 빈민들이 집단공동체를 만들어 자신과 이웃들을 돌보고 부자들의 유휴지를 접수하여 자체 식량을 재배할까? 그들이 첫번째 수확이 이루어질 때까지 살아남을 수 있을까? 부자들이 경찰을 고용하여 빈민들이 이런 짓을 하지 못하게 할까? 경찰이 이 일을 원칙대로 수행할까? 경찰 자신이 식량을 차지할까? 빈민들은 어떤 반응을 보일까? 나아가 자연계에 대한 폭력이 더 악화될까? 폭력현장이 식민지에서 제국의 심장부 가까이로 옮겨갈까? 내가 최근 뉴잉글랜드 지방에 갔을 때, 어떤 사람이 지난 100년 동안 그 고장 특유의 나무들이 다시 자라나고 있다면서 그것은 좋은 조짐이라고 말했다. 그 고장 주민들이 마침내 뒤뜰의 나무들을 벌채하지 않게 되었다는 말이었다. 나는 그것을 문명이 범위를 넓혀가는 조짐이라고 보았다. 기술적·사회적 혁신 덕분에 양키들은 전지구를 벌채할 수 있게 되어, 이제는 목질섬유가 필요하면 남의 뒤뜰에서 나무를 조달하고 있는 것이다. 사라져야 할 문명의 또 한 부분인 지구적 무역이 붕괴하면, 이런 사람들은 목질섬유가 필요할 때 다시 자기 고장의 나무들을 벌채하기 시작하겠지만, 전세계로 손길을 뻗을 수는 없을 것이다. 이것이 좋은 일일까? 나는 그렇다고 생각한다. 그러나 진짜 중요한 점은, 문명이 붕괴될 때 무슨 일이 일어날지 모르겠다는 것이다.

내가 아는 것은 이런 것이다. 즉 전지구적 산업경제는 대규모의 환경퇴화와 대규모의 인간(및 비인간) 곤궁화의 주범이라는 것이다. 이런 경제가 약해질수록 세계는 피해를 덜 입을 것이며 인간(및 비인간)을 부양할 지구의 능력이 커질 것이다.

나는 또 지금 당장 굶어죽는 도시빈민은 없다는 것도 알고 있다. 그들이 죽어가는 것은 식민주의 때문이다. 앞에서도 언급했지만, 인도에서는 3500만 주민이 굶주리는 가운데 이 나라는 지금 튤립과 개 사료를 유럽에 수출하고 있다. 수천만 명이 굶주리는 가운데, '그들의' 정부는 곡물 수출시장을 찾을 수 없다는 이유로, 그리고 지불능력이 없는 사람에게는 식량을 배급하고 싶지 않기 때문에, 600만 톤의 곡물을 바다에 내버리려 하고 있다.

아동 영양실조를 보고한 나라들의 78%가 식량을 수출하고 있다. 언론에 대대적으로 보도된 1980년대 에티오피아 기아사태 동안에도 이 나라는 유럽에 강낭콩을 수출했다. 아일랜드는 유명한 감자기근 기간에도 영국에 곡물을 수출했었다.

지구에 인구가 너무 많은 것은 사실이다. 언젠가는 인구가 줄어들 것이다. 그러나 지금 당장은 식량이 남아돌 만큼 충분하여, 전세계적으로 1인당 하루 4.3파운드(약 1.95kg)씩 돌아갈 정도이다. 세계화 경제에 진입하기 전에는 식량을 생산하던 농지에서 지금은 커피, 담배, 튤립, 아편, 코카인과 같은 비식량작물들을 재배하여 수출하고 있는데도, 또한 도로나 주차장 등 비생산적 용도로 그 넓은 토지를 사용하고 있는데도 식량은 이처럼 남아돌고 있다. 지금 미국에서만 포장도로 면적이 6만 제곱마일에 달한다. 이것은 지표면적의 2%, 경작 가능 면적의 10%에 해당하는 면적이다. 세계화 경제가 붕괴하면, 이런 땅들은 다시 식량생산을 위해 경작될 것이다.

도시빈민들이 문명이 계속될 때보다 문명충돌시에 더 고통받으리라는 나의 분석이 쓸데없는 짓인 또 다른 이유는 이 책의 다음과 같은 〔전제 12〕에 담겨 있다. 즉 세상에는 부자도 없고 가난한 자도 없다. 그저 사람만 있을 뿐이다. 부자란 많은 사람들이 어떤 가치가 있다고 상상하는 녹색의 종이쪽지(달러지폐―옮긴이)를 많이 갖고 있고, 가난한 자들은 그렇지 못한 것인지도 모른다―아니면 그들이 상상하는 부(富)라는 것은 좀더 추상적이어서 은행 하드 드라이브상의 수치에 불과한지도 모른다. 부자들은 자기가 땅을 소유한다고 주장하지만, 가난한 자들은 동일한 주장을 할 권리를 인정받지 못하는 경우가 많다. 이 같은 정책의 1차적 목적은 지폐를 많이 가진 자들의 망상(delusions)을 집행하는 데 있다. 지폐를 갖지 못한 자들도 대부분 가진 자들만큼이나 신속·완벽하게 이 같은 망상을 받아들인다. 이런 망상은 실사회에 대단한 영향을 미치게 된다.

그러나 세상에는 진정 사람이 있을 뿐이다. 부자도 없고 가난한 사람도 없다. 우리 마음속에만 있을 뿐이다.

그 결과 사람들은 굶어죽고 있다.

도시빈민들이 문명붕괴 때 고통을 받으리라고 예측할 때, 나는 어쩌면 또 다시 자기 없이는 우리가 살아갈 수 없다고 주장하는 학대자의 마법에 걸려 있었는지도 모른다. 문명이 추락할 때 굶어죽는 사람의 대부분은 이 문화의 중심적 망상, 즉 세상에는 부자와 가난한 사람이 있으며 그것은 사회계약이나 힘에 의해 유지되는 것이 아니라는 망상을 버리지 못하는 사람들일 것이다. '가난한' 사람들이 이런 주술에 빠지지 않고, 나아가 부자들이 고용한 경찰로부터 스스로를 방어하는 것이 비도덕적이지 않다고 확신하게 된다면, 그들은 살아남을 공산이 크다.

○ ○ ○

소유권이 공동의 사회적 망상에 근거할 뿐이라는 앞의 서술이 꼭 정확한 것은 아니다. 첫째, 문명인의 소유권 개념은 사실 힘을 바탕으로 하기 때문이다. 부유층의 재산획득과 그 유지는 거의 모든 국가폭력을 추진하는 핵심적 동기유발 요소이다. 그러나 여기서 지적해 두어야 할 한 가지 더 중요한 문제가 있으니, 그것은 사람의 몸과 토양의 관계에 관한 문제이다. 내가 지금 인디언의 땅에서 살고 있다고 말할 때, 그것은 인디언의 소유권 주장이 망상이라거나 그것이 사회계약에 근거한다는 의미를 함축하는 말이 아니다. 그 정반대이다. 땅이 그들의 소유인 만큼 그들은 이 땅에 속해 있다. 그들의 소유권은 문명인의 소유권과는 의미가 다르다. 일반적으로 우리 문명인들이 무엇을 소유한다고 말할 때, 그것은 마음대로 처분하거나 파괴할 수 있는 권리를 가진다는 것을 의미한다. 이것이 내 컴퓨터라면 내가 절벽 아래로 던져버리더라도 아무도 말리지 못한다. 그러나 또 다른 형태의 소유권이 있으니, 그것은 책임성과 관련된, 앞서 논한 약탈자와 먹잇감 간의 거래와 관련된 소유권이다. 이 땅에서 살고 있는 사람은 땅을 계속 건강하게 유지할 책임을 진다. 또 이 땅을 공유하는 모든 다양한 공동체들의 건강도 책임진다. 그리고 그 공동체의 구성원들도 인간의 육신을 먹고 살 터이므로 그들도 인간공동체의 계속적인 건강을 유지할 책임을 지게 될 것이다. 그런 의미에서 인간은 땅을 소유하고, 땅은 인간을 소유하게 되는 것이다.

∘ ∘ ∘

지배하고 착취하고자 하는 사람들이 자신의 지배력을 유지·확대하기 위해 온갖 핑계를 대는 것처럼, 스스로를 피해자라고 생각하는 사람들도 착취자들 없이는 자신이 살아남지 못한다는 생각을 굳히기 위해 온갖 핑계를 대게 마련이다. 나는 달리 집세를 낼 방법이 없다는 이유로 구타하는 남편과 계속 함께 사는 여자들을 많이 보았다. 너무나 자주 보게 되는 정신 나간 논리다. 직장이 싫지만, 마찬가지 이유로 계속 근무하는 사람들도 많다. 더욱 자주 보게 되는 정신 나간 논리다. 내가 앞서 언급한 학대관계를 뿌리치지 못한 한 가지 이유는 사태를 개선할 수 없다고 생각한 데 있었다. 당시에는 그게 합리적이라는 생각이 들었다. 지금 생각해 보니 그것도 정신 나간 짓이었다.

이런 것들은 모두 참을 수 없는 상황에 계속 남아 있기 위한 어리석은 구실일 뿐이다. 그러나 내가 직접 목격한 사례들에서는, 학대받는 여자나 직장을 싫어하는 사람이 마침내 결단을 내리더라도 두려워했던 상황이 벌어지는 경우는 전연 없었다.

문명의 잔혹성을 잘 알면서도 문명 없이는 살아남지 못하리라는 두려움 때문에 계속 매달려 있는 사람이 얼마나 많을까?

최근에 '데릭 젠슨 토론모임'의 몇몇 회원들이 이 문제를 정면으로 다룬 바 있다. 그중 한 사람은 이렇게 썼다. "나는 문명이 하는 짓을 몹시 혐오하지만, 나 자신은 문자 그대로 문명으로 채워져 있다. 나는 사냥이나 채취를 하지 않고 농사도 짓지 않으며, 음식을 식당에서 사먹거나 식품점에서 구입하고 있다. 나는 문명인이 된다는 것이 학대관계에 참여하는 것임을 잘 알면서도 이 관계에 의존하여 음식을 먹고 있다. 게다가 문명이 너무 많은 땅과 사람을 차지하고 있기 때문에, 그 바깥에서 살려는 시도는 매우 힘들고 외로운 일일 수도 있겠다."

다른 회원이 이런 댓글을 달았다. "언젠가는 사람들이 문명으로부터 도망가서 토착민들과 합류하여 피쿼트족(미국 동부 해안지방에 살던 인디언-옮긴이)이나 라코타족(미국 미주리강 일대에 살던 인디언-옮긴이), 고트족이나 켈트족이 될 것이다. 불행하게도, 지금은 문명으로부터 도망갈 곳이 없다. 도망갈 곳이 없다면, 학대관계에 처해 있는 사람은 어떻게 해야 할까? 학대받는 여자가 잠든 남편을 불태워 죽이는 영화 〈불타는 침대〉가 떠오른다."

또 다른 회원은 이렇게 썼다. "문명의 바깥에서 살아갈 수 있다고 생각하는 사람들은 크게 착각하는 거다. 문명 밖에서 살아간다고 자부하는 사람들을 그대로 내버려두는 유일한 이유는 그들이 이 체제에 아무런 위협이 되지 않고, 만일 위협이 되더라도 쉽게 '처리'할 수 있다는 데 있다. 그들은 '대안적' 생활방식대로 살아가도록 '허락'받은 사람들일 뿐이다. 얼마 전에 테드 카친스키(1978년 이래 대학과 항공사 등에 폭탄소포를 보내 수십 명을 살상한 미국의 테러범. 일명 유나바머Unabomber-옮긴이)가 말한 대로 '당국이 대수롭지 않다고 생각하는 한 마음대로 자유를 누릴 수 있다.' 누구든 진정으로 문명 '바깥에서' 살아보려면, 문명이 사라지는 수밖에 없다."

이 모두가 맞는 말이며, 문명의 지각독점(그리고 세계독점)을 다른 말로 표현하고 있다. 그러나 만일 우리가 〈불타는 침대〉의 시범을 따른다면 어떤 일이 일어날까?

이에 대한 답으로 어떤 사람은 이런 우려를 표했다. "우리는 너무 오랫동안 문명의 우리에 갇혀 있어 타고난 본능과 의식이 둔해졌기 때문에 과연 비문명 환경에서도 살아갈 능력이 있는지—심지어 그 방법을 배울 능력이 있는지—스스로를 믿을 수 없게 되었다."

또 다른 사람은 이런 반론을 폈다. "나는 시골에서 성장하여 여덟 살 나이에 음식을 만들고 집짓는 법을 알았다. 아무도 배워주지 않아도 내가 여덟

살 때 그런 일을 했는데, 우리 모두는 가르쳐주는 사람만 있다면 얼마나 잘 할 수 있겠는가?"

앞엣사람이 이렇게 응답했다. "내 말은 우리가 문명 바깥에서 살아가는 데 필요한 기술을 배울 개별적 능력을 상실했다는 의미가 아니었다. 강조할 점은 우리가 스스로가 살고 있는 장소에 대해 정통하지 못한 탓으로 스스로의 능력에 뿌리 깊은 불신을 지니고 있다는 것이다(덧붙이자면 우리는 6천 년 동안 자연은 위험하고 문명은 자애롭다고 배워왔다). 예를 들어 내가 문명이 붕괴할 경우, 보다 인간적인 문화를 만드는 데 유용하게 써먹을 생각으로 우선은 온힘을 기울여 원시적인 생존기술과 사냥기술을 배우고 연습하여 영구보존하기로 작정한다고 치자. 하지만 내게는 문제가 있다. 나는 한때 내가 유능한 생존기술자가 되었다고 자부했었다. 그러던 중 애팔래치아산맥의 삼림지대에서 성장한 체로키족 혈통의 산사람과 함께 사냥할 기회가 있었다. 그는 자기가 야생환경에서 생존할 수 있다는 깊은 확신을 지닌 사람이었다. 나는 내가 다른 사람들보다는 생존기술이 뛰어나다고 생각하면서도, 그러나 나는 그 친구처럼 거의 평생 동안 자연계와 접촉하면서 지내야만 얻을 수 있는 자기 능력에 대한 깊은 확신은 갖고 있지 못하다고 시인할 수밖에 없었다.

그러나 개인의 생존을 초월하는 보다 큰 문제가 있으니, 그것은 전체 공동체가 문명의 기반시설 없이도 살아갈 방법을 배울 수 있느냐, 하는 것이다. 이 말도 우리가 필요한 기술을 배울 수 없다는 뜻으로 하는 말이 아니다. 다만 나는 우리가 토착민 공동체의 호의를 입어 가까운 장래에 그 같은 기술을 배울 수 있으리라고는 생각하지 않는다."

또 다른 사람이 마지막으로 이런 글을 올렸다. "나도 동감이지만, 우리가 오랫동안 꾸준히 노력하면 호의를 입을 수 있다고 생각한다. 그리고 문명붕괴를 생각하는 분들에게 한 가지 덧붙일 말이 있다. 곤충들을 무시하지 말기 바란다. 곤충은 풍부하고 자정능력이 있으며 맛도 좋고 단백질과 양질의 지방질도 풍부하다. 많이 드시기 바란다!"

◦ ◦ ◦

미국은 아프가니스탄을 점령한 후 또 다른 나라, 이라크를 침략했다.

침공 첫날밤에 나는 세이프 웨이의 계산대 앞에 줄 서서 기다리고 있었다. 그때 20대 초반의 어떤 남자가 무표정한 얼굴로 내게 말했다. "결국 우리가 전쟁하네요."

나는 이렇게 대답하고 싶었다. "'우리'가 전쟁하는 게 아니오. '나'는 전쟁하지 않아요. 이건 내 정부가 아니오. 그들은 내 군대가 아니오." 그러나 그렇게 말하려면 긴 설명이 필요할 것 같았다. 그래서 나는 이렇게 말했다. "그래요. 미국정부가 또 폭격을 해서 불쌍한 다갈색 백성들이 똥을 싸게 만드네요."

그가 고개를 끄덕이며 말했다. "맞아요. 확실히 그래요." 그가 얼굴을 돌렸고, 나도 따라서 고개를 돌렸다.

◦ ◦ ◦

문명이 몰락하는 과정에서, 우리 모두에게는—부자건 가난한 사람이건—단순한 굶주림이나 우리 몸에 스며드는 다이옥신보다 훨씬 더 두려워해야 할 일이 있다. 권력층은 자원시장을 확보하거나 유지하는 등으로 권력을 늘리기 위해 시시때때로 서슴없이 사람들을 죽이고 있다. 사실 지금 당장 이라크에서 목격하는 바와 같이, 그리고 지금까지 전세계에 걸쳐 반복적으로 드러난 바와 같이, 그들은 그런 짓을 하고자 하는 '확실한 열의'를 보여주고 있다.

그러나 권력을 얻기 위해 폭력을 사용하는 그들의 열의는 권력이 위협받을 때 드러나는 열의에 비하면 아무것도 아니다. 폭력관계에 처해 있어본 사람은 그 관계를 벗어나기가 매우 위험하다는 것을 잘 안다. 학대자들이 피해자를 도망가게 내버려두기보다 차라리 죽이는 경우가 많기 때문이다. 때로는 학대자가 자신의 통제력과 정체성을 포기하느니 차라리 자살하는 경우도 있다.

이런 일은 개인 차원에서만 일어나는 게 아니다. 히틀러는 마침내 전쟁에 패했음을 깨닫자, 자신과 함께 독일 전체를 없애버리려고 했었다. 그러나 그는 보좌관들이 불복하여 뜻을 이루지 못했다. 만일 나치독일이 지금 미국이 갖고 있는 것과 같은 핵무기를 소유했더라면 히틀러는 분명히 이를 사용하여 세계를 파괴하려고 시도했을 것이다. 학대자는 어떤 대상을 장악할 수 없게 되면, 그것의 존재를 허용하지 않는다. 그것이 학대의 전형이다.

나는 요즈음 강연 때 미국정부를 운영하는 자들은 국내반란이나 생태계 붕괴로 인해 자신의 권력이 심각하게 위협받으면 저항의 본거지를 없애기 위해 로스앤젤레스에라도 서슴없이 핵무기를 사용할 가능성이 크다는 말을 하고 있다. 헉, 그들은 수십 년 전 자신의 권력이 전연 위협받지 않았는데도 네바다주에 핵무기를 사용했었다.

내가 이 말을 하면 청중들은 고개를 끄덕인다. 충격을 받거나 설마 하는 기색은 없다. 사람들은 '자기들'의 정부가 국민을 위해 봉사하지 않고 오히려 국민과 그 토지기반을 상대로 핵무기를 사용할 매우 객관적인 가능성이 있음을 쉽게 받아들인다. 청중들은 권력층이 권력을 유지하기 위해 무슨 짓이든지 하리라고 분석하고 이해하는 데서 나보다 훨씬 앞서가는 경우가 많다.

굶주림은 겁나기는 하지만 가장 두려워할 문제는 아니다.

∘ ∘ ∘

우리들 대부분이—나 자신을 포함하여—어렸을 때부터 철저하게 아둔해지도록 교육받았음을 감안하여, 나는 추상적으로 말하지 않고 아주 명확하게 단언하고자 한다. 미국정부는 점령정부이다. 자본주의는 점령경제이다. 만일 현재의 지배적 문화가 하고 있는 몹쓸 짓을 외세가 (또는 외계인이) 우리와 우리의 토지기반을 상대로 한다면, 우리 모두는—조금이라도 용기와 품위 그리고 자기보전 의식을 지닌 자라면—죽기 살기로 싸울 것이다.

그러나 우리는 지금 싸우지 않고 있다. 대개의 경우 저항조차도 하지 않는다. 문명인이 된다는 건 어떤 느낌일까? 노예가 된다는 건 또 어떤 느낌일까?

◎ ◎ ◎

그 과정은 이렇다. 권력층이 법령을 만든다. 그 법령이 아무리 어리석고 비도덕적이더라도 경찰과 군대 등 총 가진 사람들이 이를 강제로 집행한다. 때로는 판사가 판례를 만들어내기도 한다. 이 판례 역시 아무리 어리석고 비도덕적일지라도 총 가진 사람들에 의해 집행된다. 이런 법령과 판례에서는 인간이 (책임만 있고) 권리를 갖지 않는 재산일 수도 있고, 기업체가 (책임은 지지 않고) 권리를 갖는 인격일 수도 있다. 기업의 거짓말을 언론자유라고 보호하기도 한다. 기업의 뇌물을 보호하는 경우도 있다. 그것은 생산과정에서 사람을 죽인 자들의 책임성을 면죄해 주는 것일 수도 있다. 기업이 '소유'한 재산을 파괴한 자에게 '테러범'이란 딱지를 붙여 수십 년간 감옥에 처넣는 것일 수도 있다.

집권층은 종종 나머지 사람들은 법령에 잘 순종하는 선량한 시민으로 자부심을 갖도록 가르치기도 한다. 집권층은 우리에게 일상적으로 자신의 권력을 늘리기 위해서라면 비난할 만한 행동(예를 들어 토착민의 땅을 빼앗거나 자원 보유국에 쳐들어가는 행동)도 합법화하고, 자신의 권력을 잠식하는 것이면 비난 가능성 없는 행동(예를 들어 반전시위중에 거리에 서 있는 행동)도 불법화하기를 서슴지 않는다는 사실을 잊도록 가르친다.[175]

이를 다른 말로 표현하면, 집권자들은 자신의 권력을 유지·확대하기 위해 법령을 만들며, 또 폭력배를 고용하여 사람들이 이를 지키도록 만든다는 말이 된다—보호하고 봉사한다는 수사를 벗겨버리고 나면, 경찰과 군대의 임무는 집권자들의 명령을 집행하는 폭력이라는 말로 요약된다.

집권층의 명령이 어디까지나 집권층의 명령일 뿐이라는 사실을 망각할 때, 우리는 그런 명령에 엉뚱한 도덕적 무게를 부여하게 된다. 집권층(대개는 부유층)은 집권자들이 특정한 상황에서는 비집권층(대개는 빈민층)을 죽일 수 있다고 선언하면, 우리는 처벌을 면하기 위해 그들이 자신의 권력을 행사할 뿐이라는 사실을 망각한다. 집권층이 특정한 상황에서는 다른 공동체들의 토지기반을 망칠 수 있다—미안, '자연자원을 개발'한다—고 선언하면, 우리는 공동체와 지구의 파괴를 모면하기 위해 그들이 자신의 권력을 행사할 뿐이라는 사실을 망각한다. 집권층이 상황에 따라 전체 국민을 죽일 수도 있다고 선언하면, 우리는 대학살을 모면하기 위해 그들이 자신의 권력을 행사할 뿐이라는 점을 망각한다.

대부분의 사람들이 우리 토지기반을 점령하는 정부의 조치에 제대로 반대하지 못하는 것은 그 결과를 두려워하기 때문이며, 살해되거나 투옥당할까 두려워하기 때문이다. 내가 아직 댐을 하나도 허물지 못한 것도 이런 두려움 때문이라고 생각한다. 시인하기 부끄럽지만, 사실이다.

두려움 때문에 재대로 행동하지는 못하더라도, 우리는 최소한 비겁함을 정당화하지 않는 염치는 지켜야 할 것이다. 준법시민이 도덕적 인간인 체하는 경우가 많다. 나아가 우리는 모든 형태의 폭력을 어떤 상황에서도 반대하는 것이, 마치 도덕적으로 우월한 것이라고 스스로를 속이곤 한다. 심지어 우리에게 가해지는 폭력을 멈추기 위해 사용하는 폭력에 반대하는 것조차도 도덕적으로 일리 있고 나아가 바람직하다고 생각한다. 이 같은 합리화는 현재의 권력구조를 유지하는 데 필수 불가결한 요소이다.

이 책의 〔전제 13〕은 다음과 같다. 집권자들은 힘으로 통치한다. 우리는 그렇지 않다는 망상을 빨리 버릴수록 최소한 저항할 것인가 여부 그리고 언제, 어떻게 저항할 것인가에 대해 신속하게 합리적인 결정을 내릴 수 있게 된다.

◦ ◦ ◦

홈볼트 카운티에서 나무연좌시위(tree-sitting, 미국 환경운동가들이 1970년대부터 사용하고 있는 시민불복종 운동의 한 형태-옮긴이)를 하던 내 친구가—그녀의 이름은 '리머디'이다—얼마 전에 그 나무에서 끌려 내려왔다(본명이 제니 카드인 이 여자는 361일 동안 나무에서 내려오지 않았다-옮긴이). 퍼시픽 목재회사는 홈볼트 카운티 보안관들의 지원하에 나무 타는 사람들을 그녀에게 올려보냈다. 그녀는 자기가 살던 플랫폼에서 훨씬 더 위로 올라가서 두 팔로 나무줄기를 껴안은 다음 양손에 철판을 씌우고 자물쇠를 채웠다. 자기를 끌어내리려면 자기 몸을 잘라야 하도록 만들기 위해서였다.

나무에 올라간 책임자는 '클라이머' 에릭이라 불리는 사람이었다. 퍼시픽 목재회사가 나무 위의 연좌시위자들을 끌어내리기 위해 자주 고용하는 사람이었다. 그는 나무를 기어 올라가서 연좌시위자들에게 웃으면서 부드러운 말로, 지금 지상으로 내려가서 법정에 서면 이곳보다 훨씬 더 편하게 지낼 수 있다고 설득한다. 그래도 시위자들이 순순히 내려오지 않으면, 그는 자기가 끌어내리겠다고 통보한 다음에 여전히 웃으면서 "저 아래 보안관들이 보여요? 당신들이 저항하거나 조금이라도 내게 반항하면 저들이 당신들을 쏴 죽일 거요"라고 말한다. 그가 연좌시위자들을 자물통에서 떼어낼 때도 웃는지는 잘 모르겠다. 또 시위자들을 제압하기 위해 사지가 늘어질 때까지 조르기를 할 때도 웃는지도 잘 모르겠다. 그러고 나서 그는 시위자들을 묶어서 아래로 내려보낸다. '클라이머' 에릭의 조르기 때문에 적어도 시위자 한 명이 여러 달이 지난 지금까지 양손 엄지손가락을 쓰지 못하고 있다.

여기서 '클라이머' 에릭은 직업적으로만 폭력을 사용하는 사람이 아니고, 가정폭력으로 두 번 체포된 적이 있다는 점을 밝혀두고자 한다.

그는 리머디를 자물통에서 떼어내면서 그녀에게 (물론 웃으면서) 이렇게 말했다고 한다. "내려가면 진주목걸이를 하고 축하해야겠군." '진주목걸이를 한다'는 말은 입에 담기 힘든 아주 상스러운 은어이다.

경찰, 깡패, 벌목꾼 들은 종종 연좌시위자들을 끌어내려 놓은 다음, 그들이 지켜보는 가운데 그들이 보호하려던 나무들을 찍어 넘어뜨리곤 한다. 그러나 이번에는 그런 짓은 하지 않았다고 한다.

그날 밤, '미스티크'라 불리는 또 다른 나무 연좌시위자도 나무 위로 기어 올라갔다. '클라이머' 에릭이 그곳에 간 것은 그녀가 나무에 올라간 지 며칠 지나서였다. 그 여자는 리머디 같으면 엄두도 못 낼 정도로 높이 기어 올라가 거대한 미국삼나무 줄기가 여자의 팔뚝만큼 가늘어진 나무꼭대기에 도달했다. '클라이머' 에릭이 쫓아 올라가 그녀에게 손을 내밀면서, 미스티크가 떨어져 죽으면 경찰과 벌목꾼들은 그녀가 뛰어내려 자살했다고 말을 맞추기로 했다고 알려주었다. 그는 미스티크의 허리를 외줄 로프로 묶은 다음, 그녀를 거꾸로 해서 지상으로 내려보냈다.

그날 밤, 또 다른 시위자가 나무 위로 올라갔다. 그 사람은 벌써 '클라이머' 에릭의 공격을 몇 차례 견뎌낸 사람이었다. 그 나무는 이 글을 쓰고 있는 지금까지도 그대로 남아 있다.

◦ ◦ ◦

만일 나치와 같은 파시스트들이 북아메리카를 접수한다면 우리는 어떻게 해야 할까? "파시즘은 국가권력과 기업권력을 합친 것이므로 '기업주의' (corporatism, 일반적으로 '조합주의'라 번역한다―옮긴이)라고 부르는 것이 보다 적절하다"는 무솔리니의 파시즘 정의를 그들이 실천에 옮긴다면, 우리 모두는 어떻게 할 것인가? 그리고 그들이 18~35세의 유태인 남자 상당수―예컨대 1/3―를 강제수용소에 가두도록 허용하는 법령을 제정한다면 우리는 어떻게 할 것인가? 이 피점령국이 스스로를 민주국가라 칭하고, 그러나 대다수 사람들은 선거를 국민이 파시스트정당의 정파들 중에서만 선택하도록 허용하는 협잡선거라고 이해한다면? 당신은 반격하겠는가? 기존의 저항운동이 있다면 가담하겠는가? '유태인'이란 단어를 '아프리카계 미국인'이라고 바꿔놓고 스스로에게 같은 질문을 해보라.

자, 만일 파시스트들이 농촌지방을 방사능으로 오염시키고, 식량공급을 오염시키고, 강물을 마시거나 헤엄칠 수도 없게 만든다면 당신은 저항하겠는가? 만일 파시스트들이 삼림을 황폐화한다면, 당신은 지하저항군에 가담하여 산으로 들어갔다가 중역실이나 국회로 가서 그곳을 차지하고 있는 삼림 황폐화 범인들과, 특히 그들에게 작업진행 명령을 내린 자들을 일망타진하겠는가?

좋다. 당신의 동류의식이나 피부감각이 자연계에까지는 미치지 못한다고 치자. 어쩌면 당신은 자신이 살고 있는 땅을 싸워서라도 지킬 정도로 사랑하지는 않을 수도 있다. 그러나 파시스트들이 땅만 독극물로 오염시킬 뿐 아니라 당신이 사랑하는 사람들의 몸까지 오염시킨다면 어떻게 하겠는가? 그들이 당신의 애인·자녀들·어머니·형제자매·아버지의 몸에 다이옥신과 수십 가지 발암물질을 투여한다면? 맞받아 싸우겠는가? 만일 파시스트들이 당신의 몸을 독극물로 오염시킨다면? 그래도 당신은 이 정권을 위해 일하겠는가? 다른 사람들에게 이 정권이 좋다고 가르치겠는가? 아니면 맞받아 싸우겠는가? 당신의 몸을 독극물로 오염시켜도 맞받아 싸우지 않는다면, 그러면 정확히 언제 싸우겠는가? 당신은 어떤 지경에 도달해야 분명한 입장을 정하겠는지 알려주기 바란다. 밝힐 수 없다면, 왜 밝힐 수 없는지 알려주기 바란다.

이상의 질문들은 과장된 것이 없고 모두가 현실적인 질문이다. 이 시점에서 가장 중요한 질문들이다.

○ ○ ○

당신은 얼마나 큰 상처를 입어야 문화를 허물겠는가?

제2차대전 전에는 전세계의 연간 농약사용량이 제로에 가까웠다. 지금은 연간 5천억 톤에 이르며, 매년 늘어나고 있다. 물론 여러 가지 독극물을 만들어 환경을 오염시키는 일과 관련된 대규모의 환경문제들이 있다. 그러나 나는 최근에 도움이 될 만한 보고서를 우연히 접한 적이 있다. 과학자들이 농약을 사용하는 멕시코 농촌지역에서 자라난 어린이들을, 농약을 사용하지 않는 인근 산악지역의 어린이들과 비교한 보고서였다. 농약에 노출된 어린이들의 신체 및 정신적 성장이 크게 지체된 것으로 나타났다는 내용이었다.

두 집단 어린이들이 그린 그림을 보았다. 농약에 노출된 어린이들의 그림은 그야말로 애처로워 보였다. 네 살에서 여섯 살 사이의 어린이가 그린 웃는 얼굴에 손발이 달린, 나름대로 형태를 갖춘 그림이 아니라, 그들의 그림은 병아리가 잉크를 밟고 지나간 것처럼 형체를 알아볼 수 없이 휘갈긴 그림이었다.[176)]

분명히 밝혀두자. 집권자들은 어린이들을 독극물로 죽이고 있고, 그들의 신체적·정신적 건강을 빼앗아 그들을 허약하고 병들고 우둔한 어린이로 만들고 있다.

당신은 문화가 얼마나 깊은 상처를 줘야 반격하겠는가?

문명이 세계를 죽이는 이유(1)

압제자가 손에 쥔 가장 유력한 무기는 피압제자의 마음이다.

*스티븐 비코(Stephen Biko)

---

* Stephen Biko: 경찰에 의해 고문받아 죽은 남아프리카 흑인의식운동의 창시자

문명이 세계를 죽이는 이유, 화제 1. 미국의 이라크 침공에 참가했던 웨스트 버지니아주 설퍼 스프링스 출신 해병대 병장 스프레이그의 말을 들어보자. "나는 바스라에서 사막을 거쳐 여기까지 오는 동안 상점가나 패스트푸드 식당을 하나도 보지 못했다. 이 사람들은 가진 게 아무것도 없다. 내가 사는 인구 2500명의 조그만 마을에도 한쪽 끝에 맥도날드가, 다른 한쪽 끝에는 하디스 식당이 있는데 말이다."[177]

◦ ◦ ◦

문명이 세계를 죽이는 이유, 화제 2. 나는 예일대학 2학년생인 친구 캐서린 로한테서 메모를 받았다. 나를 위해 이야깃거리를 정리한 글이었다. 그녀는 수줍다 할 정도로 말이 부드러우면서도, 여느 사람들보다 훨씬 용기 있는 여자이다. 그녀는 이렇게 썼다.

나는 대학캠퍼스를 마주보는 내 방 창문에 미국국기를 거꾸로 내걸었다. 미국정부가 이라크 인민들을 상대로 벌이는 전쟁과 그 밖의 다른 나라와 인민들을 상대로 지금까지 벌여왔거나 지금도 벌이고 있는 정치·경제·군사 및 문화적 전쟁에 대한 나의 반대를 표시하기 위해서였다.

다음날 밤에 남자 몇 명이 허락도 없이 내가 들어 있는 기숙사 특실에 침입해 잠겨 있는 내 침실을 난입하려고 했다. 10분 가량 지난 후 그들은 내 메시지 판에 다음과 같은 쪽지를 남기고 떠나갔다. "난 무슬림과 망할 년들 혼내주는 게 좋아! 모두 모하메드와 함께 죽어야 해. 우리 미국은 놈들을 모두 죽이고 미사일을 마구 발사해서 놈들의 어머니가 건강한 자식을 낳지 못하도록 만들어야 한다. 이라크놈, 사담 뒈져라. 난 네가 싫다, 나가자 아메리카."

나는 사람들이 그처럼 악의에 찬 행동을 할 수 있다는 게 이해하기 힘들다. 그러나 이 같은 증오심과 인종주의는 바로 미국정부의 여러 정책에, 수많은 미국인들의 맹목적 애국심에 침투해 있으며, 또한 일부 미국인들로 하여금 이라크인의 삶은 어쨌든 미국인의 삶보다 덜 소중하다고 생각하도록 만든 구역질나는 현재의 지배적 문화에도 침투해 있다. 무언가 근본적으로 대단히 잘못되어 있다.

그 여학생의 기숙사 사건은 특별할 게 없는 사건이었다. 그녀는 예일대학에서 단 36시간 동안에 일어난 유사한 사건들을 열거한 목록을 작성했다. 그날 밤 기숙사 사건이 있은 후, 일단의 대학생들이 이라크 국민들의 죽음을 애도하기 위해 대학식당에서 비폭력 철야 침묵집회를 가졌다. 어느 백인학생이 바깥에서 이 모임에 참가했던 라파엘 소이퍼 학생을 쫓아가서 침을 뱉었다. 같은 날 밤에 온라인 토론마당에서는 캐서린이 쓴 글에 대해 수많은 익명의 인종주의자들이 협박조의 글을 올렸다. 그날 밤 늦게, 아마도 어느 아프리카계 미국인이 토론마당에 올린 글에 대한 응답인 듯, 아프리카-아메리카 문화센터의 문에 다음과 같은 쪽지가 붙었다. "다음번 테러공격 때는 너희들과 너희 자식들이 죽기 바란다." 많은 대학생들이 체제반대와 비통한 심정 그리고 캐서린에 대한 연대를 표하기 위해 각자의 창문에 미국국기를 거꾸로 걸기로 결정했다. 적어도 한 학생의 기숙사 방이 불법 침입당해 국기가 되돌려 걸렸다. 다음날 아침, 학생들이 대학 총장실의 허가를 얻어 미술장치를 설치했다. 미국의 22차례 침공을 나타내는 22개의 미국국기를 걸어놓은 작품이었다. 그중 가운데 깃발 하나는 거꾸로 걸려 있었다. 한 무리의 건장한 백인남학생들이 운동원들과 맞서 허가증을 제시하라고 요구했다. 허가증을 제시했지만, 그들은 기어코 깃발들을 떼어냈다(미국이 이라크에 대량살상무기 사찰단을 받아들이라고 요구, 이라크가 이를 받아들였지만 미국이 기어코 이라크를 침공한 사례와 비슷하다). 그날 아침에 한 학생의 창문에 거꾸로 걸려 있던 국기가 떼어져 빼앗겼다.

∘ ∘ ∘

스매키페이스(smackyface, 포로를 죽도록 고문하는 것을 일컫는 CIA 용어-옮긴이).

234 이게 무슨 뜻인가?[178]

이 용어의 뜻을 알려면, 미국 중앙정보부(CIA)와 그 관련집단이 사용하는 심문기법을 알아볼 필요가 있다. 독자들은 'CIA 고문교범'을 보았을 것이고—아, 실례. 정식 제목은 『인간자원 이용 교범, 1983년』이다—그 내용도 추측할 수 있으리라고 본다. 독자들은 또 1963년 CIA의 『KUBARK 방첩심문 교범』 중 "저항자에 대한 강압적 방첩심문"이라는 제목이 붙은 장(章)도 알고 있을 것이다. 이 교범들의 내용은 아주 노골적이다. "주요 강압적 심문기법은 다음과 같다. 체포·구금·독방감금 등을 통한 감각자극 차단, 협박과 공포심, 신체적 쇠약, 고통, 과장암시와 최면, 마취 그리고 퇴행 유도." 교범은 또한 각 기법의 장·단점과 함께 각 기법을 효과적으로 사용하여 피해자를 제압하는 방법, 즉 "신체적 쇠약, 의존성 및 공포심" 등 3대 반응을 일으키는 방법, 다시 말해 피해자를 퇴행시켜 자율성을 상실케 하는 방법을 설명하고 있다. 한 교범에는 이런 내용도 있다. "이런 기법들은 본질적으로 인간성의 퇴행을 유도하여… 저항력을 해소하고 의존성을 주입하는 것이다. …피심문자가 성인에서 유아상태로 빠져 들게 됨에 따라, 학습에 의해 터득하거나 또는 체계화된 인격적 특성이 역(逆)연대순으로 사라져 가장 최근에 획득한 특성, 즉 피심문자가 자기방어를 위해 만들어낸 특성이 가장 먼저 사라지게 된다. 퇴행이란 기본적으로 자율성 상실이다."[179]

요컨대 쉬운 말로 하면, 가해자가 원하는 것을 얻을 때까지 피해자를 마음대로 갖고 놀겠다는 것이다. 이것이 학대의 본질이며 문명의 본질이다. 우리는 이 문화 전반에서, 우리가 아무리 거부하더라도 결국은 폭력을 사용하면 목적을 달성할 수 있다는 것을 뻔히 알면서 우리를 이용하여 자신의 통제력을 강화하려고 하는 교사나 상사, 경찰, 정치인 또는 학대부모들에게서 이 같은 과정과 의도가 작용하고 있음을 매일처럼 목격하고 있다.[180]

이 교범들은 도덕성이나 인간성에 대한 고려는 전연 없이, 인간정신의 파괴방법을 설명하는 것이 아니라 마치 식품점을 찾아가는 길이라도 설명하듯이 심문기법을 담담하게 설명하는 경우가 많다. "마약은 거짓말 탐지기나 최면술만큼 도움이 되지 못한다"거나 심문기법의 목적은 "피심문자의 예상과 조건반응을 깨뜨리는 것"이며 또한 "낯익은 것을 말살할 뿐 아니라 이를 섬뜩한 것으로 대체하는 것"이라는 식이다. 피심문자에게 '무슨 소리인지 모를 질문'이나 '비논리적인' 허튼소리를 오랫동안 퍼부으면 모든 의미 있는 판단기준이 흐려지기 시작하며 "이 과정을, 필요하면 며칠 동안이고 계속하면… 피심문자는 정신적으로 도저히 참을 수 없게 된다. 이제 그는 자기를 괴롭히는 지껄이는 소리를 멈추게 하기 위해서라도 중요한 내용을 자백하거나 심지어 전부 털어놓게 될 것이다." 이런 내용도 있다. "체포의 방식이나 타이밍은 심문자의 목적에 크게 기여할 수 있다. 우리가 노리는 것은 가능하면 기습적으로 체포하여 최대한의 정신적 불안감을 조성함으로써 혐의자가 주도권을 장악하지 못하도록 하는 데 있다. 그러므로 대상자가 전혀 예상하지 못해 정신적·신체적 저항력이 가장 낮아진 순간에 체포하도록 해야 한다. 가장 이상적인 체포시간은… 이른 아침이다." 또 이런 내용도 있다. "협박의 효과는 피심문자가 어떤 사람이냐에 따라… 좌우될 뿐 아니라 심문자가 협박하는 이유가 무엇이냐에 따라서도 좌우된다. 심문자가 화가 나서 협박하는 것이라면, 피심문자는 그 분노의 바탕에는 심문이 실패할지도 모른다는 불안감이 깔려 있음을 감지하고 저항의지를 더욱 굳히게 된다. 분노하여 고함을 지르며 하는 협박보다는 냉정하게 전달하는 협박이 보다 효과적이다…" 또 이런 내용도 있다. "1. 구금장소에서 감각 자극물을 완전히 제거할수록 피심문자가 신속하게 영향을 받는다. 일반 감방에서는 몇 주 또는 몇 달 걸려야 얻어낼 수 있는 결과를, 조명을 *끄거나* 방음장치를 하거나 냄새를 제거한 감방에서는 몇 시간 또는 며칠 내에 얻을 수 있다. 물탱크나 철제 인공호흡 장치처럼 통제하기가 보다 쉬운 환경이면 더욱 효과적이다. 2. 그 같은 환경에 따른 초기 효과는 불안감이다. 불안감이 얼마나 빨리, 얼마나 강하게 나타나느냐는 개인의 심리적 특성에 따라 좌우된다. 3. 심문자는 대상자의 불안감을 이용할 수 있다. 심문자는 불안감 해소, 대인접촉, 의미 있는 활동 등을 보상으로 내세워 대상자의 마음과 연결을 갖게 되며,

불안감을 해소시켜 줌으로써 친절한 심문자 역할을 하게 된다. 4. 감각자극 박탈은 대상자로부터 바깥세상과의 심리적 접촉을 박탈하여 자신에게 집중하도록 강제함으로써 심리적 퇴행을 유발시킨다. 또한 심문중에 치밀하게 계산된 감각자극을 제공하면 퇴행상태에 있는 대상자가 심문자를 보호자처럼 느끼게 되는 경향이 있다. 그 결과 일반적으로 피심문자의 순응경향이 강화된다." 또 이런 내용도 있다. "…외부로부터 가해지는 고통은 실제로는… 그의 저항의지를 강화시킬 수도 있는 데 반해, 심문대상자가 스스로에게 가하는 것으로 여기는 고통은 그의 저항력을 약화시킬 가능성이 크다. 단순한 고문상황에서는 대결은 피심문자 개인과 고문자 간에 벌어진다. …개인을 차려 자세로 오래 서 있게 하면 한 가지 개입요소가 도입된다. 고통의 직접적 원인은 심문자가 아니라 피해자 자신이 되는 것이다. 이 정신적 조우과정에서 개인의 동기부여 능력은 스스로 고갈될 것이다. 대상자가 서 있는 동안은, 그는 심문자가 자기에게 더 나쁜 행동을 할 능력이 있다고 생각하지만, 실제로 심문자가 그런 능력을 드러내는 일은 없다."[181]

이런 이야기를 현실세계에 대입해 보자. 24세의 이네스 무리요는 온두라스의 비밀 육군감옥에 수감되어 있었다. 이 감옥에서 CIA 교범에 따라 훈련받은 군인들이 그녀를 심문했으며 감옥을 방문한 CIA 간부들에게 심문결과를 보고했다. 그녀는 80일 동안 구타, 전기충격, 불로 지지기, 굶기기, 집중조명, 협박, 알몸 벗기기 그리고 성추행 등의 고문을 받았다. 심문자들은 그녀에게 죽은 새와 쥐를 날것으로 먹였다. 그들은 그녀가 잠자지 못하도록 10분마다 머리에 얼음물을 부었다. 그리고 잠도 못 자고 소변도 보지 못한 채 여러 시간 동안 서 있게 했다.[182]

그 여자는 혼자가 아니었다. 그녀의 심문자들 중 한 명은 자기가 120명을 고문하여 살해했다고 시인했다.[183]

미국CIA는 전세계의 고문자들을 지원하고 있다. 실제로 고문자들은 CIA와 함께 일하는 경우가 많다(고문자들은 CIA '자산'인 경우가 많다). 1940년대 후반에 CIA가 중심이 되어 그리스의 비밀경찰 KYP를 창설했는데, 이기구는 창설 후 곧 사람들을 체계적으로 고문하기 시작했다. 1960년대에 와서 고문자들은 자기들의 고문장비가 미국 군사원조로 받은 것이라고 털어놓았다.[184]

CIA는 이란의 악명 높은 비밀경찰 SAVAK를 만들었으며, 그들에게 고문방법을 가르치고, 예컨대 여자를 효과적으로 고문하는 법을 소개하는 영화필름을 제공했다.[185]

1950년대의 독일에서 CIA는 소련첩자로 의심 가는 이민자들을 상대로 통상적인 고문방법을 사용하는 데 그치지 않고, 남자의 고환에 송진을 바르거나 사람을 밀폐된 방에 가두어놓고 인도네시아 음악을 고막이 터질 정도로 시끄럽게 틀어 항복을 받아내는 등의 비법도 사용했다.[186]

베트남에서 CIA는 조직적인 암살·테러·고문 프로그램인 악명 높은 '피닉스 작전'을 수행했다. 이 작전은 수감자들을 3~5명씩 족쇄를 채워 5x9x6 피트 크기의 석조 '호랑이우리'에 가두어놓고 구타하고 수족을 절단하는 것을 허용했다. 수감자의 다리는 말라비틀어져 완전히 마비되거나 운이 좋아야 평생 동안 게걸음을 하게 된다. 수감자들 머리 위로 석회가루를 퍼붓기도 했다. 베트남의 다른 곳에서는 CIA '자산'들이 수감자들의 생식기에 전기충격을 가하고, 귀와 뇌에 6인치 길이의 못을 박고, 동료들의 자백을 받아내기 위해 희생자들을 헬리콥터에서 떨어뜨려 죽였다.[187] 최근 아프가니스탄에서는 미국측 군대가 포로 3천 명을 여러 대의 컨테이너트럭에 싣고 문을 봉한 다음 여러 날 동안 햇볕 아래 방치했다. 미군 지휘관이 아프간 군인에게 명령하여 컨테이너에 총격을 가해 공기구멍을 내도록 했다. 아니나다를까 컨테이너 바닥에서 피가 흘러내리기 시작했다. 그때까지 살아남은 포로들은, 아프간 군인들이 사막에 쓰레기처럼 내버린 후 미군 30~40명이 지켜보는 가운데 사살했다. 미군은 종종 보다 직접적인 역할을 떠맡는다. 어느 아프간 군인은 이렇게 말했다. "미군이 한 포로의 목을 꺾어 죽이는 것을 직접 목격했습니다. 미군은 뭐든지 마음대로예요. 우리에겐 그들을 말릴 힘이 없습니다." 희생자들의 시신은 개가 먹게 방치되었다.[188]

라틴아메리카, 아프리카, 아시아, 유럽, 대양주 등 세계 도처에서 CIA와 관련된 고문이 자행되고 있다. CIA 교범대로 훈련받은 자들이 수십만 인간을 고문하거나 죽이고 있다.

심지어 『워싱턴 포스트』지조차도 CIA와 미군 특수부대의 심문자들이 일상적으로 포로를 구타하고 있다고 밝혔다. 그들은 포로에게 두건을 씌우고, 잠을 못 자게 하고, 집중조명을 하고, 고통스러운 자세로 테이프로 눈을 가리기도 한다. 한 CIA요원은 "얼마쯤이라도 인권을 유린하지 않는다면, 아마 임무를 수행하지 않는 것이겠지요"라고 말했다.[189]

이 같은 '임무수행'에는 물론 어린이도 포함된다. CIA요원이 포로를 상대로 '스매키페이스 놀이'를 한다고 입심 좋게 떠벌인 바로 그 신문기사는 '스매키페이스'가 효과가 없을 경우 CIA는 수감자를 '퇴행'하도록 만드는, 다시 말해 입을 열게 만드는 다른 수단을 갖고 있다고 밝혔다. 그 CIA요원은 솔직하게 포로의 어린 자식들을 활용한다고 말했다. 어린이들을 '퇴행'시키면, 즉 이들을 '인간자원'으로 활용하면, 아버지의 입을 열게 할 수 있다는 것이다.

◦ ◦ ◦

우리 모두 미국정부 요원들이 포로를 고문한다는 사실을 다 알고 있다. 그런 짓을 아주 오래 전부터 저지르고 있다는 것도 알고 있다. 이처럼 널리 알려진 인식에 대한 집권층의 최신 반응은 고문의 정의를 수정하는 것이었다. 법무부의 비망록은 고통을 가해 "죽음, 장 파열 또는 중증의 신체기능 손상"을 일으키는 것만을 고문으로 규정했다. 미국대통령은 미국은 고문을 하지 않는 나라라고 주장하고 있다. 이처럼 고문을 하지 않는 과정에서, 미국요원들은 포로들의 손을 뒤로 하여 수갑을 채운 후 그들을 거꾸로 매달아놓고 쇠막대기로 구타하고 있다. 포로들의 무릎 종지뼈를 뭉개어놓는다. 포로들을 얼어붙은 감방 안에 세워놓고 찬물을 끼얹기도 한다. '물에 태우기' (waterboarding, 물고문 사실을 감추기 위해 미국 수사기관이 만들어낸 말-옮긴이)라는 이름으로, 그들에게 몇 번이고 물을 먹이기도 한다. 그 과정은 "포로를 경사진 널판자에 묶어 발을 머리보다 약간 높이 들게 한 다음, 포로의 얼굴을 셀로판지로 덮고 그 위에 물을 붓는 것이다."[190] 슬리핑백 안에서 질식시켜 죽이기도 한다. 전기드릴로 포로들의 종지뼈, 어깨뼈, 두개골에 구멍을 뚫기도 한다.

그 비망록 작성자들이 자기들도 그런 일을 당할 수 있다는 것을 의식했더라면, 과연 고문을 어떻게 규정했을지 궁금한 일이 아닐 수 없다.

◦ ◦ ◦

우리는 집권자들이 자신의 권력을 늘리기 위해서라면 무슨 짓이건 망설이지 않는다는 것을 언제나 인정하게 될까? 그들의 지배욕에는 한계가 없다. 우리가 점잖게 요구한다고 태도를 바꿀 사람들이 아니다. 우리가 얌전히 지낸다고 해서 바꿀 사람들이 아니다(토착민들에게 물어보라).

이제 우리는 어떻게 해야 할까?

◦ ◦ ◦

나는 여러 해 전부터 연어를 살리기 위해 댐을 폭파하는 얘기를 해왔지만, 오늘 문득 그동안 내가 완전히 잘못 생각했다는 것을 깨달았다.

이런 깨달음을 얻은 것은, 나일강을 막으려는 옛 이집트인들의 노력과 이에 대한 나일강의 저항을 설명한 글을 읽으면서였다. 그것은 아주 간단한 일이었다. 이집트인들이 댐을 건설하려고 하자, 나일강은 마치 말이 어깨에 붙은 파리를 떨어내듯이 간단하게 떨쳐버렸었다.

그러나 지금은 강이 파리를 떨쳐버리지 못하고 있다. 말을 콘크리트에 처박았다고 비유할 수 있을 정도로 강들이 엄청난 콘크리트 구속복을 입은 꼴이기 때문이다. 강들은 우리의 도움을 필요로 하고 있다(나는 처음에는 강들이 "우리의 도움을 필요로 할지도 모른다 may need our help"라고 썼지만, 몇몇 강들이 내게 may를 삭제하라고 요구해 왔다). 강들은 단기 또는 중기적으로는 혼자서 파리를 떨쳐버릴 수 없다.

나는 그동안 늘 살아 있는 야생의 강에서 살고 있는 연어나 철갑상어 등을 살리기 위해 댐을 폭파하자고 주장해 왔다. 그러나 그건 잘못이었다. 댐을 폭파하는 것은 강 자체를 위한 것, 즉 강이 영원히 종전의 모습을 되찾도록 하기 위해서이다.

○ ○ ○

'강의 해방'과 '댐 폭파'는 이라크 해방과 이라크 침공, '임시 목초지 조성'과 개벌(皆伐)에서 보듯이 어의론적 차이밖에 없는, 같은 말로 들릴지도 모른다. 그러나 내게는 그렇지 않다. 여러 가지 이유가 있다.

첫째, 아마도 가장 중요한 이유는 이 책에서 지금까지 논한 모든 문제들과 관계가 있을 것이다. 수사학을 빼고 나면, 이라크 침공과 삼림개벌은 모두 지배·착취하고자 하는 이 문화의 집념에서 유발된 것이다. 그 일차적 동기는 자원—전자는 석유, 후자의 경우는 목재—을 획득·유지 및 이용하려는 데 있다. 침공과 개벌 양자는 모두 인간의 서식지를 손상시키며, 나아가 자연계를 속박한다.

반면에 하천을 해방하려는 일차적 동기는 이기적이지 않다. 다만 제대로 기능하는 온전한 자연계에서 기분 좋게 사는 데 도움이 될 뿐이다.

여기서, 이 책에서 어쩌면 가장 중요하다고 할 수 있는 문제가 제기된다. 우리는 스스로를 일차적으로 누구 또는 무엇과 동일시하는가, 하는 문제이다. 이 질문을 이해하는 한 가지 방법은 이렇게 자문해 보는 것이다. 나의 행동은 일차적으로 누구 또는 무엇에게 이로운가? 나는 일차적으로 누구 또는 무엇을 위해 봉사하는가?

이라크 침공은 일차적으로 누구에게 이로운가? 좀더 직접적으로 표현하자면, 미국이 이라크 유전을 차지하면 누구에게 이로운가?

물론 미국의 산업경제이다. 스스로를 미군의 포탄으로 죽은 이라크사람들보다 미국의 산업경제와 동일시하는 사람은 미국의 이라크 침공을 지지할 것이다.

241

나는 미국의 다음번 침공대상이 어느 나라일지를 걸고 내기를 하고 있다. 내기꾼들은 시리아를 거론하지만, 레바논과 이란도 별로 뒤쳐지지 않는다. 판돈에 끼여들고 싶은 독자들을 위해 현재의 확률을 소개한다. 시리아 1 : 1, 레바논 3 : 1, 이란 4 : 1, 북한 15 : 1(북한은 실제로 반격능력을 갖고 있기 때문에 승률이 크게 떨어진다), 그 밖의 나라들 25 : 1, 아무 나라도 침공하지 않을 확률 1만 : 1(여기에 콜롬비아를 포함시키지 않은 것은 미국이 이미 침공해—아, 실례. '자문'해 주고—있기 때문이다. 필리핀을 비롯한 약 120개 국가들도 마찬가지이다).

마찬가지로 삼림보다는 와이어하우저나 MAXXAM(임업과 부동산투자 및 개발사업을 하는 미국의 대기업-옮긴이), 아니 보다 넓게는 산업경제 전반에 더 일체감을 가진 사람은 개벌을 지지할 것이다.

나는 바로 오늘 신문에서 트롤어업으로 인한 피해를 줄이기 위해 마침내 캘리포니아주 당국이 법령을 정비하려는 데 대해 이 고장 새우잡이 트롤어업계가 항의하고 있다는 기사를 읽었다. 트롤(저인망)은 바다 밑바닥을 훑도록 만든 그물이다. 트롤어선은 지나가면서 마치 삼림의 개벌처럼 바닷속에 있는 것이면 무엇이든지 다 쓸어간다. 어떤 곳에서는 그물에 걸린 어획물의 약 80%가 시장가치가 없는 '부수 어획물'이어서 죽어가거나 죽은 채로 다시 바다에 내버려지고 있다.

트롤어업 업주들은 규제를 가하면 사업을 포기할 수밖에 없다고 말한다. 정치인들은 트롤어업 규제가 지역경제를 망친다고 주장한다. 이런 주장은 그 자체가 새우잡이, 나아가 지역경제(보다 넓게 보면 산업경제 전체)가 토지기반을 해치고, 나아가 파괴하는 속성을 가진다는 것을 솔직히 인정하는 것이다. 스스로를 자기 지역의 토지기반보다 지역경제와 더 동일시하는 사람이라면, 자신의 서식지인 토지기반을 손상시키는 경제를 지지하는 게 당연할지도 모른다.

반면에 지역경제보다 지역 토지기반을 더 중시하는 사람이라면, 자신의 서식지인 토지기반을 보호하려는 것이 마땅할 것이다. 그리고 산업경제가 우리 모두를 독극물로 오염시키고 있기 때문에, 이 말은 산업경제보다 자신의 신체와 생존을 더 중요시하는 사람들에게도 해당될 것이다.

댐 해체는 누구에게 이로운가?

강물을 차지해서 이익을 보는 농업기업들보다 클래머스강과 이 강에 사는 연어, 옥새송어, 장어 등을 더 중요시하는 사람들은 강이 콘크리트 우리에서 벗어나 자유롭게 흐르도록 돕는 게 마땅할 것이다. 이 말은 컬럼비아강, 미주리강, 미시시피강, 나일강 등 댐이 없어져야 할 다른 모든 강들에도 해당된다.

자, 나는 누구에게 가장 일체감을 갖는가? 나는 누구에게 충절을 바치는가? 누구에게 친밀감을 느끼며, 그 범위는 어디까진가? 엑슨 모빌, 몬샌토, 마이크로소프트 등이 포함되는가? 나는 그들에게 충성을 바치는가? 여기에 미국정부도 포함되는가? 충성을 서약했는가? 여기에 지금 내가 살고 있는 이 땅도 포함되는가? 나는 이 땅의 최선의 이익을 위해 행동하고 있는가?

◦ ◦ ◦

사실 나는 강을 해방하는 것과 댐을 폭파하는 것에 어떤 차이가 있는지 아직 잘 모르겠다. 그것은 집중점(focus)과 목적(intent)의 문제이다. 나는 다른 책에서, 내가 만일 다시 어린 시절로 돌아가 가출할 수도 없고 아버지의 폭력을 막을 수도 없는 상황에 처하게 된다면 아버지를 죽일 것이라고 쓴 바 있다. 그러나 여기서 핵심은 아버지를 죽이는 것이 아니다. 나 자신과 내 가족들을 성폭행과 구타로부터 해방시키는 것이 핵심이다.

마찬가지로 나는 꼭 폭발물을 구할 생각은 없다. 내가 댐을 파괴한다면, 그것은 우르르 쾅 소리를 듣고 싶어서가 아니다. 연어에게 도움이 될지조차도 확실치 않다. 내가 댐을 폭파한다면, 그것은 어디까지나 강을 돕기 위해서이다. 그러면 연어에게도 도움이 될 것이다. 그것은 잔혹행위를 멈추기 위해서이다.

◦ ◦ ◦

문명이 세계를 죽이는 이유, 화제 3. 영국 과학자들이 드디어 물고기도 통증을 느낀다는 사실을 발견했다고 한다.

과학자들이야 인정하건 말건, 낚시를 해본 사람이면 누구나 그게 사실임을 알고 있다. 그러나 과학계와 수산업계에서는 이를 두고 여러 해 동안 진지한 (그리고 진지하게 어리석은) 논쟁을 벌였다. 이 논쟁을 일거에 끝장내기 위해 과학자들이 물고기의 얼굴에 뜨거운 탐침을 찔러넣고 '기계적' 및 '화학적' 자극을 가했다. 아니나다를까, 물고기가 통증을 느끼는 것처럼 보였다. 이를 확인하기 위해, 과학자들은 이어 물고기의 입술에 벌의 독액 또는 아세트산을 주입했다. 어느 연구원의 말대로 "벌독 또는 아세트산을 주입한 송어는 변칙적 행동을 나타냈다." 나는 전에 양봉을 해보았기 때문에 입술에 벌독을 주입하면 얼마나 아픈지, 어떻게 '변칙적 행동'을 하게 되는지 증언할 수 있다. 내 경우는 길길이 뛰면서 욕설을 퍼부었었다.

그러나 어리석은 이 논쟁은 아직도 끝나지 않은 것으로 보인다. 영국의 국립낚시동맹 소속 생물학자인 브루노 브라우턴 박사가 반격에 나서 이 연구결과를 일축한 것이다. 그는 "문자 그대로 뇌가 없는 물고기가 심리적 경험인 통증을 느낄 수 있는지에 관해 결론을 내리는 것"은 불가능하다고 말했다.[191]

물론 이 말은 우리가 그동안 수도 없이 들어온 논법에 불과한 것으로, 240db의 공기총 사격과 바닷가에 밀려오는 고래들 간에 아무런 인과관계가 없다는 미국과학재단(NSF) 대변인의 말이나, 연어는 물을 필요로 하지 않는다는 미국과학아카데미측의 주장과 궤를 같이하는 것이다.

우리는 현재의 생활방식을 유지하려면 서로간에, 특히 우리 스스로에게 끊임없이 거짓말을 해야 한다.

우리는 태어날 때부터 체계적으로 거짓말을 들어온 탓으로 지금은 우리 스스로 체계적인 거짓말을 하게 되었다. 우리는 남의 고통(그리고 우리 자신의 고통)으로부터 스스로를 차단하고 있다. 고통이 존재하지 않는다고 거짓말한다. 양계장의 닭은 (그리고 당근도) 고통을 못 느끼고, 댐으로 막은 강은 고통도 폐소공포증도 못 느낀다고 거짓말한다. 농약 때문에 쇠약해지고 바보가 된 어린이도 고통을 못 느낀다. 열화우라늄 때문에 기형아로 태어난 어린이도 고통을 못 느낀다. 아차, 그리고 한 가지 잊을 뻔했다. 이런 것들과 집권층의 행동 간에는 아무런 인과관계가 드러나지 않았다.

이 모든 야생 동식물들의 제거와 이들이 느낄 고통, 공포 및 절망감 간에도 아무런 인과관계가 드러나지 않았다. 아, 또 한 가지 잊을 뻔했다. 이런 동식물들은 고통 같은 것을 느낄 수 있는 뇌를 가지고 있지 않으며, 오직 인간만이 그런 것을 느낄 수 있다. 오직 권력을 지닌 인간만이 그런 것을 느낀다. 오직 최고위층에 있는 자들만이 그런 것을 느낀다. 오직 최고위층 사람들만이 실제로 존재한다.

그리고 그것이 진상이다.

과학이 우리에게 그렇게 가르친다. 경제학이 그렇게 가르친다(돈이 가치를 가진다. 비인간 생명은 어떻게든 현금화할 수 없는 것이면 가치가 없다. 인간 중에서는 부자가 가난한 자보다 돈도 많고 돈 벌 능력도 크기 때문에, 부자의 목숨이 가난한 자의 목숨보다 큰 가치를 가진다).

그래서 군대와 경찰이 있는 것이다.

그래서 세계가 죽어가고 있다.

o o o

올챙이는 송장헤엄치개에 붙잡히면 버둥거리고, 개구리도 커다란 물벌레에게 물리면 미친 듯이 펄떡거린다. 나도 입술이나 목구멍, 입천장에 낚싯바늘을 걸친 채 살려고 버둥거리는 물고기를 잡아올린 적이 있다. 나는 이런 동물들이 고통을 느낀다는 것을 잘 안다. 불로 지지거나 몸에 독액을 주입해 보지 않아도 다 알 수 있다.

동식물은 서로를 잡아먹는다. 서로에게 고통을 준다. 삶이란 그런 것이다. 먹는다는 게 원래 그렇다. 채식주의자건 아니건 이렇게 고통을 주고 죽이게 되어 있다. 우리가 그들이 고통을 느낀다고 생각하건 말건 그런 일은 일어난다. 나는 될수록 고통을 주지 않으려 하지만, 어쩌다가 쥐며느리를 밟아죽이거나 고의적으로 물고기를 죽이거나 감자를 먹을 때는 내가 고통을 준다는 사실을 정직하게 인정하려고 나름대로 노력한다.

◦ ◦ ◦

문명이 세계를 죽이는 이유, 화제 4. 1857년 3월 6일. 미국연방 대법원은 '스코트 대 샌퍼드' 사건에서 흑인들은 백인보다 "이 정도로 열등"하기 때문에 "백인이 존중해야 할 권리를 갖지 않는다"고 판시했다.

1974년 3월 6일. 아인 랜드(Ayn Rand, 1905~82. 극우 성향의 러시아 태생 미국 소설가―옮긴이)가 웨스트포인트 사관생도들을 상대로 연설을 했다. 어떤 생도가 미국이 인디언들의 재산을 빼앗고 대량 학살한 문제에 관해 질문하자, 그녀는 이렇게 답했다. "인디언들은 토지에 대해 아무런 권리가 없었다. 또 누구든 인디언들이 생각해 내지도 않았고 사용하지도 않고 있는 권리를 그들에게 허용해야 할 아무런 이유가 없다. 인디언들이 이 대륙에서 백인들에게 대항했을 때 그들은 과연 무엇을 위해 싸웠던가? 원시적 생존을 계속하고 싶다는 바람 때문이었고, 지구의 일부를 본래대로, 재산으로 활용하지도 않은 채, 유지하고 사실상 짐승처럼 살아갈 '권리'를 위해서였다. …문명의 요소를 지닌 '백인'이라면 누구라도 이 대륙을 차지할 권리를 가진다."[192]

지금도 달라진 게 없다.

◦ ◦ ◦

문명이 세계를 죽이는 이유, 화제 5. 1900년에 앨버트 베버리지 상원의원 (인디애나주)은 미국의 필리핀 침공을 (아, 실수. 해방을) 지지하는 훌륭한 연설을 했다. 나중에 그는 퓰리처상을 받았고, 훨씬 나중에는 존 F. 케네디의 유명한 책 『용기 있는 사람들』에도 훌륭한 인물로 소개된 사람이다. 여기서 그의 연설내용을 장황하게 소개하는 것은 이 문명이 무엇이 잘못되었는지를 아주 완벽하게 드러내고 있기 때문이며, 그의 말은 조금만 바꾸면, 200년 전이나 100년 후에도 쉽게 통용될 수 있기 때문이다.

"대통령 각하, 시대는 솔직함을 요구합니다. 필리핀은 영원히 우리의 것, 헌법이 말하는 '미국에 속한 영토'입니다. 그 바로 저쪽에는 광활한 중국시장이 있습니다. 우리는 두 곳 모두에서 물러날 수 없습니다. 우리는 필리핀 열도에서의 우리 의무를 저버리지 않을 것이며, 동양에서도 우리 기회를 포기하지 않을 것입니다. 우리는 하느님 다음가는 세계문명의 수탁자로서 우리 국민에게 부여된 사명의 몫을 거부하지 않을 것입니다. 그리하여 우리는 채찍을 맞으며 고역을 하는 노예들처럼 한탄이나 하지 않고, 우리 힘에 걸맞은 과업에 대해 감사하며 또한 우리를 선택된 백성으로 각인하여 앞으로 이 세계의 영적 갱생을 이끌어가도록 해주신 전능한 하느님께 감사의 기도를 드리며 우리의 과업을 위해 전진할 것입니다.

대통령 각하. 이 문제는 정당정치의 어느 문제보다도 심오하고… 헌법상 권한 문제보다도 더 심오한 문제입니다. 그것은 기초적인 문제, 인종의 문제입니다. 하느님이 영어를 사용하는 민족과 튜턴민족을 천년 동안 예비하신 것은… 공연한 일이 아닙니다. 결코 아닙니다! 하느님은 우리를 혼돈이 지배하는 곳에 체제를 확립할 이 세계의 우두머리 조직자로 만드셨습니다. 하느님은 우리를 통치의 달인으로 만들어 야만인과 노쇠한 민족들을 통치하도록 하셨습니다. 이와 같은 힘이 없다면, 세계는 야만과 암흑의 세계로 돌아갈 것입니다.[193] 그리고 하느님은 모든 민족 중에서 미국인들을 세계의 영적 갱생을 이끌어갈 선택받은 민족으로 각인하셨습니다. 이것은 하나님이 주신 미국의 사명이며 또 우리에게 모든 이익, 모든 영광 그리고 인간에게 허용된 모든 행복을 예정해 주는 것입니다. 우리는 세계 진보의 수탁자이며, 정의로운 평화의 수호자입니다. 주님의 심판이 우리에게 내리셨으니 '너희가 몇몇 민족에 대해 성실했으니 너희를 여러 민족의 통치자로 삼겠노라' 라는 것입니다.

역사는 우리를 어떻게 기록하겠습니까? 우리가 야만인을 비천한 상태에 내버려두고, 미개지를 황무지의 법칙에 내맡기고, 의무를 버리고, 영광을 포기하고, 속세의 이익을[194] 완전히 망각하여 신성한 신뢰를 저버렸다고 기록할까요? 역사상 가장 자랑스럽고 유능하고 순수한 국민이라 일컬어지는… 우리가 그 위대한 임무를 거부했다고 기록할까요? 우리 선조들은 그렇게 하지 않을 것입니다! 그분들은 간단한 행정행위도 할 능력이 없는 무기력한 정부를 창설하지 않았습니다. 그분들은 반동적인 나라를 세우지 않았습니다. 그분들은 결코 깃발을 내리지 않았습니다.

그 깃발은 전진을 멈춰본 적이 없습니다. 역사상 가장 위대한 사건이 벌어지고 있는 지금, 우리가 마침내 단일 국민이 되어 그 어떤 과업이라도 떠맡을 만큼 강력해진 지금에 와서 누가 감히 이 전진을 멈추겠습니까?

…여러분은 돈이 든다고 말하렵니까? 미국이 언제 자신의 임무를 돈으로 쳐서 따졌습니까?[195] 여러분은 우리 과업의 큰 난관을 극복하려면 엄청나게 고생해야 한다고 말하렵니까? 세계를 위하고 인류를 위하고 우리 자신을 위한 위대한 사업치고 쉽게 이루어진 것이 있습니까?

…여러분은 내게 소중한 피를 흘려야 한다고, 목숨을 바쳐야 한다고, 사랑하는 가족들이 그들의 죽음을 애통해한다고 상기시키렵니까? 사실 그것은 다른 모든 것을 합친 것보다도 값비싼 대가입니다. 그러나 우리는 하나의 국가로서 지금까지 우리의 고귀한 아들들을 희생하여 모든 역사적 임무를 수행하고, 모든 업적을 달성해 왔습니다.[196] 국기에 영광을 더하는 모든 성스러운 기억은… 목숨을 바친 이런 영웅들에 관한 기억입니다. 그 깃발은 영웅적 행위와 슬픔, 남자의 용기와 여자의 눈물, 정의와 전투, 희생과 고통, 승리와 영광으로 점철되어 있습니다. 이런 것들이 우리의 국기를 성스럽게 만들었습니다.

…사기가 떨어지지 않도록 하느님께 기도합시다. 배금사상과 안락주의가 우리의 피를 더럽혀 우리가 국기를 위해, 제국의 운명을 위해 피 흘리기를 두려워하는 날이 오지 않도록 하느님께 기도합시다. 미국인들의 영웅적 행

동이 시드(el Cid, 무어인과 싸워 기독교를 수호한 11세기 스페인의 전설적 장군—옮긴이)의 이야기처럼 한낱 전설이 되는 날이 오지 않기를 기도합시다. 우리의 사명과 우리의 힘에 대한 신념을 잃으면 우리 위대한 국민의 영광도 사라지게 됩니다.

그리고 그런 날은 결코 오지 않을 것입니다. 우리는 새롭고 영광스러운 샘에서 우리의 젊음을 되찾을 것입니다. 우리는 국기를 들고 고귀한 미래로 나아감으로써, 그리고 입에 담기도 황공한 과거를 회상함으로써 국기에 대한 존경심을 드높일 것입니다. 국기에 대한 존경심은 사라지지 않을 것이니, 이는 우리가 어디서나 항상 성스러운 우리 국기에 대한 책무를 인정하고 이행할 것이기 때문입니다.

…대통령 각하 그리고 상원의원 여러분, 제출된 결의안을 채택하여 평화를 신속하게 이루어 구원·갱생과 앙양을 위한 우리의 사업을 시작하도록 합시다. …이를 거부한다면, 우리가 이 명백한 의무(manifest duty/destiny, 영토확장은 신이 미국에게 부여한 명백한 운명 또는 의무라는 뜻이 담긴 용어—옮긴이)를 수행하지 못한 데 따른 무서운 책임을 누구에게 물어야 할지를 세계와 역사 그리고 미국국민은 알게 될 것입니다. 우리 군인들이 피를 흘리고 있는 이때 우리가 어찌 감히 늦출 수 있겠습니까?"[197]

수사학을 빼고 말하더라도, 이어진 미국의 침공으로 수많은 필리핀사람들이 죽었다. 미국군대가 가는 곳마다 남녀노소의 대량학살은 물론이고 전투원·비전투원의 대량고문이 다반사로 자행되었다. 논란의 여지는 있지만, 필리핀은 오늘날까지도 미국의 식민지로 남아 있다.

◦ ◦ ◦

문명이 세계를 죽이는 이유, 화제 6. 테이프를 빨리 돌려 21세기로 와보자. 앨버트 베버리지는 오래 전에 죽었지만, 문명만큼이나 오래된 그의 절대명령은 시퍼렇게 살아 있다. 미국국기는 여전히 전진을 멈춘 적이 없으며, 그 누구도 감히 이를 멈춰보려고 하지 못했다.

사실 미국의 행진은 가속화하고 있다. '전면적 지배'라는 미국군대의 공공연한 목표를 상기해 보라. 아니면 마이클 리딘(Michael Ledeen)의 경우를 보라. 조지 W. 부시 대통령 국가안보 보좌관의 고문과 국무장관 특별고문을 역임한 리딘은 미국의 대중동정책에 가장 큰 영향력을 지닌 정보 및 국제문제의 중요한 권위자로서『뉴욕 타임스』와『월스트리트 저널』등에 프로필이 소개된 인물이다. 어떤 기사는 그의 "민주주의〔원문 그대로〕에 대한 깊은 헌신"을 찬양하면서 리딘은 "최고위층 수준에서 미국의 대외정책 수립을 도운 사람"이라고 지적하고 있다. 적어도 이 표현의 후반부는 맞는 말이다. 리딘이 말하면 딕 체니 부통령과 도널드 럼스펠드 국반장관 같은 사람들은 경청하고, 세계의 다른 나라 사람들은 죽어가게 되어 있다.

리딘은 "창조적 파괴야말로 우리의 장기이다. 우리는 이런 일을 자동적으로 하고 있다"고 쓰고 있다.[198] 그는 또 그의 동료 애덤 머스로(Adam Mersereau)가 잘 설명한 이른바 '총력전'(total war) 과정을 통해 달성할 '민주적〔원문대로〕 혁명의 수출'[199]에 관해 이렇게 말한다. "총력전이란 적의 군사력을 파괴할 뿐 아니라 적의 사회를 극히 개인적인 결정지점으로 이끌어 그들로 하여금 애당초 전쟁을 낳게 한 문화적 추세의 역전을 기꺼이 받아들이도록 하는 것이다. 총력전 전략은 의도적으로 민간인들을 표적으로 삼을 필요는 없지만, 민간인의 목숨을 빼앗지 않는 것이 최우선 목표가 될 수는 없다. … '총력' 전쟁의 목적은 우리의 의지를 다른 나라에 항구적으로 강요하는 데 있다. …제한전쟁은 전투원끼리 싸우는 것인 데 반해, 총력전쟁은 국가 대 국가, 나아가 문화 대 문화의 싸움이다."[200]

리딘은 미국의 의지를 다른 나라에 강요할 심리적 준비를 위해 집권층에 어떤 제안을 하는가? 그는 「마키아벨리와 우리의 전쟁: 우리 지도자들에게 주는 몇 가지 충고」라는 제목의 평론에서 이렇게 쓰고 있다. "1. 인간은 선보다는 악을 행하고 싶어한다." 물론 이 말은 인간본성이나 세계 전반을 두고 한 말이기보다는 리딘 자신과 그 집단의 성향을 나타낸 것이다.

선량한 사람이 대다수를 차지하는 사회는 희귀하며, 그런 사회는 늘 외부의 악한 세계에 의해 위협받도록 되어 있다. 평화는 인류의 정상적 상태가 아니며, 평화의 순간은 변함없이 전쟁의 결과로 주어진다. 우리는 평화를 원하기 때문에 전쟁에 이겨야 한다. 우리의 적은 악의를 품고 있기 때문에, 우리는 결정적 승리를 거둬야만 하며 그러고 나서 그들 중 생존자들을 힘으로 밀어붙여 다시는 우리에게 악을 행하지 못하도록 해야 한다…. 2. 중요한 것은 승패뿐이다. 세계가 우리 전략을 어떻게 평가할지는 걱정할 필요 없다. 다만 이기는 데만 신경을 써야 한다. 마키아벨리는 우리가 전쟁에 이기면 모두가 우리 방법이 옳았다고 평가하게 된다고 가르치고 있다. 전쟁에 지면 모두가 우리를 경멸할 것이다. 3. 가해행위를 해야 할 때는 오랫동안 조금씩 하기보다 일거에 저질러야 한다(마키아벨리의 말이다-옮긴이). 결정적인 타격으로 끝장내야 한다. 외교관들의 말을 듣지 마라. 그들은 험한 짓은 조금만 하고 대화를 통해 목표를 달성하자고 설득하려 들 것이다…. 4. 사랑받기보다 두려움의 대상이 되는 게 낫다(이것도 마키아벨리의 말이다-옮긴이). 고결한 도덕적 모범을 통해 이끌어갈 수도 있다. 그러나 그것은 위험하다. 사람들은 변덕이 심해 우리가 실패할 조짐이 보이면 곧 등을 돌릴 것이기 때문이다. 두려움이 훨씬 더 믿을 만하며 오래 지속된다. 적을 강력하게 응징할 수 있음을 보여준다면, 우리의 권력은 훨씬 더 커질 것이다.[201]

이상 소개한 글은 로마시인 루키우스 아키우스가 만들어낸 칼리굴라(가이우스 황제의 별명-옮긴이)의 좌우명(Oderint dum metuant 우리를 두려워하는 한 증오하도록 내버려두라)을 그대로 반영하는 것이다.[202] 오늘날 미국정부를 이끄는 사람들이 자주 입에 올리는[203] 이 인용구는 아마도 문명의 역사상 가장 중요한 구절로서 지금 육아법과 교육에서 사회규제, 인간관계, 인간-자연관계에 이르기까지 모든 것을 특징짓고 있다. 한마디로 문명의 성격을 규정짓는 구절이다.

리딘은 거의 언제나 정치인들에게 전쟁을 하라고 부추긴다. 그리고 그는 전쟁을 빨리 시작하라고 부추기면서, 그의 글을 거의 언제나 이런 식으로 끝맺고 있다. "이 세계의 평화는 오직 전쟁을 통해서만 얻어진다. 대화는 이제 그만. 대통령 각하… 또 한 판 해봅시다. 아무쪼록, 빨리."[204] 또는 "사람들은 우리가 이 지역을 아무쪼록 빨리 끓는 가마솥처럼 만들어주기를 바라고 있다. 오늘날 가마솥으로 만들 가치가 큰 곳이 있다면, 그것은 중동이다."[205] 또는 "아무쪼록 빨리. 도대체 뭘 더 기다리는가?"[206]라든가 "아무쪼록 빨리. 기회는 문을 두드리고 있다"[207]라든가 "이란이 암흑의 중심부이다. 그만하면 됐다. 이젠 해치우자"[208]라든가 "이라크전의 경우처럼 우리는 지금껏 너무 오래 기다렸다. 아무쪼록 빨리하자!"[209]라든가 "전쟁을 밀어붙이자, 아무쪼록 빨리"[210] 등이 그것이다.

이 문화를 담당한 자들은 모두 미쳤다.

그들이 지금 지구를 죽이고 있다.

○ ○ ○

문명이 세계를 죽이는 이유, 화제 7. '유엔 기후변화협약 교토의정서'를 둘러싼 협상기간중에 그린피스 활동가 제러니 리게트가 포드자동차의 중역 존 실러를 만나서 협약 반대자들은 도대체 무슨 근거로 "지구상의 이용 가능한 석유와 가스를 모두 불태워도" 아무 문제가 없다고 생각하느냐고 물었다.

실러는 대답으로 우선 화석연료가 지하에 수백만 년 동안 묻혀 있었다는 과학자들의 생각은 잘못이라고 지적했다. 지구의 나이는 1만 년밖에 안 된다는 말이었다.

그걸 어찌 아는가?

성경에 그렇게 써 있기 때문이다. 실러는 이렇게 말했다. "보면 볼수록 성경말씀이 맞단 말이야." 그는 『다니엘서』는 지구의 황폐화가 심해지면 '끝날'과 구세주의 재림이 온다고 예언하고 있다고 말했다.[211]

결국 대다수 근본주의자들의 논리는, 지구 죽이기가 악에 대한 하느님의 궁극적 승리를 촉진시키기 때문에 그것은 피해야 할 일이 아니라 오히려 권장해야 한다는 것이다. 전에 어떤 사람이 미국에서 세번째로 강력한 상원의원인 릭 샌토럼(2006년 중간선거에서 낙선했다―옮긴이)에게 끈질기게 자연계를 망치는 정책을 추진하는 이유가 도대체 뭐냐고 물었다. 그는 자연계는 하느님의 구상에서 대수롭지 않은 것이며 곧 큰 기쁨이 닥쳐올 것이라면서 "성경 어디를 보나 100년 후에도 미국이 존재하리라는 얘기는 없단 말씀이야"라고 말했다.[212] (자, 아직도 당면한 문제를 합리적인 토론을 통해 해결할 수 있다고 생각하는 독자가 있으면 나서보라. 아직도 점잖게 요청해서 저들을 말릴 수 있다고 생각하거나, 흠잡을 데 없는 논리로 우리 주장을 관철시킬 수 있다고 생각하는 독자가 있으면 나와보라.)

한 가지 중요하게 지적해 둘 것은 미국 하원의원 178명과 상원의원 44명이 기독교 근본주의자이거나 기독교의 권리를 주장하는 사람들이라는 점이다. 미합중국 대통령과 전 법무장관(9·11테러 사후처리로 애국법 제정 등을 주도했던 존 애시크로프트 장관을 지칭함―옮긴이)은 자타가 공인하는 근본주의자들이다.[213] 부시 대통령은 아프가니스탄과 이라크를 폭격하고 침공한 이유를 이렇게 공언했다. "하느님이 나에게 알카에다를 치라고 말씀하셔서 나는 그렇게 했고, 이어서 사담을 치라고 명하셔서 그렇게 했다."[214] 그리고 그의 고문 한 명은 이렇게 말했다. "조지 W. 부시는 정말 진지하게 정보를 요구한다. 그는 미국 첩보기가 중국에 의해 격추된 것을 아주 의아해하면서 여러 가지 질문을 했다. 몇 가지 아주 구체적인 질문도 했다. 그는 몇 번이고 이렇게 물었다. '조종사들이 성경을 갖고 있는가?' '왜 성경을 갖고 다니지 않는 거지?' '그들에게 성경을 갖다 줄 수 있을까?' '그 사람들 성경을 좋아할까?'"[215]

핵무기 단추를 누를 권한을 가진 이 사람은 정말로 지구상에서 우리 시대를 끝장내고 '평화의 왕자'(예수―옮긴이)의 재림을 촉진할 정책을 열성적으로―기쁨에 넘쳐―밀어붙일 가능성이 아주 크다고 하겠다.

문명이 세계를 죽이고 있는 이유는 바로 여기에 있다.

문명이 세계를 죽이는 이유(2)

　역사적으로 끔찍한 폭력사건이 일어나되 폭력이란 단어는 결코 입에 올리지 않는 시기가 있었다.····폭력은 이에 도덕적 정당성을 부여하는 신화에 가려 있었고, 이런 신화는 사람들로 하여금 폭력의 본질을 제대로 이해하지 못하게 했다. 마녀를 화형에 처한 사람들은 한 순간도 자신의 행동을 폭력이라고 생각하지 않았으며, 오히려 신이 명한 정의로운 행동이라고 생각했다. 지금까지 우리 인간이 저질러온 대부분의 폭력에 대해서도 같은 말을 할 수 있다.

*질 베일리[216]

---

　* Gil Bailie: 미국의 가톨릭 평신도 저술가

미친 것은 권력자들만이 아니다. 문화 전체가 미쳤다. 1996년의 전국 여론조사 결과를 보면, 미국인의 40% 이상이, 현재의 세계는 예수와 가짜 그리스도(적그리스도)가 이스라엘에서 벌일 '최후의 결전'(Armageddon)으로 종말을 고할 것으로 믿고 있다.[217] 아마도 그 전야제 행사는 성모마리아와 부활절토끼(Easter Bunny, 부활절에 어린이들에게 선물을 준다는 전설적인 토끼-옮긴이)간에 벌어지게 될 것이다.

◦ ◦ ◦

정신병을 이치에 닿게 정의하자면 사람이 물질적 현실과의 접속회로를 상실하여 자신의 망상을 현실세계보다 더 현실적이라고 생각하는 것을 말한다.

◦ ◦ ◦

문명이 세계를 죽이는 이유, 화제 8. 오만.

내 앞에 버클리대학 특별강좌의 광고가 펼쳐져 있다. 광고에는 어떤 남자가 양손을 머리 뒤로 올리고 두 발을 책상에 올려놓은 채 의자에 기대어 앉아 있는 사진이 실려 있다. 그는 흰 셔츠에 검은색 넥타이를 매고 있다. 그의 신사구두 왼쪽에 발자국 네 개가 찍혀 있다. 거기서 좀더 떨어진 곳에 새 발자국 하나가 있고, 이어 조그만 포유동물이 보인다. 그 다음에 곰이 있다. 그리고 인간의 맨발자국이 그의 구두로 이어진다. 이런 설명문이 붙어 있다. "진화에는… 100만 년이 필요 없다."

함축된 의미는 분명하다. 새와 여러 가지 포유동물을 거쳐 사업가가, 넓게는 이 문화가 탄생하는 진화과정을 나타낸 것이다. 인간은 지구상 모든 생물의 정점에 있다. 인간이 핵심이다. 모든 진화과정은 인간이 불편한 옷을 입고 책상 앞에 앉아 있기 위해 이루어졌다는 것이다.

아첨치곤 좀 심하지 않은가?

세계가 문명인을 위해 만들어졌다고 믿는 것은 비단 기독교도들만이 아니다.

○ ○ ○

문명이 세계를 죽이는 이유, 화제 9.　셸 석유회사와 『이코노미스트』지는 매년 "미래적 사고를 장려하는 국제 저술경연대회"를 개최하고 있다. 전단 슬로건이 너무 야하다. "당신은 2천 단어 수필을, 우리는 2만 달러 수표를 쓴다."

금년의 논제는 "우리에게 자연은 필요한가?"이다.

선전홍보의 제1법칙은, 내 전제를 받아들이도록 만들면 상대방을 사로잡는다는 것이다. 다른 말로 표현하면, 질문을 지배하는 자가 답도 지배한다는 것이다. 『이코노미스트』/셸 석유가 이런 논제말고 다른 논제를 제시한다면 제출되는 논문도 크게 달라질 것이다. 다음과 같은 논제를 생각해 볼 수 있다. 자연은 우리를 필요로 하는가? 자연은 셸 석유회사를 필요로 하는가? 인간은 셸 석유를 필요로 하는가? 자연은 석유생산을 필요로 하는가? 인간은 석유생산을 필요로 하는가? 자연은 산업문명을 필요로 하는가? 인간은 산업문명을 필요로 하는가? 자연은 산업문명에서 살아남을 수 있을까? 인간은 산업문명에서 살아남을 수 있을까? 우리 각자는 우리의 토지기반을 위해 무엇을 할 수 있을까? 『이코노미스트』/셸 석유가 말하는 '우리'란 도대체 누구인가?

이 논문과 관련하여 아마도 가장 중요한 문제는 제출된 논문이 셸 석유와 『이코노미스트』지의 금융·홍보상의 이해와 부합되지 않더라도 그들이 과연 2만 달러짜리 수표를 내 손에 쥐여주겠는가, 하는 것이다.

응모자가 수표를 끊어줄 사람이 누구인지 모를 경우에 대비하여, 주최측은 논문 집필방향을 유도하는 몇 가지 질문을 제시하고 있다. 첫번째 질문은 "어느 정도의 생물다양성이 필요한가?"이다. 이건 정신 나간 질문이다. 물리적 현실(이 경우 생물다양성)을 주어진 것으로 보지 않고 자신들의 지적 구성물("어느 정도 필요한가"에 관한 사람들의 여러 가지 의견)에 종속된 것으로 여기기 때문이다. 물리적 현실에 부합하는 보다 분별 있는 질문은

"석유생산이 필요하다면 과연 얼마나 필요할까? 석유회사는 얼마나 많이 필요할까? 우리는 어떻게 토지기반을 도울 수 있을까?" 등이 될 것이다.

이 질문은 또한 터무니없이 오만하기도 하다. 우리가 생물다양성이 얼마나 필요한지를 토지기반보다도 더 잘 안다는 전제가 깔린 질문이기 때문이다. 생물다양성이 얼마나 필요한지 알고 싶으면 나와 같은 인간에게 물어볼 것이 아니라, 땅에게 물어봐야 한다. 물어보고 나서 100세대쯤 기다리면, 우리 후손들이 그동안 자기들이 살아온 특정한 지역에 대한 해답을 얻을 수 있을 것이다.

이 질문이 "어느 정도의 생물다양성이 '무엇'을 위해 필요한가?"를 명시하지 못한다는 것은 말할 필요도 없다.

또 이런 질문도 있다. "지속 가능한 개발이란 것은 자연스럽고 바람직해 보이기 때문에 아무도 이에 반대할 수 없을 것이다. 그러나 오늘날에는 기술발전 때문에 무엇이 지속 가능하고 지속 불가능한지에 관한 정의가 빠른 속도로 시대에 뒤지게 되었다. 기술발전으로 중·단기적 변수들이 달라진다고 할 때 어떻게 하면 장기적 관점을 지닌 개념이 실질적 의미를 갖겠는가?"

여기서도 무의미한 질문에 깔려 있는 정신 나간 전제들을 경계할 필요가 있다. 이 질문의 두번째 문장은 무슨 얘기를 하려는 것일까? 무슨 가정들이 깔려 있는가? 핵심적 가정은 기술발전이 일차적이고—즉 독립변수이고—지속 가능성에 관한 개념정의는 기술변화에 종속된 부차적 변수라는 것이다. 그러나 나는 기술변화에 따라 어떻게 지속 가능성에 관한 정의가 달라진다는 건지 알아들을 수가 없다. 인간의 활동은 토지기반의 부양능력을 해치지 않을 때 지속 가능한 것이다. 기술은 지속 가능성의 '변수'들이나 이에 관한 정의에 단기·중기 및 장기적으로 아무런 영향도 미치지 못한다. 기술은 사람이 어느 한 장소에서 장기간 살아가는 데 방해가 될지언정—또는 기술을 어떻게 정의하느냐에 따라 도움이 될지언정[218]—그 조건이 갖는 의미에는 영향을 미치지 못한다. 물론 한 장소에서 장기간 살아간다는 것은 이 경연대회의 관심사가 아니고 이 질문이 의도하는 바도 아니다. 이 '질문'의 진짜 목적은 응모자로 하여금 생존의 마지막 기준선인 지속 가능성의 한계선적 성격에 의문을 품도록 유도하려는 데 있다고 생각된다. 지속 가능성은 독립변수이며 또 그래야만 한다. 따라서 올바른 질문은—만일 생존에 관심이 있다면—일정한 기술이 인간생활의 지속 가능성, 즉 인간의 생존 가능성, 즉 생존능력을 어떻게 돕거나 방해하는가, 하는 질문이 될 것이다. 다시 말해서 기술은 인간이 속해 있는 토지기반의 건강에 어떻게 도움을 주거나 이를 방해하는가, 하는 것이다.

대동소이한 또 한 가지 질문은 이런 것이다. "인구성장과 지식이라는 측면에서 종으로서의 인간의 성공(man's success)[원문대로]이 자연스러운 현상이라면, 어떻게 인간(man)이 자연을 위협한다고 말할 수 있는가? 인위적인 것과 자연적인 것을 구분하는 것 자체가 인위적인가?"

이제는 독자들도 이런 질문들에 깔린 (정신 나간) 전제들이 우리를 어디로 유도하려는 것인지 스스로 분석할 수 있으리라 믿는다. 예를 들어 그들은 전체 인간을 의미하는 말로 man(남자)이라는 단어를 사용하여 여성을 무시하고 있다. 또 그들은 '성공'을 한 장소에서 오랫동안 사는 것이 아니라 다른 문화들과 지구를 정복하는 것으로 정의하고 있다(이런 잘못된 정의는 오래된 것이다. 다음과 같은 명령이 이런 정의를 형성하게 되었으리라 생각된다. "다산하고 번성하여 땅에 충만하고 땅을 정복하여라. 그리고 바다의 물고기와 공중의 새와 땅에서 움직이는 모든 생물들을 지배하여라"[219](창세기 1장 28절-옮긴이)). 그들은 천정부지의 인구증가를 성공의 한 예로 들고 있는데, 언필칭 지속 가능성을 논하는 마당에 좀 이상한 느낌이 든다. 이런 맥락에서 '지식'이란 단어의 용법도 흥미롭다. 그들이 말하는 지식은 유전공학 지식을 의미하는 것일까, 아니면 지배적 문화에 의해 수천 가지 언어를 사멸시켜 놓고도 그 언어들이 태어났던 장소와 장기적 관계를 맺으며 살아갈 수 있는 지식을 얻었다는 의미일까? 전자라고 보는 게 좋을 것 같다. 다음과 같은 질문도 있기 때문이다. "유전자공학에 대한 불신과 농민 및 농촌주민 개발의 필요성을 어떻게 균형 잡을 것인가?"(이 질문은 유전자 조작이 초국적 화학회사나 석유회사들보다 근본적으로는 빈민층에 도움이 된다는 뜻을 함축할 뿐 아니라, 유전자공학에 대한 저항이 어디까지나 '불신'—순진하고 어리석다는 뜻이다—에서 비롯되었을 뿐, 유전자공학이 농민과 토지기반에 해롭다는 인식에 바탕을 둔 것이 아니라는 뜻을 함축한다). 스스로를 전체 인류로 자처하는 그들이 "어떻게 인간(남자)이 자연을 위협한다고 말할 수 있는가"라고 말할 때, 그것은 자신들의 잔혹행위를 물 타기 하려는 시도일 뿐 아니라 (테러를 가하고 강간하고 착취하고 사람을 죽이고 남의 자원을 빼앗는 것은 인간의 본성이다. 우린 정말 선택의 여지가 없다), 나아가 노골적으로 현재 일어나고 있는 사태 자체를 부정하는 진술이다. 그것은 자연계가 실제로 위협받고 있지 않다는 논문을 쓰라는 유도에 다름 아니다(고등학교나 대학의 시험문제에 이런 질문이 나오면, 우리는 어떻게 써야 A학점을 받을 수 있는지 정확히 안다. 게다가 2만 달러를 준다니 더 말할 필요도 없다). 분명히 이런 논리가 된다. 즉 상어들이 두들겨 맞고 청새치, 넙치, 연어, 고래, 호랑이무늬 도롱뇽,[220] 얼룩올빼미, 호랑이, 침팬지, 오랑우탄 등이 모두 두들겨 맞더라도 "인구성장과 지식이라는 측면에서 종으로서의 인간의 성공이 자연스러운 현상이라면, 어떻게 인간이 자연을 위협한다고 말할 수 있겠는가?"라는 것이다.

이것은 공기총과 고래의 죽음 간에 아무 연관성이 없다는 NSF 과학자들의 말과 똑같이 진부한 진술이다. 솔직히, 나도 한번 그런 식으로 말해 보고 싶다. 총을 구입할 능력과 총의 사용법에 관한 지식을 가졌다는 측면에서 개인으로서의 나의 성공이 자연스러운 현상이라면, 그리고 죽음 그 자체가 자연스러운 현상이라고 한다면, 어떻게 내가 너를 위협한다고 말할 수 있겠는가?

모두가 미쳤다. 그것은 바로 CIA가 고문 교과서—미안, 인간자원 이용 교범—에서 극찬한 것과 같은 종류의 허튼수작이다. 허튼소리일지라도 줄기차게 지껄여대면 사람을 무너뜨려 거의 어떤 계획이든지 따르도록 만들 수 있다.

하지만 이 질문에는 또 한 가지 부분이 있다. "인위적인 것과 자연적인 것을 구분하는 것 자체가 인위적인가?" 우리 모두가 전에도, 특히 착취를 더 계속하고 싶어하는 사람들한테서 늘 듣던 말이다. 즉 인간은 자연 그대로이다. 그러므로 인간이 만드는 것은 모두 자연스러운 것이다. 사슬톱, 핵폭탄, 자본주의, 성노예, 아스팔트, 자동차, 오염된 하천, 황폐화된 세계, 황폐화된 정신, 이 모든 것이 자연스러운 것이라는 논리다.

이에 대해 두 가지로 응수할 수 있다. 첫째는, 내가 졸저 『가상의 문화』(*The Culture of Make Believe*)에서 말한 대로이다. 나는 이 책에서 이렇게 썼다. "이건 물론 허튼수작이다. 우리는 자연계에 몸담고 있다. 우리는 이 자연계에서 사회적 동물로 진화했다. 우리는 마실 수 있는 깨끗한 물과 숨 쉴 수 있는 깨끗한 공기를 필요로 하며, 그런 것이 없으면 죽는다. 우리는 먹을 것을 필요로 하며, 없으면 죽는다. 우리는 완전한 자아를 찾기 위해 사랑과 애정과 사회적 접촉을 필요로 한다. 그것이 사회적 동물인 우리의 진화적 유산의 일부를 이룬다. 이런 것을 이해하도록 도움을 주는 것이면 모두 자연스러운 것이다. 즉 모든 관습과 의식, 인공물, 과정 및 행동은 그것이 우리가 자연계에 몸담고 있음을 깨우쳐주는 정도만큼 자연스러운 것이며 또한 그렇지 못한 정도만큼 부자연스러운 것이다."[221]

그들의 질문에 대한 내 두번째 응수는 내 알 바 아니라는 것이다. 내가 살고 싶은 곳은 연어와 호랑이무늬 도롱뇽, 호랑이, 건강한 숲 그리고 어머니의 젖에 다이옥신이 없는 생기 넘치는 인간공동체들이 있는 세계이다. 유조선, 지구 온난화, DDT, 지명타자 규칙 그리고 우리가 문명이라 부르는 거대한 죽음의 수용소의 다른 것들도 모두 마찬가지로 자연스러운 것이라고 정 주장하고 싶은 사람들이 있다면, 좋다, 그런 사람들은 2만 달러짜리 수표를 챙겨서 공리주의 철학자 친구들과 함께 구석진 곳으로 가서 허튼 말장난 게임이나 벌이기 바란다. 그동안에 우리는 문명이 일으킨 아주 실질적인 문제들에 대한 대책을 세워볼 것이다. 시간이나 낭비하는 이런 쓸데없는 질문을 정녕 진지하게 제기하고 싶은 사람이 있다면,[222] 나는 그런 사람들에게는 할말이 없다. 내겐 할 일이 많다. 바로 당신들 같은 사람들로부터 세계를 구하는 일을 도와야 한다. 문명이 더 큰 해를 입히지 못하도록 이를 무너뜨리는 일을 거들어야 한다.

◦ ◦ ◦

문명이 세계를 죽이는 이유, 화제 10. 2003년에 나는 이런 신문기사를 읽었다. "산업화된 수산업은 세계의 몸집 크고 경제적으로 중요한 어종들을 모조리 멸종시키고 있다. …최근 수십 년 동안 대구, 넙치, 참치, 황새치, 청새치를 포함한 큰 어종들의 90%가 바다에서 사라지고 있다. …어획기술이 매우 효율화하여 어떤 어종이든지 재수 없게 어선단의 관심을 끌기만 하면 그 80% 이상을 없애는 데 단 15년밖에 걸리지 않는다."[223] 이 기사의 세 문장 자체가 문명이 어떻게, 왜 지구를 죽이는지를 생생하게 드러내고 있지만, 그 기사와 관련된 몇 가지 점들은 우리가 처한 현실을 한층 더 극명하게 드러내 주었다.

첫째는 기사의 위치이다. 그 기사는 A13면에 실려 있었다(한 면의 1/4가량을 차지했고, 나머지는 새로 나온 카메라가 내장된 PCS비전 픽처폰의 광고였다). 나는 전에도 이렇게 지적한 바 있다. 바다 죽이기 기사가 1면에 오를 가치가 없다면, 어떤 기사가 그럴 가치가 있을지 나는 도무지 알 수 없다.

두번째 문제는, 첫번째와 좀 상충되기는 하지만, 과연 그게 뉴스거리가 되느냐 하는 것이다. 몇몇 운동가 친구들에게 그 기사 얘기를 했더니 대부분 "그거 다 아는 얘기 같은데"라는 반응이었다.

그건 맞는 말이다. 수산업이 바다를 죽이고 있다는 것을 알지 못하는 사람이 있다면, 그것은 업계의 똘마니거나 정치인 또는 관료들일 것이다. 아니면 그저 얼간이일지도 모른다.

과학자들은 시시때때로 자연계가 죽어가고 있다는 연구결과를 내놓고, 이 문화는 그러는 동안에도 계속 지구를 죽이고 있다. 나는 3, 4년 지나면 바다가 죽어가고 있음을 보여주는 또 다른 연구보고서가 나오리라고 장담할 수 있다. 이런 연구결과는 여러 신문의 A13면에 실리게 될 것이다.

세계는 정보부족 때문에 파괴되는 것이 아니라, 우리가 파괴자들을 멈추게 하지 못하기 때문에 파괴되고 있다.

세번째는 충분히 예상할 수 있는 일이기는 했지만, 업계 대변인들이 어처구니없는 반응을 보였다는 점이다. 국제어업조합연합(ICFA) 대변인 린다 캔들러는 "연구결과는 수산업은 어획을 통해 생산성이 더 높아진다는 것을 보여주고 있다"면서 "〔물고기를 잡으면〕 물고기 개체군은 번식을 늘리는 반응을 보인다"고 지적했다. 1996년과 1999년에도 비난받은 바 있는 주낙(낚싯줄에 여러 개의 낚시를 매단 어획기구―옮긴이)기술 같은 새로운 어획기술도 별 문제가 안 된다는 말이었다.[224]

그녀의 말은 물론 맞다. 우리 몸을 생각해 보자. 몸에서 피가 나면 더 많은 피가 만들어져 이를 보충한다. 그녀의 논리대로라면, 피를 많이 흘릴수록 피가 더 많이 생산된다. 그러므로 피 흘리는 것은 몸에 좋다(입증을 요한다)는 말이 된다. 그녀의 논리대로라면, 미즈 캔더의 피를, 물론 무리가 없는지 확인해 가며 90%를 뽑아내도 아마도 피 생산이 항진될 터이므로 그녀는 전보다 더 건강해질 것이다.

변명할 수 없는 것을 변명하노라면 사람이 우습게 되는 법이다.

네번째는 역시 충분히 예상할 수 있는 일이기는 했지만, 정부에서 일하는 업계의 다른 대변인들도 어처구니없는 반응을 보였다는 점이다. 미국 상무부 국립해양수산청의 과학 프로그램 책임자인 마이클 시슨와인은 "어족의 대폭적 감소가 문제라는 결론은… 내리지 말아야 한다"면서[225] 한걸음 더 나아가 "예상되는 어획의 결과는 어족이 감소한다는 것이다. 매우 효율적인 지속 가능성〔원문대로〕 계획을 도입하더라도 때로는 50% 이상의 감소를 예상해야만 한다. 문제는 감소가 얼마나 합리적이고 지속 가능하느냐에 달렸다."[226]

마지막 문장을 다시 읽어보자. 사전을 보면 '감소하다'(decline)에는 '아래로 기울다'는 뜻이 있다. 나는 초등학교 수학시간에 선이 아래로 기울면 결국 0에 도달하게 된다고 배웠다. 선이 50년 동안 90도 아래로 기울어 내려가면 (문명이 막판에 접어들면서 갈수록 기울어지겠지만 여기서는 선이 직선을 유지한다고 가정하더라도) 10년도 못 되어 0에 도달하게 된다. 사전에는 '지속 가능'이란 "자원[원문대로]을 고갈되거나 영구히 손상되지 않도록 사용하는 것"을 의미한다고 나와 있다.

나는 머리가 나쁜 모양이다. 연방정부에서 해양어족 보호를 책임졌다는 마이클 시슨와인이 무슨 말을 하는지 도무지 알아들을 수가 없다. 그는 감소가 지속 가능하다고, 90% 감소도 지속 가능하다고, 그리고 그것은 합리적이라고, 아무 문제될 게 없다고 말하는 것으로 보인다.

그러나 그렇게 말하면 안 된다. 누구도 그처럼 머리가 나쁠, 아니 뻔뻔할 수가 없다. 체계적인 바다 죽이기를 감시해야 할 사람이면 더욱 그렇다. 그는 마지막 문장에서 단 열두 단어를 사용하여 '감소' '합리적' 그리고 '지속 가능'이란 단어들을 모두 무의미하게 만들었다. 여기에 첫 문장을 합치면, '문제'라는 단어도 무의미하게 된다. 바다의 죽음이 문제가 아니라면, 도대체 무엇이 문제인가? 이 사람들은 바다를 죽이는 데 그치지 않고 담론까지도 죽이고 있다. 변명할 수 없는 것을 변명하다 보면 사람이 우습게 되는 법이다.

바다에서 몸집 큰 어족의 90%가 사라졌다. 나머지 어족의 운명을 결정할 정책담당자들은 이를 문제로 여기지 않고 있다. 어떻게 대처해야 할까?

◦ ◦ ◦

문명이 세계를 죽이는 이유, 화제 11. 의도적 어리석음.

세계경제 체제의 상호연관성은 당연한 것으로 여겨진다. 대부분의 사람들은 경제의 한 부문이 침체하면 다른 부문도 문제를 일으킨다고 이해하고 있다. 예를 들어 1997년 아시아경제의 붕괴는 이 지역에 목재를 수출하던 미국의 서북 및 동남 지역의 목재산업에 타격을 주었다. 그러나 역시 대부분의 사람들은 이런 형태의 상호의존성을 줄곧 거론하면서도 어찌된 일인지 숲을 개벌(皆伐)하고 단일 품종으로만 재식림해 놓고서도 숲이 건재하다고 믿는 것 같다. 그들은 들쥐를 해치면 전나무에 해롭다고 말하는 사람이라도 있으면, 그 사람을 경멸하듯 노려본다. 그들은 종들을 모두 쓸어버려도 아무 문제없다고 생각하며, 종들은 서식지를, 서식지는 종들을 필요로 한다는 사실을 이해하지 못하는 것 같다.

그런 사람들은 상호연관성을 이해하지 못하는 것이 아니다. 그들의 어리석음은 의도적인 것이다.

◦ ◦ ◦

문명이 세계를 죽이는 이유, 화제 12. 아우슈비츠, 트레블링카, 베르겐-벨젠 (모두 나치 강제수용소-옮긴이). 그것이 이유이다. 문명이 온 세상을 강제수용소로, 이어 죽음의 수용소로 만들고 있는 건 사실이지만 그것 때문이 아니다. 문명의 종착점이 대량학살 공장이기는 하지만 그것 때문이지도 않다.[227] 원인은 아우슈비츠 수용소의 의사들에게 있다.

그 이유는 이렇다. 독자들은 내가 환경운동이 큰 실패였다면서 그 원인으로 두어 가지를 지적했던 것을 기억할 것이다. 나는 가장 중요하다고 생각되는 원인을 지적하지 않았었는데, 그것은 의사들과 관계된 문제였다. 로버트 J. 리프턴(Robert J. Lifton)은 그의 중요한 저서 『나치 의사들』(*The Nazi Doctors*)[228]에서, 히포크라테스 선서를 했다는 사람들이 어떻게 해서 재소자들이 일하다 죽거나 대량 학살당하는 그런 수용소에 가담하게 되었는지를 파헤치고 있다. 그는 많은 의사들은 재소자들을 정직하게 대해 힘이 닿는 대로 재소자들을 편하게 해주려고 노력했음을 밝혀냈다. 그들은 재소자가 아프면 아스피린이라도 주거나 하루 이틀 침대에 눕도록 해주었을 것이다. 환자가 전염병에 걸리면 병이 퍼지지 않도록 환자를 죽이기도 했을 것이다. 이런 일은 아우슈비츠에 감금된 상태에서 그런 대로 이해할 수 있다. 그러나 의사들은 한 가지 가장 중요한 점을 놓쳤다. 아우슈비츠 자체에 대해 전연 의문을 제기하지 않은 것이다. 그들은 재소자들을 죽도록 일시키거나 굶겨 죽이는 데 대해 의문을 품지 않았다. 그들은 감금 자체에 대해서도, 재소자들을 고문하는 데 대해서도, 그런 잔혹행위를 가능케 한 문화에 대해서도 의문을 제기하지 않았다.

우리 환경운동가들도 마찬가지이다. 우리는 우리가 사랑하는 장소를 보호하기 위해 열심히 일하고 있다. 그러면서도 우리는 가장 중요한 점을 놓치고 있다. 우리는 이 죽음의 문화 자체에 대해 의문을 제기하지 않는다. 우리는 세계를 죽이고 있는, 말하자면 굶겨죽이고 감금하고 고문하고 있는 이 경제·사회 체제 자체에 대해 의문을 품지 않는다. 우리는 필연적으로 개벌, 바다 죽이기, 표토 유실, 댐 건설, 대수층 오염으로 이어질 수밖에 없는 논리에 대해 문제를 제기하지 못하고 있는 것이다.

그리고 우리는 그 체제를 무너뜨리기 위한 행동도 못하고 있다.

○ ○ ○

예를 들어보자. 나는 최근에 '바이오니어즈'(Bioneers, 실천적 환경개선책과 사회적 전략을 추진할 목적으로 1990년에 결성된 비영리 환경운동단체—옮긴이)라 불리는 환경운동가들의 집회에 참석한 적이 있다. 내가 들은 강연들은 아주 훌륭했다. 연사들은 지금 이루어지고 있거나 앞으로 이루어야 할 변화들에 대해 매우 열성적으로, 때로는 아주 적극적으로 얘기했다. 그들은 여러 가지 영농 모델, 공동체조직 모델, 학교교육 모델들의 필요성에 관해 이야기했다. 그러나 권력문제에 대해 이야기하는 사람은 아무도 없었다. 아무도 권력자들이 공동체의 지속 가능성을 망치고 있다는 자명한 사실을 거론하지 않았다. 설사 농민들이 지속 가능성을 높일 대안모델을 개발하더라도, 권력자들이 농민들의 땅에 월마트를 짓거나 댐을 건설하거나, 아예 농민들의 땅을 빼앗기로 결정하면 그만이라는 사실을 언급하지도 않았다. 그리고 정신병리학을 거론하는 사람도 없었다. 지배적 문화가 파괴를 필요로 한다는 점을 거론한 사람도 없었다.

우리의 행동뿐 아니라 우리의 담론 자체도 여전히 문명이라 불리는 이 수용소에 감금되어 있다.

◎ ◎ ◎

문명이 세계를 죽이는 이유, 화제 13. 나는 최근에 어느 독선적인 평화주의자와 함께 연단에 오른 적이 있었다. 그 사람은 인간의 피를 흘리는 것이 정당화되는 상황은 결코 있을 수 없다고 말했다. 그는 이렇게 말했다. "폭력 좋아하네!(Violence schmiolence! schm을 접두어처럼 사용한 단어를 반복하는 방법으로 자기가 반대하는 명제를 빗대어 표현하는 속어. 예를 들어 Forecast schmrecast! 예측 같은 소리하고 있네!-옮긴이) 나는 연어를 살리기 위해서라면, 단 한 명의 인간도 죽이지 않을 겁니다."

"난 그럴 겁니다." 내가 얼른 반박했다.

그러나 나는 이 대답이 성에 차지 않았다. 이렇게 대꾸했더라면 좋았을 것이다. "문명이 왜 세계를 죽이는가 하는 문제에 관해 간결하게 말씀해 주신 데 감사합니다. 그건 단 한 명의 인간생명도 토지기반의 건강보다 소중하다는, 심지어 인간이 (물리적·도덕적으로) 토지기반으로부터 분리될 수 있다는 말씀이라 생각합니다. 그러나 토지기반의 건강은 가장 중요합니다. 연어의 이동은 내 목숨보다, 아니면 다른 어떤 개인의 목숨보다 훨씬 더 중요합니다. 신천옹이나 바다거북, 삼나무, 얼룩올빼미 등이 계속 살아가는 것은 어떤 개인의 목숨보다 더 중요합니다. 이 점을 이해하지 못한다면, 우리는 생존할 가망이 없습니다."

◎ ◎ ◎

문명이 세계를 죽이는 이유, 화제 14. 미국은 현재 유전자 조작에 의한 독극물을 포함한 여러 가지 신종 독극물을 만들기 위해 적어도 3개소의 생물무기 연구소를 건립할 계획이다.

그것은 집권층의 관점에서 보면 좋은 계획이다. 우리들의 관점에서 보면 별로 좋은 일이 못된다.

그들은 이런 '생물무기'(bioweapon)들을 어떤 용도로, 무슨 목적으로

  사용하려는 것일까?

그들 자신의 말에서 힌트를 얻을 수 있다. 「미국국방 재건」(Rebuilding American Defenses)이라는 문서[229] 등이 생물무기에 관해 언급하고 있는데, 이 문서를 작성한 '새 미국의 세기를 위한 프로젝트'(The Project for the New American Century, PNAC)라는 단체는 그 웹사이트에 따르면 "미국의 전지구적 지도력을 촉진할 것을 목적으로 하는 비영리 교육단체"라고 되어 있다.[230] 달리 말하면, 이 단체는 미국의 세계지배를 목적으로 하는 우익 싱크탱크이다. 뭐 별일 없겠지? 소수 미치광이들뿐일 텐데.

그렇다. 소수 미치광이들일 뿐이다. 그러나 불행하게도 이 미치광이들 중에는 부통령 딕 체니와 국방장관 도널드 럼스펠드, 대통령의 동생 젭 부시 그리고 이라크 침공의 배후조종자로 꼽히는 폴 월포비츠가 포함되어 있다.

독자들도 그 문서를 꼭 한 부 구해 읽어보기 바란다. 다만 밤중에는 읽지 말아야 하겠지만, 60쪽은 꼭 읽어두는 게 좋을 것이다. 이렇게 나와 있다. "특정한 유전자형을 '표적'으로 삼을 수 있는 첨단 생물전쟁은 생물전쟁을 테러의 영역에서 정치적으로 유용한 도구로 일변시킬 수 있을 것이다."[231]

아주 분명하지 않은가?

이런 자들이 핵무기 단추를 누를 권한을 갖고 있다. 그것이 문명이 세계를 죽이고 있는 이유이다.

◦ ◦ ◦

문명이 세계를 죽이는 이유, 화제 15. 유나바머/타이레놀 규칙.

나는 종종 우체국에서 줄서 있을 때마다 이 규칙을 떠올리곤 한다. 나는 소도시에서 살고 있어 시민들이 서로 알고 지내며, 우체국 직원도 곧잘 우리에게 농담을 걸곤 한다. 그러니 기다리는 사람들의 행렬이 길어질 만도 하다. 그러나 우리는 과연 왜 줄지어 서 있는가? 유나바머/타이레놀 위협지각 규칙 때문이다.

유나바머(Unabomber, 1975~95년에 대학과 공항을 중심으로 활동한 미국 연쇄 폭탄

테러범의 별명-옮긴이)가 폭탄을 우편으로 보내 3명을 죽이고 23명에게 부상을 입히자, 미국우정공사는 무게 1파운드가 넘는 우편물을 우편함에 넣지 못하도록 금지하고, 그 대신 줄지어 서서 기다렸다가 우체국 담당직원에게 직접 건네도록 하는 규정을 만들었던 것이다. 한 가지 좋은 점은 내가 우체국 직원의 농담을 좋아한다는 것이다.

다음은 타이레놀 규칙이다. 1982년에 시안화칼륨이 묻은 타이레놀 알약을 복용하고 7명이 죽은 사건이 있었다. 타이레놀 생산업체인 존슨 & 존슨은 즉시 1억 2500만 달러를 들여 타이레놀 3100만 병을 회수하고, 한 달 반 만에 개봉표시가 분명히 드러나는 새로운 안전용기를 제작했다. 전체 업계가 이 모범을 따랐기 때문에 지금은 시판되는 거의 모든 소모품들이 유사한 안전용기를 사용하고 있다.

이런 일들이 문명의 지구 죽이기와 무슨 상관이 있는가? 유나바머/타이레놀 사건에 대한 대응조치를, 석탄을 사용하는 미국의 화력발전소들이 공기를 오염시켜 매년 2만 4천 명을 죽음에 이르게 한다는 사실과 비교해 보라.[232] 또 지구 온난화로 인해 벌써부터 매년 수만 명이 사망하고 있다는 사실이나, 위험한 제품으로 인해 매년 미국인 2만 8천 명이 죽고 있다는 사실, 작업장의 안전미비로 매년 10만 명 그리고 미국의 암환자 사망의 28~33%가 작업장 발암물질로 인한 것이라는 사실과 비교해 보라.[233] 유나바머/타이레놀 사건에 대한 대응을 향후 30년 동안 석면으로 유발된 암으로 죽게 될 24만 명에 대한 미국정부의 대책이나 1986년 한 해 동안에만 흑폐병으로 죽어간 10만 명의 광부나 모유 아닌 우유를 먹고 죽어간 전세계 100만 아기들에 대한 대책과 비교해 보라.[234]

비교적 소수가 사망한 사건에 대해서는 즉각적인 조치가 이루어져 위협이 제거되었다. 그 이유는 위협이 변칙적이고 비체계적이었기 때문이다. 해결책은 체제 자체에 내재된 문제들과 관련된 것이 아니었다. 체제에 내재된 문제들이었더라면, 해결되기는커녕 관심을 기울인 사람도 거의 없었을 것이다.

◦ ◦ ◦

9·11 폭파사건 이후의 기간중에 미국연방수사국(FBI)은 "화이트칼라 범죄에 배정된 수사요원의 약 60%를 감축"하여 이들을 테러범 수사에 돌렸다.[235] 그러나 사실은 기업형 범죄가—인명피해나 피해금액 면에서—길거리 범죄나 '테러'범죄보다 몇 자릿수 더 큰 피해를 주고 있다.

◦ ◦ ◦

유나바머/타이레놀 규칙을 '팬터지 풋볼'(실제 축구선수들의 이름과 성적을 바탕으로 가상의 축구팀들을 구성하여 즐기는 인터넷게임-옮긴이) 규칙 또는 '로티세리 리그'(대표적인 팬터지 야구 리그-옮긴이) 규칙이라고 부를 수도 있을 것이다. 지구해방전선(ELF)과 동물해방전선(ALF)은 어느 누구에게도 피해를 준 적이 없는데도, FBI는 이 두 단체를 미국의 첫째가는 테러위협으로 꼽고 있다. 그 이유는 ELF와 ALF가 기업들에 막대한 재정적 손실을 주고 있기 때문이다. 엘브(elve)라 불리는 ELF 회원들 중 일부가 자기들이 '경제적 사보타주'를 통해 기업과 정부에 수천만 달러의 피해를 준다는 데 대해 자부심을 느끼는 것으로 보인다는 것은 사실이다. '엘브'들이나 FBI요원들이 들으면 실망할지 모르지만, 그러나 이 피해액은 진짜 테러범들의 피해에 비하면 사소한 것이다. 물론 여기서 진짜 테러범이란 '팬터지' 풋볼이나 야구 게임을 하는 사람들을 말한다. 오늘날짜 『샌프란시스코 크로니클』지의 특종기사에 따르면 "미국의 '팬터지' 스포츠 중독자들이 미국경제에 매일 3670만 달러의 피해를 입히고 있다"[236]고 한다. 직장에서 '일해야 할' 사람들이 자기가 좋아하는 선수(요즈음은 요한 산타나가 잘 나간다)의 성적을 알아보느라 인터넷에 매달리기 때문이다. 만일 FBI가 진정으로 경제적 사보타주를 근절할 생각이 있다면, 그 같은 행위를 부추기는 웹사이트들을 당장 단속해야 할 것이다. rototimes.com이나 rotoworld.com 나아가 ESPN.com까지도 폐쇄해야 할 것이다. 그 같은 사이트들을 아무 제재 없이 공개적으로 운영하도록 방치한다는 것은 정말 웃기는 노릇이다! 그들은 지금 테러행위를 부추기고 있다!

ELF회원들도 진정으로 권력층에 경제적 손실을 입힐 생각이 있다면, SUV차량이나 불태울 것이 아니라 '팬터지 야구' 게임을 해야 할 것이다.

아니면 말고.

◎ ◎ ◎

유나바머/타이레놀 규칙은 또 '테러행위 규칙'이라고 부를 수도 있다. 전 세계의 정부나 자본주의 언론은 테러에 관해 왈가왈부하기를 즐기지만, 사실 테러사건은 그리 많지 않다. 정부와 언론의 테러정의에 의하더라도,[237] 2001년 9월 11일 이후 매년 1300명이 테러행위로 숨졌지만 미국에서는 그 숫자가 정확하게 0이다. 앞에서 소개한 수치와 비교해 보라. 그런데도 정치인들은 끊임없이 테러행위(적어도 적의 테러행위)를 들먹거리면서 그 밖의 다른 죽음에 관해서는 이야기하지 않는다. 그 이유는 이 책의 〔전제 4〕 때문이기도 하고, 유나바머/타이레놀 규칙 때문이기도 하다.

권력자들이 '테러'라는 말을 입에 올릴 때면 우리는 이 점을 염두에 두어야 할 것이다.

◎ ◎ ◎

학대자들은 변덕이 심하다. 기분이 좋다가도 금방 사나워진다. 도무지 종잡을 수가 없다.

호의적 주장. 학대자들은 마음이 약하다. 겁을 먹고 있다. 그들은 자신의 정체성을 상실했기 때문에(스스로를 토지기반과 동일시할 능력이 없기 때문에) 상황변화에 유동적으로 대처할 능력이 없다. 그렇기 때문에 주위상황을 장악해야만 한다. 그들은 주위상황을 완벽하게 통제하는 동안에는 적어도 겉으로는 평정을 유지할 수 있다. 그러나 일단 통제력이 (또는 자기들이 갖고 있다고 생각하는 권리가) 위협받게 되면, 그동안 속에서 들끓고 있던 분노가 밖으로 터져 나온다는 것이다.

반대의 주장. 나 자신의 경험에 따르면, 학대자들의 변덕은 상대를 현혹하기 위한 속임수인 경우가 많다. 이 점에서 학대자들의 변덕은 수감자들이 함정에 말려들지 않을 때, 예를 들어 며칠 동안 서 있기를 거부할 때, CIA 심문자들이 의도적으로 버럭 화를 내는 것과 비슷한 데가 있다. 다시 말해 변덕은 전혀 사실이 아니고, 피해자들이 방심하도록 만들기 위한 계산된 책략이라는 것이다.

그러나 학대자의 변덕이 근본적으로 거짓이라는 또 다른 주장이 있으니, 그것은 학대자가 기분이 좋을 때도 정말 기분이 좋은 게 아니고 잔인한 통제를 일시적으로 누그러뜨리는 것에 불과하다는 것이다. 학대자는 휘발유병 같은 존재가 아니며—상대방이 어리석게 불을 댕기지 않는 한 당장 치명적인 위험은 없다—따라서 학대자와 관계를 맺는 것은, 말하자면 일본식 매듭에 익숙한 자에 의해 온몸이 꽁꽁 묶이는 것 같은 것이다. 어느 전문가는 일본식 매듭에 관해 이렇게 썼다. "매듭은 거의 누구든 어떤 자세로라도 묶을 수 있을 정도로 발달해 있다. 목이 묶인 사람이 로프를 풀려고 버둥거리다가는 기도가 막혀 질식사하게 된다."[238]

나도 학대자와 그런 관계에 처해 본 경험이 있다. 내가 꼼짝 않고 가만히 누워 있으면 학대자는 그저 나를 속박할 뿐이지만, 내가 어느 방향으로라도 조금이라도 움직일 때마다 학대자가 더 세게 조여오는 것이다.

이런 점을 생각할 때, 학대자의 '기분 좋은 상태'가 과연 진심이겠는가? 아주 어리석거나 절박한 처지에 있는 학대자만이 '항상' 사납게 마련이다. 가차 없이 계속되는 억압이 가끔 보상을 해가며 단속적으로 억압하는 것보다 반드시 효과적인 통제방법인 것만은 아니다. 억압자가 언제나 억압하기만 한다면, 피해자도 더 잃을 게 없다고 생각하게 될 것이다. 무언가 잃을 것이 남아 있다고 생각하는 사람을 다루기가 훨씬 더 쉽다. 더 잃을 것도 없고 두려울 것도 없다고 생각하는 사람을 다루기는 매우 위험한 법이다.

나는 이 의문을—학대자의 변덕은 진정인가?—문화 차원에도 적용할 수 있을지에 대해 망설였다. 권력자들은 항상 토착민을 싫어해 왔고 또 자기들이 갖고 있다고 생각하는 권리(perceived entitlement)를 위협하는 사람들에게 분노해 왔다(나는 졸저 『가상의 문화』에서 이렇게 지적했다. "잘난 체하는 수사가 권리를 유지하는 데 효과를 발휘하면, 증오심과 직접적인 폭력은 잠복한다. 그러나 그런 수사가 효과를 나타내지 못하면, 폭력과 증오심이 기다렸다가 폭발하게 된다"[239]).

권력층과 문화 일반의 여러 가지 행동을 뒷받침하는 이 같은 증오심과 분노에 덧붙여, 나는 권력층이 자원보유국을 침공할 때라든가 자기들의 약탈을 저지하려는 자들을 처벌할 때 나타내는 도덕적 격분과 대단한 분노도 연기에 불과하다는 강력한 인상을 지울 수가 없다. 물론 충격받는 독자들이 있겠지만, 그건 분명한 사실이다.

그래도 의문은 여전히 남는다. 그들은 정말로 변덕이 심한 건가, 아니면 변덕을 부리는 척할 뿐인가?

둘 중 하나가 정답이더라도 세상이 달라지는 것은 아니다. 우리는 어차피 죽은 몸이다.

그러나 질문의 두번째 부분이 남아 있다. 문화의 '친절함'은 진정인가?

여기서 이 문제를 장황하게 논하는 이유를 설명하고자 한다. 이런 문제를 전연 생각해 본 적이 없는 사람들은 종종 산업문명(때로는 특히 미국)이 그처럼 나쁜 것이라면 왜 모두가 '우리처럼' 되고 싶어하는가? 하고 묻곤 한다. 진상은 그들도 자신의 토지기반과, 따라서 문화가 파괴되기 전에는 '우리처럼' 되고 싶어하지 않았다는 것이다. 크레브쾨르(J. Hector St. John de Crevecoeur, 1731~1813. 주미 프랑스 영사로 유럽에 감자를 소개한 저술가•옮긴이)는 『미국농민이 보내는 편지』에서 이렇게 썼다. "인디언들의 사회적 유대에는 우리들간에도 자랑할 만큼 매우 뛰어난 특별한 매력이 있는 게 틀림없다. 수많은 유럽인들이 인디언이 되었고, 원주민들 중에는 자진해서 유럽인이 된 사례가 단 한 명도 없기 때문이다! 그들의 풍습에는 대자연의 손길로 아로새겨진 어떤 특별한 마력이 있는 게 틀림없다. 젊은 인디언 소년을 데려다가 최대한 좋은 교육을 시키고 상금과 선물과 또 재산까지 듬뿍 주더라도, 그는 남몰래 오래 전에 잊었음 직한 고향을 그리워하다가 기회만 생기면 그동안 받은 모든 것을 뒤로하고 서슴없이 고향으로 돌아가 이루 형언할 수 없이 기뻐하며 자기 조상들의 멍석에 드러눕는 것이다."[240] 벤저민 프랭클린은 이를 이렇게 표현했다. "미개인의 생활을 맛본 후 나중에 우리 사회에서 참고 살아갈 수 있는 유럽인은 없다."[241] 그는 계속해서 이렇게 썼다. "인디언 어린이는 우리에게 와서 자라고 우리말을 배우고 우리 관습에 익숙해지더라도 한번 자기 친척들을 만나서 사귀고 나면 그를 돌아오도록 설득할 방법이 없다. …반면에 남녀를 불문하고 백인이 어렸을 때 인디언들에게 포로로 잡혀 한동안 그들과 살게 되면 몸값을 내고 석방되어… 온갖 환대를 받더라도… 곧 우리의 생활관습에 싫증을 내고 기회만 생기면 숲으로 돌아가 다시는 되찾아올 방도가 없다."[242] 이런 식의 묘사는 흔히 찾아볼 수 있다. 커드월래더 콜던은 1747년에 인디언에게 포로로 잡힌 백인들에 관해 이렇게 썼다. "일가친척이 아무리 달래고 애원하고 눈물을 흘려도 그들을 새 인디언 친구들을 버리고 오도록 설득할 방법이 없다. 친척들이 잘 달래서 집으로 돌아오는 사람도 있지만, 이들도 얼마 지나면 우리의 생활방식에 싫증을 내고 다시 인디언들에게 도망가서 그들과 함께 삶을 마감한다. 반면에 인디언 아이들은 영국인들에게서 교육받고 옷을 입고 가르침을 받아도, 내가 알기로는 그들이 자유를 얻어 자기 민족에게 돌아가 보고 나면 영국땅에 남겠다는 사람은 단 한 명도 없이 모두 자기 민족에게로 돌아갔으며, 문명인의 생활방식을 전혀 모르는 사람들과 마찬가지로 인디언의 생활방식을 좋아하게 되었다."[243] 포로를 교환할 때 인디언들은 기뻐하며 자기 가족들에게 뛰어갔지만, 백인포로들은 되돌아가지 못하게 손발을 묶어야만 했다.[244]

문명인들이 인디언들과 함께 살고 싶어한 것은, 역사학자 제임스 액스텔에 따르면 "인디언의 생활이 강력한 공동체 의식, 넘치는 사랑과 보기 드문 성실성 등 유럽 식민지 개척자들이 높이 평가하면서도 갖지 못한 가치관을 소유하고 있음을 알게 되었기 때문이다. 그러나 인디언 생활은 다른 점에서도 매력적이었으니 그것은 사회적 평등, 이동생활, 모험 그리고 어른 개종자 두 명이 인정한 대로 '가장 완벽한 자유, 편안한 생활 그리고 우리들에게서 자주 찾아볼 수 있는 근심걱정이 없음'에서 오는 것이었다."[245]

인디언 생활방식이 문명인의 생활보다 더 즐겁고 학대도 없었기 때문에, 스페인 정복자 에르난도 데 소토가 주둔지에 무장경비병을 세운 것은 인디언들의 공격을 막기 위해서가 아니라 유럽인 남녀들이 인디언에게 도망가지 못하도록 막기 위해서였다.[246] 마찬가지로 청교도 지도자들은 인디언들에게 도망가서 함께 사는 자들을 사형까지도 가능한 범죄로 규정했다.[247] 다른 식민지 지도자들도 마찬가지 짓을 했다. 1612년에 버지니아의 일부 유럽인 젊은이들이 '인디언들에게 도망' 갔을 때,[248] 총독은 그들을 잡아들여 고문하여 죽이라고 명령했다. "그들 중 몇몇은 목매달아 죽였고 일부는 불태워 죽였고 일부는 바퀴로 깔아죽였으며, 그 밖에 화형에 처하거나 총살한 사람들도 있었다."[249] 여기서 우리는 그 총독에게 그가 그런 짓을 한 것은 실제로 분노해서였는지, 그저 연기로 한번 변덕을 부려본 것인지, 아니면 자기가 백성들의 증오의 대상이 되더라도 백성들이 자기를 두려워하도록 만들기 바랐기 때문이었는지 한번 물어보고 싶어진다. 그 이유는 아주 솔직했다. "그가 그들에게 가한 이 모든 극단적이고 잔인한 고문들은 다른 사람들에게 겁을 주어 유사한 행동을 하지 못하도록 만들기 위해서였다."[250]

그래도 대량 탈주가 근절되지 않자—누가 탈주민들을 탓하겠는가?—문명인들은 탈주 가능성을 원천적으로 뿌리 뽑기 위해 인디언들을 학살하는 외에 도리가 없었다. 이 총독은 또 다른 백인 탈주사건에서는 휘하 지휘관과 군대를 보내 "운 나쁘게 백인들 근처에서 살고 있던 인디언부족들에게 '보복'을 가하도록 했다. 이 보복은 인디언들이 사는 곳으로 가서 약 15명을 죽이고, 그들의 '여왕'과 그 자녀들을 포로로 잡고, 마을 근처에서 자라는 옥수수를 베어버리는 것이었다. 배를 타고 돌아오는 도중에 문명사회의 군인들이 '여왕과 그 자녀들을 죽이지 않았다고 불평하자' 지휘관은 군인들이 화내지 않도록 어린이들을 강에 내던졌다. 총독은 여왕을 살려주었다고 화를 내며, 그녀를 화형에 처하라고 명령했다. 그러나 그날 이미 수많은 유혈참극을 목격한 지휘관은 총독을 설득하여 그녀를 그저 칼로 찔러죽였다."[251]

물론 탈주 가능성의 근절은 처음부터 문명이 저지른 거의 모든 행동의 핵심적 동기의 하나였다.

그렇다면 사람들이 기독교냐 죽음이냐, 자본주의냐 죽음이냐, 노예냐 죽음이냐, 문명이냐 죽음이냐의 기로에 섰을 때 적어도 일부라도 죽음을 택한다는 것은 이상할 게 없지 않겠는가? 나는 최근에 알카트라즈 교도소를 다룬 옛 영화를 본 적이 있는데, 아트 카니가 분한 '버드맨'(새 전문가)이 심금을 울리는 말을 했다. "감옥생활보다 더 나쁜 게 있다면 생활하지 않는 것뿐이다."[252] 우리는 뭇사람들의 논리에 맞서거나 아니면 항복하는 게 나을 것이다. 뭇사람들의 논리는 이렇다. "우리는 어차피 상층부가 하층민들을 체계적으로 착취하는 엄격한 위계질서에 바탕을 둔 체제—거대한 사회 차원에서는 물론이고 개인이나 가족의 차원에서도 마찬가지이다—에, 지구를 죽이고 우리 몸을 독극물로 오염시키고 우리를 멍청하고 미치게 만들고 모든 선택 가능성을 제거하는 체제에 꼼짝없이 갇혀 있으니, 차라리 멋진 자동차라도 한 대 갖는 게 좋다"라는 것이다. 어차피 야생연어와 함께 평등한 사회적 관계에서 문명이 유발한 질병(내 경우는 크론병) 없이 살 수 없을 바에야, 은행을 들렀다가 사치품이나 마음껏 사는 게 낫다는 것이다. 어차피 곧 얼음무덤이 될 타이타닉호라는 호화 감옥에 갇혀 지낼 바에야, 그동안이라도 '상전'들의 화장실이나 닦으며 지낼 것이 아니라 1등실에 가서 지내는 것이 낫다는 것이다.

그러나 내가 말하고자 하는 핵심은 체제의 '즐거움'의 대부분을 이루는 이런 물건들은 전적으로 이 위계체계의 상층부에 대한 굴종을 조건부로 하여 보장된다는 것이다. 부유층의 재산권에 의혹을 품고 행동하는 사람이 있다면 어떤 일이 일어나겠는지 생각해 보라. 경찰이 (보다 넓게는 국가, 나아가 위계체계의 상층부 전체가) 폭력을 독점하는 것이 아니고, 전연 권한이 없다고 여겨지는 사람들도 그들에 맞서 폭력을 행사할 수 있다는 신념을 가지고 행동하는 사람들이 있다면 어떤 일이 벌어지겠는가? 권력층이 지구를 오염시킬 권리가 있다는 데 의심을 품고 행동하는 사람이 있다면? 강자들이 휘두르는 폭력의 강도와 무자비함을 감안할 때 약자들의 폭력을 금할 수 없다고 확신하는 사람이 생긴다면 어떤 일이 일어나겠는가?

한마디로 그런 사람은 죽는다.

문명 허물기(1)

함정에서 벗어나는 것은 가능하다. 그러나 탈옥하려면, 먼저 자기가 감옥에 있다는 것을 인정해야 한다. 함정은 인간의 정서적 구조물, 성격적 구조물이다. 함정에서 벗어나기 위해 필요한 일이 오직 함정에 대해 알고 그 출구를 찾아내는 것이라면, 함정의 본질에 대한 사고체계를 궁리해 봐야 별 소용이 없다. 그 밖의 다른 일은 전연 필요 없다. 흑인노예들처럼 함정에 갇힌 고통을 노래하거나, 함정 바깥의 아름다움을 시로 읊거나, 아니면 가톨릭교회가 신도들에게 하듯 죽은 후 함정 바깥의 삶을 약속하거나, 아니면 체념한 철학가들처럼 불가지론(semper ignorabimus)을 펴거나, 쇼펜하우어처럼 함정 내 삶의 절망을 둘러싼 철학체계를 구축하거나, 니체처럼 함정에 빠진 인간과는 전혀 다른 초인을 꿈꾸다가 정신병원에 가서야 마침내 자기 자신을—너무 늦게—알게 되더라도[모두 쓸데없는 일이다] 가장 먼저 해야 할 일은 함정에서 나가는 출구를 찾는 것이다. 함정의 출구는 어디에 있는가? 함정을 잘 꾸며 그 안의 생활을 보다 편안하게 만들 수 있다. 미켈란젤로나 셰익스피어나 괴테 같은 사람들이 이런 일을 한다. 함정 안에서 좀더 오래 살 수 있도록 임시변통의 신안품들을 발명할 수도 있다. 마이어와 파스퇴르와 플레밍 유의 위대한 과학자와 의사들이 이런 일을 한다. 함정에 빠질 때 부러진 뼈를 치료하는 위대한 기술을 고안해 낼 수도 있다. 그러나 변함없이 가장 중요한 일은 역시 함정의 출구를 찾는 것이다. 끝없이 넓은 공간으로 나가는 출구는 어디에 있는가? 출구는 숨겨져 있다. 가장 힘든 수수께끼이다. 가장 우스꽝스럽고 가장 비극적인 일이기도 하다. 함정에 빠진 모든 사람들은 출구를 분명히 볼 수 있다. 그런데도 아무도 보지 못하는 것 같다. 모두가 출구가 어디 있는지 알고 있다. 그런데도 아무도 그곳을 향해 움직이지 않는 것 같다. 더구나 누구든지 출구를 향해 움직이거나 출구를 손으로 가리키기라도 하는 사람은 광인이나 범인 또는 지옥불에 던져질 죄인으로 선고된다. 알고 보면 문제는 함정에 있지도 않고 출구를 찾는 데 있지도 않다. 문제는 바로 함정에 갇힌 사람들에게 있다. 함정 바깥에서 보면 이 모든 것은 어리석은 사람에게는 이해가 되지 않는다. 어쩌면 정신 나간 짓일 수도 있다. 사람들은 왜 빤히 보이는 출구를 향해 움직여가지 않는 것일까? 사람들은 출구 가까이에 갔다가도 비명을 지르며 도망간다. 그들 중 누구라도 탈출하려는 사람이 있으면 피살된다. 아주 극소수의 사람들만 모두가 잠든 캄캄한 밤에 함정에서 몰래 빠져 나간다.

빌헬름 라이히[253]

종종 강연 도중에 내가 지금 문명 허물기에 관한 책을 집필중이라고 말하면, 청중들이 박수갈채를 보내며 "빨리 탈고하세요"라든가 "나도 끼워줘요" 하고 소리치곤 한다(이유를 알 수 없지만, 뉴잉글랜드 지방은 예외다. 이곳 사람들은 눈살을 찌푸리고 턱을 쓰다듬으며 "거참, 묘하고 재미있는 아이디어로군" 하고 중얼거릴 공산이 크다). 캔자스주에서 가진 강연 때는 누군가가 나를 이렇게 소개했다. "오늘 데릭을 모셔온 것은 우리에게 문명을 해체해야 한다고 말할 배짱(balls)을 가진 분이기 때문입니다." 아마 내가 여자였더라면 달리 소개했을 것이다. 청중 수백 명이 참석한 가운데, 우리는 문명을 왜, 어떻게 해체할 것인가를 두고 이른 새벽까지 이야기를 나누었다.

그러나 모두 다 내 이야기를 즐거워하는 것은 아니다. 예를 들어 최근에 내가 '애국법' 위반혐의로 체포되었을 때 한 변호사가 내 변론팀에 자원해 들어왔다.

내가 어머니에게 이 사실을 알려드렸을 때 어머니가 말했다. "거, 잘됐구나. 하지만 FBI사람들은 더 큰 문제로 안달하고 있더라."

"그게 뭔데요?" 내가 머쓱해져 물었다.

"가난한 유색인들을 잡아 가둘 구실을 찾는 모양이더라."

"잘 보셨어요."

전에 어떤 여자가 나를 히틀러에 비유한 적이 있었다. 인구가 언젠가는 지금보다 줄어들 것이라고 말한 탓이었다. 그 여자는 "당신은 입만 열지 않으면 참 좋은 사람 같은데"라고도 말했다. 나는 그 여자에게 아주 간단한 생태계 지식을 대량학살과 권력집중에 대한 강력한 반대입장과 결합시키면 나를 그런 사람으로 치부할 수 있는 것인지 이해할 수 없다고 말했다.

그러던 중 며칠 전에 나는 대박을 쳤다. 어떤 독단적인 비폭력주의자가 나를 단숨에 스탈린, 마오쩌둥 및 폴 포트에 비유한 것이다. 그 여자가 나를 스탈린이나 마오에 비유한 이유는—특히 두 사람은 자국경제를 공업화하는 과정에서 수천만 명을 죽인 사람이라는 점에서—좀 헷갈렸다. 그러나 나를 폴 포트에 비유한 이유는, 그 사람도 탈공업화를 추진했고 나도 같은 입장이니 나 역시 대량학살을 지지하고 안경 낀 사람을 모두 죽이는 데 찬성할 게 틀림없다는 것이었다. 나는 별로 대꾸하지 않았는데, 그녀가 워낙 마구잡이로 날뛰고 있어서 내가 뭐라고 대답해 봐야 달라질 게 없을 것 같아서였다. 그러나 그녀가 잠시라도 뜸을 들였더라면, 나는 이렇게 말하고 싶었다. "모든 도덕에는 특수성이 있습니다. 만사는 특수성이 있어요. 문명을 해체한다는 것은 획일적인 행동이 아니에요. 내가 손가락을 딱 퉁기면 갑자기 안락의자나 인체공학적 컴퓨터의자들이 사라져, 사람들이 한 순간 공중에 떠 있다가 갑자기 없어진 카펫, 마루 널과 콘크리트 밑에 아직도 살아 있는 맨땅에 떨어져 내리는 그런 것이 아니라구요."

문명 허물기는 우선 우리 마음속에 자리 잡은 식민주의자들을 내쫓아 우리 스스로를 해방시키고 문명의 본질을, 권력자들과 권력의 본질을 있는 그대로 보는 데서부터 시작된다. 문명 허물기는, 이어 그 같은 해방에서 비롯되는 행동들로 이루어진다. 권력자들이 우리의 반대방식을 미리 결정해 주지 못하도록 하고, 우리가 선택할 때만 그들의 도구를 사용하거나 그들의 규칙에 따라 살며, 우리가 선택하지 않을 때는 그렇게 살지 않는다는 것이다. 그것은 우리가 정하는 우리 방식대로, 또는 필요할 경우에는 우리가 정하는 그들의 방식대로, 그들과 싸운다는 것을 의미한다. 다음번 선거 때 우리가 시위허가를 얻어 법정에 가서 목재판매 청원서를 제출한다고 생각해 보라. 그렇다고 이런 전술을 쓰면 절대 안 된다는 것은 아니지만, 그래도 우리는 누가 규칙을 정하느냐를 항상 염두에 두어야 하며, 우리에게 유리한 규칙을 정하도록 노력해야 한다.

문명 허물기는 도덕적으로—물론 권력자들이 정의하는 대로—순수한 운동이 아니며, 우리 자신의 삶을 지키고 우리의 토지기반의 건강한 삶을 지키기 위한 것이다.

문명 허물기는 수백만 가지 환경에 처한 수많은 장소에서 수많은 사람들이 행하는 수백만 가지 행동으로 이루어진다. 그것은 아름다움을 증언하고 고통을 증언하고 기쁨을 증언하는 모든 것을 의미한다. 그것은 매 맞는 여자들을 위로하는 데서 시작해서 정치인과 최고경영자들에게 맞서는 데 이르는 모든 것을 의미한다. 그것은 소송을 제기하는 데서부터 댐을 폭파하는 행동에 이르는 모든 것을 의미한다. 그것은 자기가 먹을 식량을 지배하는 일에서 공장형 축사에서 가축들을 해방하고 유전자 조작 작물을 쓸어버리고 유전자를 조작하는 자들을 물리적으로 저지하는 일에 이르는 모든 것을 의미한다. 그것은 권력자들의 착취능력을 분쇄하는 것이다. 상황에 따라서는 교육도 포함된다. 상황에 따라서는, 예를 들어 그들의 권력을 뒷받침하는 물리적 기반시설을 파괴함으로써 그들의 물리적 권력을 약화시키는 일도 포함된다. 상황에 따라서는 암살도 포함된다. 어느 강연회 때 한 청중이 내게 히틀러를 만날 기회가 생기면 뭐라고 말하겠느냐고 물었다. 나는 즉각 이렇게 대답했다. "빵! 너는 죽었다." 그러자 그녀는 기회가 주어지면 조지 W. 부시에게는 뭐라고 말하겠느냐고 물었다….

모든 도덕률이 특수성을 가진다는 말은 특정한 상황에서 도덕적인 것도 다른 상황에서는 비도덕적으로 되는 수가 있다는 뜻이다. 어떤 주어진 행동이 지닌 도덕성은 문명—문자 그대로 수십억 인구를 죽이거나 비참하게 만들며, 우리 모두의 미래를 죽이고, 토지기반과 지구를 죽이는 문명—이라는 이 체제를 배경으로 따져보아야 한다. 다시 말해서 특정한 행동이 갖는 도덕성에 대한 우리의 판단에는 문명의 절대적 폭력을 '효과적'으로 저지하지 못하는 행동은 우리가 택할 수 있는 가장 비도덕적인 행동이라는 확신이 따라야 한다는 것이다. 우리의 관심사는 결국 지구 죽이기를 저지하는 것이기 때문이다.

바로 어젯밤에 나는 크리크계·체로키계·메티스계 인디언 저술가로 20여 권의 저서를 낸 바 있는 워드 처칠(Ward Churchill)과 함께 연단에 섰었다. 저서들의 제목에서 짐작할 수 있듯이—예를 들면『땅을 위한 투쟁: 현대 북아메리카에서의 대량학살, 생태계 파괴 및 착취에 대한 토착민의 저항』그리고『비폭력주의 병리학: 북아메리카에서의 무장투쟁의 역할에 관한 성찰』등—그는 호전적인 인물이며 저항문제에 관한 명석한 사고와 표현으로도 잘 알려진 인물이다. 그러니 그가 연단에서 한 말은 놀랄 것도 없는 발언이었다. 그는 이렇게 말했다. "내가 문명에게 바라는 것은 우리 민족의 자녀들을 죽이지 말라는 것입니다. 그런 일이 평화적으로 이루어진다면 나는 기쁘겠습니다. 권력자들에게 청원서를 보내 인디언 자녀들의 죽음이 멈출 수 있다면, 나는 서명자명단 맨 꼭대기에 내 이름을 올리겠습니다. 만일 항의행진으로 이 일을 이룰 수 있다면, 나는 여러분이 시키는 대로 어디까지라도 걸어가겠습니다. 촛불시위로 이룰 수 있다면, 나는 촛불을 두 개라도 들겠습니다. 항의노래를 불러 이룰 수 있다면, 나는 여러분이 시키는 대로 무슨 노래든 부르겠습니다. 검소하게 살아서 해결할 수 있는 문제라면, 나는 최대한 검소하게 살겠습니다. 투표해서 해결할 수 있다면, 나는 투표할 것입니다. 그러나 이 모든 것이 권력자들이 허용하는 것인 한, 그 어느 것도 권력자들의 인디언 자녀 죽이기를 멈출 수 없습니다. 그들은 지금까지 멈춘 적이 없으며, 앞으로도 결코 없을 것입니다. 내 민족의 자녀들이 죽임을 당하는 상황을 생각할 때, 내가 이들을 보호하기 위해 어떠한 수단을 사용하더라도 여러분은 불평할 입장이 못 됩니다."

청중들이 그에게 기립박수를 보냈다.

그분들이 그의 말을 실천에 옮길 것을 기대해 본다.

◦ ◦ ◦

나는 가장 독선적인 비폭력주의자라도 세계의 휴대전화 중계탑들을 당장 해체하자는 데 반대할 도덕적 명분을 찾기가 사실상 불가능하리라고 생각한다. 물론 휴대전화란 아주 귀찮은 물건이다. 그것만으로도 중계탑을 해체할 충분한 이유가 되겠지만, 이보다 더 큰 이유가 있다. 물론 중계탑 송신이 인간과 비인간 모두에게 암과 같은 건강문제를 일으킬 매우 실질적인 가능성이 있다는 것도 문제이다. 그러나 이를 무시하더라도 중계탑—휴대전화·라디오 및 TV 중계탑—이 연간 500만 내지 5천만 마리의 철새를 죽이는 대량살상 기계 역할을 하고 있다는 것은 사실이다.[254] 자, 어느 가상의 비폭력주의자는 휴대전화가 인명을 구하는 가상의 상황을 짜 맞추어볼 수 있을 것이다. 예를 들어 어떤 여자가 차를 몰고 캄캄한 시골길을 혼자 지나던 중에 자동차가 고장 난다. 그녀가 911에 신고한 후 경찰이 올 때까지 시간을 보내기 위해 라디오를 켠다. 그 고장 교도소에서 미치광이 살인범이 탈옥했다는 보도가 흘러나온다(그가 감옥에 간 것은 레이건 시절에 정신병원 예산이 몽땅 삭제되었기 때문이다). 그 미치광이는—레이건이 아니다—밤중에 외딴 도로에서 여자를 죽이기를 즐긴다(레이건은 가난한 유색인 죽이기를 즐겼다). 그는 외팔이며, 한쪽 팔은 갈고리로 되어 있어 끔찍한 일을 저지를 때 사용한다. 여자는 부들부들 떤다. 마침내 경찰이 도착하여 그녀의 운전석 유리창에 다가간다. 그녀는 경찰의 양손을 살펴보고 나서 유리창을 약간만 내린다. 그리고 안에서 자동차의 엔진뚜껑을 연다. 경찰이 몇 가지를 만지작거리니 기적처럼 차의 시동이 걸린다. 그가 엔진뚜껑을 덮고 자기 차로 돌아간다. 그 여자가 집에 돌아와 차를 살펴보다가 조수석 쪽 문 손잡이에 피 묻은 갈고리가 걸려 있는 것을 발견한다. 휴대전화가 인명을 구한 것이다!

이보다 덜 황당무계한 이야기도 얼마든지 있을 것이다. 사실 911 신고의 1/3은 (대도시에서는 거의 절반이) 휴대전화로 걸려온다고 한다.[255]

그러나 내가 강조하고자 하는 것은, 우리를 아무것도 하지 않게 만들 가상적 상황은 얼마든지 꾸며낼 수 있다는 점이다. 예를 들어 앞의 그 여자가 캄캄한 시골길을 혼자서 차를 몰고 가다가 사랑하는 엄마에게 휴대전화를 건다. 엄마가 급하게 전화를 받다가 층계에서 굴러 떨어져 목이 부러진다. 그래도 엄마는 간신히 전화기를 잡고 헐떡거리며 "911에 신고해다오" 하고 말한다. 딸이 두번째 휴대전화기를 들고(요즈음은 휴대전화기를 여럿 갖고 다니는 사람도 많다) 911에 신고하다가 운전에 정신을 집중하지 못해 마침 추위를 이기려고 길가에 웅크리고 있던 떠돌이 고아 세 명에게 돌진한다. 고아 세 명은 모두 목 아래를 쓰지 못하는 불구자가 된다(그들은 건강보험에 들지 못했기 때문에, 그리고 정치인들이 끈질기게 전국민을 상대로 하는 건강보험 확대를 반대하기 때문에, 모두 얼마 안 가서 죽게 된다). 그녀의 자동차는 도랑에 구르며 마지막을, 남아 있던 멸종위기의 도롱뇽을 깔아죽이고 나서 나무에 처박힌다. 딸은 엄마가 죽어가는 신음소리를 듣고 기절하다가 문득 조수석 창밖을 보니 갈고리가 달빛을 받아 반짝거리고 있다. 여담이지만, 그 미치광이는 어린이들이나 도롱뇽을 죽이는 짓은 하지 않았다. 그건 고아들과 도롱뇽이 그때까지 살아 있었다는 것만 봐도 알 수 있다.

휴대전화가 과연 인간과 비인간들에게 이로운 것일까? 휴대전화기는 토지기반에 어떤 영향을 미치는가?

우리는 앞으로 아무 행동도 하지 않은 채 TV나 라디오 중계탑이 온전히 남아 있게 놔둘 핑계를 찾기가 갈수록 힘들어질 것이다(다만 독자들은 〈폭스 스포츠 네트〉의 쓸데없는 프로그램을 시청하기 위해서라면 철새쯤은 죽어도 좋다고, TV중계탑을 파괴하는 것은 비도덕적이라고 말하지 않기 바란다).

○ ○ ○

문제는 휴대전화 중계탑을 어떻게 파괴하느냐, 하는 것이다.

솔직히 나는 이 분야에서는 완전 초보임을 실토해야겠다. 길거리 용어를 빌리면 나는 골생원에 불과하다. 나는 평생 불법적인 짓을 해본 적이 거의 없다. 댐 폭파, 해킹, 기업재산 파괴 등, 내가 관심을 갖는 문제들에 대해서도 나는 그 방법에 관해서는 거의 완전히 무식할 뿐 아니라 체포당할까 몹시 겁을 내는 편이다. 오해하지 말기 바란다. 나도 한창 때는 좀 소동을 벌였었다. 지금도 운전할 때 일상적으로 제한속도보다 5~15km쯤은 더 빨리 달린다. 몇몇 무정부주의자 친구들이 나를 불러 '블랙팬더'당(1960~70년대에 활발했던 미국의 급진적 흑인운동단체–옮긴이)의 전 당원 두 명과 함께 좌담을 마련했었다. 그들 중 한 명은 은행을 턴 혐의로, 또 한 명은 비행기를 납치한 혐의로 징역을 산 사람들이었다. 나는 잠시 생각해 보고 나서 "나도 전에 월마트에서 개 사료를 들치기 한 적이 있다"고 실토했다. 테이블을 가운데 두고 우리는 손을 들어 하이파이브를 교환했다.

한 가지 덧붙일 것은 설사 내가 불법행위에 더 매력을 느꼈더라도 집필활동 때문에 삼갔으리라는 것이다. 나는 어머니의 점검에도 불구하고 그동안 조금은 권력층의 관심을 끌었다고 생각하는데, 내가 가장 싫어하는 것은, 그들에게 나를 비정치적인 이유로 잡아갈 구실을 제공하는 것이다(솔직히 말하면, 정치적인 이유로 잡혀가는 것도 별로 내키지 않는다). 그들이 내가 쓴 글 때문에 나를 찾아온다면, 나는 그들에게 달려들 것이다. 만일 내가 앞으로 언젠가 용기를 내서 집필을 그만두고 댐 폭파에 나선다면, 그들은 그때가서 나를 체포하려고 시도할 수 있을 것이다. 그러나 나는 그때까지는 그들에게 값싼 기회를 제공해 줄 생각이 없다.

결국은 한마디로 나는 겁쟁이다. 나는 이곳 도시에 앉아서 휴대전화 중계탑을 파괴하는 이야기를 쓰고 있지만, 실제로 그렇게 하지는 못할 것이다. 만일 내가 정말 그렇게 할 생각을 가지고 있다면, 그에 관해 글을 쓰거나 심지어 잘 알지도 못하는 사람들과 그에 관해 이야기를 나눌 정도로 멍청하지는 않다. 이 책은 고백록이 아니다. 따라서 CIA친구들이 나에게 '스매키페이스'를 가하더라도 나는 고백할 것이 별로 없다.

군사행동에는 항상 정찰이 앞서야 하기 때문에, 나는 어머니의 차를 몰고 '세이프 웨이' 슈퍼마켓 뒤쪽에 있는 휴대전화 중계탑으로 갔다. 내가 어머니의 차를 타고 간 것은 만일의 경우 나 대신 어머니가 잡혀가도록 하려는 못된 꼼수에서가 아니라, 내 차는 어머니의 집 앞 차도에 1년 넘게 묶여 있기 때문이었다.

내가 알기로 크레슨트 시티에는 중계탑이 두 군데 있다. 하나는 '세이프 웨이' 뒤에 있고, 또 하나는 북쪽으로 500미터쯤 떨어진 숲속에 있다. 슈퍼마켓 가까이에 있는 중계탑은 넓은 빈터에 세워져 있어서 파괴하는 데 문제가 많을 것 같았다. 그 탑은 위에 철조망을 친 쇠줄 울타리로 둘러쳐져 있었다. 세이프 웨이에서 먼 쪽의 울타리는 은신처가 될 만한 울창한 숲에 면해 있었다. 나는 이 울타리는 쉽게 절단할 수 있겠다고 자신했다.

문제는, 내가 그 다음에 어떻게 해야 할지 모른다는 데 있었다. 울타리 안에 창고처럼 생긴 집이 두어 채 있어, 나는 그쯤이야 휘발유와 성냥만 있으면 기능을 몽땅 망가뜨릴 수 있겠다고 상상해 보았다. 불행하게도 2인치 두께의 금속제 철골로 이루어진 탑 자체는 안이 비어 있고 직경은 1미터나 되어 보였다.

나는 자동차 안에 앉아서 그 중계탑을 바라보면서, 이런 행동만으로도 경찰의 주목을 받을 수 있겠다는 생각에 겁이 났다(지금 이 글을 쓰면서도 겁이 난다). 물론 내가 정말로 탑을 파괴할 생각이었더라면, 한낮에 이곳까지 차를 몰고 와서 정찰하지는 않았을 것이다. 멀찌감치 주차해 놓고 걸어서 왔을 것이다. 또 사실 내 얼굴이 너무나 잘 알려져 있는 이 작은 도시에서 내가 이런 일을 해낼 방법도 없을 것이다.

나는 어떻게 해야 할지 모르겠다. 나는 저술가이다. 내가 중계탑을 파괴할 방법을 잘 알 턱이 없다. 나는 공간지각과 기계조작이 보통사람보다 두어 단계는 더 서툴고 건망증이 심하다. 말하자면, 우리가 댐을 폭파하러 갈 때 나는 폭발물을 담당할 사람이 못 된다는 것이다.

하여간 나는 휴대전화 중계탑을 바라보면서 이런 생각을 했다. 우선 기본 원리이다. 세워져 있는 구조물을 파괴하는 데는 6가지 방법이 있으리라 생각된다. 해체하거나, 잘라서 쓰러뜨리거나, 잡아당겨 끌어내리거나, 폭파해 버리거나, 밑을 파서 쓰러뜨리거나, 받침돌을 제거하여 저절로 쓰러지게 하는 방법이 그것이다. 휴대전화 중계탑뿐 아니라 문명의 경우에도 해당되는 원리이다.

그러나 생각해 보니 넓은 빈터에 서 있는 이 중계탑의 경우 6가지 방법이 모두 문제점이 있었다. 폭파하는 방법이 가장 그럴 듯해 보였으나, 문제는 내가 폭발물에 관해 아는 것이 전연 없다는 데 있었다.

아, 내가 청춘을 허송세월했구나.

나는 중계탑 파괴 문제를 생각하다가 내가 농민이었더라면 하는 생각이 들었다. 내가 아는 농민들이 대체로 출중한 수리공이기 때문만이 아니라, 지난날 1970년대에 '볼트 위빌즈'라 불리는 농민단체가 송전탑 파괴의 선구자였기 때문이다. 그들은 고압 송전탑이 전문이었다.

사건의 발단은 연합전기협회와 협동전기협회가 노스다코타주의 화력발전소들을 미시시피강의 쌍둥이 도시(세인트폴과 미니애폴리스—옮긴이)와 연결하기 위해 미네소타주의 농지를 가로지르는 600km 길이의 송전선을 가설하기로 결정한 데 있었다.[256] 늘 그렇듯이 부자들을 위해 가난한 사람들이 피해를 보게 되어 있었다. 첫째, 물의 경우처럼 전기도 대부분 인간을 위한 것이 아니라 업계를 위해 공급되는 것이었다. 둘째, 송전선은 정치적 영향력 있는 거대 기업농이 아니라 힘없는 농민들 소유의 농지를 지나도록 되어 있었다.

버질 푹스라는 이름의 농민이 이 계획을 전해 듣고 집집마다 돌아다니며 이웃농민들에게 알렸다. 전기회사 사람들도 때맞춰 그의 뒤를 따라다니며 농민들에게서 승낙서를 받아내려고 했다. 버질이 미리 주의를 준 탓으로 아무도 승낙서에 서명하지 않았다.

그후에 벌어진 이야기는 널리 알려진 그대로이다. 현지농민들의 저항이 타지의 권력에 의해 진압되고, 정치인과 관료들은 공동체를 위하는 척하면서 농민들의 등을 찔렀다는 이야기이다. 요컨대 그것은 문명의 이야기이다. 도시사람들이 잘살기 위해 농민들이 피해를 본 이야기이다.

현지주민들이 송전선을 반대하는 결의문을 채택하고, 여러 카운티의 행정위원회들은 건설공사를 불허했다. 회사측의 반응은 주민들의 의견을 무시하고 주정부의 도움을 청하는 것이었다. 농민들도 주에 도움을 청했고, 자기들의 대표라는 사람들에게 호소했다. 주정부의 환경심의위원회가 보인 반응은 예상했던 대로였다. 공청회를 열고 각자 의견을 발표하여 송전선 반대의견이 압도적임이 밝혀지자, 주정부는 회의록을 조작(반대진술을 삭제)하고 절차를 추진하여 허가서를 내주었다. 한 카운티가 소송을 제기했지만 기각되었다.

정부측은 최소한 건설공사를 언제 시작할지는 농민들에게 알려주겠다고 약속했지만, 그것도 거짓말이었다. 어느 날 측량기사들이 느닷없이 버질 푹스의 밭에 들이닥쳤다.

내가 여러 가지 점에서 적어도 일부 농민들을 대부분의 환경운동가들보다 존경하는 이유는 바로 이것이다. 버질 푹스는 반격했다. 그는 트랙터를 몰아 측량장비들을 깔아뭉개고 그들이 타고 온 픽업트럭을 들이받았다.

그러나 한 가지 지적할 것은, 어떤 면에서 푹스의 이런 행동은 그가 환경운동가로서 행동했을 경우보다 감수해야 할 위험이 적었다고 할 수 있다. 그는 재판에서 지역사회 봉사 명령을 받았고, 나중에는 그의 체포 및 전과 기록도 말소되었다. 우리 모두가 알다시피 만일 어느 환경운동가가 착취기업의 장비에 대해 이런 행동을 했더라면 아마도 살인미수 혐의로 기소되어 적어도 50년 징역형을 언도받았을 것이다. 환경운동가 제프리 루어스는 주위에 아무도 없는 한밤중에 SUV차량 세 대에 불을 질렀다고 22년 넘게 지금도 복역중이며, 다른 환경운동가 세 명은 사람이 타지 않은 벌목트럭에 불을 지른 혐의로 최고 8년까지 언도받을 처지에 있다. 마찬가지로 클래머스강 계곡의 농민들이 공공의 댐들을 파괴하여 연어에게 가야 할 물을 자기들의 (정부보조를 받는) 감자밭으로 돌렸을 때 보안관들은 그들과 합세하여 재미있는 시간을 보냈을 뿐, 그들을 고발하거나 기소하거나 투옥하거나 총살하기는커녕 단 한 명도 체포하지 않았다. 그리고 농민들은 물을 얻었다. 우리가 댐들을 다시 파괴하여 연어들에게로 물길을 돌리고 보안관들에게 총을 들이대더라도 우리도 감옥에는 가지 않을 것이다. 우리는 공동묘지로 가게 될 것이다.

농민들이 푹스의 농장과 몇몇 카운티의 다른 농장들에 모이기 시작했다. 그들은 수시로 측량기사들과 마찰을 빚었다. 예를 들어 농민들은 갑자기 이런저런 이유를 대고 카운티 당국의 허가를 얻어 도로를 가로지르는 도랑을 팠다(차량통과를 저지하기 위해서였다). 어떤 농민은 측량기사들 바로 옆에 서서 전기톱을 돌려 그들이 교신하지 못하도록 방해했다.

보안관들은 옳게 처신하거나 최소한 나쁜 짓을 하지 않았다. 한 보안관은 이렇게 말했다. "이 카운티의 보안관으로서 내가 개입한 것은 토지소유자들과 그 밖의 관계시민들이 자신들의 재산에 대한 (전력회사들의) 침입에 반대해 나섰기 때문입니다. 지금도 전력회사들은 측량을 완수하고 궁극적으로 송전선을 부설하기 위해 우리 보안관들이 필요하다면 무제한 강제력을 사용해 줄 것을 기대하고 있습니다. 내 의견으로는, 이 상황은 전력회사들의 요구에 따라 환경심의위원회에서 발단된 것인 만큼 그곳에서 해결책을 강구해야 합니다. 나는 농민들에게나 측량기사들에게도 총을 겨누지 않을 겁니다. 총을 겨눈다는 것은 여차하면 쏘겠다는 것인데, 지금의 상황은 이를 정당화해 주지 못합니다. 국민들의 저항을 불러온 이번 상황을 재검토해야 마땅합니다."

환경운동가들이 비슷한 상황에 처할 때 이런 보안관은 어디에 가 있는 것일까? 그 보안관들은 타지 기업들과 맞서는 현지 인간들을 항상 보호해 주는 것일까? 아니면 타지 기업들의 목적을 이루기 위해 적어도 폭력을 사용하지는 않을 것인가?

주지사 또한 개입을 거부했다. 그러던 중 그해 겨울에 새 지사가 취임했다. 사태는 농민들에게 유리한 것 같았다. 새 주지사가 포퓰리스트를 자처하는 인물이기 때문이었다. 어느 농민은 이렇게 말했다. "그는 자신을 관료들이나 높은 양반들이나 기업인들이 아닌 인민의 대변자로 생각했기 때문에 인민들과 함께 문제를 해결할 수 있다는 큰 희망과 믿음을 갖고 있었다고 생각한다."

그러나 정치인이 스스로 백성들의 대변자를 자처하고 나설 때는 짐을 챙기기 시작해야 한다(짐을 싸서 도망가든지 권총을 챙기든지 각자 선택할 문제이다).

주지사는 몰래 농민들의 집을 찾아다니기 시작했다. 그리고 농민들을 동정한다면서 "여러분은 정말 딱하게 되었다"고 말했다.

연합전기협회장 필립 마틴도 농민들을 동정했다. 그는 농촌에서 성장하여 버질의 어머니도 잘 알고 또 좋아했지만—그는 "그분을 보면 내 어머니가 생각난다"고 말했다—문명의 시초부터 이 죽음의 경제체제의 요구는 인간의 모든 관심사와 감정과 욕구에 우선했다. 전력수요는 연간 10%씩 늘어나고, 송전선 공사는 이미 시작되었고, 9억 달러의 연방대출금은 시시각각 이자가 붙고 있었다. 이런 논리였다. "나는 내 어머니를 사랑하지만, 경제체제가—보다 넓게는 문명이—요구하면 어머니를 야단치고 죽도록 내버려둘 것이다."

마틴은 문제의 근원과 해결책을 분명히 알고 있었다. 그는 이렇게 말했다. "노스다코타주를 가로지르는 공사중에 항의한 사람이 딱 한 명 있었지요. 그 문제는 법집행기관이 나서서 그를 감옥에 잡아넣어 해결했어요. 그런데 그 사람이 금방 '나 착한 애가 되겠소. 이젠 아무 짓도 안하겠소' 하고 말해서 석방되었고, 우리는 송전선 공사를 끝낼 수 있었습니다. 노스다코타에서는 아무 문제가 없었어요."

그는 계속해서 이렇게 말했다. "그러나 이곳 미네소타에서는 경찰이 법집행을 거부했어요. 우리가 나가서 측량하려 해도 그 사람들이 아예 우리가 박아놓은 말뚝들을 몽땅 뽑고, 가지고 간 장비를 모두 부숴버렸단 말입니다.[257] 그러니 되는 일이 하나도 없었지요. 나는 현장에 가서 협동조합의 노버그 조합장과 여러 차례 회의를 가졌는데 오고갈 때마다 창밖으로 총을 내민 호위차량을 앞세우고 다녔습니다."

농민들은 송전선이 들어오려면 자기들을 죽이고 그 위에 설치하라면서 버텼다. 그들은 여러 건의 소송을 제기하여 미네소타주 대법원까지 갔다. 대법원은 그들에게 불리한 결정을 내렸다. 법정싸움을 하는 동안에, 그동안 체제 신봉자였던 많은 농민들이 과격해졌다. 어떤 농민은 이렇게 말했다. "모두 다 결정이 나 있다는 느낌이 들었어요. 법원은 전혀 법원 구실을 하지 못했고 허울뿐이었어요. 그게 나한테는 정말 엄청난 충격이었지요. 세상에 이럴 수는 없다는 생각이 들더군요."[258]

그해 11월에 서부 미네소타주에서 공사가 시작되었다. 농민들이 항의하자, 회사측은 그들을 상대로 50만 달러 손해배상 청구소송을 냈다.

농민들은 베트남전 참전 제대군인들에서 퀘이커교도들과 음악가들에 이르는 각계각층의 동맹군을 얻었다. 회사측은 물론 벌써부터 법원에 동맹군을 갖고 있었고 이제는 주지사를, 또 그를 통해 총 가진 경찰들을 동맹군으로 거느리고 있었다. 주 경제계의 대변자로 온갖 미사여구를 늘어놓던 주지사는 막상 결단을 내릴 때가 되자 농민들에게 송전선을 강압적으로 밀어붙였다. 그는 이렇게 말했다. "다 알다시피 여긴 법치국가요. 그리고 내가 싫어하는 게 참 많은데, 여러분이 싫어하는 것도 여러 가지 있으리라고 봅니다. 하지만 우리가 이용할 수 있는 과정이 있어요. 그건 누구나 참가할 수 있는 과정이오. 그건 11월에 사람들이 가서 투표용지에 표시를 하는 그런 과정이란 말이오." 이 말을 쉬운 말로 풀어보면 다음과 같다. "이런저런 법률과 조치가 인간이나 토지기반에 이로운지 여부는 중요한 문제가 아니오. 여러분의 토지기반과 여러분의 자녀들 또는 여러분에게 닥치게 될 일을 여러분이 좋아하는지 여부도 중요한 게 아니오. 내가 좋아하는지 여부도 중요하지 않소. 법률과 법원과 경찰이 부자들에 의해 부자들을 위해 만들어졌다는 것도 중요한 게 아니오. 우리가 여러분을 속여 가짜 참여제도에 끌어들인다는 것도 중요한 문제가 아니오. 여러분이 여러분의 목숨, 여러분의 자녀와 토지기반에 영향을 줄 과정에 참여하는 것은 무의미한 선거에서 투표용지에 기표하는 것으로 시작하여 그것으로 끝나는 것이오. 중요한 게 있다면, 그건 경제체제의 성장뿐이오. 여러분이 그게 싫다고 한다면 우리는 총 가진 사람들을 보내 저항을 진압할 것이오."

농민들이 건설현장을 파괴하자, 기업측 대표들은 경찰의 보호 없이는 건설을 계속할 수 없다고 호소했다. 주지사는 주 경찰대를 파견하여 각 덤프트럭마다 경찰차량 최대 10대와 경찰관 20명이 보호하도록 했다.

주의회가 보건문제의 후속검토가 끝날 때까지 건설을 일시 중지하는 방안을 심의했다. 전력선이 임신율과 암소의 젖생산을 떨어뜨릴 수 있다는 것이 이미 밝혀져 있었다. 그리고 주정부의 지침서조차도 농민들에게 송전선 밑에서 자동차에 주유하지 말 것을, 그리고 학교버스 운전사들에게는 송전선 밑에서 학생들을 태우거나 내리게 하지 말도록 당부하고 있었다.

주 전체의 주민들이 회사측보다는 농민들을 압도적으로 지지했다. 그러나 회사측의 변호사는 이렇게 주장했다. "여러 의원들께 가장 중요한 문제는 과연 이것이 법이 다스리는 국가인가 사람이 다스리는 국가인가, 하는 것입니다."

잠시 그의 질문과 그것이 갖는 함축에 대해 곰곰이 생각해 보기 바란다.

주의회는 심의를 오래 끌어 공사중지 의안을 폐기시켰다.

이제는 경찰도 송전선을 100% 지지하고 나섰다. 경찰은 농민들에게 앞으로는 집회를 갖지 못하고, 카운티 도로로 차량을 운행하지도 못하고, 시내 도로에 정차하지도 못하고, 연설도 못한다고 통보했다. 어떤 농민이 경찰에게 카운티 도로에서 농민들을 저지하는 이유를 묻자, 그 경찰은 이렇게 대답했다. "우리는 송전선이 지나가도록 하기 위해서라면 무슨 짓이라도 할 겁니다." 그 농민은 경찰관이 "우리는 당신들을 보호하기 위해 왔다"든가 "노동자들을 보호하려고 왔다"는 말은 끝내 입에 올리지 않더라고 말했다.

8월 들어 누군가가 높이 50m인 철제 송전탑의 볼트를 몇 개 풀었다. 얼마 후 송전탑이 쓰러졌고, 또 얼마 후에는 송전탑 세 개가 쓰러졌다.

주지사가 FBI를 불렀다. 곧 헬리콥터 한 대가 송전선 경비에 투입되어, 지금은 미국 곳곳의 빈민들에게 낯익은 풍경이 된 감시활동의 효시가 되었다. 한 카운티에서만 70여 명이 체포되었다. 그러나 그 당시만 해도 재판이 엉성한 데가 있어서 중죄혐의가 인정된 두 명조차도 지역 봉사활동 명령을 받는 데 그쳤다. 주민 전원이 농민들에게 불리한 증언을 하기를 거부한 경우도 있었다.

기자가 어느 농민에게 송전탑을 무너뜨린 사람들을 지지하느냐고 물었다. 그 농민은 이렇게 대답했다. "난 몇 개 더 무너졌으면 하는데, 아마 시간이 지나면 그렇게 될 테지. 그 사람들 애당초 우리에게 이런 짓을 하지 말았어야 해. 우린 최대한 합법적으로 했어. 미니애폴리스에도 가고 변호사도 대고 법원에도 갔어. 하지만 판사들은 돈을 먹었거나, 아니면 여기서 무슨 일이 벌어지고 있는지 모르는 사람들이더라고. 여러 가지 법이 있다고 생각하는데, 도덕법이란 것도 있어요. 난 우리가 뭘 잘못했는지 모르겠더라고. 당신들은 물론 법대로 해야 한다고 생각하겠지만, 법이 뭐요? 누가 만든 거냐고? 우리도 이 주에서 벌어지는 일에 대해 발언권을 가져야 해. 우리를 개처럼 깔아뭉개면 안 되지."

농민들은 비록 지기는 했지만—송전선은 20년이 지난 지금도 가동하고 있다—그후 2년 동안 송전탑 10개를 더 쓰러뜨렸고 애자 수천 개를 총으로 쏴서 깨뜨렸다.

권력층 기업들은 승리했음에도 만족하지 않고, 앞으로 누구든 자신들의 패권에 도전하지 못하도록 다지고자 했다. 그들은 필립 마틴의 말대로 "연방정부가 법을 통과시키도록 했다." 그 법은 주 경계를 지나는 송전탑을 파괴하는 행위를 연방범죄로 규정하고 있었다.

◦ ◦ ◦

지금 나는 다시 휴대전화 중계탑 옆에 앉아 있다. 그리고 이번에는 내가 해낼 수 있겠다고 생각해 본다. 행동을 가로막는 몇 가지 카테고리의 장벽이 있다. 우선, 지식의 장벽이다. 나 스스로 행동이 필요하다는 확신을 가져야 한다. 정서적인 장벽이 있다. 내가 그 필요성을 느껴야 한다. 윤리적인 장벽도 있다. 나 자신이 그 행동이 옳다고 생각해야 한다. 결과론적 장벽도 있다. 내 행동의 결과에 대처할 용의와 준비를 갖춰야 한다. 이와 관련하여 두려움이라는 장벽도 있다. 현재의 실질적인 두려움뿐 아니라, 실질적이고 현재적인 듯이 느껴지지만 사실은 그렇지 않은 조건반사적 두려움까지도 극복할 용의를 가져야 한다(예를 들어 내가 수상스키를 하지 않는 이유는 속도에 대한 두려움 때문일 수도 있지만, 어렸을 때 당한 구타와 관련된 본능적인 혐오감 때문이기도 하다. 지금은 수상스키를 하더라도 아버지에게 매 맞을 위험이 없지만 나는 여전히 그런 위험을 느끼는 것이다). 또 기술적인 장벽도 있다. 일을 진행시킬 최선의 방안을 강구해야 한다. 그 밖에도 내 생각이 미치지 않는 여러 가지 장벽이 있을 것이다.

사람이 행동하려면 이 같은 장벽 하나하나를 극복해야만 한다—이는 정원의 잡초를 뽑는 행동에서 집필하는 행동, 휴대전화 중계탑을 제거하는 행동, 나아가 이 노예제도를 뒷받침하는 전체 하부구조를 해체하는 행동에 이르기까지 모든 행동에 적용되는 일반적 과정이다.

사실, 나는 휴대전화 중계탑을 파괴할 방법을 알지 못한다. 그러나 그 때문에 내가 행동을 못하는 것은 아니다. 이 책의 목적은 나 자신과 다른 사람들이 여러 가지 장벽들을 검토하고 나아가 극복하여, 기술적인 방법 문제만 남도록 도우려는 데 있다. 방법문제가 가장 쉬운 문제, 가장 극복하기 쉬운 장벽인 경우가 많기 때문이다.

나는 휴대전화 중계탑을 파괴할 수 있을 것이다. 독자 여러분도 마찬가지이다. 우리는 바보 멍청이가 아니기 때문이다. 물론 우리가 처음 시도하는 일들은 엉성할지도 모른다 —나도 평생 처음으로 쓴 글들을 공개하지 않고 있다(그 당시 어머니는 내 글을 보고 잘 썼다고 평했지만, 지금은 "참, 형편없는 글이었지. 하지만 그렇게 말할 수가 없더구나" 하고 말씀하신다). 지금도 나는 초고는 외부에 공개하지 않는다. 그러나 우리는 일을 배워나갈 수 있다.

"배우기보다 연습하라"는 격언이 있다. 집필뿐 아니라 중계탑 파괴에도 해당되는 말이다. 그런데 지금 휴대전화 중계탑은 너무나 많다. 미국에는 현재 13만 8천 개소의 휴대전화 중계탑이 있는 것으로 추정되고 있다(그중 4만 8천여 개는 높이가 60m도 넘는다[259]). 그외에도 TV중계탑과 무선중계탑이 있다. 게다가 휴대전화 가입자가 늘어남에 따라 중계탑도 계속 증가하고 있다.[260]

그것들이 다 연습대상이다. 우리가 관심과 열의를 가지고 연습하기만 하면 오래지 않아 솜씨를 익혀 중계탑 허무는 일쯤은 거뜬히 해낼 수 있게 될 것이다. 그러고 나면, 그동안 우리가 왜 그처럼 꾸물거렸을까, 의아하게 생각하게 될 것이다.

○ ○ ○

강연이 끝난 후 10대 소년 한 명이 나에게 다가왔다. 눈빛이 총명하고 진지해 보였다. 그가 말했다. "저도 문명 허물기를 돕고 싶어요. 공장들을 불태우고 싶습니다."

가끔 사람들이 내게 이런 식의 말을 걸어오면, 나는 적당히 거리를 두곤한다. 그것은 연방경찰이 나를 함정에 빠뜨리려는 수작일 경우에 대비해서이기도 하다. 이건 아주 고전적인 수법이다—연방경찰이 행동을 권하고 행동하도록 꼬드길 때, 이를 덥석 받아들이면 앞으로 60년 동안은 인생과 작별을 고해야 한다. 또 내가 상대방을 잘 모르고, 상대방이 미친 사람일 수 있기 때문이기도 하다. 나는 불을 질러놓고 건물이 무너지는 것을 보면서 자위행위를 하는 정신병자의 미친 짓에 연루되기를 가장 싫어한다(사실은 두번째로 싫어한다. 가장 싫어하는 것은 경찰끄나풀과 연루되어 감방에 들어가는 것이다). 그리고 또 한계를 모르는 사람들로부터 나 자신을 보호하기 위해서이기도 한다. 낯선 사람에게 불쑥 다가가서 반공개적으로 공장에 불을 지르고 싶다고 알리는 것은 적어도 초보적인 보안규칙을 어기는 짓이다.

하지만 나는 그 총각의 진지함에 당장 반했다. 마침 주위에 아무도 없었다. 나는 잠시 생각해 보고 나서 이렇게 말했다. "난 자네건 누구건 공장을 불태우지 말라고 말릴 생각은 없네. 하지만 그러자면 사람이 똑똑해야 한다는 점을 강조하구 싶구먼. 한번 멍청하게 실수하면 큰 대가를 치러야 하니까 말이지."

그가 고개를 끄덕거렸다.

"자네 몇 살이지?"

"열여섯요."

"한 가지 개인적인 질문을 해도 괜찮겠나?"

그가 또 고개를 끄덕였다.

"섹스 해본 적 있어?"

그가 고개를 저었다.

"자네가 그런 일을 하다가 붙잡히면 적어도 20년 동안은 섹스를 못할 거야. 그렇다고 하지 말라는 건 아니고. 다만, 내 말은 이건 게임이 아니고, 권력층의 뜻에 반해 생산을 효과적으로 멈추는 행동을 하면 정말 그 결과가 심각하다는 거지. 그렇다고 우리가 권력자를 두려워해야 한다는 건 아닐세. 그러자면 머리가 정말 똑똑해야 한다는 거야. 몇백 번이라도 잘 생각해 보게. 그러고 나서 자네 뜻대로 하게."

그가 또 고개를 끄덕였다.

◦ ◦ ◦

내가 사람을 늘 그런 식으로 대하는 건 아니다. 한번은 어떤 사람이 내게 접근하여 이렇게 말했다. "나는 댐이 해롭다는 것도 알고, 지금 무엇이 문제인지도 압니다. 내 동족은 연어가족이에요. 우리 생활은 온통 연어를 중심으로 이루어집니다. 폭발물을 구해 주시면 내가 댐을 폭파하겠습니다."

그는 초면이었지만, 그의 명성은 나도 잘 알고 있었다. 그는 연방경찰도 아니고 정신병자도 아니었다. 자기 한계를 모르는 사람도 아니었다. 또 세상물정 모르는 젊은이도 아니었다. 그는 자기가 무슨 말을 하고 있는지도 잘 알고, 그것이 얼마나 위험한 일인지도 잘 아는 사람이었다.

그가 말했다. "내겐 어린 자식들이 있어서 앞으로 2, 3년 동안은 그 일을 할 수 없겠습니다. 하지만 자식들이 자라고 나면 해내고 말 겁니다."

말은 하지 않았지만, 그의 자녀들이 물정을 알 만큼 나이가 들면 그가 연어들을 살리기 위해 목숨을 바치거나 감옥에 갈 각오가 되어 있음을 확실히 알 수 있었다.

"어찌해야 할지 잘 모르겠네요." 내가 말했다. "그리고 폭발물을 어떻게 구해야 할지도 모르겠어요."

그가 고개를 끄덕이며 짓궂게 웃어 보이고 나서 말했다. "괜찮아요. 아직 2, 3년 남았으니까."

폭력의 역사

사회가 어쨌든 도리에 맞아야 한다는 믿음을 쉽사리 내던질 수 있는 사람은 별로 없다. 국가가 미쳐서 수많은 무고한 사람들을 처벌하고 있다는 생각을 하면 견딜 수 없다. 그래서 그 증거를 마음속으로 부정해야 하는 것이다.

아서 밀러[261]

앞서 CIA의 『인간자원 이용 교범』을 논할 때, 나는 CIA가 살인방법에 관한 지침서도 발간했다는 사실을 깜박 잊고 언급하지 못했었다. 이 교범에는 송장 잡아먹는 귀신 이야기를 방불케 하는 읽을거리가 아주 많다.

이 『암살연구: CIA 교범』은 이 문화와 이 정부의 모습을 내 능력보다 훨씬 더 생생하고 품위 있게 묘사하고 있다고 생각되기에 좀 장황하더라도 길게 인용, 소개하고자 한다.

기법

암살의 본질적 목적은 대상자의 죽음이다. 인간은 여러 가지 방법으로 죽일 수 있지만, 자기가 하고자 하는 이 행동의 심각성 때문에 정서적으로 약해진 자들은 종종 이 확실한 사실을 간과하는 수가 있다. 구체적으로 어떤 기법을 사용하느냐는 수많은 변수에 따라 좌우되겠지만, 한 가지 불변수가 있다. 사망이 절대적으로 확실해야 한다는 것이다. …다음과 같은 기법을 사용할 수 있다.

1. **맨손**: 사람을 맨손으로 죽이는 것은 가능하지만, 이를 잘해 낼 만큼 솜씨 좋은 자는 드물다. 고도로 훈련받은 유도전문가라도 다른 선택의 여지가 전연 없는 경우가 아니라면 맨손으로 죽이기를 망설일 것이다. 그러나 종종 현장에서 구할 수 있는 간단한 도구들이 가장 효과적인 암살도구가 된다. 망치, 렌치, 드라이버, 부지깽이, 부엌칼, 램프, 스탠드 등 손에 쥘 수 있는 딱딱하고 무거운 물건이면 족하다. 암살자가 힘세고 민첩하기만 하다면 로프, 전선, 혁대 같은 것도 좋을 것이다. 이런 임시변통의 무기들은 구하기 쉽고 겉으로 무해한 것처럼 보인다는 점에서 큰 장점이 있다. 기관총을 가지고는 트로츠키를 암살하는 데 실패했지만, 간단한 스포츠 용구(등산용 피켈-옮긴이)로 성공할 수 있었다….

2. **사고**: 비밀암살을 위해서는…사고를 가장하는 것이 가장 효과적인 기법이다. 암살을 성공적으로 수행해도 큰 소동을 일으키지 않고 평상적인 수사가 이루어질 뿐이다. 단순암살의 경우, 가장 효과적인 사고는

22m 이상의 높이에서 딱딱한 바닥으로 추락시키는 것이다. 엘리베이터의 수직공간, 계단통, 철망을 치지 않은 창문, 교량 등이 편리할 것이다. 물 위의 교량은 신뢰성이 없다. 단순암살의 경우, 사전에 적절히 조사해 둔 장소에서 대상자와 사적으로 만나도록 하면 좋을 것이다. 행동은 불시에 실행하는 것이 좋다. 암살자가 즉시 소동을 일으켜 '겁에 질린 목격자' 노릇을 하면 알리바이를 꾸미거나 몰래 도망칠 필요가 없다. 추적암살의 경우는 일반적으로 대상자를 떨어뜨리기 전에 기절시키거나 약물로 마비시킬 필요가 있을 것이다. 조심할 점은 사망 후에 추락과 상관없는 상처나 상태가 드러나지 않도록 해야 한다는 것이다.

대상자가 헤엄을 칠 줄 모르는 경우에는 바다나 급류에 추락시켜도 족할 수 있다. 암살자가 구조시도를 꾸미면 신뢰성을 높이고, 대상자의 사망을 확인하면서 동시에 그럴듯한 알리바이를 내세울 수 있다….

열차나 지하철 앞으로 쓰러뜨리는 것은 대체로 효과적이지만 정확한 타이밍을 요하며 또한 예기치 않은 목격자가 나타나기가 쉽다.

자동차사고는 만족할 만한 암살수단이 되지 못한다. 대상자를 고의적으로 부딪힐 때는 매우 정확한 타이밍이 필요하며, 철저한 수사가 뒤따를 가능성이 높다. 대상자의 자동차를 미리 조작해 놓는 것은 신뢰도가 매우 낮다. 대상자를 기절시키거나 약물로 마비시켜 자동차에 태워놓을 수도 있지만, 이런 경우에는 자동차를 목격자 없이 높은 절벽에서 떨어뜨리거나 깊은 물속에 빠뜨리는 경우에만 신뢰성이 있다.

방화는 대상자가 마약에 취해 불타는 건물 안에 남아 있을 때는 사고사의 원인이 될 수 있다. 건물이 동떨어져 있거나 가연성이 매우 높지 않으면 신뢰성이 만족스럽지 못하다….

3. 약물: 약물은 테러를 제외한 모든 종류의 암살에서 매우 효과적일 수 있다. 암살자가 훈련받은 의사나 간호사이고 대상자가 치료받는 환자라면 약물은 더없이 손쉬운 방법이다. 모르핀을 진정제로 과량 투여하면 소동 없이 사망을 일으킬 수 있으며 알아내기도 힘들다. 투여량은 대상자가

일상적으로 마약을 복용했는지 여부에 따라 달라지겠지만, 상습자가 아닐 경우 2그레인 정도면 충분하다….

4. 날붙이 무기: 현장에서 구할 수 있는 어떤 종류의 날붙이든 효과적으로 사용할 수 있다. 신뢰성을 높이려면 최소한의 해부학적 지식이 필요하다. 신체의 강(腔)을 찌르는 것은 심장에 도달하지 않는 한 신뢰도가 떨어진다. 심장은 흉곽이 보호하고 있어 찾기가 늘 쉬운 것은 아니다. 전에는 복부를 찔러 치명상을 입힐 수 있었지만, 지금은 의학기술이 발달하여 항상 그렇지는 않다. 목 부위의 척수를 끊으면 절대적 신뢰성을 확보할 수 있다. 이것은 칼끝이나 가벼운 도끼가격으로 실행할 수 있다.

신뢰성 높은 또 한 가지 방법은 기도 양쪽의 경동맥과 경정맥을 모두 절단하는 것이다….

5. 둔기: 날붙이의 경우처럼, 둔기도 효과적으로 사용하려면 어느 정도 해부학적 지식이 필요하다. 둔기의 주요 장점은 어디서나 쉽게 구할 수 있다는 것이다. 망치는 이 세상 거의 어디서든지 구할 수 있다. 야구방망이와 〔판독 불능〕도 널리 보급되어 있다. 돌멩이나 묵직한 막대기도 좋으며, 무기처럼 생기지 않아 소지하거나 나중에 처리하기도 편하다. 타격은 관자놀이나 귀 뒤쪽 바로 아래 부위, 또는 후두부 아래쪽에 가해야 한다. 물론 타격이 센 경우는 두개골 위쪽 부위도 효과가 있다. 눈에서 목구멍에 이르는 두개골 정면의 아래쪽 부위는 강력한 가격에도 치명상을 입지 않고 견딜 수 있다.

6. 소화기: 소화기는 암살에 자주 사용되지만, 매우 비효율적인 경우가 많다. 암살자는 대체로 무기의 한계성에 관한 전문지식이 불충분하기 때문에 사정거리, 정확도 및 살상력을 실제 신뢰할 수 있는 수준보다 높게 잡는 경우가 많다.

…0.300FAB매그넘이 아마도 쉽게 구할 수 있는 가장 우수한 카트리지일 것이다. 이 구경의 총탄이 일반적인 군용 총탄보다 선호되는 것은 군용 총탄은 외피가 완전히 덮여 있어 살상력이 충분치 못한 데 반해 이 구

경에 맞는 총탄은 대개 팽창형 총탄이기 때문이다.

전술한 구경의 팽창형 사냥총탄은 단거리 또는 중거리에서 엄청난 열상과 충격을 일으킬 수 있다. 신체의 강(腔)에 단 한 발만 맞아도 거의 확실하게 사망한다. 유명인사나 경호받는 공직자를 살해할 경우, 공식행사 전에 사격지점을 마련할 수 있다면 저격의 신뢰도를 높이고 안전도 확보할 수 있을 것이다.

…기관단총은 실내에서 한 명 이상의 대상자를 암살하는 용도로 특별히 개조된 것이다. 두 명의 기관단총 사수가 큰 위험을 무릅쓰지 않고서도 대상자 10여 명이 들어가 있는 방안을 약 20초 만에 '쓸어버릴 수 있는' 효과적인 기법이 개발되어 있다. 그 방법은 아래의 그림과 같다.

…구경이 큰 산탄총은 사거리를 약 9m 이내로 유지할 수 있다면 가장 효과적인 살인도구가 된다. 산탄총은 연발이 어렵기 때문에 단일 표적에만 사용하는 것이 보통이다. 편의상 총신을 짧게 잘라버리기도 하지만, 그것은 살인 성능에서 중요한 요소가 못된다.

…적절한 장치를 장착하여 소화기의 폭음을 효과적으로 억제할 수 있다. …사용자는 소화기를 반복 작동할 때 상당히 큰소리가 나고, 총탄이 타격하는 소리도 특히 총탄이 뼈에 맞을 때 매우 크다는 점을 잊지 말아야 한다.

…소량의 폭약은 사망원인으로서는 신뢰도가 크게 떨어지며, 시한폭탄이나 부비트랩(위장폭탄)은 엉뚱한 사람을 죽일 가능성이 매우 높다. 무차별 살상이 갖는 윤리적 측면 외에도, 우연히 근처에 있던 사람이 죽으면 암살을 수행하는 목적에 불리한 여론을 일으키는 경우가 많다.

폭탄이나 수류탄을 대상자에게 던지면 절대 안 된다. 이런 행동은 항상 큰 소동을 일으키며 혹시 대상자의 사망으로 이어질 수도 있겠지만, 엉성한 짓이고 신뢰도가 낮으며 여론에도 좋지 않다.

…수제 폭발물은 피해야 한다. 혹시 강력한 위력을 발휘하기도 하지만 위험하며 신뢰도가 낮기 때문이다. 암살자가 충분한 전문지식을 갖고 신

관을 잘 다룰 줄만 안다면 대인용 폭약미사일은 우수한 암살 수단이 될 수 있다.[262]

등등.

◦ ◦ ◦

전술한 "디어 애비"에서 원용한 목록에서 학대자의 또 한 가지 위험신호는 폭력의 경력이다. "그는 자기가 과거에 여성을 구타했다고 인정하기도 하지만, 여자들이 자기를 그렇게 만들었다고 주장한다. 상황에 따라 구타하는 것이 아님을 주목할 필요가 있다. 그가 다른 사람을 구타한다면 또 다른 사람을 구타할 가능성이 매우 높다."

다시 말해 학대자들은 일반적으로 변하지 않으므로(『가디언』지는 "치유 방법이 없다"고 지적했다) 학대자의 과거경력을 서곡으로 여겨야 한다.

마찬가지로 우리는 문명의 지나간 역사도 서곡으로 보아야 한다. 앞서 (「문명」의 첫머리에서) 인용한 스탠리 다이아몬드의 말처럼 "문명은 해외정복과 국내적 억압에서 비롯되는 것이다."[263] 여기서 이렇게 자문해 볼 수 있다. "문명과 문명인들은 대량학살을 저지를까?" 이 질문에 답하기 위해 우선 물어보자. "지금 중동·레반트지역·지중해·유럽·아프리카의 토착민들은 어디에 있는가? 위협받지 않은 채 온전하게 남아 있는 토착민들은 어디에 있는가? 서곡이 격렬했음을 감안할 때 결말은 다르리라고 기대할 수 있을까?"

또 이렇게 물어보자. "문명과 문명인들은 생태계를 파괴할까?" 이 질문에 답하려면 이렇게 물어보면 된다. "중동·레반트지역·지중해·유럽·아프리카에 있던 숲들은 다 어떻게 되었는가? 그곳과 다른 지역에 온전한 상태로 있던 다른 생물군계(biome)들은 다 어디로 갔는가? 우리가 이 같은 파괴가 마술처럼 감소하리라고 기대한다면 얼마나 어리석은 망상이겠는가?"

다음에는 이렇게 물어보자. "이 문화의 과거는 우리에게 여성을 어떻게 대하도록 가르쳐주는가?" 이 문화의 구성원—남성 구성원—들은 시초부터 강간, 살인, 수족절단, 노예화 등의 방법으로 여성을 학대해 왔다. 이 같은 학대는 줄어드는 것 같지 않으며, 앞으로 줄어들리라고 예상하기에 충분한 이유도 없다.

학대자와 그 공의존자(co-dependent)들이 농하는 고전적 간살은 이제 과거의 잔혹행위는 다 잊고 새로 시작하는 기분으로 살아가자고 하는 것이다. 이 같은 건망증은 양측 모두에게 편리하여 서로를 해치는 고통주기 춤을 계속하도록 만든다. 학대자는 계속 피해자에게 상해를 입힘으로써 자신의 증오심과 자기혐오를 행동으로 나타내며, 피해자는 계속 자신에 대한 상해를 허용함으로써 자신의 증오심과 자기혐오를 행동으로 나타내는 것이다. 건망증이 사라지면 그들의 유착관계가 크게 위협받고 장차 폭력이 필요 없는 유토피아가 이루어진다는 편리한 거짓말을 믿도록 만든 양측 모두의 강요된 어리석음이 드러나게 된다.

우리는 문화 차원에서도 이런 거짓말을 듣고 그대로 믿을 때가 너무나 많다. 목재업계 대변인이 나와서 종전의 벌채방법을 개선했으므로 앞으로는 잘하겠다고 말하면, 우리는 엄숙하게 고개를 끄덕인다. 그러나 삼림 황폐화는 여전히 가속화된다. 생물 다양성은 붕괴된다. 세계가 불탄다. 우리는 미국의 모든 주가 최소한 인디언을 죽여 살가죽을 벗겨오는 사람에게 주던 현상금을 폐지했다고 안도의 한숨을 쉬며, 이제는 존 포드(《리오그란데》 《수색자》 등을 만든 미국의 영화감독·옮긴이)가 죽어서 그의 선전영화가 나오지 않게 되었다고 고마워한다. 그러면서도 우리는 다양한 언어와 문화들이 망각 속에 사라져 가는 현실을 외면하고 있다.

여기서 "과거를 잊는 자는 이를 반복하도록 운명 지워져 있다"는 산타야나(George Santayana, 1863~1952. 스페인 출신 미국의 철학자이며 시인·옮긴이)의 말을 인용할 때가 되었다고 생각한다. 이 인용구는 지금도 여전히 진실이다. 그러나 얼마 안 가서 진실이 아니게 될 것이다. 세상의 속도가 빨라지고 있기 때문이다. 파괴활동은 더욱더 난폭해지고 더욱 범위가 넓어져, 지금은 우주공간 군사화에서 기후조작, 심해 오염, 유전자 조작에까지 이르고 있다. 파괴현장으로부터 관심을 돌리기 위한 광란의 소일거리들(영화, 홈쇼핑 등)은 갈수록 경박해지고 갈수록 추잡해지고 있다(외설이 일상화되고 경박함이 주 관심사가 되고 있다). 문명이 막판(endgame)에 접어들어 유한한 지구에서의 여행을 끝내 가고 있다. 문명은 세계를 잡아먹고, 우리 모두를 잡아먹고 있다. 문명은 오래 계속되지 못할 것이다.

몇몇 특정한 장소와 사람들, 식물과 동물들, 버섯류와 바위 등은 이 죽음의 문명에게 먹히지 않고 살아남을 가능성이 있을지도 모른다(예를 들어 13만 8천 개소의 휴대전화 중계탑들이 매년 철새 2760만 마리를 죽인다고 할 때, 중계탑 하나를 파괴할 때마다 매년 200마리의 철새를 살리는 셈이 된다). 세계가 해방을 기다리고 있다. 독자들은 어떻게 하겠는가?

○ ○ ○

문명이 세계를 죽이는 이유, 화제 16. 북극곰

나는 반마일쯤 상류로 올라간 곳에서 물살이 센 여울을 만나, 그곳에서 물고기를 잡고 있는 흰곰 몇 마리를 보았다. 가만히 기다리고 있노라니, 얼마 후 암곰 한 마리가 새끼곰 한 마리를 데리고 건너편 강기슭으로 헤엄쳐 왔다. 암곰은 즉시 숲속으로 들어갔지만, 새끼곰은 바위에 앉아 있었다. 나는 120미터쯤 되는 거리에서 총을 쏘아 새끼곰을 쓰러뜨렸다. 그러나 새끼곰은 다시 일어나더니 숲속으로 기어 들어갔다. 숲속에서 구슬픈 울음소리가 들려와 새끼곰이 오래 살지 못하리라는 것을 알 수 있었다.

내 총성은 다른 곰 몇 마리를 더 쓰러뜨렸는데, 그때 암곰 한 마리가 18개월쯤 된 새끼곰을 거느리고 내가 있는 곳으로 헤엄쳐 왔다. 나는 그 암곰의 머리를 관통시켜 그놈도 죽였다. 새끼곰이 어미의 죽음을 보더니 나에게 사납게 덤벼들었다. 그러나 그놈이 어미의 죽음을 복수하기 전에, 내가 새끼곰의 오른쪽 눈에 한 방을 쏴서 그놈도 쓰러뜨렸다. 그놈은 얼마 후에 간신히 왼쪽 눈을 뜰 수 있게 되자마자 아주 미친 듯이 화를 내며 나에게 다시 달려들었다. 그러나 그놈이 강둑에 도달하자, 나는 또 한 방을 쏘았다. 새끼곰은 이제 완전히 장님이 되고 머리는 온통 피투성이였다. 그놈은 나무와 바위를 머리로 받아가면서 주춤주춤 걸어서 숲속으로 도망갔다.

그때 상류 쪽으로 60미터쯤 되는 강기슭에 곰 두 마리가 올라와 사납게 주위를 두리번거리는 모습이 눈에 띄었다. 곰들이 숲의 가장자리 쪽으로 몇 미터 갔는데 그중 어미곰이 나를 무섭게 노려보았다. 그놈은 18개월짜리 새끼를 거느리고 있어 총을 쏘기가 위험하겠다는 생각도 들었지만, 나는 유혹을 뿌리칠 수 없었다.

이 글을 쓴 조지 카트라이트 대위(18세기 중반 미국에서 활동한 군인, 탐험가 겸 상인—옮긴이)는 실제로 미국 뉴펀들랜드 지역에 문명을 정착시킨 장본인이었다. 그는 그 강의 다른 장소로 이동하여 이렇게 썼다.

그곳에서 한참 앉아 있노라니, 내 오른쪽의 오리나무숲에서 거대한 늙은 곰 한 마리가 나타났다. 그놈은 줄곧 킁킁거리고 땅만 보면서 내 쪽으로 천천히 걸어왔다. 나는 팔꿈치를 고정시킨 채 그놈이 5야드 전방까지 다가오도록 기다렸다가 방아쇠를 당겼다. 그놈은 머리 한가운데 총알을 맞고 완전히 죽었다. 강기슭은 경사진 평평한 바위였기 때문에 그놈은 데굴데굴 굴러 강물에 떨어졌다.

주위를 둘러보았더니 같은 크기의 곰 한 마리가 강물에서 몸을 반쯤 일으키고 있었다. …나는 포복하여 덤불숲을 지나 그놈의 맞은편으로 다가갔다. 그리고 식사중이던 그놈의 머리를 관통시켰다. 총알은 곰의 왼쪽 눈 바로 위를 뚫고 들어가 오른쪽 귓불께로 나와 그놈을 쓰러뜨렸다. 곰은 한동안 단말마의 고통으로 몸부림치더니 이윽고 몸을 추슬러 내가 있는 쪽 강기슭으로 올라와서 비틀거리며 숲속으로 들어갔다.

내 평생 오늘처럼 실탄 부족을 한탄한 적이 없었다. 결국 총알이 떨어져 인류역사상 가장 멋진 스포츠를 중단할 수밖에 없었다. 나는 곰 너덧 쌍 정도는 쉽사리 더 잡을 수 있었을 것이다.[264]

에스키모 마도요. "오마하에서 사냥꾼들이 몰려와서는 짐마차가 문자 그대로 죽은 새로 가득 찰 때까지 총을 쏘아 새들을 학살하곤 했다. 가끔 새떼의 수가 많고 사냥꾼들에게 탄약이 충분하기만 하면, 짐마차는 순식간에 주체할 수 없이 죽은 새로 가득 차곤 했다. 그러면 사냥꾼들은 잡은 새들을 몽땅 평원에 내버려 죽은 새들이 석탄더미처럼 커다란 무더기를 이루곤 했다. 그리고 죽은 새들은 썩도록 내버려둔 채 다시 새들을 무더기로 죽여 짐마차에 채워넣는 것이었다."[265]

윌슨도요새. "도요새들은 이 나라에 잠시 동안만 머무를 뿐 아니라 한번 놓치면 다시는 나타나지 않기 때문에 나는 인정사정없이 최대한 많이 잡아들여야 했다."[266]

황금물떼새. "포수들이 20~50명씩 무리를 지어 경험상 물떼새들이 지나갈 것이라 여겨지는 장소에 모여 있었다. … 포수들마다 연속사격을 해댔기 때문에 나는 100여 마리가 넘는 새떼가 금방 대여섯 마리로 줄어드는 가련한 광경을 목격한 게 한두 번이 아니었다. … 사냥은 하루 종일 계속되었는데, 해가 져서 내가 그곳을 떠날 무렵까지도 사냥꾼들은 내가 처음 왔을 때(해뜨기 전)와 마찬가지로 넋을 잃고 새 죽이기에 열중하고 있었다. 내 옆자리에 있던 어떤 남자는 750여 마리를 잡아놓고 있었다. 내가 세어보니 들판에는 모두 200명의 사냥꾼이 와 있었다. 한 사람이 200여 마리만 잡았다고 쳐도 그날 하루 동안에 황금물떼새가 4만 8천 마리는 죽었을 것이다."[267]

딱따구리. 루이지애나주가 1940년대 초에 미국에 남은 마지막 딱따구리 서식지를 매입하려고 필사적이던 당시에 시카고제재회사 이사장은 이렇게 대꾸했다. "우리는 돈벌레일 뿐이다. 우리 회사는 당신들과 달리 윤리문제에는 관심이 없다." 회사측은 딱따구리 서식지를 벌채하면 일자리가 생긴다고 주장했다(어디서 많이 들어본 얘기다). 그러나 그것은 거짓말이었다. 회사는 독일군 포로들을 노동력으로 투입했는데, 엄청난 낭비는—"가장 좋은 목재만 취하고 나머지는 폐기했다"—포로들조차도 놀랄 정도였다. 그 목재들은 홍차를 담는 대형 나무상자를 만드는 데 사용되었다.[268]

점박이올빼미. 지난 60년 동안에 상황이 얼마나 달라졌는지 설명하자면, 내가 앞의 딱따구리 이야기를 쓰던 바로 그날 캐나다의 〈CBC방송〉이 "법원, 멸종위기의 올빼미 서식지 벌목 허가"라는 제목의 뉴스를 보도했다는 사실을 언급하는 것으로 족할 것이다. 캐나다에 남아 있는 점박이올빼미는 현재 25쌍에 불과한 것으로 추정된다. 이 새는 미국에서도 멸종되어 사라지고 있다. 〈CBC방송〉은 이렇게 보도했다. "브리티시컬럼비아 대법원은 캐나다에 남은 마지막 점박이올빼미 서식지의 오래된 나무들을 벌목하도록 승인한 하급법원의 결정을 확정하면서, 동식물 종의 이익보다 경제적 이익이 우선한다고 지적했다."[269]

정신이상에 관한 상식적인 개념정의는 물리적 현실과의 연결회로를 상실하여 자신의 망상을 실제 세계보다 더 생생한 현실로 받아들이는 것이다. 이 사건을 담당한 판사들은 미쳤다고 볼 수 있다.

물론 환경운동가들도 정신 나가기는 마찬가지다. 환경운동가들은 이런저런 동식물들을 '방어'한답시고 이런 소리를 할 정도로 전락했다. "벌목업계가 동식물을 죽인다는 평판은 업계에도 이로울 것이 없다. 브리티시컬럼비아의 벌목회사들이 올빼미를 죽인다는 것이 알려지면, 세계시장이 브리티시컬럼비아의 목재를 구입하지 않을 것이기 때문이다."[270]

정신이상에 관한 또 한 가지 상식적인 개념정의는 똑같은 행동을 하면서 다른 결과를 기대한다는 것이다. 앞의 환경운동가들의 성명은 터무니없이 어리석을 뿐 아니라 역사적 사실과도 맞지 않는다. 딱따구리 서식지의 파괴가 미국 목재업계에 피해를 주지 않았다는 것은 분명하다. 동식물의 서식지 파괴는 절대로 기업에 피해를 주지 않으며, 적어도 기업이 여론 때문에 피해보는 일은 없다(만일 여론이 자연계를 사랑한다면, 기업이 파괴를 멈출 것이다). 물론 기업이 토지기반을 파괴하면 궁극적으로 이윤이 줄겠지만 그건 파괴가 다 끝난 다음의 일이다. 이 문화에서 경제체제의 늘 변화하는 터무니없는 '요구'는 물리적 현실의 요구에 항상 '우선'하게 될 것이다(학대자의 늘 변화하는 터무니없는 요구가 항상 다른 사람들의 요구에 우선하는 것과 꼭 마찬가지이다). 이 점을 이해하지 못한다면 우리는 살아남을 가능성이 없다.

헬리벗. "뉴펀들랜드의 어부들은 운 나쁜 헬리벗(큰 넙치의 일종—옮긴이)이 어쩌다가 미끼를 떼먹으면 몹시 화를 낸다. 이럴 경우, 어부들은 이 불쌍한 물고기에 대한 복수로 종종 아가미에 나무막대기를 찔러넣은 상태로 물고기를 바다에 내버리는 것으로 알려져 있다. 고문당한 헬리벗이 머리를 물 속에 담그려고 애쓰는 광경이 재미있는 구경거리를 제공해 주는 것이다."[271]

프레이리 도그. 인터넷에 들어가서 'red mist'(붉은 안개)를 찾아보라. 고성능 총으로 프레이리 도그(prairie dog, 미국 초원지대에 사는 설치류. 개처럼 짖기 때문에 보통 '개쥐'라고 번역하며, 다람쥣과이기 때문에 '개다람쥐'라고도 한다—옮긴이)를 쏘아 맞히면 붉은 안개처럼 폭발한다고 나와 있다. 그 광경이 사냥꾼들에게 '즉석 눈요깃감'이 된다고 한다. 그래서 '사냥꾼'들은 종종 의자에 앉아서 '붉은 안개'를 일으키는 즐거움을 누린다. 그들은 또 프레이리 도그가 빙글빙글 돌며 날아가게 만드는 이른바 '공중제비 사격'—올가 코르부트(왕년의 소련 여자 체조선수—옮긴이) 사격이라고도 한다—을 즐기기도 하고, 총 한 방에 짐승의 가죽을 홀랑 벗기는 샤무아(Chamois, 샤무아 영양 가죽, 우리나라에서는 보통 '세무'가죽이라 한다—옮긴이) 사격, 또는 굴에서 얼굴을 내밀고 내다보는 놈을 쏘는 '후버 타임' 사격을 즐기기도 한다.[272]

◦ ◦ ◦

문명이 세계를 죽이는 이유, 화제 17.

군대의 신병훈련소에 관해 내가 아는 것이라고는 영화에서 본 것밖에 없고, 따라서 '픽션'일 수밖에 없다. 그러나 내가 그런 영화들을 보지 않았더라면 신병훈련소에 관해 더 많이 알지도 모를 일이다(영화대본 작가를 포함한 모든 작가들은 체제 선전원에 불과하다). 해병 병장 출신인 어떤 사람은 신병훈련소에 관해 이렇게 말한다.

군인들이 명령에 따라 사람을 죽이도록 만드는 데는 기만과 속임수가 따르게 마련이다. 민주사회에서는 거리에서 사람들을 잡아다가 기관총을 주고 무조건 사람을 죽이라고 시킬 수는 없다. 그러므로 사람을 죽이도록 가르쳐야만 한다. 이 사실만으로도 마땅히 우리 미국인들에게 경종을 울려야 할 일이다. 전쟁의 대의가 정당하다면, 우리가 무엇 때문에 신병훈련소에 가야 한단 말인가? 사람 죽이는 기술을 배우기 위해서라고 대답하는 사람도 있겠지만, 그렇다면 왜 대부분의 신병훈련소는 전투훈련에 중점을 두지 않는 것일까? 우리 사병들에게 왜 '메탈리카'(1983년에 〈모두 죽여라 KillEmAll〉로 데뷔한 미국의 4인조 헤비메탈 밴드—옮긴이)의 배경음악이 깔린 미군의 학살장면 비디오를 보여주고 우리가 유색인들이 제거되는 것을 보며 환호하도록 만드는 것일까? 왜 사병들은 지휘관이 부르면 '넷!' 하고 대답하지 않고 영화에서처럼 열광적으로 '죽여라!' 하고 대답하게 되어 있는 것일까? 우리는 왜 이런 군가를 부르는 것일까? "학교마당에 캔디를 던져라, 어린이들이 모여든다. M-60 기관총을 장전해라, 꼬마녀석들을 소탕하자." 또는 "우리는 강간하고 죽이고 약탈하고 불 지른다, 우리는 강간하고 죽이고 약탈하고 불 지른다!" 이런 군가들은 군인들에게 동기를 부여하기 위한 것이다. 군인들은 이런 군가를 즐기고 열심히 부른다. 이런 노래를 100번 반복해서 부르고 나면 그 패러다임을 정당하다고 받아들이게 된다.[273]

증오

현대사회에서 보게 되는 소외(alienation)는 거의 총체적이다. 소외는 인간과 자기 직장과의 관계에, 그가 소비하는 물건에, 국가에, 그의 동료인간에게 그리고 자기 자신에게도 침투해 있다.[274] 인간은 전에는 존재하지 않았던 인공물의 세계를 만들어냈다. 인간은 자기가 만든 기술적 기계를 관리하기 위해 복잡한 사회적 기계를 구축해 놓았다. 그러나 인간의 이 창조물 전체가 인간을 감시하고 있다. 인간은 스스로를 창조자와 중심으로 느끼지 못하고 자기가 만든 골렘(생명을 가진 인조인간, 로봇—옮긴이)의 종복으로 느낀다. 그가 풀어놓은 세력이 강하고 거대해질수록, 그는 인간으로서 더욱 무력함을 느낀다. 인간은 자신의 창조물에게 소유되어 자신에 대한 소유권을 상실한다.

에리히 프롬(Erich Fromm)[275]

이 책의 〔전제 10〕은 "문화는 전체적으로, 그리고 그 구성원은 거의 전부가 미쳤다. 문화는 죽음의 충동, 즉 목숨을 빼앗고자 하는 충동에 의해 추진된다"는 것이다. 그리고 이 전제와 관련이 있는 〔전제 14〕는 "태어날 때부터—어쩌면 태아 적부터—우리는 개인적으로나 집단적으로 생명을 증오하고 자연계, 야생, 야생동물, 여성, 어린이와 우리의 신체를 증오하고, 우리의 감정을 증오하고 두려워하며, 우리 자신을 증오하도록 문화적으로 적응되어 있다. 세상을 증오하지 않았더라면, 우리는 세상이 눈앞에서 파괴되도록 놔두지 않았을 것이다. 스스로를 증오하지 않았더라면, 우리는 우리의 본고장이—그리고 우리의 신체가—망가지도록 놔두지 않았을 것이다"라고 되어 있다.

증오는 '붉은 안개' 사냥꾼들, KKK단, 군대 등에서 보듯이 공공연히 드러나는 경우가 많다(권력자들은 군대를 '평화유지군'이라 부르지만, 군가를 가르치는 교관들은 '훈련받은 킬러'라고 부른다). 증오는 잘 드러나지 않는 경우도 있다. 내가 졸저 『가상의 문화』에서도 밝혔듯이, 증오를 오래 품고 있으면 증오처럼 느껴지지 않고, 이 문화에서 통용되는 종교, 경제논리, 전통, 색정 등과 같이 느껴지게 마련이다. 증오는 과학, 기술인 것처럼 느껴진다. 그것은 문명인 것처럼, 사물의 본질인 것처럼 느껴진다.

사람이 이 같은 증오의 철창에서 벗어나오면 무엇이 보일까?

나는 지금 양손에 고통덩어리—체계적으로 노예화되고 고문받아 죽은 동식물의 가공물 덩어리—를 움켜잡고 슈퍼마켓의 계산대 앞에 줄서 있다. 이들은 그저 죽기만 한 것이 아니라, 자신의 본성 자체를, 단순한 존재, 자유로운 야생의 본질을 부인당한 동식물들이다.

나는 잡지들을 바라본다. 동식물들과는 대조적으로 가공된 수많은 여자들, 인공적인 모델들이 자신의 부적절한 모습을 한번도 만난 적 없는 남들에게 드러내 보여주면서, 사람들이 무엇보다도 스스로를 증오하도록, 자신들의 변변치 못한 신체를 증오하도록 가르치고 있다.

계산대 담당직원은 자기 직업을 증오한다. 적어도 소중한 자신의 인생을 벗어날 수 있겠다고 느끼게 되면 자기 직업을 증오하게 될 것이다. 더 정확하게 말한다면 "이제는 소중하지 않게 된 자신의 인생"이라고 해야 할 것이다. 왜냐하면 자기 인생을 정말로 소중하게 생각하는 사람은 인생을 헐값에, 심지어 돈을 받고 팔아버리지 않을 것이기 때문이다. 하지만 그는 그런 생각을 하지 않도록 훈련받아 왔다. 만일 그런 생각을 했더라면—자기가 평생의 대부분을 싫어하는 일을 하면서 보낸다는 느낌을 가졌더라면—그는 어떤 행동을 했을까? 그는 어떤 사람이 되었을까? 그는 우리가 문명이라 부르는 이 끔찍한 체제에서 어떻게 살아남을 수 있을까?

이틀 전에 나는 이 고장의 환경운동가들의 모임에 참석했었다. 고참 운동가 한 명이 내게 다가와서 말했다. "선생님의 책들을 읽었어요. 책에 나온 얘기가 사실이고 선생님의 분석이 옳다 하더라도 난 따를 수가 없어요. 그렇게 하면 내가 이 체제에서 살아남지 못할 테니까요. 난 진실을 알더라도 이를 부정해야 하고, 체제가 스스로 변하지 않는다는 것을 알면서도 그렇게 되기를 희망해야만 하는 거예요."

어느 여자 고등학생이 식료품을 슬쩍한 죄로 지금 감옥생활을 하고 있다. 12년 동안 그곳을 벗어나기만 바라면서 하루가 지나면, 한 해가 지나면, 마침내 자기 삶이 끝나면 자유로워지겠지, 하고 소망하면서 지내고 있다. 그 여고생은 매 순간마다, 매일같이 이런 소원을 생각하며 지낸다. 이렇게 여러 해를 살다 보면 마침내 아무 소원도 갖지 않게 되어(오직 자기 몸이 잡지모델처럼 되기만, 한바탕 쇼핑할 돈을 벌 수 있기만 바랄 뿐이다), 비굴하고 온순하게 길들여진다. 마침내 의지가(그게 뭐였더라?) 꺾인다. 마침내 반항심도 없어지게 된다.

이렇게 되면 자유의지는 아무런 의미가 없게 된다. 이젠 피해자들이 자신의 자유의지에 따라 체제에 참여하기 때문이다. 사실 이제는 그들에게 의지라고 할 만한 것조차 남아 있지 않다고 말할 수 있다. 의지가 꺾였기 때문이다. 그것이 핵심이다. 이제 그들은 노동자가 된다. 이제 그들은 모두에게 선을 가져다주는 이 자애로운 위대한 문명의 구조물의 생산적 구성원이 되는 것이다. 일상적으로 화학물질의 도움을 받아야 하지만, 이제 그들은 행복해진다. 이제는 폭력을 쓸 필요도 없어진다. 사람들이—정확하게 말하자면, 한때 사람이었던 자들이—체제에 완전히 동화되어 스스로 규제하고 스스로 치안을 유지하기 때문이다.

이제 세상의 종말을 맞이하자.

이제 그녀는 기독교의 상징인 십자가를 목에 건다. 그것은 영적으로 거듭나기 위해 육신을 버린다는 상징이며, 이 세상을—자신의 육신을—악의 소굴로, 눈물의 골짜기로 인식한다는, 육신이 없는 천국만큼 현실적이지도 않고 그렇게 될 수도 없는 장소로 본다는, 결코 본향이 될 수 없는 장소로 본다는 것을 상징하는 것이다(내가 지구에서 체계적 착취와 오염, 약탈에 반대하듯이, 기독교인들도 천국에서 그런 것을 반대할까?).

내 친구들 중에 불교신자들도 있다. 그들 역시 육신, 현실, 물질, 경험을 멀리하고 이른바 '사마라'(생과 사의 순환, 윤회 또는 '색계' 등으로 번역된다—옮긴이)를 멀리하도록 훈련받는다.[276] 그들은 미혹을 멀리하여 속세로부터의 해방(해탈)으로 나아가도록 훈련받는다. 리처드 후커는 그의 〈세계문명〉 웹페이지에서 "변전하는 세계가 미망일 뿐이고 우리는 출생을 거듭해도 미망을 벗어날 수 없는 것이라면 아트만시디(atmansiddhi), 즉 영원한 내세에 무슨 목적이 있는가? 목표는 영원한 내세가 아니라 모크샤(moksha), 즉 사마라로부터의 '해방'에 있다. 이 해방을 추구하는 것이 우파니샤드(Upanishads, 힌두경전 베다의 고대 주석서—옮긴이)의 특징이며, 불교와 자이나교의 기본 교의를 이룬다"[277]고 했다.

요컨대 불교와 기독교는 모두 문명의 종교들이 마땅히 해야 할 일을 하고 있다. 즉 문화의 포악함을 중화시켜 사람(피해자)들로 하여금 자신의 노예생활이 단순히 문화적일 뿐 아니라, 자신에게 운명 지워진 존재의 필요한 일부라고 믿도록 만들고, 나아가 사람들에게 끔찍한(문명화된) 생존을 멀리하고 '해방'되어 (있지도 않은) 미망 속의 보다 좋은 곳으로 가라고 가르치고 있는 것이다. 인간과 비인간 모두를 노예로 만들고 있는 자들에게 얼마나 편리하겠는가? 그런 것은 힘없는 자들의 종교일 뿐이다. 그런 것은 사람들을

 무력하게 만드는 종교들이다.

기독교에 내가 좋아하는 이야기가 많듯이, 불교에도 내가 좋아하는 이야기가 많다. 그중 하나는 일본 봉건시대의 이야기이다. 어떤 군대가 이웃 쇼군의 마을을 약탈했다. 대부분의 부락민들은 도망갔지만, 침공군의 장군이 어떤 선불교의 암자에 들어섰더니 스님이 명상하고 있었다. 장군이 칼을 들어올렸지만 스님은 아랑곳하지 않았다. 장군이 화를 버럭 내며 물었다. "너는 내가 눈 하나 깜짝 않고 네 머리를 벨 수 있다는 걸 모르는가?"

그랬더니 스님이 대답했다. "너는 내가 목을 베이어도 눈 하나 깜짝 않을 사람이라는 걸 모르느냐?"[278]

나는 이 이야기를 들으면서, 죽음에 직면해서도 평정을 잃지 않은 그 선사를 존경하면서 때가 오면 나도 그런 마음의 평온을 유지하리라 마음먹었다. 그러나 이 이야기를 곱씹어볼수록 나는 부처(득도자)는 톰 로빈스의 말대로 ("고승은 가르치고, 제자들은 교의를 만들고, 득도자는 항상 노상에서 죽는다"[279]) 항상 노상에서 죽을 뿐 아니라 우리들 각자에 의해 매일처럼 **반드시 노상에서 죽어야만** 한다는 생각이 들었다.

그것은 이 책이 거듭 강조하고자 하는 문제와도 관련이 있다. 즉 모든 도덕률은 효과적 행동과 마찬가지로 특정한 상황에 따라 달라진다는 것이다. 어떤 한 상황에서는 적절하고 윤리적인 일이, 다른 상황에서는 부적절하고 비윤리적인 일이 될 수 있다. 말하자면, 특정한 상황에서는 어떤 사람을 내 행동의 모델로 삼을 수 있겠지만, 그 모델을 다른 모든 상황에 적용할 수 있다고 생각한다면 매우 어리석은 짓이라는 것이다. 예를 들어 이 선불교 스님 이야기에서 중요한 것은 스님이 맞섰던 그 장군은 두 사람이 공유하는 의식을 존중하는 전통에 빠져 있는 사람이었다는 점이다. 스님이 칭기즈 칸이나 티무르 대제에게 그런 말대답을 했더라면, 상대방은 "좋아" 하고 대뜸 그의 머리를 쳤을 가능성이 매우 크다. 마찬가지로 현대 미국의 SWAT(FBI 특별 기동대) 대원들이 스님에게 바닥에 엎드리라고 명령하고—"우리 기동대는 눈 하나 깜짝 않고 너에게 테이저 총(taser, 전선 끝에 화살을 달아 쏘는 무기-옮긴이)을 쏘거나 최루가스를 뿌릴 수 있다. 엎드려, 이 오라질 놈아! 자빠져!"—
그러나 스님이 그 명령에 따르기를 거부한다면, 그 스님은 금방 근육이 흐늘
흐늘해져 자기가 쏟아놓은 배설물 위에 엎어져 버릴 것이다. 나중에 그는 체
포에 저항한 혐의로, 어쩌면 경찰관 폭행죄로, 최악의 경우는 경찰관 모욕죄
로 기소될 가능성이 높다.[280]

내가 정작 이 이야기를 제대로 이해하게 된 것은 선불교 스님의 행동은
다음 세 가지 전제 중 적어도 한 가지에 해당될 때만 이치에 닿겠다고 깨달
으면서였다. 즉 ① 그는 환생을, 다시 말해 죽어도 어쨌건 다시 돌아온다고
믿는다. ② 그는 물질세계가 중요하지 않다고 믿으며, 따라서 죽음을 별로
개의치 않는다. ③ 그는 무력해서 어쨌든 당장 죽음을 피할 도리가 없다.

이 전제들 중 어느 하나라도 맞는다면, 스님의 평정은 이치에 닿는다. 그
리고 그것들 중 어느 하나라도 내게 맞는다면, 나도 스님의 태도와 행동을
본받을 수 있을 것이다.

그러나 스님이 자기 목숨을 소중히 여겼다면, 자신의 삶뿐 아니라 다른
인간과 비인간들의 삶을 사랑하고 또한 아침안개를 사랑하고 아기곰, 새, 도
롱뇽, 거북 들과 노닐기를 좋아했다면, 그리고 그에게 어떤 행동을 취해서라
도 그 장군과 그의 군대가 마을을 약탈하고 자기 자신과 자기가 사랑하는 사
람들의 삶을 파괴하지 못하도록 막을 기회가 있었다면, 그 스님이 보여준 마
음의 평정은 비겁함을 가리기 위한 가면에 불과하며 어리석고 한심한 짓일
뿐이다. 그리고 스님에게 그 장군을 저지할 능력이 있었는데도 단지 그가 속
세를 중요시하지 않았기 때문에 그를 저지하지 않은 것이라면, 그런 생각은
착취하고 파괴하는 자들을 직접 돕는 것임이 분명하다. 그러므로 우리는 권
력자들과 스스로 무력하다고 생각하는 사람들이 모두 이런 신앙을 포교하고
강하게 밀고 나가리라는 것을 알 수 있다. 그리고 후자의 경우는 비겁하기 때
문에 스스로, 물론 무의식적으로 무력해지기를 바라는 자들임을 알 수 있다.

그들은 왜 무력해지기를 바라는 것일까? 그것은 힘이 없으면 자기가 저지
하지 않은 행동, 예를 들어 마을을 약탈하는 행동에 대해 책임질 필요가 없

 기 때문이다.

불교에는 좋은 점이 많다. 나는 어떤 현명한 불자들한테서 속세는 환영(幻影)이 아니며, 문제는 우리가 이기심 때문에 속세의 고통과 아름다움을 있는 그대로 보지 못한다는 데 있다는 말을 들은 적이 있다. 그들은 우리가 보는 것이 거의가 환영이라고 해서 아무것도 존재하지 않는다는 것은 아니며, 단지 우리가 분명히 보지 못할 뿐이라고 말했다. 나는 그 말이 마음에 와 닿는다. 내 친구 조지 드래펀의 말처럼 "명상법은 우리가 사물을 분명히 보도록 돕고, 우리의 정서적·지각적 심상들을 해체하여 현실상황에 보다 민감해지도록 도와주기 위한 것이다. …명상 자체는 습관적인 사고방식과 심상들을 해체하는 데 필요한 여러 가지 도구와 영적인 기법들을 독창적인 방법으로 모은 것이다." 습관적인 사고방식을 해체한다는 것은 좋은 일이다. 나는 이에 반대할 아무런 이유도 없다.

그러나 기독교인들도 이론적으로는 지구와 그 서식자들에 대한 '지배'를 표방하지 않는 기독교에 대해 말할 수 있고,[281] 다른 인간들에게 기독교나 죽음이냐를 선택하도록 요구하지 않는 기독교, 여성과 어린이와 삶에 대한 증오를 부추기지 않는 기독교에 대해 이야기할 수 있다. 자본가들 역시 모든 인간에게 평화, 정의와 행복을 가져다줄 수 있는 그 어떤 이상적 자본주의에 대해 이야기할 수 있다. 과학자들도 나름대로 기술 유토피아를 꿈꿀 수 있을 것이다.

그러나 우리는 여기서 이 종교들이 현실세계에서 어떤 모습으로 표상되고 있는지, 인간과 살아 숨쉬는 다른 존재들의 삶에서 어떤 역할을 하고 있는지 자문해 볼 필요가 있다. 기독교는 토지기반의 건강에 어떤 영향을 미쳤는가? 기독교가 등장하여 생물 다양성이 더 풍부해졌는가? 기독교는 여성의 지위에 어떤 영향을 미쳤는가? 기독교를 접한 토착민들에게 어떤 영향을 주었는가? 불교, 과학, 자본주의 그리고 모든 문화에 대해서도 똑같은 질문을 할 수 있다. 이론적·수사학적 역할이 아니라, 우리가 종교에 바라는 역할이 아니라, 그 종교들이 가상의 이상적 상황에서 수행할 수 있는 역할이 아니라, 그들이 지금까지 수행해 온 역할이 과연 무엇이었던가를 물어야 한다.

기독교가 매우 빈번하게 한편으로는 제국주의의 도구가 되고—콘스탄티누스 황제가 성호를 그으며 정복에 나섰고, 조지 W. 부시는 "하나님이 시키셨다"면서 정복에 나섰다—다른 한편으로는 약자들의 (또는 스스로 무력하다고 믿는 자들의) 권력에 대한 굴종과 현실도피의 수단이 되어왔듯이, 불교 역시 마음의 상처를 입은 사람들이 현실도피를 정당화하는 수단이 되는 경우가 많다. 내게 연어와 같은 동물들은 에너지가 변화하는 형태일 뿐이고, 따라서 실상이 아니므로 그들의 운명에 관심 갖는 것은 어리석을 뿐 아니라 깨달음에 방해가 된다고 얘기해 준 불교신자는 한둘이 아니다. 어느 고참 평화운동가는 인터뷰중에 내게 이렇게 말했다. "존재의 한 차원에서는 연어는 존재하지 않습니다. 신의 눈짓만 있을 뿐입니다. 나도 이원(二元, 불멸〔寂〕과 변함〔滅〕의 이원-옮긴이)을 초월해 본 경험이 있어요. 존재하는 것은 이 같은 의식의 향연일 뿐이어서, 의식의 일부는 연어가 되고 일부는 시간이 되는 것이지요. 그래서 연어는 수백만 년 동안 번성하다가 멸종되는 겁니다. 순간적인 의식의 향연만 있는 것이지요." 요컨대 연어와 같은 생물들은 모두 세속적인 미혹의 일부—신의 눈짓—일 뿐이므로, 연어가 멸종되느냐 여부는 별로 중요하지 않다는 것이다. 실제로 나는 그동안 여러 사람들한테서 연어는 애당초 존재하지 않는 것이므로 멸종될 수도 없다든가, 만일 멸종한다면 그것은 신의 뜻이라든가, 나아가 내가 이런 동물에 그처럼 애착을 갖는 것을 보니 좀 이상한 사람임에 틀림없다는 말을 들어왔다. 그들은 그러면서 내게 초월적 명상을 연습해 보라고도 했다. 내가 속세에 이처럼 애착을 가져서야 어떻게 깨달음을 얻을 수 있겠느냐는 말이었다.

나는 이 인터뷰의 주제였던 '불이'(不二, 적과 멸이 하나임-옮긴이), 또는 내가 '방해받지 않는 품위 있는 상태'라 부르는 것을 나름대로 여러 번 경험해 본 적이 있다. 그런 상태가 여러 달 계속되기도 했다. 그러나 내 경우는 그런 상태를 유지하기 위해 속세를 초월하거나 세계를 '의식의 향연'으로 지각할 필요는 없었다. 오히려 그 정반대였다. 속세에 깊이 빠져들어 몰두하노라면 나무, 벌레, 비, 토양, 인간, 지구의 몸통 그리고 나 자신의 몸통이 이리저리 한데 어우러져 있음을 깨달아 "아, 아름답구나. 아름답구나" 하고 외치게 되는 것이었다. 그것은 그런 어울림에의 완전하고도 즐거운 참여를 경험하면서 이 세상이 매우 아름답다는 것을 깨닫는 것이었다.

최근의 한 좌담에서 어느 불교신자가 내 폭력론에 반대하면서 어떤 형태의 폭력이든 정당화될 수 없다고 말했다. 나는 그녀에게 음식을 먹느냐고 물어보지는 않았다. 그 대신 어린이를 구타하는 사람을 보면 어떻게 하겠느냐고 물었다.

그녀가 말했다. "어린이의 고통을 증언해야지요."

"말리지는 않고요?"

"폭력을 저지하기 위해 폭력을 사용하는 것은 단기적으로는 도움이 될지 몰라도, 결국은 더 한층 폭력을 불러올 뿐이에요. 나는 개입하지 않을 겁니다."

내가 대답했다. "그건 이론일 뿐이지요. 내가 골목길을 걸어가다가 우연히 누군가가 당신을 때려죽이는 것을 목격한다면, 나는 당신도 응당 훌륭한 영성을 내던지고 내게 당신이 죽는 것을 가만히 보고 있지만 말라고 애원할 것이라고 생각할 텐데요."

그녀가 고개를 저었다. "안 그럴 거예요."

"믿을 수 없군요."

그녀가 내게 말했다. "연어의 경우도 마찬가지에요. 장기적으로 연어는 어쨌든 멸종될 거고, 결국은 태양이 지구를 태워버릴 테니, 그건 별로 중요한 일이 아니고…."

내가 대꾸했다. "이 방에 있는 사람들이 모두 언젠가는 죽을 것이라고 해서, 지금 모두 고문해서 죽여도 좋다고 말할 수는 없지요. 그건 얼빠진 소리예요. 당신의 영성이 그런 방향으로 가는 것이라면, 나는 빼줘요."

또 다른 불자들은 내게 분노 때문에 행동해서는 안 되며, 억압자와 학대자에 대한 동정과 자비심에서 행동해야 한다고 일러주곤 한다. 나는 늘 이런 빌어먹을 소리를 듣고 있다.

바로 이틀 전에 나는 내 사고방식의 오류를 지적하겠다는 어떤 사람한테서 이런 이메일을 받았다. "작가로서 당신은 지금까지는 적개심을 지니고도 잘해 왔습니다. 앞으로 있을 인터뷰 때는 당신 자신에 대해, 당신은 건강을 어떻게 관리하는지, 최근에 보고 들은 것에서 (적개심이 아니라) 어떤 영감을 얻었는지를 말씀해 보는 게 어떨까요?" 이 여자는 좀 색다른 데가 있었다. 대개 참견하기 좋아하는 남자들은 내 글의 오류를 지적하려는 데 반해, 여자들은 내 생활을 바로잡으려 드는 경우가 많다. 그런데 그 여자는 이런 글도 썼다. "자신이 제어하기 힘든 세력을 상대로 정신적 공격을 강화하는 것이 당신의 성생활/정욕에 어떤 영향을 미치는가요? 분노는 대인관계에 어떤 영향을 미치지요? 당신은 아직도 나무들을 껴안고 자는가요, 아니면 요즈음은 인간을 껴안고 자는가요?"

나는 처음에는 그녀에게 지배적 문화에 대한 내 분노가 성생활에 어떤 영향을 주는지를 물은 질문에 대해서는 결코 답변을 듣지 못하리라고 대답할까도 생각해 보았다.

그 여자의 질문이 크게 잘못된 것은 (내 사생활은 그녀가 상관할 바 아니라는 점은 차치하고라도) 내가 문화에 대해 분노하니까 친구들에게도 분노하리라고 전제하고 있다는 점이다. 그것은 지극히 어리석은 생각이다. 내 분노는 엽총 같은 것이 아니다. 나는 나를 화내게 만드는 것에는 분노하지만, 그렇지 않은 것에 대해서는 분노하지 않는다.

그러나 중요한 것은, 그녀의 관점에서 보면 그것은 전혀 어리석은 생각이 아닐지도 모른다는 것이다. 그리고 바로 그것이 문제이다. 레잉(R. D. Raing)의 명저 『경험의 정치학』(*The Politics of Experience*)의 핵심은, 사람들은 자신이 세계를 경험하는 방식 그대로 행동한다는 것이다. 상대방의 경험을 이해하게 되면 그의 행동도 이해할 수 있다. 이것은 정신병자는 물론이고 자본주의자들에게도 해당되는 말이다.

레잉은 독일 정신병리학자 에밀 크래펠린(Emile Kraepelin)이 발표한 어느 불쌍한 정신이상자의 사례를 인용하고 있다. "여러분, 오늘 내가 제시하려는 사례는 특이한 데가 있습니다. 우선 여러분은 24세 된 한 하녀를 보십니다. 용모와 골격으로 봐서 몸이 몹시 쇠약해져 있음을 분명히 알 수 있습니다. 그럼에도 불구하고 환자는 계속 움직이고 있습니다. 몇 발자국 앞으로 걸어갔다가 뒤로 돌아가는가 하면 머리를 땋았다가 곧 다시 풀고 있습니다. 그녀의 움직임을 저지하려고 시도하다가 우리는 뜻밖의 강력한 저항에 부딪힙니다. 내가 양팔을 벌리고 그녀의 앞을 가로막을 때, 그녀는 나를 한쪽으로 밀치지 못하겠으면 갑자기 몸을 돌려 내 팔 밑으로 빠져, 가던 길을 계속 갑니다. 어떤 사람이 그녀를 꽉 붙잡으면 그녀는 평소에 딱딱하고 무표정하던 얼굴을 찡그리며 애처롭게 울다가 가던 길로 보내주어야만 울음을 그칩니다. 그 밖에도 우리는 그녀가 왼손에 빵부스러기를 꽉 움켜쥐고 있는 것을 볼 수 있는데, 그녀는 이것을 절대로 빼앗기지 않습니다. 환자는 조용히 내버려두면 주위에 조금도 신경 쓰지 않습니다. 이마를 바늘로 찔러도 좀처럼 움츠리거나 얼굴을 돌리지 않고 바늘이 이마에 꽂힌 채로 맹금처럼 초조하게 앞뒤로 걸어다니기를 계속합니다. 질문을 해보면 그녀는 거의 아무 대답도 하지 않고 기껏해야 머리만 흔듭니다. 그러나 그녀는 가끔 '오, 하나님! 오, 하나님! 오, 어머니!' 하고 울부짖는데, 항상 똑같은 말을 반복해서 울부짖습니다."[282]

레잉 박사는 이렇게 지적한다. "상황을 순전히 크래펠린의 관점에서만 보면 앞뒤가 들어맞는다. 그는 정상이고 여자는 미쳤으며, 그는 이성적이고 여자는 비이성적이다. 이렇게 보면 그녀가 겪은 상황을 무시하고 환자의 행동을 보게 된다. 그러나 크래펠린의 행동을, 그가 겪은 상황을 무시하고 본다면—그녀의 움직임을 멈추게 하려 하고, 양팔을 벌리고 그녀의 앞을 가로막고, 그녀의 손에서 빵조각을 빼앗으려 하고, 그녀의 이마를 바늘로 찌르는 등—이 또한 얼마나 이상한 행동이겠는가."[283]

산업자본주의의 관점에서 본다면, 은행계좌를 늘리기 위해 자신의 (그리고 남의) 토지기반을 파괴하는 것은 도리에 맞는다. 문명의 관점에서 본다면, 다른 문화들을 모두 파괴하는 것은 매우 합리적이다. 나면서부터 여자를 성적 대상으로 보도록 배워온 사람들이 여자를 그렇게 대한다는 것은 전혀 놀랄 일이 아니다.

마찬가지로 권력자가 폭력을 휘두르는 가정이나 문화에서 성장한 사람이 권력을 잡고자 노력하는 것도 이상할 것이 없다. 아니면, 여기서 원래의 논제로 돌아가지만, 그런 사람은 분노하기가 겁이 나기 때문에 권력자가 화를 내도 참을 것이다.

여기서 분명히 해둘 것이 있다. 이처럼 분노를 멀리하는 것이, 그가 자기 자신의 감정을 두려워하기 때문이라면, 학대를 겪어보았기 때문에 분노를 두려워하는 것이라면, 그리고 분노하면 자신의 무력함이 돋보일 뿐이라는 것을 몸으로 체험한 사람이기 때문이라면, 그것은 이해할 수 있는 행동이라는 것이다.

요점은 분노를 삭일 것이 아니라 내가 언제, 왜, 누구에게 화를 내는지를 분명히 하고, 그 분노를 항상 잊지 말아야 한다는 것이다. 경우에 따라서는, 분노가 나를 망가뜨리지 않는 한 될수록 나에게 활기를 불어넣고 나아가 나를 지배하게 하고, 나아가 사랑이나 두려움이나 기쁨도 나를 망가뜨리지 않는 한 그것이 나에게 활기를 불어넣고 나를 지배하도록 해야 한다. 사랑이나 두려움이나 기쁨에 대상이 있듯이, 분노도 표적을 분명히 하고 그 대상을 바꾸지 말아야 한다.

다른 사람이 내 행동 때문에 나에게 분노를 표시하면 나는 상관하지 않는다. 그러나 내가 하지도 않은 일 때문에 내게 화를 내면 신경이 쓰일 수밖에 없다. 사랑이나 그 밖의 감정의 경우도 마찬가지일 것이다.

우리 집 개들은 가끔 밥그릇을 놓고 싸우곤 한다. 평소에 서로 친하면서도 바로 옆에 다른 밥그릇이 있는데도 으르렁거리며 싸운다. 그놈들은 싸우고 나서도 금방 다시 친해지곤 한다. 좀 이상하기는 하지만, 나는 이런 과정을 지켜볼 때마다 분노는 어디까지나 분노일 뿐이라는 것을 새삼스럽게 깨닫곤 한다. 그리고 학대관계에서 벗어나서 보면, 분노는 겁낼 필요가 없다는 것을 깨우치게 된다. 분노는 어디까지나 분노일 뿐이다.

분노를 '초월'하려는 노력은 이 같은 두려움에서 비롯되는 것이다. 또한 우리를 동물적 본성에서 해방시켜 주겠다는, 예의 그 육신 증오 전통에서 비롯되는 것이기도 하다. 초월적 정신(우주적 의식, 신의 눈짓 등등)은 좋고 동물적 본성/감정은 나쁘다는 것이다.

사랑은 비폭력이 아니다

웃음거리가 될 위험을 무릅쓰고 말하자면, 참다운 혁명가는 크나큰 사랑의 감정에 의해 이끌린다. 이런 자질을 결여한 진정한 혁명가를 생각한다는 것은 불가능하다.
에르네스토 체 게바라[284]

내가 불교에 대해 생각하는 또 한 가지 문제점은 이 문명의 다른 '위대한' 종교들(과학과 자본주의를 포함하여)과 마찬가지로 불교도 토지에 기반을 두고 있지 않다는 점이다. 불교는 공간적으로 전치되어 있으며 따라서 정의상 땅과 분리되어 있으며, 장소의 특수성보다 추상성을 중시한다. 나는 종교는 우리에게 사는 법을 가르쳐야 한다고 생각한다(또한 인간이 지속 가능한 방법으로 살아가려면, 종교는 특정한 장소에서 살아가는 법을 가르쳐야 할 것이다). 또한 종교는 우리에게 신과 교제하는 법을 가르쳐야 한다. 그러나 인간은 여러 다른 장소에서 다르게 살아가기 때문에 종교도 장소마다 달라야 한다. 그러므로 수천 년 전 중동에서 나온 특정한 종교는 그 당시 중동지방에서는 도움을 주었을 수도, 주지 못했을 수도 있지만, 지금 내가 살고 있는 장소에서는 별 도움이 되지 못할 가능성이 매우 크다. 말하자면 사막에서 살아가는 법을 가르치는 종교가 톨로와 부족의 고장이었던 이곳 삼나무 우림지대에 사는 사람들에게도 적용된다고 생각한다면—물리적 현실로부터 단절되었다는 점에서—정신이상자의 생각이다. 장소가 다르므로 우리는 다른 종교를 가져야 한다.

◦ ◦ ◦

나는 이 글을 쓰면서도 분노한 불교 비폭력주의자들(주로 백인들)의 울부짖음이 들리는 듯하다. 이상하고도 흥미로운 일이지만, 나는 다른 사람들을 화나게 만들지 않고도 여러 가지를 매도할 수 있다는 것을 알게 되었다. 나는 자본주의와 기독교와 기업의 사악한 삼위일체를 매도할 수 있다. 또 교육제도, 임금제도 및 문명을 매도할 수도 있고, 환경운동가들을 매도할 수도 있다. 나는 심지어 문명을 매도하는 작가들을 매도할 수도 있다. 그래도 신경 쓰는 사람이 별로 없는 것 같다. 그러나 불교(또는 과학 그리고 때로는 포르노)에 대한 비판을 조금이라도 내비치기만 하면 청중들 중 여러 사람이 얼굴을 붉히며 불쾌해하는 것을 느낄 수 있다.

○ ○ ○

이틀 전에 있었던 강연에서, 나는 불교에 대한 내 분석을 상세히 설명했다. 내가 문화의 파괴활동을 눈앞에 두고도 평정을 유지한다는 것은 "비겁함, 어리석음 그리고 창의력 부족"을 은폐하기 위한 가면이며, 책임회피일 가능성이 있다고 말하자, 놀랍게도 청중들이 내게 큰 박수갈채를 보냈다. 그러나 다음날 아침에 내게 이메일 한 통이 도착했는데, 비폭력주의자들의 전형적인 사고방식을 보여주는 글이었다. 그 일부를 소개하면 다음과 같다.

"우리 문명에 관한 당신의 모든 이야기에 동의하겠지만, 도덕률이 상황에 따라 결정된다는 데는 동의할 수 없습니다—몇몇 짜증스러운 행동이 있는데, 그중 하나가 폭력을 옹호하는 겁니다. 불교 스님이나 불행한 어린이들에 관한 하찮은 말장난은 저속할 뿐입니다. 나도 한때는 '나인인치 네일즈' (미국 가수 트렌트 레즈너의 밴드—옮긴이)의 철학과 사랑을 받아들였지만, 그건 내가 자식 셋을 두고 나이 50이 되기 전입니다.[285] 그 파괴적인 가사들은 우리 사회의 뒷문으로 들어오고 있는 유해한 철학을 보여주는 또 하나의 예에 불과합니다. 당신은 사물을 지배하고자 하는 욕구에 사로잡혀 있어요. 당신의 영혼이 파괴세력에 사로잡히지 말기 바랍니다.

대자연은, 필요하면 바퀴벌레나 피리새를 통해서라도 스스로를 치료합니다. 우리는 지금 인간의 생존 문제만을 두고 이야기하고 있습니다. 인간은 변하지 않으면 멸망할 수밖에 없지만, 지구는 분명히 잘 버틸 겁니다. 그러므로 우리는 우선 이기적인 관점에서, 즉 우리 자신을 지킨다는 관점에서 논리를 전개해야 합니다. 지구를 구하겠다고 나서는 것은 주제넘은 짓이고 신성모독[원문대로]입니다.

당신은 의미와 평화를 열심히 추구하다가 피해 받고 상처 입은 사람들에게 그들이 일을 그르치고 있다고 말해서는 안 됩니다. 당신의 이야기에 등장하는 사람들은 해를 입고 겁에 질린 사람들입니다. 당신에게는—어두운 측면이건 밝은 측면이건—힘이 있다는 걸 우리는 잘 알고 있습니다. 부디 밝은 편에 서주시기 부탁드립니다."

이제는 독자들도 이 글에 담긴 언외의 근거 없는 전제들을 가려낼 수 있으리라 생각한다. 첫번째 전제는, 도덕률은 상황과 관계없이 추상성을 갖는다는 것이다. 이 말은, 여기서는 폭력은 언제나—더 큰 폭력을 저지하기 위해 필요한 경우일지라도—나쁘다는 것을 의미하며, 나아가 인간은 자신의 영혼을 더럽혀야만 그런 행동을 저지할 수 있다면 이를 저지할 도덕적 책임을 지지 않는다는 것을 의미한다. 그것이 선량한 독일인, 선량한 미국인이 되는 길이다. 또한 선량한 독단적 비폭력주의자가 되는 길이기도 한다.

그 다음 전제는 이 같은 가능성을 논하는 것조차도 모두 '말장난'이라든가 '저속하다'든가, '뒷문으로 들어오고 있는 유해한 철학'을 보여주는 예라든가, 지배하고자 하는 욕구라고 치부해 버리는 것이다. 내가 앞에서("반폭력"에서) 비폭력주의자들이 악한 생각을 견제하는 데 그치지 않고 누구든 이에 대해 생각조차도 못하도록 하기 위해 종종 '간디 방패'를 휘두른다고 지적한 것은 바로 이런 경우를 두고 한 말이었다.

같은 사람의 글을 너무 여러 번 인용하는 것 같지만, R. D. 레잉은 이렇게 지적하고 있다.

"갑남이 의무감 같은 것을 잊는 데 성공한다면, 을녀가 그에게 계속 의무감을 깨우치려 들어도 별 소용이 없다. 그는 그녀에게 그러지 말라고 설득할 것이다. 가장 안전한 방법은 그녀가 입을 다물도록 할 뿐 아니라, 그녀도 의무감을 잊도록 설득하는 것이기 때문이다.

갑남은 을녀에게 여러 가지로 영향을 미칠 수 있다. 우선 그녀가 계속 '문제를 제기'했다는 데 대해 죄책감을 느끼도록 할 수 있다. 그녀의 경험을 무효화할 수도 있다. 그는 그녀에게 중요하고 의미 깊은 경험을 대수롭지 않게 폄할 수 있으며, 나아가 그녀가 지닌 경험의 양태를 기억에서 상상의 영역으로 전위시킬 수도 있다. '그건 모두 네 상상일 뿐이야.' 더 나아가 경험의 내용까지도 무효화시킬 수 있다. '그런 일은 일어나지도 않았어.' 마지막으로, 경험의 중요성, 양태 및 내용을 무효화하는 데 그치지 않고 아예 그녀의 기

억력까지도 무효화하여 그녀가 자기 행동에 대해 죄책감을 가지도록 만들 수 있다.[286]

이것은 특별할 게 없는 일이다. 사람들은 늘 서로간에 이런 일을 하고 있다. 그러나 그 같은 초(超)개인적 무효화를 이루어내려면 두꺼운 속임수의 가면을 써야 할 것이다. 예를 들어 '어떻게 그런 생각을 할 수 있지?'라든가 '넌 편집증에 걸린 것 같아'라는 등으로 뒤집어씌우는 것이다."[287]

또 한 가지 언외의 전제는 종의 멸종과 같은 잔혹행위를 저지하려는 생각을 '지배욕구'의 표현으로 보고 있다는 점이다.

나 역시 다른 사람의 행동에 영향을 주면—그가 나에게 직접 위해를 가하는 경우에도— '장악'당한다는 두려움에 익숙해져 있다. 그러나 이런 두려움을 믿는다는 것은 나 스스로 학대자의 수사와 세계관을 내면화하는 것이다.

여러 해 전에 나는 두어 차례 여자들이 여러 날 동안 나에게 욕을 해대며 장광설을 쏟아붓는 등의 학대관계에 처한 적이 있었다. 내가 그 여자들에게 그러지 말라고 요구하면, 그들은 내가 자기들을 검열하거나 장악하려 든다고 항의했다.

마침내 어느 친구가 내게 제의했다. "저 여자에게 '뒈져라' 하고 욕을 퍼붓고 끝내 버리면 어떻겠나?"

"그렇게는 못해."

"왜 못하지?"

"그건 교양 없는 짓이야."

"저 여자도 자네에게 무례하게 굴지 않나?"

"난 같은 차원에 서기 싫어. 난 둘 사이의 어떤 중간선 같은 걸 넘기가 싫네. 상대방과 이야기해서 해결할 수 있을 거야."

"아, 자네 그동안 상담중이었군. '당신이 내게 욕하면 기분이 나빠요'라고 말할 순 있어도 '젠장, 닥쳐라!' 하고 고함치고 전화를 끊는 짓은 못하겠다고…."

"일방적으로 전화를 끊는 건 안 되지."

"그럼, 그 여자가 자네에게 용납 못할 짓을 하는 건 괜찮고, 자네는 그 여자를 비난해도 안 되고 심지어 전화를 끊어도 안 된다니. 그건 얼빠진 짓이야."

나는 뭐라고 대꾸하려다가 입을 다물고 꾹 참았다.

바로 그날 밤에 그 여자가 또 전화를 걸어와 장광설을 늘어놓기 시작했다. 나는 "뒈져라!" 하고 소리치고 전화를 끊었다. (나는 전화를 끊고서 한참 후에야 이젠 다시 전화가 걸려와도 받을 필요가 없다는 것을 깨달았다! 그리고 조금 후에는 전화를 받지 않을 뿐 아니라 누구든 내게 장광설을 늘어놓지 못하게 할 수 있다는 것을 깨달았다. 장광설을 늘어놓는 사람이 있으면 내 삶에서 내쫓아내면 되는 것이다. 참 기발한 착상이 아닐 수 없다!)

많은 사람들이 사랑은 비폭력을 요구한다는 생각, 아니 바람을 간직하고 있다. 사랑을 지닌 사람은 심지어 사랑하는 사람을 보호하기 위해서일지라도 폭력은 생각할 수도 없다는 것이다. 나는 어미곰이나 어미큰사슴은 물론이고 내가 아는 대부분의 어머니들도 이 말에 동의할지 확신이 서지 않는다. 나는 그동안 내가 자기 새끼에게 위협을 가한다고 생각한 암말, 암소, 암탉, 거위, 독수리, 매, 벌새 등한테서 여러 차례 공격받은 적이 있다. 자기 자식을 해치려 들면 누구든 상대방을 죽여버릴 어머니도 많이 알고 있다. 여기서 "사랑은 비폭력을 의미하지 않는다"라는 〔전제 15〕가 성립되는 것이다.

내게는 전에 수감생활을 했던 매우 머리 좋은 친구가 있다. 그 친구는 독단적 비폭력주의자들이야말로 자기가 아는 가장 이기적인 사람들이라면서, 그 이유는 그들은 불의를 저지하는 일보다 자신들의 도덕적 순결을 더 중시하기 때문이라고 말한다.

몇 년 전에 나는 훌륭한 철학자이자 작가인 캐슬린 딘을 만나서 지구를 어머니라고 부르는 것이 항상 도움이 되는 것이 아닌 이유를 두고 이야기를 나눈 적이 있다. 나는 우선 우리가 인간과 땅의 관계에 관해 스스로를 속이는 것이 무엇이겠는가를 물었다.

그 여자가 대답했다. "터무니없는 순서대로 말해 보지요. 인간이 다른 피조물들과 다르며 또 우월하다는 거짓말, 지구와 그 모든 동식물들은 인간의 목적을 이루기 위해 만들어졌다는 거짓말, 최대 다수의 최대 복지를 만들어 내는 행위가 옳다는 거짓말, 기업의 가장 큰 책임은 주주에 대한 책임이라는 거짓말, 우리는 아무리 많이 가져도—땅과 바다를 끊임없이 채굴해도—아무 대가도 치르지 않는다는 거짓말, 기술이 모든 문제를—심지어 기술 때문에 생긴 문제들까지도—해결해 줄 수 있다는 거짓말, 소나무 인공림도 똑같은 삼림이라는 거짓말, 강물을 오염시켜도 우리 자녀들을 독살하는 건 아니라 는 거짓말 등이 있지요. 그리고 가장 크고 위험한 거짓말은 '지구는 끝없는 그리고 무한한 복원력을 갖고 있다'는 것이에요."

내가 그게 왜 그처럼 위험한가를 물었다.

그 여자가 말했다. "우리는 지금 대기, 바다, 기후 등에 치유 불가능할 정 도의 해를 입히고 있어요. 지구가 온전하면 복원력이 있지요. 그러나 한번 손상되면, 지구의 자체 치유능력은 빠져나가고 말아요. 지구가 쇠약해졌는 데도, 우리가 지구에 등을 돌려 피폐해진 논밭에 화학비료를 퍼붓고, 폐수를 독극물로 위생처리하고, 댐을 더 많이 만들고, 석유를 더 많이 태우고, 자녀 를 더 많이 낳고, 그리고 치유 가능성이 없을지도 모른다는 것을 결코 인정 하지 않고 우리가 저지른 일과 하지 못한 일들을 인정하지 않는다면—그러 면 누가 우리를 용서할 수 있겠어요?"

내가 물었다. "우리가 그 점을 이해하기가 왜 그처럼 힘들까요? 사방에 증거가 보이는데 말이지요."

그녀가 대답했다. "사고방식이 장기간 계속되면, 심지어 걷는 방식조차 도, 허구를 더욱 굳혀요. 지구를 어머니라고 부르는 은유법과 '어머니를 사 랑하라'는 슬로건을 생각해 보세요. 이게 무슨 의미겠어요? 단순히 인간이 지구의 물질들로 만들어졌다는 것을 인정하는 것일 수도 있겠지요. 하지만 그건 '올즈모빌' 자동차도 마찬가지예요. 그래도 지구를 '올즈모빌의 어머 니'라고 부르지는 않거든요.

내 생각에 '어머니를 사랑하자'는 은유법은 인간의 소망을 나타내는 안일한 사고일 뿐이에요. 어머니들은 일반적으로 애들이 어질러놓으면 뒷마무리를 해주는 것으로 인식되고 있어요. 마음씨가 따뜻하고 너그럽지요. 우는 아이들을 방까지 따라가서 머리를 쓰다듬어 주거든요. 지구가 어머니처럼 인간이 어질러놓은 것은 깨끗이 청소해 주고, 우리 잘못을 용서해 주리라고 생각하면 기분이 좋거든요. 그러나 어머니들도 지칠 때가 있어요. 그러면 애들에게 어떤 일이 일어나겠어요? 어느 석유회사 광고를 보니 지구 그림과 함께 '어머니 지구는 여장부다'라는 글이 적혀 있더라고요."

내가 말했다. "지구가 상처 입지 않는다는 의미가 담겨 있군요."

그 여자가 대답했다. "위험한 생각이에요. 나는 그 회사에 편지를 보내서 '지구가 정말로 당신 어머니라면 그 힘센 팔로 당신을 물 속에 처넣고 꼴깍소리가 안 날 때까지 잡고 있을 것'이라고 일갈했어요. 우주의 심판이지요."

위대한 비폭력 전통이 기독교, 불교, 힌두교 등 위대한 종교에서 비롯되었다는 것은 새삼스러운 게 아니다.

최근에 나는 고참 평화운동가인 필립 베리건이 사망하기 전에 마지막으로 가진 인터뷰를 보았다. 그는 정신에 바탕을 둔 평화주의는 물질세계의 변화를 의도하지 않으며 기독교의 하나님이 바로잡아 줄 것으로 믿는다고 자랑스럽게 말했다. 질문자가 그에게 물었다. "그동안 선생님의 활동이 가시적 성과를 내지 못했다는 '보습'운동(Plowshares Movement) 쪽의 비판을 어떻게 생각하십니까?"

베리건이 대답했다. "미국인들은 실용주의자들이기 때문에 결과를 원합니다. 하나님은 결과를 요구하시지 않아요. 성실할 것을 요구하시지요. 사회정의 운동을 하되 애정을 가지고 하세요. 운동중에 어느 누구도 위협하지 말고 어떤 군인도 해치지 마세요. 비난을 참고 견디세요. 그리고 가만히 서서 체포되기를 기다리는 겁니다."[288]

나는 베리건을 옹호할 수 없고, 지금 지구가 죽어가고 있기 때문에 결과가 나타나기를 원한다.

어쨌든 나는 베리건의 생각이 틀렸다고 생각한다. 만일 하나님이 존재한다면, 그리고 수천 년의 역사가 무언가를 시사하는 바가 있다면, 하나님은 앞의 여자가 말한 대로 빛의 편에 있지 않다. 모든 증거로 미루어볼 때, 나는 기독교의 하나님이 환경파괴를 막아주리라고는 믿고 싶지 않다.

달라이 라마는 폭력에 관해 보다 원숙하고 지성적이고 유용한 견해를 갖고 있다. 그는 이렇게 말했다. "폭력은 아주 강력한 아편과도 같다. 아편은 어떤 병에는 잘 듣지만 부작용이 엄청나다. 실리적 차원에서는 아주 복잡하기 때문에, 폭력행위는 피하는 것이 훨씬 안전하다." 그는 계속해서 이렇게 말했다. "불교승려들에게 서약을 지키라고 가르치는 비나야 경전에 적절한 내용이 담겨 있다. 다른 사람이 죽느냐 내가 죽느냐의 기로에 선 승려가 있다고 하자. 이런 상황에서는 다른 인간의 목숨을 구하려면 자기 목숨을 버려야 하는데, 그것은 4대 서약 중 한 가지를 어기는 것이다." 그가 말하고자 하는 핵심은 다음 문장에 담겨 있다. "물론 그렇게 하자면 환생론을 받아들여야 한다. 그렇지 않다면 아주 어리석은 행동이 되고 만다."[289]

이 모든 것은 이 책의 〔전제 16〕이 옳다는 것을 말해 준다. 〔전제 16〕 물질계가 근원적이다. 그렇다고 해서 정신이 존재하지 않는다는 것은 아니고, 물질계가 전부라는 말도 아니다. 정신과 육체가 뒤섞여 있다는 말이다. 또 실사회적 행동이 실사회적 결과를 가져온다는 말이기도 하다. 또한 예수, 산타클로스, 지모신(地母神)이나 하물며 부활절토끼에 의존해서는 이 혼란을 벗어날 수 없다는 말이다. 이 혼란은 신이 눈살을 치키는 정도가 아닌 진짜 혼란이며, 우리 스스로 이 혼란에 맞서야 한다는 말이다. 그것은 우리가―죽은 후에 다른 곳으로 가게 되건, 이곳에서 사는 것이 운명이거나 특권이거나 간에―당분간은 지구에서 살고 있다는 말이기도 하다. 즉 지구가 핵심이라는 말이다. 지구는 근원적이다. 지구가 우리의 본향이며 전부이다. 마치 이 세계가 실재하지 않으며 근원적이지도 않은 것처럼 사고하거나 행동하는 것은 어리석은 짓이다. 우리 삶이 실재하는 것처럼 살아가지 않는 것은 어리석고 한심한 짓이다.

도망갈 때가 되었다

비전을 계발하고자 노력하기만 한다면, 곤경에 처한 인간이 비전을 가지고 경감시킬 수 없는 것은 없다. 과제는 무엇을 할 수 있는지 알아보고 나서 열성과 결의를 가지고 시도해 보는 것이다.

조지 F. 케난[290]

이 책을 여기까지 읽은 독자들은—이해력이 전연 없는 사람이 아니라면—문명은 우리가 돕건 말건 상관없이 충돌하게 되어 있다는 데 동의할 것이다. 이에 동의하지 않는다면 아마도 우리는 더 대화할 게 없을 것이다. 우리는 또한 이 충돌이 혼란스러우리라는 데도 동의할 수 있을 것이다. 나아가 지금 산업문명이 지구의 생태기반을 체계적으로 해체하고 있기 때문에, 문명이 빨리 추락하면 할수록 앞으로 인간과 비인간 모두가 보다 많이 살아남게 되리라는 데도 동의할 수 있을 것이다.

만일 누구든지 이 모든 말에 동의한다면, 그러면서도 만일 문명 허물기에 직접 몸으로 나서서 자신의 고결한 정신과 양심을 더럽히기는 싫지만 그러면서도 충돌 직후에 살아남을 인간들의 복지에 우선적 관심을 두고 있다면, 그렇다면 어차피 문명은 허물어질 것이므로 그런 사람은 사람들을 문명의 충돌에 대비시키기 시작해야 할 것이다. 뻔한 말이나 한다고 나를 공격할 게 아니라, 지금이라도 가서 비어 있는 주차장의 아스팔트를 뜯어내어 근린공원으로 만들고, 사람들에게 자기 고장에서 나는 식용 가능한 식물을 알려주어 알버트슨즈(미국의 슈퍼마켓 체인—옮긴이)에서 식료품을 살 수 없을 경우 굶주리지 않도록 대비시켜야 할 것이다. 또 추가적 폭력사태에 대처할 위원회도 구성해야 할 것이다.

이런 일이 모두 필요하다. 우리는 댐을 파괴할 사람들이 필요하고 전기시설을 망가뜨릴 사람도 필요하다. 항의할 사람도 필요하고 자기 몸을 사슬로 나무에 묶는 사람들도 필요하다. 또 문명붕괴가 일어날 경우 될수록 많은 사람들이 방사선 낙진에 대처할 장비를 갖추도록 준비할 사람들이 필요할 것이다. 먹을 수 있는 야생 식물과 약초를 가르쳐줄 사람들도 필요하다. 물을 거르는 법, 움막 짓는 법을 가르쳐줄 사람도 필요하다.

진실을 말하자면, 나는 비록 멋진 생태마을을 짓는 것이 문명 허물기에 도움이 되리라고 믿지 않지만, 그래도 충돌이 닥쳐오면 제일 먼저 이웃집에 찾아가 먹을 것을 달라고 청하리라는 것이다.

댐을 파괴하는 사람들은 전에 수력전기를 사용하던 사람들에게 불을 때서 음식을 만드는 법을 가르쳐줄 책임은 지지 않는다. 그러나 사람들이 그렇게 하도록 지원해 줄 책임은 있다.

마찬가지로, 약초를 재배하는 사람들은 댐을 파괴할 책임은 지지 않는다. 그러나 적어도 그런 사람들을 비난하지 말아야 하고 나아가 그런 사람들을 지원할 책임은 있다. 특히 그런 사람들을 경찰에 고발하지 말아야 할 것이다.

진부한 얘기지만, 모든 것이 다 엉망이 될 경우 한 가지 좋은 점은 어디를 둘러보나 할 일이 많다는 것이다. 자기가 좋아하는 일, 할 수 있는 일을 하면 된다. 우리의 토지기반에 가장 도움 될 일을 하면 된다. 여러 가지 일이 다 필요하다.

그렇다고 해서 댐을 파괴하는 사람들과 약초를 재배하는 사람들이 다 같은 목표를 향해 나아갈 필요는 없다. 서로 상대방이 하는 일의 중요성을 알고 있기만 하면 된다.

나아가 저항은 전지구적일 필요가 있다. 저항행위는 규모가 크고 잘 조정될수록 효과가 크다. 기반시설은 획일적이고 집중화되어 있기 때문에, 보통의 연장과 기술 가지고도 여러 곳의 시설을 가능하면 동시에 파괴할 수 있다.

반면에 재개발사업은 지역적이라야 한다. 재개발이 진정 효과적인 생존행위가 되려면 특정한 토지기반에서 성장하는 것이라야 한다. 사람들은 각기 자기 지역의 땅과 그 인간 및 비인간 서식자들과 대화를 가질 필요가 있다. 물론 그렇다고 해서 우리가 아이디어를 공유할 수 없다거나 정수기술이 여러 다른 지역들에서는 사용될 수 없다는 것은 아니다. 다만 각 지역의 사람들이 무엇이 필요할지를 자체적으로 결정할 필요가 있다는 것이다. 가장 중요한 것은 각 지역의 물이 자기에게 무엇이 필요한지를 스스로 결정하도록 해야 한다는 것이다.

나는 그동안에도 세이프 웨이 슈퍼마켓 뒤쪽의 휴대전화 중계탑에 관해 많이 생각해 보았고 지금은 여러 가지 접근방법들이 이 조그만 장소에서 어떤 결과로 나타날지를 생각해 보고 있다. 우선 휴대전화 중계탑은 허물어야 한다. 그것은 두 면이 폐쇄된 주차장과 면하고 있다. 그 땅을 살려야 한다.

그 자리에 공원이 들어서면 좋을 것이다. 우리는 여러 가지 일을 병행할 수도 있다.[291]

◎ ◎ ◎

내가 강연중에 앞의 세 가지 전제—문명은 충돌할 것이다, 문명충돌은 혼란스러울 것이다, 시간을 끌수록 문명충돌이 더욱 혼란스러울 것이다—에 관해 이야기 하면, 거의 모두가 즉각 이 전제들에 찬동한다. 그러나 어제 있었던 강연에서는 어떤 남자가 미심쩍어하는 눈으로 나를 쳐다보며 고개를 절레절레 흔들었다. 내가 왜 그러느냐고 물었다.

"난 문명이 충돌할 것이라고 생각하지 않습니다." 그가 말했다.

나는 속으로 어이쿠, 풍요론자가 납셨군, 하고 생각했다.

그러나 그가 나를 놀라게 했다. "미래시제가 아닙니다." 그가 말했다. "우리는 벌써 충돌을 겪고 있어요."

나는 그 말에 찬동한다고 말했다.

◎ ◎ ◎

학대관계에 관한 "디어 애비"의 경고 중 하나는 학대자가 당신을 장악하려고 폭력을 사용하겠다고 협박하면 매우 조심해야 한다는 것이다. 학대자는 당신에게 남자들은 원래 모두가 배우자를 협박한다고 설득하려 하겠지만, 그건 사실이 아니다. 그는 또 자기가 협박하는 것은 모두 당신 탓이고, 당신이 자기를 그렇게 만들지 않았더라면 자기가 협박할 리 없다고 말할 것이다.

이 세 가지 경고는 사실 서로 연관되어 있다. 첫번째 경고—상대를 장악하기 위한 폭력사용—는 보다 큰 사회적 차원과도 관련이 있다. 얼마 전에 내가 강연을 끝낸 후 어떤 남자가 말했다. "선생님은 이 문화의 폭력에 관해 많이 말씀하셨는데, 나는 내가 특별히 폭력적이라는 생각이 안 들어요. 내 생활에는 어디에 폭력이 있습니까?"

나는 그에게 지금 입고 있는 셔츠가 어디서 만든 것이냐고 물었다. 그가 방글라데시제라고 대답했다. 나는 그에게 방글라데시 의류공장의 임금은 시간당 7~8센트에서 시작하여 최대 시간당 약 18센트라고 알려주었다. 자, 나 자신도 정치가들, 자본주의 언론인들과 그 밖의 착취공장 옹호자들이 줄곧 그런 임금이라도 주지 않으면 그 사람들이 굶어죽을 터이니 저임금은 좋은 것이라고 주장하는 말을 늘 듣고 있다. 그러나 그런 말은 그 같은 임금이 있게 된 상황을 받아들일 때만 설득력이 있다. 사람들을 강제로 의식주의 원천인 토지에서 쫓아내고 그 땅을 초국적기업들에게 주고 나면, 그리하여 사람들이 자기들을 죽이는 기업들에게 의존하는 상황이 되고 나면, 물론 당장 굶어죽기보다는 시간당 7센트라도 받고 노예생활을 하면서 자식을 천천히 굶겨죽이는 편이 나을지도 모른다.

문제는, 이 사람들을 토지에서 쫓아내기 위해 얼마나 많은 폭력이 필요했느냐, 하는 것이다. 그들을 저임금으로 계속 일하게 만든 것은 폭력 또는 폭력의 위협이다.

폭력의 위협이 우리 생활을 장악하는 분야는 값싼 소비재만이 아니다. 내가 그 남자에게 집세를 내느냐고 물었다.

"냅니다."

"왜 내지요?"

"내 집이 없으니까요."

"집세를 안내면 어떻게 됩니까?"

"퇴거당하겠지요."

"누구한테요?"

"보안관이오."

"그럼 당신이 집에서 나가기를 거부한다면? 당신이 보안관을 저녁식사에 초대한다면? 그리고 저녁을 들고 나서 '자리를 함께해 주어서 즐거웠습니다. 하지만 그동안 난 별로 즐겁지 않았고 이건 내 집이니 이젠 가주셨으면 합니다'라고 말하면 어떤 일이 벌어질까요?"

"내가 집을 비우기를 거부하면 보안관이 나를 퇴거시킬 겁니다."

"어떻게요?"

"필요하다면 강제로."

내가 고개를 끄덕였다. 그도 따라서 끄덕였다.

이어서 내가 말했다. "그럼, 당신이 정말 배가 고파서 식품점을 찾아갔다고 칩시다. 거긴 먹을 게 많거든요. 그리고 당신이 그곳 음식을 먹기 시작했는데, 당신이 돈을 내지 않으면 어떻게 될까요?"

"그들이 보안관을 부르겠지요."

"아마 똑같은 보안관일 겁니다. 정말 지겨운 놈이지요? 그가 총을 차고 와서 당신을 잡아갈 겁니다. 권력자들이 우리가 단순히 지구상에서 존재하기 위해서도 돈을 내야 하도록 만들어놓은 겁니다. 우리는 잠을 자는데도 돈을 내야 하고 음식을 먹으려 해도 돈을 내야 합니다. 돈을 내지 않으면 총을 찬 사람들이 와서 강제로 돈을 내게 만듭니다. 그것이 바로 폭력입니다."

"애비"의 경고(두번째 부분)와 관련하여, 구타자들이 피해자에게 다른 남자들도 모두 배우자를 협박한다고 설득하려는 이유는 피해자가 다른 선택의 여지가 없다고—그의 폭력이 자연스럽고 필연적이라고—믿게 되면 저항할 실질적인 이유가 없어지지 때문이다. 그러면 구타자들은 착취공장 사주처럼 피해자를 정확하게 자기가 원하는 곳으로 가게 만들 수 있고, 이제는 구태여 구타하지 않고서도 피해자를 장악할 수 있게 될 것이다. 보다 큰 사회적 차원에서 보면, 우리 문화는 다른 모든 문화들도 폭력에 기초하고 있다고, 다른 문화들도 모두 토지기반을 파괴하고 있다고, 다른 문화의 남자들도 모두 여자를 강간하고 있다고, 모든 문화의 어린이들이 구타당하고 있다고, 다른 문화들에서도 가난한 자는 부자에게 집세를 내고 있다고 열심히 주장하고 있다. 이 문화가 자신의 폭력을 자연스럽게 보이게 하려고 애쓴다는 것을 보여주는 가장 좋은 예는 자연도태가 생존경쟁에 기초하고 있다는 믿음 그리고 모든 생존과정은 격렬한 투쟁이어서 가장 비열하고 착취에 능한 자만이 살아남는다는 믿음에서 찾아볼 수 있다. 이런 믿음이 참이 아니고 논리적으로 유지될 수 없고 또한 다윈의 품위 있는 이론을 완전히 왜곡한 것임이 드러나고 있는데도 이 문화의 거의 모든 분야에 만연해 있다는 사실은, 우리가 그동안 역사와 상식에 어긋나게 학대자의 관점을 얼마나 내면화해 왔는가를 여실히 보여주고 있다.

"애비"의 경고 중 세번째 부분은 학대자는 자기가 협박하는 것은 모두 피해자의 탓이고, 피해자가 자기를 그렇게 만들지 않았더라면 자기가 협박할 리 없다고 설득하려 든다는 것이다. 이것은 운동가들에게 시사하는 바가 많다. 그동안 우리가 사보타주, 거친 말 그리고 폭력을 사용하면 권력층의 반격을 불러들일 터이니 그렇게 하면 안 된다고 주장한 운동가들이 얼마나 많았던가.

이 같은 주장은 억압이 어떻게 작용하는지를 전혀 이해하지 못하는 무지의 소치다. 학대자들은 온갖 구실로 억압을 강화하며, 구실이 떠오르지 않으면 조작이라도 할 것이다. 앞서 소개한 CIA요원들의 계획된 '감정폭발'을 떠올려보라. 몸을 움직일수록 밧줄이 목을 죄는 일본식 매듭기술을 떠올려보라. 권력자들은 우리가 무엇을 하건 하지 않건, 우리를 억압할 것이다. 그리고 우리가 무언가를 하려고 하면 억압을 더욱 강화할 것이다.

해결책은 무엇인가? 아마도 사람들이 가장 흔히 선택하는 해결책은, 전혀 해결책이 되지 못하지만, 권력자들을 화나지 않게 하는 것일 거다. 다시 말해 권력자들이 받아들일 전술만 사용하는 것이다. 이런 엉터리 해결책이 가진 한 가지 장점은 실제로는 자기가 이 체제에서 누리는 혜택을 조금도 위험에 빠뜨리지 않으면서도 자기가 착취체제에 대항하여 '잘 싸웠노라'고 만족감을 느낄 수 있다는 점이다(독자들은 왜 수많은 미국인들이 제3세계의 반란군을 지지하면서도 자기 나라에서는 유사한 폭동에 가담하지 않는지 생각해 본 적이 있는가?).

자, 그것을 해결책으로 한번 시험해 보자. 그들이 억압을 강화할 때마다 우리의 반응수위를 높여갈 각오를 한다면 어떻게 될까? 그들이 우리가 착취와 파괴를 저지하기 위해 결정적 행동을 취하기를 두려워하도록 만든다면,

우리는 어떻게 하면 그들이 착취와 파괴를 계속하기를 두려워하도록 만들 수 있을까?

파괴자들과 어떤 식으로든 연관된 적이 있는 사람은 누구나 학대자들이 착취를 강화할 수밖에 없는 이유를 분석한 심리학자 아르노 그루엔(Arno Gruen)의 다음과 같은 말에 동의할 수 있을 것이다. "분노가 자기혐오에서 기인하는 사람들에게는 카타르시스가 작용하지 않는다. 분노를 외부의 대상에 투사하면, 더 한층 자기배반 형태로 무의식적으로 깊이 지각되고 있는 행위에 의해 자기혐오가 더욱 심화되고 악화될 뿐이기 때문이다. 따라서 파괴행위가 추가될 때마다 파괴적 분노가 도를 더하게 되는 것이다."[292]

인디언 오글랄라 부족 지도자 '레드 클라우드'(Red Cloud, 1822~1909. 본명은 Makhpiya-Luta-옮긴이)는 이처럼 만족을 모르는 학대자의 행위를 다른 말로 표현했다. "그들은 우리에게 내가 기억할 수도 없는 여러 가지 약속을 했다. 그러나 그들은 오직 한 가지 약속만 지켰다. 그들은 우리 땅을 빼앗겠다고 약속했고 이를 빼앗아갔다."[293]

그리고 조지 오웰(George Orwell)은 이를 이렇게 설명했다. "비록 은밀하고 무력한 것일지라도 이 세상 어디에건 잘못된 것이 존재한다는 생각은 참을 수 없는 노릇이다. 즉각 죽여서라도 어떤 일탈이라도 허용하면 안 된다."[294]

학대자와 학대문화는 만족할 줄 모른다. 그들은 궁극적으로 자신의 지배력에 대한 방해, 자신의 파괴행위에 대한 방해를 참지 못한다. 루이지애나 퍼시픽 목재회사의 최고경영자를 지낸 해리 멀로는 이 같은 강박관념을 분명히 밝혔다. 그는 벌목이 끝나면 "땅에 아무것도 남기지 말아야 한다. 우리는 그곳에 있는 모든 것을 필요로 한다. 거기 있는 것을 모두 벌채해야 한다"고 말했다.

결국 이런 질문이 남는다. 우리에게 그들을 저지할 배짱이—그리고 열의가—있는가? 우리는 우리의 토지기반과 사랑하는 사람들의 삶을 정말 진지하게 염려하고 있는가? 우리는 과연 해낼 수 있을까?

○ ○ ○

여기서 분명히 밝혀둔다. 저항세력이 합의된 규칙을 따르지 않아 권력층의 반격을 불러왔다고 그들을 탓하는 것은 "내가 너를 때리는 것은 네가 나를 그렇게 하도록 만들었기 때문"이라는 학대자의 논리를 받아들이는 짓이다.

나치가 유태인 한 명이 수용소를 탈출할 때마다 유태인 100명을 죽였을 때, 나치가 그런 짓을 한 것은 유태인의 잘못이 아니었다. 나치가 나치대원 한 명이 빨치산에게 피살될 때마다 무고한 유태인 100명을 죽인 것도 빨치산의 잘못이 아니었다. 작심하고 유태인을 죽인 것은 나치였다. 책임은 그들에게 있다. 착취자의 관점에서 볼 때 가장 바람직한 것은, 피해자들이 '자진해서' 참가하는 것이라는 점을 잊어서는 안 된다. 피해자들의 선택범위를 적절히 제한해 놓으면 폭력을 별로 사용하지 않아도 된다. 내가 사용한 폭력에 대한 책임을 그들 스스로 내면화하도록 만들 수 있다면, 더더욱 좋은 일이다.

우리 모두는 선택권을 갖고 있다. 권력자들도 선택권을 갖는다. 우리가 행동하지 않기로 작정한다면 그것도 선택권을 행사하는 것이다.

○ ○ ○

마지막으로 "애비"의 경고목록에서 두번째로 오른 특징은, 학대자가 물건을 깨거나 부술지도 모른다는 것이었다. 이런 행동에는 두 가지 변형이 있다. 하나는, 벌을 주기 위해 애지중지하는 물건을 파괴하는 것이다. 다른 하나는, 당신을 겁주기 위해 물건을 사납게 치거나 던지는 것이다.

첫번째 변형을 보다 큰 문화 차원에 적용하려면, 주류 환경운동가들이 급진적 운동가들을 규칙에 묶어두기 위해 일상적으로 사용하는 논리를 떠올리기만 하면 된다. 그들의 논리는 "이성을 지켜라. 그렇지 않으면 연방경찰과 기업이 숲을 모두 베어버릴 것이다"라는 것이다. '이성'을 잃은 데 대한 처벌로 우리가 아끼는 것들이 더 파괴되리라는 것이다. 더 핵심을 찌르는 사례로, 자신의 토지기반을 포기하지 않으려는 미국의 토착민들에게 가해진 처벌을 들 수 있다. 그들은 죽임을 당했고 그들의 토지기반은 파괴되었다. 종의 멸종도 일종의 처벌로 볼 수 있다. 동식물이 (또는 문화가) 문명의 요구에 적응(또는 순응)하지 못하면 파괴되어야만 하는 것이다.

자기가 사랑하는 야생의 장소나 야생 동식물이 파괴되는 것을 목격해 보지 않은 사람이 있을까? 이런 파괴가 항상 처벌이라는 형태를 취하지 않는다는 것은, 특히 더 많은 것을 파괴하겠다는 협박이 우리를 짓누르는 상황에서는 부차적이다.

두번째 변형을 보다 큰 사회적 차원에 적용해 보려면, 오늘날 미국 군대와 정치가들이 수시로 사용하는 '충격과 공포'(shock and awe)라는 표현을 떠올리기만 하면 된다. 이 표현은 무지막지한 폭격으로 사람들에게 겁을 줌으로써 자기가 원하는 행동을 하도록 만들겠다는 말을 완곡하게 표현한 것이다. '충격과 공포'는 이런 짓에 대해 최근에 붙여진 이름일 뿐이다. 조지 워싱턴도 마을의 파괴를 일삼아 인디언들 사이에서 '도시파괴자'라는 별명으로 불렸었다. 그 역시 저항하는 자들에 대한 벌로 이런 짓을 했다. 그 이전의 가톨릭 성직자와 선교사들이 그랬고, 또 그 이전의 이스라엘 사람들이 그랬다.

"디어 애비"가 열거한 학대관계의 마지막 특징은, 말다툼중에 상대방의 몸을 누르거나 방에서 나가지 못하게 몸으로 막아서거나 떠밀거나 자기 말을 들으라고 강요하는 등 어떤 행태로든 완력을 사용하는 것이다. '기독교냐 죽음이냐'를 예로 들어볼까? 감옥 얘기를 해볼까? 학교의 의무 출석제도는 어떨까? 시위현장에서 시위자들은 무장하지 않았는데도 경찰이 무장하고 나오는 것도 적절한 예가 될 것 같다.

이 문화에는 한 가지 핵심적인 규칙이 있다. '힘이 정의다'(Might makes right)라는 규칙이다. 나는 이보다 더 포악한 생활방식을 알지 못한다.

◦ ◦ ◦

정치학에서 한 가지 자명한 이치는 우리가 문명인으로서 체결하는 하나의 계약은 국가에 폭력의 독점을 허용하는 것이라는 점이다. 약 100년 전에 독일의 사회학자 막스 베버(Max Weber)는, 근대국가란 폭력의 독점을 유지하고 국가가, 즉 법으로 폭력행사를 위임 또는 허가하는 것이라고 '정의'를 내렸다. **폭력의 독점은 국가의 본질이다.** 국가가 하는 일은 바로 폭력독점을 유지하는 것이다. 베버는 "폭력의 사용은 국가에 의해 허가되거나 명해지는 경우에 한해서만 정당한 것으로 간주된다. 마찬가지로 아버지는 자녀를 징벌할 권리를 갖는 것으로 인정된다…. 근대국가의 폭력독점 요구는 강제적 재판관할과 조직의 연속성이라는 특징과 함께 국가의 본질적 요소이다"라고 주장한다.[295]

치블리 말라트(Chibli Mallat, 레바논의 법률학자-옮긴이)는 이 정의가 갖는 함축을 이렇게 밝혔다. "사법권은 국가강제력의 가장 정교한 표현인 법치주의 원칙을 통해 행사된다. 국가의 폭력독점이 없으면 법치주의도 없다."[296]

내 친구 조지 드래펀이 정곡을 찌르는 지적을 했다. "근대국가는 합법적 폭력의 독점과, 따라서 조세권의 독점에 기초하고 있다. 더구나 조직적 폭력수단을 효과적으로 장악한 집단이 경제 및 공민 생활 규칙의 집행에 관한 독점권도 장악한다. 그러므로 약한 국가란 이 같은 핵심적 독점을 효과적으로 유지할 능력을 상실한 국가를 말한다. 러시아에서는 공산체제가 무너지기 시작한 1987년 이래 국가의 점진적 사유화가 진행되었다. 이 나라에서는 국가의 사유화란 것은 민간기업 행세를 하는 각종 범죄집단, 사설 경비업체, 또는 국가경찰 단위들이 사법 및 경제 주체들의 보호 기능을 장악하는 과정으로 인식되고 있다. 그 결과는 국가의 은밀한 단편화라고도 규정할 수 있다. 종전에 국가의 사법관할하에 있던 영역에서 여러 조직폭력 집단과 대체 징세 조직망들이 경쟁적으로 등장하고 있는 것이다."

여기에 사람들을 끌어들일 수 있다면 그건 대단한 사기극이다. 권력 잡은 자들이 법을 만들고 이를 집행하기 때문이다. 권력 잡은 자들이 대지를 오염시키기로 결정하면 그들은 이를 집행할 것이고, 우리에게는 저항할 폭력수단이 없다.

최근에 볼리비아에서는 아이마라족 인디언의 한 단체가 손해배상 소송에 실패한 후, 부패한 것으로 소문 난 시장 한 명을 납치하여 살해했다. 손해배상 소송은 이길 가망이 없다. 시장은 국가를 대표하고 법률체계는 국가와 그 대리인들을 지지하기 때문이다. 그 단체의 인디언은 이렇게 말했다. "알타미라노[시장]가 자기의 잘못을 시인하거나 스스로 벌을 받겠다고 나서거나 당국이 그에게 벌금을 물리기만 했더라도 우린 만족했을 것이다. 그러나 이런 일이 전연 일어나지 않았다. 그러니 우리가 할 수 있는 일이 무엇이겠는가?"[297] 국가의 대리인들은 이 살해사건을 구실로 삼아 납치와 살해 현장 근처에도 가지 않았던 어느 토지개혁 운동단체의 지도자를 체포했다. 검찰은 이 사건을 기소하는 외에 정말로 다른 방도가 없었다. 단순한 부패정치인의 살해보다 더 중요한 문제가 걸려 있기 때문이었다. 검찰은 이렇게 주장했다. "정의는 오직 하나, 국가의 정의, 법의 정의가 있을 뿐이다. 다른 정의는 있을 수 없다."[298]

물론 국가의 어떤 대리인이라도 그렇게 말했을 것이다.

나는 동의하지 않는다. 다른 정의가, 사실 다른 여러 정의가 있어야 한다. 국가와 권력자들이 생각하는 정의는 가난한 자와 토지에게는 정의가 아니다. 엑슨 모빌의 최고경영자가 생각하는 정의는 지구 온난화로 멸종위기에 처한 북극곰들에게는 정의가 아니다. 우리가 국가의 정의, 법의 정의, 즉 권력자들이 만들고 권력자들에게 봉사하는 정의를 믿고 있는 한, 우리는 계속해서 권력자들에게 착취당하게 될 것이다. 국가의 지배는 그리스비극에 나오는 법의 충돌처럼 항상 인민의 지배와 충돌하게 마련이다. 그리고 미친 문화에서는 국가의 정의는 항상 땅의 정의와 충돌하게 마련이다.

◎ ◎ ◎

"디어 애비"의 충고에는 "파트너가 이런 조짐을 보이면 도망가라"고 대문자로 적혀 있다. 문화에 대해서도 같은 말을 할 수 있다. 그리고 애비가 대문자를 사용한 것이 적절하다면, 나도 대문자로 적는 것이 어느 모로나 적절할 것이다. "문화가 이런 조짐을 보이면 도망가라."

지금은 도망갈 때다.

용기

필사적 노력은 철저한 변화의 원료이다. 자기가 믿던 모든 것을 버리고 가는 자들만이
도망갈 가망이 있다.

윌리엄 S. 버로우즈

나는 교도소에서 내 제자 한 사람(뛰어난 작가인 케이시 매독스)한테서 E-폭탄(전자폭탄)에 관한 이야기를 들었다. 그는 어떤 사람이 납치되어 서방문명에 중독되는 12단계의 회복 프로그램을 거치는 이야기를 담은 『철학이 죽던 날』(*The Day Philosophy Died*)이란 뛰어난 소설을 썼는데, 이 소설제목은 E-폭탄과 관련이 있다.[299]

내가 생각하기에, E-폭탄은 군산복합체가 만들어낸 몇 안 되는 유용한 발명품들 중 하나이다. E-폭탄은, 말하자면 중성자탄의 반대 같은 것이다. 중성자탄은 생명체만 죽이고 문명의 정수인 도시와 같은 구조물들은 비교적 온전하게 남겨놓는다. 반면에 E-폭탄은 생명체는 해치지 않고 모든 전자제품을 결딴내는 폭발장치이다. 이 폭탄이 터지면 모든 것이 150년 전으로 되돌아가기 때문에 케이시는 이를 '타임머신'이라고 부른다.

소설에서 납치범들은 소형 비행기를 이용하여 샌프란시스코 일대에 E-폭탄을 투하하려고 한다. 그들은 폭탄을 관 속에 넣어 싣고 간다. 주인공이 묻는다. "누가 죽었지?"

"철학이 죽었다." 누군가가 대답한다. "철학이 죽으면 행동이 시작된다."

그들이 폭탄을 터뜨릴 준비를 하는 동안, 주인공은 계속 생각에 잠긴다. "우리 계획은 뭔가가 잘못되었다." 이런 생각이 그를 끈질기게 괴롭히는 동안에 그들이 카운트다운에 들어간다. 5, 4, 3, 2, 1. 그때 주인공이 끼여들지만 때가 너무 늦었다. E-폭탄이 터진다. 비행기가 곤두박질한다.

납치범 중 한 명이 가슴을 움켜잡고 쓰러진다. 그가 주동자에게 덮친다. 비폭력행위라도 사람을 죽일 수 있다. 이 순간에는 무위(無爲)를 포함한 모든 행동이 치명적인 결과를 가져올 수 있다. 문명인의 손에는 항상 무수한 인간 및 비인간의 검붉은 피가 얼마라도 묻어 있게 마련이다.

케이시는 이 소설을 탈고하기 훨씬 전에 자기가 E-폭탄에 관한 글을 어디서 처음 읽었는지를 나에게 알려주었다. 그것은 대중지인 『포퓰러 메카닉스』(*Popular Mechanics*)라는 잡지였다. 도서관에서 이 잡지의 2001년 9월호를—심지어 초보적인 조립법도 소개되어 있다—찾을 때는 다른 사람의 열람증을 사용하는 것이 좋다. 자기가 싫어하는 사람이면 더욱 좋을 것이다.

기사제목은 'E-폭탄: 눈 깜짝할 사이에 전자기 폭탄이 문명을 200년 전으로 되돌릴 수 있다. 테러범〔원문대로〕도 400달러면 만들 수 있다'라고 되어 있다.

그게 나쁜 것일까?

필자인 짐 윌슨은 이렇게 시작한다. "다음번 '진주만' 공격은 핵무기의 뜨거운 섬광이나 에볼라(출혈열 바이러스-옮긴이) 또는 그 유전자 조작 변종 때문에 죽어가는 사람들이 구슬프게 울부짖는 소리로 특징지어지지 않을 것이다. 그저 멀리서 날카로운 우지끈 소리가 들릴 것이다. 지나가는 천둥소리이겠거니, 하고 생각할 무렵에 문명세계는 일대 혼란에 빠지게 될 것이다."

여기까지는 좋다.

그는 계속해서 이렇게 쓰고 있다. "형광등과 TV세트는 꺼져 있는데도 으스스한 백열광을 발한다. 전깃줄이 호광을 이루고 전화선이 녹으면서 콘센트 뚜껑에서 오존 냄새와 플라스틱 타는 냄새가 날 것이다. '팜 파일럿'(미국 Palm사의 휴대용단말기 상표명-옮긴이)과 MP3 플레이어는 만지면 뜨겁게 느껴질 것이며, 배터리는 과충전될 것이다. 컴퓨터에 들어 있는 데이터는 남김없이 날아갈 것이다."

알겠다. 정말 그렇게 되었으면 좋겠다. 그러나 더 좋은 일들이 있다.

윌슨은 이렇게 쓰고 있다. "그러고 나면 세상의 소리도 완전히 달라질 것이다. 우선, 문명의 배경음악인 내연기관 돌아가는 소리가 멈출 것이다. 몇몇 디젤엔진을 제외하면, 엔진의 시동이 걸리지 않을 것이다. …이것은 공상이 아니며, 펜타곤이 E-폭탄이라는 차세대 무기가 일으킬 수 있다고 생각하는 피해상황을 현실적으로 평가한 내용이다."

내가 강연회 때 이 이야기를 소개하면 청중들의 환호로 강연이 중단될 때가 많다.

E-폭탄의 핵심 아이디어는 이른바 압축자속발생기(flux compression generator, FCG)에 있다. 『포퓰러 메카닉스』의 기사는 이렇게 해설하고 있

다. "〔FCG는〕…놀랄 만큼 간단한 무기이다. 이 무기는 아래의 그림처럼 폭약을 장전한 〔알루미늄제〕 튜브를 이보다 약간 큰 구리코일에 집어넣은 것이다. 〔도형도 나와 있다!〕 폭약이 폭발하기 직전에 축전기로 코일에 전압을 가하면 자기장이 형성된다. 장전된 폭약은 뒤에서 앞쪽으로 폭발한다. 튜브가 바깥쪽으로 작렬하면서 코일의 테두리를 건드리면 순차적인 단락(短絡)이 발생한다. 단락이 전파되면 고정자(코일)의 인덕턴스를 감소시키면서 자기장을 압축하는 효과를 일으킨다. 그 결과로 FCG는 격렬한 전류펄스를 일으켜, 수천 마이크로초(μs, 1마이크로초는 1/100만 초—옮긴이) 내에 최고 1천만 암페어의 전류를 발생시킨다."

E-폭탄이 터져 그 지역의 전자장치들을 파괴하고 나면, 그 펄스가 부수적으로 전력 및 전기통신 기반시설도 망가뜨리게 된다. 이 기사에 따르면 "따라서 테러범들은〔원문대로〕 수제 E-폭탄을 파괴하고자 하는 목표물에 직접 투하할 필요가 없다. 전화교환국이나 전자식 송금거래소처럼 경비가 삼엄한 시설도 전기 및 전기통신 회로의 접속 포인트를 통해 공격할 수 있다."

이 기사는 다음과 같은 희망적 관측으로 결론 맺고 있다. "전력, 컴퓨터 및 전기통신을 망가뜨린다는 것은 현대사회의 기초를 파괴하는 것이다. 제3세계가 주도하는 테러의 시대에[300] E-폭탄은 중요한 균형자가 될 수 있다."[301]

○ ○ ○

나는 우체국으로 간다. 내 우편물을 부치면서 종종 나와 농담을 주고받는 우체국 직원 짐이 무더위에 관해 이야기한다. 그가 현재의 기온 30도는 선선한 이곳 북부캘리포니아 지역에서는 역사상 두번째나 세번째로 높은 것이라고 말한다.

"이렇게 더우니 지구 온난화를 생각하게 되지요?" 그가 말한다.

내가 고개를 끄덕이고 나서 말한다. "유럽에서 무더위로 1만 9천 명이 죽었는데도 망할 신문들은 지구 온난화에 대해 한마디도 하지 않네요." 나는 그 숫자가 9·11공격으로 죽은 사람보다 여섯 배나 많은 숫자라는 얘기는 하지 않았다. 짐은 내 정치이야기를 좋아하지만, 점잖은 대화에서는 여러 가지 분명한 사실들을 언급하지 않는 게 보통이다.

이제는 그가 고개를 끄덕이고 나서 말한다. "유럽에서 빙하가 녹아내리는 사진 보셨어요?"

"기후가 변하고 있는데도, 권력자들은 아무 대책도 세우지 않고 있어요."

"문명의 타성이 크니까요." 그가 말한다. "게다가 그런 걸 멈추려면 돈이 많이 들겠지요."

"그래서 내가 다음번 책에서는 문명을 무너뜨리는 문제를 다루려고 해요."

그가 나를 잠시 쳐다보고 나서 말한다. "책을 쓰실 수는 있겠지만, 성사시키기는 힘들걸요."

"올바른 방향으로 제때 일을 추진하도록 도울 수는 있을 거예요. 그렇게 해서 영향을 미칠 수 있을 겁니다."

"조만간 잘될 겁니다. 하지만 선생이 노력해서가 아니라 체제가 스스로 붕괴될 거예요."

이런 양반이 우체국 직원이라니! 사태를 아는 사람은 많지만 목소리를 내는 사람은 별로 없다. 내가 말한다. "우린 서둘러야 해요."

"일이 골치 아프겠네요." 그가 말한다.

"벌써 골치 아픈 일이 벌어지고 있어요."

"그래서 나도 최근에 총을 한 자루 샀지요. 38구경으로요."

바로 그 때문에 나도 몇 해 전에 총을 구입했다고 말하려는데, 그가 내 소포를 뒤에 있는 커다란 통으로 가지고 간다.

그가 돌아와서 말한다. "나 자신을 위해서예요."

내가 그 말이 무슨 뜻인지 생각하고 있을 때, 그가 말한다. "난 그런 식으로 살기 싫어요."

"난 이런 식으로 살기 싫은데요."

"난 동물처럼 살기 싫단 말입니다."

"좋은 소식이 있어요. 아저씬 지금도 동물이랍니다."

"난 전기가 필요해요. 전기 없으면 못 살아요."

나는 아무 말도 하지 않는다. 말해 본들 소용이 있을까?

그가 내 눈을 똑바로 보며 말한다. "나는 1월이면 은퇴합니다. 지금 당장은 하지 말아요. 몇 년쯤 내가 은퇴생활을 즐길 시간을 좀 주세요."

◦ ◦ ◦

그 다음날이다. 나는 지금 비행기를 타고 펜실베이니아로 강연을 하러 가고 있다. 나는 이번 강연이 비행기 연료비는 하게 되기를 희망한다.

나는 방금 3천 년 된 북극 최대의 빙붕(氷棚)이 깨졌다는 소식을 들었다. 이 빙붕을 연구하는—말하자면 빙붕의 파괴를 지켜보던—어느 과학자가 이렇게 말했다고 한다. "이를 마음 놓고 지구 온난화와 연결시키기가 어렵다. 무엇이 지구 온난화 때문이고, 무엇이 지역 온난화 때문인지 골라내기는 힘들다."[302]

나는 또 최근에 이런 말도 들었다. 지구 온난화로 인해 (아니면 지구 전체에 걸쳐 일어나는 것처럼 보이는 지역 온난화일까?) 지난 20년 동안 식물성 플랑크톤이 6% 감소했다는 것이다.[303] 그것은 아주 나쁜 소식이다. 식물성 플랑크톤이 사라지면, 만사가 끝장이다.

나는 오늘 아침 4시 15분에 일어나 6시 전에 집을 나섰다. 지금은 8시 15분이다. 새크라멘토의 활주로에서 비행기 안에 앉아 있다. 나는 오늘 벌써 세번째 이륙을 앞두고 있다. 나는 피곤하여 짐짓 잠을 청해 본다. 옆자리의 사람들이 날씨얘기를 한다. 그중 한 명이 말한다. "한 달에 10일 이상 100년 만의 최고온도를 기록한 게 1888년 이래 처음이라는군요. 18일 동안이었지요."

또 한 사람이 뭐라고 중얼거리는 소리가 들린다.

그러자 첫번째 사람이 말한다. "정말 되게 덥구만. 되게 더워."

'앞으로 더 심해질 거야.' 나는 이렇게 생각하며 다시 잠을 청해 본다.

◦ ◦ ◦

　나는 두 가지 꿈을 꾸었다. 첫번째 꿈에서는, 아버지가 내 집에 찾아왔다. 나는 아버지가 찾아오는 게 싫다. 아버지가 내게 돌을 던진다. 나는 돌을 피하기만 할 뿐, 되던지지 않는다. 내 동생이 아닌, 아버지의 딸이 내게 다가와서 자기가 임신했다고 말한다. 그녀의 아버지인 내 아버지가 태아의 아버지란다. 그녀는 도저히 낙태할 수가 없다고 말한다. 자기는 그런 폭력행위는 저지를 수 없다는 것이다. 또 강간당해서 생긴 아기를 차마 낳지도 못하겠다고 말한다. 자기 아버지의 대를 잇는 일은 차마 못하겠다는 것이다. 그녀는 자기가 할 수 있는 것은 자살뿐이라고 말한다.

　나는 이 꿈속에서 두 가지 생각을 했다. 첫째, 나는 꿈속의 그녀와 내가 그녀의 아버지인 나의 아버지를 죽일 생각도 못해 보았고, 그녀의 아기를 낙태하여 그녀의 몸 속에 들어 있는 그녀의 아버지를 죽이고 아버지와 그의 성폭행이 없는 새로운 삶을 시작해 볼 생각도 못해 보았다는 것을 깨달았다. 두번째 생각은, 문명인으로서의 우리도 마찬가지라는 생각이었다. 우리는 조상들에 의해 우리 안에 강제로 주입된 해독에 일체감을 가진 나머지, 자살 말고는 이를 제거할 방법을 알지 못한다. 억압자들을 죽이거나 그들이 우리에게 주입한 영향을 죽이는 것조차도 무슨 수를 써서라도 피해야 할 폭력이라고 생각한다. 그래서 우리는 우리 자신을 죽이고 우리와 함께 세계를 죽이려고 한다. 어쩐 일인지 우리는 이런 행동은 폭력이라고 생각하지 않는다.

　몇 년 전에 나는 루이스 로드리게스(Luis Rodriguez)와 대담한 적이 있다. 『도망생활: 라 비다 로카: LA에서의 갱시절』(*Always Running: La Vida Loca: Gang Days in LA*)이라는 훌륭한 책을 쓴 그는 갱단원 출신으로 문학혁명에 나선 사람이다. 내가 그에게 던진 질문 중 하나는, 왜 그처럼 많은 불량소년들이 한밤중에 길거리에서 자기를 닮은 사람들에게 총질을 해대느냐는 질문이었다. 나는 그렇게 화가 난다면 왜 자본가들에게는 총질을 하지 않느냐고 물었다.

그는 한 가지 대답할 수 있는 것은 경찰이 불량소년들을 서로 이간시키기 때문이라고 말했다. 또 애들이 죽고 싶어하기 때문이기도 하다고 대답했다. 물론 그들은 죽고 싶어한다. 그들은 어쨌건 10대이고, 10대가 어른이 되기 전에 해야 할 일은 어린 시절을 버리는 것이다. 어린이는 어른으로 태어나기 위해 죽는다. 그러나 아무도 소년들에게 이 죽음이 육신의 죽음이 아니라, 정신적인 비유적 죽음이라고 가르쳐주는 사람이 없다. 그래서 그들은 길거리에서 스스로를, 그리고 서로를 죽이고 있다는 것이다.

루이스는 또 자기도 소년시절에 자기가 사랑하는 사람을 죽이는 최고경영자나 경찰을 만나기만 하면 죽이고 싶어했다고 말했다. 그러나 그는 나중에는 이런 인간 개개인을 죽이기보다 그들로 하여금 애들을 죽이도록 만드는 관계를 죽이는 데 더 관심을 갖게 되었다.

나는 이 문제를 성폭행 협박을 받는 여자(또는 남자)들을 위한 전술이라는 관점에서 많이 생각해 보았다. 첫째, 이런 상황에 처한 사람은 비난받을 일을 할 수 없다는 점을 말해 두고자 한다. 누구든지 그녀가 어떤 생각이나 말이나 행동을 하지 않았다고, 또는 어떤 태도를 취하거나 취하지 않았다고 비난할 수 없다는 것이다. 그러면서도 나는 협박받거나 폭행당한 일부의 여자들에게 도움을 준 것은, 그들이 갑자기 처하게 된 관계를 재정의하는 것이었다고 말할 수밖에 없다. 이 같은 재정의의 첫걸음은 강간자와 피해자의 관계를 강간자와 생존자의 관계로 고쳐 인식하는 것이다. 즉 스스로를 선택의 여지가 없는 피해자로 보지 않고, 생존을 위해 가능한 어떤 수단이라도 선택하고자 하는 사람으로 보는 것이다. 이들 일부 여자들의 경우는 이처럼 생존자가 되기로 선택하면 강간자의 육체적 요구에 복종하여, 마음은 주지 않으면서도 그에게 몸을 내주게 된다. 베르톨트 브레히트(Bertholt Brecht)도 혼자 사는 남자가 어느 날 문 두드리는 소리를 듣는 우화에서 이런 점을 지적하고 있다. 그 남자가 나가보니 '폭군'이 서 있다가 그에게 "복종하겠느냐?"고 묻는다. 사나이는 대답하지 않고 옆으로 비켜선다. '폭군'은 들어와서 그의 집을 차지한다. 사나이는 여러 해 동안 '폭군'을 시중든다. 그러다가

'폭군'은 음식에 든 독 때문에 병이 들어 죽는다. 사나이는 그 시체를 싸서 바깥에 내버리고 집으로 돌아와 문을 닫는다. 그리고 단호하게 "싫다"고 대답한다.

다른 여자들의 경우는 (생존자가 되려는 선택은) 죽기 살기로 싸우는 선택일 수도 있다. 또 다른 여자들은 폭행당하는 순간에는 피해자에서 생존자로 자리바꿈하기로 의식적으로 선택하는 것이 아니지만, 여러 달 여러 해 지나는 동안에 자신에게 가해지는 폭행에 익숙해지면서 그런 선택을 하게 된다. 물론 그 밖에도 여러 가지 선택이 있을 수 있다.

재정의의 두번째 걸음은, 여자가 자기가 처한 상황을 바꾸기 위해 남자로 하여금 스스로를 강간자가 아닌 다른 사람으로(살인범은 아니기 바란다) 인식하도록 만드는 것이다. 한 가지 예를 들어보겠다. 1970년대 중반의 어느 날 아침에, 내 누이가 침대에 누워 책을 읽고 있을 때 갑자기 등에 남자의 체중이, 그리고 목에는 칼날이 느껴졌다. 남자가 강간하겠다고 하자, 누이가 말했다. "하고 싶으면 해봐. 하지만 난 지금 남편과 함께 매독치료를 받고 있는 중인데, 너도 매독에 걸리고 싶을지 모르겠네." 우리 어머니는 바로 그런 경우에 대비해서 누이에게 늘 침대맡에 약병을 놔두라고 일러두었었다. 다행히도 그 사나이는 약병을 자세히 들여다보지 않았다. 내 누이는 편두통이 심했기 때문에 약병에는 아스피린이 가득 들어 있었다. 남자는 병에 걸리고 싶은 생각이 없다면서, 그 대신 가진 돈을 몽땅 내놓으라고 했다. 누이는 지갑에 20달러가 있었는데, 그에게 5달러를 주었다.[304] 남자가 떠나갔다. 요컨대 내 누이는 그 사나이가 스스로를 강간자가 아닌 강도로 인식하고, 또 그렇게 행동하도록 만들었던 것이다. 남자가 스스로를 강간자로 강력하게 인식할 때는, 그를 죽이기 전에는 강간을 멈추게 할 수 없는 경우가 많다.

그렇다면 우리가 첫번째로 해야 할 일은, 문명인이라는 우리 자신의 정체성을 깨뜨리고 우리가 토지기반에 생존을 의지하며 살아가는 인간동물이라는 점을 상기하는 것 그리고 문명의 영속보다 토지기반을 살리는 데 더 관심을 가지는 것이 된다. 그 다음에, 우리는 문명이라 불리는 이 죽음의 체제의 피해자라는 우리의 정체성을 깨뜨리고 우리가 생존자임을 상기하면서 우리가 살아남아 문명을 패배시키기 위해 필요한 모든 행동을 다 하겠다는 결심을 해야 한다. 일단 그렇게 마음을 고쳐먹고 나면, 일단 우리 스스로를 문명의 피해자가 아니라 그 생존자로 인식하게 되면, 우리 자신을 해방하여 우리와 우리의 토지기반을 죽이는 자들을 실제로 저지하기 위해 얼마쯤은 전문적인 과제를 추진할 수 있게 될 것이다. 이를 위한 한 가지 방법은, 최고경영자와 경찰·정치인들로 하여금 스스로를 토지기반에 의존하여 살고 있는 인간동물로 인식하여 최고경영자·경찰·정치인이라는 자신들의 정체성을 깨뜨리도록 만드는 것이다. 한 가지 좋은 소식은 그들 중 일부는 이성에 귀를 기울일지도 모른다는 것이다. 나쁜 소식은 역사, 사회학 그리고 직접적인 개인의 경험으로 볼 때 그들 대부분—거의 전부—은 이성에 귀를 기울일 줄 모른다는 것이다.

두번째 꿈에서, 나는 차를 몰고 좁은 길을 따라 전에 가본 적이 있는 야생지로 갔다. 그러나 자동차가 두 그루의 작은 나무들 사이로 지나갈 수 없었다. 나는 차를 세우고 내렸다. 그러나 야생지로 들어갈 수가 없었다. 나는 초조해졌다. 근처에 저수지가 있어서 그곳으로 걸어가 보았더니, 저수지에 전함들이 꽉 들어차 있었다. 리처드 닉슨이 패러것 제독(Admiral David Farragut, 미국 남북전쟁 당시 북군 해군제독-옮긴이)처럼 돛대에 (꿈에서는 레이더 탑에) 자기 몸을 묶고 두 손가락으로 그의 트레이드마크인 V자 사인을 해 보이고 있었다. 얼마 후 물가에 애국자들이 밀어닥쳐 군대의 저수지 점령에 열광하지 않는다며 나를 이리저리 몰아붙였다. 애국자들이 파티를 열기 시작했다. 나는 간신히 빠져나와 마침내 혼자서 야생의 들판으로 걸어갈 수 있었다.

내 꿈들을 해몽하는 한 가지 공통적인 원리는 한번에 여러 가지 꿈을 꿀 때는 주제가 모두 비슷하다는 것이다. 그렇다면 이 꿈은 첫번째 꿈의 후속편이라 할 수 있다. 첫번째 꿈은 곤경에 처했을 때 자살 외에는 별 뾰족한 수를 생각해 내지 못하는 우리의 무능함을 얘기하는 것이고, 두번째 꿈은 우리가 자동차와 같은 기계를 가지고는 결코 야생세계로 들어갈 수 없다는 것을 분명히 밝히고 있다. 그러면 우리는 어디로 가게 되는 것일까? 우리는 자기 몸을 전쟁도구에 묶어놓는 살인범과 거짓말쟁이들이 꽉 들어찬 인공호수로 가게 된다. 그리고 이 죽음의 기계들을 좋은 것으로 여기고 그 기계들과 어울려 파티를 여는 군중들의 한가운데에 끼여들게 된다. 우리는 야생으로, 우리의 본고장으로 돌아갈 다른 방법을 찾아야 하는 처지에 놓이게 된다.[305]

◦ ◦ ◦

내가 어디를 가나 환경운동가들한테서 가장 자주 듣는 말은 "우린 망했다"는 말이다. 이 환경운동가들 대부분은 자기들이 갖고 있는 도구들—아니, 권력자들이 허용해 준 법적인 도구들, 말하자면 별 효과 없는 도구들—을 사용하여 일부 땅뙈기를 보호하기 위해, 공장의 오염물질 방출을 저지하기 위해, 문명인들의 일부 동식물에 대한 고문행위를 근절하기 위해, 때로는 어떤 나무 한 그루를 보호하기 위해 나름대로 열심히 싸우는 사람들이다.

내가 처음 만났을 때 워싱턴주 스포캔 환경공동체의 중심 인물이었던, 내 친구이자 뛰어난 운동가인 존 오즈번은 종종 자기가 운동에 뛰어든 동기를 이렇게 설명하곤 한다. "사태가 갈수록 혼란스러워지는 상황에서, 나는 일부 가능성이라도 남겨두고 싶다. 만일 회색곰이 20년, 30년, 40년 후에 살아남는다면 50년 후에도 살아남을 가능성이 있다. 20년 후에 사라진다면 영영 사라지게 될 것이다."

그러나 아무리 노력하더라도 우리가 처한 위험에 대처하기에는 역부족이다. 우리는 모든 전선에서 대패하고 있다. 권력자들은 기를 쓰고 지구를 파괴하려 들고 대부분의 사람들은 오불관언이다.

많은 사람들이 우리가 망했다는 것을 알고 있다. 그러나 특히 공개적으로는 그런 말을 입에 올리려 하지 않는다. 우리는 우리들만 그런 느낌을 갖고 있다고 생각하기 쉽다. 그러나 그렇지는 않다.

바로 오늘 나는 이메일 한 통을 받았다. 이런 내용이었다.

나는 어젯밤 당신의 강연을 듣고 몹시 놀랐습니다. 나는 당신의 글을 읽은 적이 없었기에 당신의 메시지에 회의적이었습니다. 나는 엔비로 (Enviro, 환경운동가들의 로비단체—옮긴이)의 강연은 듣지 않기로 한 지 오랩니다. 나는 환경보호청(EPA) 수질오염과의 환경감시원으로 15년째 일하고 있습니다. 그래서 문제를 조금은 알고 있습니다.

나는 유토피아적 환경이론에 약간은 신물이 납니다. 매일처럼 광산의 슬래그더미, 공장부지 선정 등 실무문제와 씨름해야 하는 나로서는 어떤 완벽한 미래사회를 논하는 이야기는 듣기가 거북합니다. 문제는 이론이 아니라 생생한 현실입니다.

환경감시원으로서 나는 물리학, 역사, 법률, 기술, 돈, 정치 그리고 어리석은 인간의 한계를 실감하고 있습니다. 우리는 고칠 수 없는 것들을 망가뜨리고 있습니다. 나는 나로서는 어찌할 수 없는 일들을 목격해야만 합니다. 나는 몇 차례 달콤한 승리도 맛보았고, 두어 번은 승자가 된 적도 있습니다. 그러나 우리는 완전히 망했습니다. 다른 데서는 이런 말을 못 합니다. 진실을 알리기가 너무나 힘든 것 같습니다. 큰소리로 말씀해 주신 것 감사합니다. 희망 때리기는 좋은 일입니다. 더 때려야 합니다.

나는 여러 해 동안 희망 때리기를 하고 있다. 솔직히 나는 희망을 별로 중시하지 않으며, 그게 옳다고 생각한다. 희망이란 우리를 체제에 묶어두는 역할을 한다. 첫째, 체제가 어떤 설명할 수 없는 이유로 변화하리라는 거짓 희망이 있다. 또는 기술이, 대자연이, 켄타우루스자리 알파별에서 온 생물체가, 아니면 예수 그리스도나 산타클로스가 와서 우리를 구해 주리라는 거짓 희망이 있다. 우리의 힘을 포기케 하는 이런 거짓 희망들은 결국 비활동으로, 기껏해야 비효율로 이어지게 된다. 예를 들어 필립 베리건(Philip Berrigan, 1923~2002. 가톨릭신부 출신 기독교 무정부주의자로서 베트남전쟁 반대운동으로 유명해진 평화운동가—옮긴이)은 하나님이 문제를 해결해 주리라 믿지 않았더라면 어떤 행동을 취했을까?

내 어머니가 아버지와 함께 지낸 것은, 1950년대와 60년대에는 학대받는 여성들을 위한 보호소가 없었기 때문이기도 하지만 아버지가 달라지리라는 어리석은 희망을 품었기 때문이기도 했다. 거짓 희망은 우리를 살 보람이 없는 상태에 묶어두고 현실적인 가능성에 눈뜨지 못하도록 만든다. 우리가 점잖게 부탁하면 와이어하우저(Weyerhaeuser) 회사가 삼림벌채를 중단하리라고 진정으로 생각하는 사람이 있을까? 우리가 점잖게 부탁하면 몬샌토(세계 최대의 유전자조작식품 GMO 업체-옮긴이)가 정말로 '몬샌토 짓'을 그만두리라고 믿는 사람이 있을까? 이런 사고방식을 가진 사람들은 민주당이 백악관을 차지하기만 하면 만사가 해결된다고 생각한다. 이런저런 법률을 통과시키기만 하면, 또는 이런저런 법률의 통과를 저지하기만 하면 문제가 해결된다고 생각한다.[306] 개똥같은 소리다. 사태는 해결되지 않을 것이다. 해결되기는커녕 앞으로 더욱 악화할 것이다.

나치가 유태인들에게 가한 가장 빈틈없는 조치의 하나는 이성을, 희망을 앗아간 것이었다. 유태인들은 저항하지 않는 것이 어느 모로나 이성적으로 가장 이익이 된다고 생각했고, 권력자들의 말을 잘 들으면 삶이 더 나빠지지는 않을 것이고 살해당하지도 않을 것이라는 희망을 품었다. 신분증을 발급받을래, 아니면 저항하다가 죽을래? 게토(유태인 강제거주구역-옮긴이)에 가서 살래, 아니면 저항하다가 죽을래? 화물차에 올라탈래, 아니면 저항하다가 죽을래? 샤워실에 들어갈래, 아니면 저항하다가 죽을래?

그러나 한 가지 지적해 두어야 할 중요한 사실이 있다. 자살한다는 생각을 가지고 참가했던 사람들을 포함하여 바르샤바의 게토봉기에 참가했던 유태인들은 순순히 명령에 따랐던 유태인들보다 생존율이 높았다. 이 사실을 잊지 말기 바란다.

희망

희망이 진짜 살인범이다. 희망은 해롭다. 희망은 우리를 침몰하는 뗏목에 가만히 앉아서 주위상황에 대해 아무 행동도 하지 않도록 만든다. 희망을 잊어라. 상황을 있는 그대로 정직하고 솔직하게 평가하는 것이 우리에게 주어진 유일한 기회이다. 가만히 앉아서 이 상황에서 벗어나기를 '희망'하고 있을 것이 아니라, 우리는 우리가 처한 상황의 진상을 깨닫는 것이 비록 불유쾌할지라도 진정한 변화를 향한 첫걸음이기 때문에 긍정적이라는 점을 인정해야 할 것이다.

그링고 스타(GringoStars)

희망은 굴종의 속박이다.

라울 바네이겜(Raoul Vaneigem)

절망의 치료제는 희망이 아니다. 그것은 우리가 소중히 여기는 것을 위해 우리가 무엇을 하고자 하는가를 발견하는 것이다.

마거릿 휘틀리[307]

순종하는 사람들을 속박하는 것은 비단 거짓 희망만이 아니다. 희망 자체가 그런 것이다.

우리는 희망은 어둠을 비치는 횃불이라는 말을 듣는다. 희망은 길고 어두운 터널 끝의 불빛이다. 그것은 온갖 장애를 무릅쓰고 감방 안에까지 도달하는 한 줄기 빛이다. 희망이 없다면 우리가 어떻게 살아가겠는가?

독자들은 판도라의 이야기를 기억할 것이다. 판도라는 절대로 열어보지 말라는 명령과 함께 밀봉된 상자 하나를 받았다. 그러나 그녀가 호기심을 못 이겨 상자를 열었더니 질병, 슬픔과 같은 재앙들이 쏟아져 나왔다. 판도라가 뒤늦게 뚜껑을 닫아 상자 안에는 단 한 가지만 남게 되었는데, 그것이 희망이라는 얘기다. 이 이야기에 따르면, 희망은 "여러 가지 악과 함께 상자에 담겨 있던 유일한 선이었으며, 지금까지도 남아 불행에 처한 인류의 유일한 위안이 되고 있다"는 것이다.

나는 희망이라는 것을 이해하면 할수록 희망은 위안이 되기는커녕 애초부터 마땅히 질병, 슬픔 등 재앙들과 함께 상자에 들어 있어야 할 것이었고, 머나먼 천국을 믿는 것처럼 권력자들의 요구에 부응하는 것이며, 세속판 천국/열반 사상에 다름 아님을 깨닫게 된다.

희망은 사실은 저주이며 해악이다.

내가 이렇게 말하는 것은 "희망과 두려움은 서로 꼬리를 문다"—두려움 없이는 희망도 없다—는 불교의 가르침 때문만이 아니고, 희망이 우리로 하여금 현재를 멀리하도록 만들기 때문만도 아니다. 희망이 지닌 본질 때문에 이렇게 말하는 것이다.

우리 모두는 희망을 두고 끊임없이 얼마쯤은 불평을 한다. 믿지 못하겠지만, 여러 잡지사의 편집자들은 내게 지구의 종말에 관해 글을 써달라고 부탁하고 나서는, 하나같이 "독자들에게 희망의 느낌을 남기도록" 할 것을 강요한다. 그러나 희망이란 정확하게 무엇인가? 지난봄에 있었던 내 강연중에 어떤 사람이 내게 희망이 무엇인지 정의해 달라고 요구했다. 나는 정의할 능력이 없다면서 그 질문을 청중들에게 되돌렸다. 모두 함께 찾아낸 정의는 이런 것이었다. 즉 "희망이란 우리가 아무 힘(agency)도 행사하지 못하는 미래의 상태를 그리는 것이다. 그것은 우리가 기본적으로 무력하다는 것을 의미한다"는 것이다.

한번 생각해 보자. 나는, 예를 들어 내일 무얼 좀 먹었으면 하는 희망을 말하지 않는다. 그냥 먹으면 된다. 또 지금 숨을 한번 더 쉬었으면, 또는 지금 쓰고 있는 이 문장을 마쳤으면 하는 희망을 말하지도 않는다. 그저 숨을 한번 더 쉬고, 문장을 마치면 된다.[308] 반면에 나는 다음번 비행기를 탈 때 비행기가 추락하지 않았으면 하는 희망을 갖고 있다.[309] 이처럼 어떤 결과를 바란다는 것은 자기가 그에 대해 아무런 힘도 없다는 것을 의미한다.

수많은 사람들이 현재의 지배적 문화가 세계의 파괴를 멈추기를 희망한다고 말한다. 그렇게 말함으로써, 사람들은 문화가 적어도 단기적으로는 파괴를 계속하도록 보장해 주고, 그 문화가 갖지 못했던 힘을 보태준다. 동시에 사람들은 자신이 갖고 있는 힘에서 한걸음 물러서게 된다.

나는 언어가 멸종되지 않았으면, 하고 희망하지 않는다. 나는 지배적 문화가 언어를 멸종시키지 못하도록 하기 위해 필요한 일을 할 생각이다. 연어가 자기들이 받는 대우를 못마땅하게 여겨 떠나가겠다고 하면 나는 섭섭하지만 잘 가라고 작별인사를 하겠지만, 만일 그들이 떠나가지 않겠다고 한다면 문명이 그들을 죽이도록 놔두지 않을 것이다. 나는 필요한 무슨 일이든지 할 것이다.

나는 문명이 될수록 빨리 무너지기를 희망하지 않는다. 나는 문명을 허물기 위해 필요한 일을 할 것이다.

우리가 우리 자신이 실제로 큰 힘을 갖고 있음을 깨닫는다면 '희망' 같은 것은 가질 필요가 없다. 그저 노력하기만 하면 된다. 연어와 프레이리 도그와 호랑이들을 살리면 된다. 필요한 모든 일을 하기만 하면 된다.

o o o

케이시 매독스는 철학이 죽으면 행동이 시작된다고 썼다. 나는 이에 덧붙여 희망이 죽으면 행동이 시작된다고 말하고 싶다. 우리가 외부지원을 바라기를 그친다면, 우리가 처한 끔찍한 상황이 어떻게 해서든 스스로 해결되리라는 희망을 버린다면, 상황이 어떻게 해서든 더 나빠지지는 않으리라는 희망을 버린다면, 그러면 우리는 마침내 속박에서 풀려나 정직하게 문제의 철저한 해결을 위해 노력하기 시작할 것이기 때문이다.

◦ ◦ ◦

희망은 어쩌면 교도소 수감자들에게는 좋은 것인지도 모르겠다. 그러나 자유로운 남녀에게는 그런 것이 필요 없다.

당신은 수감자인가, 아니면 자유인인가?

◦ ◦ ◦

내게 종종 이렇게 묻는 사람들이 있다. "상황이 그처럼 나쁘다면, 왜 당신은 자살하지 않는 거요?"

내 대답은, 인생이란 정말 아름답기 때문이라는 것이다. 인간은 복잡한 존재여서 마음속으로 세상은 다 망했다고 생각하면서도 동시에 인생은 정말 멋있다는 생각을 가질 수 있다.

절망감을 느끼기를 두려워하는 사람들이 많다. 그들은 상황이 절망적이라고 인식하게 되면 자기가 항상 비참해질 것이라고 두려워한다. 그들은 인간이 여러 가지를 동시에 느낄 수 있다는 것을 망각한다. 인간은 분노, 슬픔, 기쁨, 사랑, 증오, 절망, 행복, 만족, 불만족을 동시에 지닐 수 있다. 그들은 또한 절망이야말로 절망적 상황에 대한 가장 적절한 반응이라는 점을 망각한다. 많은 사람들은 또한 절망적인 사태를 제대로 인식하게 되면 상황을 바꾸기 위해 자기가 실제로 뭔가를 해야 하게 될까 봐 두려워하는 것인지도 모른다.

절망하건 말건 인생은 아름다운 것이다. 얼마 전에 나는 집 바깥의 연못가에 드러누워 햇빛이 엷게 스며든 삼나무 가지들을 올려다보았다. 나는 행복을 느끼며 '세상에 뭘 더 바라랴?'[310) 하고 생각했다. 인생은 아름다운 것이다. 그래서 더욱 힘차게 싸워야 할 이유가 되는 것이다.

사람들은 또 종종 내게 "상황이 그처럼 나쁘다면, 그저 파티나 즐기시지 그러오?" 하고 묻는다.

내 대답은 첫째, 나는 파티를 싫어한다는 것이다. 내게는 즐거운 일이 많다. 나는 내 인생을 사랑한다. 내가 아는 대부분의 운동가들도 마찬가지리라고 생각한다. 우리는 우리가 좋아하는 일을 하고 있으며, 우리가 사랑하는 사람과 동식물들을 위해 싸우고 있다.

나는 절망적인 상황을 핑계 삼아 아무것도 하지 않는 사람들은 참을 수가 없다.[311) 그런 사람들은 핑곗거리가 없어지면 또 다른 핑곗거리를 얼마든지 찾아낼 사람들이다. 자신의 나태를 정당화하기 위해 계속 핑계를 둘러대는 사람은 남을 사랑할 능력이 없음을 드러내는 것에 다름 아니다.

최근에 있었던 내 강연회의 질의응답 시간에, 어떤 사람이 일어나서 사람들이 운동가가 되는 유일한 이유는 자기만족을 위해서라고 단언했다. 그는 또 운동의 효율성은 별로 중요치 않으며, 효율성이 중요하다고 생각하는 사람은 이기적이라고 말했다. 그는 자연계는 인간의 도움을 필요로 하지 않는다는 케케묵은 말을 자랑삼아 인용했다. 그는 심지어 자연계란 존재하지 않는다고 단언하기도 했는데, 결국은 나르시시즘을 드러내고 있었다.

나는 그 말에 동의할 수 없다고 말했다.

그가 물었다. "운동을 하면 기분이 좋아지지 않아요?"

"물론 좋지요. 하지만 그것 때문에 운동하지는 않아요. 기분이 좋아지기 위해서만이라면 차라리 자위행위를 하지요. 하지만 나는 현실세계에서 무언가를 이루고 싶습니다."

"왜지요?"

"내가 사랑에 빠져 있기 때문이지요. 나는 연어들을 사랑하고, 창밖의 나무들을 사랑하고, 냇물 모래바닥에서 사는 칠성장어 새끼들을 사랑하고, 썩은 낙엽더미를 기어다니는 날씬한 도롱뇽들을 사랑합니다. 누구나 사랑에 빠지면 자기가 사랑하는 사람을 지키기 위해 행동합니다. 이를 위해 필요한 행동을 하게 됩니다. 내 사랑이 그런 행동에 이르지 못한다면, 그건 사랑이 아니지요. 그리고 만일 내가 내 토지기반을 보호하기 위한 행동을 하지 않는다면, 나는 완전한 인간이 아닙니다."

얼마 후 나는 워싱턴주 스포캔에 사는 사람한테서 이메일을 받았다. 그는 열다섯 살 난 자기 아들이 건강한 생태계와 사회를 위한 싸움에 적극 참여하고 있다고 말했다. 그 아버지는 그러나 이렇게 말을 이었다. "나는 내가 그 애에게 희망을 주어야겠다고 느낄 만큼 아들녀석이 계속 적극성을 보였으면 합니다. 그런데 문제가 있습니다. 나 자신이 아무런 희망도 느끼지 못하면서 그애에게 거짓말을 하고 싶지 않기 때문입니다."

나는 그에게 거짓말은 하지 말라고 권했다. 그리고 아들이 계속 활동하기를 원한다면 그에게 희망을 줄 것이 아니라 사랑을 주라고 말했다. 아들이 사랑하는 법을 배우면, 계속 운동에 참여하게 될 것이라는 말이었다.

◦ ◦ ◦

희망을 포기하고 나면 희한한 변화가 일어난다. 애당초 희망은 불필요한 것이었음을 깨닫게 되는 것이다.[312] 희망을 포기해도 나는 죽지 않고 일의 효율이 떨어지지도 않는다는 것을 깨닫게 된다. 실제로 문제해결을 남에게 의지하기를 그치고—남이 해결해 주리라고 희망하기를 그치고—스스로 필요한 일을 찾아서 하기 때문에 일의 능률이 더 오르게 된다.

산업문명의 결과로 지난 50년 동안 인간의 정자수는 절반으로 줄어들었다. 반면에 여자아이가 사춘기에 접어드는 연령은 앞당겨지고 있다. 3세 미만 여자어린이의 1%가 가슴이 커지거나 음모가 생기고 있으며, 지난 6년 동안 8세 미만의 여자어린이 중 가슴이 커지거나 음모가 생긴 어린이의 비중은 백인의 경우 1%에서 6.7%로 늘어났고, 흑인의 경우는 27.2%로 늘어났다.[313]

이에 대해 우리가 할 일은 무엇인가? 그저 문제가 저절로 해결되기만 희망할 것인가? 누군가가 요술처럼 해결해 주기만 바랄 것인가? 그저 누군가가 나와서 화학공업이 우리를 죽이지 못하도록 막아주기만 바라고 있을 것인가?

아니면 우리 스스로 무슨 행동이라도 해야 할까?

희망을 포기하면 내가 죽지 않는 것보다 더 좋은 일이 생긴다. 그것은 내가 죽는다는 것이다. 그리고 죽는다는 것에는 좋은 점이 한 가지 있으니, 그것은 그들—권력자들—이 다시는 나를 건드리지 못한다는 것이다. 약속이나 협박을 통해서도, 폭력 자체를 휘둘러서도 나를 건드리지 못한다. 일단 이런 식으로 죽고 나면, 나는 여전히 노래 부르고 춤을 추고 필사적으로 싸울 수 있지만, 권력자들은 나를 장악할 수 없게 된다. 나는 이제 희망을 품은 채 죽은 나는 사실은 내가 아니라 나를 착취하는 자들에게 의존해서 살던 사람, 그들이 착취를 촉진하기 위해 퍼뜨린 신화를 믿고 또 그에 의지하던 사람이었음을 깨닫게 된다. 사회적으로 구성된 나는 죽었다. 문명인인 나는 죽었다. 생산되고 조작되고 낙인찍히고 틀에 찍혀 만들어진 나는 죽었다. 피해자가 죽은 것이다.

그러면 내가 죽고 남는 것은 누구인가? 나는 죽어도 남는다. 동물인 나, 벌거벗은 나, 죽을 수밖에 없는 (그리고 불사신인) 나, 생존자인 나는 살아남는다. 문명이 가르친 대로 생각하지 않고 스스로 생각하는 나, 문화가 가르친 대로 느끼지 않고 스스로 느끼는 나, "예스"라고 말하고 "노"라고 말할 수 있는 나, 내가 살고 있는 땅의 일부인 나, 자기 가족을 지키기 위해 싸우고자 하는 (또는 싸우지 않고자 하는) 나, 자신의 토지기반을 지키기 위해 싸우고자 하는 (또는 싸우지 않고자) 하는 나, 자신의 도덕률의 기초를 자신을 죽이고 지구를 죽이는 문명이 가르쳐준 기준에 두지 않고 자기 자신의 동물적 사랑의 느낌과 자기 가족, 친구 및 토지기반과의 연관관계에 두는 나는 살아남는다.[314]

희망을 포기하면—이런 식으로 죽어서 정말로 살아나게 되면—나는 나치가 유태인들에게 강요했던 것과 같은, 학대자가 피해자에게 강요하는 것과 같은, 이성이냐 두려움이냐의 선택에 임할 때 취약해지지 않게 된다. 희망을 포기하고 나면 착취자-피해자의 관계가 깨어지기 때문이다. 그러면 우리는 바르샤바 게토봉기에 가담했던 유태인들처럼 된다.

희망을 포기하면 두려움을 잊게 된다. 그리고 희망에 의지하기를 그치고 사랑하는 사람들을 보호하는 일에 나서게 되면, 나는 권력자들에게 정말로 위험한 존재가 된다.

◦ ◦ ◦

나는 지금 전과자인 한 친구와 이야기를 나누고 있다. 그는 혁명은 필요한 만큼의 일부 대중이, 그가 말하는 이른바 '염병할' 지경에 도달해야만 일어난다는 생각이 든다고 말한다. 그것은 상황이 극도로 나빠져 대중이 마침내 "염병할 것" 하고 외치며 필요한 행동을 하게 되는 지경을 뜻한다.

나는 이 말에 반대할 수가 없다.

그의 말은 두어 달 전에 있었던 내 강연회를 떠올리게 했다. 나는 그때 감옥에 있는 수많은 내 제자들이 문명이 지닌 파괴적 성격을 충분히 이해하고 문명 허물기에 나설 태세가 되어 있다고 말했었다. 강연이 끝난 후, 청중들 중에서 국선변호사라는 사람이 일어나서 자기 의뢰인들은 생각이 전혀 다르더라고 말했다. 그들은 문명이 허물어지기를 원치 않으며, 그들이 바라는 것은 단지 자본주의의 파이를 조금이라도 더 차지하는 것이라는 말이었다.

나는 그의 말을 듣고 당장 그게 진실이라는 생각이 들었다. 그러나 그 진실을 내 제자들이 내게 들려준 이야기와 어떻게 조화시켜야 할지 생각이 나지 않았다. 그날 밤에 어떤 친구가 이 문제를 해결해 주었다. 그 국선변호사와 나는 각기 국가에 의한 침식과정의 다른 부문에 속한 사람들을 대변하고 있다는 말이었다. 그가 만난 사람들은 단지 체포되기만 한 사람들이었다. 그들 중 일부는 필시 아직도 이 체제가 공정하다고 생각하는 사람들일 것이다. 체제를 속일 수 있다고 생각하는 사람도 있을 것이고, 그저 체제가 자기를 망치지만 않기를 바라는 사람도 있을 것이다. 그들 중에는 '염병할' 지경에 이른 사람이 없을 것이다. 반면에 내 제자들은 초(超)엄중감시 감옥의 재소자들이며, 무기징역을 사는 사람들도 많다. 그들에게는 이 체제를 믿어야 할 아무런 이유가 없다. 그들은 잃을 것이 없는 사람들이다.

◦ ◦ ◦

우리는 권력자들이 그 권력을 위협하는 자를 어떻게 대하는지 잘 알고 있다. 제프리 루어즈는 상징적 행위로 SUV차량 3대를 불 질렀다가 22년 징역형을 언도받았다. 그것은 강간범이나 아내를 때려죽인 사람, 수많은 암환자를 발생시킨 화학회사 최고경영자가 받은 언도보다 훨씬 더 가혹한 형벌이었다. 살아 있는 세상을 소비재처럼 사고팔 수 있다는 그들의 지각된 권리(perceived entitlement)를 심각하게 위협한 사람은 죽음을 면치 못할 것이다.

나는 딱히 죽고 싶은 마음은 없다. 나는 살아 있는 것이 좋고 내 삶을 사랑한다. 그러나 나는 여기서 내가 어떻게 해서, 내가 그들을 위협하면 권력자들이 나를 죽이리라는 두려움을 극복하게 되었는지를 밝혀두고자 한다. 나는 이렇게 자문해 보았다. 그들이 나에게 가할 수 있는 최악의 보복은 무엇인가? 기껏해야 나를 죽이는 것이다. 그렇다. 그들은 나를 고문하거나 조그만 독방에 처넣겠지만, 그럴 경우 나는 필요하다면 자살하면 그만이다. 만일 그들이 나를 죽인다면, 필경 셋 중 한 가지 일이 일어날 것이다. 한 가지 가능성은 그저 내가 죽어 아무것도 모르게 되는 것이다. 또 한 가지 가능성은 죽어서 '다른 곳'으로 가는 것인데, 이 경우 나는 그곳에서도 그들과 계속 싸울 것이다. 그리고 세번째 가능성은 죽어서 환생하는 것이다. 이런 일이 일어난다면, 나는 자기 조국에서 영국을 몰아내기 위해 싸우다가 1915년에 체포당한 18세의 인도청년 카르타르 싱의 모범을 따를 생각이다. 관할 행정장관이 그를 교수형에 처할지 무기징역형에 처할지 결정할 무렵에 카르타르 싱이 말했다. "나는 무기징역은 싫고 사형언도를 받기 원한다. 그래야만 내가 환생하여 백인들이 들씌운 노예상태에서 벗어나기 위해 싸울 수 있기 때문이다. 여자로 태어난다면, 나는 사자처럼 용맹한 아들들을 낳아 영국통치자들을 깨부수게 할 것이다."[315]

법정은 그를 살려두기에는 너무 위험한 인물이라고 결정했다.

나는 그가 환생하여 다시 싸웠기를 바란다.

◎ ◎ ◎

앞의 글("용기")의 그 환경청(EPA) 환경감시원은 이메일에서 계속해서 이렇게 말했다.

당신이 비폭력주의자가 아니라니 반갑습니다. 나도 평화를 사랑하지만 오래 전부터 무술을 배우고 있습니다. 나는 그게 모순되지 않는다고 생각합니다. 평화로운 동식물들도 가시와 발톱을 갖고 있는데, 여기에는 다 이유가 있습니다. 진짜 문제는 언제 어디서 "우프 애스 깡통을 따느냐"('일을 저지르다' '한바탕 하다'는 정도의 뜻을 가진 미국 남부사투리. whoop ass는 독한 깡통맥주의 이름—옮긴이) 하는 거지요.

당신이 고기를 먹으면서도 고기가 어떻게 생산되는지는 따지지 않겠다니, 이 역시 반가운 일입니다. 나는 세계 최대 규모로 꼽히는 도살장에 폐수배출 허가를 내주었습니다. 하루에 소 5천 마리를 도살하고 다른 데서 도살한 5천 마리분의 고기를 처리하니, 큰 도시만한 폐수가 나옵니다. 세계역사상 경제적 효율성이 가장 높은 육류 생산방법이라지만, 오염이 심하고 아주 잔인한 방법이지요. 인간이 동물들에게 이처럼 잔인하다는 것, 그러면서도 우리가 마치 쇠고기를 평화로운 농촌에서 사육한 것처럼 거짓말을 한다는 것은 슬픈 노릇입니다.

당신은 사태가 '쾅'소리와 함께 시작될지도 모른다고 말했습니다. 9·11사태 이후로 나는 보안문제, 취약부문 평가, 대응계획 등의 업무를 하고 있습니다. 나는 이런 문제들에 대해 조금 알고 있기에, 미국이나 다른 나라들이 '대량살상무기'를 사용할 가능성이 매우 크다는 데 동의합니다.

그러나 내 지론은 '쾅'소리가 아니라 '울음'소리로 시작되리라는 것입니다. 말씀하신 대로 휘발유 파티는 끝났습니다. 우리는 채취 가능한 석유 공급의 중간지점을 지났으며, 나머지 절반은 경제적으로 채굴하기가 전보다 더욱 어려울 것입니다.

그런데도 세계 소비량은 계속 늘어나고 있습니다.

석유, 물 그리고 주요 광물들의 공급이 부족해지면, 서서히 압박이 시작될 겁니다. 권력구조물들은 권력을 장악하기 위해 권력을 필요로 합니다. 석유탱크가 비어가지고는 제국을 이끌어갈 수 없기 때문에, 정치·경제적 강대국들은 몇몇 나쁜 이웃나라들에서 기침소리를 내고 있습니다. 그런 일이 지금 벌어지고 있습니다.

문명이 황혼기에 접어들면, 비상사태나 위기가 한 세기 동안 계속될 수도 있습니다. 그 같은 사이클에 분수령 같은 사건도 있겠지만, 인류가 경험한 바로는 이 사이클은 겁나는 대사건들이 점재하는 점진적 과정입니다. 일종의 저준위 전쟁 같은 것이지요. 내 생각에 우리는 지금 이 사이클의 핵심적 사건들에 봉착해 있습니다. 우리의 집단적 결정이 지금 당장 대단히 중요합니다. 그런데도 우리가 하찮은 일들에 넋을 잃고 집단적으로 잠자고 있으니 한심합니다.

핵심 문제들을 살펴보면 에너지, 물, 식량 문제로 좁혀집니다. 이게 기본입니다. 몇몇 핵심 자원들이 품귀현상을 빚는 가운데, 세계의 산업복합체들은 과잉생산 채비를 하고 있습니다. 배고픈 사람들이 제품을 과잉생산하는 동안 부자들은 과잉소비하느라고 빚을 진다면 예기치 않았던 풍요 속의 굶주림이 일어날 것입니다. 에너지부문에서 한층 더 놀라운 일들이 생길 수 있습니다. 기반시설은 적극적으로 정비·관리하지 않으면 못 쓰게 되기가 아주 쉽습니다. 유전자가 조작된 가축과 식량작물의 단작영농에 의존하면 질병이 급속도로 확산될 가능성이 있습니다. 중국에서 황사지대가 확대되어 식량생산을 파탄시키면 그 영향이 연못의 파문처럼 퍼져갈 것입니다. 우리는 착유기에 젖꼭지를 들이대고 있는 꼴입니다. 선생의 말이 맞습니다. 우린 정말 망했습니다.

나는 당신이 일종의 사회적 붕괴가 임박했다고 말한다고 짜증내는 사람들이 있음을 알고 있습니다(난 스무 살이고 인생을 즐기고 싶은데, 나는 어쩌라고?). 나는 사회적 위기가 현재진행중이라고 생각하는데 그렇게 생각하지 않는 사람도 있다는 것을 알고 놀랐습니다. 역시 사회붕괴는 점진적인 과정이지만, 폭발 직전의 위기나 중요한 결단을 요하는 순간도 있을 것입니다.

탈출방법도 있지만, 그러자면 대다수 국민의 최소한의 관심집중과 참여가 있어야 합니다. 불행하게도, 빵과 서커스는 아메리카주식회사(Korporate Amerika)에게 수지맞는 장사입니다. 국민 대부분이 배부르고 정신이 마비되었으니, 일이 잘못되고 있다는 막연한 느낌을 어디로 돌려야 할지 알지 못합니다. 요행히 어떤 사태가 일어나 전깃불이 켜지면, 우리는 남은 재산을 종자돈으로 활용할 수 있겠지요. 나는 유토피아적 생각이라도 생태문제에 대한 비전을 지닌 실용적이고 초점이 맞는 생각이기만 하다면 개의치 않습니다. 우리는 현재의 생활방식의 약간의 퇴보를 수용하지 않으면, 얼마 안 가서 큰 대가를 치르게 될 것입니다. 나는 점차적 경기하락 등에 따른 압력 때문에 그 같은 퇴보가 어쩔 수 없이 우리에게 닥쳐오게 되지 않을까 생각합니다.

나는 사람들이 당신의 치유의 메시지를 알아듣지 못했다고 생각합니다. 당신은 절규했습니다. 당신의 말이 옳습니다. 인생은 아름답고 친구들은 사랑스러우며, '말이 통하는' 사람들이 있습니다. …요즈음 내 인간관계가 생각했던 것보다 깊어지고 있습니다. 나는 사태를 다시 생각하고 있고 마음속 깊은 소망이 변하고 있습니다. 이런 것들이 낙천가적 생활을 청산하고 약간은 바쁘게 살도록 만듭니다. …평범한 '지구아빠'가 된다고 나쁠 건 없겠습니다. 어쨌든 정말 좋은 개는 누구를 물어야 할지 아니까요.

문명인들은 웃으면서 당신을 찢어죽인다

문명인이 말한다. 나는 자아이고, 주인이며, 다른 사람은 모두―바깥에서, 밑에서 복종하는―타자이다. 나는 소유하고, 사용하고, 탐험하고, 착취하고, 지배한다. 내가 하는 일이 중요하다. 물질은 '내가 원하는 것'을 위해 있는 것이다. 나는 있는 그대로의 나이고, 나머지는 내가 적절히 사용할 여자와 야생의 자연이다.

크리스티나 M. 케네디[316]

지난 24시간 동안 20만 에이커가 넘는 우림지대가 파괴되었다. 유독성 화학물질 1300만 톤이 배출되었다. 4만 5천 명이 굶어죽었으며, 그중 3만 8천 명이 어린이였다. 문명화된 인간들 때문에 100여 종의 동식물이 멸종되었다.

모두 단 하루 동안에 일어난 일이다.

◎ ◎ ◎

나는 대부분의 사람들은 개의치 않으며, 앞으로도 개의치 않으리라고 생각한다. 우리는 대부분의 미국인들이 실제로 환경과 정의와 지속 가능성에 대해 관심을 갖고 있음을—멍하니 앉아서 알코올, 싸구려 소모품과 TV나 즐기는 것말고도 뭔가 관심사를 가지고 있음을—입증할 갖가지 여론조사 결과를 자랑스럽게 내보일 수 있다. 미국인의 4%가 펭귄의 멸종을 바라지 않는다거나(이로 인해 휘발유값이 약간이라도 오르지 않는다면), 또는 미국 남성 22%가 슈퍼모델과 잠자리를 함께하기보다는 서식 가능한 지구에서 살게 되기 바란다는(친구들에게 자랑하지 못한다는 조건이면 이 비율이 45%로 늘어난다) 여론조사 결과를 인용할 (또는 만들어 낼) 수도 있다.[317] 그러나 진실은 대부분의 미국인들은 이런 문제를 별로 중요시하지 않는다는 것이다. 호랑이나 연어의 생존도, 전통적 토착민, 바다, 하천, 지구의 생존도, 그리고 정의, 공정성, 사랑, 정직, 평화 같은 문제에도 별 관심이 없다. 관심이 있었더라면, '대부분의 사람들'은 이를 위해 무언가를 했을 것이다.

물론 대부분의 사람들은 적어도 외관상으로나마 정의롭고 공정한 대우를 받고 싶겠지만, 권력자들의 '평화유지군'이 나를 겨냥한 것도 아닌 마당에 지구 반대편의 기름바다에 떠서 사는 갈색인들이야 박살나건 말건 내 알 바 아니라는 생각을 갖고 있다. 마찬가지로 내 항우울증 치료제의 처방비용이 그만하면 싼 편이고 TV 위성방송 채널수가 많으면 됐지, 내가 왜 댐 때문에 못 살겠다는 멍청한 물고기에 대해서까지 걱정해야 하느냐, 하는 것이다. 에라, 적자생존이다. 나는 적자니까 살아남아야겠다.

사람들이 세계문제에 무관심하다는 것을 보여주는 또 한 가지 예로, 성폭행과 아동학대를 들 수 있다. 대부분의 성폭행은 외부침입자나 학교 바깥이나 인터넷 채팅방에 잠복해 있던 변태들이 저지르는 것이 아니라 아버지, 오빠, 아저씨, 남편, 애인, 친구, 상담원, 성직자 등에 의해 저질러진다. 마찬가지로 대부분의 아동학대는 애들을 납치해다가 포르노영화에 내보내는 폭력배들에 의해 저질러지는 것이 아니라, 애들을 사랑하고 애들에게 인간 되는 법을 가르쳐주어야 할 보호자들에 의해 저질러지고 있다. 물론 이런 보호자들은 이애들에게 문명인이 되는 법을 가르쳐주고 있다. 힘센 자가 약한 자를 착취하고 폭행한다는 것, 착취자들이 애들을 파괴하면서도 일상적으로 스스로를 보호자라고 사칭한다는 것, 이 끔찍한 체제에서 바로 그것이 보호자가 하는 일이라는 것, 삶은 가치가 없다는 것을 가르치고 있다(사람들은 삶은 가치 있다는 생각을 지니고 태어나기 때문에, 구타하고 강간해서 이런 생각을 뽑아버리도록 가르쳐야 하는 것이다).

강간하고 구타하여 이런 것을 가르치는 자들 중에는 낯선 '타자'나 '인간쓰레기' '외국인' '빈민' 들만 있는 것이 아니라, 이 사회의 존경받는 구성원들도 포함되어 있다. 이 문화에서는 이런 짓을 하는 자들이 정상인이며, 그런 짓은 정상적 행동이다.

이 문화에서 정상인들이 자기들이 사랑해야 할 사람들조차 강간하고 폭행하는 마당에 연어나 숲, 바다, 지구를 파괴하지 않을 이유가 있겠는가?

◦ ◦ ◦

몇 년 전에 나는 어느 명망 있는 출판사 대행업체의 에이전트를 상대한 적이 있었다. 이 업체가 얼마나 대단한지는 회사의 주소가 뉴욕의 매디슨가 1번지(게다가 한 층 전체!)라는 것만 봐도 알 수 있다. 나는 졸저 『말보다 오래된 언어』의 첫 부분 원고 70쪽을 내 에이전트에게 보냈다. 그 여자는 원고를 읽어보고 나서 내 가족 이야기와 사회비평 부분을 삭제하면 책으로 낼 수 있겠다고 말했다. 그녀는 또 내가 너무 분노로 가득 차 있다고도 말했다. 톤을 좀 누그러뜨려 중립적 구경꾼들을 겁주지만 않는다면 베스트셀러가 될 수 있겠다고도 했다.

나는 충격을 받았다. 나는 물론 "악마는 많은 독자층을 약속하면서 온다"는 예술·출판계의 오랜 농담을 모르는 바 아니지만, 내가 이처럼 일찍 잘 나가는 작가가 될 수 있으리라고는 꿈에도 생각해 본 적이 없었다.

나는 이렇게 대답했다. 내가 좋아하는 블루스 DJ가 있었는데, 그 사람은 종종 노래 한 곡을 틀고 나서 "이 곡을 듣고도 감동하지 않는 분은 아랫도리가 죽은 사람입니다"라고 말하곤 했다. 자, 당신도 이 문화가 저지르는 온갖 비행을 보고도 화나지도 놀라지도 않는다면 마음이 죽은 사람이다.

돌이켜보면 내가 그 말을 한 것은 별로 적절치 못했다는 생각도 든다.

우리가 이 대화를 가진 것은 미국이 지원하는 군대가 페루의 일본대사관을 점령한 투팍 아마루(MRTA) 혁명대원들을 학살한 바로 그날이었다. 내가 그 여자에게 말했다. "MRTA 대원들이 목숨을 내놓는 마당에 내가 할 수 있는 최소한의 일은 진실을 말하는 것이겠소. 당신은 해고요."

톤을 부드럽게 해서 구경꾼들의 비위를 건들이지 말라는 그녀의 요구는 비겁자들이 늘 외치는 하소연이다. 스스로 겁난다고 말하기조차도 두려워하는 그들은 남에게—물론 자기 자신을 위해—톤을 낮추거나 행동을 삼가서 그 어떤 신비로운 제3자를 겁주거나 화를 돋우지 말라고 부탁하는 수법을 쓴다. 그들은 이렇게 말한다. 댐을 폭파하지 마세요. 안 그러면 주류 미국인들이 환경운동가들을 몽땅 테러리스트로 여길 거예요. 실제로 연어에게도 해를 입힐 거예요. 삼림벌채에 반대하지 말아요. 안 그러면 정치적 동맹세력이 떨어져 나갈 거예요. 또 자본주의에 반대한다는 말을 하면 아무도 당신의 이야기를 진지하게 듣지 않을 거예요.

그런 말을 한다고 해서 모두가 비겁자인 것은 아니다. 가끔은 무슨 이유에서인지 아예 지배적 문화의 죽음의 충동이 지닌 만족을 모르는 탐욕과 턱없는 무자비성을 이해하지 못하는 사람들이 있다. 인디언들 중에서도 자기 친족들에게 문명인들을 화나게 하지 말라고 간청하는 사람들이 많이 있었다

(지금도 있다). 이들의 논리는 끊임없이 변하는 문명인들의 요구를 잘 들어주면 언젠가는 남은 토지에서 우리끼리 비교적 홀가분하게 살 수 있게 된다는 것이다. 또 유태인들 중에서도 나치의 꾐에 넘어가 거짓 희망에 놀아난 사람들이 많이 있었다. 우리가 선량한 독일인임을 보여주기만 하면, 대다수 선량한 독일인들이 나서서 우리를 보호해 주리라는 논리였다.

정말 개똥같은 소리다.

나는 대다수 선량한 독일인들의 도움을 기대하는 것 못지않게 대다수 선량한 미국인들의 도움을 기대하는 것도 큰 잘못이라고 생각한다. 물론 일부 도와주는 사람들도 있겠지만, 대중적 각성이 일어나 갑자기 국민의 대다수가, 또는 상당한 규모의 소수라도, 토지기반을 위해 최선을 다하는 일은 절대 없을 것이다.

나는 스포캔에 살 때 어떤 친구와 매달 한번쯤 저녁을 함께하기로 했었다. 우리는 가끔 교향곡을 들으러 가기도 했고, 길가에서 쓰레기를 줍기도 했다. 함께 산책도 했다. 내 책을 읽어본 독자들은 아마도 내가 사람을 만나면 가끔 문명 허물기에 관해 얘기하고 싶어 안달하리라고 추측할 것이다. 사실 대개는 그렇다. 그러나 그 친구가 길가의 쓰레기를 치울 정도로 점잖아서 앞의 내 에이전트도 필시 중립적 구경꾼이라고 불렀음 직한 사람이었기 때문에 나도 예의를 지켰다. 내가 문명 허물기의 필요성을 너무 노골적으로 언급하기라도 하면 그는 얼른 농담을 하거나, 말을 돌리거나, 갑자기 내게 들려줄 이야기를 생각해 내거나, 아니면 대수롭지도 않은 일로 화를 내곤 했다. 그래서 나도 온 세상이 불타고 있더라도 가볍게 언급하고 힌트만 주고 대수롭지 않게 이야기하는 법을 터득했다.

10년이 훌쩍 지나 내가 스포캔을 떠나기 전 마지막 주가 되었을 때였다. 그가 내게 전화를 걸었다. 그가 몹시 흥분하고 상기되어 있음을 알 수 있었다.

그가 말했다. "나 해냈어요. 내가 빠져들었다고."

"거 무슨 말이오?" 나는 그동안 그가 데이트하는 것을 보지 못했지만, 그래도 그가 결혼하기로 했다는 말인 줄 알았다.

그가 말했다. "나 지역 환경운동단체에 20달러를 냈단 말입니다."

나는 그에게 진정으로 정말 잘했다고 말했다.[318]

이 책의 〔전제 17〕은―이 문화가 자발적으로 변하지 않는다는 〔전제 2〕와 이 문화의 대부분의 구성원들은 미쳤다는 〔전제 10〕을 합친 것이라고 볼 수 있다―의사결정의 근거를 이에 따른 행동이 중립적 관망자들 또는 미국의 대중을 놀라게 할지 여부에 둔다면 잘못된 것이다(아니면 십중팔구 결정을 거부하는 것이다)라는 것이다.

물론 우리는 그런 사람들의 반응을 우리의 결정에 참고할 수 있지만, 항상 염두에 둘 것은 우리는 우리 자신의 행동에 대해서만 책임을 진다는 것이다. 우리가 권력자들이 선택하는 우리에 대한 보복행위 등에 책임 지지 않는 것과 마찬가지로, 우리는 미국(또는 체코, 라이베리아, 인도네시아 등)의 대중들의 반응 또는 무반응에 책임을 지지 않는다.

〔전제 17〕은 이렇게 표현할 수도 있다. 즉 문명인인 대중은 결코 우리 편에 서지 않는다.[319] 그렇다고 해서 그들에 대한 교육이나 홍보를 포기해야 한다는 것은 아니다(사실 저술가로서 내가 하는 일은 교육과 홍보이다). 내가 하고자 하는 말은 첫째, 우리는 우리의 정체성이 어디에 있는지―우리가 누구에게 일체감을 갖는지―알려고 노력해야 한다는 것이다. 또 우리는 스스로 이렇게 자문해 봐야 한다는 것이다. 미국의 대중이 원하는 것이 특정한 토지기반의 요구에 반하는 것이라면, 나는 어느 편을 지지해야 할까? 상황이 선택문제로 귀착되었을 때 (선택하지 않는 것도 기정값을 선택하는 한 가지 방법임을 인정하면서) 나는 과연 어느 편에 서야 할까?[320]

내가 두번째로 강조하고 싶은 말은, 주어진 시간은 유한하다는 점을 염두에 두고 우리가 진정 가시적인 성과를 이루고자 한다면 시간을 현명하게 잘 활용해야 한다는 점이다. 어떤 사람들은 관망자들을 조금이라도 우리 편으로 끌어들이는 것이 시간을 가장 잘 활용하는 것이라고 생각할 것이다. 그런 일은 마땅히 해야 한다. 그러나 나는 대부분의 관망자들은 접근하기가 쉽지 않다고 생각하기 때문에 그들을 상대로 글을 쓰지 않는다. 나는 문명이 얼마나 잔혹한지를 잘 아는 사람들, 이에 관해 무슨 행동이라도 하고자 하는 사람들을 위해 글을 쓴다. 나는 다른 사람들이 나를 격려해 주었듯이, 나도 그들이 더욱 급진적이고 전투적인 운동가가 되도록 격려하기 위해 글을 쓴다.

나아가 우리는 사람들을 교육시키는 것은 연어, 철갑상어, 청새치, 프레이리 도그, 삼림, 하천, 빙하, 바다, 하늘, 지구를 구하는 데까지만 쓸모가 있다는 점을 인정할 필요가 있다. 우리는 어느 시점에 가면 실제로 결정적인 행동을 해야 한다.

문제는 대중이 충분한 정보를 갖지 못했다는 데 있지 않다. 성폭행을 생각해 보자. 정보가 부족해서 성폭행이 일어나는 것이 아니다. 마찬가지로 댐 때문에 연어가 죽고 남벌 때문에 숲속의 동식물이 죽는다는 것을 알아내기 위해 천재가 필요한 것은 아니다. 필요한 정보만 주면 인디언들을 학살한 백인들을 인디언 편에 서서 자기 문화의 구성원들을 상대로 싸우도록 만들 수 있을까? 사랑하는 사람들이 암으로 죽어가고, 화학물질이 어린 소녀들의 사춘기를 앞당기고, 농약 때문에 어린이들이 병들고 우둔해지고 있는 오늘날, 문제는 교육이 아니다. 지금껏 교육이 문제였던 적은 한번도 없었다. 교육에 문제가 있다는 생각은 우리가 스스로를 보호하기 위한 행동에 나서지 못하도록 막는 또 하나의 거짓말에 속아 넘어가는 것이다.

아니면 또 하나의 거짓말이 아니라 오래된 진부한 거짓말, 신앙을 빙자한 무위(無爲)의 구실인지도 모른다. 다른 점이 있다면 어떤 신비로운 신이나 대자연이―우리가 잘 믿고 행동하기만 한다면―언젠가는 우리를 구해 주리라고 가르치는 대신, 역시 신비로운 대중이―우리가 언동을 삼가 그들을 겁주어 쫓아버리지만 않는다면 (그리고 당연히 우리가 권력자들을 화나게 만들지만 않는다면)―언젠가는 우리를 구해 주리라고 가르친다는 점이다.

대부분의 민중이 우리 편이 아니라는 것보다 더 중요한 사실은 착취자들, 방관자들, 주류 미국인들, 주류 자유주의 활동가들이 우리를 증오하고 있다는 것이다(주류 사회운동가들이 민중을 폭행하고 붙잡아서 경찰에 넘겨주고 일부 민중들이 진열창을 깨드린다고 그들이 자기들의 데모를 망친다고 불평하고 있으니, 민중이 이 죽음의 문화에 대해 상징적 타격 이상의 공격을 가할 때 이런 운동가들이 무슨 짓을 하겠는지 상상해 보라). 우리는 자신의 토지기반보다 문명에 더 밀접한 일체감을 갖는 모든 사람들에게 증오의 대상이 될 것이다.

졸저 『가상의 문화』에서 나는 무엇보다도 착취, 경멸, 권리주장, 그 권리주장에 대한 위협 그리고 증오 간의 관계를 밝혀보고자 했다. 나는 남북전쟁 후 미국 남부에서 린치발생 증가율이 적어도 두 자릿수에 달했다는 것을 알게 되었다. 나는 그 이유를 알고 싶었다. 내가 해답을 깨달은 것은 "경멸할 수 있을 때는 증오하지 않는다"는 니체의 글을 읽고서였다. 나는 문득 지각된 권리(perceived entitlement) 주장이야말로 거의 모든 잔혹행위의 핵심이며, 이에 대한 어떠한 위협이든 다 증오를 불러일으킨다는 것을 깨닫게 되었다.

나는 그 책에서 이렇게 썼다.

유럽인들은 자기들이 남북 아메리카에 대한 소유권을 갖고 있다고 생각했고 지금도 그렇게 생각하고 있다. 노예소유주들은 자기들이 노예들의 노동(그리고 목숨)에 대한 소유권을 갖고 있다고 생각했고 지금도 그렇게 생각한다. …오늘날 비인간 자본소유자들도 경제학자들이 말하는 '잉여노동수익'(surplus return on labor)에 대한 권리를 갖는다고 생각한다. …강간범들은 자기가 피해자의 육체에 대한 소유권을 갖고 있다는 생각에서 행동한다. 미국인들은 마치 자기들에게 세계자원의 대부분을 소비하고 기후를 변화시킬 권리가 있다는 듯이 행동한다. 모든 산업화된 인간들은 마치 지구에서 원하는 모든 것을 가질 수 있다는 듯이 행동한다.[321]

나는 또 이렇게 썼다.

소유권을 가진 자들의 관점에서 보면, 자기들이 경멸하는 자들이 자신의 권리주장을 인정하고 따라주지 않을 때 문제가 발생한다. 이때 니체가 말한 대로 증오가 생겨나는 것이다. 나는 지금까지 이 책에서 증오를 오랫동안 깊이 간직하면 증오로 느껴지지 않고 전통, 경제학, 종교 등인 것처럼 느껴지게 된다고 여러 차례 밝힌 바 있다. 이 같은 전통이 도전받고 소유권 주장이 위협받고 종교나 경제학 등의 가면이 벗겨질 때, 증오는 겉보기에 세련된 '정상적'이고 만성적인 상태에서—착취자들이 경멸하며 내려다보는 상태에서—보다 격심하고 분명한 형태로 드러나게 된다. 증오는 정상적인 상태를 벗어날 때 더욱 뚜렷하게 지각된다. 다른 말로 표현하자면, 우월하다는 수사가 소유권 주장을 유지하는 데 도움이 될 때는 증오와 물리적 폭력이 잠복하지만, 그 같은 수사가 먹혀들지 않게 되면 폭력과 증오가 폭발하게 된다는 것이다.[322]

이 책과 관련되는 요점은 이것이다. 즉 단순히 자본가들이 인간을 소유하지 못하게 되었다는 이유로 착취자들이 분노와 대규모 폭력으로 대응하는 것이라면,[323] 문명인들이 자신의 생활방식을 특징짓고 가능케 하고 그 기초를 이루고, 본질이 되는 일상적 착취를 자행하지 못하게 될 때, 그 반발이 어떻겠는지 상상해 보라는 것이다.

『가상의 문화』는 이 문제를 좀더 부연해서 설명하고 있는데, 좀 장황하더라도 그 내용을 소개하고자 한다.

내가 흑인들은—이 경우 깜둥이라 부르는 게 정확하다—정말로 어린애 같은데도 힘이 세다고 믿도록 교육받았다고 치자. 또 깜둥이가 백인들을 위해 일하는 것은 단지 삶의 일상적인 경험일 뿐이라고 교육받았다고 치자. 그렇게 되면 숨쉬고 먹고 잠자는 일처럼 이에 대해 아무런 의문도 갖지 않게 된다. 백인은 깜둥이를 소유하고, 깜둥이는 백인을 위해 일하는 것은 그저 삶의 현실일 뿐이다.

어떤 외부사람이 내가 〔노예들에게〕 하는 일이 옳지 않다고 말한다고 치자. 그 외부인은 나와 내 아버지와 할아버지의 삶에 대해 아무것도 모른다. 내가 알기로 이 외부인은 들판을 거닐면서 노예들이 일하는 광경을 본 적도 없고, 내 농장이 노예 없이는 존속할 수 없다는 통계를 본 적도 없고, 노예들 자신도 남의 도움 없이는 살아갈 수 없다는 사실을 잘 안다는 것도 모르는 사람이다. 내 노예들이 이 외부인의 말에 귀를 기울인 결과, 나와 노예들 간의 관계가 악화되어서 내가 금전적으로 손해 보는 지경에까지 이른다고 치자.

일단 외부인의 주제넘은 참견에 따른 최초의 충격을 넘기고 나면, 나는 중뿔나게 나서서 남의 생활방식을 망치려 드는 그 외부인에게 분노하고 나중에는 격분하게 되리라고 생각할 수 있다. 나는 그 같은 환경에서 성장했기 때문에, 자기 삶이 착취에 바탕을 두고 있음을 솔직하게 인정하고 다른 생활방식을 모색하려면 남보다 더 큰 용기가 필요할 것이다.

노예소유주들은 비도덕적이라거나 KKK단원들은 우리와 상관없는 멍청한 고집불통들이라고 말하기는 쉽다. 하지만 정말 그렇게 생각하는가?

이렇게 생각해 보자. 사람을 소유하는 것이 아니라, 땅을 소유하는 문제는 어떻게 보아야 할까? 어떤 사람들은 아무리 돈을 많이 주고 땅의 소유권을 사더라도 땅 자체는 내 소유가 될 수 없다고 말한다. 땅을 가지고 무엇을 하고 싶어도 하면 안 된다. 나무를 자르지도 못하고 집을 지을 수도 없다. 불도저로 땅을 밀어 도로를 내지도 못한다. 이런 행동들은 땅이라는 생명체의 착취에 바탕을 둔 것이기 때문에 모두 비도덕적이다. 당신은 집을 지어도 좋으냐고 땅에게 물어보기나 했는가? 땅이 어떤 생각을 하는지 알고 싶은가? 당신은 땅은 생각할 줄 모른다고 말한다. 그러나 그건 당신의 생각일 뿐이다. 당신은 그렇게 생각하도록 배웠다. 나아가 이렇게 생각해 보자. 당신의 생계와 생활방식은 땅을 활용하는 데—외부인들은 이를 착취라고 부른다—바탕을 두고 있는데도, 외부인들은 당신의 생활방식이 착취에 바탕을 두고 있다는 이유로 당신을 나쁜 사람이라고,

멍청한 고집불통이라고 줄곧 비난한다고 치자.

그래도 화를 내겠는가?

이렇게 생각하면 어떨까? 컴퓨터 하드 드라이브를 생산하는 과정에서 태국여자가 죽었다는 이유로 외부인들이 당신의 컴퓨터를 빼앗아간다고 치자. 그들은 착취공장에서 만들었다는 이유로 당신의 옷을 빼앗아가고, 공장형 축사에서 생산했다는 이유로 당신의 식탁에서 고기를 빼앗아가고, 기업농들이 가족영농을 몰아내고 생산한 것이라는 이유로 값싼 채소들을 빼앗아가고, 우림지대를 파괴하고 생산했다는 이유로 당신이 마시는 커피를 빼앗아간다고 치자. 그들은 지구 온난화를 이유로 당신의 자동차를 빼앗아가고, 광업이 근로자를 착취하고 자연과 공동체를 망친다는 이유로 당신의 결혼반지도 빼앗아간다. 또 발전에 환경비용이 많이 든다는 이유로 (원자력발전은 말할 필요도 없고, 수력발전소는 연어를 죽이고, 석탄발전소는 산을 벗기고 산성비의 원인이 되며, 풍력발전기들은 새를 죽인다는 이유로) TV·전자레인지·냉장고 등 모든 가전제품을 빼앗아간다고 치자. 외부인들이 이 모든 것들이 착취적이고 비도덕적이라고 결정했다면서 당신한테서—당신의 동의도 없이—모두 빼앗아가려고 한다고 상상해 보라. 이 외부인들이 실제로 당신의 삶의 중요 부분을 빼앗아가는 데 성공하고 있다고 상상해 보라. 당신은 아마도 그 지겨운 녀석들을 증오할 것이며, 화가 난 다른 사람들이 그들에게 반격을 가할 단체를 이미 결성해 놓았다면 당신도 필경 흰색 가운에 이상한 모자(KKK단의 제복—옮긴이)를 쓸 것이며, 그들이 당신의 생활방식을 파괴하지 못하도록 하기 위해 필요하다면 몇몇 사람들과 함께 조금은 난폭해질 수도 있을 것이다.[324]

이것이 문명인들이 언필칭 자신의 착취권리를 위협받을 때 보여주는 전형적인 반응이다. 여기서 반격해 오는 인디언들을 두고 "전쟁이 나면 그들이 우리를 일부 죽이겠지만, 우리는 그들 모두를 섬멸할 것"이라고 한 토머스 제퍼슨의 말을 다시 곱씹어볼 필요가 있다.[325] 불행하게도, 인디언과 그 동맹세력은 아직껏 이 기계문화의 압제를 헤어나지 못하고 있다. 그런데도 그들은 헤어나려고 시도하기만 해도, 그리고 종종 그저 존재하면서 착취자들에게 다른 존재방식도 가능하다는 (그리고 바람직하다는) 것을 보여주기만 해도 여전히 분노의 표적이 되고 있다.

정말 분노가 어떤 것인지 알고 싶은가? 폭력을 한번 겪어보고 싶은가? 문명인들에게 한번 반대해 보면 된다. 그들이 지구를 파괴하지 못하도록 하면 된다.

문명인들은 웃으면서 당신을 갈기갈기 찢어죽일 것이다.

그들의 정신병은 고질병이다

자, 콜럼부스와 그의 동료 유럽인 착취자들은 대량학살과 인종근절을 허용하는 '윤리관'을 지녔던 단순히 '탐욕스러운' 사람들이었을까? 나는 콜럼부스는 '웨티코'(Wétiko, 인디언 전설에 나오는 식인귀신. wendigo, witiko 등으로도 불린다―옮긴이)였다고 주장하며, 그는 정신질환자 또는 미치광이로서 끔찍한 전염성 정신질환인 웨티코 정신병(wétiko psychosis, 강력한 식인욕구를 지니는 정신병―옮긴이) 환자였다고 주장하는 바이다. 반면에 그가 기술한 원주민들은 건전한 정신상태를 지닌 건전한 사람들이었다. 인간과 그 밖의 생물들이 건전하다거나 또는 건전한 정상상태에 있다는 말은 전술한 바와 같이 다른 생활방식과 다른 개개인들을 존중한다는 의미이다. 나는 인간이 그렇게 살아왔으며, 또 그렇게 살아야 한다고 생각한다.

웨티코 정신병과 이에 따른 여러 문제들은 수많은 저항운동과 개혁 또는 혁명 노력을 불러일으켰다. 불행하게도 이 같은 노력은 대부분 실패했으니, 그것은 그들이 '웨티코' 환자를 전염성이 매우 강한 질병을 앓고 있는 정신병자로 진단하지 않은 탓이었다.

잭 D. 포비스(Jack D. Forbes)[326]

문명이 세계를 죽이는 이유, 화제 18. 시애틀 근처의 스포츠센터에서 실제로 있었던 대화. 여러 남자와 여자들이 TV를 보고 책을 읽고 또는 거울을 들여다보면서 운동기구의 벨트 위를 걷고 있었다.

어떤 여자가 말했다. "이웃집 나무들을 어떻게 해야 할지 모르겠어요. 크레인이 올 때 그 집에서 나무를 잘라주었으면 좋으련만. 지난번 폭풍 후에 그 집 나뭇가지가 우리 집 지붕에 내려앉았답니다."

다른 여자가 말했다. "그 심정 알겠어요. 작년에 우리 동네에서는 아무도 나무를 칠 생각을 안 하더라고요. 다행히도 우리 집에 크레인이 왔을 때 동네사람들이 모두 생각을 바꿔서 나무를 모두 16그루나 잘라냈어요."

첫번째 여자가 말했다. "내 경우엔 아직 두 그루가 남아 있어요. 금년에 크레인을 불러올 작정이에요. 나무가 우리 집으로 쓰러지는 건 질색이거든요."

환경운동가인 세번째 여자가 말했다. "정원수 관리사가 나뭇가지를 쳐주면 바람이 잘 통해서 나무가 쓰러지지 않아요."

첫번째 여자. "누구라도 와주면, 그 나무들을 없앨 거예요!"

세번째 여자. "와—. 방금 나무들이 우리에게 해주는 좋은 일들을 생각해봤는데요. 나무는 탄산가스를 산소와 바꿔줘요. 동물들이 나무에 살면 보기에도 재미있고요. 또…."

네번째 여자가 끼여들었다. "나무는 지저분해요. 이 체육관 매니저는 이사 올 때 집의 채광을 위해 마당에서 나무를 14그루나 뽑아냈답니다. 또 내 이웃집에는 150년 된 멍청한 나무가 있는데, 이것도 뽑아버려야 해요. 그 나무의 뿌리가 3천 달러를 들인 우리 집 헛간으로 밀고 들어오는데, 그만한 값어치를 가진 나무가 어디 있겠어요?"

첫번째 여자. "난 어쨌든 나무를 다시 심을 거예요. 그 못생긴 상록수만 아니면 돼요. 아마 난쟁이나무를 심게 되겠지요."

◦ ◦ ◦ ◦

우리가 아직까지도 진실을 말해 민중을 겁주거나 화나게 하면 안 된다는 주장을 물리쳐야만 한다고 생각하면 맥이 풀린다. 물론 역사를 살펴보면 민중은 문화의 잔혹행위에 반대하기보다 참여할 때 더 자발적이었음을 보여준다. 대통령이 여론 지지율을 높이는 확실한 방법이 또 하나의 약소국을 침공하는 것이라는 점을 어떻게 보아야 할까? 또는 제2차대전중에 레지스탕스에 가담한 선량한 독일인의 수와 독일군에 입대한 사람의 수를 비교해 보라. 레지스탕스 대원들이 히틀러를 죽이고자 한 한 가지 이유는, 그가 대다수의 독일인들 사이에서 대단한 인기를 누리고 있었기 때문이다. 히틀러가 계속 연설하도록 놔두면 국민들이 그를 따르리라고 생각했던 것이다.

○ ○ ○

문명이 세계를 죽이는 이유, 화제 19. 프로야구팀 '디트로이트 타이거즈' 때문이다. '타이거즈' 팀의 전적이 너무 형편없어서 우리가 아는 삶을 위협하기 때문이 아니라, 진짜 호랑이보다 '디트로이트 호랑이'를 좋아하는 사람이 많기 때문이다.[327]

나는 다른 곳에서 매일 밤 미국인 수십만 명이 스포츠 행사를 관람하고 수백만 명이 TV로 시청하는데도, 우리가 예를 들어 연어 살리기 운동을 위해 모임을 가질 때면 기껏해야 열댓 명밖에 안 모인다고 한탄하곤 한다. 더구나 그 모임의 참석자들은 지난주의 서커스 반대모임과 그전 주의 국방예산 증액 반대모임에도 참가했던 똑같은 면면들이다.[328] 광고 때문에 그런 차이가 난다고 주장하는 사람들도 있다—목청 좋은 아나운서가 끊임없이 댐을 폭파하라고 호소하고, 신문들이 매일 10여 페이지를 들여 멸종위기에 놓여 있는 종들의 곤경을 보도한다면 보다 많은 사람들이 관심을 갖게 되리라는 것이다.

그럴지도 모른다.

하지만 나는 그렇게 생각하지 않는다.

한 가지 지적해 두어야 할 보다 본질적인 핵심은 사람들이 무엇을 원하는

지는—다소 동어반복이기는 하지만—그들이 무엇을 하는지를 보면 알 수 있다는 것이다. 진짜 호랑이들의 멸종을 막기 위해 나서고 싶은 사람보다 여름밤마다 '디트로이트 타이거즈'를 보러 가는 사람이 많다면, 그것은 사람들이 원하기 때문이다.[329]

◦ ◦ ◦

아니면, 사람들이 스스로 그렇게 원한다고 생각하기 때문일지도 모른다.

아니면, 그렇게 원하도록 배웠기 때문일지도 모른다. 또 이 문화의 모든 것이 사람들이 그렇게 원하도록 정신적 외상을 입혔기 때문일지도 모른다. 또는 이 같은 욕구는 진짜 욕구의 중독성 모방(toxic mimics)인지도 모른다. 아니면, 사람들이 그런 일에 중독된 탓인지도 모른다.

한때 마약중독자였던 교도소의 내 제자들은 자기들이 마약을 시작한 것은 기분이 좋아지기 때문이었지만, 얼마 후부터는 기분이 좋아지려고 마약을 사용하는 것이 아니라 기분이 나빠지지 않으려고 사용하게 되더라고 말했다.

내가 아는 여자들 중에는 어렸을 때 성폭행을 당해 어른이 되어서도 섹스를 두려워하게 되었다고 하면서도 성관계가 아주 문란한 여자들이 있다. 그들은 어렸을 때 거부할 수 없는 상황에서도 남자들을 즐겁게 하기 위해 스스로 적응하도록 잘 훈련받은 여자들이었다. 자, 그런 여자들이 술집에 자발적으로 찾아간다. 가고 싶어서 가는 것이 아니겠는가? 그들은 섹스의 상대를 골라잡는다. 누구도 그들의 머리에 총부리를 갖다 대지 않는데도 말이다. 그들이 원하기 때문이 아니겠는가?

그래도 그들의 기분이 좋아지는 것은 아니다. 그들이 나중에 내게 그렇게 말했다. 섹스를 증오한다는 사람이 많았다. 그게 사실일까? 그들은 섹스를 좋아한다고 생각했다. 섹스가 자기를 확인해 준다고 생각했다. 자기들이 섹스를 원한다고 생각했다. 그러나 과연 그랬을까? 그들이 원한 것은 과연 무엇이었을까?

그리고 남자들의 경우를 보자. 남자들이 원하는 건 과연 무엇일까? 그저 사정하기를 원한다면 다른 방법도 있을 것이다. 자기만족을 원한다면 대화를 통해서도 얻을 수 있을 것이다. 남자들이 정말로 원하는 건 과연 무엇일까?

나아가 이렇게 생각해 보자. 내 아버지는 나를 구타하고 성폭행할 때 무엇을 원했을까? 한 가지 측면은, 그가 자기가 한 짓을 분명이 원했으리라는 것이다. 그렇지 않고서야 그런 짓을 했을 리가 없다. 그는 선택권을 갖고 있었지 않은가?

아니면, 과연 선택권을 갖고 있었을까?

나는 고등학교를 마친 후 평판이 꽤 좋은 이공계 학교였던 콜로라도 광산학교에 입학했다. 그 이유는 내가 장학금을 받았고, 또 고등학교에서 미적분을 이수한 학생이 그런 기회를 놓치면 바보천치일 것이라는 말을 들었기 때문이었다. 대학을 졸업한 후 좋은 일자리를 얻을 게 확실하니, 그것이 인생의 중요한 문제가 아니겠는가? 내가 고등학교 때 수학과 과학 과목을 싫어했다는 것은 문제될 게 없었다. 나는 그래도 그 학교에 가고 싶었다. 그렇지 않았더라면 가지 않았을 것이 확실하다. 아니면 그래도 갔을까?

이런 질문들은 이 책에서 내가 말하고자 하는 모든 내용의 핵심을, 그리고 어떻게 하면 우리가 이 혼란으로부터 탈출하느냐 하는 핵심 문제를 겨냥하고 있다. 곧 그 방법을 논하겠지만, 먼저 간단한 수수께끼 하나를 소개하고자 한다. 나는 내가 쓴 여러 책들, 특히 『말보다 오래된 언어』에 관해 수많은 편지를 받고 있지만, 내가 그 책에서 가장 중요하다고 생각하는 장절(章節)에 대해 언급한 편지는 하나도 없었다. 그 절에서 나는 과학자들이 고의적으로 원숭이들을 미치게 하여 이른바 '괴물엄마'(monster mothers)를 만드는 이야기를 다루고 있다. 내가 이 절을 집어넣은 것은 어떤 종류의 악한 사람들이 다른 사람들을 미치게 만드는가를 묻기 위해서였다(그 해답은 물론 우리가 일상적으로 광고주, 기업언론인, 훈련교관, 간수, 교사 그리고 종종 부모라고 부르는 사람들이다). 그러나 정말 중요한 점은 원숭이들이 이미 스스로가 정신병자인 사람들에게 치료받아 되돌릴 수 없는 불치의 정신병에 걸리게 된다는 데 있다. 원숭이들의 정신병이 영구적인 고질병으로 되는 것이다.[330] 그들은 성관계를 포함한 정상적 사회관계를 가질 능력을 상실하며, 인간 정신병자들이 '강간대'라 부르는 장치를 사용해야만 임신을 시킬 수 있다(얼마나 사악한 사람들이기에 그런 장치를 고안해 낼 수 있을까?[331]). 다른 원숭이나 인간이 할 수 있는 그 어떤 일도 이처럼 폭력적이고 가슴 아플 수가 없을 것이다.[332] 이런 고통에서 벗어날 수 있는 길은 죽음밖에 없다.

레잉 박사가 『경험의 정치학』에서 지적한 "사람들은 자신이 세계를 경험하는 방식 그대로 행동한다"는 말을 상기해 보자. 그들의 경험을 이해할 수 있다면 행동도 이해할 수 있다. 5세 난 여자가 보호자에게 폭행당하면서 자기가 사랑이라고 여기는 것을 받는다고 배운다고 하자(아마도 금전적 보상도 받을 것이다). 또 저항하면 구타당하고 버림받게 된다고 배운다고 하자. 이것이 나중에 그 여자의 경험과 행동에 어떤 영향을 주게 될까? 단지 성적인 행동뿐 아니라 다른 행동들에 어떤 영향을 줄까? 내 아버지에 대해서도 같은 질문을 해볼 수 있다. 아버지가 받은 학대는 그가 세상을 보는 눈에, 그의 존재방식에, 주위사람들을 대하는 방식에 어떤 영향을 미쳤을까? 그리고 나 자신이 받은 학대는 나의 지각작용에, 나의 존재방식에, 내가 주위사람들을 대하는 방식에 어떤 영향을 미쳤을까? 내가 받은 학교교육은 내가 공부하기 싫은 과목을 배우기 위해 대학에 진학하기로, 또는 진학하지 않기로 결정하는 데 어떤 영향을 미쳤을까? 나는 진학하기를 원했는가? 진학하기를 원한 나는 누구였는가?

분명히 해둘 것이 있다. 나는 성적으로 폭행당한 모든 여자가 섹스를 혐오하거나 자기혐오의 길을 갈 것이라고 말하려는 것이 아니다. 학대받은 사람들 모두가 나중에 다른 사람을 학대하게 된다고 말하려는 것도 아니다. 교육이 아무 도움도 되지 않는다는 말도 아니다. 글을 쓸 이유가 없다고 말하려는 것도 아니고, 변화하는 사람은 없다고 말하려는 것도 아니다. 설득할 수 있는 사람이 도무지 없다고 말하려는 것도 아니다. 내가 말하려는 것은 절대로 설득 불가능한 사람이 있다는 것이다. 치유 불가능한 고질적인 정신병에 걸린 사람들이 있다는 것이다. 특히 사회적으로 권력의 전폭적인 지원을 받는 사람들은 결코 태도를 바꾸지 않으며, 파괴적 행동을 절대로 멈추지 않을 것이다. 그들이 처한 이 고통에서 벗어날 수 있는 유일한 길은 죽음을 맞이하는 것이다. 이 말은 여러 가지 점에서 과학혁신에 관한 플랑크(Max Planck)의 진술을 심리학적으로 재탕한 것에 불과하다. 플랑크는 이렇게 말했었다. "새로운 과학적 진실은 반대편을 설득하고 그들에게 빛을 보여주는 방법으로 승리를 거두지 않으며, 오히려 반대자들이 결국은 죽고 새 세대가 자라나 새로운 진실에 친숙해지기 때문에 승리하는 것이다."[333] 최근에 어떤 친구는 내게 이런 글을 써보냈다. "동화되지 않은 어린이들의 행동방식은 거의 항상 성인들의 지성적 사고를 앞지른다. 물론 우리가 효과적으로 저항하지 못하는 한 가지 이유는 경찰이 우리를 죽일 것이라는 데 있다. 그러나 더욱 중요한 이유는 여러 가지 형태의 내면화된 억압, 우리가 알지 못하는 가운데 계속 우리 행동을 좀먹고 있는 투명한 정신적 족쇄에 있다는 생각이 든다."

○ ○ ○

그 친구는 또 이렇게 썼다. "집권자들이 우리를 파괴하고 있는데도 사람들이 저항하지 않는 근본적 이유의 하나는 우리들 대부분이 심리적으로 성숙하지 못했기 때문이라고 말하는 것이 옳다는 생각이 든다."[334]

○ ○ ○

그러므로 우리는 다음과 같은 점을 서로 이해한다. 즉 우리는 건강한 토지기반을 필요로 한다. 그것이 세상에서 가장 중요한 일이다.[335] 건강한 토지기반이 가장 중요할 뿐 아니라, 건강한 토지기반 없이는 다른 것이 모두 소용없다는 것은 부정할 수 없는 진실이라는 것이다.

◎ ◎ ◎

개인 차원에서 진실인 것은 사회적 차원에서는 더욱 진실이라는 것은 분명하다. 내가 어린 시절로부터 지금 이 정도라도 회복하게 된 한 가지 원인은 내가 매우 열심히 노력했고 또 내 친구들, 어머니 그리고 누이동생들의 애정 어린 지원이 있었다는 데 있다. 내가 성장기인 어렸을 때 단 10년간 폭력을 겪고 나서 삶을 이루기 위해 이 정도로 힘들게 노력해야만 했다면, 전체 문화가 변화한다는 것은 얼마나 힘든 일이겠는가?

◎ ◎ ◎

좀더 분명히 말한다. 내가 대부분의 사람들은 관심 갖지 않는다고 말할 때, '관심 갖다'(care)라는 말은 "사람들이 연어에 대해 관심을 가졌더라면, 그들을 죽이는 자들로부터 연어를 보호하기 위해 행동할 것이다"라고 말하는 경우처럼 가장 일반적인 의미에서 '관심을 갖는다'는 뜻이다. 사람들은 분명히 관심이 없다. 관심을 가졌더라면 연어를 살리기 위해 필요한 일을 했을 것이다. 우리는 그 정도로 어리석지는 않다. 그리고 연어를 살리는 일은, 문명의 영속적 성장이라든가 문명과 자연계의 분리 등과 같은 틀에 박힌 엉터리 조건들을 떨쳐버리고 나면, 사실은 인식론적으로 그렇게 힘든 일도 아니다.

그러나 여기에는 더 깊은 뜻이 있다. 그것은 우리가 이 죽음의 문화를 받아들이도록 반복교육을 받은 결과로 연어와 하천과 지구에 관심을 갖게 되었다는 뜻이다. 즉 우리는 그런 것들을 모두 증오하고 모두 파괴하기를 원한다는 것이다. 그렇지 않고서야 왜 우리가 그것들을 파괴하거나 그런 일이 일어나도록 방치하겠는가?

다행히도 관심을 갖는다는 말에는 이보다 좀더 깊은 뜻이 있다. 우리의 몸은 무엇이 옳은 것인지 스스로 잘 알고 있다. 우리의 몸은 문화적 내면화에, 중독에, 정신병리학에 짓눌려 있으면서도 인간은 이보다 좀더 나은 것을 추구하도록 되어 있다는 것을 기억하고 있으며, 또한 인간은 우리의 인간 및 비인간 공동체와 분리될 수 없고 그 일부라는 것을, 그리고 우리의 토지기반에 가해지는 짓은 바로 우리 자신의 몸에 가해지는 짓이라는 것을 기억하고 있다. 우리 몸은 노예제도가 아니라 상호신뢰에 바탕을 둔 생활방식을 기억하고 있다. 우리 몸은 자유를 기억한다. 우리 몸은 인간의 지성은 죽음의 기념비를 세우는 일보다는 무언가 좀더 나은 목표를 추구한다는 것을 기억하며, 또한 인간의 지성은 우리가 이 세상의 다른 존재들과 연관을 맺고, 그들을 이해하고, 그들과 의사소통을 하고 이야기하도록 돕고자 한다는 것을 기억한다. 인간의 지성은 하천과 해우(海牛), 퓨마, 거미, 연어, 땅벌 등의 지성이 그렇듯이 우리가 아름답고 멋진 생명의 심포니를 이해하고, 이에 참여하여 우리의 역할을 분담하는 것을 돕도록 되어 있다.

이런 것들을 기억해 내고 노예생활과 문명에 대한 중독증을 벗어나려고 노력할 수 있는 사람은 많지 않다. 그것이 비극이다. 개인적·공동체적·생물학적 및 지리학적인 비극이다.

그러나 우리 몸이 무엇을 알고 있는지를 기억하고 몸과 토지기반을 보호하기 위해 필요한 일을 하고자 하는 사람들도 많이 있다. 연어와 회색큰곰, 삼나무, 들쥐, 올빼미 등과 연대하여 보다 큰 공동체를 위해 일하고자 하는 사람들도 많이 있다. 그것이야말로 아름답고 강력한 도덕적 행동이다.

정말 재미있는 일이기도 하다.

독자들도 언제 한번 해보기 바란다.

◦ ◦ ◦

권력자들을 설득하기가 정말로 불가능하다면, 대다수 사람들이 정말로 자신의 몸과 토지기반을 보호하기 위해 행동하지 않으려 한다면, 이 문화가 죽음의 충동에 따라 지구를 죽이려 한다면, 그렇다면 당신은 자신의 몸과 토지기반을 보호하기 위해 무엇을 하겠는가? 어떤 행동을 취하는 것이 옳겠는가?

낭만적 허무주의

사람은 무언가 믿을 대상을, 전심전력을 다해 열중할 대상을 필요로 한다. 사람은 자기 삶에 의미가 있으며 자기가 이 세상에서 필요하다는 느낌을 필요로 한다.

한나 세네시[336]

나는 독자들을 설득할 마음이 없는 사람이라면서 내 글의 톤을 부드럽게 고칠 필요가 있다고 내게 훈계했던 앞의 그 출판사 에이전트는 대화중에 내가 허무주의자라는 말도 했다.

나는 막연한 모욕감을 느꼈다. 허무주의자가 무슨 뜻인지는 잘 모르지만, 그녀의 어감으로 보아 나쁜 뜻임을 알 수 있었다. 나는 검정색 헐렁 바지와 터틀넥 스웨터 차림에 베레모를 쓴 10대 청소년이 얼굴을 잔뜩 찌푸린 채 줄담배를 피워가며 어느 빌딩에 기대어선 모습을 마음속으로 그려보았다.

그러나 그건 내 모습이 아니었다. 그래서 나는 사전에서 '허무주의자' (nihilist)라는 단어를 찾아보았다.

첫번째 정의는—인생은 무의미하며 모든 도덕적 진리에는 아무 근거가 없다는 정의—분명히 내게 해당되지 않는다. 나는 진실, 아름다움이나 사랑이 그런 것이라고 생각하지 않는다.[337] 두번째 정의는—현재의 사회질서는 너무 파괴적이고 구제불능이기 때문에 그 핵심부를 해체하고 이를 제거해야 한다는 정의—손에 맞는 장갑처럼 내게 꼭 들어맞는 정의다. 다만 독자들은 장갑을 낄 때 지문이 남지 않도록 조심하기 바란다.

나는 그동안 전과자 출신 친구 케이지와 허무주의에 관해 많은 대화를 나누었다. 그리고 검은색 터틀넥 스웨터는 정말 내게 어울리지 않으며 게다가 나는 얼굴을 잘 찌푸리지도 않는 편이라는 등의 이야기도 나누었다. 엠마 골드먼(Emma Goldman, 1869~1940, 리투아니아 출신인 미국의 아나키스트 여성해방론자 옮긴이)의 다음과 같은 말이 종종 (부정확하기는 하지만) 인용되고 있다. "춤출 줄 모르는 사람은 혁명에 참가하지 않으려는 사람이다."[338] 글쎄, 나는 춤을 출지 모르지만 웃을 줄은 안다. 그러니 혁명할 때 나도 끼워줘도 될 것이다.

어느 날 케이지가 말했다.

"해답을 찾았수다."

내가 눈썹을 치켜올렸다.

그가 말했다. "선생은 낭만적 허무주의자요." 그러고 나서 그가 크게 웃었다.

나도 웃었다. 웃고 또 웃었다. 나는 속으로 이렇게 생각했다. '그렇다, 낭만적 허무주의자의 혁명이라. 그거 괜찮은데. 나도 끼워줘.'

◦ ◦ ◦

얼마 전에 나는 포틀랜드에서 강연을 했다. 나중에 몇몇 비폭력주의자들이 '사회변혁의 참다운 길'을 준수하지 않는다는 이유로 나를 공격한 것을 계기로 인터넷에서 평화주의자와 비평화주의자들 간에 일대 토론이 벌어졌다. 어떤 친구가 내게 그런 글을 일일이 다 읽어볼 필요는 없다고 일러주면서도 게시된 글을 한 편 보내주었다. 내가 확인하고 싶었던 핵심 문제를 짚었다고 생각되는 다음과 같은 짤막한 글이었다.

히말라야 블랙베리는 오리건주의 자생종이 아니다(오리건주에서는 블랙베리에 치명적인 곰팡이균이 퍼져 큰 문제가 되고 있다—옮긴이). 이 끔찍한 가시나무들이 이 고장의 광대한 토지를 점거하고 있다. 그들이 자생종들을 죽이고 있다. 잘못 밟거나 덤불에 자빠지기라도 하면 가시에 찔려 무지하게 아프다. 나무를 베어내도 다시 자란다(끈질긴 놈들이다). 뿌리째 뽑으려 들면 가시가 손가락에 박혀 뜨끔뜨끔 쑤신다. 블랙베리를 심은 넓은 밭을 처리하는 최선의 방법은 밭을 불태우고 나서 불도저로 밀어버리는 것이다.

우리가 처해 있는 사회적·정치적·심리적 상태는 문화적 블랙베리와 같다고 할 수 있다. 우리 문화는 침략적이고 파괴적이고 고통스러우며, 무엇보다도 애당초 이식이 불가능하다. 우리는 (원하건 원하지 않건) 그 일부를 이루고 있다.

데릭 젠슨은 이 문화를 모두 태워없앨 생각을 하고 있다.

나도 불도저를 몰고 갈 생각이다.

◦ ◦ ◦

몇 달 전에 『디 에콜로지스트』(*The Ecologist*)지가 새 연재물을 싣기 시작했다. 매호마다 환경운동가나 작가들에게 가장 감명받은 책들은 무엇이며 추천하고 싶은 책은 무엇이냐고 여러 가지 질문을 던지고 있다. 『작은 것이 아름답다』라든가 『기업이 세계를 지배할 때』『로랙스』(Lorax) 등 누구나 충분히 예상할 만한 여러 가지 책들이 언급되었다.

그 잡지는 내게도 그런 질문을 보내왔다. 나는 어쩌면 검은색 터틀넥 스웨터를 입은 기분이었는지도 모르겠다. 답변서에 얼굴을 잔뜩 찌푸리고 쓴 것과 같은 폭언을 써서 보냈기 때문이다.

질문 1 처음으로 당신에게 문제의식(지구, 정치체제, 경제체제 등)을 깨우쳐준 책은 무엇입니까?

답 책은 아니었다. 내가 사랑한 장소들이 하나하나 파괴된 것이 나를 깨우쳐주었다. 그리고 수많은 사람들이 직장에서 자기가 싫어하는 일을 해야만 하는 문화는 완전히 미친 문화라는 것이었다. 대다수 사람들이 대부분의 깨어 있는 시간을 하고 싶지 않은 일을 하면서 보낸다는 것은 무엇을 의미하는가? 이 문화 자체가 인간의 행복과, 더욱 중요하게는 세계 그 자체를 파괴하고 있다는 것이 나에게 문제의식을 심어 주었다.

닐 에번든(Neil Evernden)의 『타고난 이방인』(*The Natural Alien*)은 내가 미친 게 아니라 이 문화가 미쳤다는 것을 알려준 첫번째 책이었다. 이 책이 내가 읽은 책 중에서 지배적 문화의 공리주의적 세계관을 당연한 것으로 보지 않은 첫번째 책이었다.

질문 2 정치가들에게 권하고 싶은 책은?

답 폭발하는 책. 흥분하지 말고 질문을 "히틀러, 괴링, 히믈러, 괴벨스에게 보내고 싶은 책은?"이라고 바꾸면 어떻겠는가? 질문을 이렇게 바꿀 수도 있겠다. "책이 히틀러를 바꿔놓을 수 있었을까?" 나는 바꿀 수 없었으리라고 생각한다. 책이 폭발하지 않는 한. 그리고 현대의 정치가들을 히틀러와 그 일당에 비유한다고 화내기 전에, 문제를 연어나 회색곰, 참치나 토착민들의 관점에서 살펴보기 바란다. 현재의 권력자들은 역사상 어느 누구보다도 파괴적이다. 게다가 그들은 대개의 경우 심리적으로 설득이 불가능한 자들이다. 누군가가 어떤 정치인을 설득하는 데 성공한다면, 그 정치인은 권력을 상실하게 될 것이다.

최근에 나는 워드 처칠과 함께 좌담을 한 적이 있다. 그는 미국과 나치 독일이 가장 다른 점은 미국은 패전국이 아니라는 점이라고 말했다. 나는 단 한마디로 대꾸했다. "아직은."

질문 3 CEO들에게 권하고 싶은 책은?

답 위와 같음.

질문 4 어린이들에게 권하고 싶은 책은?

답 어린이들에게 책을 권하지 않겠다. 나무는 피살되어 그 살이 펄프가 되고 그 살에 사람들이 글자들을 찍어 얼룩지게 할 때까지 아무 발언권도 갖지 말아야 한다는 이상한 생각이 문제다. 그런데 책이 바로 그 문제의 일부이기 때문이다. 나는 어린이들을 데리고 야외로 나가 얼룩다람쥐, 잠자리, 올챙이, 벌새, 돌멩이, 하천, 나무들을 만나게 해주겠다.

그래도 나보고 어린이들에게 굳이 책을 권하라고 강요한다면, 애들에게 야외로 나가라고 깨우쳐 줄 책으로『버드나무에 부는 바람』(*The Wind in the Willows*, Kenneth Grahame이 지은 아동소설-옮긴이)을 권하겠다.

질문 5 지금은 2050년. 만년설이 녹아 해수면이 높아지고 있다. 귀하가 책을 딱 한 권만 들고 방주에 오르도록 허용된다면, 무슨 책을 갖고 가겠는가?

답 나는 책을 갖고 가지 않겠고, 방주에 오르지도 않을 것이다. 자살할 생각이다. 살아 있는 토지기반 없이 살고 싶은 생각이 없다. 살아 있는 토지기반이 없으면 나는 이미 죽은 몸이다. 어떤 책도 조금치도 도움이 될 수 없다. 100만 권의 책도, 100만 개의 컴퓨터도, 100만 명의 사람도 아무 도움이 안 된다.

철저한 부정

우리는 진실을 알기 힘들어서 죄를 범하는 것이 아니다. 진실은 얼핏 보면 알 수 있다. 우리가 죄를 짓는 것은 그게 편안하기 때문이다.

알렉산드르 솔제니친[339]

철저한 부정의식을 갖지 않은 사람들도 이제는 지구촌경제가 삶과는 전혀 양립할 수 없다는 점을 이해할 때가 되었다. 그건 분명한 사실이다. 그러나 왜 그런가? 나는 그 점을 이해하는 데 여러 해가 걸렸지만, 실상을 알게 되면 아주 분명한 사실이다. 그 이유는 이렇다. 지구촌경제는 무한한 수요를 창출하는데, 바로 그게 문제이다. 자연계는 무한한 수요를 감당할 수 없기 때문이다. 모든 자연공동체들은 상호 의존적인 사이클을 이루며 생존하고 번영한다. 연어는 삼림에, 삼림은 연어에게 주며 연어는 바다에, 바다는 연어에게 준다. 그러나 지구촌경제는 착취경제이다. 지구촌경제는 아무것도 되돌려주지 않으며, 자신을 특징짓는 기계의 모습을 따라 원료를 가지고 권력을 만든다.[340] 착취(기계)경제가 무한한 수요와 결합되면 도처에 수많은 죽음이 일어나게 되어있다는 것이다. 내가 이 점을 이해하게 된 것은 어떤 여자가 보내준 이메일을 읽고 나서부터였다. 캐나다에 살고 있는 그 여자는 이메일에서 2, 3년 전만 하더라도 자기가 사는 골짜기에는 회색곰과 불곰들이 많이 살아서 봄, 여름, 가을마다 매일 평균 10여 마리를 볼 수 있었다고 했다. 그런데 지금은 잘해야 1주일에 한 마리를 볼 수 있으며, 그것도 대개는 똑같은 곰이라는 얘기였다. 원인은 사냥꾼들이 중국인들의 웅담시장에 눈을 떠 모두 잡아들였기 때문이라고 그녀는 지적했다. 나는 그 지방의 인간 공동체가 웅담을 얻기 위해 앞으로 곰을 얼마든지 죽일 수 있으리라는 생각이 들었다. 사실 캐나다의 웅담수요는 별로 크지 않다. 더구나 그 고장의 곰을 다 죽이고 나면 내일은 어디서 웅담을 구할까? 그러나 시장을 전세계로 확대하고 나면 웅담의 수요는 거의 무한히 늘어난다. 곰을 아무리 많이 잡아도 그 수요를 충당할 수 없다. 오늘날 대구, 연어, 고래, 상어, 삼나무, 백송 등의 경우에도 바로 그런 일이 일어나고 있다. 그 어떤 생물의 개체군도 무한한 수요를 충당할 수 없다. 그 어떤 개체군도 지구촌경제에서 살아남을 수 없다. 이 문제는 본질적인 것이어서 땜질처방으로 해결할 수 있는 문제가 아니다.[341]

동일한 근거에서 이 문화에서는 모든 기술혁신이 악으로 귀결된다는 것을 알 수 있다. 가령 내가 150명 가량으로 구성된 인간적 규모의 공동체에서 산다고 치자.[342] 내가 무엇인가를 발명한다. 각자 자기가 사랑하는 땅에서 영원히 살게 되리라고 생각하고, 따라서 주민들끼리는 물론이고 모든 비인간 이웃들과도 잘 지내야 한다는 것을 잘 아는 이런 기능적 공동체에서는 이런 기술혁신을 어떻게 활용할지를 (또는 활용하지 않을지를) 결정하는 방법이 있게 마련이다. 예컨대 지금의 브리티시컬럼비아에서 살던 오카나간 인디언들은 의사결정을 위해 주민의 성향과 전문지식별로 공동체를 네 그룹으로 나누었다. 첫번째 그룹은 청년그룹이다. 보다 나은 미래를 위해 변화를 추구하는 이 청년들은 창의적·이론적이며 민첩하게 행동하고 사고하는 경향이 있다. 두번째는 원로그룹이다. 전통수호를 추구하는 이 원로들은 행동이 느리며, 신성한 것과 심오한 인식에 관심이 많다. 세번째인 아버지그룹은 보다 행동 지향적이고 안전과 의식주에 관심이 많다. 마지막 네번째인 어머니그룹은 모두를 잘 돌보는 일을 중요하게 여긴다. 그들이 모여서 "이 발명이 모두에게 어떤 영향을 미칠까?"를 의논한다.[343] 네 그룹이 각기 새 기술혁신에 관한 의견을 모으면 지도자들이 최종결정을 내리게 된다.

자, 내 발명품이 누가 사용하느냐에 따라 이롭기도 하고 해롭기도 한 것이라고 치자. 공동체로서의 우리는 이 발명품이 필요하겠는지, 그것이 우리의 삶과 비인간공동체의 삶을 향상시키겠는지, 사용한다면 어떻게 사용할 것인지 등을 결정하게 되는 것이다.

자, 내 발명품이 매우 해로운 용도로 사용될 수 있기 때문에 공동체가 이를 사용하지 않기로 결정한다고 치자. 그러나 내가 이 결정을 무시한다고 치자. 그건 무엇보다도 우선 매우 이상한 짓이 될 것이다. 어떤 건전한 가정이 독극물을 탄 음식을 먹지 않고 오염된 물과 공기를 원치 않는다고 결정했다고 하자. 가족구성원 중 누가 이를 어기겠는가? 그런데도 가령 내가 이를 어긴다고 가정하자. 내가 왜 그 결정을 어기는지는 나도 모른다. 내가 자본가이기 때문일 수도 있고, 사회병질자이기 때문일 수도 있다. 전자는 후자의 하위개념인지도 모르겠다. 건전하게 기능하는 공동체라면 내가 그런 짓을 하지 않도록 설득할 것이고, 설득이 안 되면 불허할 것이고, 그래도 말을 안 들으면 나를 추방하거나 죽일 것이다. 어쨌든 내가 공동체를 해치는 짓은 절대로 허락하지 않을 것이다.

그러나 문제는 여기에 있다. 그 발명품이 자기 고장 공동체의 범위를 벗어나, 멈퍼드가 말하듯이 "모든 사람들이 이용할 수 있게" 된다면,[344] 나는 직접적인 1 대 1의 책임을 벗어나게 된다. 다시 말해 발명품의 해로운 용도를 직접 체크할 사람이 없어지는 것이다. 더욱 고약한 것은 그 발명품이 유익한 용도만 지닌 경우이다. 우리 공동체는 이를 사용하기로 결정한다. 그러나 규모가 큰 경제에서 '누군가'가 곰쓸개로 돈벌이할 방법을 생각해 내 지구 반대편의 곰들을 죽게 만들듯이, 그 발명품을 이용하는 사람들의 규모가 커지게 되면 '누군가'가 이를 나쁜 용도로 사용할 방법을 생각해 내게 마련이다. 책임성 따윈 집어치우고, 매스컴을 활용했더니 자, 어때! 전에는 유익했던 이 발명품을 갑자기 모두가 해로운 용도로만 사용한다. 다들 그렇게 하는데 따르지 않으면 나만 바보가 되지 않겠는가?[345]

◦ ◦ ◦

좋다. 내 생각이 틀렸는지도 모르겠다. 문명이 지구를 죽인다는 생각이 틀렸다는 것은 아니다. 그건 분명하다. 그러나 '지구 어머니'라든가 자애로운 신, 산타클로스, 부활절 토끼 등이 우리를 지켜보며 우리가 위기에서 벗어나도록 도와주리라는 생각은 틀린 것 같다.

요즈음 나는 어렸을 때 들은 우화를 곰곰이 생각해 보고 있다. 인도에서 어느 기독교인이 길을 걸어가고 있다. 갑자기 반대쪽에서 사람들이 떼를 지어 도망 오고 있다. 그들이 그를 지나쳐 가면서 울며불며 코끼리 한 마리가 미쳐서(보는 관점에 따라 정상일지도 모른다) 사람들을 마구 밟아죽인다고 아우성을 친다. 그 기독교인이 말한다. "나는 걱정 없소. 하느님이 지켜주실 테니까."

그는 가던 길을 계속 걸어간다.

또 한 무리의 사람들이 달려와 똑같은 메시지를 전한다. 그래도 그는 "나는 걱정 없소. 하느님이 지켜주실 테니까" 하며 계속 걸어간다.

그러다가 그가 코끼리를 만난다.

그는 약간 겁이 난다.

하지만 하느님이 나를 지켜주실 테지.

코끼리가 그를 보더니 달려들어 그를 짓밟는다.

그가 신음소리를 내며 죽어가면서 원망한다. "하느님, 왜 나를 지켜주지 않으셨습니까?"

그때 하느님의 목소리가 분명히 들려왔다. "이 바보야! 내가 그 많은 사람들을 네게 보내 경고하지 않았더냐?"

어떤 신이 환경오염을 깨끗이 해결해 주리라고 믿던 사람이 죽고 나면, 그 신도 비슷한 말을 할 게 틀림없다. "이 바보야! 내가 왜 그 많은 재앙을 네게 보내 경고했다고 생각하느냐? 너는 지구 온난화, 여자아이들의 때 이른 사춘기, 대량멸종, 암환자의 급증 등이 주는 메시지가 무엇이라고 생각했더냐?"

◦ ◦ ◦

내가 한바탕 꿈을 꾼다. 처음에 나는 어느 계곡에 가 있다. 그랜드캐니언처럼 거대한 계곡이다. 또 역시 그랜드캐니언처럼 콜로라도강을 끼고 있다. 그러나 그곳은 바다 근처여서 파도소리가 들린다. 그 강은 콜로라도강처럼 바다에 이르지 못하고 모래밭에 잦아서 말라버린다. 그 강물—피—은 도시들이, 문명인들이 빨아먹고, 댐들로 가두어두었지만 이 꿈에서는 아무도 댐을 철거할 생각을 하지 않는다. 꿈에서는 수문학자들과 지질학자들 그리고 환경운동가들이 모래밭에 조그만 도랑을 파놓고 혹시 물이 차올라 물고기들을 살려낼 수 있을까 기대하며 도랑에 조그만 물고기들을 한 마리씩 집어넣는다. 멀리서 바다가 포효하는 가운데 물고기가 모래땅에서 펄떡거리다가 죽고, 유신론자들은 댐의 그늘 밑에 서서 놀라움을 금치 못하며 자기들의 어리석음과 무지로 죽은 강을 되살려보려고 애처롭게 안간힘을 쓴다.

우리가 지금 하고 있는 짓이 바로 이런 것이다.

그날 밤 늦게 나는 또 수천 년 동안 살지도 않고 죽지도 않는 어느 마법사의 시체와 싸우는 꿈을 꾸었다. 이 꿈에서는 종류는 다르지만 나도 마법을 사용할 줄 알았는데, 그가 나를 꼼짝 못하게 하거나 내 목숨을 빼앗아가려 할 때마다, 나도 그가 하는 것처럼 두 번 힘껏 그를 때린다. 그가 나를 두려워하며 약해지기 시작한다. 이윽고 그가 죽어가고 있음이 분명해진다. 그는 계속 싸우지만 나는 문득 내가 할 일은 그가 나를 죽이지 못하게 하고 내가 그를 죽이는 것뿐 아니라, 나아가 그를 죽지 않은 상태에서[346] 해방하는 것임을 깨닫는다. 내가 할 일은 그에게 모든 올챙이, 빗방울, 말미잘, 산, 코끼리, 비문명인 등이 다 잘 알고 있는 한 가지 교훈, 즉 어떻게 죽어야 하는지를 가르쳐주는 것이다. 그를 최종적으로 완전히 죽이는 것이 내가 할 일이다.

지금 우리는 바로 그런 일을 해야 한다.

그러나 내 꿈은 여기서 그치지 않는다. 그날 더 늦은 밤에 나는 짐승새끼 한 상자를 받아들고 시내를 지났다. 새끼들은 모두 한배에서 났지만 어떤 놈들은 매우 작아서 내가 본 가장 작은 새끼들보다도 작았다. 나는 그들을 어미에게 돌려주기 위해 서둘러야 했다. 나는 시내를 벗어날 길을 찾아헤매다가 마침내 어느 숲에 이르렀다. 어미가 그곳에서 새끼들을 기다리고 있었다. 나는 어미에게 새끼들을 돌려주었다. 나는 그중 몇 마리는 살고 몇 마리는 죽으리라는 것을 알 수 있었다.

나는 꿈속에서 이런 일이 상자 안에 갇혀 생계의 원천으로부터 격리된 채 도시들이 뿜어내는 온갖 독기 때문에 죽어가고 있는 우리—인간 및 비인간—모두에게도 해당된다고 생각했다. 일부는 살아남겠지만 일부는 죽을 것이다. 나는 또한 꿈속에서 이런 일은 체제와 싸우고 마법사와 싸우는 우리, 허물어버려야 할 댐 밑의 메마른 모래밭에 조그만 도랑이나 파고 있는 우리 모두에게도 해당되는 것이라고 생각했다. 우리 중 일부는 살겠지만, 일부는 죽을 것이다.

행동으로 옮기기

자신의 인간성을—그리고 참으로 자기 목숨을—살리고자 하는 모든 개인들은 사보타주, 저항, 반란 그리고 세계만민의 우애에 관해 위험한 생각을 하기 시작하는 것이 좋을 것이다. 반항벽(反抗癖)이라 불리는 정신자세가 그 좋은 출발점이 된다.

드와이트 맥도날드[347]

개인들은 국가적 복종의무를 초월하는 국제적 의무를 진다.

"미국 등 대(對) 괴링 등" 사건 판결문[348]

불법활동에 관한 지식과 이에 관해 조치를 취할 기회를 가진 사람은 범행을 예방하기 위한 긍정적 조치를 취하지 않는 한 누구라도 국제법상 범죄자가 될 가능성이 있다.

도쿄 전범재판[349]

지금 와서 보면 '제3제국'의 진짜 영웅은 누구일까? 히틀러, 보르만, 히믈러, 괴링? 나는 그렇게 생각하지 않는다. 지금은 남자아이의 이름을 아돌프라고 짓는 부모가 많지 않으리라고 생각한다. 차라리 칼리굴라(로마의 독재자-옮긴이)라고 짓는 편이 나을 것이다. 제3제국을 이끈 자들은 욕을 먹어 마땅하다. 마찬가지로 나치 지도자들을 위해 사악한 계획을 집행한 프랑크, 아이히만, 칼텐브루너와 같은 자들도 교수형에 처할 만한 자들이다. 침략전쟁을 기획·수행한 죄로 교수형에 처해진 카이텔, 요들과 같은 장군들도 마찬가지다(미국의 장성들도 재판받을 경우에 대비하여 『뉘른베르크의 재판』과 같은 책들을 읽어두는 것이 좋을 것이다). 또 괴벨스와 슈트라이허와 같은 나치 선전원들도 마찬가지다(자본주의 언론인들을 위해 참고로 밝혀두자면 괴벨스는 자살했고 슈트라이허는 교수형을 당했다).

아니다. 제3제국의 진정한 영웅들은 지금의 부시·체니·럼스펠드·파월 일당에 해당하는 사람들이 아니다. 게이츠(William H. Gates, 세계 갑부순위 1위인 미국의 컴퓨터 기업가-옮긴이)나 후르비츠(Charles Hurwitz, 미국 부동산개발업체 MAXXAM의 회장, CEO겸 사장-옮긴이), 트럼프(Donald Trump, 미국의 부동산재벌-옮긴이) 등에 해당하는 사람들도 아니고, 세계가 죽어갈 때 우리에게 거짓말을 해댄 피터 제닝스(미국 ABC 뉴스앵커. 2005년에 사망-옮긴이), 톰 브로코우(미국 NBC 뉴스앵커-옮긴이), 댄 라더(미국 CBS 앵커-옮긴이), 바브라 월터즈(미국 ABC 앵커-옮긴이) 등에 해당하는 사람들도 아니다.

제3제국의 진정한 영웅들은 자기들이 몸담았던 악을 저지하기 위해 노력했던 폰 뎀 부셰(Axel Freiherr von dem Bussche, 독일군 장교 출신 레지스탕스 대원으로 히틀러 암살을 시도함-옮긴이)라든가 폰 클라이스트(Ewald Heinrich von Kleist, 폰 뎀 부셰에 이어 히틀러 암살을 시도함-옮긴이) 같은 사람들이었다. 그리고 독일을 위해 한쪽 눈과 팔을 잃은 군인이면서도 여러 해 동안 히틀러의 암살을 기획, 1944년 7월 20일에 폭탄을 설치하여 거의 히틀러를 죽일 뻔했던 슈타우펜베르크(Claus von Stauffenberg) 백작, 1938년에 독일군 육군참모총장직을 사임하고 독일 레지스탕스의 정신적 지도자가 되어서

1944년 7월 20일 슈타우펜베르크와 함께 사망한 루트비히 베크(Ludwig Beck), 독일군 정보기관(Abwehr) 책임자로 연합국측에 정보를 넘겨주는 등 나치타도를 위해 진력했던 카나리스(Wilhelm Canaris) 제독(1945년 4월 9일, 나치에게 고문받아 사망[350]), 자기 직위를 이용하여 레지스탕스에게 도움을 준 명장 롬멜(Erwin Rommel)원수(1944년 10월 14일에 나치의 강요로 자살), Abwehr 요원으로서 Abwehr 대원으로 가장한 유태인들을 이끌고 스위스로 갔다가 1945년 4월 9일 고문받아 죽은 돈하니(Hans von Donhanyi), 자기 직위를 이용하여 레지스탕스에게 폭발물을 제공해 준 후 역시 1945년 4월 9일에 고문을 받아 죽은 오스터(Has Oster), 히틀러의 대중적 지지에 기여한 기독교회에 반대하여[351] 히틀러 암살을 주창하는 등 온갖 노력을 기울이다가 1945년 2월 2일에 나치의 고문으로 사망한 예수회 신부 델프(Alfred Delp) 그리고 오랫동안 히틀러 암살을 추진하다가 1944년 7월 20일 음모가 실패한 후 수류탄으로 자폭한 트레스코브(Henning von Treskow) 장군과 같은 사람들이다. 특히 트레스코브 장군은 이 시대의 우리에게도 교훈이 될 다음과 같은 유언을 남겼다.

이제 온 세상이 우리를 비난하고 박해할 것이다. 그러나 나는 지금도 우리가 올바른 행동을 했다고 절대적으로 확신한다. 나는 히틀러가 독일뿐 아니라 전세계의 철천지원수라고 믿는다. 이제 몇 시간 후 하느님의 심판을 받으러 나가 나의 행동과 태만을 설명할 때, 나는 히틀러에 반대하여 싸운 행동에 대해 떳떳하게 책임질 수 있으리라 믿는다. 하느님이 아브라함에게 의인이 열 명만 있어도 소돔을 멸하지 않겠다고 약속하셨듯이, 나는 하느님이 우리를 보아서라도 독일을 멸하지 않으시기를 소망한다. 우리들 중 누구도 그의 죽음을 한탄할 수 없는 것은, 우리 대열에 가담한 자라면 누구나 '네소스의 셔츠'(그리스 신화에서 헤라클레스를 죽였다는 독약 묻은 옷─옮긴이)를 입고 있기 때문이다. 인간의 도덕적 가치는 자신의 신념을 위해 목숨을 바칠 각오를 할 때 비로소 생겨나는 것이다.[352]

◦ ◦ ◦

6, 7년 전에 나는 국립해양수산청(NMFS), 서북전력기획심의회, 미연방 어류·야생동물청(USFWS) 등 연어 살해범들을 감독하는 관계기관들의 회의에 나가 몇 차례 증언한 적이 있다. 이런 회의들의 표면상 목적은 시민들이 정부와 업계 대표들에게 연어를 죽이는 컬럼비아강 등의 댐의 실상을 알리도록 하는 데 있었다. 진짜 목적은 나를 포함한 우리 모두가 급속히 멸종되어 가는 연어들을 지켜보면서 그래도 무언가 하고 있다는 만족감을 느끼도록 해주는 데 있었다.

그중 어떤 회의에서 나는 이렇게 증언했다.

1839년에 엘카나 워커(Elkanah Walker, 워싱턴주에서 활동한 미국인 선교사, 목사_옮긴이)는 일기에 이렇게 썼습니다. "매년 연어가 컬럼비아강을 거슬러 올라갈 동안 인디언들이 잡아들이는 연어의 수량은 놀랄 정도이다. …연어가 매우 많아서 늘 수백 마리가 물에서 나온다." 1930년에 『쾨르 달렌 프레스』(*Coeur d'Alene Press*)는 이렇게 썼습니다. "오늘 수백만 마리의 연어가 서북지방 하천들의 흰 물살을 가르며 급류를 거슬러 올라갔다. …서북지방의 모든 하천에서 이런 장면을 볼 수 있다." 『스포크스맨-리뷰』(*Spokesman-Review*)지는 케틀 폭포에서는 "은빛 〔연어〕떼가 매시간 400 내지 600마리 꼴로 폭포를 공략하고 있다"고 썼습니다.

지금은 어떤가? 이 문화는 상업의 요구를 만족시키기 위해 컬럼비아 유역의 하천들을 댐으로 막아놓았습니다. 연어를 가장 잘 아는 인디언들을 포함한 지역단체와 개인들이 연방정부와 싸웠지만 댐들은 건설되었고, 지금은 서북지방과 캘리포니아주의 연어들이 절멸되었거나 멸종 직전에 있습니다.

연어의 멸망은 새삼스러운 일이 아닙니다. 그것은 이 문화의 한 역사입니다. 인도 보팔의 유니언 카바이드 공장에서 유독가스가 누출되어 사망자 1만 5천 명, 부상자 50만 명이 발생하는 참사가 있은 후, 한 고뇌에 찬 의사는 "해독제 없는 독약을 만들도록 허가하지 말아야 한다"는 아주 상식적인 성명을 발표했습니다. 댐은 처음부터 바로 이처럼 '해독제 없는 독약'이었던 것입니다.

이 문화의 모습을 분명히 밝히기 위해, 이 문화가 만들어낸 해독제 없는 독약의 사례를 더 들어보자면 다음과 같습니다. 이 문화는 핸퍼드(Hanford) 핵폐기물 저장소를 건설할 때 사후 정화대책을 마련하지 않았습니다. 첫번째 원폭실험이 있기 전에 과학자들은 핵폭발이 연쇄반응을 일으켜 대기권을 파괴할 것이라고 우려했지만, 그대로 강행했습니다. 이 문화는 삼림복구가 불가능하다는 점은 생각하지도 않고 사실상 전지구에 걸쳐 개벌(皆伐)을 서슴지 않고 있습니다. 정치인들은 정화대책도 없이 대수층의 오염을 허가하는 짓을 하고 있습니다. 지구 온난화, 오존층 구멍, 산성비 등도 기술 '발전'이 가져온 해독제 없는 독약의 사례들입니다.

이 문화는 왜 이런 짓을 하는가? 한 가지 이유는, 이 문화에서는 지식과 기술의 '발전'이 수익성에 따라 추진된다는 데 있습니다. 수익성을 따지자니 필연적으로 생산업체의 경제활동 비용을 다른 사람들에게 부담시키게 됩니다. 워싱턴주 동부에 사는 주민들은 향후 25만 년 동안 핸퍼드 저장소 때문에 건강을 해쳐야 합니다. 스포캔의 지하수를 마시는 사람들은 이를 오염시킨 자들의 경제활동 때문에 건강을 해쳐야 합니다.

얼마 전에 슬레이드 고턴 상원의원이 연어에 관해 이렇게 논평했습니다. "비용문제 때문에 대단히 유감스럽게도 동식물의 종들이 멸종되도록 방치해야 한다고 말할 수밖에 없다." 나는 거꾸로 이렇게 말하고자 합니다. 비용문제 때문에 파괴적인 기술은 사멸하도록 방치해야 한다고. 비용문제 때문에 망국적인 정경유착은 사라져야 한다고. 비용문제 때문에 파괴적인 세계관은 버려야 한다고. 비용문제 때문에 문명을 사멸시켜야 한다고. 나는 연어의 멸종에 대해 대가를 부담할 생각이 없습니다. 그것은 연어를 멸종시키기 위해 필사적으로 싸우는 수리·관개업체들, 알루미늄 업계, 발전회사 들을 돕는 짓이기 때문입니다.

댐을 딱 잘라 '해독제 없는 독약'이라고 단정하는 것은 부적절할지도 모르겠습니다. 연어를 살릴 현실적인 방법도 있기 때문입니다. 연어를 죽이는 댐들을 철거하는 겁니다. 순전히 경제적인 관점에서 보더라도 댐은 불필요합니다. 본빌 전력청은 전력이 남아돈다고 시인하면서도 주 및 연방 정부에 더 많은 보조금을 요구하고 있습니다. 연어를 죽이는 비용을 국민이 부담하고 있는 것입니다. 경제적 이해관계가 댐의 철거를 가로막고 있습니다. 우리는 영국의 리처드 사자심왕(Richard the Lionheart)과 스코틀랜드의 로버트1세(Robert the Bruce)의 치세인 12~14세기에 연어의 이동을 가로막는 시설물의 건립을 금지하는 법령들이 통과되었다는 사실을 언제나 기억할 것입니다.[353]

토지개발국의 스티브 클라크는 우리가 '삶을 영위해' 가도록 하기 위해 연어가 절멸되기를 희망한다고 말했습니다.

업계대표들은 이 자리와 같은 토론회에서 검증된 해결책의 필요성을 거듭 강조하고 있습니다. 내가 이분들에게 검증된 해결책을 제시하고자 합니다. 댐들을 폭파하여 컬럼비아강을 야생의 강으로 되돌려놓으라는 겁니다. 정치가들과 그들이 대변하는 기업측의 지연전술에 불과한 조사연구 사업은 이제 중단할 때가 되었습니다. 지금은 우리가 그리고 연어들이 삶을 영위해 갈 수 있도록 댐들을 철거할 때입니다.

나는 이 증언을 하고 기립박수를 (물론 패널리스트들은 아니고 방청객들로부터) 받았다. 그리고 그날 저녁 다른 토론자들은 대개 "나는 젠슨의 대안에 찬성한다. 댐들을 폭파하자"는 말을 반복하는 정도였다.

몇 주 후에 나는 또 다른 회의에서 다음과 같은 증언을 했다.[354]

나는 매일 아침 일어나면 글을 쓸 것인가, 댐을 폭파하러 갈 것인가를 자문해 보곤 합니다. 나는 매일 계속 글을 쓰자고 다짐하곤 합니다. 그러면서도 나는 늘 내가 옳은 결정을 한 건지 확신하지 못하고 있습니다. 나는 책을 쓰고 독자들은 읽고 있습니다. 동시에 나는 연어가 죽어가는 것은 말이 부족해서가 아니라 댐이 있기 때문이라는 것을 잘 알고 있습니다.

이 지역에 살면서 연어에 대해 조금이라도 아는 사람이면 누구나 댐을 없애야 한다는 것을 알고 있습니다. 그리고 정치에 대해 조금이라도 아는 사람이면 누구나 댐들이 지금 당장은 없어지지 않으리라는 것을 알고 있습니다. 학자들은 연구하고, 정치가와 기업인들은 거짓말로 지연책을 쓰고, 관료들은 공청회라는 사기극을 벌이고, 운동가들은 탄원서와 언론 보도자료를 쓰고, 나는 책과 논문을 집필하고 있는 가운데 연어들은 여전히 죽어갑니다. 이런 상황은 우리 모두에게는 편안하지만 연어들에게는 그렇지 않습니다.

댐들이 건설되기 전인 1930년대에 미국정부는 댐이 연어를 죽이리라는 것을 알면서도 건설을 강행했습니다. 그 한 가지 이유는 이 지역 토착민 문화에서 연어가 매우 중요한 위치를 차지했다는 데 있습니다. 들소를 없앤 것이 대평원지대 인디언들을 굴복시키는 데 도움이 되었듯이, 연어를 죽이면 이 지역 인디언들의 집단적 문화의 등뼈를 부러뜨릴 수 있다는 것을 정부가 잘 알고 있었던 것입니다. 반복해서 말씀드립니다. 댐들을 건설한 한 가지 분명한 이유는 연어군체를 없애 원주민 문화를 파괴하려는 데 있었습니다. 이것은 법의 이름으로 자행한 집단학살입니다. 그것은 인류에 대한 범죄이며, 지금까지 이 학살에 가담한 모든 사람은 인류에 대한 범죄를 저지른 것입니다.

확실히 알아야 합니다. 아우슈비츠의 가스실과 마찬가지로, 댐들은 확실하고 분명한 고의적인 집단학살의 도구입니다. 미심쩍어 하실 분들을 위해 밝혀두자면, 다름 아닌 히틀러 자신이 그의 집단학살적 생활권(lebensraum) 정책은 '열등'민족을 멸종시킬 '의지력'을 갖춘 북아메리카 사람들—그의 표현대로 북방인들(Nordics), 즉 우리들—의 경험에 바탕을 둔 것이라고 말했습니다.[355] 히틀러의 집단학살이 단순히 '직무를 수행하는' 수십만 관료·기술자·과학자·기업인과 정치인들의 의식적·무의식적인 지원을 통해 비로소 가능했던 것처럼, 지금 진행되고 있는 집단학살·생태파괴 프로젝트도 마찬가지입니다.

마음속으로는 어떠한 잔혹행위도 정당화할 수 있습니다. 인종학살과 생태학살에 가담한 자들 개개인의 설명을 들어보면, 거의 모든 고위 범죄자들의 정신상태가 완강한 부정과 추상적 합리화의 벽에 갇혀 있음을 보여주고 있습니다. 나치는 유태인을 죽인 적이 절대 없습니다. 독일민족의 건강과 생명력을 개선하기 위해 '과학적 치료법'을 사용했을 뿐입니다. 마찬가지로 미국문화의 구성원들은 절대로 인디언들을 죽이거나 그들의 문화를 파괴한 적이 없습니다. 그저 "대륙에 차고 넘쳐라"고 하는 하느님이 주신 '명백한 운명'(Manifest Destiny)에 따랐을 뿐입니다. 마찬가지로 여기 나오신 여러분들 중 어느 누구도 연어를 죽이고 있지 않습니다. 여러분은 그저 전기를 생산하고 관개사업을 하고 있을 뿐입니다.

이 자리에 카이저 알루미늄, 본빌 발전회사 등 여러 기업체를 대표해서 나오신 여러분은 유명한 분들입니다. 아돌프 아이히만이 1961년에 재판을 받을 때 그가 내세운 한 가지 변론은, 당시 어느 누구도 자기가 잘못했다고 지적한 사람이 없다는 것이었습니다. 아이히만은 단순히 철도를 운영했을 뿐입니다. 그는 결백합니다. 그는 유태인을 단 한 명도 죽인 적이 없습니다. 그렇지만 자기 재능을 유태인 학살 프로젝트에 보탬으로써 그는 결국 수백만의 죽음에 대해 책임을 지게 되었던 것입니다. 여기 나오신 여러분 모두도 마찬가집니다. 여러분은 단지 기업이윤을 늘리기 위해, 지역경제가 원활하게 돌아가도록 하기 위해, 아니면 단지 '직무수행'을 위해 노력하고 있을 뿐입니다. 그러나 여러분의 바로 이 '직무수행'이 지금 생태계 학살과 집단학살을 저지르고 있는 것입니다.

나는 이 자리의 모든 분들에게 분명히 말합니다. 나는 여러분이 아이히만 같은 변명을 하도록 허용하지 않겠습니다. 여러분은 지금 분명히 잘못하고 있습니다. 미국도 가맹국으로 되어 있는 1948년의 유엔 '집단학살 범죄의 처벌과 예방에 관한 협약'에 따르면 여러분의 행동은 집단학살 행위입니다. 나는 언젠가는 여러분 모두를 재판에 회부하여 여러분의 범죄에 대한 책임을 묻도록 할 계획이며, 이에 대비하여 오늘 여러분이 잘못하고 있다는 [나의] 발언이 공적인 기록으로 남기 바랍니다.

우리는 카이저 알루미늄 같은 기업들이 결국은 옳은 일을 하게 되리라고 여전히 바라고 있습니다.[356] 이제 우리는 터득했습니다. 기업들이 지금과 다른 기능을 하리라고 기대한다면 이상한 생각입니다. 이윤을 추구하는 기업의 명명백백한 기능은 돈을 버는 것입니다. 기업의 기능은 연어를 구하는 것도 아니고, 토착민의 자치나 생존을 존중하는 것도 아니고, 노동자들의 직업상 또는 개인적인 온전함을 지켜주는 것도, 지구상의 생물을 부양하는 것도 아닙니다. 또 공동체들을 위해 봉사하는 것도 아닙니다. 기업체들이 인간 및 비인간 공동체들을 희생시켜 가면서 돈벌이하는 것말고 다른 일을 하리라고 기대한다면 연목구어일 수밖에 없습니다.

마찬가지로, 아직까지도 정부의 목적이 우리를 기업의 파괴활동으로부터 보호해 주는 것이라고 믿는 사람은 별로 없을 것입니다. 적어도 우리들만이라도 그 역이 진리임을 깨달아야 합니다. 즉 정부의 일차적 목적은 상처 입은 국민들의 분노로부터 경제를 운용하는 자들을 보호하는 데 있다는 것입니다.

이렇게 해서 토지기반을 보호하는 책임은 우리들 각자가 짊어지게 되었습니다. 따라서 연어를 사랑하는 우리 모두는 연어의 멸종을 일으키는 자들에게 책임을 떠맡겨야 하며, 우리에게 제대로 봉사하지 않는 정치·경제 체제에 충성하기보다는 스스로 연어들에 대해 책임을 지는 법을 배울 필요가 있습니다. 연어를 구하고자 한다면, 우리는 카이저 알루미늄이나 발전회사들에게 연어를 구할 동기를 제공해야 합니다. 우리는 그들이 연어를 멸종시킨다면, 우리도 그들을 멸망시킬 것이라고 알려야 합니다. 그리고 그 말을 지켜야 합니다. 그래야만 연어가 구출되고, 집단학살이 멈취질 것입니다.

연어가 멸종되지 않도록 하려면 댐들을 파괴해야 합니다. 누구나 다 알고 있습니다. 지금은 〔육군〕공병단도 이를 인정하고 있습니다. 그러나 지식과 행동 간에는 큰 차이가 있습니다. 그러므로 우리는 정부가 연어 살리기를 지원하지 않으면, 댐을 철거하지 않으면, 우리가 직접 나서겠다고 정부에 알려야 합니다. 그리고 말 그대로 행동해야 합니다.

컬럼비아강에 댐들이 건설되었을 때, 연어들은 고향으로 돌아가려고 자기 몸을 던져 콘크리트 벽에 부딪혔습니다. 우리도 그렇게 해야 합니다. 우리는 눈 하나 깜짝 않고 집단학살과 생태학살을 저지르는 정치·경제 체제 안에 우리를 가두고 있는 콘크리트 벽에 우리 온몸을 던져 부딪혀야 합니다.

여러 토착문화의 구성원들은 중요한 결정을 내리기 전에 "늑대를 대변할 사람? 연어를 대변할 사람?"을 묻는다고 합니다. 나도 지금 묻고자 합니다. 만일 연어들이 여러분처럼 인간의 모습을 취한다면, 그들은 어떤 행동을 할까요?

그런데 여러분은 왜 그런 행동을 하지 않습니까?

토론참가자들의 반응이 어땠느냐고? 그들은 나 때문에 경비원을 불렀다. 나를 포함한 나머지 사람들의 반응은? 댐들은 여전히 건재하다. 연어들은 여전히 멸종되어가고 있다.

이야기는 이제 그만하자.

◦ ◦ ◦

우체국직원 짐이 내게 지적한 것처럼 댐을 폭파하자고 말하거나 글을 쓰는 것, 문명 허물기에 대해 이야기하거나 글을 쓰는 것과 이를 행동으로 옮기는 것은 전혀 다른 문제이다.

◦ ◦ ◦

나는 친구인 캐럴라인 라펜스퍼거와 함께 승용차를 타고 달린다. 늦은 시간이어서 우리는 아이오와주 북부지방을 가로질러 빠른 속도로 질주하고 있다. 내가 빨리 달리는 것은 다른 차들이 모두 빨리 달리기 때문이기도 하다. 오리건주에서는 시속 120km로만 달려도 가장 빠른 축에 드는데, 여기서는 140km로 달려도 다른 차들이 모두 추월한다. 캐럴라인이 내게 글을 써서 무엇을 이루고자 하느냐고 묻는다.

내가 대답한다. "난 우리가 문명 허물기에 관해 정직하고 깊이 있게 이야기할 수 있도록 담론을 바꿀 생각이야."

그녀가 대뜸 반박한다. "그건 당신이 바라는 게 아니잖아."

"그래, 맞아." 내가 말한다. "그건 내가 바라는 게 아니지. 난 모두 다 허물어버리고 싶어."

"그렇겠지." 그 여자가 말한다.

◦ ◦ ◦

분명히 해둘 것이 있다. 나는 히틀러 암살에 대해서는 도덕적·전술적 정당성을 주장하기가 쉽다고 (또 필요하다고) 생각하지만, 부시나 그 밖의 다른 미국의 정계인물을 암살하는 데 대해서는 도덕적·전술적 정당성을 주장할 생각이 없다.

나치독일에 대한 레지스탕스의 초기에는 히틀러를 죽이지 않고도 정권을 타도할 수 있다고 생각하는 사람이 많았다.[357] 그러나 호프만(Peter Hoffmann)은 그의 명저 『독일 레지스탕스 역사 1933~45』에서 이렇게 지적하고 있다. "전쟁이 진행되면서 영향력 있는 반대세력들은 독재자를 제거하는 것, 즉 죽이는 것이 쿠데타 성공의 필수적 요소임을 깨닫게 되었다. 대다수 시민과 군대가 그에게 충성서약을 하고 있었으며… 그는 법적으로 인정된 최고사령관이었다. 그러므로 먼저 최고사령관을 제거하지 않는 한, 쿠데타를 수행할 유일한 수단인 육군을 믿을 수 없었다."[358] 히틀러 자신도 그의 독특한 어법으로 이렇게 말했다. "앞으로 어느 누구도 지금 내가 갖고 있는 만큼의 권위를 지닌 사람이 나타나지 않을 것이다. 그러므로 내가 계속 존재하는 것이 중요한 가치를 지닌다. 그러나 나도 어떤 범죄자나 천치에 의해 제거될 수 있다."[359]

나는 미국의 경우는 사정이 다르다고 생각한다. 나쁜 소식을 알려 미안하지만, 조지, 나는 그러나 당신은 미국이라는 법인 (또는 파시스트) 국가의 존속에서, 히틀러가 자신의 파시스트 국가에서 차지했던 것과 같은 그런 핵심적 위치를 차지하는 존재라고는 생각하지 않는다. 만일 당신이 가령 매우 헌신적인 프레첼(2002년 부시 대통령이 미식축구 중계를 보며 먹다가 목에 걸려 졸도했던 과자—옮긴이) 과자에 의해 암살된다면 전세계의 수억 인구가 일종의 안도감을 느끼겠지만, 슬픈 사실은 그래도 미국경제는 계속 굴러가면서 전세계의 무수한 인간 및 비인간들의 목숨을 앗아가리라는 것이다.[360]

여기서 우리가 이룩하고자 하는 것은 과연 무엇인가? 하는 질문이 제기된다. 이 질문에 대한 정직한 답변은 우리에게 예상되는 행동방향을 제시해 줄 것이다.

만일 우리가 나치를 타도하고자 했더라면, 우리는 아마도 히틀러를 죽였어야 할 것이다. 여기서 질문은, 그 방법은 무엇인가? 하는 기술적인 문제가 된다. 마찬가지로 우리가 연어를 살리고자 한다면, 우리는 다음과 같은 비교적 간단한 6가지 기술적인 과제를 안게 될 것이다. 즉 ① 댐 철거 ② 개벌(皆伐) 저지 ③ 상업적 어업 금지 ④ 바다 죽이기 중지 ⑤ 산업적 농업 금지 그리고 ⑥ 지구 온난화 저지, 즉 석유경제 금지가 그것이다. 그중에서 조만간 고삐 풀린 말처럼 기승을 부리게 될 지구 온난화를 제외하면, 이 과제들은 해볼 만한 일들이며, 실제로 문제해결 능력을 자부하는 우리 인간들에게는 꽤 수월한 일일 것이다. 우리가—나치 의사들처럼—착취적 사회구조의 테두리를 벗어나 사태를 보기를 거절한다면 이 문제들은 해결이 불가능할 수밖에 없다. 댐과 연어는 양립할 수 없다. 개벌과 연어도 양립할 수 없다. 상업적 어업과 연어도, 지구 온난화와 연어도 양립할 수 없다. 연어를 살리고 자 한다면, 이런 것들을 모두 금지해야 한다.

나는 정부가 점령정부이고 문화가 점령문화라는 인식을 완전히 내면화한 다면, 그러면 우리는 무엇을 할 것인가를 거듭거듭 자문해 본다. 우주의 외 계인들이—또는 당대의 적인 러시아 코미핑코(commie pinkos 핑크색(엉터리) 공산당원 또는 일종의 좌파 히피족-옮긴이)들이나 이슬람파시스트 또는 치콤 (ChiComs, 중국공산당원-옮긴이)들이—우리 땅에 와서 댐들을 건설하고 숲을 개벌하고 바다를 메우고 기후변화를 일으킨다면 어떻게 할까?

몇 쪽 앞에서 나는 문명 허물기에 직접 나설 생각은 없지만 그러면서도 "① 문명이 충돌할 것이다 ② 그 충돌은 혼란스러울 것이다 ③ 문명이 체계 적으로 지구를 파괴하고 있기 때문에 문명이 오래 지속될수록 충돌의 혼란 이 커질 것이다"라고 하는 데 동의하는 사람들이 취할 수 있는 몇 가지 행동 방향을 소개한 바 있다. 여기서 내 질문의 마지막 부분을 마무리하고자 한 다. 우리가 이런 전제들 모두에 동의한다면, 그리고 문명을 허물기 바란다 면, 그러면 우리는 과연 무엇을 해야 할 것인가?

지레받침

모든 사물에 대해 수많은 반대가 가능하기 때문에, 무언가 행동해야 할 필요성말고는
그런 반대를 물리칠 수 있는 것이 아무것도 없다.

새뮤얼 버틀러[361]

문명 허물기를 얘기하자면 지레받침 이야기를 할 필요가 있다.

아르키메데스는 "내게 기다란 지렛대와 설 자리를 준다면 지구라도 움직일 수 있다"는 취지의 말을 했었다. 그는 지렛대의 길이와 설 자리를 강조함으로써 또 다른 중요 부품인 받침대의 중요성을 놓쳤다. 아르키메데스가 아무리 긴 지렛대와 서 있을 단단한 땅을 마련했더라도 지렛대 받침을 구하지 못한다면 아무 힘도 발휘하지 못했을 것이다.

지레의 목적은 쇠지레나 호두까기, 외바퀴 손수레 등처럼 힘이나 운동량을 전달하거나 수정(대개는 확대)하는 데 있다.

이런 이야기가 문명 허물기와 무슨 상관이 있는가?

모든 면에서 상관이 있다.

지배적 문화가 여전히 지배하는 한, 이 문화를 어떻게 해서라도 유지하려는 사람(착취자가 되기 위해 권력을 획득하거나 유지하고자 하는 사람[362])의 수가 삶을 지키기 위해 싸우고자 하는 사람보다 언제나 많게 마련이다. "전쟁이 일어나면 그들이 우리들 중 일부를 죽이겠지만, 우리는 그들 모두를 섬멸할 것"이라는 제퍼슨의 말을 상기할 필요도 없이, 권력층의 헤게모니를 위협하는 자들을 절멸시키려는 자들은 전문적 살인부대(hired guns)를 고용하는 경우가 많다. 전세계의 권력층은 현재 약 2천만 명의 군대와 500만 명의 경찰을 거느리고 있다. 미국만 해도 권력자들을 위해 폭력과 위협을 행사하는 것을 일차적 기능으로 삼는 군대 약 140만과 경찰 약 140만(그중 1/3은 교도소 간수들)이 있다.

설상가상으로 우리들 대부분은 이 책의 〔전제 4〕가 옳다는 확신을 가질 수밖에 없게 되어 있다. 즉 폭력은 한 방향으로만 흐른다는 것, 권력의 하수인들이 사람을 죽이는 것은 정당하다는 것, 그리고 나머지 사람들이 되받아 싸우면 불경이라는 것이다.[363] 인간과 마찬가지로 퓨마가 자기 서식지를 파괴하는 자들에 맞서 싸워도 불경이 된다.

앞의 말은 권력자들이 느긋하게 권력을 휘두르는 모습을 에둘러 표현하는 말이다. 그들은 언제든지 적나라한 폭력으로 우리를 제압할 수 있다(지

금 부시행정부는 '충격과 공포'shock and awe라는 용어를 선호하고 있
다). 반면에 살기 위해 싸우는 우리들은 우리의 힘을 증폭시킬 지렛대 받침
을 언제 어디서 얻을 수 있는지 알아둘 필요가 있다.

◦ ◦ ◦

제2차대전중 독일 레지스탕스 대원들의 관점에서 보면, 히틀러가 확실히
그 같은 지레받침의 하나였다. 이 한 사람을 죽임으로써 레지스탕스의 노력
을 증폭시켜 수백만의 인명을 살릴 수 있었을 것이다. 누군가가 전쟁이 시작
되기 전에 그를 죽였더라면 수천만 명을 살릴 수 있었을 것이다.

◦ ◦ ◦

한 개인의 단독행동이 제2차대전을 조기에 종결시킬 뻔했다. 체임벌린이
나 처칠, 스탈린 또는 루트비히 베크를 두고 하는 말이 아니다. 게오르크 엘
저(Georg Elser)가 그 주인공이다.

게오르크 엘저는 히틀러가 자기 나라에 대해, 특히 노동자들에게 한 일을
증오한 독일인이었다. 나아가 그는 나치가 자기 나라를 전쟁으로 이끌어간
다는 것을 알고, 히틀러를 죽임으로써 크고 좋은 일을 할 수 있다고 생각한
사람이었다.[364]

그는 히틀러가 매년 11월 8일이면 바이마르공화국에 대한 1924년의 불
발 쿠데타를 기념하여 뮌헨의 뢰벤브로이[365] 식당에서 연설을 한다는 사실
을 알아냈다. 1938년에 엘저는 그 연설회에 참석하여 식당 홀을 정찰했다.
그는 히틀러에게 가까이 접근하여 권총으로 저격할 방법은 없겠다고 판단하
고 폭탄을 만들기로 결정했다.

그는 채석장에 일자리를 얻어 폭발물 120파운드를 훔쳐냈다(그 채석장
감독 폴머는 나중에 엘저를 채용한 죄로 2년형을 언도받았다. 엘저는 폭약
창고에 몰래 들어가서 4, 5차례에 나누어 매일 밤 조금씩 훔쳐냈다[366]). 그
는 또 75mm 군용포탄[367] 한 개와 그 밖에도 대패, 망치, T자, 함석가위, 톱,

자, 펜치, 시계, 배터리 등을 입수했다.

다음해 늦여름에 엘저는 계획의 2단계에 착수했다. 그는 뮌헨으로 이사하여 셋방을 구하고 집 여주인에게는 자기가 매일 밤 극비의 발명임무를 띠고 어느 연구소로 출근할 것이라고 일러두었다.

그는 매일 밤 뢰벤브로이 식당에 가서 저녁을 들고는 문 닫을 시간이 거의 될 때까지 머물렀다. 그리고 아무도 없는 복도로 옮겨가서 문을 닫을 때까지 숨어 있었다. 그후에 그의 진짜 작업이 시작되었다. 어느 역사가는 이렇게 설명했다.

엘저는 푸른색 손수건으로 뒤집어씌운 희미한 회중전등을 비쳐가면서 〔히틀러가 연설하게 될 장소의 바로 뒤쪽에 있는〕 기둥의 직각형 부분을 두른 몰딩을 조심스럽게 벗겨냈다. 그리고 베니어합판의 위쪽 한구석에 조그만 구멍을 뚫고 그 속으로 가구제조공이 쓰는 특수 톱을 집어넣고 매우 조심스럽게 합판을 자르기 시작했다. 그는 서너 시간 일하고 나서 증거가 될 만한 흔적을 모두 치우고 의자에서 잠을 잤다. 이 독일 숙련공은 한번에 몇 밀리미터씩 자르는 톱질, 몰딩을 교체하는 작업, 정해진 작업량을 끝낸 후 톱밥을 하나하나 주워담는 일을 참을성 있게 해냈다. 합판을 떼어내는 데만 꼬박 사흘 밤이 걸렸다. 뜯어낸 흔적이 드러나지 않아야 했다. ……그는 망치와 여러 가지 치수의 드릴을 사용하여 한번에 조금씩 빈 구멍을 파냈다. 텅 빈 홀에 울리는 망치 두드리는 소리가 엘저에게는 총소리처럼 크게 들렸다. 어떤 장애물에 부딪혀 망치를 세게 두드려야 할 필요가 있을 때면 길거리에서 소음이 날 때까지 기다렸다. 작업시간이 꼭두새벽이었기 때문에 망치를 한번 두드리기 위해 오랜 시간을 기다릴 때가 많았다.[368]

빈 구멍이 완성된 후에, 그는 보안요원이 두드려봐도 빈 공간이 드러나지 않도록 하기 위해 합판 안쪽에 철판을 댔다. 그리고 그 안에 폭발물과 함께 자명종시계를 가지고 만든 5일 시한의 타이머를 장치했다.

엘저는 매년 히틀러의 연설시간이 8시 30분에서 10시 사이라는 것을 알고 있었기 때문에 타이머를 9시 20분에 맞춰놓았다.[369] 그러나 히틀러의 계획이 마지막 순간에 변경되어, 그는 8시부터 9시 12분까지 연설했다. 폭탄은 히틀러가 떠난 지 7분 후에 터져 그 자리에 남아 있던 사람들만 죽었다.

엘저는 스위스 국경을 100m 앞둔 곳에서 체포되었다. 그의 주머니에서 뢰벤브로이에서 보낸 우편엽서 한 장과 폭탄 및 기폭장치 설계도 등이 나왔다. 그는 그후 여러 해 동안 강제수용소에 갇혀 있다가 독일이 항복하기 2주 전에 나치 친위대에 의해 처형되었다.[370]

◎ ◎ ◎

지레받침 이야기를 하려면 병목현상에 관한 이야기도 할 필요가 있다. 무료 간선도로에서 자동차를 운전해 본 사람이면 누구나 병목현상이 무엇인지 잘 알 것이다. 나는 6차선도로를 시속 110km로 잘 달려간다. 그러다가 언덕 위에 이르러 브레이크를 밟는다. 앞의 차가 브레이크를 밟았기 때문이고, 그 앞차는 또 그 앞의 차가 브레이크를 밟았기 때문이다. 차들이 기어가기 시작한다. 운전자들은 짜증을 내며 이리저리 차선을 바꾸기 시작한다. 마침내 문제의 원인이 밝혀진다. 왼쪽 차선에 고장 난 차가 한 대 서 있고 오른쪽 차선에는 경찰차가 주차해 있다. 잠시 후 교통체증이 풀려 차들이 다시 속력을 내어 달리지만, 그때까지 나는 45분 동안 본격적인 병목현상을 경험한 것이다.

자, 이런 병목현상이 보다 큰 차원에서도 일어나는 것일까?

제3제국 군수공업장관 알베르트 슈페르는 나중에 연합군측 폭격이 병목부문에 집중되었더라면 더 큰 효과를 보았을 것이라고 실토한 바 있다. 한가지 작은 예를 들면, 연합군이 트랙터 공장들을 폭격했을 때 독일군은 이공장들이 복구될 때까지만 탱크와 항공기를 생산할 수 없었지만, 연합군이 볼베어링 공장들을 폭격한 후로는 공장들을 복구할 수 없었다. 어떤 공장을 지으려 해도 볼베어링이 필요하기 때문이다. 이 과정에서는 바로 볼베어링 공장들이 병목부문이었던 것이다.

연합군측이 비병목부문을 폭격한 사례가 있다. 함부르크를 소이탄으로 폭격하여 수만 명을 죽이고 도시 대부분을 파괴했지만, 생산차질은 불과 2개월 미만에 그친 것이 그 예이다.[371] 병목부문을 표적으로 삼지 않은 탓으로 연합군 폭격은 1943년에 독일의 총생산을 불과 9% 감소시키는 데 그쳤고, 이에 따라 독일은 새 공장을 짓고 파괴되지 않은 공장들을 완전 가동하고 소비재 생산을 군수용으로 돌림으로써 여전히 생산목표를 달성할 수 있었던 것이다.[372]

그러나 볼베어링 공장도 실은 상대적으로 사소한 병목부문이었다. 예컨대 수송부문이 더 큰 병목이었다. 결국 연합군측은 독일 철도차량의 약 2/3를 파괴할 수 있었다.[373] 나중에 미국 군사전문가들은 이 폭격이 독일군의 원료 및 완제품 수송에 지장을 줌으로써 철도 폭격이 "독일경제를 궁극적으로 붕괴시킨 가장 결정적인 원인"이 되었다고 분석했다.[374]

우리 모두는 석유도 병목부문임을 알고 있다(히틀러도 이 점을 잘 알고 있었다).[375] 세계 최강의 탱크를 갖고 있더라도 석유가 없으면 고철덩어리에 불과하다. 석유 없으면 현대식 군대도 없다.

말이 났으니 말이지, 석유 없으면 현대문명도 없다. 히틀러는 이 기본적인 사실을 알고 있었기 때문에 카프카스의 유전을 차지하려고 스탈린그라드를 계속 밀어붙이지 못했던 것이다. 설상가상으로 연합군이 독일의 합성석유 공장들을 연속 폭격하기 시작, 독일의 석유생산량을 월 31만 6천 톤에서 1만 7천 톤으로 줄일 수 있었다.[376] 석유부족은 독일의 전시경제를 확실하게 무력화시켰다.

이처럼 병목에는 여러 가지가 있어서 조금만 창의력을 발휘하면 얼마든지 찾아낼 수 있다. 제2차대전 기간중에 또 한 가지 병목부문이 있었으니, 공업용 다이아몬드가 그것이다. 다이아몬드가 없으면 공업용 연마와 천공은 거의 불가능하다. 불과 8개월분의 다이아몬드를 비축하고 있던 나치와 세계

다이아몬드 공급을 장악하고 있던 남아프리카의 드비어스(DeBeers)사도 **419**
모두 이 점을 알고 있었다.

나치는 수백만 캐럿의 다이아몬드를 밀수해 들여왔다. 드비어스는 이를
저지하여 독일의 전시생산을 사실상 정지시키고 전쟁을 끝낼 수 있었지만
그렇게 하지 않았다.

여기서 새로운 질문이 제기된다. 이 문명의 병목부문은 무엇인가? 이 문
명을 제약하는 요소에는 어떤 것이 있는가? 수송망이나 석유산업, 공업용
다이아몬드처럼 차단하면 문명을 멈추게 할 수 있는 분야에는 어떤 것이 있
는가?

또한 우리는 우리 노력을 증폭시킬 지레받침을 어디서 찾을 수 있을까?
이 문명을 무너뜨려 죽이기 위해 지렛대를 어디에 놓고 무엇을 받침대로 활
용하여 언제, 어떻게 밀어붙여야 할까?

이런 받침대는 심리적인 것일까? 나는 줄곧, 예컨대 댐을 파괴해 봐야 애
당초 댐을 건설하도록 만든 정신상태는 그대로 놔두는 것이기 때문에 아무
소용이 없으리라는 말을 듣고 있다. 우선 마음가짐을 고쳐야 하며, 일단 마
음가짐이 달라지면 만사가 해결되리라는 것이다. 그렇게 되면 사람들이 제
정신을 차릴 것이고 문명을 원하지 않을 것이기 때문에 문명이 사라지게 된
다는 주장이다.

그러나 이 질문은 어쩌면 너무 모호한 것인지도 모른다. 누구의 마음가짐
을 바꾸도록 설득한단 말인가? 마음가짐을 변화시키는 노력이 가장 큰 효과
를 거두려면 누구에게 노력을 집중해야 할 것인가? 정치·경제적인 권력자
들에게? '미국민중'들에게? 불만세력을 받침대로 삼을까? 빈민들을? 이른
바 범죄계급을? 무력을 가진 경찰과 군대를?[377] 어디서 가장 큰 효과를 낼
수 있을까?

받침대는 영적인 것인가? 사람들은 신성하다고 생각되는 것을 소중히 여
긴다. 소중한 것을 신성화하기도 한다. 어쩌면 우리는 권력을 위한 권력을
세속화해야 하는 것인지도 모른다. 어쩌면 과학의 신성한 권리, 기업과 생산

의 신성한 권리, 국민국가의 신성한 권리를 깨부수어야 하는 것인지도 모른다. 어쩌면 우리는 욕실에서 살고 있는 거미들이 신성하고, 강물에서 알을 낳는 연어들이 신성하고, 인도 위로 뚫고 나오는 나무들이 신성하다는 것을 사람들이 깨치도록 노력해야 하는 것인지도 모른다. 사람들에게 우리가 토지기반에서 살고 있는 동물이라는 것을 깨우치려면 지렛대와 지렛대 받침을 어디다 놓아야 하겠는가?

지렛대 받침은 히틀러와 같은 개인이어서 이런저런 개인을 '제거'하면 가시적인 효과가 나게 될까? 그렇다면 언제 어디서 어떻게 이런 행동을 해야 할까?

어느 개인이 아니라 직위가 중요한 것이라면—대부분의 사람들은 어떤 직위에 오르게 되면 모두 동일한 세계관을 가지고 동일한 잔혹행위를 저지르게 된다—지렛대와 지렛대 받침을 어디에 놓아야 할까? 최고경영자(CEO)들을 찾아다니며 하나씩 '제거'해야 할까? 우리는 공동체를 파괴하는 이 체제에서는 기업은 하나의 기계와 같아서 최고경영자도 톱니바퀴의 한 톱니에 불과하기 때문에 그를 제거해 봐야 별 소용이 없다는 말을 듣는다. 나도 그런 주장을 할 때가 있지만, 그건 참 우스꽝스러운 주장이다.[378] 강간범을 체포하거나 죽여봐야 다른 남자들의 강간을 멈추게 할 수 없으니 강간범을 그냥 놔둬야 한다고 주장하는 사람은 거의 없다.

그렇지만 최고경영자의 경우에는 이런 주장이 먹혀 들어가는 것 같다. 다른 사람이 그 자리를 차지하면 마찬가지라는 것이다. 그러니 그가 계속 매년 연봉과 스톡옵션으로 수백만 달러를 받도록 놔두어야 한다는 것이다. 이런 사람들, 이런 체제를 저지할 지렛대 받침은 어디서 찾을 수 있을까? 병목은 어디에 있을까?

아니면 받침대는 사회적인 것인지도 모른다. CEO 개개인을 제거하기보다 이 개인들의 파괴행위를 증폭시키는 사회체제를 변화시켜야 하는 것인지도 모른다. 텍사스주 휴스턴에 본사를 둔 MAXXAM의 최고경영자 찰스 후르비츠(Charles Hurwitz)는 삼나무를 직접 베어죽이는 일은 하지 않는다.

그는 다른 사람에게 나무를 자르도록 지시하거나, 아니면 보다 추상적으로 이윤을 극대화하라고 지시하는 방법으로 나무를 죽인다. 그의 권력 지렛대를 물리치는 데 사용할 대응지레(counter-lever)는 없을까? 이 일을 가능케 할 사회적 수단은 없을까?

아니면, 나치의 경우처럼 지레받침은 기반시설에 있는 것인지도 모른다. 존 뮤어(John Muir, 1838~1914, 미국 자연보호운동의 창시자로 불린다—옮긴이)는 다음과 같은 유명한 말을 남겼다. "하나님은 이 나무들을 돌보시어 그들을 가뭄, 질병, 눈사태 들과 수많은 폭풍우와 홍수로부터 구해 주셨다. 그러나 하나님도 그들을 바보들로부터 구할 수는 없다." 중요한 것은, 바보는 혼자서는 나무를 베지 못한다는 것이다.

나는 우리가 엄청나게 힘든 싸움을 하고 있다고 생각하곤 하는데, 그 한 가지 이유는 한 그루의 고목나무가 자라려면 천년이 걸리는 데 반해 바보 한 명이 사슬톱을 들고 와서 자르는 데는 한두 시간이면 족하다는 데 있다. 무언가 크게 잘못되어 있다. 사실은 살아 있는 지구상에서 나무가 무성하게 자라기는 쉽지만, 나무 한 그루를 자르는 것은 전체 지구촌경제가 관련되어야 하는 매우 힘든 과정이다. 나는 찰스 후르비츠 혼자라면 그가 손톱으로 긁건 이빨로 물어뜯건 고목나무를 아무리 많이 잘라도 상관하지 않을 것이다. 그러나 큰 나무 한 그루를 자르려면 사슬톱을 만들 금속을 제조할 광업, 사슬톱을 돌릴 휘발유를 생산하는 정유업, 죽은 나무를 시장으로 싣고 갈 트럭 등등의 온갖 기반시설이 필요하다. 나무 한 그루를 자르는 데는 온갖 바보들이 있어야 하기 때문에, 그 기반시설 체인의 어느 한곳만 끊어도 나무를 자를 수 없게 될 것이다.

이 말은 물론 생체해부에서 공장형 축산업, 저인망 어업, 풀밭의 포장도로 건설 등에 이르기까지 이 문화의 다른 모든 파괴활동들에도 해당된다. 경제의 이런 파괴활동 하나하나는 엄청난 양의 에너지와 전세계에 걸친 경제적·군사적 뒷받침과 기반시설과 경찰의 지원이 있어야만 가능하다. 우리는 그중 어디에다 지렛대를 놓아야 할까?

어쩌면 이상의 모든 것이 지레받침인지도 모른다. 어쩌면 사람의 마음에 지레받침을 놓아야 하는 것인지도 모른다. 우리 모두가 각자의 재능과 성향에 따라 기회가 닿는 대로 이들 모두를 추구해야 하는 것인지도 모르겠다.

지레받침과 병목 이야기의 요점은 이것이다. 이 죽음의 문화가 지구를 죽이기 전에 이를 저지하려면 무엇을 해야 할 것인가?[379]

폭력

　나는 결국은 피억압자들과 억압자들 간에 충돌이 있을 것으로 믿는다. 나는 만민을 위한 자유, 정의 및 평등을 원하는 자들과 착취제도를 지속시키고자 하는 자들 간에 충돌이 있을 것으로 믿는다. 나는 그 같은 충돌이 있으리라고 믿지만, 그것이 피부색에 바탕을 둔 충돌일 것으로는 생각하지 않는다.

말콤X[380)]

요즈음 사람들은 에스키모들이 눈에 관해 97가지 단어를 갖고 있다는 진부한 얘기를 많이 들었으리라 생각한다. 결론은, 그건 허튼소리라는 것이다. 첫째, 그들은 에스키모가 아니라 이누이트이다(에스키모는 '날고기를 먹는 사람들'이라는 뜻인데, 그들 스스로는 '인간'을 의미하는 '이누이트'라고 부른다—옮긴이). 둘째, 눈에 관한 그들의 단어를 번역하면 '푸석푸석한 눈' '딱딱한 눈' '차가운 눈' 등등으로 별로 흥분할 만한 단어들이 아니다. 눈에 관한 단어가 이처럼 많은 것은, 그들의 말에는 영어와 같은 형용사가 발달하지 않았기 때문이다.

그러나 이와 관련하여, 나는 영어에는 폭력에 관한 단어가 더 있어야 한다고 생각한다. 강간하고 고문하고 팔다리를 자르고 어린이를 죽이는 행동과 그런 가해자의 머리에 총을 쏴죽이는 행동을 묘사하기 위해 모두 똑같은 단어—폭력—를 사용한다는 것은 불합리하다. 퓨마가 사슴을 한입에 물어죽이는 행동에 대해서나, 문명인이 용의자의 어린 자식을 고문하거나 한 가족을 대인폭탄으로 날려버리는 행동에 대해서도 똑같은 단어를 사용한다. 유리창을 깨뜨리는 행동이나, CEO를 죽이는 행동이나, CEO가 전세계에 걸쳐 암을 일으키는 유해물질을 만들어내는 행동에 대해서도 모두 똑같은 단어를 사용하고 있다. 잠깐. 나중에 한 말은 취소다. 그런 행동은 폭력이라 하지 않고 생산이라 한다.

사람들이 내게 종종 자기들은 모든 종류의 폭력에 반대한다고 말한다. 두어 주 전에 나는 어떤 비폭력주의자한테서 전화를 받았는데, 그는 "폭력으로는 결코 아무 일도 이룰 수 없으며, 게다가 정말 어리석은 짓이기도 해요"라고 말했다.

내가 물었다. "어떤 종류의 폭력에 반대한다는 겁니까?"

"모든 종류의 폭력이오."

"음식은 어떻게 먹습니까? 그리고 당신도 배변을 하지요? 당근이나 장내균총(intestinal flora)의 관점에서 보면 그런 행동도 아주 심한 폭력일 텐데요."

"터무니없는 말은 집어치워요." 그가 말했다. "내 말뜻은 당신도 알 것 아니오."

사실 나는 그 말뜻을 알 수가 없었다. 우리가 흔히 사용하는 폭력의 정의는 터무니없을 정도로 감정적이어서 폭력에 관한 담론을 더욱 무의미하게 만들 때가 많다.

그 비폭력주의자와의 대화를 계기로 나는 첫째, 폭력의 정의에 대해 그리고 둘째, 폭력의 범주에 대해 많은 것을 생각해 보게 되었다. 전자에 대해서는 폭력(violence)과 침해(위반)하다(violate)라는 두 단어의 관계를 지적하면서, 퓨마는 사슴을 먹기 위해 죽일 뿐 사슴을 침해하는 것이 아니기 때문에 그런 것은 폭력이 될 수 없다고 말하는 사람들이 있다. 마찬가지로 인간이 사슴을 죽이는 경우도 인간이 기본적인 약탈자-먹잇감관계를 침해하지 않는 한, 다시 말해 먹잇감 공동체의 존속에 대해 책임을 지는 한, 사슴을 죽이는 행동은 폭력행위가 되지 않는다는 것이다. 침해 그리고 폭력은 그 같은 관계가 깨질 때 비로소 성립한다는 것이다. 나는 이 정의가 매우 마음에 든다.[381]

다른 이유에서지만, 내 마음에 드는 또 한 가지 정의가 있다. "폭력행위는 남에게 신체적 또는 심리적 위해를 가하는 것"이라는 정의가 그것이다.[382] 내가 이 정의를 좋아하는 이유는, 그 포괄적인 정의가 폭력의 편재성(遍在性)을 상기시켜 주고, 따라서 폭력의 신비성을 약간은 제거해 주기 때문이다. 자, 폭력에 반대한다고? 그렇다면 당신은 삶에 반대하는 것이다. 모든 변화에 반대하는 것이다. 중요한 문제는 "나는 어떤 종류의 폭력에 반대하는가?" 하는 것이다.

이 문제는 당연히 내가 생각하고 있는 또 다른 문제, 즉 폭력의 범주로 이어진다. 다소 잠정적이기는 하지만, 우리는 폭력을 손쉽게 여러 가지 형태로 분해해 볼 수 있다. 예컨대 우연한 폭력과 의도적인 폭력으로 나눌 수 있다. 우연히 달팽이를 밟는 행동과 고의적으로 밟는 행동이 그것이다. 더 나아가 의도하지는 않았지만 충분히 예상할 수 있었던(미필적 고의) 폭력의 범주도 있다. 예를 들어 자동차를 운전할 때는 곤충들이 앞유리에 부딪혀 죽을 수 있다는 것을 충분히 예상할 수 있다. 또 내가 직접 나서는 직접적 폭력과 나는 지시만 하는 간접적 폭력으로 나눌 수도 있다. 짐작컨대 부시는 이라크 어린이를 직접 목 졸라 죽인 적은 없겠지만, 그 나라를 침공하라고 명령함으로써 그들을 죽이라고 지시한 것이다. 또 그 밖에도 체계적인, 따라서 종종 은폐된 폭력이 있다. 나는 내 컴퓨터의 하드 드라이브 생산공정이 매우 유해한 과정이어서 이를 조립하는 태국 등 여러 나라의 여성들에게 암을 일으키고 있다는 사실은 알고 있었지만, 최근까지도 평균적으로 컴퓨터 한 대를 만드는 데 약 2톤의 원자재가 필요하다는 것은 모르고 있었다(컴퓨터 한 대를 만드는 데 화석연료 520파운드, 각종 화학약품 48파운드, 물 3600파운드가 필요하며, 단 2그램 무게의 컴퓨터칩 하나를 만드는 데 화석연료와 화학약품 4파운드와 물 70파운드가 필요하다).[383] 컴퓨터 한 대를 사면 숨겨진 형태의 이런 폭력도 함께 따라오게 되는 것이다.

또 부작위(不作爲)에 의한 폭력도 있다. 선량한 독일인들은 게오르크 엘저의 모범을 따라 히틀러를 제거하려고 노력하지 않음으로써, 히틀러가 세계에 한 짓에 대해 비난받을 만한 이유가 있었다. 나도 댐을 파괴하지 못함으로써 댐들이 하는 짓에 대해 죄책사유가 있다고 할 수 있다.

침묵에 의한 폭력도 있다. 내가 겪은 부끄러운 경험 하나를 소개하고자 한다. 몇 년 전 한 날 밤에 나는 한 식품점에서 나와 걸어가고 있었다. 노숙자 행색에 술 취한 어떤 남자가 내게 다가와서 돈을 달라고 했다. 나는 솔직하게 잔돈이 없다고 말했다. 그 사람은 어쨌든 정중히 내게 감사하고 나서 좋은 저녁을 보내라고 인사까지 했다. 내가 계속 걸어가는데 뒤에서 그 사람이 누군가에게 뭐라고 말하는 소리가 들렸다. 그러더니 다른 사람이 "꺼져, 임마!" 하면서 픽하고 주먹으로 때리는 소리가 들렸다. 뒤돌아보았더니 양복을 입고 검은 머리를 말끔하게 빗어넘긴 청년이 그 노숙자의 얼굴을 마구 때리고 있었다. 내가 그를 향해 한걸음 내디뎠다. 그 다음은? 나는 아무 행동도 취하지 않았다. 나는 그 청년이 두어 번 더 주먹질을 하고 나서 바지에 손을 문지르고는 어깨를 펴고 자기 자동차로 걸어가는 모습을 지켜보았다.

나는 그 노숙자 쪽으로 한걸음 더 내디뎠다. 그가 나를 마주보았다. 그의 눈은 아무 느낌도 드러내지 않고 있었다. 나는 아무 말 없이 발걸음을 돌려 집으로 향했다.

그런 일을 또 당한다면, 나는 부작위나 침묵에 의한 그런 폭력을 다시는 범하지 않을 생각이다. 나는 폭력현장에 뛰어들어 직접 폭력을 가한 그 청년에게 "사람을 때리려면 적어도 반격해 올 만한 사람을 때려야지" 하고 일러줄 생각이다.

거짓말에 의한 폭력도 있다. 독일 언론인 율리우스 슈트라이허는 나치의 유태인 학살을 선동한 혐의로 뉘른베르크에서 교수형을 당했다. 검찰측은 그에게 이렇게 논고했다.

피고는 유태인에 대한 신체적 범행에 직접 가담하지 않았을지도 모른다. 검찰측 의견은 바로 그런 이유 때문에 피고의 범죄가 더욱 나쁘다는 것이다. 세계의 어느 정부도…그들을 뒷받침하고 지원하는 사람들이 없으면 대량학살 정책에 착수하여 이를 수행할 수 없다. 슈트라이허가 한 일은 사람들을 교육시켜 살인자들을 만들어내고, 그들을 교육시켜 증오심을 갖게 하는 것이었다. 초기에 그는 박해를 주창했다. 박해가 시작되자 그는 모조리 죽여 전멸시키자고 주창했다. …그와 그를 좋아하는 사람들이 없었더라면 이런 범죄는 일어나지 못했을 것이다. 그가 없었더라면 칼텐브루너와 히믈러 같은 자들에게는… 자기 명령을 수행할 사람이 없었을 것이다.[384]

오늘날 정부와 기업들이 자행하는 잔혹행위에서 언론이 차지하는 역할에 대해서도 같은 말을 할 수 있을 것이다.

여러 해 전부터 나는 흔히 기업 또는 자본주의 언론인이라 불리는 이 선전원들이 과연 사악한 자들인가, 어리석은 자들인가를 자문해 보곤 한다. 결론은 매일 달라지지만, 대개는 두 가지 다 해당된다고 생각하곤 한다. 하지

 만 오늘은 그들이 사악한 자들이라는 생각이 든다. 이유는 이렇다. 독자들은 존 스토셀(John Stossel)이란 이름을 들어보았을 것이다. 미국 ABC방송 시사 프로그램 〈20/20〉의 공동앵커인 그는 일반의 사회적 통념을 자기 나름으로 파헤친 〈제발 그만〉(Give Me A Break)이란 TV쇼로, 그리고 같은 이름의 책으로 유명해진 사람이다. 우리와 생각이 같은 사람들은 대부분 그를 '기업을 위해 거짓말'을 하는 사람으로 보고 있다. 예를 들어 그는 "유기농 채소는 당신을 죽일 수 있다"고 주장했다. 그는 특별히 위촉받아 실시한 연구결과, 유기농 청과물이나 농약을 사용한 청과물 모두에서 농약잔류가 검출되지 않았다면서, 나아가 유기농 식품에서는 위험한 E.콜리 박테리아가 검출되었다고 주장했다. 그러나 스토셀이 인용한 보고서의 저자들은 나중에 그가 자신들의 연구결과를 거짓으로 소개했다고 밝혔다. 농약이 검출되지 않은 것은 농약을 검출해 보지 않았기 때문이었다(그들은 그런 요청을 받은 적이 없었다). 나아가 그들은 스토셀이 E.콜리에 관한 시험결과도 와전했다고 밝혔다. 스토셀은 철회성명을 발표하기를 거절했다. 더구나 방송국은 이 프로그램을 두 차례 더 내보냈다. 설상가상으로 나중에 〈20/20〉 프로그램의 제작감독 빅터 뉴펠드도 프로그램의 첫 방영 3개월 전에 그 시험결과를 알고 있었고 스토셀이 거짓말하고 있다는 사실도 알고 있었음이 밝혀졌다.[385] 이런 짓은 스토셀과 그 일당에게는 새삼스러운 일이 아니다.[386] 나는 최근에 스토셀과 인터뷰를 가진, 환경운동가이자 교사인 사람을 만난 적이 있다. 그는 이렇게 말했다. "그[스토셀]는 나와 초등학생들을 상대로 가진 인터뷰 내용을 거두절미하고 잔재주를 부려 우리가 말했는데도 말하지 않은 것처럼, 대답했는데도 대답하지 못한 것처럼 만들더군요. 아이들이 모두 바보처럼 보이게 편집했더라고요." 또 어떤 사람은 스토셀을 "지구상 최악의 너절한 놈"이라고 부르기도 했다. 나도 스토셀에 관해 한 가지 덧붙일 이야기가 있다. 얼마 전에 〈20/20〉 프로그램 담당기자 한 명이 내게 전화를 걸어 삼림 황폐화에 관해 이야기해 달라고 부탁했다. 그 여기자는 스토셀이 깨고자 하는 다음번 '신화'는 아메리카 대륙이 황폐화되고 있다는 사회통념이라고 알려주었다. 목재업계의 말대로 지금 이 대륙에는 어쨌든 70년 전보다 나무가 더 많아졌다는 얘기였다. 그녀는 환경운동가의 답변을 듣고 싶다고 했다. 나는 그녀에게 이 대륙의 자생종 수목 95%가 사라졌으며, 숲속에 살고 있던 많은 동식물들이 사라졌거나 사라지고 있다고 말했다. 그녀는 목재업계의 주장을 반복하면서, 스토셀이 그 주장을 근거로 해서 "이젠 제발 그만! 삼림 황폐화 같은 건 없어!"라고 말할 작정이라고 알려주었다. 나는 목재업계의 주장에는 언외의 전제 두 가지가 깔려 있다고 말하고 나서, "사람들이 내 전제를 회자하도록 만들면 성공이다"라는 선전술의 제1원칙을 상기시켜 주었다. 첫번째 전제는 30cm 크기의 어린나무와 2천 년 된 고목이 동일하다는 정신 나간 전제다. 지금 묘목은 전보다 더 많아졌을지 몰라도 오래된 거목의 수는 대폭 줄어들었다. 그리고 거대 목재회사들이 50년 주기로 벌채하기 때문에 나무들은 문명이 존속하는 한 절대로 성년에 도달할 수 없게 되어 있다. 두번째 전제는 50년 주기로 벌채하는 더글라스 전나무(미송—옮긴이)의 단일수종 숲(한번 회전하는 데 불과 50년이 걸린다니!)[387]이 건강한 숲과 동일하다는 전제이다. 아주 기초적인 문제이다. 그러나 그 여기자는 현재 일부 야생 동식물은 전보다 늘어나지 않았느냐고 물었다. 나는 산림청과 목재업계의 전형적인 거짓말 중 하나가, 지금 흰꼬리사슴의 수가 전보다 늘어났다는 것은 숲의 상태가 더 좋아졌음을 말해 준다고 주장하는 것이라는 말로 대답했다. 문제는 흰꼬리사슴은 숲이 아니라 숲의 가장자리, 벌목한 숲을 더 좋아한다는 것이다. 그러므로 흰꼬리사슴이 늘어났다는 것은 숲이 개선되었다는 것이 아니라 개벌이 더 늘어났다는 것을 의미하는 것이다. 나는 그 여자에게 한 시간이 넘도록 이야기했는데, 나중에는 그 여자도 알아듣는 것 같았다. 나는 스토셀이 원래 생각대로 말을 한다면 이 두 가지 전제에 대해 무지하거나 아니면 거짓말을 하는 것이라고 말했다. 조지 드래펀과 나는 『전쟁처럼 낯선』(*Strange like War*)에서 50년 주기로 벌채하는 시업임야와 살아 있는 숲이 조금이라도 닮은 데가 있다고 보는 것은 고의적인 무지의 소치이거나 의도적인 거짓말이라고 지적했었다.[388] 그 여기자는 알아듣겠다고 했다. 우리는 그 책 한 권을 그녀에게 보내주었다. 그녀는 내 이야기를 방송에 내보내게 될 것이라고 말했다. 그러나 내보내지 않았다. 차라리 잘된 일이었다. 그러나 문제가 있다. 스토셀은 어쨌든 그 프로그램을 밀고 나갔다. 더구나 그는 산림이 황폐화되지 않았음을 보여주는 한 가지 증거는 흰꼬리사슴이 증가하고 있는 것이라고 분명히 말했다. 그는 자기 말이 거짓말이라는 것을, 또 무엇이 진실인가를 분명히 알고 있었다. 그러므로 그가 무지했다는 변명은 성립되지 않는다.[389] 슈트라이허와 마찬가지로 그는 거짓말에 의한 폭력을 저지르고 있다.

○ ○ ○

저술가는 모두 선전원이다. 그렇다고 해서 우리가 모두 거짓말쟁이라는 말은 아니다. 거짓말쟁이도 있고, 그렇지 않은 사람들도 있다.

○ ○ ○

스토셀 이야기를 구태여 꺼내지 말았어야 하는지도 모르겠다. 그 혼자서만 거짓말쟁이가 아니기 때문이다. 전체 문화가 거짓말에 바탕을 두고 있다. 그동안 내가 쓴 가장 멋진 글은 『말보다 오래된 언어』에 나오는 이런 글이다. "우리는 우리의 생활방식을 유지하기 위해 서로, 특히 우리 자신에게 거짓말을 해야 한다. 거짓말이 특별히 믿을 만할 필요는 없고 그저 거짓말로 진실을 가로막는 장벽을 쌓기만 하면 된다. 진실을 가로막는 이 같은 장벽이 필요한 것은 이런 장벽이 없으면 여러 가지 통탄할 만한 행동이 불가능해지기 때문이다. 진실은 무슨 수를 써서라도 피해야 한다."[390] 학대가정의 가족들은 폭력 가해자를 보호하기 위해, 그리고 자기들의 폭력적 사회구조를 온전하게 지키기 위해 서로 그리고 남들에게 거짓말을 한다(그들은 그것이 자신들을 보호하는 것이라고 믿는다). 우리는 지구를 파괴하고도 그 위에서 계속 살아갈 수 있다고 스스로에게 거짓말을 한다. 우리는 매년 태양에서 얻는 것보다 더 많은 양의 에너지를 영구적으로 사용할 수 있다고 거짓말한다.

큰 바다 물고기의 어족이 90% 감소한 것이 별 문제 없을 것이라고 거짓말한다. 우리가 평온하게 지내면 권력자들이 스스로 살상을 멈출 것이라고 거짓말한다. 문명이 가장 바람직한 사회질서 형태이며, 실제로 유일한 사회질서라고 거짓말한다. 우리는 만사가 잘 해결될 것이라고 스스로에게 거짓말을 한다.

스토셀만 거짓말하는 것은 아니다.

지속 가능성을 위한 소비활동

개인들이 모두 지구를 살리는 문제 때문에 죄책감을 가져야 한다는 것은 허구이다. 개인으로서의 우리가 위기를 만들어낸 것도 아니고 우리가 위기를 해결할 수도 없다. 정신 나간 우리의 에너지 소비량을 보자. 지난 15년 동안 추세는 매년 똑같았다. 개인소비는—주거용, 개인 승용차용 등—전체 소비량의 약 1/4을 넘은 적이 없고, 대다수는 상공업과 농업 및 정부에 의한 소비가 차지하고 있다.[391] 그렇다면 우리 모두가 자전거를 타고 장작을 때더라도 에너지 사용, 지구 온난화와 대기오염에 무시해도 좋을 만한 영향밖에 미치지 못할 것이다. 나는 물론 폐품 재활용, 퇴비사용, 자전거 타기 등 책임 있는 친환경적 생활을 하도록 노력하겠지만, 그러나 그것이 옳고 도덕적이기 때문이지 그것으로 지구를 구할 수 있기 때문은 아니다.

왜 이런 일이 일어났는지 진정으로 알고 싶으면, 다른 질문을 스스로 던져봐야 한다. "우리가 소비가 변함없는 미덕으로 여겨지고 생산이 사회경제적 필연으로 간주되는… 세계를 진정으로 바꾸려 하기보다는 기꺼이 종말론적 파멸의 위협을 받으며 살고 싶어 한다는 느낌이 드는 이유는 무엇일까?

커크패트릭 세일[392]

어떤 사람이 자기는 폭력을 믿지 않는다고 말한다면 얼빠진 소리다. 그것은 죽음을 믿지 않는다는 말과 마찬가지이다. 물론 누구나 어떤 형태의 죽음은 바라지 않는다고 말할 수 있듯이 어떤 형태의 폭력에는 가담하고 싶지 않다고 말할 수는 있다. 그러나 폭력은 죽음과 마찬가지로 삶의 한 부분일 뿐, 그 이상도 그 이하도 아니다. 사실 폭력은 다른 폭력들과 분리될 수도 없다. 우리 모두는 매일 폭력에 가담하고 있다. 유일한 문제는 우리의 인식의 정도이며, 그 같은 인식하에 우리가 어떻게 행동하느냐 하는 것이다.[393]

◎ ◎ ◎

오늘밤에 나는 장수말벌 한 마리를 구하려다가 실패했다. 나는 비행기를 타려고 제트웨이(탑승 브리지) 안에 줄지어 서 있었다. 비행기는 연발이었다. 사람들은 신경이 날카로워져 있었다. 무슨 이유에서인지 나는 그렇지 않았다.

예쁘게 생긴 장수말벌이었다. 복숭아색 몸체에 섬세한 투명날개가 달린 조그만 암벌이었다. 나는 멀리서부터 그놈을 알아보았다. 내 앞에 줄선 사람들도 모두 벌을 쳐다보았다. 나는 제발 벌을 때려잡는 사람이 없기만 바랐다. 아무도 그렇게 하지는 않았다. 내가 그 앞에 이르렀다. 나는 손으로 벌을 잡아서 제트웨이와 비행기 사이의 좁은 틈으로 가져가서 밖으로 내보낼 생각이었다. 그러나 망설였다. 줄선 사람들에게 '좀 이상한 짓'을 하는 사람으로 주목받기 싫어서였다.

내가 막 마음을 결정했을 때 내 뒤에 있던 여자가 자기 남자친구에게 하는 말이 들렸다. "신발 좀 빌려줄래?"

나는 팔을 뻗어 벌을 손바닥 안에 살짝 잡아넣은 다음 손을 가슴으로 가져갔다. 뒤에 선 사람들이 흠칫 놀랐다. 벌이 손가락 사이로 빠져나가 천장으로 날아갔다. 내가 발돋움하여 팔을 한껏 뻗어 벌을 잡으려고 여러 번 시도했지만 매번 놓치고 말았다.

마침내 내가 벌을 잡았다. 그놈이 워낙 높은 곳에 있었기 때문에 손바닥

434 안에 집어넣지는 못하고 손가락 끝으로 간신히 잡을 수 있었다.

그때 벌이 나를 쏘았다. 장수말벌은 쏘아도 별로 아프지는 않다. 독침은 거미나 쐐기를 마비시켜 그 몸 안에 알을 낳기 위해 사용하는 것이다. 그 밖에는 다른 방어수단이 없을 때, 그리고 겁에 질렸을 때만 침을 사용한다.

내가 벌에 쏘여 놀라는 사이에 벌이 도망가고 말았다. 벌은 다시 천장으로 올라갔다. 탑승객 행렬은 계속 움직였다. 나는 뒤에 남아 다시 벌을 잡고 싶었지만 그렇게 하지 않았다. 나는 비행기에 올라타면서 그 벌이 혼자서 무사히 밖으로 나가주기만을 바라는 수밖에 없었다.

◦ ◦ ◦

이 장수말벌 이야기는 여러 가지 점에서 두 가지 형태의 폭력을 조명해 준다. 하나는 내가 싫어하는 폭력이고, 다른 하나는 내가 신경 쓰지 않는 폭력이다. 첫째는, 직접적인 부작위에 의한 폭력이다. 내가 그대로 놔두었더라면 벌은 아무 이유 없이 구두짝에 맞아죽거나 결국 굶어죽거나 아니면 살균처리한 공항의 유해한 환경 때문에 죽었을 것이다. 나는 벌을 밖으로 내보내기만 하면 그놈이 적어도 공항의 콘크리트와 석유냄새로부터 멀리 벗어나 거미와 쐐기가 많은 들판을 찾거나, 아니면 자기를 열심히 돌봐줄 수컷을 만날 수 있으리라고 생각했다. 나는 벌이 비명에 죽도록 내버려두고 싶지는 않았다.

내가 오불관언으로 신경 쓰지 않기로 한 또 다른 형태의 폭력은, 내가 비행기에 올라탔다는 것이다. 나는 자동차를 몰고 가면서 나방이들을 치여죽일 때마다 비행기들도 나방이, 장수말벌, 거미, 새 들에게 똑같은 짓을 한다는 생각을 하곤 한다. 더 큰 문제는 비행기, 석유, 알루미늄, 전기 등 항공관련 산업이 이들의 서식지를 파괴하고 있다는 사실이다. 하지만 이런 종류의 폭력은 구태여 거론하지 않는 게 좋지 않을까?

◦ ◦ ◦

그러나 나는 이 논리를 더 밀고 나가서, 내가 비행기에 탔기 때문에 항공산업이 죽이는 모든 생물에 대해 책임이 있다고까지 말할 생각은 없다. 사실 내가 비행기에 타지 않더라도 비행기는 계속 장수말벌을 죽일 것이고 항공산업은 여전히 들판을 파괴할 것이다. 물론 나는 비행기 요금으로 400달러를 냈으니 유나이티드 항공사의 연간 총수입이 380억 달러라면 나는 여객기 한 대가 입힌 피해에 대해 '1/9500만'만큼 책임져야 한다고도 볼 수 있겠다.

나는 경제·사회 체제가 입힌 피해를 '우리 소비자들' 탓으로 돌리거나 '우리 모두의 책임'[394]이라거나 "우리가 비행기표를 사지 않으면 항공사가 파산할 것"이라고 주장하는 사람들을 믿지 않는다. 첫째, 비행기표를 사지 않으면 연방경찰이 우리를 쫓아낼 것이다. 둘째, 이왕 미국대중이 들고 일어나 비행기표를 사지 않는 몽상을 할 바에야 왜 그처럼 맥없는 꿈을 꾸느냐 하는 것이다. 왜 사람들이 들고 일어나 댐을 파괴하는 좀더 큰 꿈을 꾸지 못하는가? 왜 사람들이 생체해부실이나 공장형 축사에 몰려가서 고문받는 동물들을 해방시키는 꿈을 꾸지 못하는가? 내게 비행기표 불매운동으로 변화를 일으킬 수 있다고 말하는 사람들은 종종 댐을 하나 파괴해 봐야 아무 효과도 없을 테니 댐을 파괴할 생각은 하지 말라고 말하기도 한다. 그러면 비행기표 한 장을 사지 않으면 효과가 있을까?

문제의 핵심은 역시 지렛대에 있다.[395] 나는 힘들게 번 돈을 덜 파괴적인 분야에 지출하는 방법을 통해 옳은 방향으로 나아가는 개인들과 때로는 기업체들까지도 밀어주며,[396] 마찬가지 이유로 돈을 지출하는 방법을 통해 특별히 파괴적인 일을 하는 개인들과 기업체들은 가능한 한 도와주지 않는다. 그러면서도 이보다는 좀더 큰일을 해야 한다는 필요성을 인정한다. 권력자들은 내가 스스로를 단순한 소비자로 생각하면 좋아하겠지만, 나는 그렇게 생각하지 않는다. 나는 소비자운동의 여러 수단들을 하나의 세트로서만 이용할 수 있다. 비결은 그 세트를 언제 어떻게 사용하며 다른 수단들을 언제 어떻게 사용할지를 파악하는 데 있다. 다시 말하자면, 지렛대를 사용하여 내 노력의 효과를 극대화하는 것이다. 여기서 이런 질문이 제기된다. 무엇을 움직이고자 하는가?[397] 무엇을 지렛대로 삼을 것인가? 지레받침을 어디다 놓을 것인가? 언제 얼마나 세게 밀어붙일 것인가?

◦ ◦ ◦

　소비지출이나 불매운동을 통해 지속 가능성을 추구하는 데는 또 다른 문제들이 있다. 첫째는, 애당초 별 효과가 없다는 것이다. 지출이 효과가 없는 것은 산업경제에서는 거의 모든 경제적 거래가 파괴적이기 때문이다. 산업경제는—아니 문명화된 경제는—체계적·태생적 및 기능적으로 불가피하게 파괴적이기 때문에, 무언가 '좋은 물건'을 구입하더라도 지구에는 별 도움이 안 된다. 내가 식품점에서 유기농 상추를 구입한다고 하자. 그게 좋은 일일까? 글쎄, 별로 좋을 것도 없다. 문제는 유기농이건 아니건 상추의 대량생산이 여전히 토양을 망가뜨리고 이를 수송하는 데도 여전히 석유가 필요하다는 데 있다. 내가 이웃마을의 소규모 '퍼머컬처'(permaculture, 70년대 오스트레일리아에서 만들어진 생태적 '영구농업' 및 '영구문화'라는 두 가지 뜻을 가진 신조어-옮긴이) 채소밭에서 재배한 상추를 구입하면 조금은 덜 해로운 일을 하는 것이라고 생각하고 싶지만, 그런 것은 아주 희귀한 경우여서 별 영향을 주지 못한다.[398] 지속 가능성에 도움을 주는 행동이 되려면 토지기반에 보탬이 되는 행동이라야 한다. 다시 말해 토양과 그 토양에서 살다가 죽어서 다시 토양으로 돌아가는 각종 동물과 식물들, 그 식물을 먹고사는 동물들에게 이로운 행동이라야 한다는 것이다. 우리 문화에서는 토지기반을 개선하는 경제활동을 찾아보기가 정말 힘들다. 그렇다고 해서 절망에 빠져 원래 '모든' 인간활동은 토지기반을 훼손하게 마련이라는 진부한 격언을 들이대지는 말기 바란다. 비문명인들은 장기간에 걸쳐 토지기반을 파괴하지 않고 오히려 필요에 따라 토지기반을 고양시키며 살아가고 있다.

　문제는 우리 인간들에게 있는 것이 아니다. 문제는 이 문화에 있다. 소비지출 습관을 조금 바꾼다고 파괴가 멈추어질 수는 없다.

그렇다고 해서 가능한 모든 변화를 이룩하여 최대한 노력하는 것이 나쁘다는 말은 아니다. 물론 유기농 상추를 구입하는 것이 농약 상추를 구입하는 것보다 백번 낫다. 그러나 내가 앞서 이 문화는 점령문화이고, 정부는 점령정부, 경제는 점령경제라고 지적한 것은 비유적으로 과장해서 한 말이 아니었다. 그것은 진지하게, 문자 그대로, 사실 그대로 표현한 말이었다. 우리가 1943년 독일치하에 살던 러시아인들이었다면, 우리가 싫어하는 이게 파르벤(I. G. Farben, 나치독일 최대의 석유화학 카르텔. 이 회사가 공급한 '치클론B' 가스로 유태인들을 학살했음. 지금은 Hoechst, Beyer 및 BASF 세 그룹으로 분리됨-옮긴이) 같은 기업들의 제품을 사지 않고 조금은 마음에 드는 다른 독일기업의 제품을 구입하는 방법으로 나치에 타격을 줄 수 있다고 생각했겠는가?

불매운동의 경우도 마찬가지다. 지출방법을 바꿔 지속 가능성을 달성할 수 없듯이 불매운동을 통해서도 지속 가능성에 도달할 수 없다. 점령경제, 즉 문명화된 경제가 모두 그렇듯이 산업경제도 기본적으로 통제경제(command economy), 즉 "중앙정부가 기획·통제하는 경제"이다. 우리 모두는 '우리' 경제가 자유시장이라 불리는 어떤 신비로운 존재에 바탕을 두고 있기 때문에 이 경제가 생산하는 것은 모두가 원래부터 우리가 원하는 것이라는 말을 지겹도록 들어왔다. 그러나 해양자원 고갈도, 열화우라늄탄도 내가 바라는 바가 아니다. 경제가 진정 자유롭다면 생산자들이 자원을 구하는 데 왜 군대와 경찰이 필요하겠는가? 그리고 설사 '자유시장'이라 하더라도 이 시장은 생산성이 없다고(즉 착취하기가 만만치 않다고) 판단되는 토지기반은 중시하지 않기 때문에 우리의 토지기반에 도움이 되지 않기는 마찬가지다. 그리고 자유시장이건 아니건, 지구촌경제에서는 착취하기 쉬운 (즉 가치 있는) 야생의 동식물은 모두 순화(즉 노예화)되거나 착취당해 멸종하게 마련이다. 더구나 이 경제는 어쨌건 자유시장경제도 아니다. 드웨인 안드레아스(Dwayne O. Andreas, 미국의 곡물상 ADM 회장, 카길의 부사장 역임-옮긴이)는 이렇게 말했다. "자유시장에서 팔리는 곡물은 세계에 단 한 톨도 없다. 자유시장은 정치가의 연설에서만 존재한다."[399] 경제학자 브래드 들롱(Brad DeLong)은 이를 이렇게 표현했다. "많은 사람들이 생산자와 피고용자가 되어 기업경제(corporate economy)라 불리는 경제에서 살고 있다. 이 경제에서는 경제활동의 방식들이 시장의 보이지 않는 손에 의해서가 아니라… 사장과 관리자들의 손에 의해 조직된다."[400] 또 이렇게 표현할 수도 있다. 즉 경제의 모든 부문, 실제로 전체 경제는 거액의 보조금이 없으면 거의 당장 붕괴하리라는 것이다. 만일 이 나라의 모든 국민이 어떤 이유로든 갑자기, 예를 들어 석유산업을 보이콧하기로 결정한다면—여러 가지 이유로 그런 일은 없겠지만—정부는 석유산업에 대한 보조금을 늘려주고 불매운동 주모자들을 공갈협박 혐의로 잡아들일 것이다.[401]

소비지출 방식을 고쳐 지속 가능성에 도달할 수 없는 또 다른 이유는 세계를 파괴하는 자들이 항상 우리보다 돈을 많이 쓰기 때문이다. 세계를 파괴하는 것은 그들의 돈벌이 방법이다. 그들은 생산을 통해, 생물을 무생물로 전환시키는 방법을 통해, 자기들의 활동의 대가를 남(자연계, 인간공동체)이 지불하도록 하는 방법을 통해 항상 돈을 벌도록 되어 있다. 생산하지 않는 자, 즉 파괴하지 않는 자는 돈을 벌 수 없다. 그렇다고 파괴에 정도의 차이가 있음을 부정하는 것은 아니다. 이웃집에 손수 재배한 상추를 배달해 주는 '퍼머컬처' 농민이 일으키는 파괴는 상추를 공업적·화학적으로 생산하여 돈을 버는 본격적인 기업농이 일으키는 피해에 비하면 사소하다고 할 수 있다. 바로 그렇기 때문에 파괴활동을 통해 돈을 버는 자들이 항상 우리보다 돈이 많고, 따라서 지출도 우리보다 많을 수밖에 없다. 예를 들어보자. 내가 책을 써서 팔아서 배 한 척에 실을 만큼 큰돈을 번다고 치자. 그것은 아주 파괴적인 일이다. 책을 만들려면 재생용지와 콩기름 잉크를 쓰더라도 다량의 물과 에너지와 원자재를 들여야 하기 때문이다. 그러니 차라리 내가 돈을 찍어서 돈을 번다고 가정해 보자. 하지만 나는 그런 짓은 못하겠다. 위조지폐를 만들려면 고급용지와 함께 다량의 유독성 잉크와 다량의 에너지 등등이 필요하기 때문이다. 다시 말해 그것도 역시 매우 파괴적인 활동이기 때문이다. 그렇다면 좋다. 까짓것, 내가 한밤에 (쓰레기통에서 주운 허름한 옷을 입고) 은행에 들어가서 배 한 척에 실을 만큼 돈을 '빼앗아'온다고 치자. 아니면 밤중에 월마트에 들어가서 금고에서 돈을 꺼내온다고 치자. 매출액 2586억 달러를 자랑하는 월마트지만 결코 가만있지 않을 것이다. 중요한 점은 내가 ① 아무것도 생산(즉 파괴)하지도 않고 ② 세금을 낼 필요도 없이 (즉 정부에 파괴비용을 대주지 않으면서) 배 한 척에 실을 만큼 돈을 마련할 방법을 찾아냈다는 것이다. 이제 그 돈으로 무엇을 할 것인가? 그 돈으로 내가 평소에 하고 싶던 일을 한다고 가정하자. 나는 땅을 좀 사서 챙겨놓는다. 땅을 사고파는 일은 나쁜 짓이라는 사실은 잠시 접어두기로 하자. 나는 조그만 샛강 유역 전체를 매입해서 연어, 삼목, 퓨마, 칠성장어, 개구리 등이 서식할 수 있도록 개선하는 공사를 한다. 도롱뇽, 영원, 청개구리, 피리새, 딱새, 점박이올빼미 등이 끔찍한 문화가 도래하기 전처럼 마음 놓고 살 수 있는 성역을 만든다. 하지만 이 동물들에게는 서식지가 더 필요하기 때문에 땅을 좀더 구해야겠다는 생각이 든다. 자, 어떻게 해야 할까? 나는 이 땅에서 생산을 하지 않고, 따라서 돈을 벌지 않기 때문에 책을 더 집필하고, 돈을 더 찍어내고, 밤중에 월마트에 찾아가는 등 비파괴적인 방법으로 돈을 더 마련할 방법을 찾아내야 한다. 땅을 더 보호해야 할 필요가 생길 때마다 이런 일을 해야 한다.

자, 이런 일을 누군가가 성역 만드는 일이 아니라 벌목을 목적으로 유역 전체를 사들이는 경우와 대비해 보자. 그 사람은 땅을 해침으로써 돈을 벌 것이며, 그 돈으로 땅을 더 많이 사서 돈을 더 많이 벌어 아무것도 남지 않을 때까지 이런 일을 계속할 것이다. 와이어하우저 등 목재회사들이 그 좋은 예이다.

문명화된 경제는 착취적이기 때문에, 인간과 비인간들을 착취하는 자들에게만 보상을 해주는 경제이기 때문에, 삶보다 돈벌이와 권력축적을 중시하는 자들이 항상 돈과 권력을 더 많이 가지게 되어 있다.

○ ○ ○

작년에 오리건주 포틀랜드에서 내 강연이 끝난 후 몇몇 무정부주의자들이 뭘 좀 먹고 싶다고 했다. 그중 한 명이 멋진 유기농 음식을 제공하면서 종업원들에게 임금도 넉넉하게 주는 식당을 알고 있다고 말했다.

"마음에 딱 드네요." 내가 말했다.

"한 가지 문제가 있어요." 그가 말했다. "우린 그런 데 갈 돈이 없거든요."

◎ ◎ ◎

이 문화와 이 경제논리에서는 사람들이 음식값을 내야 한다는 걸 어떻게 설명할까? 극소수의 대기업이 식량공급의 대부분을 장악하고 있다는 걸 어떻게 설명할까?

설상가상으로 돈 많은 자들은 유기농 음식을 사먹고 돈 없는 자들은 독극물을 사용하여 재배한 음식을 사먹는 현실을 어떻게 설명할까? 독극물에 노출되지 않으려면 돈을 더 내야 한다니 얼마나 이상한 노릇인가? 바로 이런 이유 때문에 나는 유전자 조작 식품 표시를 하는 데 반대다.[402] 부자들이 인공 변종 식품을 섭취하기 싫으면 돈을 더 내도록 하는 것만으로는 부족하다. 도덕적으로 잘못이다. 정부가 이런 유해한 식품을 (그리고 농약을) 만들어 돈벌이하는 자들을 단속하지 않고 있기 때문에, 그 일은 우리의 몫이다. 우리는 어떻게 할 것인가?

◎ ◎ ◎

물론 돈을 벌어 좋은 일을 한다면 좋은 일이다. 소유권과 착취에 기초한 이 파괴적 경제체제가 지구 전체에 퍼져 있기 때문에, 이 체제에 참여하지 않기가 매우 힘들다(예를 들어 우리가 폭발물을 댐으로 싣고 갈 차량을 구입하더라도 놀랄 일이 아니며, 식품점에서 어쩌다가 농약이 묻은 유전자 조작 식품을 사게 되더라도 크게 놀랄 필요는 없다). 그러나 우리가 지구를 파괴하는 자들과 경제적으로 대접전을 벌일 경우 우리는 항상 심각하게, 체계적으로, 불가피하게 그리고 기능적으로 열세에 처하게 된다는 점은 망각하지 말아야 한다. 단지 비행기표를 구입하지 않는 것만으로는 소용이 없다. 그러나 완전히 지기만 하는 것은 아니다. 여기서 다시 질문한다. 지레받침은 어디에 있는가? 우리의 힘을 어떻게 증폭할 것인가?

◦ ◦ ◦

여기 문제가 있다. 두 사람이 숲속을 걸어간다. 한 사람은 숲이 매우 아름답다고 생각한다. 또 한 사람은 이 숲을 이용하여 돈벌이할 생각을 한다. 〔질문〕 두 사람 중 누가 숲을 이용하여 돈을 벌겠는가? 〔질문〕 이 문화에서는 두 사람 중 누가 권력자가 되어 인간 및 비인간 공동체에 영향을 줄 결정을 내리게 될 가능성이 클까? 〔질문〕 그들이 숲을 파괴하지 못하도록 하려는 우리는 어떤가?

감정이입과 타자

지구상의 모든 장소와 모든 존재는 신성하다. 모두 다 신성한데도 특정한 장소만 성소로 지정하는 것은 위험하다. 그 같은 타협은 가치에도 위계질서가 있어 어떤 장소와 어떤 생물은 다른 장소와 생물만큼 중요하지 않다는 것을 함축한다. 지구의 어느 부분도 버릴 것이 없다. 지구는 하나의 전체를 이루고 있어서 산업시대 파괴자들의 의식구조에서처럼 조각낼 수 있는 것이 아니다. 삶을 파괴하고 고통을 불러오는 이 탐욕스러운 자들은 지정된 소수의 성소를 살리기 위해 성스러운 땅을 희생시킬 것을 요구하지만, 한번 어느 땅이건 버릴 수 있다고 생각하게 되면 다른 땅들도 쉽사리 버릴 수 있는 범주에 속하는 것으로 재평가하게 마련이다. 루스 러드너가 그녀의 글 『성스러운 땅』에서 지적하듯이, 사람이 소름 끼치는 냄새와 황폐한 땅을 거쳐 여행해야만 성소라는 딱지를 붙여 보존해 놓은 작은 섬이나 바다나 산에 도달할 수 있다면 어찌 정신적인 풍요가 가능하겠는가?

이런 지구상의 연쇄살인범들은 병증이 심해 스스로 행동을 멈출 수 없기 때문에 이들과는 어떠한 타협도 불가능하다. 그들은 우리도 자기들처럼 죽음을 포용하기 바라면서 이렇게 말한다. "자, 이미 다 죽었으니 저들에게 좀더 죽이라고 허용한들 어떠리?" 환경보존단체들에도 일부 지역들은 이미 '처녀지'가 아니라는 이유로 죽이거나 희생시켜도 좋다는 잘못된 가치관이 자리 잡고 있다. '어머니 지구'(Mother Earth)를 사랑하고 보호한다고 주장하는 사람은 설사 원래의 모습을 잃었다 하더라도 어머니 지구의 모든 것을 사랑해야 한다.

*레슬리 마몬 실코[403]

---

* Leslie Marmon Silko: 1948~. 1970년대 '아메리카 원주민 르네상스'의 중심 인물이었던 인디언 여성작가

문명이 세계를 죽이는 이유, 화제 20. 최근에 있었던 강연 후 질의응답 시간에 어떤 여성이 일어서서 자기가 알고 있는 억압받는 인간과 연어, 나무, 하천과 지구를—즉 삶을—배려하는 대부분의 사람들은 원래가 남을 배려할 줄 아는 사람이라는 데 문제가 있다고 말했다. 그들은 감정이입을 한다. 그들은 이 타자들에 대해 연관성을 느낀다. 타자들에 대해 일체감을 느낀다.[404] 억압받는 인간과 연어, 나무, 하천과 지구를—즉 삶을—배려할 줄 모르는 사람들은 역시 원래부터 남을 배려할 줄 모르는 사람들이다. 그들은 감정이입을 하지 않는다.[405] 그들은 원래부터 이 타자들에 대해 연관성을 느끼지 않는다. 그것이 문제라고 그 여자는 말했다.

맞는 말이다. 그게 큰 문제이다. 우리는 사물과 통제력보다 생명을 중시하는 데 반해, 그들은 생명보다 사물과 통제력을 중시한다. 물론 환경운동가들 중에도 멍청이가 많으며, 최고경영자들 중에도 훌륭한 사람이 있다. 로버트 제이 리프턴(Robet Jay Lifton, 1926~ , 미국의 정신병 학자—옮긴이)도 나치 강제수용소 간수나 친위대 고위장교들 중에 가정적이고 훌륭한 남자가 많았다는 점을 지적했고,[406] 많은 사람들이 고문자들 중에도 "먹고살기 위해 그 짓을 할 뿐" 집에 가면 무서운 사람이 아닌 경우가 많았다고 지적하고 있다. 리프턴은 정신생활의 이런 분열을 이중화(doubling)라 부르는데, 이는 이전의 자아구조와 갈등을 빚는 제2의 자아구조가 형성되는 것을 의미한다.[407] 리프턴에 따르면, 그것은 사람들이 유태인을 직접 살해하는 경우 같은 보다 직접적인 폭력이건, 핵폭탄을 설계·제작하는 경우와 같은 보다 간접적인 폭력이건, 폭력행위를 계속 범하도록 해주는 방어기제이다. 나는 리프턴을 매우 존경하고 그의 중요한 저작들에서 큰 영향을 받았지만, 다만 이 극도로 폭력적인 문화에서 '이중화'가 사람들이 흔히 생각하듯이 정말로 그처럼 두드러진 현상인지에 대해서는 확신이 서지 않는다.

나는 차라리 이를 전형적인 학대행위의 표상이라고 보고 싶다. 이 학대사회에서 살고 있는 우리들 거의 모두에게도 해당되는 말이지만, 학대자들은 권력구조에 매우 민감하여 자기들의 소화되지 않은 분노를 어디에다 투사해야 할지, 누구에게 무릎을 꿇어야 할지 잘 알고 있다. 다시 말해 그들은 이 책의 [전제 4]에 매우 친숙해져 있어, 아랫놈들에게 폭력을 가해 윗놈에게 알랑거려야 할 때가 언제인지를 정확하게 알고 있다. 불행하게도 나치 친위대 간수들 중에서 장교를 살상한 사람은 거의 없었다. 한걸음 더 나아가, 수전 그리핀(Susan Griffin, 1943~ . 미국의 생태페미니스트 작가—옮긴이)은 독일문화에서의 이른바 '정상적' 가족관계 그리고 가정폭력과 나치의 보다 큰 폭력 간의 관계에 관해 방대한 저술을 남긴 바 있다.[408] 오늘날에도 우리는 같은 주장을 할 수 있다. 이런 폭력문화에서는 정상적인 가정도 매우 폭력적이라는 것이다. 그렇다면 이중화 이론은 겉보기와는 달리 별로 대단한 이론은 아니다.

나는 오히려 문제를 마비상태(numbing), 즉 이 문화 내에서 일반화된 필연적인 만성적 상태로 보고 싶다. 그것은 자신에게 가해지는 일상적 폭력에 의해 감정이입이 마비되고, 이어 이데올로기와 리프턴이 말하는 이른바 '선행주장'(claim to virtue)으로 조작당해 엄격한 [전제 4]의 세계를 받아들이게 되는 상태를 말한다—리프턴도 사람들이 어떤 대량 잔혹행위를 저지르려면 '선행주장'이 있어야 한다고, 즉 자기가 하는 짓이 잔혹행위가 아니라 좋은 일이라고 생각해야만 한다고 밝히고 있다.[409] 그렇게 해야만 남을 억압하면서도 좋은 기분을 지니고 집에 돌아가 아기를 무릎에 앉혀놓고 귀여워해 줄 수 있는 것이다. 이런 식으로 나치들은 유태인을 죽이는 것이 아니라 아리안족을 순화한다고 생각하면서 일상생활 비슷한 것을 유지할 수 있었다. 미국인들도 인디언을 죽이는 것이 아니라 '명백한 운명'을 수행할 뿐이라는 생각을 가지고 겉보기에 행복을 유지할 수 있었다. 현재의 문명인들도 자기들이 집단학살을 저지르고 토지기반을 파괴하는 것이 아니라 자기들의 이른바 '인류사회의 선진적 상태'를 발전시키기 위해 필요한 일을 하고 있다고 생각하면서 정신적으로 건강한 척할 수 있는 것이다. 이런 식으로 우리 모두는 지구를 죽이는 것이 아니라 자연자원을 개발하여 이윤을 극대화할 뿐이라고 생각하면서 짐짓 제정신을 가진 사람인 척 행세하고 있다.

나는 매일처럼 책을 쓸까 댐을 폭파할까 자문해 보는 외에도, 연어와 고목나무와 철새들을 살려야 한다는 내 이야기도 모두 또 하나의 '선행주장'이지는 않을까 자문해 보곤 한다. 제국의 중심부에 있는 자들도 항상 자기들의 생활방식을 파괴하려는[410] 자들에 맞서 (방어적) 폭력을 행사할 뿐이라고 주장하지 않는가? 그리고 나도 내가 원하는 생활방식을 유지하기 위해 (방어적) 폭력을 생각중이라고 말하지 않는가? 소비재를 원하는 사람도 있고 야생의 연어를 원하는 사람도 있다. 무엇이 다른가? 어쩌면 하천을 해방하고자 하는 내 바람은 댐을 파괴하고 싶은 충동, 아니 보다 큰 파괴충동을 숨기기 위한 구실인지도 모른다. 나는 내가 일반적으로 파괴충동을 지니고 있다고 '느끼지' 않지만, 그건 최고경영자들도 마찬가지일 것이다. 나는 나 자신에게나 남에게 거짓말을 하고 싶지 않다.

나는 매일 내가 하는 일이 그럴듯한 '선행주장'에 불과한 것이 아닌가 자문해 보다가도 늘 똑같은 대답으로 돌아가곤 한다. 즉 깨끗한 물이다. 우리는 살아남으려면 깨끗한 물이 필요하다. 살아 있는 토지기반이 필요하다. 우리에게 필요한 것은 값싼 소모품들이 아니다. 우리에게 '순화된 아리안족'은 필요 없다. 우리는 '명백한 운명'을 수행하여 아메리카 대륙이나 전세계에 차고 넘칠 필요가 없다. '인류사회의 선진적 상태'도 필요 없다. 이윤을 극대화하거나 '자연자원을 개발'할 필요도 없다. 우리는 석유, 컴퓨터, 휴대전화 중계탑, 자동차, 포장도로, 공장형 축사, 산업적 교육, 산업적 의료, 산업적 생산 그리고 산업을 필요로 하지 않는다. 우리는 문명을 필요로 하지 않는다. 그러나 우리는 토지기반만은 필요로 한다. 그것은 '선행 주장'이 아니다. 그것은 진실일 뿐이다.

나는 매일 미국의 모든 하천들이 발암물질로 오염되어 있음을 떠올리면서 역시 내 생각이 틀리지 않았구나, 하고 다짐하곤 한다. 나는 수천만 년 동안 살아온 야생연어들이 이 문화에서는 100년을 버티지 못하고 있다는 사실을 떠올리곤 한다.[411] 나는 모든 어머니들의 모유가 다이옥신을 함유하고 있다는 사실을 다시 떠올린다. 나는 호랑이, 몸집 큰 원숭이와 양서류들이 지금 멸종되고 있다는 사실을 떠올린다. 자, 이 모든 것은 진실이다. 이것이 현재의 세계이다.

나는 매일처럼 폭력을 정당화하기 위해 '선행주장'을 이용하는 경우가 많으니 모든 폭력의 명분은 억지변명이라고 생각하는 것은 어리석은 짓임을 거듭 깨닫곤 한다. 나도 이런 함정에 빠질 때가 많다. 이 문화에서 이런 함정에 빠지는 사람이 너무나 많다.

이제 나는 이 문화에서는 수많은 사람들이 문명의 정신 나간 이데올로기를 주입받은 결과로, 문화가 죽이고 있는 것이 사실은 살아 있는 것이 아니라고 믿게 되었다고 생각하고 있다. 말하자면, 하천은 아픔을 느끼지 못한다는 것이다. 동물원이나 공장형 축사의 동물도 그렇고, 공장형 농장의 식물들이나 채석장의 바위들도 마찬가지다.

그러나 사전에 그런 사상을 주입받은 사람들이라고 해서 그들을 저지할 필요가 없는 것일까?

나는 이렇게 알고 있다. 토착민들은 '자연'이 상호관계를 맺는, 착취의 대상이 아닌 존재(인간을 포함하여)들로 이루어져 있다는 인식을 토대로 하여 서로 그리고 땅에 대해 우리와는 전혀 다른 관계를 맺고 있다는 것이다. 나는 또 이렇게 알고 있다. 땅을 보호하기 위해 애쓰는 사람들은 땅을 사랑하며, 땅을 파괴하는 사람들은 땅을 사랑하지 않는 사람들이라는 것이다. 땅을 사랑한다면 땅을 파괴할 수가 없다.

또 물건이나 통제를 생명보다 중시하는 사람은 그렇지 않은 사람보다 물건이나 통제력을 얻기 위해 살상을 저지를 가능성이 높을 것이다. 반면에 통제력이나 물건보다 생명을 중시하는 사람들은 생명을 보호하기 위해 필요한 경우라도 살상을 저지를 가능성이 적을 것이다. 때문에 이처럼 상이한 가치관을 지닌 그룹들이 갈등을 빚어 싸움을, 말하자면 투쟁을 벌이게 되면 우스꽝스러울 정도로 승산이 없을 수밖에 없다.[412]

히틀러 암살음모의 경우도 그랬다. 음모에 가담한 많은 사람들이 수백만 명의 인명을 앗아간 히틀러를 죽이는 문제를 의논했다. 그들은 1944년 7월

20일의 불발 쿠데타 동안에도 히틀러의 심복들을 체포하는 데 그쳤다. 그러나 그날 밤 쿠데타가 실패로 끝나자 히틀러의 심복들은 음모자들을 서슴없이 죽였고, 운 나쁜 사람들은 고문 끝에 죽었다.

문명인과 토착민의 상호작용에서도 종종 이런 차별성이 나타난다. 토착민들은 문명인들을 환대하고 선물을 잔뜩 안겨주고 음식을 대접하여 살려주었는데도, 문명인들은 그들을 죽이고 재산을 빼앗고 노예로 삼았다는 이야기는 수도 없이 많다. 여러 해 전에, 나는 인디언작가 셔먼 알렉시가 500년 전에 크리스토퍼 콜럼부스를 맞이할 때 자기도 있었더라면 좋았을 것이라고 하는 말을 들었다. 그는 자기가 활과 화살, 도끼, 총, 사슬톱 같은 것을 가지고 콜럼부스에게 할 수 있었으리라 생각되는 여러 가지 일을 설명하고 나서 마지막에 이렇게 말했다. "아니, 난 그런 짓은 하지 않았을 겁니다. 나도 그를 초대해서 잔뜩 먹였을 거예요. 그게 우리의 관습이니까요."

수많은 인디언들이 그렇게 했다. 자기들의 관용과 친절이 실수일 뿐 아니라 자살행위라는 것을 뒤늦게 알게 된 인디언들도 있었다. 물론 반격에 나선 인디언들도 있었다. 반격하면 어떻게 되었을까? "전쟁이 일어나면 그들이 우리들 중 일부를 죽이겠지만, 우리는 그들을 모두 섬멸할 것이다."(토머스 제퍼슨의 말-옮긴이)

오늘날에도 이런 일이 매일 일어나고 있다. 정부와 기업을 운영하는 자들은 거짓말하고, 훔치고, 죽이고, 투옥하고, 고문하고, 재산 빼앗기를 밥 먹듯이 하여 사람들을 실망시키고 있다. 그들은 끝도 없이 무기를 만들어 사용한다. 반면에 우리는 정말로 멋진 종이가면과 힘찬 구호판을 만든다. 굉장한 책을 쓰는 사람들도 있다.[413] 우리는 명예롭게 행동하려고 노력한다.

물론 감정이입과 함께 명예로운 행동을 탓할 수는 없다. 그것은 훌륭하기도 하고 중요하기도 하다. 사람은 그렇게 살아야 한다. 그러나 명예롭게 행동하지도 않고 감정도 없는 사람들과 대결할 때는 어떻게 해야 할까?

한 가지 문제는, 학대자들은 자기들이 무엇을 원하며 또 원하는 것을 얻기 위해 무엇을 해야 할지를 잘 알고 있다는 데 있다. 그들은 가능한 한 모든 것을 장악하고 장악할 수 없는 것은 파괴하고자 한다. 그들은 이를 위해 '무슨 짓이든' 할 것이다. 반면에 우리의 대부분은 우리가 진정 원하는 것이 무엇인지조차도 잘 모르며, 어쨌든 원하는 것을 얻기 위해 무엇을 해야 할지도 잘 모르고 있다.

∘ ∘ ∘

나는 내가 무엇을 원하는지 알고 있다. 나는 연어와 철새와 숲이 매년 늘어나는 세계, 모유에 함유된 다이옥신이 매년 줄어드는 세계, 야생의 호랑이와 곰들과 원숭이들과 청새치와 황새치들이 늘어나는 세계에서 살고 싶다. 나는 살기 좋은 지구에서 살기를 원한다.

∘ ∘ ∘

리처드 슬롯킨(Richard Slotkin, 미국의 역사학자, 문명비평가—옮긴이)은 『총잡이 국가: 20세기 아메리카의 프런티어 신화』(*Gunfighter Nation: The Myth of the Frontier in Twentieth-Century America*)라는 훌륭한 저서를 남긴 사람이다. 『폭력을 통한 개심』(Regeneration through Violence) 및 『치명적 환경』(*Fatal Environment*)과 함께 3부작을 이루는 이 저서에서, 슬롯킨은 대중소설들이 아메리카제국의 중심부에 있는 사람들과 그 적들(대개는 미국이 빼앗고자 하는 땅에 사는 사람들)의 투쟁을 어떻게 묘사하는지를 검토하고 있다. 대중소설 작가들도 여느 작가와 마찬가지로 선전원이기 때문에, 그는 작가들이 제국의 지지자로서 또한 침략행위 정당화 수단의 제시자로서 어떠한 역할을 하는지에 관심을 두고 있다. 슬롯킨이 밝힌 한 가지 패턴은 책마다 제국측 행위자들은 항상 공정하게 (문명사회의 규칙에 따라) 싸우기를 원하지만 그때마다 상대방이 비열하게 싸우기 때문에 그렇게 하지 못한다는 것이다. 백인들은 인디언을 공정하게 다루고자 했지만 인디언들이 야만인이기 때문에 (또는 미국 독립선언문의 표현대로 "연령·성별·신분의 여하를 막론하고 무차별로 살상하는 것을 전쟁의 규칙으로 삼는 무자비한 인디언"이기 때문에) 백인도 그들처럼 싸워 제퍼슨의 말대로 "그들을 모두 섬멸해야" 했고, 그들의 땅을 빼앗았던 것이다(그리고 물론 그들의 땅을 빼앗은 것은 얀 반 리베크가 네덜란드의 남아프리카 정복을 두고 한 말처럼 "오직 방어적 전쟁에서 정당하게 이겨 빼앗은 것"이었다[414]). 미국이 원주민을 애당초 전멸시킬 필요가 없었던 필리핀에서도 마찬가지였다(어느 미국군 장교는 이렇게 말했다. "우리는 아메리카 인디언들을 절멸시켰거니와, 대부분의 미국인들은 이를 자랑스럽게 여기거나 적어도 목적이 수단을 정당화시켜 주었다고 여길 것이라고 생각한다. 따라서 우리는 필요하다면 진보와 계몽에 방해가 되는 이들 타인종도 절멸시키기를 망설이지 말아야 한다"[415]). 다시 말해 비열한 필리핀인들이 먼저 불공정하게 싸우지만 않았더라면(이 책의 〔전제 4〕에 따르면 애당초 반격해 오지만 않았더라면), 우리도 그들을 모두 죽일 필요가 없었다는 것이다.[416] 한국전쟁에서도 마찬가지로 괘씸한 공산당들이 제대로 규칙을 지켰더라면 미국군은 공정하게 싸웠을 것이다. 또한 베트남에서도 상대방이 비열한 방법으로 싸우지만 않았더라면, 미국군은 그 나라를 네이팜탄으로 휩쓸어 문자 그대로 수백만 비전투원들을 학살할 필요가 없었으리라는 것이다. 미국이 규칙을 어기고 테러리스트들과 싸워야 하는 오늘날에도 사정은 마찬가지다. 미국 대통령에 따르면, 그들은 "그늘에 숨어 있으며 인명을 존중하지 않는 적이다. 그들은 무고하고 애꿎은 사람들을 약탈하고〔원문대로〕 도망가서 숨는 적이다".[417] 테러범들이 규칙을 지키기만 하면 우리도 지킬 것이다. 그러나 그들이 지키지 않으면, 유감스럽지만 우리도 비열하게 싸울 수밖에 없다는 것이다.

수사물 영화를 보더라도 그런 이야기가 나온다. 더티 해리(클린트 이스트우드 주연의 수사영화. 그 주인공인 수사관의 이름—옮긴이)는 범죄자들이 그처럼 비열하지만 않았더라도 결백했을 것이다. 그리고 비열한 수사관은 비단 해리만이 아니다. 모든 영화의 수사관들이 다 그렇다. 그것이 장르상의 약속으로 되어 있다.

오늘 나는 이라크의 비전투원 수감자들을 고문한 어떤 미국군 병사의 변명을 읽으면서 이런 패턴을 다시 한번 확인할 수 있었다. 그의 고문방법에는 강간, 수간, 강제로 자위행위를 시켜놓고 사진 찍기, 강제로 성행위를 흉내 내게 해놓고 사진 찍기, 감각차단, 물 안 주기, 여러 시간 동안 무릎을 꿇거나 서 있게 하기, 생식기에 전깃줄을 부착하기, 전깃줄을 쥐게 한 채 상자 위에 올려놓고 떨어지면 죽는다고 협박하기, 적어도 한 명의 17세 난 여자의 등에 안장을 올려놓고 당나귀처럼 타고 돌아다니기 등이 포함되어 있었다. 그는 어떻게 변명했는가? "좀 거칠기는 했지만, 이라크사람들이란 원래 폭력을 써야만 알아듣는다는 점을 이해해야 한다. 수감자건 거리의 일반인들이건, 그들을 정상적인 사람으로 대해 1 대 1로 얘기하려고 들면 상대를 무시하고 말을 듣지 않는다. 그래서 어떤 방법으로든지 그들을 강압적으로 다룰 필요가 있다."[418] 그들은 때리지 않으면 말을 듣지 않는다는 것이다. 이것이 우리 문화의 윤리의식을 한마디로 말해 주는 핵심적인 표현이다.

슬롯킨은 그 같은 변명을 예상했을 것이다. 이제는 우리도 충분히 예상할 수 있다.

그러나 내가 이 문제를 꺼낸 이유는 다른 데 있다. 그것은 슬롯킨이 설명한 것과 같은 함정에 빠지고 싶지 않기 때문이다. 어떻게 보면 그것은 '선행 주장'에 관한 우려와 비슷한 것이어서, 나는 매일 한차례씩 자기성찰을 하는 셈이다. 나는 ① 내 방법이 정말로 비폭력적이고 ② 싸움은 정말로 방어적이고 ③ (평화로부터의) 일탈이 정말로 필요하다는 확신이 서지 않는 한 '이번만은 나의 비폭력적 방법에서 일탈하여 방어적 싸움을 해봐야지' 하고 생각하고 싶지 않다. 또한 나는 자기중심적인 단견에 빠져—비폭력주의자들은 "나는 도덕적 우위를 택하는 셈"이라고 말한다—내가 옳다는 느낌이 연어나 철새들의 생존보다 중요하다는 자만에 빠지기를 원치도 않는다. 나는 궁극적으로 인류의 생존보다 내가 정의롭다는 느낌을 택할 생각도 없다. 우리 모두가 늘 그런 태도를 취한다면 연어와 철새가 멸종될 뿐 아니라 인류도 살아남지 못할 것이기 때문이다.

◦ ◦ ◦

때로는 우리가 생각을 너무 많이 한다는 생각도 든다. 때로는 우리 생각이 너무 분명치 못하다는 생각도 든다. 나는 보통은 이런 두 가지 생각이 동시에 떠오른다. 우리의 사고는 때로는 사고 같지도 않아서 우리를 미치게 만들고 꼼짝 못하게 묶어놓는다. 그것은 우발적인 현상이 아니다. 학대상황에서는 흔히 일어나는 일이다. 학대하는 남자들을 위한 미국 최초의 정신치료 프로그램인 '이머지'(Emerge)의 공동 소장을 역임한 런디 밴크로프트는 그의 저서에서 이렇게 지적하고 있다.

> 학대하는 남자는 한 가지 중요한 점에서 마술사처럼 행동한다. 그의 비결은 상대방의 관심을 딴 데로 돌려 진짜 행동을 눈치 채지 못하도록 하는 데 있다. …그는 상대방을 얽히고설킨 미로로 끌고 가서 자기와의 관계를 매우 복잡하게 만든다. 그는 자기가 고치기만 하면 제 성능을 발휘할 수 있는 고장 난 기계인 것처럼 행세하면서, 상대방이 어리둥절하여 자기가 누군지 알아내려고 애쓰도록 만든다. 그는 스스로는 인정하지 않을지 모르지만, 상대방이 머리를 짜내느라 자기 행동의 패턴과 논리를, 미친 행동의 바탕에 깔린 의식의 흐름을 눈치 채지 못하도록 만들려고 한다.[419]

내가 졸저 『언어와 문화』(*Language and Culture*)에서도 밝히려고 노력했듯이, 이 문명의 거의 모든 것은 우리가 분명히 생각하지 못하고 분명히 느끼지도 못하도록 이끌어간다. 우리가 분명히 생각하고 분명히 느낄 수만 있다면, 권력자들은 세계를 죽이고 우리의 비인간 이웃들을 죽이고 우리가 사랑하는 사람들을 죽이고 우리를 죽이는 짓을 못할 것이다. 그리고 우리를 교육시켜 생각도 아닌 생각을 하고 느낌도 아닌 느낌을 갖도록 만들어놓기만 한다면, 이 문화는 별 노력을 들이지 않고 우리를 계속 헷갈리게 할 수 있다. 우리는 생각도 안 하고 느낌도 없이 계속 어리둥절해할 것이다. 우리는 기꺼이 이런 상태를 유지할 것이다. 우리가 어리둥절해하지 않고 제대로 생각하고 제대로 느낀다면, 언젠가는 우리를 에워싼 소름 끼치는 일들을 저지할 수 있고 이를 위해 행동해야 한다는 것을 깨달을 것이기 때문이다.

나는 앞서 언급한 비인간(동물) 어미들이 자기들의 행동의 동기를 철학적으로 따져보았다고는 생각하지 않는다.[420] 그들은 자기들이 무엇을 해야 할지 그저 몸으로 느껴 알았을 뿐이다. 우리도 마찬가지다.

중국시인 셍찬은 "말과 생각이 많을수록 진실에서 멀어진다"고 썼다.[421] 나는 종종 그것이 우리를 두고 한 말이라는 생각이 든다.

우리를 정신과 육체로부터, 현실적인 자기방어 의식으로부터 떼어놓는 것을 목적으로 하는 수천 년 동안의 주입교육은 우리를 자신의 몸이나 토지 기반과 일체감을 갖지 못하고 자신의 학대자·정부·문명과 일체감을 갖도록 만들어놓았다. 바로 이런 잘못된 정체성이야말로 우리가 미쳤다는 증거이다. 이 때문에 우리는 갈수록 더 미쳐가고, 더 헷갈려갈수록 더 나태해져 가고 있다.

이런 잘못된 정체성을 깨뜨릴 때 우리의 행동방향은 훨씬 더 분명해질 것이다.

반격할 것인가?

물론 인정 많은 사람들은 큰 유혈 없이도 적을 무장해제시키고 패배시킬 어떤 독창
적인 방법이 있을 것이라 생각하고, 또 그렇게 하는 것이 전쟁의 진정한 목표라고 상상
할지도 모른다. 그것은 듣기에는 좋지만 오류임을 밝혀내야 한다.

카를 폰 클라우제비츠

최근 인터넷상의 '데릭 젠슨 토론그룹'에서는 문명은 필요하다면 무슨 수를 써서라도 지금 당장 파괴해야 한다고 믿는 사람들과, 유혈 특히 이른바 '무고한' 유혈은 절대로 안 된다는 믿음으로부터 '움쩍도 않겠다'는 사람들 간에 열띤 토론이 벌어졌다. 후자의 진영에 속한 사람들은 우리가 지구를 죽이는 자들에 대해 동정심을 느껴야만 그들이 우리의 아낌없는 사랑에 감복하여 자기들의 잘못을 깨닫고 어리석은 파괴활동을 멈추게 된다고 거듭거듭 주장한다. 비폭력주의자들은 설사 삼림 황폐화를 막을 수 있는 길일지라도 누구든 어떤 상황에서라도 찰스 후르비츠를, 특히 그의 자녀들을 납치하면 안 된다고 주장한다. 반대편 사람들은 후르비츠가 무고한 비인간들을 살해해서 돈벌이를 한다고 반박한다. 그들은 또 후르비츠의 사업 때문에 인간들의 식수가 망가지고 있다고 지적한다. 그들은 이것이 누구 책임이냐고 묻는다. 어떻게 하면 그를 저지할 수 있겠는가?

이 문제에 관해 가장 내 관심을 끈 토론의 내용을 소개하고자 한다. 나는 그동안 수많은 토착민 부족들도 기다란 공동주택에 모여서 또는 모닥불을 피워놓고 자기들의 삶과 생활방식을 살리기 위한 전략전술을 궁리하는 가운데 이와 비슷한 대화를 수없이 가졌을 것이라고 상상해 본다. 나는 토착민들이 유럽의 숲속에서 모닥불을 피워놓고 그리스의 창병대, 나중에는 로마군단, 더 나중에는 기독교 사제단이나 선교단이 (더 나중에는 지금의 기업인이나 자원전문가에 해당하는 상인들이) 보내온 똑같은 메시지, 즉 항복이냐 죽음이냐를 택일하라는 메시지에 어떻게 대처할지 대책을 마련하는 모습을 그려본다. 또 중국의 숲이나 평원에서 토착민들이 침입해 오는 문명에 동화(항복)할 것인가, 싸우다 죽을 것인가를 의논하는 광경을 그려본다. 아니면 만족할 줄 모르는 문명의 정복·지배·확장 욕구에 밀려 다른 곳으로 계속 이동해 갈 것인가, 아니면 타문화의 뜨거운 열기에 안개처럼 증발해 사라질 것인가를 의논하는 것인지도 모른다.

나는 아프리카의 토착민들이 네덜란드나 포르투갈 요새의 바깥에 모여서 자기들의 땅을 더 훔치지 말라고, 바다 건너온 이방인들을 한번 더 헛되이 설득해 볼 것인가, 아니면 그들을 무력으로 저지할 것인가를 궁리하는 광경을 그려본다.

나는 아오테아로아(뉴질랜드)[422] 모시르(홋카이도)[423] 흐분 스쿠미(타이완)[424] 추키야우(라파스)[425] 욘도틴(디트로이트)[426] 이츠와니(프리토리아)[427] 등 원래의 지명이 기억에서 사라진 수많은 땅들에서 이루어지는 대화를 보고 듣는다. 이 사람들은 커다란 공동체 집회를 열고 친구들, 형제들, 할머니들과 따로따로 대화를 갖는다. 남자(여자)들은 화살촉을 깎고 토마호크 도끼날을 갈고 있다. 전쟁준비를 하는 그들의 눈과 꽉 다문 입에서 굳은 결의를 느낄 수 있다.

나는 또 싸우지 말자고 주장하는 사람들의 목소리도 듣는다. 예를 들어 인디언 촉토족 추장 푸시마타하의 목소리가 들린다. 초가을 늦은 밤은 아직 따뜻하다. 푸시마타하가 말한다.

지금 우리 앞에 놓인 문제는 그들이 우리에게 어떤 손해를 입혔는가가 아니라, 우리가 그들에 대해 취할 수 있는 최선의 대책이 무엇인가 하는 것이다. 그리고 우리 종족이 그들에게 부당한 대우를 받고 수치스럽게 모욕당하기는 했지만, 나는 그렇게 하는 것이 부당하고 마땅하지 않다는 이유만으로 여러분에게 그들을 쳐부수라고 권면하지는 않을 것이다. 나는 또 비록 여러분이 동정심을 발휘할 만하더라도, 우리의 공동의 선에 도움이 되겠다고 생각되지 않는 한 여러분에게 그들을 용서하라고 권면하지도 않을 것이다. 우리는 현재보다 우리들의 미래의 복지에 대해 더 의논해야 한다. 동포 여러분. 자체의 힘이 이 과제를 감당할 수 없다고 판단될 때 자발적으로 전쟁을 시작할 만큼 경솔한 부족이 어디 있겠습니까?[428]

요컨대 그는 이길 수 없으니 싸우면 안 된다고 말하고 있다.[429]

나는 이제 반격에 반대하는 또 다른 목소리를 듣는다. 산티 수우족 추장 타오야테두타의 목소리이다. 인디언 보호거주지로 끌려간 그의 부족은 땅을 포기하는 대가로 받기로 한 식량이 (당연히) 아직 도착하지 않아 지금 굶어 죽어가고 있다. 산티 부족은 대부분 전쟁채비를 갖추고 있다. 타오야테두타도 푸시마타하처럼 그들을 말리고 있는 중이지만 말은 더 직설적이다.

보라!— 백인들이 메뚜기떼처럼 몰려와 온 하늘을 눈보라처럼 뒤덮고 있다. 여러분은 그들을 한 명, 두 명— 열 명, 아니 저 숲의 나뭇잎들만큼 많이 죽일 수 있을 것이다. 그러나 열 명을 죽이면 열 곱하기 열 명이 와서 여러분을 죽일 것이다. 하루 종일 손가락으로 세어보라. 총을 가진 백인들이 여러분의 손가락셈보다 더 빨리 달려올 것이다. 그렇다. 그들은 자기들끼리도 싸운다. 그러나 여러분이 그들을 치면 그들 모두가 메뚜기떼처럼 달려들어 여러분과 부녀자들을 하루 만에 먹어치울 것이다. 여러분은 '딱딱한 달'(1월)에 굶주린 늑대에게 잡혀먹는 토끼들처럼 죽을 것이다.

타오야테두타는 이렇게 말하고 주위사람들을 둘러본다. 그는 전쟁을 외치는 사람들은 바보라고 생각하지만, 계속해서 이렇게 말한다. "타오야테두타는 겁쟁이가 아니다. 〔그래도 싸우겠다면〕 나도 여러분과 함께 죽을 것이다."[430]

신중론이나 타협론을 펴지 않고 싸우자고 주장하는 사람들의 목소리도 들린다. 그중 위대한 쇼니족 추장 테쿰세가 말한다.

오늘밤 이 자리에 자신의 권리가 조만간 탐욕스러운 아메리카 '창백한 얼굴'들에게 빼앗기지 않으리라고 생각하는 사람이 있다면, 그는 우리 공동의 적의 성격을 잘 모르는 사람이기에 그의 무지는 동정심을 불러일으킬 만하다. 그리고 여러분 중에 날로 커져가는 백인종족의 세력을 얕보는 정신 나간 사람이 있다면, 그런 사람은 자기가 범죄적인 무관심으로 우리 공동의 적의 계획을 도움으로써 우리 온 종족에게 입히게 될 가공할 상처를 생각하며 떨게 합시다. 그리고 의무와 명예와 자연의 목소리, 위기에 처한 우리나라의 목소리에 귀를 기울입시다. 우리 모두 한몸과 한마음이 되어 마지막 전사가 남을 때까지 우리나라, 우리 가족, 우리의 자유 그리고 우리 조상들의 무덤을 지킵시다.[431]

나는 마음속으로 테쿰세가 부락마다 찾아다니며 감동적인 연설을 하는 것을 들으면서, 나도 그와 함께 무자비한 적에 맞서 인간과 토지기반을 살리기 위해 싸우고 싶어진다. 테쿰세가 오사게 부족에게 이렇게 말한다.

백인들의 탐욕을 충족시켜 주기 위해 우리의 선조와 형제들이 흘린 피가 강물처럼 흐르고 있다. 우리들 자신도 커다란 악으로 위협받고 있다. 모든 붉은 사람(북아메리카 원주민)들을 죽이는 것말고는 아무것도 그들을 달랠 수 없다.

형제들—, 백인들이 처음 우리 땅에 발을 디뎠을 때, 그들은 배가 고팠고 그들에게는 이불을 펴거나 불을 지필 장소도 없었다. 그들은 허약하여 혼자서는 아무것도 할 수 없었다. 우리 선조들은 그들의 곤경을 불쌍히 여겨 ‘위대한 정령’께서 자신의 붉은 자녀들에게 주신 모든 것을 그들에게 공짜로 나누어주었다. 그분들은 그들이 굶주릴 때는 먹을 것을 주고, 아프면 치료해 주고, 잠을 자도록 가죽을 깔아주고, 또 사냥을 하고 옥수수를 심을 땅도 주었다. 형제들. 백인들은 독사와 같아서 추울 때는 허약하여 해를 입히지 못하지만, 따뜻해지면 기운을 차려 자기 은인을 물어죽이는 자들이다.

백인들은 허약한 몸으로 우리에게 왔지만, 우리가 그들의 힘을 키워주었더니, 이제는 마치 늑대나 퓨마를 대하듯이 우리를 죽이거나 몰아내려고 한다.

형제들—, 백인들은 인디언의 친구가 아니다. 그들은 처음에는 오두막집 한 채를 지을 땅만 달라고 했다. 지금은 해 뜨는 곳에서 해 지는 곳까지 우리의 사냥터를 몽땅 내주어야만 그들을 만족시킬 수 있다.

형제들—, 백인들은 우리의 사냥터만 요구하는 것이 아니다. 그들은 우리의 전사들을 죽이려고 한다. 그들은 우리의 노인들과 부녀자들을 죽이려고 한다….

형제들—, 나의 부족은 평화를 원한다. 붉은 사람들은 모두 평화를 원한다. 그러나 백인들이 있는 곳에는 평화가 없다….

형제들—, 백인들은 인디언들을 깔보고 속인다. 그들은 인디언들을 학대하고 모욕한다. 그들은 인디언들은 살아갈 가치가 없다고 생각한다.

붉은 사람들은 수많은 큰 상처를 입었다. 이제는 그런 상처를 입지 말아야 한다. 내 부족은 더 상처를 입지 않을 것이다. 우리는 복수를 결의하고 토마호크 도끼를 집어들었다. 도끼에 피를 잔뜩 묻힐 것이다. 백인들의 피를 마실 것이다.

형제들—, 내 부족은 용감하며 숫자도 많다. 그러나 백인들은, 우리들 혼자서 싸우기에는 너무 강하다. 나는 여러분도 함께 토마호크를 들기 바란다. 우리가 단결하면 그들의 피로 강물을 물들일 수 있을 것이다.

형제들—, 여러분이 우리와 단결하지 않으면 그들이 먼저 우리를 멸할 것이고, 그러면 여러분도 그들의 손쉬운 먹잇감이 될 것이다. 그들이 붉은 사람들의 여러 부족을 멸해 온 것은 우리가 단결하지 못하고 서로 친구가 되지 못했기 때문이다.

형제들—, 백인들이 누구이기에 우리가 두려워해야 하는가? 그들은 빨리 달리지도 못해 우리가 쏘기에 좋은 과녁이다. 그들은 사람일 뿐이다. 우리 선조들은 그들을 많이 죽였다.[432]

테쿰세는 지칠 줄 모른다. 그는 자기 민족의 힘에 지레장치를 하려면 무엇을 해야 할지 잘 알고 있으며 이를 위해 노력하고 있다. 그는 반격에 나서고자 하는 사람들을 모집하고 있다. 같은 날 밤, 그는 촉토족과 치카소족에게도 이렇게 말한다.

우리에게는 우리나라를 지키고 예부터 내려오는 우리의 독립을 유지할 용기가 남아 있지 않은가? 우리는 백인 침략자와 폭군들이 우리를 노예로 삼도록 가만히 당하기만 할 것인가? 그러나 지금 페쿠오트족은 어디에 있는가? 나라간세트족, 모호크족, 포카노케트족 등 한때 강력했던 우리 부족들은 지금 어디에 있는가? 그들은 백인들의 탐욕과 억압 앞에서 여름 해 아래 눈 녹듯이 사라져 갔다. 그들은 예부터 내려온 자기들의 재산을 혼자서 지키려고 헛되이 노력하다가 백인들과의 전쟁에서 죽어갔다. 한때 아름답던 그들의 나라를 둘러보라, 지금 무엇이 보이는가? 아무것도 없고, 창백한 얼굴을 한 파괴자들이 남긴 참상만 눈에 띌 뿐이다. 촉토족과 치카소족들이여, 여러분도 그렇게 될 것이다! 백인 침략자들이 감히 자기 것이라고 부르는 땅에 울타리를 치기 위해 여러분이 어린 시절에 널찍한 나무그늘에서 뛰어놀던, 그리고 지금은 여러분이 사냥하다가 그늘에서 피곤한 팔다리를 쉬고 있는 그 장엄한 숲의 나무들을 베어버릴 것이다. 조만간 그들의 널찍한 도로가 여러분 선조들의 무덤 위로 지나갈 것이며, 그들의 휴식장소들이 영원히 펴져갈 것이다. 용감한 촉토족과 치카소족들이여, 우리의 공동의 적에 대해 수동적이고 무관심하면서도 공동의 운명을 면할 수 있다고 생각하지 마라. 여러분의 부족도 곧 그들의 독기 품은 숨결 앞에 낙엽처럼 떨어져 구름처럼 흩어질 것이다. 여러분도 곧 세찬 겨울바람에 낙엽이 날리듯 고향에서 쫓겨나게 될 것이다. 오, 촉토족과 치카소족이여, 잘못 방심하여 헛된 희망을 품고 오래 잠들지 마라. 우리의 넓은 영토가 빠른 속도로 우리의 지배를 벗어나고 있다. 백인 침략자들은 해마다 탐욕과 강요, 억압과 오만을 갈수록 더해 가고 있다. 해마다 그들과 우리 사이에 다툼이 벌어져 유혈사태가 벌어지면, 우리는 우리의 위대한 추장들의 목숨과 넓은 면적의 땅을 바쳐 배상해야 한다. 창백한 얼굴들이 오기 전에는 우리는 행복과 무한한 자유를 누렸고 부유함이나 가난, 억압을 모르고 살았다. 지금은 어떤가? 가난과 억압이 우리의 운명이니, 이는 우리가 모든 면에서 지배받아 허가를 받지 않고서는 움직이지 못하기 때문이 아닌가? 우리는 예부터 누려온 자유를 빼앗기고 그나마 얼마 남지 않은 자유마저 매일매일 빼앗기고 있지 않은가? 심지어 그들은 자기들의 검은 얼굴들에게 하듯 우리를 발로 차고 때리고 있지 않은가? 그들이 검은 얼굴들에게 하듯 우리를 기둥에 묶어놓고 채찍으로 때리며 옥수수밭에서 일을 시키게 되기까지 얼마나 걸리겠는가? 우리는 그때까지 기다려야 하겠는가, 아니면 그 같은 수치를 당하기 전에 죽음으로 싸워야 하겠는가? 우리는 여러 해 동안 그들의 계획과 장래의도를 엿보기에 충분한 일들을 겪어보지 않았는가? 우리는 조만간 각 부족의 땅에서, 우리 조상들의 초원에서 쫓겨나지 않겠는가? 우리 시체의 해골들이 쟁기로 파헤쳐지고 무덤이 밭으로 변하지 않겠는가? 우리는 그들의 세력이 커져 저항이 불가능해질 때까지 가만히 기다려야 하겠는가? 우리는 싸워보지도 않고… 우리의 고향과 강토를 포기해야 하겠는가? 여러분도 나와 함께 울게 되리라 생각한다. 안 된다! 절대로 그런 일이 생기면 안 된다! 그렇다면 우리 모두 하나로 단결하여… 그들을 멸하거나 쫓아버리자. 우리에게는 지금 전쟁이냐 전멸이냐의 선택밖에 없다. 여러분은 어느 쪽을 선택하겠는가?[433]

내게는 또 테쿰세가 크리크족에게 하는 연설도 들린다. "백인종에게 죽음을! 그들은 여러분의 땅을 빼앗고, 여러분의 여자들을 더럽히고, 여러분의 죽음을 짓밟고 있다! …그들의 집들을 불사르자! 그들의 가축들을 멸하자! 그들의 부녀자들을 죽이자! 이 나라는 붉은 사람들의 소유이고 창백한 얼굴들은 절대로 가질 수 없다! 이제는 전쟁이다! 영원히 전쟁이다! …그들의 시체를 무덤에서 파내라! 우리 땅은 백인들의 뼈가 묻힐 곳이 아니다."[434]

내가 어느 대륙, 어느 곳에 가서 어느 민족의 누구의 목소리를 듣건, 반격해야만 하는 이유는 항상 같다. 나는 사우크 마카타이메시에키아키아크(검은 매)가 백인들에게 포로로 잡혀 자기를 3인칭으로 하여 하는 말을 듣는다.

그는 인디언으로서 부끄러워할 일은 전연 하지 않았다. 그는 자기 동포들을 위해…그들을 속여 그들의 땅을 빼앗은 백인들을 상대로 싸웠다. 너희들은 우리가 전쟁하는 이유를 안다. 백인들 모두가 그 이유를 알고 있다. 백인들은 부끄러워할 줄 알아야 한다. 백인들은 인디언들을 멸시하고 그들을 고향에서 쫓아내고 있다. 그러나 인디언들은 사람을 속이지 않는다. 백인들은 인디언에게 나쁜 말을 하며 악의에 찬 눈으로 바라본다. 그러나 인디언들은 거짓말을 하지 않으며 물건을 훔치지 않는다. 백인처럼 나쁜 인디언은 우리나라에서 살 수 없다. 그런 사람은 죽임을 당해 늑대에게 먹힌다. 백인들은 나쁜 선생들이다. 너희들은 거짓 표정을 짓고 거짓 몸짓으로 장사를 하며, 불쌍한 인디언을 속이기 위해 미소를 짓고 신뢰를 얻기 위해 악수를 하며, 그들을 술에 취하게 만들어 속이고 아내들을 망쳐놓는다. …너희들이 만지면 그들은 더럽혀졌다. 그들은 안전하지 못했다. 그들은 위험 속에 살았다. 그들도 너희들을 닮아 위선자와 거짓말쟁이, 간통자, 게으름뱅이, 사기꾼 그리고 놀고먹는 자로 변해 갔다. 사태가 갈수록 악화했다. 숲에서 사슴이 없어졌다. 주머니쥐와 비버들은 도망가고, 샘물들은 마르고 그들의 부녀자들은 먹을 것이 없어 굶주렸다. 그들은 큰 회의를 열어 큰 모닥불을 피웠다. 그들 선조들의 영혼이 나타나 그들에게 복수하거나 죽으라고 명하셨다. …그들은 전쟁의 함성을 질렀고, 토마호크 도끼를 그러모으고 칼을 준비했다. 그리고 '검은 매'는 벅찬 가슴을 안고 자기 전사들을 전쟁으로 이끌었다. 그는 지금 마음이 흐뭇하다. 그는 영혼들의 세계로 갈 것이다. 그는 자기 임무를 다했다. 그곳에서 그의 아버지가 그를 만나 잘했다고 칭찬할 것이다. …'검은 매'는 자기 나라와 인디언들을 염려한다. 그들은 고생할 것이다. 그는 그들의 운명을 한탄한다. 백인들은 머리가죽을 벗기지는 않는다. 그러나 너희들은 이보다 더 나쁜 짓을 한다. 마음을 더럽히는 것이다. '검은 매'의 동포들은 머리가죽이 벗겨지지는 않겠지만, 몇 년 지나면 그들도 백인처럼 되어 믿지 못할 사람이 될 것이다.[435]

유럽, 아프리카, 대양주, 남북 아메리카의 토착민들이 하나같이 내게 들려주는 말은 그들이 문명인들을 만나 환영하고 먹여주고 목숨을 살려주었다가, 뒤늦게야 그들을 환영하고 도와주고 믿고 살려준 것이 치명적인 실수였음을 깨닫고 모든 민족들이 저마다 문명인들과 싸울 결의에 차 있다고 하는 것이다.[436] 만단 마토 토페(네 마리 곰)가 전래된 천연두에 걸려 죽어가면서 하는 말을 들어보자.

나는 전부터 백인들을 좋아했다. 나는 소년시절부터 백인들과 함께 살았고, 내가 기억하는 한 백인에게 해를 끼친 적이 없고 오히려 항상 그들을 다른 사람들의 모욕으로부터 보호해 주었으니, 그들도 이를 부인하지 못할 것이다. '네 마리 곰'은 백인을 절대로 굶기지 않고 그에게 먹을 것과 마실 것 그리고 덮고 잘 들소가죽을 주었다. 나는 언제라도 그들을 위해 죽을 각오가 되어 있었으니, 그들도 이를 부인하지 못할 것이다. 나는 항상 그들에게 '붉은 가죽'(인디언-옮긴이)이 할 수 있는 모든 것을 해주었으나 그들은 이를 무엇으로 갚았나? 배은망덕으로 갚았다! 나는 지금껏 백인을 개라고 부른 적이 없었지만, 지금 나는 그들을 '검은 마음을 가진 개'라고 부른다. 그들은 나를 속였다. 내가 늘 형제로 여기던 자들이 이제는 최대의 적이 되었다. 나는 수많은 전투에 참가하여 자주 상처를 입었지만, 내 적들이 입은 상처를 기뻐한다. 그러나 나는 오늘 내가 늘 흰 개로 여겼던 자들에게 상처를 입었으니 그들은 내가 형제처럼 대했던 자들이다. 형제들, 나는 죽음을 두려워하지 않으니 여러분도 알 것이다….

이것이 여러분이 듣는 내 마지막 말일 터이니 내 말을 잘 들으시오. 친구들, 여러분의 처자식과 형제자매들 그리고 여러분이 귀히 여기는 사람들이 모두 흰 개들에게 죽어 얼굴이 썩는다고 생각해 보시오. 친구들, 그런 생각을 하면서 모두 들고 일어나 그들을 한 사람도 남기지 마시오. 이 '네 마리 곰'도 자기 역할을 다할 것이오….[437]

목소리마다 내게 같은 이야기를 들려준다. 1540년에 티무쿠아족(지금의 플로리다주 일대에 살던 기독교화된 원주민-옮긴이)의 아쿠에라 부족의 추장은 이렇게 말했다. "저주받은 여러분의 부족 중 다른 사람들은 지난시절에 우리의 평화로운 해안지대를 어지럽혔다. 그들은 내게 여러분의 직업이 무엇인지 알려주었다. 여러분이 하는 일은 무엇인가? 부랑자처럼 이 땅 저 땅 돌아다니며 가난한 사람들을 약탈하고 철석같이 믿는 사람들을 배신하고 방어할 힘 없는 사람들을 무참하게 죽이는 것이다. 안 된다! 나는 그런 자들과는 화평도, 우정도 바라지 않는다. 전쟁, 끝없는 전쟁, 박멸전쟁이 내가 바라는 모든 것이다…. 약탈자, 배신자들아, 약탈과 배신을 계속하라. 우리 아쿠에라 부족과 아팔라치 부족들은 너희에게 응당한 대우를 할 것이다. 포로마다 넷으로 찢어 길가의 가장 높은 나무에 걸어놓을 것이다."[438]

1640년대에 나라간세트족(뉴잉글랜드 지방에 살던 원주민-옮긴이)의 미안티노모는 이렇게 말했다. "여러분도 알다시피 우리 선조들에게는 사슴과 가죽이 풍족했고, 우리의 초원에는 사슴과 칠면조가 가득했으며, 우리의 골짜기와 하천에는 물고기가 풍부했다. 그러나 형제들, 이 영국인들이 밀려온 이후로 그들은 낫으로 풀을 베고 도끼로 나무들을 잘랐다. 저들의 소와 말들이 풀을 먹어치우고 돼지들이 조개가 사는 하천바닥을 더럽혀 마침내 우리는 굶어죽을 지경이 되었다! 그러므로 내가 간절히 부탁하노니, 분별없이 행동하지 말고 우리와 함께 남자답게 행동하기로 결의하자. 동쪽과 서쪽의 추장들은 모두 우리와 함께 정해진 날에 그들을 습격하기로 결의했다…. 그러니 여러분도 지금부터 40일이 지난 청명한 밤에 봉화 셋을 보거든 우리와 함께 행동하여 다음날 그들을 습격해서 남녀노소를 죽이자. 다만 소들은 죽이지 마라. 사슴들이 다시 돌아올 때까지 우리는 소를 식량으로 잡아먹어야 하기 때문이다."[439]

또 하나의 목소리가 들린다. 훈크파파 수우족의 '시팅불' 타탄카 요탄카가 말한다.

이 땅은 위대한 주신(主神)께서 우리에게 준 우리 땅이다. 우리는 자유롭게 오갔고 우리 식대로 살았다. 그러나 다른 나라에 속한 백인들이 밀려와 우리에게 자기들 생각대로 살도록 강요하고 있다. 그것은 불의한 짓이다. 우리는 백인들을 우리처럼 살게 만들려고 생각해 본 적도 없다.

백인들은 식량을 얻기 위해 땅 파기를 좋아한다. 내 민족은 조상들이 하던 대로 들소사냥을 선호한다. 백인들은 한곳에 정착하기를 좋아한다. 내 민족은 사냥터를 찾아 티피(들소가죽으로 만든 원뿔형 천막—옮긴이)를 이곳저곳으로 옮겨가고 싶어한다. 백인들은 노예생활을 한다. 그들은 도시와 농장들에 갇혀 산다. 내 민족이 원하는 것은 자유로운 생활이다. 나는 백인들이 가진 집이나 철도, 의복, 식량 등 그 어느 것들 중에서도, 넓은 고장을 돌아다니며 우리 식으로 살아갈 권리만큼 좋은 것을 보지 못했다. 우리가 무엇 때문에 너희들 군인들에 의해 피를 흘렸는가? …백인들은 우리가 원하는 많은 것들을 가지고 있다. 그러나 우리는 그들에게는 우리가 가장 좋아하는 것 한 가지—자유가 없다는 것을 알 수 있다. 나는 백인들이 가진 모든 것을 얻더라도 자유 인디언으로서의 특권을 포기하기보다는, 차라리 사냥감이 없어 고기를 구하지 못하더라도 티피에서 살기를 원한다. 우리가 인디언 보호구역의 경계선을 지나왔더니 군인들이 우리를 따라왔다. 그들이 우리 마을들을 공격했으므로 우리는 그들을 모두 죽였다. 여러분은 여러분의 집이 공격받으면 어떻게 하겠는가? 여러분도 용감한 남자처럼 일떠서서 집을 방어할 것이다. 그것이 내가 말하고자 하는 진상이다.[440]

◦ ◦ ◦

테쿰세의 형 칙시카는 문제를 알기 쉽게 설명했다. "공정한 싸움에서 백인이 인디언을 죽이면 명예롭다고 하지만, 인디언이 공정한 싸움에서 백인을 죽이면 살인이라고 한다.[441] 백인군대가 인디언과 싸워 이기면 위대한 승리라고 하지만, 그들이 지면 학살이라고 하면서 더 큰 군대를 모집한다. 그 같은 군대의 진격에 밀려 인디언이 도망갔다가 돌아와 보면 자기가 살던 곳에는 백인들이 살고 있다. 그 군대를 물리치려 들면 그는 살해되고 어쨌든 땅을 빼앗긴다. 인디언이 죽으면 우리 민족에게 큰 손실이고 우리 마음에 슬픔을 남긴다. 백인 한 명이 죽으면 서너 명으로 늘어나 그를 대신하기를 끝이 없다. 백인은 자연을 정복하고 이를 자기 뜻대로 파괴적으로 사용하다가 모든 것이 사라지면 폐허를 남겨두고 다른 장소를 찾아 이동하면 그만이다. 백인종 전체는 괴물과 같아서 항상 굶주리며 땅을 먹고 산다."[442]

◎ ◎ ◎

테쿰세의 아버지 푹신와는 백인들과 싸우다가 입은 상처 때문에 죽어가면서, 자기 아들 칙시카와 테쿰세가 절대로 백인들과 화해하지 않겠다고 약속하게 했다. 그의 마지막 말은 "그들은 오직 우리를 다 먹어치울 생각뿐이다"라는 것이었다.[443]

우리가 그의 마지막 말을 완전히 마음속으로 받아들인다면 어떤 일이 일어날까? 우리가 그의 두 아들이 한 것과 똑같은 약속을 지킨다면 어떤 일이 벌어질까?

◎ ◎ ◎

나는 '데릭 젠슨 토론그룹'에서 제시된 주장들이 내가 마음속으로 상상하는 수많은 토착민들의 주장과 비슷한 데가 있다고 지적했었다. 그러나 몇 가지 중요한 차이가 있다.

첫째는, 물론 토착민들간의 대화는 비문명인들, 즉 노예가 아닌 자유로운 사람들이 제대로 기능하는 공동체 내에서 진행하는 대화라는 점이다. 자유민인 인간들은 자유를 지키기 위해 싸울 것인가 노예로 전락하지 않기 위해 싸울 것인가 여부를 결정해야 하고, 노예들은 지금껏 전혀 알지 못했던 자유를 쟁취하기 위해 싸울지 여부를 결정해야 한다는 점에서 차이가 있다. 후자의 경우는 자신에게 주어진 기정값, 자신의 경험, 다른 사람들이 생각하는 상태가 복종의 상태이기 때문에 싸울 가능성이 적다. 그들은 태어날 때부터 노예상태에 익숙해 있고 조상들한테 배워 알고 있다. 이 경우 자유를 획득하려면 장기간에 걸친 의식적이고 강고한 힘든 싸움을 벌여야 하는데, 이런 싸움은 대개는 주인들뿐 아니라 자기가 받은 노예교육과도 맞서야 하는 싸움이다.

노예들보다 반격에 나서기가 훨씬 더 힘든 사람들이 있으니, 바로 워낙 철저하게 노예화된 나머지 자기가 노예임을 지각하지도 못하는 사람들이다. 오늘날 우리는 이를 정상상태(normal)라 부르고 있다. 프랭크 가비(Frank Garvey, 영화, 회화, 조각, 음악, 사진, 로봇 퍼포먼스 등을 결합한 미국의 반체제적 초현실주의 키네틱 예술가―옮긴이)는 이렇게 썼다. "이 나라에서 사상 때문에 투옥되는 사람이 드문 것은 사람들이 이미 자기 사상에 의해 갇혀 있기 때문이다. 오늘날의 임금노예들은 폭동을 일으킬 때가 무르익지 못했으니, 그들은 자신이 노예인 줄 모르며 또한 자기들 생각과는 달리 옛날 노예들보다도 자유롭지 못하기 때문이다. 노예들이 스스로 노예임을 자각하고, 자신에게 부과된 사회변혁 추진자로서의 역사적 책임에 대해 자부심을 갖지 않는 한 노예문화는 떨쳐버릴 수 없다."[444]

대부분의 사람들은 본래 자유롭게 산다는 것이 어떤 것인지 알지 못한다고 해도 지나친 말이 아니다. 몇 년 전에 나는 아메리칸 인디언작가 바인 들로리아(Vine Deloria)와 인터뷰를 가진 적이 있다. 『신은 붉다』『커스터는 네 죄 때문에 죽었다』『붉은 지구, 흰 거짓말』과 같은 책을 쓴 그는 우리 모두는―특히 아메리칸 인디언들은―아주 위험한 시대에 살고 있다면서 그 이유를 이렇게 설명했다. "현재의 인디언 원로들은 아마도 1930년대에 성년이 된 사람들일 것이다. 커스터(George Custer, 1876에 인디언에게 몰살당한 미국 기병대장―옮긴이)나 마일즈(Nelson A. Miles, 19세기 말 인디언 토벌에 공을 세워 육참총장에 올랐던 미국의 장군―옮긴이)와 싸웠던 그들의 할아버지 세대는 1930년대에는 인디언 보호구역에서 죽음을 기다리고 있었다. 그분들은 자유롭게 성장했던 사람들이다. 그분들은 어렸을 때 인디언 보호구역에서 살아본 경험이 없다. 우리는 지금 마지막 자유인들과 이야기해 본 경험을 지닌 마지막 사람들을 잃어가고 있다."[445]

'검은 매'가 우려했던 사태가 벌어졌다. "너희들이 만지면 그들은 더럽혀졌다. 그들은 안전하지 못했다. 그들은 위험 속에 살았다. 그들도 너희들을 닮아 위선자와 거짓말쟁이, 간통자, 게으름뱅이, 사기꾼 그리고 놀고먹는 자로 변해 갔다."

수많은 인디언들이 문명화되었다면, 자유로부터 더욱 멀어진 우리들에게는 문명의 족쇄가 얼마나 더 바싹 조여졌겠는가? 나는 수백 년 거슬러 올라가는 내 혈통을 부분적으로 알고 있는데, 미국의 국무장관 한 명—윌리엄 스워드(William H. Seward, 국무장관 재직중(1861~69)에 러시아에서 알라스카를 750만 달러에 사들인 장본인-옮긴이)—과 덴마크 왕실가족을 내 친족에 포함시키지만, 내가 아는 한 자유인은 단 한 명도 없었다. 내 핏줄에는 자유의 혈통이 전연 없다. 내가 자유로워지기를 원한다면, 문화가 내게 가르쳐준 모든 것에 거슬러 노예의 피를 한 방울이라도 짜내야 할 것이다. 문화는 내게 복종하고 풍파를 일으키지 말도록, 내 복종을 복종으로 여기지 말고 내 감정을 두려워하도록, 내가 사랑하는 사람이 죽어도 죽음으로 여기지 말도록, 자유를 두려워하고 증오하고 태어날 때부터 내게 각인된 정신이상자의 도덕적 구조물들을 소중히 여기고 이에 의존하도록 가르쳤다. 수천 년 동안 주입된 교육의 영향을 씻어낸다는 것은 여간 힘든 일이 아니다. 그 많은 사람들이 이런 노력을 엄두도 못 내는 이유는 바로 여기에 있다.

이렇게 이야기할 수도 있다. 즉 토론그룹에서 진행된 대화와 모닥불 주위에 둘러앉은 사람들의 대화가 다른 점은, 후자의 대화에 참여한 사람들은 대부분 제정신을 가진 사람들이었다는 데 있다. 유감이지만, 우리는 제정신이라고 할 수 없다(어제 날짜『샌프란시스코 크로니클』지에는 39회 기획기사의 1회분이 실렸다. 주제는 지구 온난화도, 생물 다양성 위기도, 죽어가는 바다 이야기도 아니다. 연재물의 주제는 포도주이다).

또 한 가지 토론그룹의 대화가 토착민들이 가진 대화와 다른 점은, 전자는 '사이버 공간'의 대화여서 장소가 전연 필요 없고 장소로부터, 즉 우리 몸과 서로로부터 완전히 추상화된 대화라는 데 있다.

더구나 오늘날 대부분의 사람들은 건강한 자연공동체를 경험해 본 적이 없다. 우리 모두는 상처 입고 죽어가는 세계에서 태어났기 때문에 숲과 하천, 산, 사막 등과 일상적으로 함께 사는 유익하고 바람직한 파트너가 된다는 게 어떤 것인지 전혀 모르고 있다. 내게 글을 써서 우리가 기억해야 할 것이 있음을 강조한 사람이 있었다. 그는 이렇게 썼다.

나는 급진적 운동권 사람들과 일부 토착민들을 제외한 대다수 사람들은 철비둘기라든가 양동이로 퍼담을 만큼 풍부했던 연어에 대해 까맣게 잊고 있음을 깨달았다. 내가 만난 많은 사람들은 우리가 지금 당장 지구 파괴를 멈추기만 하면 아름다운 세계가 될 것으로 생각하고 있다. 그런 사람들이 장차 시내의 유일한 나무 한 그루를 구경하러 외출할 때 방호복을 입어야 하는 경우가 닥쳐도 같은 말을 하게 될지 의문이다. 그런 사람들도 다 망각할까?

테쿰세가 "백인 침략자들이 감히 자기 것이라고 부르는 땅에 울타리를 치기 위해 여러분이 어린 시절에 널찍한 나무그늘에서 뛰어놀던, 그리고 지금은 여러분이 사냥하다가 그늘에서 피곤한 팔다리를 쉬고 있는 그 장엄한 숲의 나무들을 베어버릴 것"이라고 경고할 때, 그는 자기 연설을 듣는 대부분의 사람들이 '장엄한 숲의 나무들'을 목격했을 뿐 아니라 그들과 밀접한 개인적 관계를 맺은 사람들이라고 전제했을 것이다. 그들은 곤충과 새들의 생활주기를 아는 사람들이었다. 그들은 엘크사슴이 어디서 잠을 잤고 퓨마가 어디로 지나갔는지도 알고 있었다. 그들은 딱따구리와 들쥐들에게서 배우고 그들을 사랑하던 사람들이었다. 그것이 그들의 관계였다. 지금은 그들과 장기적인 관계를 맺는 것은 고사하고 '장엄한 숲의 나무들'을 본 사람조차도 아주 드물다. 그것은 테쿰세의 경고가 현실화되어 숲들이 벌채되었기 때문만이 아니고, 우리 인간들 대부분이 이 자기중심적 문화에 완전히 동화되어 야생 동식물보다는 인간이 만들어낸 기계와 같은 창작물들과 훨씬 더 많은 시간을 보내기 때문이다. 몇 년 전에 『야생 동식물 보존의 오류』(*The Fallacy of Wildlife Conservation and One Cosmic Instant*)의 저자인 존 A. 리빙스턴(John A. Livingston)은 내게 이렇게 말했다. "요즈음 우리들 대부분은 도시에서 살고 있다. 다시 말해 우리들 대부분은 모든 종류의 감각정보나 감각경험으로부터 완전히 차단된 채 우리 자신이 만든 것이 아닌 고립된 독방에서 살고 있다. 우리가 보고 듣고 맛보고 냄새 맡고 만지는 것은 모두 인공물이다. 우리가 받아들이는 모든 감각정보는 가공된 것이며, 그 대부분은 기계에 의해 전달된다. 그나마 내가 참을 수 있는 것은 우리의 감각능력이 몹시 길들여지고 감소하여 우리가 무엇을 잃었는지조차도 알지 못하기 때문이다. 야생동물은 모든 감각기관을 총동원하여 삶의 매순간마다 무수한 원천으로부터 정보를 얻는다. 우리는 단 한 가지 원천—우리 자신으로부터만 정보를 얻는다…. 감감박탈 피해자는 일반적으로 환각상태를 경험한다. 나는 우리가 얻은 문화적 지혜, 우리의 인간 중심적 신앙과 이데올로기들은 쉽사리 제도화된 환각상태로 간주될 수 있다고 생각한다."[446]

(관련 뉴스를 전하자면, 오늘 주식시장은 거래가 급증한 가운데 주가가 폭등했다고 한다.)

다른 말로 표현하자면, 우리들 대부분은 너무나 오랫동안 자유가 어떤 느낌인지 잊고 살아왔기 때문에 참 세상에서 산다는 것이 어떤 것인지 알지 못한다는 것이다. 나는 연어가 산란하는 것을 보고 눈물을 흘렸다. 나는 물고기가 가득 찬 강을 본 적이 없다. 나는 한 종류의 새떼가 여러 날 동안 하늘을 시커멓게 가리는 광경을 본 적이 없다(스모그 때문에 시커메진 하늘은 본 적이 있다). 자기가 모르는 것을 사랑하기란 쉽지 않다. 존재한다고 믿지 않는 것을 위해 싸울 결심을 하기도 쉽지 않다.

현재의 문화를 저지하는 문제를 둘러싼 대화가 그 이전의 대화와 또 한 가지 다른 점은 삶을 목 조르는 문명의 힘이 그동안 더욱 강해졌다는 것이다. 침략군이 교두보를 마련하기 전에 물리치기는 쉬운 법이므로, 누군가가 사전에 인디언들에게 문명인들을 믿고 도와주지 말라고 알려주었더라면 좋았을 것이다. 어쩌면 대서양이 그들을 오랫동안 저지해 주었을지도 모른다. 그리고 아메리카 대륙의 자원을 확보하지 못했더라면, 문명은 계속 확장해 가지 못하고 어쩌면 붕괴했을지도 모르는 일이다. 어쨌든 인디언 지도자들은 동포 인디언들에게 싸움에 가담하라고 호소하면서, 문명인들이 더 우세해지고 세계와 자기 민족이 더 약해지기 전에 조속히 타격을 가해야 한다고 강조했다.

자, 지금 우리는 문명인들이 교묘한 방법으로 세계 도처에 스며 들어가고 있다는 것을 알고 있다. 통치자들이 수많은 군대와 경찰을 거느리고 있다는 점은 이미 논한 바 있다. 비디오카메라, DNA은행, 무인비행기, 전자태그(RFID) 칩 등 권력자들의 통제를 강화해 주는 각종 기술도 빼놓을 수 없다. 어떻게 보면 앞으로 문명을 저지시키려면 2, 3백 년 전보다 훨씬 더 큰 지렛대가 필요하게 될 것이다.

그것은 나쁜 소식이다.

좋은 소식은 그렇지 않을지도 모른다는 것이다. 가차 없는 표준화를 추구하고 다양성을 파괴해야만 하는 문명은 특정한 형태의 공격에는 스스로 극히 취약함을 드러내고 있다. 다양한 체제는 본래 병목부문이 훨씬 적게 마련이며 병목부문이 적으면 결정적인 분야도 훨씬 적어진다. 다양성은 대안들을 만들어내며 적응력을 높여주기 때문이다. 톨로와족은 연어들이 어떤 이유로 제철에 돌아오지 못하면 풍부한 엘크사슴과 더 풍부한 게와 칠성장어를 얼마든지 잡아먹을 수 있었다. 표준화된 체제는 겉으로는 능률적인 것처럼 보이지만, 본질적으로 병목현상에 더 한층 취약하며 더욱 큰 제약을 받게 마련이다. 지금 점령당한 톨로와족 영역에서 살고 있는 사람들은 석유공급이 끊기면 굶어죽고 말 것이다. 연어, 엘크사슴, 게, 칠성장어도 사라지고 스스로 식량을 구하는 방법도 모르기 때문이다.[447] 더구나 전지구적으로 상호의존적인 경제도 역시 본래부터 병목부문이 훨씬 더 많고 훨씬 더 크게 마련이다. 사슬의 연결고리(공급고리) 하나만 끊으면 사슬톱 전체가 망가지게 마련이다.

이 체제는 온갖 종류의 감시 소프트웨어와 지하요새 파괴용 폭탄(bunker buster), 우리 가정과 마음을 계속 파고드는 선전수단, 이런 선전수단이 먹혀들지 않을 경우에 대비한 거대한 감옥 등을 모두 갖추고서도, 후술(제2권)하는 바와 같이 테쿰세가 활동하던 당시보다, 아니 문명이 시작된 이래 그 어느 때보다도 취약해져 있다. 문명은 세계를 장악하고 파괴하고자 서두르는 나머지 우리에게 아주 기다란 지렛대를 제공해 주고 지레받침을 놓을 장소까지 마련해 주었다. 그곳이 어딘지 알고 싶다는 사람이 있다면, 그건 정말 좋은 일이다.

◎ ◎ ◎

반격할 것인지 여부를 두고 벌이는 문명인과 토착민들의 대화가 크게 다른 점을 한 가지 더 지적하고자 한다. 결정적으로 매우 중요한 차이점은, 토착민들은 반격에 반대하는 도덕적 근거를 내세우는 경우가 거의 없다는 점이다. 그들도 때로는 이런저런 이유로 반격에 반대하는 도덕적 주장을 펴는 경우가 있을 것이고, 또 매우 비폭력적인 부족도 있을 터이지만, 토착민들은 자기 땅을 훔치고 자기 부족민을 죽이는 사람일지라도 절대로 그들에게 반격하면—정확히 말하면, 죽이면—안 된다는 도덕적 근거를 내세우는 경우가 거의 없다.

내가 지금까지 찾아낸 토착민 중에 어떤 경우에도 반격하면 안 된다고 분명히 주장한 사람은 샤이엔족 추장 로렌스 하트 한 명밖에 없었다.[448] 하트는 그의 글에서 '샤이엔 평화전통'이란 것을 소개했는데, 하트에 따르면 그 핵심은 다음과 같은 가르침이다. "너의 어머니, 아내나 자녀들이 어느 누구에게든 괴롭힘을 당하거나 해를 입더라도 가서 복수하지 마라. 너는 이제 샤이엔족 추장이니 가서 앉아서 담배를 피우며 아무것도 하지 마라." 그는 요점을 강조하기 위해, 4쪽도 안 되는 글에서 이 말을 한마디 한마디 굵은 글

씨로 일곱 번이나 반복하고 있다. 그는 또 샤이엔 사람 3인의 행동을 소개하면서 우리 모두에게 그들을 본받으라고 권하고 있다. 그중 첫번째 사람인 '야윈 곰'은 워싱턴DC에 가서 아브라함 링컨을 만난 사람이다. 이 일로 그는 '평화메달'과 함께 그가 우호적인 사람이며 "미국과 평화조약이 될 수도 있는 조약을 체결한 사람"임을 보여주는 문서도 받았다. 고향에 돌아온 지 얼마 후에 그는 다른 샤이엔인들 몇 명과 함께 말을 타고 가다가 한 무리의 미국군인들과 마주쳤다. 그가 군인들에게 다가갔다. 군인들은 그를 쏴죽였다. 그의 손에는 그가 우호적인 사람임을 증명하는 서류가 들려 있었다. 우리가 본받아야 할 두번째 사람은 역시 워싱턴DC에 가서 '평화메달'을 받은 '흰 영양'이라는 사람이었다. 로렌스 하트는 1864년 11월 29일 아침에 치빙턴 대령의 군대가 '샌드 크리크 대학살' 극을 벌일 때 '흰 영양'이 평화메달을 들고 있었는지에 관해서는 언급하지 않는다. '흰 영양'은 백인군대에게 영어로 "스톱! 스톱!" 하고 외쳤다. 그러나 그의 외침은 백인들의 인디언 학살극을 멈추게 하는 데 평화조약과 마찬가지로 아무 소용이 없었다. 그는 마침내 군대의 공격이 진정임을 깨달았지만, 그래도 그는 반격하지 않고 그 대신 팔짱을 낀 채 자신의 죽음의 노래를 불렀다. "오래 사는 것은 아무것도 없네. 땅과 산밖에는…."[449] 하트가 소개하는 세번째 인물도 샌드 크리크 학살현장에 있던 '검은 솥'이라는 사람이었다. 간신히 살아남은 그는 계속 어떻게 해서든 백인들과 평화협정을 추진하고자 했다. 그러나 그 역시 다른 사람들과 똑같이 최후를 마쳤으니, 커스터와 그 부하들이 벌인 '와시타' 학살극에서 아내와 함께 살해당했던 것이다.

솔직히 말하자면 나는 하트가 내세우는 모범들을 따라 도덕적 비폭력주의자가 될 생각은 없다.[450] 더 솔직히 말하자면 나는 자기 가족이 괴롭힘을 당하거나 해를 입고 있는데도 방관하는 사람을 매우 비도덕적이고 무책임한—심지어 비열한—사람이라고 생각한다. 대부분의 전통적 인디언들도 같은 생각이었으리라. 쇼니족은 백인과 싸우기를 거부하는 부족민들에게[451] 비겁함을 비웃고 불쾌감과 분노를 나타냈다.[452] [453] 백인들과 화해하기를 원한 어느 추장에 대해서는 이런 기록이 남아 있다. "그는 대체로 하찮은 추장으로 여겨지는 사람으로서… 평화회담에 참석하기를 간절히 바랐고 미국이 주는 평화의 선물이라면 무슨 대가를 치르더라도 덥석 받고 싶어한 사람이었다."[454]

그러니 내가 하트의 비폭력주의에 놀라지 않는 것은 두 가지 이유에서이다. 첫째, 하트의 그 글은 '검은 매'의 우려가 현실화되어 수많은 인디언들이 압제자의 부하로 전락한 지 한참이 지난 1981년에 쓴 글이기 때문이다.[455] 두번째 이유는, 그가 기독교인으로서 메노파 교회의 목사이기 때문이다. 내가 지금까지 접한 인디언 자신의 무조건적인 도덕적 비폭력주의 옹호론 중에서도 가장 직접적인 (그리고 지금까지는 유일한) 주장은 바로 기독교인이 쓴 글이었던 것이다. 당연한 귀결이다. 당연히 기독교인이라면 비폭력주의를 권하고 압제자를 수용하라고 권할 것이다. 당연히 기독교인이라면 설사 자기 가족에게 폭력이 행해지더라도 폭력을 저지하기 위해 아무 행동도 하지 말라고 분명히 권할 것이다. 물론 기독교인이라면 집 안에 틀어박혀 묵상하는 것이 (앉아서 담배를 피우며 아무것도 하지 않는 것이) 괴롭힘과 위해에 대한 적절하고도 도덕적인 반응이라고 권할 것이다. 그것이 핵심이다. 기독교의 목적은 항상 권력층에 대한 복종을 합리화하는 것이었다. 권력자들은 성호를 그으며 정복에 나서고, 나머지 우리는 천국에서 보상받기를 기대한다. 어쩌면 현세에서 보상받을 수도 있다. 우리는 복종만 잘하면 언젠가는 이 세상을 (폐허화된 세상을) 물려받게 된다는 가르침을 받고 있는 것이다.

자, 하트가 소개한 일화와 가르침이 공동체의 영적 생활의 한 측면으로서 제시된 것이라면 나도 이해할 수 있을 것이다. 영적 측면의 조언은 전쟁이나 사냥, 육아, 공중변소 위치선정에 관한 조언에 못지않게 필요할 것이다. 예를 들어 쇼니족은 각기 쇼니족 전체를 위해 기능하는 다섯 씨족을 두고 있었다. 그중 두 씨족은 부족 안팎의 정치문제를 다루었고, 한 씨족은 건강과 의료 문제를, 한 씨족은 영적인 문제를, 그리고 나머지 한 씨족은 전사와 전쟁 추장들의 대부분을 담당했다.[456] 이 씨족들이 모두 협력했다. 그러나 하트가

474   시사하듯이[457) 무조건적 비폭력만이 공동체를 구축하는 보다 훌륭하고 효율적이고 도덕적이고 보다 적합한 방법이라고, 또는 죽음의 문명에 대한 적절한 대응이라고 주장하는 것은 극히 일면적이고 터무니없고 비현실적이고 부자연스러운 주장이며, 간단히 말하자면 오류이다. 또한 보편적인 도덕적 비폭력주의를 샤이엔족의 공으로 돌리는 것도 전혀 사실과 다르다. 샤이엔족의 유명한 투사 '로마인의 코'(우카이나이 또는 반달 코)가 샤이엔족이 도덕적 비폭력주의자들이었다는 말을 들었더라면 당연히 놀라자빠졌을 것이다. '붉은 구름'이나 '시팅 불'이나 '미친 말'과 함께 싸웠던 샤이엔족 투사들도 마찬가지였을 것이다. 샤이엔족은 비폭력적이기는 고사하고 '붉은 방패'나 '미친 개' '늑대전사들' '개 군인들'과 같은 적어도 7개의 본격적인 군사조직을 갖고 있었다.[458)

사실 나는 도덕적 비폭력주의를 지지하는 토착민들의 연설을 찾아보기 힘든 진정한 이유는 무조건적인 도덕적 비폭력주의가 바로 문명의 산물이라는 데 있음을 우리 모두가 잘 알고 있다고 생각한다. 제2권에서 살펴보겠지만, 그것은 피착취자들의 정신적 충격에 대한 반응이다. 그것은 자연법칙에 반하는 상태이다. 그것은 착취자와 피해자 모두가 자신의 착취적·파괴적 관계를 영속화하기 위해 길들여놓은 상태이다.

스타워즈

사람들이 원하는 것은 허튼소리, 부질없는 소리와 뒷공론이지 행동이 아니다. …인생의 비결은 자기가 원하는 만큼 자유롭게 잡담하고—그리고 아무것도 하지 않는 데 있다.

쇠렌 키에르케고르[459]

나는 고등학교 때 영화 〈스타워즈〉를 보러 갔었는데, 지금도 그영화를 그 때 보기 잘했다는 생각이 든다. 그 영화가 정말 좋았다. 그렇지만 수백 번이나 보고 또 볼 정도로 바보는 아니었다. 게다가 나는 당시 〈던전스 앤드 드래건즈〉(Dungeons and Dragons, 여러 사람이 모여서 개개인의 배역을 할당받은 후 일정한 룰에 따라 사건을 대화로 풀어나가는 온라인 게임-옮긴이)를 하느라 바빴다. 나는 최근에 이 영화를 다시 보았는데, 생각보다는 별로였고 사실은 아주 시원찮은 영화였다. 등장인물들이 따분하고 대사가 진부하고 연기도 특징이 없다. 그래도 루크가 '포스'(the Force, 우주의 모든 생명체가 만들어낸다는 일종의 에너지 장-옮긴이)를 이용하여 '죽음의 별'을 파괴하는 마지막 장면은 여전히 마음에 들었다. 독자들이 기억할지 모르겠지만, 〈스타워즈〉 공식 웹사이트에 따르면 '죽음의 별'(the Death Star)이란 "제국이 개발한 이루 말할 수 없이 가공할 무기(전투기지)의 암호명이다. 거대한 전투기지에는 행성들 전체를 파괴할 수 있는 무기가 실려 있다. '죽음의 별'은 테러수단으로서 실제 사용하기보다는 배반하는 별들을 협박하기 위한 무기였다. 거대한 전투기지는 악의 세력인 은하제국의 힘을 과시하는 것이지만, '신질서'의 가장 큰 약점을—즉 기술과 테러가 피억압자들의 자유를 위한 투쟁의지보다 우월하다는 믿음을—나타내는 것이기도 하다." 이건 참 흥미롭고도 당장의 토론에도 적용할 수 있는 이야기다. 즉 바로 우리 문명을 '죽음의 별'로 볼 수 있다.

그 웹사이트에는 또 이렇게 나와 있다. "'죽음의 별'은 작은 달만한 크기의 전투기지였다. 이 기지에는 각종 막강한 터보레이저와 트랙터 광속 방사기들이 장치되어 제국 스타함대의 절반이 넘는 화력을 갖추고 있었다. 동굴 모양의 기지 내부에는 제국군대와 전투기 수개 군단이 주둔하고 온갖 종류의 구금시설과 심문실이 갖추어져 있었다. '죽음의 별'은 짙은 회색의 둥근 천체 모양이었다. '죽음의 별' 북반구에 위치한 원반 모양의 오목한 구역에 이 기지의 주 무기인 레이저 무기가 설치되어 있었다. …그랜드 모프(Grand Moff, 총독에 해당하는 칭호-옮긴이)인 타르킨(Tarkin)은 '죽음의 별'의 주 무기를 평화로운 올더란 행성에 조준했다. 당시 포로로 잡혀 있던

(반란군 공주) 레이아 오르가나는 레이저 무기로 정든 자신의 행성과 그 주민들이 박살나 그 재와 파편들이 궤도를 선회하는 광경을 목격할 것을 강요받았다." 독자들은 어떨지 모르겠으나 나는 자기가 사랑하는 행성과 그 주민이 산산조각 나서 궤도를 선회하는 광경을 지켜보도록 강요받는 기분을 이해할 수 있을 것 같다.

웹사이트는 계속해서 이렇게 소개한다. "(반란)동맹 전술가들은 훔쳐온 기술데이터를… 이용하여 '죽음의 별' 설계의 치명적인 결함을 찾아낼 수 있었다. 전투기지 표면의 조그만 열 배출구가 이 거대한 원자로의 심장부로 연결되어 있었다. 프로톤(양성자) 어뢰로 이 배출구를 파괴할 수 있다면 연쇄반응이 일어나 전투기지를 파괴할 수 있다는 것이었다."[460] 그 다음에 일어난 일은 우리가 아는 그대로이다. 루크 스카이워커는 죽은 오비완 케노비의 영혼과 한 솔로 및 츄바카의 도움을 얻어 '포스'를 사용하여 프로톤 어뢰를 작은 배출구에 명중시켜 '죽음의 별'을 폭파시키는 데 성공한다.

조그만 프로톤 어뢰 한 발로 '죽음의 별'을 파괴한다. 이것이야말로 지레받침을 제자리에 놓아 힘을 증폭시킬 수 있음을 보여주는 좋은 본보기다. 어디에 폭약을 설치해야 할까? 열 배출구의 정확한 위치는 어디인가? 어떻게 하면 우리의 '죽음의 별'을 폭파할 연쇄반응을 일으킬 수 있을까?

◎ ◎ ◎

독자들도 알겠지만, 원래 이 영화의 결말은 이와는 다른 것이었다. 나는 출판된 적이 전연 없는 초창기 〈스타워즈〉 대본의 매우 희귀한 초본을 갖고 있다.[461] 놀랍게도 이 초창기 초본은 환경운동가들이 쓴 것이었다.[462] 이 초본에서는 반란군이 물론 '죽음의 별'을 폭파하지 않고, 그 대신 제국의 진군을 지연시킬 다른 전술을 사용한다. 예를 들어 반란군은 여러 행성의 주민들이 아마로 만든 '해키색'(제기처럼 발로 차면서 노는 헝겊으로 만든 조그만 공. 푸트백이라고도 한다—옮긴이)이라든가 고급 커피와 같은 사치품을 생산하여 '죽음의 별' 주민들에게 판매하는 계획을 세운다. 또 제국의 군대와 시민들이 멸망을 앞

둔 행성들로 생태관광을 가도록 장려하는 계획도 있다. 그 목적은 이 행성들이 제국에 경제적으로 중요하므로 파괴하면 안 된다는 사실을 보여주려는 데 있다. 또 다른 반란그룹은 (총독인) 다스 베이더(Darth Vader)가 제출한 환경영향평가 보고서가 이 행성을 폭파해도 중요한 영향이 없으리라는 제국의 결정을 뒷받침하지 못했음을 입증하기 위해 제국을 상대로 법률소송을 제기하기도 한다. 다스 베이더를 지지한 기업들을 대상으로 불매운동을 벌이는 계획도 있고, 제발 행성들을 더 파괴하지 말라고 직접 다스 베이더에게 호소하는 편지들이 우편낭들에 가득 차 있는 장면이 소개되기도 한다. (대본 한구석에는 어느 시나리오 작가가 흘려쓴 다음과 같은 메모가 적혀 있다. "베이더씨에게 보내는 이 편지들이 화면에 나올 때 그 내용은 반드시 정중한 내용이어야 하며 베이더씨를 분노케 하는 편지여서는 안 된다. 이 편지들이 베이더씨를 화나게 만든다면, 반란군이 추진하는 '그랜드 모프' 타르킨을 상대로 한 편지 보내기 운동도 분명히 실패할 것이다.") 초본 시나리오에는 또 청원서 보내기와 법률소송과 같은 계획들도 있다.

자, 우리 모두는 이런 정도의 계획만으로도 마땅히 제국을 무릎 꿇게 했을 뿐 아니라 흥분을 자아내는 멋진 영화가 만들어졌으리라고 생각한다. 문제는 다른 장면들이 더 있다는 데 있다. 수천 명의 반란자들이 파괴될 행성들을 고수하면서 서로 팔을 (또는 촉수를) 끼고 평화의 노래를 부르는 감동적인 장면도 있다. 그들은 또 이 장면을 DVD에 담아 다스 베이더와 그의 우두머리 '그랜드 모프' 타르킨에게 보내기도 한다. 몇몇 반란군은 '죽음의 별'에 숨어 들어가서 각종 무기에 자기 몸을 붙들어매고 버티기도 한다. (당초 이 초본에서 시나리오 작가들은 반란군 가입의 필수조건으로 실시하는 광범위한 비폭력 의사소통 훈련을 보여주는 장시간의 장면을 포함시켰었다. 대부분의 작가들은 원래 반란자들을 '반란군'이라고 표현했었지만, 몇몇 작가들이 폭력적인 단어라며 반대했다. 나중에 '반란세력'이라는 표현이 나왔지만, 거의 모두가 이 표현에도 반대했다. 어쨌든 후속 초본들에서는 비폭력 훈련장면이 삭제되었다.[463]) 반란자들이 항복할 것인가 끝까지 버틸 것인가를 두고 감동적인 토론을 벌이는 장면도 나오는데, 정격(正格) 영화다운 멋진 솜씨로 반란자들은 결코 합의에 도달하지 못하는 것으로 처리된다.

시나리오 작가들은 자기 몸을 무기에 묶어놓고 버티는 반란자들을 군인들이 몰살시키는 장면을 화면 처리할 것인가 말 것인가를 두고 토론을 벌였는데, 어떤 작가는 오히려 반란자들을 죽이지 말고 산 채로 심문실로 끌고 가는 장면을 분명히 보여주어야 한다고 주장했다. 그 작가는 초본의 여백에 이렇게 적었다. "반란자들이 제국의 권위에 분명히 도전하여 기지에 침입, 기계장치에 폭력을 가함으로써 그 기계의 합법적 사용을 방해한 데 대한 반응일지라도, 군인들이 이런 폭력행위를 저지르는 장면을 보여주거나 심지어 그런 행위를 저질렀다고 암시한다면 관객들에게 절대적으로 잘못된 메시지를 전달, 베이더씨의 궁극적으로 평화적인 의도에 대해 그릇된 인상을 주게 될 것이다."

'죽음의 별'에 잠입한 반란세력 중 일부 그룹은 자기 몸을 묶기로 한 그룹과 헤어져서 무수한 군인들을 용케 피해 가며 기다란 복도로 달려 들어간다. 그들은 수송선 두 척을 불사르고 화학물질을 사용하여 '죽음의 별' 벽에 '운하해방전선'이라는 글을 새겨넣는다. 이 그룹은 기적적으로 탈출하여 파괴될 자기들 행성으로 돌아가지만, 평화적 시위자들에게 붙잡혀 언제라도 군인들에게 넘겨질 처지에 놓이게 된다. 앞의 시나리오 작가는 초본 여백에 이렇게 적어놓고 있다. "이 반란자들이 자신의 행동에 책임질 상황에 처하게 된다는 것을 보여줌으로써, 관객들에게 올바른 메시지를 전달할 뿐 아니라 이들 평화적 반란자들이 다스 베이더에게 행성을 폭파할 구실만 주게 될 그런 행동을 묵과하리라고 기대한다는 것이 아주 비현실적임을 보여준다는 것은 매우 중요하다. 이런 무례한 불량배들은 당장, 그리고 의문의 여지없이 제국에 넘겨주는 것이 마땅하다."

영화의 마지막 부분에 가서 반란자들간에 또 한차례 토론이 벌어진다(내가 환경운동가 시나리오 작가들에게 느끼는 또 한 가지 문제점은 행동이 별로 없고 토론을 너무 많이 한다는 것이다[464]). '죽음의 별'이 바로 머리 위에 모습을 드러내자 소수의 반란주창자들이 무기를 잡는다. 그러나 비폭력 반란자들이 이들을 소리쳐 물리치면서 '죽음의 별'을 운영하는 자들을 공격하는 것은 "제국의 해로운 철학을 뒷문으로 들어오게 하는 또 하나의 사례일 뿐"이라고 주장한다. 그들은, 반격하려는 반란자들은 단순히 사태를 장악하고자 하는 욕구 때문에 가담한 자들이라고 말한다. 그들은 다스 베이더를 변화시키려면 우리가 먼저 변해야 한다고 주장한다. 다스 베이더의 마음을 변화시키려면 먼저 우리 마음을 고쳐야 한다는 것이다. 우리는 무엇보다도 먼저 다스 베이더를 불쌍히 여겨야 하며, 그도 한때는 어린애였음을 기억해야 한다. 어느 작가는 여백에 이렇게 적었다. "훌륭하다! 이 장면은 확실히 세계 도처에서 민감한 사람들의 뺨을 적실 것이다!" 그는 이 눈물이 좌절감 때문에 흘리는 것인지 여부는 언급하지 않았다. 마침내 레이아, 루크, 한 솔로, 츄바카가 몇몇 로봇들과 함께 나타나서 '죽음의 별' 전체를 폭파할 방법을 찾아냈다고 사람들에게 알린다. 다른 반란자들은 소스라치게 놀란다—다스 베이더를 겨냥한 외과적 타격에 찬성하던 사람들도 마찬가지다. 그들은 '죽음의 별'을 파괴해 봤자 '죽음의 별'을 만들어낸 사람들의 마음을 바꾸지는 못할 것이며, 따라서 아무 소용이 없을 것이라고 지적한다. 한 솔로가 대답한다. "이 공격은 '죽음의 별'이 우리 행성을 파괴하지 못하게 할 것입니다." 비폭력주의 반란자들은 끄떡도 하지 않는다. 그들은 4인조 말썽꾼들에게 '죽음의 별'에는 승무원 26만 5675명과 포병 5만 2276명, 기동대원 60만 7360명, 돌격대원 2만 5984명, 함선 지원요원 4만 2782명, 조종사 16만 7216명과 그 지원요원들이 있다고[465] 상기시킨다. '죽음의 별'에 주둔하는 이 인원들 각자에게는 가족이 있다. 당신들은 그들의 자녀를 고아로 만들 작정인가? 비폭력주의자들이 울기 시작한다. (그 시나리오 작가는 이런 코멘트를 적었다. "이런 장면이 관객의 눈물을 자아내지 못한다면 어떤 장면이 자아내겠는가!") 흐느끼는 소리를 배경으로 그들은 확고하게 말한다. "'죽음의 별'을 폭파하면 절대로 안 돼. 잡혀 있는 기술자들은 어떻게 할 거야? 요리사들은 어떻게 할 거야? 슈퍼마켓 종업원들은 어떻게 하고? 단지 대학

진학자격을 따기 위해 제국군대에 입대한 사람들은 어떻게 할 거냐구? 레이아, 한 솔로, 루크 그리고 츄바카―너희들은 정말 잔인무도해.”

환경운동가들이 만든 이 시나리오의 흥분을 자아내는 마지막 장면에서는 레이아, 루크, 한 솔로 및 츄바카를 한편으로 하고 비폭력주의자들을 다른 한편으로 하여 난투극이 벌어진다. 마침내 비폭력주의자들이 4인조를 방에서, 그리고 영화에서 쫓아낸다. 그들은 다시는 모습을 나타내지 않지만, 그건 별로 중요하지 않다. 어차피 이 시나리오에서는 단역들이기 때문이다. ‘죽음의 별’의 거대한 모습이 갈수록 가까이 다가온다. 관객들은 손톱을 물어뜯으며 그동안에 보낸 수많은 편지와 청원서, 법률소송 신청서들이 혹시 기적을 일으키지나 않을까 초조하게 기다린다. 관객들은 ‘죽음의 별’에 내장된 레이저 무기들이 행성을 파괴하기 위해 워밍업 하는 것을 바라본다. 레이저들이 빨갛게 달아오른다. 카메라가 이동하여 위기에 처한 행성을 화면에 담는다. 갑자기 관객들이 환성을 지르는 가운데, 행성의 표면에서 조그만 밝은 점이 나타나 우주공간으로 달려가는 것이 보인다. “됐다!” 관객들이 함성을 지른다. 용맹무쌍한 비폭력주의 시위자들 전원이 행성이 폭발하기 직전에 탈출에 성공했던 것이다!

종결부: 반란자들의 이른바 완전한 승리를 보여주는 영화의 마지막 화면은 『뉴 엠파이어 타임스』지의 43면 좌측하단에 실린 기사의 정지화면이다. 이 기사는 행성파괴를 장장 3개 문장으로 보도하고 있다. 그렇다! 마침내 시위자들이 어느 정도 언론의 관심을 끄는 데 성공한 것이다.[466]

◦ ◦ ◦

지난주에 있었던 내 강연회의 질의응답 시간에 누군가가 이렇게 물었다. “백열전구를 없애려면 환경운동가 몇 명이 필요하겠어요?”

“난 모르겠는데.” 내가 대답했다. “몇 명이나 필요할 것 같아요?”

“한 명도 필요 없어요.” 그가 말했다. “그 사람들은 그저 어두컴컴한 방에 앉아서 화석연료 배기가스에 대해 푸념이나 하더군요.”

나는 알아듣지 못했다. 청중들도 마찬가지였을 것이다. 아무도 웃지 않았다. 나나 청중들이나 그저 머리나 긁적거릴 뿐이었다.

그날 밤에 내게 해답이 떠올랐다. 10명이 정답이었다. 전구업계에 제품전환을 요구하는 편지를 쓸 사람 한 명. 온라인 청원서를 회람시킬 사람 네 명. 제품변경 청구소송을 제기할 사람 한 명. 애정만이 진정한 변화를 일으킬 수 있다는 것을 인식하고 전구업계에 애정을 듬뿍 보내줄 사람 한 명. 남을 받아들이지 않으면 자기에게 큰 해가 된다는 것을 분명히 깨닫고 전구업계를 있는 그대로 받아들일 사람 한 명. 전구업계가 변해야 하는 이유와 그 방법에 관해 책을 쓸 사람 한 명. 그리고 마지막으로 망할 전구업계를 때려부술 사람 한 명이 필요한 것은, 어차피 전구업계는 절대로 변하지 않을 것이기 때문이다.

1) Bonhoeffer, p. 298.

세상의 종말

2) 당연히 이 책의 〔전제 4〕에 해당하는 말이다. 군대와 경찰의 일반인 살상과 이에 맞서 반격하
는 사람들에 대해서도 같은 말을 할 수 있다.

3) Eckert, p. 176.

다섯 가지 이야기

4) McIntosh, p. 46.

5) Combs, p. 2.

6) *San Francisco Chronicle* 2001. 9. 13, p. 1.

7) "Media March to War."

8) 같은 글.

9) *Z Magazine*, p. 62.

10) Edwards, *Burning All Illusions*, p. 141.

11) 다섯번째 이야기가 있지만 여기에 포함시키지 않았다. 9·11테러는 적어도 권력층이 (공모는
아니더라도) 사전에 인지한 가운데 자행되었고, 억압과 국가 및 개인적 권력을 강화하는 구
실로 이용되었다는 것이다. 이 이야기 뒷부분은 의문의 여지가 없고, 앞부분도 사실일 가능
성이 크다.

12) Jefferson, p. 345.

13) George Draffan, "Endgame Reserch Service: A Project of the Public Information
Network," http://www.endgame.org, accessed 2004. 7. 10.

14) 물론 세계무역센터와 펜타곤에서 근무하는 기업체 경영층, 증권브로커, 재무전문가, FBI와
CIA 요원들(단 수위, 식당종업원, 임시직, 밀입국 종업원, 화부 등은 제외한다)이 세계의 인
간 및 비인간들에게 엄청난 해악을 끼쳤다는 것은 분명한 사실이다. 졸저 『가상의 문화』는 이
렇게 지적하고 있다. "개인적으로는 피 한 방울 흘리지 않고 100만 명이라도 죽일 수 있다.
안락한 설계실에 앉아서 대량학살이나 생태파괴를 저지를 수 있다. 오존층 파괴물질을 만들
거나… 대량파괴 무기를 만들어 돈을 버는 사람들은 아마도 사회적으로 존경받는 정직한 사
람일지도 모른다. 인도의 보팔에서 〔수많은 인명을 살상케 한 유니언 카바이드 사의 전 회장〕
워렌 앤더슨은 인도인을 단 한 명도 죽이지 않았고… 토머스 제퍼슨도 인디언을 한 명도 죽
이지 않았다. …종종 자본가와 사업활동 간에 물리적·심리적 거리가 있다고 해서 이들의 상

호보강 관계가 줄어드는 것은 결코 아니다. 우리 문화의 비인간성을 제대로 파악하려면 이 점을 이해해야만 한다. 대부분의 사람들은 의식적인 증오심을 가지고 산림을 벌채하고 강을 오염시키고 토착민들을 쫓아내고 대량학살을 저지르고 노동자들을 착취하는 것이 아니다. 돈벌이를 위해 하는 것이다. …노예제도는 주니어스 모건과 같은 금융가가 돈을 대주지 않으면 존속할 수 없으며, 주니어스는 한번도 채찍을 휘두르지 않고서도 분명히 멀리서 그 채찍질의 혜택을 누렸던 것이다. 진상은 아주 간단하다. 우리 문화는 누군가가 남을 희생시켜 이득을 보도록—권력, 재산 또는 위신을 얻도록—허용하고 나아가 이를 권장하고 있다." (Jensen, *Culture*, p. 408, 410)

15) Lewis Mumford, Farley Mowat, R. D. Laing, Derrick Jensen 참조.

문명

16) Diamond, p. 1.

17) *Webster's New Twentieth-Century Dictionary of English Language* 2nd ed., s.v. "civilization".

18) *Oxford English Dictionary*, compact ed., s.v. "civilization".

19) Stannard, p. 4.

20) 같은 곳.

21) Mies, p. 98.

22) Mumford, *Technics*, p. 186.

23) Diamond, p. 1.

24) Mumford, *Technics*, p. 186.

25) Diamond, p. 4.

26) Turner, p. 182.

27) Faust, p. 293.

깨끗한 물

28) Personal communication, 1998. 12. 11.

29) 조지 W. 부시 등은 세계무역센터 참사의 대책으로 밖에 나가 쇼핑하는 것이 우리의 애국적 의무라고 말했다. 부시는 또 "가족을 데리고 디즈니월드로 가라"고도 말했다.

30) 내가 아는 대부분의 여성들은 이 수치가 너무 낮다면서 실제로는 100%에 가까울 것으로 보고 있다. 많은 여성들이 성폭행을 한번도 당해 보지 않은 여자를 보지 못했다고 말하고 있다.

31) Caputi, *Age of Sex Crime*, p. 91.

32) 같은 책, p. 160.

33) 나는 이것을 이론적인 차원에서 말하고 있다. 나는 연구하는 것을 사랑하지만, 나의 사랑은 경계선을 아는 것이다.

34) Mullan and Marvin, p. 157.

35) 여기서 Charlene Spretnak의 저작은 나의 인식에 매우 중요한 역할을 했다.

파멸

36) Paz, p. 212.

37) 예를 들어 Mowat, Stannard, Drinnon, Turner.

38) Laing, p. 58.

39) 예를 들어 저 빌어먹을 뉴욕 양키들은 해마다 월드 시리즈에 간다. 월드 시리즈에 가는 양키들은 당신이 그렇게 할 수 있는 만큼 필연적일 것이다.

40) 이 문장들은 Scheffer ey al., "Gradual Change"; "Accumulated Change"를 나름대로 구성한 것이다.

41) Vidal, p. 19에서 재인용.

42) Mumford, *Pentagon*, plate 24.

폭력

43) Peter, p. 115.

44) Mies, p. 99.

45) Grassroots ESA Coalition, http://nwi.org/GrassrootsESA.html, accessed 2002. 1. 16.

46) "Fast Facts about Wildlife Conservation Funding Needs,"http://www.nwf.org/naturefunding/wildlifeconservationneeds.html, accessed 2002. 1. 16.

47) "State Get $16 Million."

48) Center for Defense Information, http://www. cdi.org/, accessed 2002. 1. 16. 그들의 웹사이트에서 지난 시기들의 예산을 찾아내기란 매우 어려운데, 아무튼 보다 최근 시기의 예산들에 비추어볼 때도 이 숫자는 괄목할 만하다.

49) Stark and Stark.

50) The CIA's *World Factbook*, s.v. "Afghanistan," http://www.odci.gov/cia/publications/factbook/geos/af.html, accessed 2001. 11. 19.

51) 같은 곳.

52) "MK84," FAS Military Analysis Network, http://www.fas.org/man/dod-101/sys/dumb/mk84.htm, accessed 2001. 11. 19.

53) Walker and Stambler, p. 23.

54) 같은 글, p. 24.

55) Matus.

56) Edward Herman, p. 24.

57) Matus; Warker and Stamber; "BLU-82B," FAS Military Analysis Network, http://www.fas.org/man/dod-101/sys/dumb/blu-82.htm, accessed 2001. 11. 19.

58) Anderson.

59) Tomlinson.

60) Cockburn, "Left," p. 1.

61) "CNN Says Focus."

62) "Fox: Civilian Casualties."

63) 같은 곳.

64) "Victims."

65) Oxborrow.

66) Watson.

67) "Information on Depleted Uranium," Sheffield-Iraq Campaign, http://www.synerg ynet.co.uk/sheffield-iraq/articles/du.htm, accessed 2002. 1. 23.

68) 나는 처음에는 우연히 '지옥'을 떠올렸지만, 이건 프로이트식 발상 아니겠는가?

69) "Biased Process"; "Coming Your Way".

70) Andreas Schuld, "Dangers Associated with Fluoride," EcoMail: A Place to save the earth, http://www.ecomail.com/greenshopping/fluoride2.htm, accessed 2002. 1. 21; Citizens for Safe Drinking Water, http://www.nofluoride.com/, accessed 2002. 1. 21; "Facing Up to Fluoride"를 나름대로 구성한 것이다.

71) "Fluoride Conspiracy," Northstarzone, http://www.geocities.com/northstarzone/ FLUORIDE.html, accessed 2002. 1. 21과 그 밖의 것들.

72) "What Is Depleted Uranium?," http://www.web-light.nl/VISIE/depleted_uranium. html, accessed 2002. 1. 23.

73) 같은 곳.

74) "Information on Depleted Uranium."

75) "Cancers and Deformities," http://www.wakefieldcam.freeserve.co.uk/cancersand deformitites.htm, accessed 2002. 1. 26.

76) "Information on Depleted Uranium."

77) Kershaw.

78) "Extreme Deformities," Fire This Time, http://www.wakefieldcam.freeserve.co.uk/ extremedeformitites.htm, accessed 2002.1.26; 같은 사이트의 "Cancer and Deformities" 도 참조.

79) Davidson.

80) *San Francisco Chronicle* 2002. 2. 16, pp. 1~3.

81) Mowat, p. 27.

구제 불능의 문명 487

82) Root, p. 7.

83) Judith Herman, p. 33.

84) 같은 책, p. 34.

85) 같은 책, p. 35.

86) 같은 책, chap. 2.

87) 같은 책, p. 121.

88) Bright and Ryle.

89) 그리고 누가 사실 '자원'은 전적으로 자원이라는 개념을 도입하였는가?

90) Cottin.

91) Chomsky, p. 33.

92) 같은 곳.

93) 같은 책, p. 48.

94) Flounders, p. 5.

95) 예를 들어 Garamone 참조.

반폭력

96) Jeff Sluka, "National Liberation Movements in Global Context," Tamil Nation, http://www.tamilnation.org/selfdetermination/fourthworld/jeffsluka.htm, accessed 2004. 10. 10.

97) 물론 영적인 것이 모두 추상적이라는 뜻은 아니며, 단지 일부 사람들과 일부 전통들의 경우 영적인 문제가 구체적인 반응을 '초월', 즉 회피하는 방법일 수 있다는 뜻이다.

98) ACME Collective.

99) 같은 곳.

100) 같은 곳.

101) 같은 곳.

102) 같은 곳.

103) "Socially Responsible Shopping Guide," Global Exchange, http://www.globalexchange. org/economy/corporations/sweatshops/ftguide.html, accessed 2002. 3. 16.

104) 같은 곳.

105) 같은 곳.

106) "Fair Trade: Economic Justice in the Marketplace," Global Exchange, http://www.globalexchange.org/campaigns/fairtrade/stores/fairtrade.html, accessed 2002. 3. 16.

107) "Global Exchange Reality Tours," Global Exchange, http://www.globalexchange.

org/tours/, accessed 2002. 3. 16. 이 사이트의 링크를 따라가 보라.

108) "Sweating for Nothing," Global Exchange, http://www.globalexchange.org/eco
nomy/corporations/, accessed 2002. 3. 16.

109) "Report to the Seattle City Council," p. 7, n. 5.

110) "Frequently Asked Questions about Anarchists at the 'Battle for Seattle' and
N30," Infoshop, http://www.infoshop.org/octo/a_frq.html, accessed 2002. 3. 16.

111) "Anarchists and Corporate Media." Global Exchange의 활동가는 *New York
Times* 기자에게 이 말을 한 것을 부인한다.

112) Loic Wacquant, "Ghetto, Banlieue, Favela: Tools for Rethinking Urban
Marginality," http://sociology.berkeley.edu/faculty/wacquant/condpref.pdf,
accessed 2002. 3. 16.

113) "Frequently Asked Questions."

114) 같은 곳.

115) "NMFS Refuses to Protect Habitat for World's Most Imperiled Whale: Despite Six
Years of Continuous Sightings in SE Bering Sea, NMFS Claims It's Can't
Determine Critical Habitat for Right Whale," Center for Biological Diversity,
http://www.biologicaldiversity.org/swcbdpress/right2-20-02.html, accessed
2002. 3. 20.

116) Dimitre, p. 10.

117) Locke, p. 48.

땅의 소리 듣기

118) Personal Communication, 2001. 10. 30.

119) Planck, pp. 33~34.

120) 이 문제와 관련하여 내가 자주 듣는 한 가지 이야기는, 나는 어렸을 때 학대받았기 때문에
문화에 대해 분노하기보다 사실은 아버지에게 화를 내고 있다는 것이다. 이 주장에 따르면,
나의 열정적인 토지방어는 내가 어렸을 때 이루지 못한 자기방어에 대한 감정전위라는 것이
다. 물론 나는 이 문제를 오래 전부터 정리해 놓고 있다. 내가 아버지를 경멸하는 것은 그의
경멸할 만한 행동 때문이지, 산업경제의 행동 때문이 아니다. 내가 산업경제를 경멸하는 것
은 내 아버지 때문이 아니라, 산업경제의 경멸할 만한 행동과 그것이 내 사랑하는 사람들에
게 미치는 영향 때문이다. 두 가지는 전혀 다른 문제이다. 나는 이런 주장에 대해 늘 이렇게
대답한다. "내가 세상에서 가장 행복한 어린 시절을 보냈더라도 큰 물고기의 90%는 바다에
서 사라졌을 것이다. 연어도 여전히 곤경에 빠져 있을 것이다. 모유는 여전히 다이옥신에 오
염되어 있을 것이다." 이런 주장은 진짜 문제를 직시하기를 회피하려는 속이 빤히 들여다보
이는 수작이다.

121) Roycroft, p. 8.

122) '낳다'라고 하지 않고 '양육하다'라는 단어를 사용한 점에 주목하라. 지금도 산업화 인간은 너무나 많고, 사랑을 몹시 필요로 하는 사생아가 너무나 많기 때문이다.

부양능력

123) Catton, p. vii.

124) 같은 책, p. 39.

125) 같은 책, p. 41.

126) Mumford, *City*, p. 38.

127) 같은 책, p. 36.

128) 같은 곳.

129) Catton, p. 43.

130) 같은 책, p. 42.

131) 같은 책, p. 43.

132) 같은 책, p. 52.

133) Faust, p. 81.

134) Neal Hall, personal communication, 2002. 11. 1.

135) "Population Increases and Democracy," http://www.eeeee.net/sdo3048.htm, accessed 2002. 9. 23.

136) 물론 도시의 존속을 위해서는 항상 자원수입이 필요하다는 이유를 들어, 그리고 도시적 가치관을 완전히 자기 것으로 받아들인 사람들은 자신의 생존을 도시/제국의 영속과 동일시하고 있다는 이유를 들어, 제국이 벌이는 모든 전쟁은 방어적 전쟁이라고 억지 주장하는 사람도 있을 것이다.

137) 운동가들의 관점에서는 나쁜 일이 아닐 수도 있다. 자신의 고용안정을 보장받을 수 있을 뿐 아니라, 문명인이라는 자신의 정체성—또는 특권—을 위협받지 않으면서도 무언가 의미 있는 일을 하는 척할 수 있기 때문이다.

138) "Witch Hunting and Population Policy," http://www.geocities.com/iconoclasters. geo/witches.html, accessed 2002. 9. 23, referencing Krag and Devereux.

139) Genesis, p. 1:28.

140) Pearce, p. 5.

자연계의 요구

141) Catton, p. 93에서 재인용.

142) 강연을 하던 그날 밤에 나는 크론병이 재발했었다. 나는 집에 돌아오자 쓰러져 여러 달 동안 침대에 누워 있었다. 나는 서방의술로 치료를 받았다. 지금 이 책의 마지막 손질을 하고 있

는 중에도 병이 재발하여 훨씬 더 심한 고통을 느끼고 있다. 나는 지금 5개월째 앓고 있다. 처음에는 증세가 저절로 사라지리라고 기대하며 애써 병을 무시하려고 했다. 병이 낫지 않았다. 나는 용하다는 중국 한의사가 준 한약을 먹어보았지만, 역시 효과가 없었다. 그래서 양약을 써보았다. 그것도 도움이 되지 않았다. 지금은 2주 후에 첨단 의약품을 쓰기로 되어 있다. 기적의 약이라고 한다. 내가 얘기하고자 하는 핵심은, 이런 것들은 추상적인 문제가 아니라는 것이다. 나는 이런 첨단 의약품이 없으면 내가 십중팔구 다음 달이나 두 달 내에 죽으리라는 것을 잘 알고 있다. 나는 아마도 이 병—문명병—때문에 죽게 될 것이다. 나는 또 이런 약들이 내 목숨을 살릴 가능성이 있다고 해서 그것이 문명을 허물지 말아야 할 이유가 될 수는 없다는 사실도 잘 알고 있다. 여러 해 전에 나는 반(反)문명적이었다가 심장절개 수술을 받고 나서 생각을 바꾼 어떤 철학자와 이야기를 나눈 적이 있었다. 나를 살리는 것이 지구를 죽여도 좋은 이유가 될 수는 없다. 내가 그 약을 먹지 않아서 잔혹행위를 멈출 수 있다면, 나는 약을 먹지 않을 것이다. 그러나 그 약을 먹지 않는다고 해도 그것만으로 잔혹행위를 멈출 수는 없을 것이다. 나는 약을 먹을 생각이다.

143) Bacher, p. 1.

144) *San Francisco Chronicle* 2002. 9. 26.

145) St. Clair Cockburn. "Get the Facts and Clear the Air," National Campaign Against Dirty Power, http://cta.policy.net/dirtypower/, accessed 2004. 9. 3도 참조.

약탈자와 먹잇감

146) *Anderson Valley Advertiser* 2003. 11. 19, p. 2.

147) Jensen, *Culture*, p. 60.

148) 같은 책, pp. 87~89.

149) Faust, p. 184.

150) 다시 말해 나는 이 문제에 대한 대답을 모르지만, 내가 남성이기 때문에 법에 의해서 여전히 답변을 할 것을 요구받았다.

151) 그러나 내가 말할 수 있는 것은, 내가 전통 토착민들과 함께 무대에 서서 이 약탈자–먹잇감 관계에 대해 언급하자 그들이 머리를 끄덕여 찬동을 표시했다는 것이다.

선택범위

152) *Anderson Valley Advertiser* 2004. 8. 18, p. 8.

153) The National Science Foundation to the Center for Biological Diversity, 2002. 10. 16. http://www.biologicaldiversity.org/swcbd/beaked/NSFResponse.pdf(accessed 2002. 10. 26). 고래와 청각에 관한 정보는 http://www.biologicaldiversity.org/swcbd/press/press/beaked10-15-2002.html(accessed 2002. 10. 26); http://action network.org/campain/whales/explanation(accessed 2002. 10. 26); http://www.

faultline.org/news/2002/10/beaked.html(accessed2002. 10. 27) 참조.

154) 사실 강의 흐름 문제는 다소 복잡한 데가 있다. 러시안강이 포도밭 때문에 고갈되고 있는 것은 사실이지만, 사실은 일강 물줄기를 러시안강으로 끌어오기 때문에 그 영향은 눈에 띄지 않는다. 전에는 계절 따라 러시안강을 막았지만, 일강 물줄기를 돌린 후로는 그런 일이 없다. 실제로 러시안강의 수량은 전보다 많아졌다. 심지어 강의 흐름을 보다 자연스럽게 보이도록 하기 위해 수량을 줄이는 공사도 진행되고 있다. 여기까지는 좋다. 그 다음이 문제이다. 일강 물줄기를 돌린 이유 중 한 가지는, 산타로사시의 폐수로 러시안강의 오염이 심해져 이를 '희석'시킬 필요가 있었다는 것이다. …그러나 일강을 완전히 막는다면 러시안강의 수량은 자연 흐름보다 낮은 수준으로 떨어질 것이다. 다른 지역의 물을 끌어오면 물의 흐름에 영향을 주게 마련이다. 결론은 이렇다. 일강은 수로변경으로 고갈되고 러시안강은 매년 홍수가 심해지고 있다. 그것은 강줄기 변경 때문이기도 하고, 강물이 막혀 토사가 쏟아져 들어오기 때문이기도 한다. 이 분석을 해준 레하 카펜터에게 감사한다.

155) 글을 보내준 Sean Tanner에게 감사한다.

156) "U. S. Military Spending," p. 9.

157) *Oxford English Dictionary*, compact ed., s.v. "addict."

158) Engels, p. 668.

학대

159) Murray.

160) Fisk.

161) "Signs to Look for in a Battering Personality," Projects for Victims of Family Violence, Inc., http://www.angelfire.co./ca6/soupandsalad/content13.htm, accessed 2002. 11. 17.

162) Exodus 20:5.

163) Deuteronomy 6:14~15.

164) 그리고 자본주의가 가상의 어떤 자유시장의 보이지 않는 손에 의해 이끌어진다고 믿는 순진한 사람들을 위해 전세계에 걸쳐 수많은 가족농들의 삶을 파괴한 농업기업 아처 다니엘스 미들랜드 사의 최고경영자 드웨인 안드레아스(Dwayne Andreas)의 말을 소개한다. "자유시장에서 팔리는 것은 낟알 한 톨도 없다. 자유시장은 정치인들의 말에만 있을 뿐이다." (Barsamian)

165) Baran, p. xvii.

166) New World Wistas, p. 89.

167) Safire.

168) 나는 이것을 다른 곳에서 길게 다루었다. 예를 들어 Jensen, *Culture*, pp. 174~85.

169) 나에게 중독성 모방에 관해 알려준 Deda Bea에게 감사한다.

170) Glaspell, p. 188.

171) Jensen and Draffan, *Strangely Like War*.

172) 이와 같은 분석을 해준 Jeff와 Milaka Strand에게 감사를 보낸다.

점령의 문화

173) *Estrogen Effect.*

174) 이 분석과 관련하여 Nita Halstead에게 감사한다.

175) Oregon State Senate Bill 742, 72nd Legislative Assembly.

176) Severn, p. 8.

문명이 세계를 죽이는 이유(1)

177) *Anderson Valley Advertiser*, 2003. 4. 2, p. 9.

178) 조지 드래펀과 나는 그 다음 글을 우리의 책 *Welcome to Machine*에서 인용했다.

179) *The Human Resource Exploitation: 1983*에서 재인용.

180) 같은 곳.

181) 같은 곳.

182) "Report on the School of the Americas," Federation of American Scientists, http://www.fas.org/irp/congress/1997_rpt/soarpt.htm, accessed 2004. 5. 12.

183) 같은 곳.

184) "Weapons of American Terrorism: Torture,"http://free.freespeech.org/americant stateterrorism/weapon/US-Touture.html, accessed 2003. 5. 12.

185) 같은 곳.

186) 같은 곳.

187) 같은 곳.

188) Cockburn, untitled, p. 9.

189) Priest and Gellman.

190) Rutten.

191) 과연 브루노 브라우턴 박사가 고통을 느낄 뇌가 있는 사람인지 의심스럽다. 벌들이 그의 입술에 침을 놓아 그가 '변칙적 행동'을 보이는지 한번 확인해 보았으면 한다.

192) Rand. 그건 그렇다 치고 아무튼 그녀는 마지막 문장에서 '백인'(white)이라는 단어를 절대적으로 강조했다.

193) 그는 마치 이것이 잘못된 것처럼 말한다.

194) 오호, 이제야 핵심이 나온다!

195) 이것은 수사학적 질문이지만, 대답은 뻔하다.

196) 오직 착취자의 유혈·목숨·상심만이 중요하다는 [전제 4]를 주목하기 바란다.

197) U. S. Congress, *Congressional Record*(56th Congress, 1st Sess., 1900), vol. 23, pp. 704, 711~12. 이 연설은 방청석에서 박수갈채를 받았다. 저돌적 애국심을 드러내는 이 연설문은 오늘날의 침략정책에도 그대로 적용될 수 있다는 점에서 일독할 가치가 있다.

198) Ledeen, "Creative Destruction."

199) 같은 곳.

200) Mersereau.

201) Ledeen, "Machiavelli."

202) Beeman.

203) 같은 곳.

204) Ledeen, "Faust, Please."

205) Ledeen, "Scowcroft Strikes Out."

206) Ledeen, "Iranian Comedy Hour."

207) Ledeen, "Temperature Rises."

208) Ledeen, "Heart of Darkness."

209) Ledeen, "Willful Blindness."

210) Ledeen, "Lincoln Speech."

211) Leggett, pp. 173~74.

212) St. Clair, "Santorum."

213) Scherer.

214) Regular.

215) *Anderson Valley Advertiser* 2003. 7. 2, p. 6. 질문한 이는 Karen Hughes다.

문명이 세계를 죽이는 이유(2)

216) 나는 이것은 수많은 웹사이트 중 하나에서 퍼왔다.

217) Heinen.

218) 나는 우리에게 한 장소에서 사는 방법을 가르쳐주는 노래와 이야기들을 떠올린다. 기술 예찬론자들이 '기술'이라는 용어와 개념의 소유권을 주장하도록 놔둘 이유가 없다.

219) Genesis 1:28

220) 내 어린 시절인 60년대만 하더라도 지금은 멸종위기에 처해 있는 두꺼비만큼이나 흔했다.

221) Jensen, *Culture*, p. 382.

222) 나는 그들을 자위행위자라고 부르려고 했지만, 궁극적으로 자위는 좋은 것이다.

223) Weiss.

224) Llanos.

225) 같은 곳.

226) Weiss.

227) 아마 이것이 나의 책 *The Culture Make Believe*의 핵심이라고 할 수 있을 것이다.

228) 나는 이 점에 관해서 나의 다른 책들에서도 이야기했지만, 거듭 강조할 만하다고 생각한다.

229) "About PNAC," Project for the New American century, http://www.newamerican century.org/aboutpnac.htm, accessed 2003. 6. 1.

230) "Rebuilding America's Defense."

231) 같은 곳.

232) "Get the Facts and Clear the Air," National Campaign Against Dirty Power, http://cta.policy.net/dirtypower/, accessed 2004. 9. 3.

233) Mokhiber, pp. 16~17.

234) 같은 책, pp. 3~4.

235) Reckard.

236) Baker.

237) 여기서는 미국과 그 동맹국들의 정책에 반대하는 사람들에 의해서 죽음을 당한 시민들만을 뜻한다.

238) Paul Richardson, "Hojojutsu-The Art of Tying," Sukisha Ko Ryo: Bringing Together All the Elements of the Ninjutsu Takamatsu-den Traditions, http://homepages.paradise.net.nz/sukisha/hojojustu.html, accessed 2003. 6. 4.

239) Jensen, *Culture*, p. 107.

240) Crévecoeur, p. 214.

241) Johansen.

242) Franklin, pp. 481~82.

243) Axtell, p. 303.

244) *American Cynic.*

245) Axtell, p. 327.

246) *American Cynic.*

247) 같은 책.

248) Stannard, p. 105.

249) Morgan, p. 74.

250) 같은 곳.

251) 같은 곳.

252) *Alcatraz.*

문명 허물기(1)

253) Reich, pp. 3~4.

254) Malakoff.

255) Dvorak.

256) Bolt Weevils에 관한 나의 설명 대부분은 Losure를 참조하였다.

257) Kinda는 당신이 미국인임을 자랑스럽게 여기게 해주는 않는가?

258) 이 단체에 가입하는 것을 환영한다.

259) Sadovi.

260) Wikle. 그리고 중계탑들이 새들을 어떻게 죽이는지에 관해 더 자세한 설명을 보려면 Towerkill, http://www.towerkill.com 참조.

폭력의 역사

261) Miller.

262) '암살연구'(A Study of Assassination). 수많은 웹사이트에 올라 있으며(구글에만 138), 예를 들어 그림까지 갖춘 사이트를 소개하자면 http://www.gwu.edu/~nsaecguv/NAS AEBB/NASAEBB4/ciaguat2.html이 있다.

263) Diamond, p. 1.

264) Mowat, pp. 92~94.

265) 같은 책, p. 49.

266) 같은 책, p. 61.

267) 같은 책, pp. 63~64.

268) Cokinos, pp. 102~104.

269) "B. C. Court."

270) "B. C. Spotted."

271) Mowat, p. 174.

272) "Why Is Everybody." 이 기사는 이 문화가 왜 지구를 죽이며 내가 왜 이 문화를 증오하는 지 그 이유를 다시금 보여준다.

273) White, p. 3. 이 이슈는 범상치 않은 책 *The Culture of Make Believe*에 대해, 우연히 저 자와 이름이 같은 범상치 않게 쿨한 사나이가 쓴 매우 우호적인 서평에도 실려 있다.

증오

274) 여기에 여성과 자연계를 덧붙이고 싶다. 여성도 당연히 소외되어 있다.

275) Fromm, pp. 114~15.

276) *Merriam-Webster's Collegiate Dictionary*, electronic ed., vers.1.1, s.s. "sammsara."

277) Richard Hooker, "India Glossary," s.v. "samsara," World Civilizations: An Internet Classroom and Anthology, Washington State University, http://www.wsu.edu:8080/~dee/GLOSSARY/SAMSARA.HTM, accessed 2003. 7. 14.

278) Jay Morgan, "Monks always Get the Coolest Lines," Ordinary-Life, http://www.ordinary-life.net/blog/archives/002058.php, accessed 2003. 7. 29. 내가 읽은 다른 판과 일치시키기 위해 약간의 수정을 가했다.

279) Robbins, p. 86.

280) 이 구절을 쓰는 데는 Ward Churchill로부터 많은 도움을 받았다.

281) 하나님이 선택된 백성들에게 모든 생물체에 대한 지배권을 주었다는 것과 미국군대가 전면적 지배를 추구한다는 것이 무슨 차이가 있는가?

282) Laing, pp. 106~107.

283) 같은 책, p. 107.

사랑은 비폭력이 아니다

284) Guevara, p. 225.

285) 부양능력 초과를 위한 자기 몫을 다하기 전.

286) 아마 이 이야기를 함으로써 그녀는 '음지'로 사라져버렸을 것이다.

287) Laing, pp. 36~37.

288) Elliot, p. 12. 강조는 원저자.

289) Goleman, p. 177.

도망갈 때가 되었다

290) *Anderson Valley Advertise* 2004. 4. 28, p. 12.

291) 앞의 몇 문장은 Becky Tarbotton의 도움을 받았다.

292) Gruen, p. 62.

293) Brown, pp. 273, 449.

294) Orwell, p. 210.

295) Weber, p. 156.

296) Mallat.

297) 이 인디언은 자기들이 할 수 있는 일이 무엇인가에 대해 나름대로 답을 갖고 있었다. "우리 아이마라족의 혈통에는 반란의 피가 흐른다. 지금 볼리비아는 완전히 썩었다. 비단 시장만 썩은 것이 아니다. 저들 모두를 화형에 처하거나 익사시키거나 목 졸라 죽이거나 찢어죽이지는 않더라도… 똑같이 끝장내야 한다. 이것이 그들에게 교훈을 줄 수 있는 유일한 방법이다."

298) Melançon.

용기

299) 나는 이 책을 무척 좋아해서 뛰어난 디자이너 Tiiu Ruben과 함께 직접 출판하기도 했다.

300) 권력층을 특징짓는, 그리고 그들이 권력을 장악·유지하는 방법인 테러와 반대되는 테러.

301) Wilson.

302) Fox, "Largest Article Ice Shelf."

303) Perlman.

304) 나의 누이는 난소염을 앓고 있었다.

305) 나는 해몽가의 도움을 받아 나의 꿈들을 해석하였다.

306) 바로 어젯밤에 나는 주류 환경운동가 두 명을 포함한 여러 사람들과 함께 저녁을 들었다. 내 어머니도 합석했다. 주류 운동가들은 줄곧 이런 말을 했다. "우리가 상원을 장악하기만 하면 만사가 해결될 거야." 상원을 습격한다는 말은 아닌 것 같고, 또 그들이 말하는 '우리'는 일반인이 아니라 기업체정당의 좌익인 민주당원들을 의미하는 것으로 보였다. 이어 그들은 이런 말을 했다. "우리가 백악관도 함께 접수한다면 대단할 거야." 그러자 내 어머니가 이렇게 말씀하셨다. "백악관을 민주당이 차지하건, 공화당이 차지하건 달라질 건 없지. 그래도 정부는 대기업이 계속 이끌어갈 테니까." 모두가 코에 주름살을 잡았다. 수상한 냄새가 났다. 그 지독한 냄새는 무슨 냄새였을까? 다음날 나는 강연을 하기로 되어 있었는데, 누군가가 내게 무슨 내용으로 강연하겠느냐고 물었다. 내가 대답했다. "문명을 허물 방법이오." 또 쑥스러운 침묵이 흘렀고, 모두의 코에 주름살이 잡혔다. 그러나 이번에는 누군가가 이런 말을 했다. "미안하지만 후무스(콩과 참깨를 갈아 만든 이집트 음식—옮긴이) 요리를 내게 좀 건네주겠소? 거참 맛있습디다."

희망

307) Wheatley, p. 19.

308) 자, 봐라, 쉽지 않은가?

309) 사실 나는 비행기를 탈 때마다, 비행기가 추락하지 않기를 빌었다.

310) 글쎄. 사회생활이 좋겠지만, 잠시 접어두기로 하자.

311) 나는 무슨 핑계를 대서라도 행동하지 않는 사람을 참지 못한다.

312) 일종의 기독교의 신이나 천당에 대한 믿음 같은 것이다.

313) Goldsmith.

314) 문화가 지구를 죽이고 또 우리를 죽인다는 뜻이며, 보다 구체적으로는 이 문화가 만들어낸 도덕률에 따른다는 것은 지구를 죽이고 우리 자신을 죽이는 데 기여하는 것이라는 뜻이다.

315) "Sardar Kartar Singh saraba," Gateway to Sikhim, http://allaboutsikhs.com/marty rs/sarabha.htm, accessed 2003. 12. 29, Jagdev Singh Santokh, *Sikh Martyrs*(Bir mingham, England: Sikh Missionary Resource Centre, 1995)에서 재인용.

문명인들은 웃으면서 당신을 찢어죽인다

316) LeGuin, p. 45에서 재인용.

317) 이 여론조사결과는 물론 농담이다.

318) 이 인물은 내가 아는 여러 사람들을 합성한 가상인물이다.

319) 이 점을 시인하는 것만으로도 기분이 좋아지지 않는가? 이 깨달음은 내게 크나큰 해방감을 안겨주었다! 이제 나는 일에 전념할 수 있다.

320) 대부분의 미국인들이 원하는 것은 토지기반의 요구에 반하지 않는다는 객쩍은 말은 하지 말기 바란다. 물론 그들이 속마음으로는 연관을 맺기 바란다고 말할 수 있겠지만, 내가 무슨 말을 하는지는 독자 여러분도 잘 알 것이다.

321) Jensen, *Culture*, pp. 105~106.

322) 같은 책, p. 106~107

323) 이것도 웃기는 얘기다. 엄격한 정의에 따르더라도, 현재 세계의 노예인구는 당초 대서양 '중앙항로'를 건너온 노예들보다 많으며, 여기에 착취 공장근로자, 임금노예, 추방자 등을 포함시키면 그 수가 엄청나게 늘어난다.

324) Jensen, *Culture*, pp. 110~12.

325) Jefferson, p. 345.

그들의 정신병은 고질병이다

326) Forbes, pp. 31~32, 135.

327) 키가 180센티가 안 되는 사람은 파리 잡기도 쉽지 않다.

328) 나는 시위참가자가 왜 적은지 이유를 모르고 있었다. 그들은 성공하는 경우가 별로 없기 때문이다.

329) 물론 우리는 클리블랜드 인디언스와 그 밖에 다른 스포츠팀들에 대해서도 똑같은 말을 할 수 있다.

330) 생체해부자들의 정신병만큼 고질화된다.

331) 강간대는 주로 암퇘지를 수정시키기 위해 사용한다.

332) 옳은 일을 하라고 간청하는 편지를 보내봐도 소용이 없었다. 구호판이나 플래카드도, 촛불도, 기도도 소용없고 애정을 보내봐도, 팩스를 보내봐도 소용없었다.

333) Planck.

334) Gabrielle Benton에게 감사의 말을 전한다.

335) 토지기반은 GNP보다도, 다우지수보다도 중요하며 상업광고에 나오는 섹시한 남자나 여자보다도 중요하다.

낭만적 허무주의

336) Nizza Thobi, "Chanah Senesh," http://www.nizza-thobi.com/Senesh_engl/html, accessed 2004. 12. 3.

337) 그 에이전트는 이 책의 나머지 부분을 읽었을까?

338) 엠마 골드만이 쓴 글의 정확한 내용은 다음과 같다. "무도회에서는 내가 가장 지칠 줄 모르고 명랑한 측에 들었다. 어느 날 저녁에 사촌인 어린 총각 사샤[알렉산더 버크만]가 나를 구석으로 데리고 가서… 운동원은 춤을 추지 말아야 한다고 내게 속삭이듯 말했다. 아나키스트 운동의 유력한 인물이 될 사람에게는 품위가 떨어지는 행동이며, 내 경솔한 행동은 운동의 대의를 해칠 뿐이라는 얘기였다. 나는 총각이 주제넘게 끼여드는 데 화가 났다. 나는 그에게 네 할 일이나 잘하라면서, 늘 운동의 이름으로 나를 질책하는 데 질렸다고 말했다. 나는 운동이… 삶과 기쁨을 부정해야 한다고는 생각하지 않았다. 나는 우리 운동은 내가 수녀가 될 것을 기대하면 안 되며 운동이 수도원이 되어서도 안 된다고 주장했다. 운동이 그런 것이라면 나는 하지 않겠다고 했다. '나는 자유를 원하며 자기표현의 권리, 아름답고 화사한 인간이 될 만인의 권리를 원한다.' 아나키즘은 내게 그런 것을 의미했다. …그렇다. 내 동지들의 비판에도 불구하고 나는 내 아름다운 이상대로 살아갈 것이다." (Goldman, p. 56)

철저한 부정

339) *The Sun* 2004. 3, p. 48.

340) 이에 관한 탁월한 묘사는 Jensen and Draffan, *Machine* 참조.

341) Including "Fair Trade: Economic Justice in the Marketplace," Global Exchange, http://www.globalexchange.org/campaigns/fairtrade/stores/fairtrade.html, accessed 2002. 3. 16.

342) 인간적 공동체의 규모를 50명으로 보기도 한다.

343) 이 네 그룹에 관한 서술은 2001년 7월 15일에 Zenobia Barlow와의 사적 통신을 통해서 Jeannette Armstrong으로부터 들은 것이다.

344) Mumford, *Technics*, p. 186.

345) Joseph Heller에게 사과의 말을 전한다.

346) (모든 나쁜 영화들에서)

행동으로 옮기기

347) *Anderson Valley Advertiser* 2003. 10. 1, p. 5.

348) *U. S et al. v. Goering et al.*

349) Tokyo War Crimes Decision.

350) 지금 우리는 그런 고문들의 실상을 정확히 알고 있다. 그것은 수많은 나치 '보안'기관 요원들이 나중에 다른 정부들(주로 미국정부)에 채용되어 '자유와 민주주의'를 위한 사업을 계속했기 때문만이 아니고, 나치가 가끔 자신의 잔혹행위를… 꼼꼼하게 기록해 두었기 때문만도 아니고, 레지스탕스 대원들 중 적어도 한 명—Fabian von Schlabrendorff 소령—이 기적적으로 살아남았기 때문이기도 하다. Peter Hoffmann은 그의 기념비적 저서 『독일

레지스탕스의 역사, 1933~1945』에서 그가 고문당하는 장면을 소름끼칠 만큼 상세히 묘사하고 있다. "첫 단계로 슐라브렌도르프의 두 손을 뒤로 묶은 후 손가락들을 손끝이 못에 찔리도록 고안된 장치 안에 넣고 나사를 돌려서 못들이 손끝을 더 깊이 파들어 가도록 했다. 이렇게 해도 효과가 없으면, 그의 몸을 침대틀 위에 묶은 다음 안으로 날카로운 쇠못들이 나 있는 튜브 안에 두 다리를 집어넣고 튜브를 조여서 쇠못들이 점점 더 살점을 깊이 찌르도록 했다. 이 과정에서 비명소리가 새어나가지 않도록, 그의 머리에는 안에 담요를 댄 금속제 두건 같은 것을 씌웠다. 그러는 동안에도 그는 대나무나 가죽회초리로 계속 구타당했다. 세번째 단계에서는 역시 침대틀에 묶어놓은 채 그의 몸을 갑자기 또는 천천히 잡아당겼다. 그가 의식을 잃으면 찬물을 부어 의식이 돌아오게 했다. 이런 고문으로 슐라브렌도르프한테서 자백을 받아내지 못하자, 다른 방법이 시도되었다. 그는 몸이 앞으로 꺾여 두 팔이 몸통에 묶인 채 옴쭉달싹할 수 없는 상태에서 뒤에서 몽둥이로 구타를 당했는데, 매 맞을 때마다 몸이 앞으로 쓰러져 얼굴이 바닥에 부딪혔다. 그는 이 모든 고문을 하루에 당했으며, 결과는 매번 의식을 잃은 것뿐이었다. 다음날 그는 심장발작을 일으켜 며칠 동안 몸을 움직이지 못했다. 그러나 그가 회복되자 고문이 다시 반복되었다. 마침내 슐라브렌도르프가 입을 열겠다고 했다. …그는 나치가 이미 알고 있던 죽은 사람 한 명의 이름만 댔다…."(Hoffmann, p. 521~22)

351) 비기독교도들은 히틀러가 이교신앙에 관심을 가졌었다고 흥분하지만, 사실 히틀러는 어느 종교보다도 자기를 지지해 준 주류 기독교회에 큰 빚을 지고 있다.

352) 물론 나치에 저항한 남녀 영웅들이 많지만, 여기서는 독일을 내부에서 무너뜨리려고 시도했던 사람들만 포함시켰다. 그 밖에도 독일 점령치하에서 활동한 무수한 빨치산들이 있었고, 강제수용소에 갇힌 사람들과 강제수용소에 보내질 사람들이 일으킨 유명한 (그리고 알려지지 않는) 봉기도 많았다.

353) Montgomery, p. 62.

354) 처음 두 문단의 수정본은 나의 책 *A Language Older than Words*에 나온다.

355) Churchill, *Struggle for the Land*, p. 73.

356) 이하의 몇 문단은 다른 곳에서 다른 형태로도 사용되었다.

357) 처음부터 히틀러를 죽여야 한다고 생각한 사람들도 많았고, 실제로 이를 시도한 사람들도 많았다.

358) Hoffmann, p. 251.

359) 같은 책, p. 253. 히틀러의 다음 두 문장 "머뭇거릴 시간이 없다. 내 생애에 전쟁은 일어나야 한다"는 Mason, p. 62 참조.

360) 물론 히틀러가 죽었더라도 독일경제는 잘 굴러갔을 것이다.

지레받침

361) *The Sun* 2003. 10, p. 48.

362) 한 가지 일반적인 방법은 돈을 버는 것이지만, 권력추구 방법에는 여러 가지 형태가 있다.

363) 혹은 뒤에서 싸움 이야기를 하는 것조차도.

364) Hoffmann, p. 258.

365) 전 '뷔르거브로이'(Bürgerbräu) 식당

366) Mason, p. 80. 나는 이것이 그만큼 쉬었다는 것을 강조하고자 한다.

367) 180mm 포탄이라는 설도 있다.

368) Mason, pp. 81~82.

369) 메이슨은 시간을 9시 40분에 맞춰놓았으나 타이머가 고장 나서 20분 일찍 폭발했다고 설명한다. 어쨌거나 히틀러는 죽지 않았다.

370) 더 자세한 설명은 http://www.joric.com/Conspiracy/Center.html(히틀러 암살음모에 관한 사이트); Mason; Hoffmann, pp. 257~58 참조.

371) Hastings, p. 227.

372) 같은 곳.

373) Keegan, p. 430.

374) *Effects of Strategic Bombing*, p. 13.

375) 항공연료가 없으면 공수(空輸) 방어도 없다(Dowling, p. 198).

376) Keegan, p. 430.

377) 그런데 나는 군사문화에 관한 설득력 있고 급진적인 편지를 매우 많이 받았다.

378) 그리고 내가 *A Language Older than Words*에서 했듯이.

379) 이 책에서 논하기에 딱 적당하지는 않지만 토론에 아주 중요한 한 가지 문제를 제기하고자 한다. 나는 종종 내 글 때문에 연방경찰에 의해 체포되거나 살해당할까 두려우냐는 질문을 받곤 한다. 나는 늘 이렇게 대답한다. "정말 두렵다. 하지만 이 문화가 지구와 우리 모두에게 하고 있는 짓이 훨씬 더 두렵다. 로버트 E. 리(미국 남북전쟁 당시 남부군 총사령관―옮긴이)는 수적으로 열세인데도 왜 자주 공격하느냐는 질문을 받고 '우리는 행동에 따른 위험과 휴식에 따른 확실한 손실 중 하나를 선택해야 한다'고 말했다." 나는 어떤 연방경찰이 이 책을 읽어보는 공상을 해본다. 이 책을 읽고 모욕감이 커진 나머지, 나를 체포하거나 살해하라고 지시하는 대신 나를 논박하게 된다는 공상이다. 나는 그가 내 전제들이 오류이며 우리의 앞길은 내가 생각하는 것처럼 험난하지 않다는 것을 입증해 주기만을 바랄 뿐이다. 재생 불능 자원의 사용에 기초한 생활방식이 어떻게 지속 가능할 수 있는지 보여주기 바란다. 우리 주변의 생물들을 (종종 우리 스스로를) 자원으로 지각하는 사고방식에 기초한 생활방식이 어떻게 지속 가능하겠는지 보여주기 바란다. 문명이 어떻게 토지기반에 보탬이 될 수 있겠는지 설명해 주기 바란다. 문명이 어째서 체계적이고 광범위한 폭력에 기반을 두지 않았다는 것인지 설명해 주기 바란다. 나를 설복해 보기 바란다. 나는 그게 불가능하리라고 생각한다. 최근에 강연이 끝난 후 어떤 사람이 내게 이메일을 보내 이렇게 물었다. "문명이 그처럼 싫다면 당신과 진보적인[원문대로] 당신의 친구들은 왜 다른 곳으로 이사 가지 않지요?" 이

틀 후 강연회 때 이이야기를 전했더니, 청중석에서 어떤 여자가 소리쳤다. "제발, 갈 데 있으면 알려달라고 해! 이 망할 문화는 어디를 가나 마찬가지야. 도망갈 데가 있어야지. 내 몸의 세포에도 독이 들어 있고, 어디 가나 모두의 몸에 독이 들어 있어. 문명은 지구를 죽이고 있다고!" 또 이런 일도 있었다. 또 다른 강연회가 끝나자, 백발이 성성한 머리를 뒤고 묶고 엉성하게 짠 스웨터를 입은 어떤 노인 한 분이 무대 위로 뛰어 올라와서 나를 추궁했다. "당신 예금계좌 갖고 있소?" "왜요?" "만일 갖고 있다면, 난 당신의 말을 모두 무시할 거요." 나는 어이가 없어 눈을 크게 뜨고 그를 빤히 쳐다보았다. "난 강연 내내 당신이 위선자가 아닐까 곰곰이 생각해 보았단 말이오. 당신이 체제에 참여하고 있다면, 당신은 위선자고 당신이 하는 말은 아무 의미가 없겠소." 내가 그의 스웨터를 가리키며 말했다. "그것은 어디서 만든 거지요. 또 지금 입고 계신 바지는? 신발은? 내 신발은? 내 등짐은? 우리가 선택 가능성을 체계적으로 배제하는 이 문화에 함몰되어 있다는 이유만으로…." 그가 젠 체하는 표정을 지으며 내 말을 가로막았다. "아하, 수세에 몰린 기분이시구먼. 그래도 당신에겐 은행계좌가 있으니까." 나는 그저 머리를 흔들며 퇴장하고 말았다. 다시 내 책을 읽는 연방경찰 이야기로 돌아가 보자. 내 이야기가 싫으면 반박해 주기 바란다. 반박하기가 쉽지 않을 것이다. 반박하지 못하겠으면 부정을 행동으로 옮겨 나를 죽이거나 체포하지 말기 바란다. 나와 함께 일다운 일을 해보자. 당신들의 토지기반을 보호하는 일을 해보자. 당신들의 기술을 활용할 수 있을 것이다. 그런데, 한 가지 분명히 해둘 점은, 나는 내 사생활을 두고 토론하자거나 개인적으로 함께 일하자고 권유할 생각은 없다는 것이다. 나는 공개적으로 그런 토론을 지겹도록 하고 있고, 또 일을 개인적으로 하는 데도 관심이 없다. 그리고 솔직히 말해, 지금까지 내가 보아온 '나를 반박하려는 시도'는 나를 훼방하려는 데 불과한 경우가 많았고, 나아가 무작정 분노를 터뜨리는 경우가 더 많았다. 내가 이 글을 쓰는 목적은 아주 구체적으로 권력의 하수인들에게 권력을 지키는 세력으로 남아 있지 말고 우리 한번 진짜 대화를 해보자고, 이 책의 전제들을 진지하게 검토해 보자고 초청하려는 데 있다. 만일 그들이 내 전제들과 내 사고방식에서 오류를 찾아낸다면, 나는 기꺼이 내가 말한 내용 모두를 재검토할 용의가 있다. 다만 내 오류를 찾아내지 못한다면, 그들도 지금 진행중인 세계의 종말, 즉 산업화 문명에서 자신들이 담당하고 있는 역할을 진지하게 검토할 뿐 아니라, 세계종말을 막고 문명 허물기를 돕는 일에 나서야 할 것이다.

폭력

380) Nopper.

381) 이 정의는 Alex Guillot의 도움을 받았다.

382) 이 정의에 대해 Redwood Leaverish에게 감사한다.

383) Williams.

384) Conot, pp. 384~85. *Trial of the Major War Criminals* vol. 5, p. 118에서 재인용.

385) Cook.

386) 물론 이런 짓은 기업/자본주의 언론인들에게는 흔한 일이다.

387) 더글러스전나무는 생육 가능한 번식을 하려면 80년이 지나야 한다. 오래지 않아 미국대륙에는 번식 가능 수령에 달한 나무가 거의 사라질 것이다.

388) Jensen and Draffan, *Strangely Like War*, p. 49.

389) 스토셀은 자기가 소비자보호에서 기업보호로 전환한 이유를 스스로 이렇게 선포했다. "그저 신물이 났을 뿐이다. 또 돈을 많이 벌다 보니 돈을 완두콩 깡통에 저축하기도 귀찮아졌다." 이 말을 들이대자 스토셀은 그런 말을 한 적이 없다고 잡아뗐다. 그러나 이 말은 녹음테이프에 담겨 있다.

390) Jenson, *Language*, p. 2. 이 부분은 원래 문장과는 약간 다르다.

지속 가능성을 위한 소비활동

391) 그는 군대를 잊어버렸다.

392) Sale.

393) 우리는 섹스와 음식, 감정 혹은 그 밖의 많은 것에 관해서도 똑같이 말할 수 있다. 폭력 대신 이 단어들을 집어넣어도 문장은 전혀 어색하지 않다.

394) '우리'가 누구냐에 따라 달라진다. 프랑스 레지스탕스는 독일 점령군이나 프랑스인 부역자들을 우리에 포함시키지 않았을 것이다. 마찬가지로 나는 찰스 후르비츠나 존 스토셀을 여기에 포함시키지 않을 것이다. 저들은 지구를 죽이는 사람들인 데 반해, 나는 이를 저지하려는 사람이다. 나는 그들 편이 아니다.

395) 정작 중요한 것은 공포다. 비행기표를 사지 않는 것보다 댐을 폭파하는 것이 훨씬 큰 공포를 준다.

396) 바로 지난달에 나는 영세 과수재배업자한테서 조상 전래의 사과나무들을 샀다. 나중에 이 나무들은 내가 이사 오기 훨씬 전에 이곳을 집으로 삼고 살았던 곰과 사슴, 온갖 새들과 곤충들에게 임대료를 일부라도 내주게 될 것이다.

397) 그리고 왜?

398) 내가 진부한 표현을 이렇게 바꾸면 결국 이해가 될 것이다.

399) Barsamian.

400) J. Bradford DeLong, "The Corporations as a Command Economy," http://www.j-bradford-delong.net/Econ_Articles/Command_Corporations.html, accessed 2004. 3. 17.

401) 웃지 마라. 그들은 정말 그렇게 했다.

402) 나는 그런 것을 만들지 말아야 한다고 생각한다.

감정이입과 타자

403) Silko, pp. 94~95.

404) 이에 관한 탁월한 분석은 Livingston, *Fallacy of Wildlife Conservation* 참조.

405) 온전한 감정을 지닌 생체해부자나 남벌자를 상상할 수 있을까?

406) 히틀러도 자기 개에게는 다정했었다. 그러나 그의 여자친구들 중 한 명 이상이 자살했다는 것은 그가 정서적으로, 어쩌면 신체적으로도 학대자였음을 강력하게 시사해 준다.

407) Jensen, *Listening*, p. 144.

408) Griffin.

409) 어쩌면 바람직하고 위대하다고까지 생각할지 모른다.

410) 그들이 사용하는 단어는 '우리들'이지만, 이 경우 '우리들'은 그들을 뜻한다.

411) 나중에 미술라강의 범람에 대해서는 더더욱 그러하다.

412) 권력자들이 우리 모두를 죽이고 있는데도 우리는 '폭력적' 언어를 사용하기조차도 꺼린다.

413) 책도 이것으로 상대방의 머리통을 치면 무기가 될 수 있을 것이다.

414) Moodie, part 1, p. 205.

415) Drinnon, p. 314.

416) John Moore, p. 7:187

417) *San Francisco Chronicle* 2001. 9. 13, p. 1.

418) "New Iraq Abuse."

419) Brancroft, p. 21.

420) 근거도 없이 비인간들에게는 생각할 능력이 없다고 생각하는 이상한 사람들에게는 문명인들의 이 같은 '생각'이 아무짝에도 쓸데없다는 점을 지적하고자 한다. 이런 생각 때문에 우리가 사랑하는 것들을 보호하기를 망설인다면 가련한 노릇이고, 이 때문에 토지기반을 보호하지 못하게 된다면 진화론적으로 부적절하다.

421) 그의 책 *Hsin Hsib Ming: Inscribed on the Believing Mind*에서 인용했다(Blyth, p. 68 참조).

반격할 것인가?

422) Maori: New Zealand.

423) Ainu: Hokkaido.

424) Atayal: Taipai.

425) Aymara: La Paz

426) Wyandott: Detroit.

427) Xhosa: Pretoria.

428) Blaisdell, p. 54.

429) 푸시마타하가 이 말을 한 것은 테쿰세가 다른 인디언 부족들과의 연대 및 백인들과의 전쟁을 선포한 데 대한 반응이었는데, 아마도 테쿰세가 행사하던 영향력을 질투했던 것으로 보인다. 또 한 가지 중요한 것은, 푸시마타하가 자신의 촉토 부족은 백인들과 평화롭게 지내니

겁낼 것 없다고 말했다는 점이다. 그러나 불행하게도 나중에 그의 생각은 잘못이었음이 밝혀졌다. 푸시마타하가 백인들의 손아귀에서 놀아났을 뿐 도덕적인 비폭력주의자가 아니었음은, 그가 테쿰세 편을 들거나 백인들을 상대로 싸우는 자는 누구라도 죽이겠다고 협박한 것으로 보아도 알 수 있다.

430) Gordon, pp. 343~44.

431) Blaisdell, p. 52.

432) Hunter, pp. 30~31.

433) Blaisdell, pp. 50~52.

434) Brice, pp. 193~94.

435) Blaisdell, pp. 84~85.

436) 물론 비인간도 동일한 패턴을 따라간다.

437) Abel, pp. 124~25.

438) Francis S. Drake, p. 34.

439) Blaisdell, p. 6.

440) Creelman, pp. 299~302.

441) 물론 이 책의 〔전제 4〕에 해당한다. 민간인을 죽이는 군대나 경찰과 이에 대항하여 반격하는 사람들에 대해서도 같은 말을 할 수 있다.

442) Eckert, p. 176.

443) 같은 책, p. 86.

444) *Anderson Valley Advertiser* 2004. 3. 24, p. 11.

445) Jensen, *"Where the Buffalo Go."*

446) Jensen, *Listening*, p. 61.

447) 이처럼 '높은 사회·문화적 발전단계'에서 사는 것은 좋은 일이겠는가?

448) Liddell Hart, pp. 4~7.

449) 분명히 '흰 영양'은 노천광산을 한번도 본 적이 없었다.

450) 나는 '야윈 곰'이나 '흰 영양'이나 '검은 솥' 같은 사람들의 행동을 비난할 생각은 없다. 다만 그들의 행동으로도 내가 싸울 생각을 버리도록 만들지 못한다고 말하고 싶을 뿐이다.

451) 물론 도덕적 관점에서는 아니겠지만, 그들은 두려워했기 때문에 결코 이길 수 없었다.

452) Eckert, p. 76.

453) 같은 책, p. 107.

454) 같은 책, p. 279.

455) 그렇다, 1881년이 아니고 1981년이다. 내가 원론적 비폭력주의자 인디언이 이런 인디언 전통에 관해 말하는 가장 좋은 사례를 찾아낸 것은 20세기 말이다.

456) Eckert, p. 683, n. 30.

457) 기독교 비폭력주의 작가들도 이런 주장을 하고 있다. 예를 들어 Juhnke and Schrag 참조.

458) Richard S. Grimes, "Cheyenne Dog Soldiers," Manataka American Indian Council, http://www.manataka.org/page164.html, accessed 2005. 2. 23.

스타워즈

459) *The Sun* 2003. 10, p. 48.

460) *Stare Wars*, http://www.starwars.com/databank/location/deathstar/, accessed 2004. 4. 23.

461) 물론 내가 꾸며낸 이야기이다.

462) 그런 초본은 존재하지 않는다.

463) 영화제목도 〈스타워즈〉가 아닌 〈스타 프로테스트〉로 변경되었다.

464) 그것은 예술을 흉내내는 삶이었을 것이다.

465) *Stare Wars*, http://www.starwars.com/databank/location/deathstar/?id=eu, accessed 2004. 4. 24.

466) 모두 농담이다. 그런 대본은 없다.

참고문헌

Abel, Annie Heloise. *Chardon's Journal at Fort Clark, 1834~1839*. Lincoln: University of Nebraska Press. 1997.

"About FEMA." FEMA. http://www.fema.gov/about/ (accessed 2004. 7. 21).

"Accumulated Change Courts Ecosystem Catastrophe." *Science Daily* 2001. 10. 12. http://www.sciencedaily.com/releases/2001/10/011011065827.htm (accessed 2001. 11. 29).

ACME Collective. "N30 Black Bloc Communique." Infoshop 1999. 12. 4. http://www.infoshop.org./octo/wto_blackbloc.html (accessed 2002. 3. 16).

Alcatraz: The Whole Shocking Story. Directed by Paul Krasny. 1980.

American Cynic 2/no. 32. 1997. 8. 11. http://www.americancynic.com/08111997.html (accessed 2003. 6. 7).

"Anarchists and Corporate Media at the Battle of Seattle." *Global Action: May Our Resistance Be as Transnational as Capital* 1999. 12. 4. http://flag.blackened.net/ blobal/1299anarchistsmedia.htm (accessed 2002. 3. 16).

Anderson Valley Advertiser. http://www.theava.com.

Anderson, Zack. "Dark Winter." *Anderson Valley Advertiser* 2001. 11. 7.

"Antisocial Personality Disorder." Mental Health Matters. http://www.mental-health-matters.com/disorder/dis_details.php?disID=8 (accessed 2004. 8. 6).

Atcheson, John. "Ticking Time Bomb." *Baltimore Sun* 2004. 12. 15. http://www.com mondreams.org/views04/1215-24.htm (accessed 2005. 2. 9).

Axtell, James. *The Invasion Within: The Contest of Cultures in Colonial North America*. Oxford: Oxford University Press. 1985.

Bacher, Dan. "Bush Administration Water Cuts Result in Massive Fish Kill on Klamath." *Anderson Valley Advertiser* 2002. 10. 1.

"Index of Comments for *A Boy and His Dog*." Badmovies. http://www.badmovies.org /comments/?film=185 (accessed 2004. 9. 17).

Baker, David R. "Living a Fantasy(League)." *San Francisco Chronicle* 2004. 9. 21. F1.

Bales, Kevin. *Disposable People: New Slavery in the Global Economy*. Berkeley: University of California Press. 1999.

Bancroft, Lundy. *Why Does He Do That? Inside the Minds of Angry and Controlling Men*. New York: Berkeley Books. 2002.

Baran, Paul. *The Political Economy of Growth*. New York: Monthly Review. 1957.

Barringer, Felicity. "U. S. Rules Out Dam Removal to Aid Salmon." *New York Times* 2004. 12. 1. http://www.nytimes.com/2004/12/01/politics/01fish.html?ex=1102921 137&ei=1&en=1ba893433747ec91 (accessed 2004. 12. 1).

Barsamian, David. "Expanding the Floor of the Cage, Part Ⅱ: An Interview with Noam Chomsky." *Z Magazine* 1997. 4.

Bauman, Zygmunt. *Modernity and the Holocaust.* thaca, NY: Cornell University Press. 1989.

"B. C. Court OKs Logging in Endangered Owl Habitat." *CBC News* 2003. 7. 9. http://www.cbc.ca/storyview/CBC/2003/07/08/owl_spotted30708 (accessed 2003. 7. 10).

"B. C.'s Spotted Owl Faces Extinction Scientists Warn." *CBC News* 2002. 10. 7. http://www.cbc.ca/storyview/CBC/2002/10/07/spotted_owls021007 (accessed 2003. 7. 10).

Beeman, William O. "Colin Powell Should Make an Honorable Exit." *La Prensa San Diego* 2003. 3. 14. http://www.laprensa-sandiego.org/archieve/march14-03/comments2.htm (accessed 2003. 6. 20).

Bettelheim, Bruno. Introduction to *Auschwitz: A Doctor's Eyewitness Account.* by Miklos Nyiszli. New York: Frederick Fell. 1960.

"Biased Process Promotes Forced Exposure to Nuclear Waste: Radioactive Materials Could Be Released into Consumer Goods, Building Supplies." *Public Citizen* 2001. 3. 26. http://www.citizen.org/pressroom/release.cfm?ID=600 (accessed 2002. 1. 21).

Blaisdell, Bob ed. *Great Speeches by Native Americans.* Mineola, NY: Dover. 2000.

Blakeslee, Sandra. "Mind of Their Own: Birds Gain Respect." *New York Times* 2005. 2. 1.

Blyth, Reginald Horace. *Zen and Zen Classics.* Tokyo: The Hokuseido Press. 1960.

"BLU-82B." FAS Military Analysis Network. http://www.fas.org/man/dod-101/sys/du mb/blu-82.htm (accessed 2001. 11. 19).

Bonhoeffer, Dietrich. *Dietrich Bonhoeffer: Letters and papers from Prison: The Enlarged Edition.* Edited by Bethge Eberhard. New York: The MacMillan Company. 1953.

BP, Frank, Ellen, and Griffin. http://www.bp.com/genericartcle.do?categoryID=20101 04&contentID=2001196 (accessed 2004. 6. 21).

BP, Steph. http://www.bp.com/genericartcle.do?categoryID=2010104&contentID=200 1092 (accessed 2004. 6. 21).

Brandon, William. *New Worlds for Old: Reports from the New World and Their Effect on the Development of Social Thought in Europe, 1500~1800*. Athens: Ohio University Press. 1986.

Brice, Wallace A. *History of Fort Wayne: From the Earliest Known Accounts of This Point, to the Present Period*. Fort Wayne, IN: D. W. Jones and Son. 1868.

Bright, Martin, and Sarah Ryle. "United Kingdom Stops Funding Batterers Program." *Guardian* 2000. 5. 27.

Bromley, Chris, and Michael Kelberer. *The Alumni Channel: A Newsletter for Alumni and Friends of St. Anthony Falls Laboratory* 2004. 2. http://www.safl.umn.edu/newsletter/alumni_channel_2004-12.html (accessed 2004. 7. 13).

Brown, Dee. *Bury My Heart at Wounded Knee: An Indian History of the American West*. New York: Holt, Rinehart, and Winston. 1970.

Bruno, Kenny. "BP: Beyond Petroleum or Beyond Preposterous?" *CorpWatch: Holding Corporations Accountable* 2000. 12. 14. http://www.corpwatch.org/article.php?id=219 (accessed 2004. 6. 22).

Burroughs, William S. and David Odlier. *The Job: Interviews with William S. Burroughs*. New York: Penguin. 1989.

Burton, Bob. "Packaging the Beast: A Public Relations Lesson in Type Casting." *PRWatch 6* no. 1(1999)/12. http://www.prwatch.org/prwissues/1999Q1/beast.html (accessed 2004. 6. 21).

Cancers and Deformities. One part of the extraordinary "The Fire This Time" site. http://www.wakefieldcam.freeserve.co.uk/canceranddeformities.htm (accessed 2002. 1. 26).

Caputi, Jane. *The Age of Sex Crime*. London: The Woman's Press. 1987.

____. *Gossips, Gorgons, & Crones: The Fates of the Earth*. Santa Fe, NM: Bear & Company. 1993.

Catton Jr., William R. *Overshoot: The Ecological Basis of Revolutionary Change*. Chicago: University of Illinois Press. 1982.

Center for Defence Information. http://www.cdi.org/ (accessed 2002. 1. 16).

"Child Sexual Abuse: Information from the National Clearinghouse on Family Violence." The National Clearinghouse on Family Violence (Ottawa, Canada). 1990.1.revised 1997. 2. Available in pdf format at http://www.phac-aspc.gc.ca/ncfv-cnivf/familyviolence/nfntsabus_e.html (accessed 2006. 3. 13).

Chomsky, Noam. *Year 501: The Conquest Continues*. Boston: South End Press. 1993.

Churchill, Ward. "Appreciate History in Order to Dismantle the Present Empire."

Alternative Press Review: Your Guide Beyond the Mainstream 2004. 8. 17. http://www.altpr.org/modules.php?op=modload&name=News&file=article&≥...= 272&mode=thread&order=0&thold=0 (accessed 2004. 8. 23).

_____. "The New Face of Liberation: Indigenous Rebellion, State Repression, and the Reality of the Fourth World." *Acts of Rebellion: The Ward Churchill Reader*. New York: Routledge. 2003.

_____. *Pacifism as Pathology: Reflections on the Role of Armed Struggle in Nouth America*. Winnipeg, Canada: Arbiter Ring. 1998.

_____. *Struggle for the Land: Indigenous Resistance to Genocide, Ecocide, and Expropriation in Contemporary North America*. Monroe, ME: Common Courage. 1993.

Clausewitz, Carl von. *On War*. Translated by Michael Howard and Peter Paret. New Brunswick, NJ: Princeton University Press. 1976.

"CNN Says Focus on Civilian Casualties Would Be 'Perverse'." *Fairness and Accuracy in Reporting* 2001. 11. 1. http://www.fair.org/index.php?page=1670 (accessed 2006. 3. 11).

Cockburn, Alexander. *Anderson Valley Advertiser* 2003. 4. 2. p. 9.

_____. "The Left and the 'Just War'." *Anderson Valley Advertiser* 2001. 10. 31. p. 1.

_____. "London and Miami: Cops in Two Cities." *Anderson Valley Advertiser* 2003. 11. 26. p. 5.

Cokinos, Christopher. *Hope Is the Thing with Feathers: A Personal Chronicle of Vanished Birds*. New York: Jeremy P. Tarcher. 2000.

Combs, Robert. *Vision of the Voyage: Hart Crane and the Psychology of Romanticism*. Memphis: Memphis State University Press. 1978.

"Coming Your Way: Radioactive Garbage." *Rachel's Hazardous Waste News* no. 183. 1990. 5. 30. http://www.ejnet.org/rachel/rhwn183.htm (accessed 2002. 1. 21).

Conot, Robert E. *Justice at Nuremberg*. New York: Caroll & Graf. 1983.

Cook, Kenneth. "Give Us a Fake: The Case Against John Stossel." *TomPaine.com* 2000. 8. 15. http://www.tompaine.com/feature.cfm/ID/3481 (accessed 2004. 3. 13).

Cottin, Heather. "Scripting the Big Lie: Pro-War Propaganda Proliferates." *Workers World Newspaper* 2001. 11. 29. http://groups.yahoo.com/group/MainLineNews/message/20262.

Crane, Jeff. "The Elwha Dam: Economic Gain Wins Out Over Saving Salmon Runs." *Columbia Magazine* 17/no. 3. 2003/Fall. http://www.washingtonhistory.org/wshs

/columbia/articles/0303-a2.htm (accessed 2004. 7. 8).

Creelman, James. *On the Great Highway: The Wanderings and Adventures of a Special Correspondent*. Boston: Lothrop Publishing Co. 1901.

Crévecoeur, Hector St. John de. *Letters from an American Farmer and Sketches of Eighteenth-Century America*. Edited with an introduction by Albert E. Stone. New York: Penguin. 1981.

Dam Removal: Science and Decision Making. Washington, DC: The H. John Heinz Ⅲ Center for Science, Economics, and the Environment. 2002.

Dams and Development: A New Framework for Decision Making. The Report of the World Commission on Dams. London: Earthscan. 2000. 11.

Davidson, Keay. "Optimistic Researcher Draws Pessimistic Reviews: Critics Attack View That Life Is Improving." *San Francisco Chronicle* 2002. 3. 4. A4.

"Deepsea Fishing Nets Devastating the World's Sea Beds, Greenpeace Says." *CBC News*. http://www.cbc.ca/cp/world/040618/w061818.html (accessed 2004. 6. 20).

DeLong, J. Bradford. "The Corporations as a Command Economy." http://www.j-bradford-delong.net/Econ_Articles/Command_Corporations.html (accessed 2994. 3. 17).

Densmore, Frances. *Teton Sioux Music*. Bureau of American Ethnology, bulletin 61. Washington, DC: Smithsonian Institution. 1918.

DeRooy, Sylvia. "Before the Wilderness." *Wild Humboldt* 1/12. 2002. Spring/Summer.

Devereux, George. *A Study of Abortion in Primitive Society*. New York. 1976.

Diamond, Stanley. *In Search of the Primitive: A Critique of Civilization*. Somerset, NJ: Transaction Publishers. 1993.

Dimitre, Tom. "Salamander Extinction?" *Econews: Newsletter of the Northcoast Environmental Center* 2002. 3. 10.

Disinfopedia, s.v. "BP." http://www.disinfopedia.org/wiki.phtml?title=BP (accessed 2004. 6. 22).

Douglass, Frederick. *The Frederick Douglass Papers*. Edited by John Blassingame. Series 1(Speeches, Debates, and Interviews)/vol. 3(1855~63). New Heaven, CT: Yale University Press. 1985.

Dowling, Nick. "Can the Allies Strategic Bombing Campaigns of the Second World War Be Judged a Success or Failure?" *Historic Battles: History Revisited Online*. http://www.historic-battles.com/Articles/can_the_allies_strategic_bombing.htm (accessed 2004. 3. 5).

Draffan, George. Endgame Research Services: A Project of the Public Information Network. http://www.endgame.org (accessed 2004. 7. 10).

Drake, Francis S. *The Indian Tribes of the United States: Their History, Antiquities, Customs, Religion, Arts, Language, Traditions, Oral Legends, and Myths* vol. 2. Philadelphia: J. B. Lippincott and Co. 1884.

Drake, Samuel G. *Biography and History of the Indians of North America, from Its First Discovery* 11th ed. Boston: Benjamin B. Mussey & Co. 1841.

Drinnon, Richard. *Facing West: The Metaphysics of Indian-Hating & Empire-Building.* Norman: University of Oklahoma Press. 1997.

Dvorak, Petula. "Cell Phones' Flaws Imperil 911 Response." *Washington Post* 2003. 3. 31. B1. http://www.washingtonpost,com/ac2/wp-dyn?pagename=article&node=&contentId=A54802-2003Mar30¬Found=true (accessed 2003. 6. 14).

Eckert, Allan W. *A Sorrow in Our Heart: The Life of Tecumseh.* New York: Bantam Books. 1992.

Edwards, David. *Burning All Illusions.* Boston: South End Press. 1996.

____. *The Compassionate Revolution: Radical Politoics and Buddhism.* Devon, U. K.: Green Books. 1998.

The Effects of Strategic Bombing on the German War Economy. The United States Strategic Bombing Survey, Overrall Economic Effects Division. 1945. 10. 31.

Elliott, Rachel J. "Acts of Faith: Philip Berrigan on the Necessity of Nonviolent Resistance." *The Sun* no. 331. 2003. 7. pp. 4~13.

Engels, Frederick. *Herr Eugen Dühring's Revolution in Science.* Moscow: Cooperative Publishing Society of Foreign Workers in the USSR. 1934.

"Learn about EPRI." EPRI. http://www.epri,com/about/default.asp (accessed 2004. 7. 22).

Estes, Ralph. *Tyranny of the Bottom Line: Why Corporations Make Good People Do Bad Things.* San Francisco: Berrett-Koehler. 1996.

The Estrogen Effect: Assault on the Male. Written and produced by Deborah Cadbury for the British Broadcasting Corporation. 1993 (televised by the Discovery Channel. 1994).

Extreme Deformities. One part of the extraordinary "The Fire This Time" site. http://www.wakefieldcam.freeserve.co.uk/extremedeformities.htm (accessed 2002. 1. 26).

"Facing Up to Fluoride: It's in Our Toothpaste. Should We Worry?" *The New Forest Net.* http://www.thenewforesnet.co.uk/alternative/newforest-alt/jan2fluoride.htm

(accessed 2002. 1. 21).

"Fair Trade: Economic Justice in the Marketplace." Global Exchange. http://www.globalexchange.org/stores/fairtrade.html (accessed 2002. 3. 16).

Farrell, Maureen. "A Brief (but Creepy) History of America's Creeping Fascism." *Buzzflash* 2002. 12. 5. http://www.buzzflash.com/contributors/2002/12/05_Fascis m.html (accessed 2004. 7. 21).

"Fast Facts about Wildlife Conservation Funding Needs." http://www.nwf.org/naturef unding/wildlifeconservationneeds.html (accessed 2002. 1. 16).

Faust, Drew Gilpin. *The Ideology of Slavery*. Baton Rouge: Louisiana State University Press. 1981.

Fischer, Louis. *The Life of Mahatma Gandhi*. New York: Hatper. 1983.

Fisk, Robert. "Iraq through the American Looking Glass: Insurgents Are Civilians. Tanks That Crush Civilians Are Traffic Accidents. And Civilians Should Endure Heavy Doses of Fear and Violence." *Independent* 2003. 12. 26. http://fairuse.1acce sshost.cst.com/news1/fisk4.html (accessed 2004. 10. 15).

"Flack Attack." *PR Watch* 6 no. 1/1. 1999. http://www.prwatch.org/prwissues/1999Q 1/ (accessed 2004. 7. 22).

Flounders, Sara. Introduction to *NATO in the Balkans: Voices of Opposition*. by Ramsey Clark, Sean Gervasi, Sara Flounders, Nadja Tesich, Thomas Deichmann, et al. New York: International Action Center. 1998.

"Fluoride Conspiracy." The Northstar Foundation. http://www.geocities.com/northsta rzone/FLUORIDE.html (accessed 2002. 1. 21).

Forbes, Jack D. *Columbus and other Cannibals: The Wétiko Disease of Exploitation, Imperialism and Terrorism*. Brooklyn: Autonomedia. 1992.

"Fox: Civilian Casualties Not News." *Fairness and Accuracy in Reporting* 2001. 11. 8. http://www.fair.org/index.php?page=1668 (accessed 2006. 3. 11).

Fox, Maggie. "Lagest Article Ice Shelf Breaks Up." *ABC News* (Australia). 2003. 9. 23. http://www.abc.net.au/science/news/stories/s952044.htm (accessed 2003. 10. 28).

Fox News Sunday 2001. 6. 17.Franklin, Benjamin. *The Papers of Benjamin Franklin* vol. 4. *July 1, 1750~June 30, 1753*. Edited by Leonard W. Labaree, Whitfield J. Bell, Helen C. Boatfield, and Helene H. Fineman. New Heaven, CT: Yale University Press. 1961.

"The Free Trade Area of the Americas and the Threat to Water." International Forum on Globalization. http://www.ifg.org/reports/ftaaeater.html (accessed 2004. 9. 27).

"Frequently Asked Questions about Anarchists at the 'Battle for Seattle' and N30." *Infoshop.org.* http://www.infoshop.org/octo/a_faq.html (accessed 2002. 3. 16).

Fomm, Erich. *The Sane Society.* New York: Fawcett. 1967.

Gandhi, Mohandas K. *Gandhi on Non-Violence.* Edited by Thomas Merton. New York: New Directions. 1964.

Gantenbein, Douglas. "Swimming Upstream." *National Parks Conservation Association Magazine* 2004/Summer. http://www.npca.org/magazine/2004/summer/salmon3.asp (accessed 2004. 7. 10).

Garamone, Jim. "*Joint Vision 2020* Emphasizes Full-Spectrum Dominance." *American Forces Information Service News Articles* 2000. 6. 2. http://www.defenselink.mil/news/Jun2000/no6022000_20006025.html (accessed 2002. 3. 8,).

Gaura, Maria Alicia. "Curbing Off-Road Recreation: Asbestos, Rare Plants Threaten Free-wheeling Bikers in the Clear Creek Management Area." *San Francisco Chronicle* 2004. 6. 13. B1.Genesis 1:28. *The Bible.*

"Get the Facts and Clear the Air." Clear the Air, National Campaign Against Dirty Power. http://cta.policy.net/dirtypower/ (accessed 2004. 9. 3).

"A Ghastly View of Fish Squeezed thought the Net by the Tons of Fish Trapped within the Main Body of the Net." NOAA Photo Library. http://www.photolib.noaa.gov/fish/fish0167.htm (accessed 2003. 7. 10).

Gibbon, Edward. *The Decline and Fall of the Roman Empire: Complete and Unabridged in Three Volumes* vol. 3. *The History of the Empire from AD 1135 to the Fall of Constantine in 1453.* New York: The Modern Library. n.d.

Gide, André. *André Gide: Journals* vol. 4. *1939~1949.* Translated by Justin O'Brien. Champaign: University of Illinois Press. 2000.

Glaspell, Kate Eldridge. "Incidents in the Life of a Pioneer." *North Dakota Historical Quarterly* 1941. pp. 187~88.

Global Exchange Reality Tours. http://www.globalexchange.org/tours/, and follow Links from there for the other information (accessed 2002. 3. 16).

Goldman, Emma. *Living My Life.* New York: New American Library. 1977.

Goldsmith, Zac. "Chemical-Induced Puberty." *Ecologist* 2004. 1. 4.

Goleman, Daniel. *Healing Emotions.* Boston: Shambhala. 1997.

Gordon, H. L. *The Feast of the Virgins and Other Poems.* Chicago: Laird and Lee. 1891.

"Gradual Change Can Push Ecosystems into Collapse." *Environmental News Network* 2001. 10. 12. http://www.enn.com/news/enn-stories/20001/10/10122001/s_4524

1.asp (accessed 2001. 11. 29).

Grassroots ESA. http://nwi.org/GrassrootsESA.html (accessed 2002. 1. 16).

Griffin, Susan. *A Chorus of Stones: The Private Life of War*. New York: Doubleday. 1992.

Grimes, Richard S. "Cheyenne Dog Soldiers." Manataka American Indian Council. http://www.manataka.or g/page164.html (accessed 2005. 2. 23).

Gruen, Arno. *The Insanity of Normality: Realism as Sickness: Toward Understanding Human Destructiveness*. Translated by Hildegarde and Hunter Hannum. New York: Grove Weidenfeld. 1992.

Guevara, Ernesto Che. *Che Guevara Reader: Writings on Politics & Revolution* 2nd ed. Edited by David Deutschmann. Melbourne: Ocean Press. 2003.

Handler, Marisa. "Indigenous Tribe Takes on Big Oil: Ecuadoran Village Refuses Money, Blocks Attempts at Drilling on Ancestral Land." *San Francisco Chronicle* 2004. 8. 13. http://www.sfgate.com/cgi-bin/article.cgi?file=/chronicle/archive/200 4/08/13/MNGHB86B4V1.DTL (accessed 2004. 8. 19).

Harden, Blaine. "Bush Would Give Dam Owners Special Access: Proposed Interior Dept. Rule Could Mean Millons for Industry." *San Francisco Chronicle* 2004. 10 28. A1. A4. http://www.sfgate.com/cgi-bin/article.cgi?file=/chronicle/archive/2004 /10/28/MNGIE9HQ6U1.DTL (accessed 2004. 10. 31).

Hart, Lawrence. "Cheyenne Peace Traditions." *Mennonite Life* 1981. 6. pp. 4~7.

Hastings, Max. *Bomber Command*. New York: Touchstone. 1979.

Havoc Mass. "Electric Funeral: An In-Depth Examination of the Megamachine's Circuitry." *Green Anarchy* no. 15. 2004/Winter.

Hawley, Chris. "World's Land Turning to Desert at Alarming Speed, United Nations Warns." *SFGate.com* 2004. 6. 15. http://sfgate.com/cgi-bin/article.cgi?file=/news/ archive/2004/06/15/international1355EDT0606.DTL (accessed 2004. 6. 20).

Heinen, Tom. "Prophecy Believers Brace for Armageddon: Many Think Apocalyptic Battle between Jesus and the Anti-Christ Could Loom in Not-Too-Distant Future." *Milwaukee Journal-Sentinal Online* 1999. 12. 31(appeared in print Janunary 1, 2000). http://www.jsonlin e.com/news/metro/dec99/apoc01123199a.asp (accessed 2003. 5. 18).

Henry, Robert Selph. "First with the Most." *Forrest*. Jackson, TN: McCowat-Mercer Press. 1969.

Herman, Edward S. "Nuggets from a Nuthouse." *Z Magazine* 2001. 11. p. 24.

Herman, Judith Lewis. *"Trauma and Recovery: The Aftermath of Violence-from*

516   *Domestic Abuse to Political Terror.* New York: Basic Books. 1992.

"Herring and Salmon." Raincoast Research Society. http://www.raincoastresearch.org /herring-salmon.htm (accessed 2004. 7. 16).

Hicks, Sander. "Fearing FEMA." *Guerilla News Network.* http://www.guerillanews.co m/war_on_terrorism/doc1611.html (accessed 2004. 7. 21).

Hoffmann, Peter. *The History of the German Resistance, 1933~1945.* Translated by Richard Barry. Cambridge, MA: The MIT Press 1977.

Hooker, Richard. "Samsara." *World Civilizations.* http://www.wsu.edu:8080/~dee/GL OSSARY/SAMSARA.HTM (accessed 2003. 7. 14).

Hopper, Jim. "Child Abuse: Statistics, Research, and Resources." Last revised 2006. 2. 25. http://www.jimhopper.com/abstats/ (accessed 2004. 8. 19).

Hoskins, Ray. *Rational Madness: The Paradox of Addiction.* Blue Ridge Summit: Tab Books. 1989.

Human Resource Exploitation Training Manual: 1983. CIA. 1983. http://www.gwu.e du/~nsarchiv/NSAEBB/NSAEBB27/02-02.htm (accessed 2006. 3. 11).

Hume, David. "On the First Principles of Government."

Hunn, Eugene S. "In Defence of the Ecological Indian." Paper presented at the Ninth International Conference on Hunting and Gathering Societies, Edinburgh, Scotland. 2002. 9. http://www.abdn.ac.uk.chaggs9/1hunn.htm (accessed 2004. 5. 30).

Hunter, John D. *Memoirs of a Captivity among the Indians of North America, from Childhood to the Age of Nineteen.* Edited by Richard Drinnon. New York: Schoken Books. 1973.

Huntington, Samual. *The Clash of Civilizations and the Remarking of World Order.* New York: Simon and Schuster. 1997.

Hurdle, Jon. "Lights-Out Policies in Cities Save Migrating Birds." *Yahoo! News* 2004. 6. 10. http://story.news.yahoo.com/news?tmpl=story&cid=572&e=8&u=/nm/life_bir ds_dc (accessed 2004. 7. 6).

"In His Own Words: What Bush Told the Convention." *San Francisco Chronicle* 2004. 9. 9. A14.

"Information on Depleted Uranium: What is Depleted Uranium?" Sheffield-Iraq Campaign, 6 Bedford Road, Sheffield S35 0FB, 0114-286-2336. http://www.synerg ynet.co.uk/sheffield-iraq/article/du.htm (accessed 2002. 1. 23).

Jefferson, Thomas. *The Writings of Thomas Jefferson* vol. 11. Edited by Andrew A. Lipscomb and Albert Ellery Bergh. Washington, DC: Thomas Jefferson Memorial

Association. 1903.

Jensen, Derrick. *The Culture of Make Believe*. White River Junction, VT: Chelsea Green. 2002.

____. "Free Press for Sale: How Corporations Have Bought the First Amendment: An Interview with Robert McChesney." *The Sun* 2000. 9.

____. *A Language Older Than Words*. White River Junction, VT: Chelsea Green. 2004.

____. *Listening to the Land*. White River Junction, VT: Chelsea Green. 2004.

____. *Walking on Water: Reading, Writing, and Revolution*. White River Junction, VT: Chelsea Green. 2004.

____. "Where the Buffalo Go: How Science Ignores the Living World: An Interview with Vine Deloria." *The Sun* 2000. 7.

Jensen, Derrick and George Draffan. *Strangely Like War: The Global Assault on Forests*. White River Junction, VT: Chelsea Green. 2003.

____. *Welcome to the Machine: Science, Surveillance, and the Culture of Control*. White River Junction, VT: Chelsea Green. 2004.

Johansen, Bruce E. *Forgotten Founders: Bunjamin Franklin, the Iroquois and the Rationale for the American Revolution*. Ipswich, MA: Gambit Incorporated, 1982. Also available in pdf format at http://www.ratical.org/many_worlds/6Nations/FF.pdf (accessed 2003. 6. 7).

"John Trudell: Last National Chairman of AIM." Redhawks Lodge. http://siouxme.com/lodge/trudell.html (accessed 2004. 9. 12).

Joint Vision 2020. Approval Authority: General Henry H. Shelton, Chairman of the Joint Chiefs of Staff; Office of Primary Responsibility: Director for Strategic Plans and Policy, Strategy Division. Washington, DC: U. S. Government Printing Office. 2000. 6.

http://www.joric.com/Conspiracy/Center.htm. A Great site on the conspiracies to kill Hitler.

Juhnke, James C. and Valerie Schrag. "The Original Peacemakers." *Fellowship* 1998. 5/6. pp. 9~10.

Keegan, John. *The Second World War* 1st Armer. ed. New York: Viking Penguin. 1990.

Kennedy, Harold. "Marines Sharpen Their Skills in Hand-to-Hand Combat." *National Defense Magazine* 2003. 11. http://www.nationaldefensemagazine.org/article.cfm?Id=1263 (accessed 2004. 9. 5).

Kennedy, Nancy. "Outrage-ous." *Shield* (the international magazine of the BP Amoco

Group, U. S. ed.), 1992/Summer. http://www.psandman.com/articles/shield.htm (accessed 2004. 6. 21).

Kershaw, Andy. "A Chamber of Horrors So Close to the 'Garden of Eden': In Foreign Parts in Basra, Southern Iraq.'" *Independent* 2001. 12. 1. http://news.independent. co.uk/world/middle_east/story.jsp?story=107715 (accessed 2002. 1. 27).

Killian, Lewis M. *The Impossible Revolution? Black Power and the American Dream.* New York: Random House. 1968.

Kirby, Alex. "Fish Do Feel Pain, Scientists Say." *BBC News* 2003. 4. 30. http://news.bbc.co.uk/2/hi/science/nature/2983045.stm (accessed 2003. 5. 12).

Koopman, John. "Interpreter's Death Rattles Troops: Iraqi Woman Became Close Friend of U. S. Soldiers." *San Francisco Chronicle* 2004. 8. 1. A1. http://www.sfg ate.com/cgi-bin/article.cgi?file=/chronicle/archive/2004/08/01/MNGJ57UGB826.D TL (accessed 2004. 8. 16).

Kopytoff, Verne. "Google Goes Forth into Great Beyond: Who Knows Where?" *San Francisco Chronicle* 2004. 5. 2. A1.

Krag, K. *Plants Used as Contraceptives by the North American Indians.* Cambridge, MA: Harvard University Press. 1976.

Laing, R. D. *The Politics of Experience.* New York: Ballantine Books. 1967.

Lame Deer, John (Fire) and Richard Erdoes. *Lame Deer: Seeker of Visions.* New York: Simon and Schuster. 1972.

Larsen, Janet. "Dead Zones Increasing in World's Coastal Waters." Earth Policy Institute. 2004. 6. 16 http://www.earth-policy.org/Update41.htm (accessed 2004. 6. 20).

Lean, Geoffrey. "Why Antarctica Will Soon Be the *Only* Place to Live-Literally." *Independent* 2004. 5. 2. http://news.independent.co.uk/world/environment/story. jsp?story=517321 (accessed 2004. 5. 6).

Ledeen, Michael. "Creative Destruction: How to Wage a Revolutionary War." *National Review Online* 2001. 9. 20. http://www.nationalreview.com/contributors /ledeen092001.shtml (accessed 2003. 5. 17).

______. "Faster, Please." *National Review Online* 2005. 2. 7.http://www.nationalreview. com/ledeen/ledeen200502070850.asp (accessed 2006. 3. 11).

______. "The Heart of Darkness: The Mullahs Make Terror Possible." *National Review Online* 2002. 12. 12. At the Benador Associates website, http://www.benadorass ociates.com/article/161 (accessed 2003. 5. 18).

______. "The Iranian Comedy Hour: In the U. S., the Silence Continues." *National*

Review Online 2002. 10. 23. At the Benador Associates website, http://www.ben adorassociates.com/article/112 (accessed 2003. 5. 18).

____. "The Lincoln Speech." *National Review Online* 2003. 5. 2. http://www.national review.com/ledeen/ledeen050203.asp (accessed 2003. 5. 18).

____. "Machiavelli on Our war: Some Advice for Our Leaders." *National Review Online* 2001. 9. 25. http://nationalreview.com/contributors/ledeen092501.shtml (accessed 2003. 5. 18).

____. "Scowcroft Strikes Out: A Familiar Cry: *National Review Online* 2002. 8. 18. At the Benador Associates website, http://www.benadorassociates.com/article/71 (accessed 2003. 5. 18).

____. "The Temperature Rises: We Should Liberate Iran First-Now." *National Review Online* 2002. 11. 12 At the Benador Associates website, http://www.benadorass ociates.com/article/130 (accessed 2003. 5. 18).

____. "The Willful Blindness of Those Who Will Not See." *National Review Online* 2003. 2. 18. http://www.nationalreview.com/ledeen/ledeen021803.asp (accessed 2003. 5. 18).

Leggett, Jeremy. *The Carbon War*. New York: Routledge. 2001.

LeGuin, Ursula. "Woman/Wildness." *Healing the Wounds*. Edited by Judith Plant. Philadelphia: New Society. 1989.

Liddell Hart, B. H. ed. *The Rommel Papers*. Translated by Paul Findlay. New York: Harcourt, Brace, and Company. 1953.

"Living in Reality: Indigenous and Campesino Resistance." *Green Anarchy* no. 19. 2005/Spring.

Livinston, John A. *The Fallacy of Wildlife Conservation*. Toronto: McClelland & Stewart. 1981.

Llanos, Miguel. "Study: Big Ocean Fish Nearly Gone." *MSNBC News* 2003. 5. 14. http://www.msnbc.com/news/913074.asp?ocl=cR#BODY (accessed 2003. 5. 31)

Locke, John. *The Second Treatise on Government*. Edited with an introduction by J. W. Gough. New York: The Macmillan Company. 1956.

Lorde, Audre. "The Master's Tools Will Never Dismantle the Master's House." *Sister/Outsider*. Trumansburg: The Crossing Press. 1984.

Losure, Mary. "Powerline Blues." *Minnesota Public Radio* 2002. 12. 9. http://news.mpr.org/features/200212/08_losurem_powerline/ (accessed 2003. 7. 2).

Lynos, Dana. *Turn of the Wrench*(CD). Bellingham, WA: Reigning Records.

520   Malakoff, David. "Faulty Towers." *Audubon* 2001. 10. http://magazine.audubon.org/features0109/faulty_towers.html (accessed 2003. 6. 12).

Mallat, Chibli. "New Ways Out of the Arbitration Deadlock." *Daily Star* 1996. 12. 19. http://www.soas.ac.uk/Centres/IslamicLaw/DS19-12-96EuroArabChib.html (accessed 2004. 10. 8).

Mann, Charles C. "1491." *Atlantic Monthly* 2002. 3. pp. 41~53. http://www.theatlantic.com/issues/2002/03/mann.htm (accessed 2004. 5. 31).

Marcos, Subcomandante. *Our World Is Our Weapon: Selected Writings of Subcomandante Insurgente Marcos.* New York: Seven Stories. 2001.

Martin, Brian. "Sabotage." chap. 8. *Nonviolence Versus Capitalism.* London: War Resister's International. 2001. http://www.uow.edu.au/arts/sts/bmartin/pubs/01nvc/nvc08.html (accessed 2004. 8. 27).

Martin, Glen. "Battle of Battle Creek: Which Way to Save Salmon?" *San Francisco Chronicle* 2004. 3. 15. A1, A11.

Martin, Harry V. with research assistance from David Caul. *FEMA: The Secret Government.* 1995. http://www.globalresearch.ca/articles/MAR402B.html (accessed 2006. 3. 12).

Marufu, L. T., B. F. Taubman, B. Bloomer, C. A. Piety, B. G. Doddridge, J. W. Stehr, and R. R. Dickersin. "The 2003 North American Electrical Blackout: An Accidental Experiment in Atmospheric Chemistry." *Geophysical Research Letter* vol. 31. L13106. doi:10.1029/2004GL019771. 2004. http://www.agu.org/pubs/crossref/2004/2004GL019771.shtml (accessed 2004. 9. 22).

Mason Jr., Herbert Molloy. *To Kill the Devil: The Attempts on the Life of Adolf Hitter.* New York: W. W. Norton & Company. 1978.

Matus, Victorino. "Big Bombs are Best." *The Weekly Standard* 2001. 11. 9. http://www.weeklystandard.com/Content/Public/Articles/000/000/000/5140bizp.asp (accessed 2001. 11. 19).

McCathy, Michael. "Disaster at Sea: Global Warming Hits UK Birds." *Independent* 2004. 7. 30. http://news.independent.co.uk/uk/environment/story.jsp?story=546138 (accessed 2004. 8. 2).

_____. "Greenhouse Gas 'Threatens Marine Life.'" *Independent* 2005. 2. 4. http://news.independent.co.uk/world/environment/story.jsp?story=607579 (accessed 2005. 2. 9).McConnell, Howard. "Remove the Dams on the Klamath River." *Eureka Times-Standard* 2004. 7. 25. http://www.times-standard.com/Stories/0,1413,127~2906~2294032,00.html (accessed 2004. 7. 25).

McIntosh, Alistair. *Soil and Soul*. London: Aurum Press. 2002.

"Media March to War." *Fairness and Accuracy in Reporting* 2001. 9. 17. http://www.fair.org/index.php?page=1853 (accessed 2006. 3. 11).

Melançon, Benjamin Maurice, with Vladmir Costés. "Landless Movement Regional Leader Jailed." *Narcosphere* 2004. 8. 12. http://narcosphere.narconews.com/story/2004/8/13/0229/42902 (accessed 2004. 10. 8).

Merriam Webster's Collegiate Dictionary. electronic ed. vers. 1.1, 1994~1995.

Mersereau, Adam. "Why Is Our Military Not Being Rebuilt? The Case for a Total War." *National Review Online* 2002. 5. 24. http://www.nationalreview.com/comment/comment-mersereau052402.asp (accessed 2003. 5. 18).

Mies, Maria. *Patriarchy and Accumulation on a World Scale*. London: Zed Books. 1999.

Miller, Arthur. "Why I Wrote *The Crucible*." *The New Yoker* 1996. 10. 21. pp. 158~64. http://www.newyorker.com/archive/content/?020422fr_archive02 (accessed 2004. 12. 1).

Ming Zhen Shakya. "What Is Zen Buddhism, Part Ⅱ: Samsara and Nirvana." http://www.hsuyun.org/Dharma/zbohy/Literature/essays/mzs/whatzen2.html (accessed 2003. 7. 14).

Mitford, Jessica. *The American Prison Business*. New York: Penguin Books. 1977.

"MK84." FAS Military Analysis Network. http://www.fas.org/man/dod-101/sys/dumb/mk84.htm (accessed 2001. 11. 19).

Mokhiber, Russell. *Corporate Crime and Violence*. San Francisco: Sierra Club Books. 1988.

Mokhiber, Russell, and Robert Weissman. "Stossel Tries to Scam His Public." Essential Information. 2004. 4. 7. http://lists.essential.org/pipermail/corp-focus/2004/000177.html (accessed 2004. 4. 8).

Montgomery, David R. *King of Fish: The Thousand-Year Run of Salmon*. Boulder, CO: West-view. 2003.

Moodie, Donald. *The Record, or a Series of Official Papers Relative to the Condition and Treatment of the Native Tribes of South Africa*. Amsterdam: A. A. Balkema. 1960.

Moore, John Bassett. *A Digest of International Law* vol. 7. Washington, DC: Government Printing Office. 1906.

Moore, Kathleen Dean, and Jonathan W. Moore. "The Gift of Salmon." *Discover* 2003. 5. pp. 45~49.

Morgan, Edmund S. *American Slavery, American Freedom: The Ordeal of Colonial Virginia*. New York: W. W. Norton & Company. 1975.

Morgan, Jay. "Monks Always Get the Coolest Lines." Ordinary-Life.net. http://www.ordinary-life.net/blog/archives/002058.php (accessed 2003. 7. 29).

Mowat, Farley. *Sea of Slaughter*. Toronto: Seal. 1989.

Munholland, Virginia. "The Plot to Assassinate Hitler." *Strategy & Tactics* 1976. 11/12. pp. 4~15.

Mullan, Bob, and Garry Marvin. *Zoo Culture: The Book About Watching People Watch Animals* 2nd ed. Chicago: University of Illinois Press. 1999.

Mumford, Lewis. *The City in History: Its Origins, Its Transformations, and Its Prospects*. New York: Harcourt, Brace & World. 1961.

____. *The Myth of the Machine: Technics and Human Development*. New York: Harcourt Brace Jovanovich. 1966.

____. *The Myth of the Machine: The Pentagon of Power*. New York: Harcourt Brace Jovanovich. 1970.

Murray, Andrew. "Hostages of the Empire." *Guardian Unlimited*. Special Report: Iraq. 2003. 7. 1. http://www.guardian.co.uk/Iraq/story/0,2763,988418,00.html (accessed 2004. 10. 10).

Letter from the National Science Foundation to the Center for Biological Diversity. 2002. 10. 16. http://www.biologicaldiversity.org/swcbd/species/beaked/NSFResponse.pdf (accessed 2002. 10. 26).

Neeteson, Kees. "The Dutch Low-Threshold Drugs Approach." http://people.zeelandnet.nl/scribeson/DutchApproach.html (accessed 2004. 9. 18).

New Columbia Encyclopedia 4th ed. New York: Columbia University Press. 1975.

"New Iraq Abuse Pictures Surface." *Aljazeera.net* 2004. 5. 6. http://english.aljazeera.net/NR/exeres/901052D2-7E43-49C3-A3F9-B0C3690CF59F.htm (accessed 2004. 5. 6).

"New World Vistas." Air Force Scientific Advisory Board. 1996. ancillary vol. 15.

"NMFS Refuses to Protect Habitat for World's Most Imperiled Whale: Despite Six Years of Continuous Sightings in SE Bering Sea, NMFS Claims It Can't Determine Critical Habitat for Right Whale." Center for Biological Diversity 2002. 2. 20. http://www.biologicaldiversity.org/swcbd/press/right2-20-02.html (accessed 2002. 3. 20).

NoFluoride. 2002. http://www.nofluoride.com (accessed 2002. 1. 21).

Nopper, Tamara Kil Ja Kim. "Yuri Kochiyama: on War, Imperialism, Osama bin

Laden, and Black-Asian Politics." *AWOL Magazine* 2003. http://awol.objector.org/yuri.html (accessed 2004. 10. 13).

Notes from Nowhere eds. *We Are Everywhere: The Irresistible Rise of Global Anticapitalism*. New York: Verso. 2003.

Online Etymology Dictionary. http://www.etymonline.com/index.html (accessed 2004. 8. 14).

Oregon State Senate Bill 742, 72nd Legislative Assembly.

Orwell, George. *1984*. New York: New American Library. 1961.

Oxborrow, Judy. *The Oregonian* 2002. 1. 20. F1.

Oxford English Dictionary. compact ed. Oxford: Oxford University Press. 1985.

Patton, Boggs. "Profile." http://www.pattonboggs.com/AboutUs/index.html (accessed 2004. 7. 22).

Paulson, Michael. "Deal Clears Way to Buy Elwha Dams: Dicks, Gorton and Babbitt Agree on Planning for Their Demolition." *Seattle PI* 1999. 10. 20. http://seattlepi.nwsource.com/local/elwha20.shtml (accessed 2004. 7. 22).

Paz, Octavio. *The Labyrinth of Solitude*. New York: Grove Press. 1985.

Pearce, Joseph Chilton. *Magical Child*. New York: Plume. 1992.

Perlman, David. "Decline in Ocean's Phytoplankton Alarms Scientists: Experts Pondering Whether Reduction of Marine Plant Life Is Linked to Warming of the Sea." *San Francisco Chronicle* 2003. 10. 6. A6. http://sfgate.com/cgi-bin/article.cgi?f=/c/a/2003/10/06/MN31432.DTL&type=science (accessed 2003. 10. 28).

Peter, Laurence J. *Peter's Quotations: Ideas for Our Time*. New York: William Morrow and Company. 1977.

Pitt, William Rivers. "Kenny-Boy and George." *Truthout* 2004. 7. 7. http://www.truthout.org/docs_04/070804A.shtml (accessed 2004. 7. 20).

Planck, Max. *Scientific Autobiography and Other Papers*. Translated by Frank Gaynor. New York: Philosophical Library. 1949.

"Population Increases and Democracy." http://www.eeeee.net/sd03048.htm (accessed 2002. 9. 23).

Priest, Dana and Barton Gellman. "U. S. Uses Torture on Captive Terrorists: CIA Doesn't Spare the Rod in Interrogations." *San Francisco Chronicle* 2002. 12. 26. A1, A21.

Project for the New American Century. "About PNAC." http://www.newamericancentury.org/aboutpnac.htm (accessed 2003. 6. 1).

PR Watch, Center for Media and Democracy. http://www.prwatch.org/cmd/ (accessed 2004. 7. 22).

Ramsland, Katherine. "Dr. Robert Hare: Expert on the Psychopath." chap. 5. "The Psychopath Defined." *Court TV's Crime Library: Criminal Minds and Methods.* http://www.crimelibrary.com/criminal_mind/psychology/robert_hare/5.html?sect =19 (accessed 2004. 8. 6).

Rand, Ayn. Talk given at the United States Military Academy at West Point, NY, March 6, 1974.

"Rebuilding America's Defence: Strategy, Forces and Resources for a New Century." A report of the Project for the New American Century. 2000. 9. http://www.new americancentury.org/RebuildingAmericasDefenses.pdf.

Reckard, E. Scott. "FBI Shift Crimps White-Collar Crime Probes: With More Agents Moved to Anti-Terrorism Duty, Corporate Fraud Cases are Routinely Put on Hold, Prosecutors Say." *Los Angeles Times* 2004. 8. 30.

Regular, Arnon. "'Road Map Is a Life Saver for Us', PM Abbas Tells Hamas." *Ha'aretz* 2003. 6. 27. Also at *Unknown News.* http://www.unknownnews.net/insanity7.ht ml#quote (accessed 2003. 6. 30).

Reich, Wilhelm. *The Murder of Christ: The Emotional Plague of Mankind.* New York: Farrar, Strauss and Giroux. 1953.

Reitlinger, Gerald. *The Final Solution: The Attempt to Exterminate the Jews of Europe, 1939~1945* 2nd ed. New York: Thomas Yoseloff. 1961.

Remedy. "Mattole Activists Assaulted, Arrested after Serving Subpoena for Pepper Spray Trial." *Treesit Blog* 2004. 8. 27. http://www.contrast.org/treesit (accessed 2004. 8. 27).

"Report on the School of the Americas." Federation of American Scientists 1997. 3. 6. http://www.fas.org/irp/congress/1997_rpt/soarpt.htm (accessed 2003. 5. 12).

"Report to the Seattle City Council WTO Accountability Committee by the Citizens' Panel on WTO Operations." Citizens' Panel on WTO Operations, 2000. 9. 7. http://www.cityofseattle.net/wtocommittee/panel3final.pdf (accessed 2002. 3. 17).

"Reviving the World's Rivers: Dam Removal." part 4. Technical Challenges. International Rivera Network. http://www.irn.org/revival/decom/brochure/rrpt5. html (accessed 2004. 7. 11).

Revkin, Andrew C. "Bad News (and Good) on Arctic Warming." *New York Times* 2004. 10. 30. The article is also at http://www.iht.com/bin/print_ipub.php?file=/ articles/2004/10/29/news/arctic.html (accessed 2004. 10. 30).

Richardson, Paul. "Hojojutsu-The Art of Tying." Sukisha Ko Ryu: Bringing Together All the Elements of the Ninjutsu & Samuraijutsu Takamatsu-den Traditions. http://homepages.paradise.netnz/sukisha/hojojutsu.html (accessed 2003. 6. 4).

"Rivers Reborn: Removing Dams and Restoring Rivers in California." Friends of the River. http://www.friendsoftheriver.org/Publications/RiverReborn/main3.html (accessed 2004. 7. 11).

Robbins, Tom. *Still Life with Woodpecker*. New York: Bantam. 1980.

Rogers, Lois. "Science Turns Monkeys into Drones-Humans are Next, Generic Experts Say." *Ottawa Citizen* 2004. 10. 17. http://www.canada.com/ottawa/ottawa citizen/news/story.html?id=14314591-ee96-440f-8c83-11a9822d3d42 (accessed2004. 10. 22).

Root, Deborah. *Cannibal Culture: Art, Appropriation, & the Commodification of Difference*. Boulder, CO: Westview Press. 1996.

Roycroft, Douglas. "Getting Well in Albion." *Anderson Valley Advertiser* 2002. 3. 6. p. 8.

Russell, Diana E. H. *The Secret Trauma: Incest in the Lives of Girls and Women*. New York: Basic Books. 1986.

____. *Sexual Exploitation: Rape, Child Sexual Abuse, and Sexual Harassment*. Beverly Hills. 1984.

Rutten, Tim. "Cheney's History Needs a Revise." *Los Angeles Times* 2005. 11. 26. http://fairuse.1accesshost.com/news3/latimes163.html (accessed 2005. 11. 28).

"Sabotage Blamed for Power Outage: Bolts Removed from 80-Foot Wisconsin Tower." *CNN.com*. http://www.cnn.com/2004/US/10/11/wisconsin.blackout.ap/ (accessed 2004. 10. 15).

Sadovi, Carlos. "Cell Phone Technology Killing Songbirds, Too." *Chicago Sun-Times* 1999. 11. 30. Also at http://www.rense.com/politic5/songbirds.htm (accessed 2003. 7. 5).

Safire, William. "You Are a Suspect." *New York Times* 2002. 11. 14.

Sale, Kirkpatrick. "An Illusion of Progress." *Ecologist* 2003. 6. http://www.theecologist. org/archive_article.html?article=430&category=45 (accessed 2004. 10. 13).

San Francisco Chronicle. http://www.sfgate.com.

"Sardar Kartar Singh Saraba." Gateway to Sikhism. http://allaboutsikhs.com/martyrs/ sarabha.htm (accessed 2003. 12. 29). Citing Jagdev Singh Santokh., Sikh Martyrs. Birmingham, England: Sikh Missionary Resource Centre. 1995.

Savinar, Matt. "Life After the Oil Crash: Deal with Reality, or Reality Will Deal with

526 You." http://www.lifeaftertheoilcrash.net/PageOne.html (accessed 2004. 9. 21).

Scheffer, Marten, Steve Carpenter, Jonathan A. Foley, Carl Folke, and Brian Walker. "Catastrophic Shifts in Ecosystems." *Nature* 2001. 10. 11. pp. 591~96.

Scherer, Glenn. "Religious Wrong: A Higher Power Informs the Republican Assault on the Environment." *E Magazine* 2003. 5. 5. pp. 35~39. 그외 "Why Ecocide Is 'Good News' for the GOP." http://www.mindfully.org/Reform/2003/Ecocide-Is-Good-News5may03.htm (accessed 2003. 5. 21).

Schmitt, Diana. "Weapons in the War for Human Kindness: Why David Budbill Sits on a Mountaintop and Writes Poems." *The Sun* 2004. 3.

Schor, Juliet B. *The Overworked American: The Unexpected Decline of Leisure.* New York: Basic Books. 1991.

Schuld, Andreas. "Dangers Associated with Fluoride." EcoMall: A Place to Save the Earth. http://www.ecomall.com/greenshopping/fluoride2.htm (accessed 2002. 1. 21).

Seekers of the Red Mist. http://www.seekersoftheredmist.com/ (accessed 2003. 7. 10).

Severn, David. "Vine Watch." *Anderson Valley Advertiser* 2003. 4. 2. p. 8.

Shirer, William. *The Rise and Fall of the Third Reich: A History of Nazi Germany.* Greenwich: Fawcett Crest. 1970.

Shulman, Alix Kates, "Dances with Feminists." The Emma Goldman Papers. University of California, Berkely. http://sunsite.berkeley.edu/Goldman/Features/dances_shulman.html (accessed 2004. 10. 8). First published in the Woman's *Review of Books 9* no. 3. 1991. 12.

"Signs to Look for in a Battering Personality." Projects for Victims of Family Violence, Inc. http://www.angelfire.com/ca6/soupandsalad/content13.htm (accessed 2002. 11. 17).

Silko, Leslie Marmon. "Tribal Councils: Puppets of the U. S. Government." *Yellow Woman and a Beauty of the Spirit.* New York: Touchstone Books. 1997.

Sluka, Jeff. "National Liberation Movements in Global Context." Tamilnation.org. http://www.tamilnation.org/selfdetermnation/fourthworld/jeffsluka.htm (accessed 2004. 10. 10).

Socially Responsible Shopping Guide. Global Exchange. http://www.globalexchange.org/economy/corporations/sweatshops/ftguide.html (accessed 2002. 3. 16).

Spretnak, Charlene. *States of Grace.* San Francisco: HarperSanFrancisco. 1991.

Stannard, David. *American Holocaust: Columbus and the Conquest of the New World.*

Oxford: Oxford University Press. 1991.

Stark, Lisa, and Michelle Stark. "$100 Million Wasted: While Some Soldiers Paid Their Own Way, Thousands of Pentagon Airline Tickets Went Unused." *ABC News.* http://abcnews.go.com/sections/WNT/YourMoney/wasted_airlne_tickeks_040608-1.html (accessed 2004. 6. 9).

Star Wars. http://www.starwars.com/databank/location/deathstar/ (accessed 2004. 4. 23).

Star Wars 2. http://www.starwars.com/databank/location/deathstar/?id=eu (accessed 2004. 4. 24).

"States Get $16 Million for Endangered Species." *Environmental News Network* 2001. 9. 28. http://www.enn.com/news/enn-stories/2001/09/09282001/s_45096.asp (accessed 2002. 1. 16).

St. Clair, Jeffrey. "Santorum: That's Latin for Asshole." *Anderson Valley Advertiser* 2003. 4. 30. p. 8.

St. Clair, Jeffrey, and Alexander Cockburn. "Born Under a Bad Sky." *Anderson Valley Advertiser* 2002. 9. 18. p. 5.

Steele, Jonathan. "Bombers' Justification: Russians Are Killing Our Children, So We Are Here to Kill Yours: Chechen Website Quotes Bible to Claim Carnage as Act of Legitimate Revenge." *Guardian Unlimited* 2004. 9. 6. http://www.guardian.co.uk /russia/article/0,2763,1298075,00.html (accessed 2004. 9. 6).

"A Study of Assassination." One version complete with drawings is at http://www.gwu.edu/~nsarchiv/NSAEBB/NSAEBB4/ciaguat2.html (accessed 2003. 7. 7).

"Study Says Five Percent of Greenhouse Gas Came from Exxon." *Planet Ark* 2004. 1. 30. http://www.planetark.com/dailynewsstory.cfm/newsid/23638/story.htm (accessed 2004. 6. 22).

Sunderland, Larry T. B. "California Indian Pre-Historic Demographics." Four Directions Institute.http://www.fourdir.com/california_indian_prehistoric_demographics.htm. See also the map "Native American Cultures Populations Per Square Mile at Time of European Contact." http://www.fourdir.com/aboriginal_population_per_sqmi.htm (accessed 2004. 6. 4).

Sweating for Nothing. Global Exchange, *Global Economy.* http://www.globalexchange.org/economy/corporations/ (accessed 2002. 3. 16).

Taber, Robert. *The War of the Flea* 1st paperbound ed. New York: The Citadel Press. 1970.

Tebbel, John, and Keith Jennison. *The American Indian Wars.* Edison, NJ: Castle

528　Books. 2003.

"Third National Incidence Study of Child Abuse and Neglect." Centers for Disease Control.

Thobi, Nizza. "Chanah Senesh." http://www.nizza-thobi.com/Senesh_engl.html (accessed 2004. 12. 3).

Thomas, Emory M. *The Confederate State of Richmond: A Biography of the Capital.* Austin: University of Texas Press. 1971.

Thomson, Bruce. "The Oil Crash and You." Great Change. http://greatchange.org/ov_thomsom,convince_sheet.html (accessed 2004. 9. 28).

Thompson, Don. "Klamath Salmon Plight Worsens: State: Fish Kill May Be Double Previous Estimates." *The Daily Triplicate* (Crescent City, CA). 2004. 7. 31. A1, A10.

Tillich, Paul. *Systematic Theology* vol. 3. *Life and the Spirit; History and the Kingdom of God.* Chicago: University of Chicago Press. 1963.

Tokyo War Crimes Trial Decision. The International Military Tribunal for the Far East. 1946. 5. 3~1948. 11. 12.

Tomlinson, Chris. "Evidence of U. S. Bombs Killing Villagers." *San Francisco Chronicle* 2001. 12. 6. A10.

"Too Hot for Uncle John's Bathroom Reader." Triviahalloffame. http://www.triviahalloffame.com/gandhi.htm (accessed 2004. 8. 8).

Towerkill. http://www.towerkill.com (accessed 2003. 7. 5).

Trial of the Major War Criminals before the International Military Tribunal, Nuremberg, 14 November 1945~1 October 1946. Nuremberg. 1947~1949.

Trudell, John. *Green Anarchy* 2003/Fall. p. 15.

Turner, Frederick. *Beyond Geography: The Western Spirit against the Wildness.* New Brunswick, NJ: Rutgers. 1992.

Udall, Stewart, Charles Conconi, and David Osterhout. *The Energy Balloon.* New York: McGraw-Hill. 1974.

U. S. Congress. *Congressional Record* 56th Cong. 1st sess. 1900. vol. 33, pp. 704, 711~12.

U. S. et al. v. Goering et al. [The Nuremberg Trial]. Extra Lexis 1, 120, 6 F.R.D. 69(1947) (accessed 2005. 12. 16).

"U. S. Military Spending to Exceed Rest of World Combined!" *Nexus* 2005. 9/10. p. 9.

"The Victims: The Fight Against Terrorism." *The Oregonian* 2002. 1. 16. A2.

Vidal, Gore. *The Decline and Fall of the American Empire.* Berkeley: Odonian

Press. 1995.

Wacquant, Loic. "Ghetto, Banlieu, Favela: Tools for Rethinking Urban Marginality." http://sociology.berkeley.edu/faculty/wacquqnt/condpref (accessed 2002. 3. 16).

Walker, Paul F. and Eric Stambler. "⋯And the Dirty Little Weapon: Cluster Bombs, Fuel-Air Explosives, and 'Daisy Cutters', not Laser-Guided Weapons, Dominated the Gulf War." *Bulletin of the Atomic Scientists* 47/no. 4. 1991. 5. pp. 21~24; http://www.bullatomsci.org/issues/1991/may91/may91walker.html (accessed 2001. 11. 19).

Watson, Paul. "Report from the Galapagos." *Earth First! Journal* 2003. Samhain/Yule. p. 38.

"Weapons of American Terrorism: Torture." http://free.freespeech.org/americanstatet errorism/weapons/US-Torture.html (accessed 2003. 5. 12).

Weber, Max. *Max Weber: The Theory of Social and Economic Organization.* Translated by A. M. Henderson and Talcott Parsons. Edited with an Introduction by Talcott Parsons. Oxford: Oxford University Press. 1947.

Webster's New Twentieth Century Dictionary of the English Language 2nd ed. New York: Simon and Schuster. 1979.

Weiss, Rick. "Major Species Annihilated by Fishing, Says Study." *San Francisco Chronicle* 2003. 5. 15. A13.

Weizenbaum, Joseph. *Computer Power and Human Reason: From Judgement to Calculation.* San Francisco: W. H. Freeman. 1976.

Whales. http://www.biologicaldiversity.org/swcbd/press/beaked10-15-2002.html, http://actionnetwork.org/campaign/whales/explanation (accessed 2002. 10. 26); http://www.faultline.org/news/2002/10/beaked.html (accessed 2002. 10. 27).

"What Is Depleted Uranium." http://www.web-light.nl/VISIE/depleted_uranium1.html (accessed 2004. 1. 11).

"What's the Dam Problem?" *The Why Files: The Science Behind the News* 2003. 1. 16. http://whyfiles.org/169dam_remove/index.html (accessed 2004. 7. 11).

Wheatley, Margaret. *Turning to One Another: Simple Conversations to Restore Hope to the Future.* San Francisco: Berrett-Koehler Publisher. 2002.

White, Chris. "Why I Oppose the U. S. War on Terror: An Ex-Marine Sergeant Speaks Out." *The Grass Root* 3/no. 1. 2003/Spring. *The Grass Root*는 캔자스 녹색당 기관지이 다(Kansas Green Party, Box 1482, Lawrence, KS 66044).

"Why Is Everybody Always Pickin'on Me?" Dispatches, *Outside Online* 1998. 7. http://web.outsideonline.com/magazine/0798/9807disprod.html (accessed 2003.

7. 10).

Wikle, Thomas A. "Cellular Tower Proliferation in the United State." *The Geographical Review* 92/no 1. 2002. 1. pp. 45~62.

Wilkinson, Bob. "Trained Killers." *Anderson Valley Advertiser* 2003. 4. 30. p. 3.

Williams, Martyn. "UN Study: Think Upgrade Before Buying a New PC: New Report Finds 1.8 Tons of Material Are Used to Manufacture Desktop PC and Monitor." *Infoworld* 2004. 3. 7. http://www.infoworld.com/srticle/04/03/07/hnunstudy_1.html (accessed 2004. 3. 12).

Wilson, Jim. "E-Bomb: In the Blink of an Eye, Electromagnetic Bombs Could Throw Civilization Back 200 Years. And Terrorists Can Build Them for $400." *Popular Mechanics* 2001. 9. http://popularmechanics.com/science/military/2001/9/e-bomb/print.phtml (accessed 2003. 8. 22).

Wingate, Steve. "The OMEGA File-Concentration Camps: Federal Emergency Management Agency." http://www.posse-comitatus.org/govt/FEMA-Camp.html (accessed 2004. 7. 21).

"Witch Hunting and Population Policy." http://www.geocities.com/iconoclastes.geo/witches.html (accessed 2002. 9. 23).

The World Factbook, s.v. "Afghanistan." CIA. http://www.odci.gov/cia/publication/fackbook/geos/af/html (accessed 2001. 11. 19).

Wyss, Jim. "Ecuador Free-for-All Threatens Tribes, Trees: Weak Government Lets Loggers Prevail." *San Francisco Chronicle* 2004. 9. 3. W1.

Yergin, Daniel. *The Prize: The Epic Quest for Oil, Money & Power*. New York: Simon & Schuster. 1991.

Z Magazine 2000. 7/8. p. 62.

| 감사의 말 |

언제나 그렇지만, 내가 가장 먼저 감사해야 할 대상은 내가 살고 있는, 그리고 나를 키워주고 먹여 살려준 이 땅이다. 내게 글 쓸 능력을 베풀어준 뮤즈 신에게도 똑같이 감사드린다. 그의 도움이 없는 내 삶은 상상할 수도 없다. 또한 내 꿈의 원천에게도 감사한다.

삼나무, 삼목, 오리나무와 털갈매나무 들에게, 도롱뇽, 개구리, 영원, 올빼미, 딱새, 딱따구리, 벌새, 왜가리와 비오리 들에게, 연어, 옥새송어, 달팽이, 개미와 벌 들에게 감사한다. 갈대, 등심초, 사초, 풀, 고사리, 월귤나무와 산딸기나무 들에게, 각종 버섯들에게, 여우, 곰, 다람쥐, 두더지, 뒤쥐, 박쥐, 숲쥐와 생쥐 들에게도 감사한다. 그 밖에도 내게 자기들의 서식지에서 지내도록 허락하는 친절을 베풀어주고, 사람이 되는 법을 가르쳐준 모든 생물들에게 감사한다.

여러분이 이 책이 나오도록 도와주었다. 그중에서도 특히 멜라니 애드코크, 로이앤 안, 앤터니 아노브, 태미스 베네트, 가브리엘 벤턴, 워너 브랜트, 캐런 브레슬린, 줄리 버크, 레하 카펜터, 조지 드래펀, 빌과 메리 그레샴, 펠리시아 거스틴, 알렉스 기요트, 니타 할스테드, 태드 하그레이브스, 피비 황, 메리 젠슨, 리어 케이스, 케이지 매덕스, 마나 마티니, 마야나, 아릭 맥베이, 데일 모리스, 데레사 놀, 존 오스번, 샘 패튼, 피터 필팅스러드, 캐런 래스, 레머디, 티유 루벤, 테리 시스타와 칼 번스, 댄 사이먼, 줄리안 스카이아버, 샤마 스미슨, 제프와 밀라카 스트랜드, 베키 타버턴, 루크 워너, 봅 웰시, 벨린다, 봅, 브라이언, 딘, 내 군대 친구들, 존 D. 나시서스, 아마루, 예티, 페르세포네, 사바, 에메트에게 감사드린다.

어떻게 보면 감사의 말을 쓰기에는 아직 이른 감이 있다. 작가가 탈고하고 나면 그동안 책이 나오도록 도와준 모든 분들에게 감사하는 것이 관행이다. 그러나 이 책은 아직 끝나지 않았다. 이 책이 단순한 글 이상의 의미를 가지려면, 이 죽음의 문화가 지구의 삶을 위태롭게 하지 않게 되는 날 비로소 완결될 수 있을 것이다. 그때가 되면 내 감사의 인사도 계곡을 막았던 댐이 터져 콸콸 쏟아져 내리는 강물처럼 거침없이 이어질 것이다.

황 건

　이 책의 저자인 데릭 젠슨은 미국의 반체제적인 급진적 환경운동에 활발하게 참여하고 있는 저술가이자 현역 활동가이다. 따라서 이 문명비평서는 21세기 미국의 반체제적 환경운동의 산물이며, 나아가 최근 미국의 급진적 좌파문화의 현실인식과 사고구조, 문제의식을 포괄적으로 아우르는 저작이라고 할 수 있다.

　저자는 이 책에서 비단 환경문제뿐 아니라 현 지배적 문화 전반에 대해 누구도 따를 수 없는 예리한 비판을 가하고 있다. 특히 폭력(학대, 착취, 점령)에 기초한 산업문명의 지속 불가능성을 파헤친 그의 분석은 가히 독보적이라 할 만하다. 그리고 미국 주식회사(Corporate America)와 대기업들의 횡포, 미국에 의한 인디언 학살(멸종)과 토착민의 저항과정, 열화우라늄탄에 노출된 이라크 기형아들의 참상, 미국 CIA의 고문 및 암살 지침서와 교범에 담긴 잔혹한 기법들과 그 적용사례들을 고발한 대목들은 압권이다. 나아가 미국 운동권의 위선과 나약함 그리고 불의를 뻔히 알면서도 분노하기조차도 두려워하는 대중들의 위선적인 자기검열을 날카롭게 비판한 대목 등은 우리에게도 교훈이 될 것이다.

　독자들도 쉽게 발견할 수 있겠지만, 저자는 정통 사회과학의 패러다임을 벗어나 독자적인 논리를 구사하고 있다. 예를 들어 젠슨의 사고구조에서는 인간은 자연(지구) 공동체의 한 구성부분이고 인간과 비인간(동식물을 포함한 모든 자연)은 기본적으로 동일한 차원에 있기 때문에 휴머니즘이나 인간중심 사상은 설 자리가 없다. 인류를 문명인과 비문명인(토착민)으로 나누는 그의 논리에서는 계급이나 민족이라는 개념도 찾아보기 힘들다.

　젠슨의 급진적 문명비평은 종종 섬뜩할 정도로 과격하여 특히 댐이나 휴대전화 중계탑의 폭파, 정치요인 암살, 문명 파괴수단으로서의 중성자탄과 해킹 수법 등에 대한 유별난 집착은 테러리스트의 면모를 연상케 할 정도이다.

그러나 막상 그의 '문명 허물기'를 위한 '전지구적 저항'의 전략과 전술은 몽상의 차원을 넘어서지 못하며, 따라서 댐 폭파 등에 대한 집념은 학대와 착취 없는 공동체를 추구하는 그의 논점을 강조하기 위한 비유적 우화로 보아야 할 것으로 생각된다. 그는 문명 자체를 거부하기 때문에 아예 새로운 문명의 건설은 추구하지 않으며, 문명 이전의 상태를 이상사회로 그리는 것으로 보인다.

이처럼 젠슨의 관점은 몽상적 차원에서나마 폭력적 저항을 통한 문명의 파괴를 추구하면서도 새 문명의 건설을 지향하지 않고, 따라서 목표보다는 수단과 과정을 중시한다는 점에서 무정부주의 전통에 서 있다고 볼 수 있으며, 또한 토착민 사회나 원시시대를 이상향으로 본다는 점에서 이른바 원초주의(또는 원시주의)라고 볼 수도 있을 것이다. 그의 이 같은 관점은 사회변혁의 요구와 이를 위한 전략·전술에 대한 인식이 역사적으로 축적되어 있거나 공감대가 형성되어 있는 집단, 사회 일반 또는 민족의 구성원들에게는 동떨어진 이야기로 들릴 여지도 있겠다.

그럼에도 불구하고 젠슨의 글이 다양한 주의주장을 초월하여 우리에게 큰 공감을 불러일으키는 것은, 그가 철저하게 파헤친 지배체제의 폭력과 거짓과 타락이 누구도 부인할 수 없는 이 문명의 보편적 실상이기 때문이다. 또한 세계화 바람을 타고 주류문명의 해악이 이미 우리 사회에도 깊숙이 침투해 들어와 있는 현실에서 미국사회, 특히 폭력적 지배체제에 대한 그의 날카로운 비판 하나하나가 우리 현실에 바로 와닿기 때문이기도 하다고 생각된다.

한 가지 실토할 것은, 젠슨의 파격적인 문체와 자유분방한 논리전개는 옮긴이에게 새로운 경험이었으며 감당하기에 역부족이었다는 점이다. 옮긴이의 한계를 극복하는 데서 존경하는 이왈수 선생의 지도를 받을 수 있었다는 것이 큰 다행이었음을 밝혀둔다. 강호제현의 아낌없는 질책과 편달을 바라 마지않는다.